ISBN 978-1-330-36851-0
PIBN 10041586

This book is a reproduction of an important historical work. Forgotten Books uses
state-of-the-art technology to digitally reconstruct the work, preserving the original format
whilst repairing imperfections present in the aged copy. In rare cases, an imperfection in
the original, such as a blemish or missing page, may be replicated in our edition. We do,
however, repair the vast majority of imperfections successfully; any imperfections that
remain are intentionally left to preserve the state of such historical works.

For support please visit www.forgottenbooks.com

MEMOIRS

OF THE

BERNICE PAUAHI BISHOP MUSEUM

OF

POLYNESIAN ETHNOLOGY AND
NATURAL HISTORY

VOLUME VI

HONOLULU, H. I.
BISHOP MUSEUM PRESS
1919–1920

FORNANDER COLLECTION

OF

HAWAIIAN ANTIQUITIES AND FOLK-LORE

THE HAWAIIANS' ACCOUNT OF THE FORMATION OF THEIR ISLANDS
AND ORIGIN OF THEIR RACE, WITH THE TRADITIONS OF THEIR
MIGRATIONS, Etc., AS GATHERED FROM ORIGINAL SOURCES

BY

ABRAHAM FORNANDER
Author of "An Account of the Polynesian Race"

WITH TRANSLATIONS EDITED AND ILLUSTRATED WITH NOTES BY
THOMAS G. THRUM

THIRD SERIES

Memoirs of the Bernice Pauahi Bishop Museum
Volume VI

HONOLULU, H. I.
BISHOP MUSEUM PRESS
1919–1920

CONTENTS.

PART I

PART II

(iv)

Index

Index.

Index

PREFACE.

THIS third series of the Fornander Collection of Hawaiian Folklore, in its varied character, presents valuable features for antiquarian and ethnic students of Polynesia in general and Hawaii in particular. The papers included in Part I, mostly the result of S. N. Haleole's researches in the work and workings of the Sorcery priesthood, is a revelation of the power and influence of that body over the Hawaiian race in all their vocations, and through his connections with members of the order he may be said to have written with a clear knowledge of his subject. The opening paper on Religious Ceremonies of the Temple came to the collection from Dr. W. D. Alexander, as the contribution of Kamakau, of Kaawaloa, an eminent authority in his day, a *noiau* (skilled in such matters), and reputed to have been a chanter of Kamehameha's court

Part II. embraces historic studies and fragmentary notes of Judge Fornander, selected from his miscellaneous papers, as affording an insight into his line of research work, hence, has little of the original Hawaiian and translation feature of the other parts.

Part III. is devoted entirely to chants of various kinds. These are almost wholly from the collection of Judge L. Andrews, whose ripe Hawaiian scholarship is seen in uncompleted translations and notes found in the collection. The "Haui ka Lani" prophecy which was brought to light by Judge Andrews in the sixties and published in part has recently been found to be entitled to three more cantos. This chant is now believed to be complete, and appears here for the first time in translated form Besides this, the chants comprise eulogies, lamentations, name songs, prayers, love songs and other meles—a valuable collection rescued from oblivion.

THOS. G. THRUM, EDITOR.

Concerning Ancient Religious Ceremonies.

Relating to the Development of the Royal Child in its Mother's Womb.

THE mother being faint from unpleasant sensations, and groaning at the time, without appetite for food, they (the attendants) sought to ascertain her cravings. Then certain women came to her and asked, "What sort of illness have you that you hide yourself?" She said to them, "I do not know; (I am) simply languid." The women then said to her, "Let's see; we will examine you." She took off her garment and they examined her body while one of the women took hold of and felt of her breasts, which, on releasing the hand, they observed the contraction of the nipples of her breasts, and exclaimed, "You probably have a child; you are likely pregnant with one; tell us." One of the women said that she was simply bloated; there was no child. Another woman, however, persisted, "You are pregnant." They each asked her, "How many months since you last menstruated?" "Two, since my menses period has passed." One of the women asked her, 'What do you crave to eat?" "There is nothing that I long for. I try hard to eat."

On the third or the fourth month her pregnancy became more evident, and she realized the truth of what the women had told her. And when it was certain that she was in such a condition she was placed under careful restrictions; she was restrained from eating food from any and every one if offered her. She must not eat fish salted by others; she must not eat white fish, the *aku*, the *opelu*, or the mullet. She must not eat a brown-colored dog; she must not gird herself with a glittering skirt *(pa-u)*. She was not to wear old garments; she was not to dwell in an old house; that was strictly forbidden. Such was the manner of the teachings of the false deities.

The child was thus carefully safeguarded lest the people and the chiefs sought to kill it in its mother's womb. A man of evil designs, if seen around such places, would be taken before the king who commanded him to be killed. Such a place was strictly tabooed. No woman nor man of evil intentions was to traverse there, because they had great faith in the teachings of the false deities, and that was why a woman with a child in her womb was kept strictly guarded.

The people firmly believed that the child would be killed because of the anger of the false deities; they believed that the child would be killed in its mother's womb, because of the anger of the said wooden idols, and the feather idols, the lizard and poison deities, the gods of the night and the fire (Hiiaka's gods.) All these were what the people faithfully worshiped, being completely deceived in their mind.

In consideration of these things the people of all the land praised its (the child's) name, the father commanding the people to "dance in honor of my child, all ye men and all ye chiefs." Thus the various dances were performed; such as the *laau, pahu,*

No Na Oihana Kahuna Kahiko.

Na Kamakau o Kaawaloa.

NO KA HOOKAUHUA ANA O KE ALII ILOKO O KA OPU O KONA MAKUAHINE

KAAHE iho la kona makuahine i ka iloli mai nu iho la ia ia manawa, ono ole ae la kana ai, a me kana ia, imi iho la kana mea ono. Alaila hele mai la kekahi poe wahine io na la, i aku la: "Heaha ke ano o kou mai e nalo nei oe?" Hai aku la ia ia lakou: "He aha la, he luhi wale mai no." I aku la ua poe wahine la ia ia: "I nana oe, e nana aku makou ia oe." Wehe ae la kela i kona kapa, nana aku la lakou ia ia i kona kino, apo aku la kekahi wahine o lakou i kona waiu, a haalele aku la kona lima i kona waiu nana aku la lakou ia ia i ka eeke ana aku o ka omaka o kona waiu, koho aku la lakou ia ia: "He keiki paha kau, ua hapai paha oe, e ae paha," i ae la kekahi wahine o lakou, aka he hookio aole hoi he keiki; paakiki ae la kekahi wahine, "ua hapai oe." Ninau pakahi aku la ia ia: "Ahia la malama ou i noho ia aohe kahe?" "Alua ae nei ua hala ae nei ko'u mau po kahe." I aku la kekahi wahine ia ia: "Heaha kau mea ono?" Olelo mai la kela ia lakou: "Aole loa a'u mea ono, he hooikaika wale no i ka ai."

A hiki ae la ke kolu o ka malama a me ka ha, akaka loa ae la kana keiki, hoapono iho la ia i ua poe wahine la i olelo mai ai ia ia. Alaila oia ike aku ua hapai a hoonohoia'e la oia iloko o ka palama; kapu loa aku la ua wahine la aole ia e ai i ka ai a hai ke haawi aku ia ia. Aole ia e ai i ka ia i miko mai ia hai i ka paakai, aole ia e ai i ka ia keokeo, i ke aku, i ka opelu, i ka anae. Aole ia e ai i ka ilio ii, aole ia e kakua i ka pau hinuhinu, aole ia e aahu i ke kapa kahiko, aole ia e noho i ka hale kahiko, he kapu loa ia, o ke ano keia ou ua mau akua wahahee nei.

I malamaia no ke keiki no ka manao nui o na kanaka a me na 'lii e make ua keiki la iloko o ka opu o kona makuahine, hele aku la ke kanaka ai mea inoino malaila, ike iho 'e la ia i na kanaka, alakai ia aku la ia i ke alii la, puea iho la ia e make; he kapu loa no ia wahi, aole e hele malaila kekahi wahine ai mea inoino, aole e hiki aku kekahi kanaka ai mea inoino malaila; no ka mea ua paulele lakou i ka manao nui i ua mau akua wahahee nei, oia ka mea i malama ia i ua wahine la, a me kana keiki iloko o kona opu.

I ka manao nui io o na kanaka e make ua keiki la i ka huhu mai o ua mau akua wahahee nei, he manao io no ko lakou e make ke keiki iloko o ka opu i ka huhu mai o ua mau akua laau nei a me na akua hulumanu, a me na akua moo, a me na akua kalaipahoa a me na akua kapo, a me na akua Hiiaka, o keia mau mea a pau ka ka poe kanaka i hoomana aku ai i ua mau akua hooluhi kino nei, ua puni loa ko lakou naau i ka mea wahahee maloko o lakou.

A mahope iho o ia mau mea, hiilani aku la na kanaka o ka honua nei a pau i kona inoa, i ae la kona makuakane i na kanaka "E hula mai oukou i kuu keiki, e na kanaka a pau loa, a me na 'lii a pau;" a hula iho la ka hula ka laau, a me ka hula pahu, a me

puniu, pailani, pahua, apiki, alaapapa[1] with great rejoicings; and name songs in honor of the child were composed and given to bards who went from place to place singing them, so that the people throughout the land might know them. All of the people greatly re joiced, and whoever did not join therein was condemned and was termed a know-noth ing.[2]

After all these things when the time of birth nears the inaina[3] is discharged, that which envelopes the child, a sign of the child's coming forth. Then the high priests with the feather god come forward, all praying to a false deity. The drums are beaten, and prayers at intervals are offered from a separate place, in honor of the child.

As the child approaches the birth, the mother laboring for a day, or perhaps for two days, the incantations become general. Great reverence was shown these false gods, and those having pebble gods,[4] or shark gods, or *unihipili's*[5] (ancestral gods), or fire (Pele) gods worshiping them accordingly; and those who entreated for a position presented their petitions, and so did those of sincere[6] prayers. If an ordinary man and an ordinary woman came with their false deities (images) held above them, prophesying before the chiefs and the people, falsely claiming that they were possessed,[7] because of the spirit of prophecy resting upon them; thus they declared before the chiefs and all the people, saying: "Your child is born; your wife will not die", people at a distance would inquire, "What did they say?" Those who heard them plainly told the others that the gods who were in possession of those two told the king that his wife would not die.

The high priest told the king saying, "Do not listen to the talk of the lesser gods; listen to my word, which is this: from the time of your poverty until you became wealthy these gods did not come to talk to you; they did not come in bygone times when we were poor. But when we have become prosperous they come hither to talk to you. Do not listen to them; just hearken unto my words and offer a pig in the temple to your male deity, and a girdle to your female deity

The pig was taken by the priest and offered to the deity with the prayer, "Oh God, here is the pig; give thou health (life) to your offspring and your descendants." Then the rain fell (in answer).[8] The people and the chiefs praised because of the propriety of sacrificing the pig to the deity. The same ceremonies were accorded the female deity when the travail was over and the child was born, a great royal child, Wakea by name.

---

[1] These several dances are described as follows: *Laau*, a stick-beating dance; *pahu*, with drum accompaniment; *puniu*, with *ulili*, or rattle-gourd accompaniment; *pailani*, similar to the *puniu; pahua* in which the performer dances in zigzag course; *apiki*, wherein the dancers attempt to entertain the spectators with buffoonery; *alaapupa*, a dance confined to a certain spot where the movements are executed.

[2] *Waha pula*, a contemptuous expression, applied to an ignoramus, a blather-skite.

[3] *Inaina* (*liquor amnii*), bag of waters.

[4] *Akua iliili*, where pebbles (one or more) spread out by the *kahuna* for consultation as to the will of the gods upon the object petitioned for.

[5] *Unihipilis* are the departed spirits of relatives or friends which are supposed to be hovering near, and differ from *aumakuas*, ancestral guardian spirits that wander to distant realms. When required by sorcerers for malevolent acts or influences, the *unihipili* spirits were the ones sought, never the *aumakuas*.

[6] *Pule palo*, sincere prayers. A prayer is said to be a *pule palo* that ends with "*Amama, ua noa;*" it is used to designate the truth of the statement or object of the prayer. Kepelino designates it as "A prayer in which the deity was called on to raise up the spirits of the dead inhabiting eternal night, or chaos, which is commonly alluded to in Hawaiian traditions as the night of Kumuhonua; and such spirits were called the ancestral deities of darkness.

[7] It appears to have been a custom, and practised to some extent in modern times, for certain false *kahunas* to seek to benefit from a well-to-do person at childbirth by flattering auguries of safe delivery and life to the mother, as against would-be plotters for their injury or death.

[8] The priests and people looked upon rain attending a petition as a favorable response, hence their rejoicing.

ka hula puniu, a me ka hula pailani, a me ka hula pahua, a me ka hula apiki, a me ka hula alaapapa, a me ke olioli lea nui loa. Alaila haku iho la na mele, he inoa no ua keiki la. A holo ae la na mele, alaila haawi aku la i na kanaka akamai i ke oli, a na lakou e lawe hele ka inoa o ua keiki la ma kau hale i kaulana ai i ka waha o na kanaka, laha aku la ia mau mea a pau loa i kela wahi keia wahi. Hiilani nui loa ae la lakou a pau loa, o ka mea hiilani ole aku, au hoohewa ia oia, he waha pala kona inoa.

A mahope iho o keia mau mea a pau, puni ae la ka malama hemo mai la ka inaina he mea ia e pili ana me ke keiki, he hoailona no kona puka ana mai iwaho, hele mai la na kahuna nui a me ke akua hulumanu, pule aku la lakou i ke akua wahahee, a kani iho la ka pahu, pule mai la ka pule liilii ma kahi e, e hoomana mai ana i ua keiki la

Alaila hookohi mai la i hemo mai, a po poakahi paha, a poalua paha, nui loa mai la ka hoomana ana a ua akua Opea 'la, o ka mea akua iliili ua hoomana ia, o ka mea akua mano ua hoomana ia, o ka mea akua unihipili ua hoomana ia, o ka mea akua Pele ua hoomana ia, o ka mea pule kulana ua hoomana ia i kana pule, a o ka mea pule palo ua hoomana ia i kana pule, a o kekahi kanaka maoli no, a me kekahi wahine maoli no, ua hele mai laua me ko laua mau akua wahahee iluna iho o laua, e wanana aku imua o na 'lii a o na kanaka, ua uluhia laua e ka eepa wahahee iluna o laua, hoike aku la laua i ka laua mau wanana imua o na 'lii a me na kanaka a pau loa. I aku la, "Ua hanau ko keiki, aole e make ko wahine." Ninau mai la na kanaka ma kahi e aku, "pehea ka olelo ana a ku a noho?" Hai aku la ka poe i lohe maopopo i lohe lakou ua i ae la na akua iluna o laua, "aole e make ko wahine," pela ka olelo ana aku a ua mau akua la, i ke alii

Olelo ae la ke kahuna nui i ke alii, i aku la: "E, mai hoolohe aku oe i ka olelo mai a na akua liilii, e hoolohe mai oe i ka'u olelo, o kuu olelo keia ia oe, mai ko wa ilihune mai, a waiwai a'e nei oe, a, hele mai nei keia mau akua e olelo mai ia oe, aole i olelo kahiko mai keia mau akua i ko kaua manawa waiwai ole, a waiwai ae nei kaua, hele mai nei lakou io kaua nei e olelo mai ai ia oe, mai hoolohe aku oe malaila, e hoolohe mai no oe i ka'u olelo aku ia oe, e haawi ae oe i puaa imua o ka heiau na ko akua kane a i malo hoi i ko akua wahine "

A lawe aku la ka puaa i ke akua, kaumaha aku la ke kahuna i ka puaa i ke akua "E ke akua, eia ka puaa la e ola i ko pulapula, a me ko kukuoloa," a haule iho la ka ua. Hiilani ae la na kanaka a me na 'lii i ka maikai o ka hoomoe ana o ka puaa i ke akua, pela no hoi ke akua wahine, a ili iho la ke kua koko, a hanau mai la ua keiki la he keiki alii nui, o Wakea ka inoa, o ke kumu alii keia o Waloa; a puka mai la iwaho, kaawale ae la ia, lawe

This was the royal procedure of ancient time, that when he was born he was taken before the deity in the presence of the priests. A priest waved the bambu with which the umbilical cord was to be cut, and then tied the umbilicus of the child with a string, and after a prayer severed the umbilicus. Blood flowed from the cut of the child,[9] whereat the priest declared, "This is a rich child."

After the king and all the people heard this the king chose certain suitable persons to rear the young chief, close relatives of his mother, of royal descent. Then the child was placed in strict seclusion—a most sacred place—so sacred that a person who ate pig or coconut, or any unclean or filthy food, or those whose garments were greasy with the oil of the coconut were not allowed there. The child was not to eat out of any old vessel which formerly contained anything filthy; it was strictly forbidden. If a man ate pork he must die. If any woman in care of such child should eat offensive food she should die. Thus were the chiefs and the people held in fear by the false gods so that the child might live. As the infant was brought up and grew to childhood, the parents conferred together, the father saying to his wife, "Our child must be circumcised." "Yes, if you think so," she replied. Then the king said, "Some one go tell the priest and see what he has to say." And when the priest arrived in the presence of the king, he (the king) asked him: "What would you advise? Say something regarding the circumcision of my child." The priest replied, "Yes, circumcise him; he has grown so that he can slaughter a pig.[10]" (Lit., the pig is killed)

The priest afterward prepared for the services, first seeking the auguries of circumcising the child. He advised the king to procure a great number of dogs, of pigs and of fowls, to each of which the king complied. In the evening the priest prepared the bambu; the rains fell; and when the priest saw it raining, he spoke to the child, saying: "Listen, child; the night tells you that you will become a rich man. When you become rich take care of me."

The next night the priest laid himself at the door-sill,[11] a custom of the priest's on occasions of services rendered for royalty. The next day the child was brought before the priest and in the presence of the deity. He (the child) sat on a certain man who held him firmly. The priest stood up waving the bambu, and offered the deity a prayer, saying: "O God, look down upon your offspring, whose night auguries are auspicious." After that the priest sat down and continued in supplication to the god.

After the prayer had ended a certain man circumcised the child, whereupon the lightnings flashed, thunder roared, and the rains fell, the priest exclaiming, "This child will become rich." Then he said to the prince: "Say, listen; when you have become a king, I wish for a division (or district) of land." After these things—performing the great service to the prince—the priest solemnized the supplementary division of his prayer, in fulfillment of the duties of his office. The priest thus sought the good fortune

---

[9] Flowing blood, as shown in other Hawaiian narrations, is held to indicate a prosperous future for the child.

[10] The term used here, "The pig is killed," has reference to an ancient expression indicating the infantile period had passed and, figuratively speaking the pig was killed in recognition of that fact.

[11] *Lapauila*, door-post, is given erroneously. The object being to observe the auguries of the heavens the natural position would be the doorway or door-sill.

ia aku la imua o ke alo o ke akua, a me ke alo o na kahuna, boali ae la ke kahuna i ka ohe e oki ai o ka˙piko. Hikii iho la ke kahuna i ke ako lau i ka piko o ua keiki la, pule iho la ke kahuna a pau, o oki ke kahuna i ka piko, a moku ae la ka piko o ua keiki la, a kahe mai la ke koko noloko mai o ka piko o ua keiki la, i ae la ke kahuna: "He keiki waiwai keia "

A lohe ae ļa ke alii a me na kanaka a pau loa, alaila wae iho la ke alii i mau kanaka pono nana e hanai ua alii la, he mau kanaka io pono no kona makuakane, he iwikuamoo; alaila hahao ia ae la ua keiki nei iloko o kona palama, he wahi kapu loa ia, aole e hele aku ka mea ai puaa malaila, a me ka mea ai niu, a me ka mea ai mea inoino a pau loa, a me ka pau hinuhinu i ka niu, aole hoi e ai ua keiki la i ka ipu kahiko i hahao ia i ka mea inoino, he mea kapu loa no ia, ina e ai kekahi kanaka i ka puaa ina ua make ia, ina e ai kekahi wahine i ua keiki la i ai la ia i ka mea inoino e make no ia. Pela na 'lii a me na kanaka i makau ai i ua mau akua wahahee nei, i ola mai ua keiki la, a hanai ia iho la ua keiki nei a nui ae la; alaila olelo iho la kona mau makua i aku la ka makuakane i kaua wahine: "E kahe paha ka ule o ke keiki a kaua, ae paha ina no ia oe." Alaila i ae la ke alii, e hahai aku kekahi i ke kahuna, e olelo mai i kana pono. A hiki mai la ke kahuna i ke alii la, ninau aku la ke alii ia ia: "Pehea la kau pono, e olelo mai oe i ke kahe o ka ule o kuu keiki." I aku la ke kahuna: "Ae, e kahe, ua nui loa ia, ua make ka puaa."

A mahope iho hana iho la ke kahuna i ka oihana, imi iho la ia i kana ano e pono ai, o ke kahe ana o ka ule o ua keiki la. I aku la ke kahuna i ke alii: "I ilio a nui loa." Ae mai la ke alii, a i puaa a nui loa, i moa a nui loa;" ae mai la ke alii. A po iho la hoomana iho la ke kahuna i ka ohe, ua iho la ka ua, ike ae la na maka o ua kahuna la i ka ua ana, i aku la i ke keiki: "Auhea oe, e ke keiki, ke i mai nei ka po ia oe he kanaka waiwai oe mahope aku, a i waiwai oe e nana hoi oe ia'u."

A po hou iho la hoomoe iho la ke kahuna i ka po i ka lapauwila kona inoa, ke ano no ia na ke kahuna, he oihana no ko ke alii hana ana. A ao ae la, hiki ae la ka la lawe ia mai la ua keiki nei imua o ke alo o ke kahuna a me ke alo o ke akua, a noho iho la ia iluna o kekahi kanaka, a paa ia iho la ia, a ku ae la ke kahuna iluna, hoali ae la ke kahuna i ke ohe, kaumaha aku la i ke akua, i aku la: "E ke akua, e nana mai oe i ko pulapula, i mea nana i hai ko po;" a mahope iho noho iho la ke kahuna ilalo pule aku la i ke akua.

A pau ae la ka pule kahe iho la kekahi kanaka i ka ule o ua keiki la, a kui iho la ka bekili, olapa mai ka uila, a haule iho la ka ua, kapa ae la ke kahuna: "E, he keiki waiwai keia." I aku la ke kahuna i ua keiki alii la: "E, i ku ˙aku oe i ka moku, ea i okana ko'u." A pau ae la ia mau mea a mahope iho oihana nui iho la ua kahuna la i ke alii, a hana iho la i ka wawae o kana pule a me ka loina o kaua pono a pau loa, a puuone iho la

of the prince, and laid his hands upon him, after which the prince entered the sacred house called the temple of purification. *(Kukoae),*[12] then ate of the pig.

After all these things ended the king set out to cut wood and collect material for thatching a great temple, and March was the month in which the temple was to be dedicated. It might perhaps be consecrated in the month of April, or perhaps in the month of May. These were the three months designated from ancient time; the service could not be performed in any other month. It rested with the king for the month of temple dedication.

When the time of the dedication arrived, the king held a consultation with all the priests; first, the priest of the order of Ku; second, that of the order of Lono; third, he who precedes the king; fourth, the *kualaea* priest;[13] fifth, the priest of the *ohia* god *(haku ohia);* sixth, the priest of human sacrifice; seventh, the *hono* priest; eighth, the *kahalaalaca*[14] priest and the priest of *kahaleopapa* (House of Papa), to whom was given the power to release the temple restrictions.

After the king and the priest had come to a decision, and the day for the dedication of the temple was near, the king spoke to the *kahalaalaea* priest, saying: "Be prepared to go into sanctity, with your ordinances and your methods, and if it is favorable let me know." The *kahalaalaea* priest went into sanctity on the night of *Kane,*[15] preparing and praying throughout the night; and in the morning, the day of *Lono,* there stood the basin of colored earth, necessary for the priest's duties; these were the essentials of the temple. And on the next day, that of *Mauli,* the king and a multitude of men came to hear the words of the *kahalaalaea* priest. The priest then performed the duties of his office. A certain man placed on his (the man's) head a covering of ancient human hair, a custom of his ancestors which was transmitted to him, and a duty also belonging to the temple, the priest praying meanwhile. The king reached the *alaea* image where the basin of colored earth stood before the priest, this being the deity with a white covering to make its impressiveness as a god more effective.

After these things the man who had the covering of ancient hair stood up, while the multitude remained seated. This man stood up with sharpened spears, shaking them before the eyes of the people. He made the people shut their eyes, with the sharpened spears, not however piercing them. He looked with threatening eyes upon the people, terrorizing them thus: "Take care, take care *(hekue, hekue)* or you will be struck by the spear of Pueo!" That was the way these people acted to make profit for themselves. After this the king commanded a tribute master: "Go you and proclaim the coming of my god, and prepare its way. The landlord whose highway is not prepared for my god shall be dismissed; but if the highway of my god be clean he shall not be dismissed. Tell them to clear well the highway of my god. Tell them to bring tributes unto my god; and if they do not pay tribute to my god I shall dismiss them. Thus shall you command them." And the tribute master went forth from the king, proclaiming as he went unto the overseers of all the lands. And they heard the king's message unto them.

---

[12]Not all *heiaus* were suitable temples for the performance of the circumcision ceremonies.

[13]*Kualaea* priest, he who oversees the colored earth basin.

[14]*Kahalaalaa* priest, one with face marked with colored earth.

[15]Night of Kane was the twenty-seventh of the lunar month; Lono, the twenty-eighth, and Mauli the twenty-ninth.

ke kahuna i ke alii, a pau ae la ia, pali ı a iho la ke kahuna i ke alii, a pau ae la ia, a kapu iho la ke alii i ke kukoae, ka inoa o ka heiau, alaila ai iho la ke alii i ka puaa.

A pau ae la ia a mahope iho la o ia ı au ı ea, ı oku laau nui iho la ke alii i ka ohiako, he luakini i o Nana paha ka ı ala ı a e kapu ai ua luakini nei, i o Welo paha ka ı ala ı a e kapu ai ua luakini nei, aka i o Ikiki paha ka ı ala ı a e kapu ai ua luakini nei, o na kukane keia ekolu mai ka wa kahiko ı ai, aole e pono i ka ı ala ı a e ae. Aia no i ka ke alii ı ala ı a e makemake ai e kapu ka luakini.

A hiki ae la i ka wa e kapu ai ua luakini la ahaolelo iho la ke alii ı e ka poe kahuna a pau, o ke kahuna mookuakahi, a o ke kahuna moolonoalua, a o ke kahuna helehonua akolu, a o ke kahuna kualaea ana, a o ke kahuna hakuohia ali ı a, a o ke kahuna kakapaulua aono, a o ke kahuna hono ahiku, a o ke kahuna kahalaalaea awalu, a o ke kahuna ia ia ka hale o Papa ia ia ka hoonoa ana o ua luakini nei

A holo ae la ka olelo ana a ke alii a ı e ka poe kahuna, a kokoke aku la i ka wa e kapu ai ua luakini nei, i aku la ke alii i ke kahuna kahalaalaea: "E hoomakaukau oe, e kapu i kau hana a ı e kau loina a i pono e hai ı ai ia'u," a i o Kane kapu iho la ke kahuna kahalaalaea i ke ahiahi i o Kane, a hoomakaukau iho la ia i keia po, a pule aku la ia i keia po, a ao ae la i o Lono kū iho la ka ipuwai alaea, he oihana no na ke kahuna, a o na wa_ wae keia o ka luakini. A ao ae la i o Mauli hele aku la ke alii a ı e na kanaka a nui loa, e hoolohe i ka olelo a ke kahuna kahalaalaea i kakahiaka i o Mauli, a hana ı ai la ua kahuna i kana oihana, pulou iho la kekahi kanaka i ka lauoho ı a kona poo, he lauoho no ka poe kahiko, a he loina no na kona ı au kupuna, a he ı ea kauoha ı ai na lakou a he loina no ia no ka luakini, a pule iho la ke kahuna i ka hiki ana aku a ke alii, i ke akua alaca, a ku iho la ka ipu wai alaea ı a ke alo o ke kahuna, o ke akua ia a uwahi ia aku waho i ka ı ea keokeo, i akaka i kona akua ana.

A mahope iho la o ia ı au ı ea, a ku ae la iluna ke kanaka ia ia ka papale o ka lau_ oho o ka poe kahiko, a noho ae la na kanaka a nui loa, a ku ae la kela iluna ı e na ihe oioi, a hoolulu aku la imua o ke alo o na kanaka a hoopoipoi aku la ia i ka ı aka o na kanaka i ka ihe oioi aole nae i o aku ia lakou, a hoaa aku la i kona ı au ı aka i ı ua o na kanaka, a hooweliweli aku la ia penei: "Hekue, hekue, e ku auanei i ka ihe a pueo;" pela hana i keia poe la, i ı ea waiwai no lakou. A pau ae la ia, auhau ae la ke alii i ka lunaauhau, e hele oe e olelo aku i konohiki, e ia aku, e waele i ke alanui o kuu akua e he ı o ia, aka i waele i ke alanui o kuu akua aole oia e he ı o, e i aku oe, a waele a ı aikai ke alanui o kuu akua e olelo aku oe ia lakou: "E, e hookupu ı ai lakou i kuu akua, aka i hookupu ole ı ai lakou i kuu akua, e pau lakou i ka he ı o ia'u, pela oe e olelo aku ai ia lakou;" a hele aku la ua luna auhau nei ı ai ke alii aku la, a olelo hele aku la i ke konohiki, o ka aina a pau loa, a lohe iho la lakou i ka ke alii olelo ia lakou.

Then the *alaea* god went forth with four flags preceding and four flags following hi٦. A man reverently preceded the *alaea* god. No person, pig, nor dog should co٦e in the front; no fires should be lighted, these things being strictly prohibited. When the *alaea* i٦age arrived at the place for the pig services, the *puaa-kukui*,[16] (blocks of *kukui* wood with ٦arkings to rese٦ble swine features for sacrifice), were prepared, and ٦arked with the red earth by the priest, who offered a prayer, after which the people ca٦e bringing their tributes of pigs, foodstuffs, feathers and cloths, each land in successive order.

And in the evening of the 29th, the king and the priest secretly buried[17] the re٦ains of certain things used in the service, a ٦inor duty perfor٦ed by the priest in the te٦ple. On the 30th, the priest sprinkled the sacred water, for the sanctification of the te٦ple which was such that the king was restricted fro٦ eating the pig; he extended the restriction to the night of the 30th, and to all the chiefs and ٦any people. The priests and chiefs in great nu٦bers offered prayers and praises before the wooden idols and the feather-gods. After the prayers the king offered pig sacrifice, calling upon the deities thus: "O Kunuiakea,[18] O Lononuiakea, O Kanenuiakea, O Kanaloanuiakea, ٦y gods, co٦e ye all; here is the pig, a live pig; let ٦e be saved by you, ٦y gods. Here is your pig, your banana and your coconut; save all the chiefs and all the people. Listen to ٦y beseeching unto you all, ٦y gods. Seek out a sinful man and sacrifice hi٦. Keep a righteous man and use hi٦ well. Bless ٦y land and preserve the people."

Thus the king worshiped the gods, and when it was night all the chiefs and the priests of the feather-gods gathered the٦selves together and laid down to sleep. In the ٦orning all the chiefs and the ٦ultitude ca٦e forth, the priests setting the people in order in eight rows; then the idols were placed in a row. There were ٦any of the٦, about forty or twice forty, of feather idols, and one hu٦an god, Kahoalii by na٦e. He went at the head of the feather-gods, and had no loin-cloth, going stark naked before the eyes of the people. He was not asha٦ed before the ٦ultitude.

A priest then picked up the *ieie* fern and a white girdle. Standing up he addressed[19] so٦e words to the *ieie* fern, supplicating the gods thus: "The *malo, malo;* the *ieie, ieie;* the lightning, this is the *ieie.* O Ku, O Lono, O Kane, O Kanaloa, give safety to your attendant, and to all the chiefs, and to all the people and all the priests." The priest then discontinued his supplicating the *ieie.* The rest of the priests then arose, about forty or ٦ore of them, praying to and praising the god, the noise of their praises ringing through the day. The people then raised the feather-gods aloft, the attendants ٦arching in a circle before the eyes of the people, with the idols in their hands. This was a form of praise by all the people.

After that the priest who had the *alaea* i٦age ca٦e forward and spoke to the people, saying: "Keep quiet and listen to the prayer. Eight ti٦es shall you stand up, and eight ti٦es shall you sit down. Listen to ٦y voice, and when I say 'Stand up,' all of you stand up; but when I say 'Sit down,' all of you sit down." That was essential to his

---

[16]"Anything of pig name at times was apparently substituted for swine offerings—in this case blocks of wood marked to resemble swine features. Leaves of the grass *kukaepuaa,* or the small mullet termed *puaa amaama* were aids of Kamapuaa, the demigod.

[17]*Lupa haalele,* secret burial or disposal.

[18]*Nui-akea,* appended to the names of each of the four major gods, implies universal greatness; supremacy.

[19]*Kakalo* for *kalokalo,* a supplication to the gods.

Alaila hele aku la ua akua alaea nei, eha lepa ı a ı ua, a eha hoi lepa mahope, a boano aku la kekahi kanaka ı a ı ua o ua akua alaca nei, aole e hele ı ai kekahi kanaka ı a ı ua, a ı e ka puaa, a ı e ka ilio, aole a ı ai ke ahi, he kapu loa no ia ı au ı ea. A hiki aku la ua akua alaea nei i ke ohi puaa, a hana iho la i ka puaa kukui a kakau iho la ke kahuna i ka alaca iluna ó ka puaa kukui, a pule iho la ke kahuna, a pau ae la ia a noa ae la ka pule, hele ı ai la na kanaka ı e ka puaa, ı e ka ai, ı e ka hulu, ı e ke kapa, a hookupu iho la lakou, pela no hoi ia aina aku a ı e ia aina aku a pau loa.

A ahiahi iho la i o Mauli, lupa haalele iho la ke alii a ı e ke kahuna, he loina liilii na ke kahuna no ka luakini, a i ae la i o Muku pi ae la ke kahuna i ka wai kapu ae la, no ke kapu ana i ka luakini a ı e ke alii i ka puaa. A ahiahi iho la kapu iho la ke alii i ke ahiahi i o Muku, a ı e na 'lii a pau loa, a ı e na kanaka a nui loa, a pule aku la na kahuna he nui loa, a ı e na 'lii a nui loa, a hiilani aku la lakou imua i ke alo o ke akua laau, a ı e na akua hulumanu a nui loa, a mahope iho o ka pule ana a kaumaha aku la ke alii i ka puaa, a i aku la i ke akua: "E Kunuiakea, e Lononuiakea, e Kanenuiakea, e Kanaloanuiakea, e o'u ı au akua a pau loa, haele nui ı ai oukou a pau loa, eia ka puaa la, he puaa ola e ola au ia oukou e ke akua, eia ko puaa, a ı e ko ı aia a ı e ko niu, e hoola ı ai oe i na 'lii, a ı e na kanaka a pau loa, e o'u akua a pau loa, e hoolohe ı ai oe i ka'u olelo aku ia oe, a e nana oe i ke kanaka hewa, ı olia ia ia e ı ake ia, e ı ala ı a oe i ke kanaka pono, e hana ı aikai oe ia ia, e aloha ı ai oe i kuu aina, a e ı ala ı a ı ai oe i ka makaainana."

Pela ke alii i hoo ı ana 'ku i ke akua, a poeleele iho la, kauo iho la na 'lii a pau, a ı e na kahuna a ı e na akua hulumanu a pau, a ı oe iho la lakou i ka po, a ao ae la he hele ae la ke alii a ı e na kanaka a nui loa, a ı e na 'lii a pau, a ı e na kahuna a oia wale, a hoonoho iho ke kahuna i na kanaka a nui loa, ewalu lalani kanaka, a ua hoonoho ı aikai ia lakou e ke kahuna a like, alailá kukulu lalani ia a'e la ka poe akua a he nui loa, a ua kanaka paha, a ua lua kanaka paha, ke akua hulumanu, a hookahi akua kanaka ı aoli, o Kahoalii kona inoa, ma ı ua ia o na akua hulumanu, e hele ai, aole ona ı alo, hele ule lewalewa wale iho no kana i ı ua o ka ı aka o na kanaka, aole ia e hilahila i ka nui o kanaka.

A hopu iho la ke kahuna i ka ieie ı e ka ı alo keokeo, a ku ae la iluna kalokalo ae la i ka ieie a kaumaha aku la i na akua penei: "Ka ı alo, ı alo; ka ieie, ieie; ka uila, o ka ieie nei. E Ku, e Lono, e Kane, e Kanaloa, e ola i ko oukou kahu, a e ola hoi i na 'lii a pau loa; e ola hoi i na kanaka a pau loa," a oki ae la ke kalokalo ana a ke kahuna i ka ieie, a ku ae la ka nui o na kahuna, oia wale, ua kanaha paha a keu aku a ku ae la lakou a akoakoa iluna, a pule aku la lakou, a hiilani aku la lakou i ke akua, a kani aku la ka pihe hoolae a lakou i keia la, a kaikai ae la ka poe kanaka i ua ı au akua hulumanu nei iluna, a ku ae la ka poe nana e ı ala ı a ua ı au akua la a hele poai ae la lakou ı e na akua no i ka li ı a o lakou, poai hele ae la lakou ı a ka ı aka o na kanaka, he ı ea hiilani no ı a na kanaka a pau loa.

A pau ae la ia, a hele ae la ke kahuna ia ia ka alaea, olelo aku la ia i na kanaka, i aku la: "E noho ı alie oukou, a e hoolohe ı ai oukou i ka pule, ewalu a oukou ku ana iluna, a ewalu hoi noho ana ilalo, a hoolohe ı ai oukou i kuu leo a e i aku au, e ku iluna, e ku oukou a pau loa, aka i i aku au, e noho ilalo, e noho oukou a pau ilalo;" pela ke

prayer, and he was the only one to offer prayer. He then took up a bunch of coconuts and waved it before the idol, exclai 1 ing: "O Ku, O Lono, O Kane, O Kanaloa, here is a bunch of coconuts; safety to your attendant," and ended. He then reached for his staff, and standing up prayed in a loud voice over the people.

The people and the chiefs listened attentively to catch any errors in his petition that they 1 ight conde 1 n hi 1, in case his prayer was i 1 perfect, whereupon the people would 1 ur 1 ur because the priest's prayer was faulty. After this the priest spoke to the people thus: "My (younger) brothers, it is well; it is safe; it is acco 1 plished," repeating the words as he stood up eight ti 1 es and sat down eight ti 1 es. The people shouted loudly for safety (life), which shouting was repeated continuously. This ended that part of the priest's cere 1 onies. Then the priest went to 1 ake his report to the king, saying: "Your 1 ajesty, how was the prayer?" The king answered, "Your prayer was wrong; it erred." Had the priest been in the right the king would have sanctioned hi 1. Had his prayers been perfect the priest would have asked the king for land.

After this all the people and all the chiefs went to their houses, praising the feather gods and all other s 1 aller idols of the people. In the evening, the king and the priests were with the idols, and all the chiefs prostrated the 1 selves, confor 1 ing to the ordinance of the te 1 ple, the priests and all the chiefs offering prayers. Fro 1 evening to darkness of night they bowed down, earnestly desiring a rainfall during the night,[20] and when it did rain, the people gave praise unto the deities. In the 1 orning they all asse 1 - bled—the people, the chiefs and the priests—in the presence of the deities, praying before the te 1 ple shrine and the feather idols. After prayers the people arose with the idols in their hands, and also the chiefs and all the priests, and went up to the lord-of-the-ohia's, which was (to furnish) a wooden deity. The king called to his stewards, saying: "Take about ten pigs for the deity and for the people and for 1 yself also." And when they ca 1 e nigh unto the *ohia* forests, away up in the 1 ountains; and the *ohia* tree which stood forward of the others which the priest pronounced to be the idol, saying: "This is the deity which relishes the pig, as it is in advance of the others," the king assented and co 1 1 anded the priests to offer their prayers to the tree, which they did, while it was yet standing in leaf.

The king with an attendant then ca 1 e forward carrying a pig, and on co 1 ing near the front of the tree, offered prayer there, after which the king offered the pig and a man (victi 1) to the tree, chanting appealingly, the king saying: "O thou standing *ohia,* here is an offering to thee of pig and coconut. Give 1 e life. Give life to the chiefs and all the people." Then the priest arose, waved an axe in dedication to the deity, and touched the trunk of the *ohia* tree with the axe. He sat down praying loudly. A man felled the said *ohfa* tree for an idol. A man was then put to death as a sacrifice fro 1 the king to the god. After these things, the king co 1 1 anded that the pigs, ten in nu 1 ber, be roasted. Then the king offered the man as a gift to the god. This was a hu 1 an sacrifice, an outcast, according to priestly law. And when the pigs were cooked they all sat down to eat, and after they were filled, the king 1 ade preparations for going ho 1 e. The feather deities stood in a row in front of the people, the said *ohia* tree deity being far in advance

---

[20] Prayer for rain, and indication of approval of the services.

ano o ka loina o kana pule, a oia wale no ia ke pule iluna, a hopu ae la i ka hui niu a ku ae la iluna, a hoali ae la ia i ke akua, a i ae la penei: "E Ku, a e Lono, a e Kane, a e Kanaloa, eia ka hui niu la, e ola i ko haku;" a pau ae la, a lalau aku la ia i kana laau a ku ae la ia iluna.

A nui loa ae la kona leo maluna iho o na kanaka a hoolohe aku la na kanaka, a ɪ e na 'lii a pau loa i ka hewa ae o kona leo, alaila ahewa aku lakou i ke kahuna a ua hewa ka pule a ke kahuna, a mumulu iho la na kanaka i ka hewa ana o ka pule a ke kahuna, a pau ae la ka pule ana, a olelo iho la ke kahuna i na kanaka penei: "E kuu kaikaina, hiki a ola ia ua, a koia e kuu kaikaina hiki a ola ia ui a koia;" pela no iluna a ewalu, a pela no ilalo a ewalu, a he nui loa ka leo o na kanaka, i ke ala, nakolo aku la ka leo o na kanaka a he nui loa; a pau ae la ia oihana a ke kahuna alaila hele ae la ua kahuna 'la e olelo a kana pono i ke alii, olelo a'e la ua kahuna la i ke alii, i aku la: "E ka lani, pehea ka pule?" a i aku la ke alii penei: "Ua hewa kau pule, ua hai." Ina e hana ua kahuna la e pono la, ina ua apono aku la ke alii ia ia, ina e pololei kana pule ana, ina ua noi la ua kahuna la i ka aina i ke alii.

A pau ae la ia, a hoi aku la na kanaka a pau a ɪ e na 'lii a pau loa, a hoi aku la lakou i ko lakou kauhale, a hoolea aku la lakou i na akua hulumanu, a ɪ e na akua liilii a pau o na kanaka a pau loa; a ahiahi ae la hele aku la ke alii, a ɪ e na kahuna, a ɪ e na akua, a ɪ e na 'lii a pau, ɪ oe iho la ka malukoi o ka luakini, pule iho la kahuna a ɪ e na alii a pau. I keia ahiahi a poeleele iho la ɪ oe iho la lakou i ka po kakali aku la lakou i keia po, e ake lakou e ua ɪ ai ka ua i keia po; a ua ɪ ai la ka ua, hiilani aku la na kanaka i ke akua, a ao ae la houluulu ae la lakou a akoakoa i ɪ ua i ke alo o ke akua ɪ e na kanaka a ɪ e na 'lii a ɪ e na kahuna i ka wa kakahiaka, a pule iho la lakou i ɪ ua o ka luakini, a ɪ e na akua hulumanu, a pau ae la ka pule ana, ku ae la na kanaka iluna ɪ e na akua pu no i ka li ɪ a o lakou, a pii aku la lakou iuka, o na 'lii o na kanaka a o na kahuna a pau, a ɪ e na akua a pau loa, iuka i ka haku ohia o ke akua ia, i ae la ke alii i kana poe ai-puupuu "E alakai oukou i puaa i u ɪ i paha, i puaa na ke akua i puaa ai no kekahi, na na kanaka a nau no hoi kekahi," a hiki aku la lakou i kahi e kokoke ɪ ai ana i ka ohia, ɪ auka lilo loa, a o ka laau ohia i oioi ɪ ai ke ku ana ɪ a ɪ ua i ae la ke kahuna penei, "o ke akua no keia i ono ɪ ai i ka puaa ke oioi ɪ ai nei ɪ a ɪ ua," a ae aku la ke alii, i aku la i na kahuna, "pule ia aku," a pule aku la lakou i ua ohia la, e ku ana no iluna ɪ e ka lau.

A paa aku la ke alii, ɪ e ka puaa, a ɪ e ke kanaka a kokoke aku la i ke alo o ua ohia nei, pule iho la ilaila, a pau ae la ka pule ana kanaenae aku la ke alii i ka puaa, a ɪ e ke kanaka i ua ohia la, i aku la ke alii i ua ohia la: "E Kukaohialaka eia ko puaa a ɪ e ko niu, e ola ia'u, e ola i na 'lii a ɪ e na kanaka a pau loa." A ku ae la ke kahuna iluna, a boali ae la i ke koi kaumaha aku la i ke akua a hoopa'e la i ke koi i ke ku ɪ u o ka ohia, a noho iho la ilalo, pule aku la ke kahuna a nui loa, a oki ae la kekahi kanaka i ua ohia nei i akua, a ɪ ake iho la kekahi kanaka i na ɪ akana na ke alii i ke akua; a oki ae la ia ɪ au ɪ ea, a mahope iho o keia ɪ au ɪ ea hoolale ae la ke alii i ka puaa e kalua he u ɪ i paha, a kaumaha aku la ke alii i ke kanaka i ke akua, a he kanaka kela no ɪ au haalelea, a he loina no ia na ke kahuna he kanaka haalele wale no ia i ka nahelehele. A ɪ oa e na puaa ai nui iho la lakou, a ɪ aona ae la a hoomakaukau ae la ke alii e iho, a ku lalani ae la ka poe akua hulumanu ɪ a ɪ ua o na kanaka, a o ua akua ohia la ɪ a ɪ ua lilo ia o na

of the feather deities. It was co 1 pletely covered with foliage. Then all the deities and the priests and the chiefs ca 1 e down, shouting their praises to god. And a man, in a high-pitched voice, called out, *"E Kuamu, e Kuamu,"*[21] the people fro 1 front to rear responding, *"Mu, e kuawa, e kuawa, wa, e ku wau a lanakila no."*[22] Thus shouted all the people along the line, their voices being raised as co 1 1 anded by the priest on this occasion of 1 oving the *ohia* god.

As they ca 1 e down no fire was to be lighted this day. It was strictly forbidden. Until the *ohia* god reached the front of the te 1 ple, fires should not be lighted by the people. And when they reached the te 1 ple they prayed to the *ohia* god. And after these things ca 1 e to pass the feather deities, and the chiefs and all the people returned to their places, while the keepers of the feather deities sang praises to the 1, 1 aking loud noises with the beating of the dru 1 s, all giving praises to the feather deities. And when these things ended towards evening, a priest ca 1 e to offer the *ohia* god roasted banana, with a short prayer in sacrifice, and ended.

And when it was night the king gave aid[22] to two priests; these were the priests who preceded the king and the one who had charge of the *lama* leaves. He (the king) co 1 1 anded a man to take two chickens to the priests for their support. And when it was quite dark, the king co 1 1 anded the man to "Go and caution the people everywhere, and tell the 1 to keep quiet and not 1 ake any noise, and not light any fires this night."

On the 1 orrow the priest who preceded the king ca 1 e to report to hi 1 on the successful progress of his official duties, saying: Listen: "I perfor 1 ed 1 y services to the god last night, and the night has indicated approval of you, and the god declares that you will beco 1 e prosperous. You have seen how excellent the night of your god has been; the heaven was clear, un 1 arred by clouds. When you shall have beco 1 e rich take care of 1 e."

After these words the king co 1 1 anded that the te 1 ple 1 ust be thatched this very day. Three were thus finished and of large size. And the king ordered all the people to co 1 e to pray. The people ca 1 e with the feather gods. The priests seated all the people in double rows of eight, and all the idols were placed in rows also. The high priest, who wore a great white girdle, arose, seized a bunch of *ieie* ferns, and waving it, offered it to the deities Kunuiakea, Lononuiakea, Kanenuiakea, Kanaloanuiakea and Kukaohialaka. After serving the deities, the priest prayed to his priestly ancestral gods, perfor 1 ing the works this day in the same 1 anner that his ancestors had done. The ancient rites were thus observed by hi 1 this dav.

After he had offered prayers all the priests then arose, praying to god and chanting praises before the feather deities. This was a great day for invocations, a memorable day for the high priest, and all the supporting chiefs; they all were honored. And when the ti 1 e neared that the priest had co 1 1 anded the 1, the people lifted up the feather idols, standing on the upper side for so 1 e ti 1 e. After a while the priest ordered the 1 to 1 ove with the idols to the lower side, which they did, standing in that place for a long while.

---

[21] Expressions of preparation for effort.
[22] Response of readiness until victory is won.

[23] *Kauo* in the sense 1 sed here was a s 1 stenance for the priests d 1 ring the night services in hand, rather than a s 1 pport.

akua hulumanu, a ua wahi oia i ka lau nahelehele a paa loa, a iho aku la na akua a pau, a ꞁe na kanaka, a ꞁe na 'lii a pau loa, a hiilani ae la na kanaka i ko lakou ꞁau waha iluna i ke akua, a i ae la kekahi kanaka, pane ae la kona leo iluna lilo: "E Kua ꞁu, e Kuamu," hooho ae la na kanaka a pau ꞁai ꞁua a hope, "Mu, e kuawa, e kuawa, wa, e ku wau, a lanakila no." A pela na kanaka ꞁai ꞁua a hope, ua nui ae la ko lakou ꞁau leo a pau loa, a he loina no ia na ke kahuna no ka iho ana a ua akua ohia la.

A iho ꞁai la lakou aohe ahi e a ꞁai i keia la he kapu loa no ia, aia hiki aku ua akua ohia la i ꞁua o ka luakini, alaila a ꞁai ke ahi a na kanaka a nui loa, a hiki aku la lakou i kai i ka luakini, a pule aku la lakou akua ohia nei; a pau ae la ia ꞁau ꞁea hoi aku la na akua hulumanu a ꞁe na 'lii a pau, a ꞁe na kanaka a pau loa, i ko lakou wahi, a hiilani aku la ka poe nana e ꞁala ꞁa ua ꞁau akua hulumanu la, a kani ꞁai la ka pahu a nui loa, e hiilani aku ana lakou imua o ua ꞁau akua hulumanu nei; a pau ae la ia ꞁau ꞁea, a ahiahi ae la, hele aku la kekahi kahuna e hanai i ke akua ohia i ka ꞁaia a pulehu a pule uuku aku la ia, hanai aku la ia, a pau ae la ia.

A poeleele iho la haawi aku la ke alii i na kahuna i kauo no la laua elua, no ke kahuna ia ia ka laulama, alua laua haawi aku la ke alii i ke kanaka e lawe oe i ꞁau ꞁoa kauo na na kahuna i elua ꞁoa a laua; a poeleele loa iho la, olelo ae la ke alii i ke kanaka: "E hele aku oe e papa aku i na kanaka ꞁai o a o, i aku oe, e noho ꞁalie, aohe walaau, aohe hoi e a ꞁai ke ahi i keia po," a ao ae la, hele ꞁai la ke kahuna hele honua, a olelo aku i ke alii i ka pono o ka loina o kana oihana, i aku ia i ke alii: "E, ua hana ꞁai nei au i ka loina o ke akua i keia po, a ua ꞁahalo ꞁai nei ka po ia oe, a ke i ꞁai nei ke akua e waiwai oe, a ua ike ae la no oe i ka ꞁaikai o keia po o ko akua, he paihila ka lani, aohe kau ao, a i waiwai oe e ꞁala ꞁa hoi oe ia'u."

A pau ia ꞁau olelo, a hoolale a'e la ke alii i ka luakini, e ako i keia la hookahi no a paa ae la ekolu, a he ꞁau hale nui loa; a pau ae la ia, a i a'e la ke alii e hele ꞁai oukou e na kanaka a pau loa i ka pule, hele ꞁai la lakou a pau loa, a ꞁe na akua hulumanu, a hoonoho iho la ke kahuna i na kanaka a pau, elua paha walu lalani kanaka o ka hoonoho ana a ke kahuna i na kanaka, a kukulu lalani 'e la ka poe akua a pau loa, a ku ae la ke kahuna nui iluna ꞁe ka ꞁalo keokeo nui, a lalau ae la kona li ꞁa i ka pupu ieie hoali ae la ia a kaumaha aku la i ke akua ia Kunuiakea, ia Lononuiakea, a ia Kanenuiakea, a ia Kanaloanuiakea, a ia Kukaohialaka; a pau ae la na akua, a kaumaha aku la ke kahuna i kona ꞁau au ꞁakua kahuna kahiko, a hiki ꞁai la i keia la ana i hana 'i e like ꞁe ka lakou hana ana, a ua hiki ae la ia ꞁau ꞁea kahiko ia ia i kela la.

A pau ae la kana kaumaha ana, alaila ku ae la na kahuna iluna a pau loa, a pule aku la lakou i ke akua, a hiilani aku la ko lakou ꞁau waha imua o na akua hulumanu, a he la pule nui loa no keia la, a he la hanohano nui keia no ke kahuna nui, a ꞁe na hahuna wawae a pau loa, he hanohano wale no lakou a pau loa, a kokoke i ka ꞁanawa a ke kahuna i kena aku ai i na kanaka e hapai ae i ka poe akua iluna, a hapai ae la lakou i ua ꞁau akua hulumanu la, a loihi loa ka lakou ku ana ꞁa ka aoao ꞁauka, a kokoke i ka ꞁanawa e i aku ai ke kahuna i na kanaka e lawe i na akua ꞁa ka aoao ꞁakai, a i ae la ke kahuna, e iho like ae oukou ꞁakai, a iho aku la lakou ꞁa ka aoao makai ku like mai la lakou, a loihi loa ka lakou ku ana ꞁakai.

And the priest co1 1anded the people who were holding the idols to "Move around in a circle, and see that you 1ove properly, lest one of you 1ake an error and he dies." They 1oved around correctly, not 1aking an error. And when they had 1ade the circuit they stood in rows on the lower side. The priest then offered a prayer, called *pokeo*, a very sacred prayer, and used only in the te1ple. This prayer of *pokeo* was not applicable to all the chiefs. After this the people with the feather gods 1oved to the upper side and sat down.

Then the priest who had the *alaca* arose and placed a *hala* wreath on the king, and one around the neck of the idol, and one around his own neck; this was an ordinance of the *alaca* priest. And he said to the people, "Keep quiet, all of you people and all of you chiefs." He then turned to the king and said: "Listen to 1y prayer for you. During 1y supplication, if a chief interferes, he is a traitor to the land; but if a co1 1on man he shall die for your god."

He seized his staff and prayed for a long ti1e. The people kept very quiet before hi1. At the proper ti1e he co1 1anded the people to arise, and said: "My brothers, it is well; it is safe; it is acco1plished;" standing up eight ti1es and sitting down eight ti1es. After these things he warned the people to keep quiet and not 1ake any noise. And the priest turned to the king and said, "It is well." Then they all—the king, the priests bearing the feather gods, and the people—went into the te1ple to purify the1-selves therein. This was an ordinance of the priest for the te1ple service. After all these ended, they all went to their houses on this sa1e day.

Here is another thing: The wife of the king was still under restrictions. She was not to bathe, nor eat fresh food, nor fresh fish, nor could she play; these were all prohibited. In the sa1e way the priest's wife kept the ordinances, after the 1anner of her priest husband, as the king's wife observed those of her kingly husband. The wo1en who reverenced their deities acted in this way, and also all the people of this land who worshiped in the te1ple.

And when it was evening the king and the priests with the feather gods went in front of the te1ple and prayed outside. The people 1uttered strongly that the te1ple service of the king had failed this evening And after these things they all went to their ho1es. The king then gave fowls to the feather deities and all the priests. These were sacred fowls with which to worship the gods this night; this was the night when the king would be affably disposed, as also the priests, the chiefs and all the people.

But if any fault occurred this night, they would not be at all pleased, and great would be their dread of the god; but if the work of the king and of the priest was perfect this night, then they would be safe. This was indeed a fearful night. This was the night that the king's food (taro) was pulled, as also that of the priests and all the chiefs and the people. When dark this night was sole1nly still—no noise, no fires were lit, no squealing of pigs, no barking of dogs, no crying of children—a night when all the people and all the chiefs in the land held their breaths.

This was the night of the service called, *hulahula,* to designate right and wrong, of life and death. At 1idnight, the priest, the king and chiefs and the people awoke, and went over to the outside of the te1ple. Not a word was spoken by the1 this night. They waited for early dawn, and when it ca1e the king and the priest 1ade preparation,

A i aku la ke kahuna i na kanaka e paa'ua i na akua, e hele poai ae oukou, a e hele ı akai oukou ı e ka noonoo pono o hewa 'uanei kekahi o oukou ı ake ia, a hele pono iho la lakou, aole lakou ı hewa iki, a pau ae la ka hele poai ana ku lalani ı ai la no lakou ı akai, a pule aku la ke kahuna i keia pule, o Pokeo ka inoa, he pule kapu loa keia no ka luakini, aole i laha aku keia pule o Pokeo i na 'lii a pau, a i ka luakini wale no ia; a pau ae la ia, hoi ae la lakou ı auka a ı e na akua hulumanu, a noho iho la lakou ilalo.

A ku ae la ke kahuna ia ia ka alaea iluna; a hoolei aku la i ka lei hala i ke alii, a i ke akua kekahi lei i kona a-i, a i ke kahuna no kekahi lei i kona a-i, a he loina no ia no ke kahuna alaea, a olelo iho la ua kahuna la iluna o na kanaka, a i aku la: "E noho ı alie e na kanaka a pau, a ı e na 'lii a pau loa," i aku la ke kahuna i ke alii: "E hoolohe ı ai oe i ko pule i pule au i ko pule, i walaau he alii o ke kipi no ia o ko aina; aka, i walaau he kanaka, e ı ake ia na ko akua "

A lalau ae la kona li ı a i kana laau, a pule iho la ia a loihi loa, aohe pane leo o na kanaka imua ona, a hiki aku la i ka ı anawa e i aku ai ke kahuna i na kanaka e ku iluna, a i iho la ke kahuna i na kanaka e ku iluna i aku la i na kanaka penei: "E kuu kaikaina hiki a ola ia'u ia, koia, ewalu ku ana iluna, ewalu hoi ana ilalo;" a pau ae la ia ı au ı ea a papa aku la ke kahuna i na kanaka e noho ı alie oukou, ı ai walaau oukou, a olelo aku la ke kahuna i ke alii a i aku la, ua ı ai. A hele aku la lakou iloko o ka laukini ı e ke alii, a ı e ke kahuna, a ı e na akua hulumanu, a ı e na kanaka a pau, e hele ana lakou e kau i na auau iloko o ka luakini, he loina no ia na ke kahuna no ka luakini; a pau ae la ia ı au ı ea, a hoi ae la lakou a pau i kauhale, i keia la hookahi no.

Eia no keia ano o ka wahine a ke alii ke noho kapu nei no ia, aole ia e auau i ka wai, aole ia e ai i ka ai hou'mai, aole ia e ai i ka ia hou ı ai, aole ia e paani, he kapu loa no ia, a pela no hoi ka ke kahuna wahine, e hoo ı ana aku ana i ka hope o kana kane ka-huna, a pela no hoi ka ke alii wahine, e hoo ı ana aku ana i ka hope o kana kane alii, a pela no hoi na wahine ı ala ı a i ko lakou ı au akua, a ı e na kanaka o keia aina e hoo ı ana ı ai ana no i ka luakini, a ı e na makaainana a pau loa.

A ahiahi ae la hele aku la ke alii a ı e na kahuna, a ı e na akua hulumanu i ı ua i ke alo o ka luakini, a pule aku la lakou mawaho o ka luakini i keia ahiahi, a hookoikoi iho la ka olelo a na kanaka penei: haule iho la na hu'i o ka luakini a ke alii i keia ahiahi, a pau ae la ia ı au ı ea, a hoi aku la lakou i kauhale, a haawi aku la ke alii i ka ı oa i ke akua hulumanu a pau loa, a ı e na kahuna a pau loa, a he ı oa kauo no lakou, a he ı ea hoo ı ana aku na lakou i na akua i keia po, o ka po keia e oluolu ai ko ke alii ı anao, a ı e ko ke kahuna ı anao, a ı e ko na 'lii ı anao, a ı e ko ka puali ı anao, a ı e ko ka ı a-kaainana ı anao a pau loa.

Aka i loohia lakou e ka hewa i keia po, aole loa e oluolu iki lakou, alaila nui loa ka ı akau o lakou i ke akua; aka hoi, i pono ka hana ana a ke alii a ı e ke kahuna i keia po, alaila palekana hoi lakou. A he po ı aka'u loa no keia po. O ka po keia e kai ai ka ai a ke alii a ı e ke kahuna, a ı e na 'lii a pau loa, a ı e na kanaka a pau loa. A po iho la anoano iho la keia po, aole he walaau, aohe ahi a ı ai, aohe puaa alala ı ai, aohe ilio aoa ı ai, aohe keiki uwe ı ai, he po pili loa no keia no ka hanu o na kanaka, a ı e na 'lii a pau, a ı e na makaainana a pau loa o kuaaina a pau loa.

O ka po keia e kai ai ka aha, o Hulahula ka inoa, he hailona no ka hewa a ı e ka pono a ı e ka ı ake a ı e ka ola; aumoe iho la ala ı ai la ke kahuna a ı e ke alii, a ı e na 'lii, a ı e na kanaka a pau loa, hele aku la lakou a hiki aku la lakou mawaho iho o ka lua-kini aohe pane leo o lakou i keia po, kakali aku la lakou a kokoke aku i ka wanaao, a hiki ı ai la ka wanaao ia lakou, hoomakaukau iho la ke alii a ı e ke kahuna a o ka nui o na ka-

while the majority of the people prayed from a distance, imitating the voice of the rat, of the chicken, of the bird, of the dog and of the pig. Thus they worshiped their gods, all of them asking their deities, saying: "Make your powers great, our gods, at the king's service, where a post to your house shall have a place." And this was agreeable to all the people. And at morn the priest took hold of the idol and the *lama* leaves and a small white covering *(oloa)*, while the king seized the drum and the pig and entered the temple, they two alone, imposing its sacredness.

OF THE PRIEST DIRECTING THE SERVICE

The priest gathered up the *lama* leaves in his hand, wrapping them in the white *kapa*, and said to the king, "Listen you for our mistakes within here." An immense bank of clouds then settled above them, so that the stars were invisible. They prayed and the clouds were dispelled, and the stars twinkled. And when the priest saw that it was all clear above, he said to the king, "Listen you for the cries of the mice, the singing of the birds, and the crowing of the roosters." After these things, the priest stood up while imploring the prayer called *hulahula.* He then sat down, praying silently. When he ended his prayer, he turned his face to the rear, to the king. And when the king saw the priest's glance, he (the king) offered the pig, saying: "O Ku, *hulahula!* Here is thy pig, and may I be saved by thee; and here is thy beautiful house, a gift from me to thee. Save thou my land, and chiefs and all the people. Cursed be the traitor who robs the land, or the tattler who would seek our defeat; here is where the object of our service is directed." And when the king had finished, the priest entered a temple division *(waiea)* to conduct his prayer secretly; it was a small house essential for the services of the priest.

After this the priest uttered a prayer softly, and then turned his face to the king, asking: "How was our prayer service?" The king answered him. "It was well." Then the priest questioned the king to learn if he (the king) had faithfully complied in listening for the right or the wrong, saying: "Heard thou not the birds singing?" "No." "Heard thou not the crowing of the rooster?" "No." "Did not hear a dog bark?" "No." "Was there not anything wrong at all with us?" "No." "Did you not hear anything wrong at all from the outside?" "No." Then the priest told the king, "Your prayer was well done, and you are saved, and your land, and the chiefs and all the people." At the end of their consultation, they went outside to inquire particularly what the people had heard. And they inquired quietly: "Say, what have you heard on the outside here?" And they whispered in reply: "Nothing, nothing at all. There was nothing wrong at all outside here that we heard of." Then the priest said to the king: "Your majesty." The king responded, "Yes." (E o.) "I say unto you, your prayer was good, and the night returns thanks unto you, and the deity says, 'Thou shalt have life.' " They then gathered on the outside of the temple, raising their voices, exclaiming "The prayer is flown" (finished). And when the people heard that the king's prayer service was ended, loud voices were heard from all places, the exclamations of the crowd of people making a rumbling sound, the report being carried far and wide. This was pleasing to the king, and to the priest and the chiefs and all the people.

And when it was daylight they prayed outside of the temple. There were three

naka, ua pule ꞏai la lakou ꞏa kahi e, e hooꞏana aku ana i ka leo o ka iole, a ꞏe ka leo o ka
ꞏoa, a ꞏe ka leo o ka ꞏanu, a ꞏe ka leo o ka ilio, a ꞏe ka leo o ka puaa; pela lakou i
hooꞏana aku ai i ko lakou ꞏau akua, i aku la lakou a pau loa i ko lakou poe akua: "E, i
nui ka ꞏana o oukouꞏe na akua, i ka aha a ke alii, i kahi e ku ai kou pou hale," a pela no
ka ꞏanao o na kanaka a pau loa; a kokoke aku la i ka wanaao lalau ae ke kahuna i ke
akua, a ꞏe ka lau laꞏa, a ꞏe ka oloa, lalau ae la ke alii i ka pahu i kona liꞏa, a ꞏe ka
puaa, a koꞏo aku la iloko o ka luakini o laua wale no elua ke kapu loa no ia.

NO KE KAI ANA A KE KAHUNA I KA AHA

Pupu iho la ke kahuna i ka lau laꞏa i kona liꞏa a hoohume ae la ia i ka oloa i ka
lau laꞏa, a i ₐₖᵤ la ia i ke alii: "E hoolohe oe i ka hewa ꞏaloko nei o kaua," a kau ae la
ke ao nui maluna o lakou, aohe ikeia aku o ka hoku, pule aku la lakou, a pau ae la ia ka hi-
olo puupuu ꞏai la ka ꞏaka o ka hoku, a ike ae la ka ꞏaka o ke kahuna iꞏka ꞏaikai oluna,
alaila i ae la ke kahuna i ke alii: "E hoolohe oe i ka leo o ka iole, i ka leo o ka ꞏanu, a i
ka leo o ka ꞏoa;" a pau ae la ia ꞏau ꞏea, alaila ku ae la ke kahuna iluna, kalokalo aku la
ke kahuna i ka aha, o Hulahula ka inoa, a noho iho la ia ilalo, pule aku la ke kahuna oia
wale no; a pau ae la kana pule ana, alawa ꞌe la kona ꞏau ꞏaka mahope i ke alii, ike aku
la ka ꞏaka o ke alii i ka alawa ana ꞏai a ke kahuna, bahau aku la ke alii i ka puaa, i aku
la: "E Ku, ia Hulahula, eia ko puaa e ola au ia oe, a eia ko hale ꞏaikai he ꞏakana naꞏu
ia oe, a e hoola ꞏai oe i kuu aina, a ꞏe na ꞌlii, a ꞏe na kanaka a pau loa, ꞏolia i ke kipi i
ka ili aina, i koa kani paha i ko nau e hee iaꞏu, ilaila ka piko o ka aha a kaua e kahihi ai;"
a pau ae la ka ke alii, alaila ke kahuna lawe aku la e huna i ka aha iloko o ka waiea, he wa-
hi hale uuku ia, a he loina no ia na ke kahuna.

A pau ae la ia, hoopai ae la ke kahuna i ka aha, a baliu aku la kona alo i ke alii la,
ninau aku la ke kahuna i ke alii, i aku la: "Pehea ka aha a kaua?" I ꞏai ke alii ia ia,
"Ua ꞏaikai." A ninau aku la ke kahuna i ke alii, i maopopo ai kana hoolohe ana i ka po-
no a ꞏe ka hewa, i aku la: "Aohe oe i lohe i ka leo o ka ꞏanu?" "Aole." "Aole oe
i lohe i ka leo o ka ꞏoa?" "Aole." "Aole leo ilio au i lohe?" "Aole." "Aole loa
anei he ꞏea hewa iki ꞏaloko nei o kaua?" "Aole." "Aole anei he ꞏea hewa iki ꞏawa-
ho ꞏai au i lohe?" "Aole." I aku la ke kahuna i ke alii: "A ua ꞏaikai ko aha, a ua ola
oe, a ꞏe ko aina, a ꞏe na ꞌlii, a ꞏe na kanaka a pau loa;" a pau ae la ia ꞏau olelo a laua,
hele aku la laua mawaho e ninau pono aku ia lakou i ka lakou ꞏau ꞏea i lohe ai, a ninau
ꞏalu aku la laua: "Ea, heaha ka oukou ꞏau ꞏea i lohe ai mawaho nei?" A hawanawa-
na ꞏai la lakou hoole ꞏai la: "Aole, aole, loa, aole loa akahi ꞏea hewa iki mawaho nei,
a ꞏakou i lohe;" alaila olelo ae la ke kahuna i ke alii, i aku la: "E ka lani e," o ꞏai la ke
alii, "E o." "Ke olelo aku nei au ia oe, ꞏaikai ae nei ko pule, a ke ꞏahalo ꞏai nei ka po ia
oe, a ke i ꞏai nei ke akua, e ola oe;" alaila houluulu ae la lakou, a akoakoa mawaho iho
no o ka luakini, a hea ae la lakou ꞏe ka leo nui iluna, a hooae la lakou i ko lakou poe leo
iluna, i ae la penei "Lelewale ka aha e;" a hooae la lakou ꞏe ka leo nui, a lohe ꞏai la na
kanaka ua lele wale ka aha a ke alii, olo ꞏai la ka pihe a kela wahi a keia wahi, nakulu
akú la ka leo o ka puali a ꞏe kanaka makaainana a pau loa, kukui aku la ke kaulana i na
wahi a puni, a ua oluolu iho la ka ꞏanao o ke alii, a ꞏe ke kahuna, a ꞏe na ꞌlii, a ꞏe na
kanaka a pau loa.

A ao ae la, pule aku la lakou mawaho o ka luakini, ekolu pule o keia kakahiaka, he

prayers this 1orning, the *waipa,* the *kuwa,*[24] and the *kuwi.* After this they entered the te 1 ple—all of the chiefs and all of the idols, and all of the priests—and sat down in front of the inner te 1 ple. The high priest then stood up, offered a prayer, the na 1 e of which was *kolii,*[25] and which was a very sacred prayer of the priest.

At the conclusion of this prayer they went on the outside, giving to each feather i 1 age one pig, and one pig each to the principal priests. The king then co 1 1 anded his stewards, saying, "Go and roast so 1 e large-sized pigs, about ten in nu 1 ber." This concluded that part of the cere 1 onies. Then they all returned within the te 1 ple to clothe with s 1 all white *kapa* the wooden idols and the j 1 ages, 1 aking great prayers this very sa 1 e day. After these petitions the priest waved his hand and sat down, all joining in a prayer. The fires were lit on the outside and a 1 ong the people of the outer districts; and after a prayer the king offered to the deity a broiled pig. Only broiled pig was offered to the deity, not roasted (in the ground). After the king's offering to the deity, they all went to their houses. When the pigs set apart for the feather gods were cooked the keepers of said feather gods sang praises. When the pigs set apart for the king—they were good sized pigs—were cooked, there 1 ight be about ten or twenty of the 1, they were taken into the te 1 ple where a single priest offered a short prayer over the 1. The king's portion was then brought back and placed before hi 1, while other portions were given to the chiefs.

After this and when it was evening the king co 1 1 anded his stewards to cook forty pigs for the *kuili* (prayer) of the te 1 ple. After sunset a nu 1 ber of priests went on the outside to pray. This prayer was called *kaulahale.* After this and when it was dark, torches were lit in the te 1 ple and in the houses. Then all the priests and all the chiefs with the deities asse 1 bled on this night. This was a night of fervent prayer, and they were to see that they did not sleep at all this night. And on this night also, the high priest's knowledge of all the prayers would be shown. They (the priests) then prayed and their voices were raised up high, and beca 1 e as of those who were disputing. They also waved their hands 1 aking 1 otions as if dancing. They clapped their hands loudly with rejoicing in the te 1 ple.

These cere 1 onies ended, the pigs were brought into the te 1 ple and were tied by the priest. They then renewed their praying until 1 orning, when they went to their houses. During the 1 orning the king co 1 1 anded his stewards to cook so 1 e 1 ore pigs —forty in nu 1 ber—and it was then noon. Again the chiefs, the priests with all the idols, went into the temple to pray, to worship and to give praise. After this service they re- 1 oved to the outside, and in the afternoon entered the te 1 ple again to pray. This was called *kulawa.* After this they went outside to their places; and after so 1 e ti 1 e, they again entered the te 1 ple, this sa 1 e day, to pray. This was called *kupapaa.* They followed in a prayer called *kuaiwa,* at the conclusion of which it was near sunset. They then went up to the altar to pray, and this prayer was called *kulewalewa.*

The king then co 1 1 anded one of his priests, "Go and bring the idol in here." A man went and brought the *ohia* god, which they had brought down on a previous occa-

---

[24] The *waipa* was a prayer of supplication, while the *kuwa* was for the completion of a duty. The character of the *kuwa* is not clearly understood.

[25] Kolii, was the name of a ceremony attending the landing of a chief with his god and people.

waipa, a he kuwa, a he kuwi; a pau ae la ia a ko ι o aku la lakou iloko o ka luakini, a ι e na 'lii a pau, a me na akua a pau, a ι e na kahuna a pau loa, a noho iho la lakou i ke alo o ka luakini a ku ae la ke kahuna nui iluna, a hoali ae la i ka aha, o Kolii ka inoa o keia pule, a he pule kapu loa no keia na ke kahuna.

A pau ae la keia pule a haele ae la lakou mawaho, a e haawi i ka puaa i na akua hulumanu, a pakahi ka puaa ia lakou, a pakahi hoi ka puaa i na kahuna wawae, a kena aku la ke alii i na aipuupuu, e kalua ι ai oukou i ι au puaa nui i u ι i paha, a oki ae la keia ι au ι ea a pau, alaila hoi hou aku la lakou iloko o ka luakini e kopili mahaehae lakou i ke akua laau i ke kii, a pule nui aku la lakou i keia la hookahi no, a mahope iho o ka pule ana hoali ae la ke kahuna i ka au li ι a, a noho iho la ilalo, a pule aku la lakou, a a ι ai la ke ahi owaho, a me kuaaina pau loa, a mahope iho o ka pule ana, ι ohai aku la ke alii i ka puaa pulehu i ke akua, a he pulehu wale no ka puaa o ke akua, aole e kalua; a pau ae la ka ι ohai ana a ke alii i ke akua, a hoi aku la lakou i ko lakou kaubale, a ι oa ι ai la na puaa a ka poe akua hulumanu, a hiilani aku la ka poe nana i ι ala ι a na akua hulumanu; a ι oa ι ai la ka ke alii ι au puaa, a he ι au puaa nui no hoi, he u ι i paha, a he iwakalua paha, a halihali aku la ka puaa a ke alii iloko o ka luakini, a malaila e pule uuku ai kekahi kahuna hookahi; a pau ae la ia, alaila hoihoi ι ai la ka ke alii waiwai i ι ua o kona alo, a e haawi ia na na 'lii kekahi waiwai.

A pau ae la ia, a ia ahiahi ae la alaila kena aku la ke alii i kana poe aipuupuu, e kalua ι ai oukou i puaa no Kuili, o ka luakini, i hookahi kanaha puaa, a napoo iho la ka la, a hele aku la kekahi poe kahuna mawaho, a he kaulahale ka inoa o keia pule; a pau ae la ia, a poeleele iho la, alaila malamalama aku la na kukui iloko o ka luakini, iloko o ka hale, alaila hele ι ai la na kahuna a pau loa, a ι e na 'lii a pau loa, a me na akua a pau loa, i keia po, a he po pule nui no keia, a e ao aole lakou e ι oe iki i keia po, a i keia po alaila ike ia ke kanaka kahuna nui i pau loa ka pule ia ia, a pule iho la lakou, nui loa ko lakou ι au leo iluna lilo a he like ι a ka hakaka lakou, a he kuhikuhi ka li ι a me he hula la, a paipai nui iho la lakou i ko lakou ι au li ι a e hiilani ana i ka luakini.

A pau ae la ia alaila halihali ι ai la ka puaa iloko o ka luakini, aka i naki iho la ke kahuna i ka puaa iloko o ka luakini; a pau ae la ia, alaila pule hou aku la lakou a ao ka po, a hoi aku la lakou i ko lakou kaubale, a awakea ae la kena hou aku la ke alii i kana ι au aipuupuu, a i aku la: "E kalua hou ι ai oukou i ι au puaa i kanaha," a ku ae la ka la alaila hele hou aku la na 'lii, na kahuna a ι e na akua a pau loa, a e hele ana lakou e pule nui iloko o ka luakini, e hoo ι ana a e hoolea; a pau ae la ia pule ana hoi ae la lakou iwaho, a aui ae la ka la hoi hou aku la no lakou iloko o ka luakini, a he kulawa ka inoa o keia pule a lakou; a pau ae la ia a hele ae la lakou iwaho i ko lakou wahi; a mahope iho o ia noho ana hoi hou aku la no lakou iloko o ka luakini, i keia la hookahi no, a he kupapaa ka inoa o keia pule; a pau ae la ia pule a lakou, a pule hou aku la no lakou, a he kuaiwa ka inoa o keia pule a lakou, a pau ae la ia pule a lakou, a ι a-hope iho o ia ι au ι ea, a pau loa aneane iho la e kapoo ka la alaila hele aku la lakou i ke kuahu a pule aku lakou i ke akua, a he kulewalewa ka inoa o keia pule a lakou.

Alaila kena ae la ke alii i kekahi kahuna, i aku la: "E kii ae oe i ke akua e lawe ι ai iloko nei," a kii aku la kekahi kanaka a ke akua ohia a lakou i kii ai ι a ι ua iuka,

sion. And when it was brought to the te 1 ple the king ordered a hu 1 an sacrifice and a pig for the god. A man was brought before the king who ordered a prayer to be offered. The priest stood up and waved a s 1 all spear (javelin, *o)*, then sat down. They all prayed, and the man was then killed, and offered to the god, both man and pig. This concluded the cere 1 onies, and it was sunset, and they all went to their houses. One of the priests 1 ade preparations to perfor 1 certain of his official duties. He was the *ulua* fishing priest. When night ca 1 e he went out to sea throwing his hook to the *ulua.* If the bait was all eaten up, he would be in great dread; or if the bait re- 1 ained it was well. But if the hook was lost, his effort was futile, as also the prayer of his 1 outh, on the water. He therefore prayed earnestly in the canoe while at sea, before returning to shore.

Another priest was conducting his own services this night, this last- 1 entioned priest, however, offering his prayer in the te 1 ple. This prayer was called *maua,* an ordinance of the te 1 ple. And after 1 idnight the king ca 1 e into the te 1 ple, where they 1 ade earnest prayer at the altar. *Oihana* was the na 1 e of this prayer. This was a very sacred night, fires not being allowed to burn. Then the high priest chanted these two prayers, which are *piikumu* and *leiau* by na 1 e.

The king then prepared hi 1 self to acco 1 pany the priest of the order of Lono. They went to conduct the service called *hooilimo,* and they were silent, not uttering a word, not even 1 oving. The priest of the order of Lono seized a bunch of *lama* leaves and wrapped it with a piece of white kapa. He then stood up, chanted a prayer and sat down, continuing his entreaty; and at the conclusion of his prayer, turned his eyes to the king. And when the king saw hi 1 looking at hi 1, he (the king) offered the pig in sacrifice to the god saying: "O Ku, by *hooilimoo;*[20] here is your pig, a pig whereby I will be saved by thee. Keep careful watch over 1 e. Death to the traitor who takes land by force; curse hi 1 to the house of bones; let hi 1 die." After the king had 1 ade his sacrifice the priest turned to hi 1 and asked, "How is our prayer?" The king answered hi 1, "It is well." "You did not hear anything wrong?" "No."

After the priest had discontinued the services and had uttered a short invocation, they passed out to the people inquiring of what they had heard. The people denied having heard anything. This sa 1 e night they all joined in prayer—the *ulua* fishing priest, the *maua* priest, the chief priest and the priest of the order of Lono. They continued through this night in earnest prayer. And at dawn the priest 1 ade a sign and stood up chanting their prayer called *kolii,* and then sat down still praying. When this ended they raised their hands to the *lananuu,*[27] fro 1 which two men were calling to the 1 in loud voices. While the priests were chanting fro 1 below, they (the two men) were dancing above. All this was called *makii-lohclohc.* The king then went outside to distribute the pork to the feather idols, and the priests, and all the chiefs, and all the people of the higher class, giving to each feather idol its share, and also to the priests, each his share; giving chiefs of the lower order, five-fold, and those of the higher order ten-fold,

---

[20]The major gods (of which Ku was one) were never seen, but were impersonated by various images.

[27]The *lananuu* was the tall *kapa* covered structure of usually three platforms which stood in front of the altar of the *heiau,* whereon the priest and king stood during a sacrificial service. The high priest Koi conducted Capt. Cook to one of these, supposedly to participate in a service.

a lawe ia ꜩ ai la ua akua ohia nei imua o ka luakini, a kena ae la ke alii i kanaka na ke akua, a i puaa kekahi, alakaiia ꜩ ai la ke kanaka a hiki ꜩ ai la i ke alo o ke alii, a kena ae lā ke alii e pule, a ku ae la ke kahuna iluna, a hoali ae la i ka o, a noho iho la ilalo, a pule aku la lakou a pepehiia iho la ke kanaka, a ꜩ ohai aku la ke alii i ke akua i ke kanaka a ꜩ e ka puaa; a pau ae la ia a kapoo iho la ka la, hoi ae la lakou i ka hale, a hoomakaukau iho la kekahi kahuna i kana oihana, o ke kahuna ulua a po iho la holo aku la ia ꜩ a ka ꜩ oana e hoolei aku i kana ꜩ akau i ka ulua, a i pau ka ꜩ aunu hopohopo loa ia, aka i koe ꜩ ai ka ꜩ aunu a he ꜩ aikai no ia, aka i ꜩ oku ka ꜩ akau hewa loa kana loina, a ꜩ e kana pule, a ꜩ e ka pule no ia ꜩ a kona waha ꜩ a ka ꜩ oana, a ua pule nui no ia ꜩ akai, ꜩ a ka waa, a hoi ꜩ ai la ia iuka.

A hana iho la kekahi kahuna i kana loina, i keia po hookahi no laua i hana 'i; a ꜩ aloko nae o ka luakini keia kahuna i hana 'i i kana loina a he ꜩ aua ka inoa o keia pule, a he ano no ia no ka luakini; a pau ae la ia a mahope iho o ke aumoe, a hele maꜩ la ke alii iloko o ka luakini ꜩ a ke kuahu ilaila lakou e pule nui ai, a he oihana ka inoa o keia pule, a he po kapu loa no keia, aole e a ꜩ ai ke ahi i keia po; a pau ae la ia, alaila kalokalo ae la ke kahuna nui i keia ꜩ au pule, elua inoa o laua, o piikuma laua o leiau ko laua ꜩ au inoa.

A pau ae la ia, a hoomakaukau ae la ke alii ia ia, a ꜩ e ke kahuna moolono, e hele aku laua e kai i ka aha, o Hooilimoo ka inoa o keia aha; a nukuke iho la lakou aohe pane leo, aohe onioni, alaila lalau ae la ke kahuna moolono i ka lau la ꜩ a i kona li ꜩ a, a hoohu ꜩ e ae la ia i ka oloa, a ku ae la ia iluna, a kalokalo ae la ia i ka aha, a noho iho la ia ilalo, a pule aku la, a pau ae la kana pule, alawa 'e la kona ꜩ a ka mahope i ke alii, a ike ꜩ ai la ka ꜩ aka o ke alii i kana nana ana ꜩ ai ia ia, a hahau aku la ke alii i ka puaa a ꜩ ohai aku la i ke akua, a i aku la: "E Ku ia Hooilimoo, eia ko puaa, he puaa ola no'u ia oe, e nana pono ꜩ ai oe ia'u, a ꜩ olia i ke kipi i ka ili aina, a ꜩ olia i ka hale iwi, e ꜩ ake ia." A pau ae la ke alii ꜩ ohai ana, alaila baliu ꜩ ai la ke kahuna i ke alii, a ninau ꜩ ai la ia: "Pehea ka aha a kaua?" A i aku la ke alii ia ia: "Ua ꜩ aikai, aohe ꜩ ea hewa iki a kou pepeiao i lohe?" "Aole."

A pau ae la ia, a hoopai ae la ke kahuna i ka aha, a hoonoa uuku ae la, alaila hoi ꜩ alie aku la laua ꜩ a kahi lehulehu o kanaka a ninau aku la lakou i ka lakou ꜩ au ꜩ ea i lohe ai, a hoole ꜩ ai la lakou; a pau ae la ia ꜩ au ꜩ ea, i ka po hookahi no lakou i pule ai, o ke kahuna ulua, a ꜩ e ke kahuna ꜩ aua a ꜩ e ke kahuna nui a ꜩ e ke kahuna moolono, i keia po hookahi no lakou i pule nui ai, a wanaao ae la, alaila hoali ae la ke kahuna a ku ae la iluna. Kalokalo ae la i ka lakou pule, o kolii ka inoa o keia pule, a noho iho la ilalo pule aku la; a pau ae la ia, a hoopii aku la na aha limalima iluna o ka lananuu, ilaila kekahi ꜩ au kanaka elua, e kahea ꜩ ai ai me na leo nui o laua, a ke pule aku nei no na kahuna ꜩ alalo aku, a hula ꜩ ai la laua iluna, a he makiilohelohe ka inoa o neia ꜩ au ꜩ ea a pau. A pau ae la ia, alaila hele ae la ke alii iwaho, e haawi i ka puaa i na akua hulumanu a ꜩ e na kahuna a me na 'lii a pau loa, a ꜩ e na kanaka ꜩ aka hanohano o ke alii a pau loa, alaila haawi pakahi aku la ke alii i ka puaa i na akua hulumanu, a pela no hoi i ka poe kahuna a pali ꜩ a ka puaa i na 'lii likelike iho, a paumi ka puaa i na 'lii nui, a pakahi ka puaa i kanaka ꜩ aka hanohano, a palua ka puali

while the people of the higher class received each his share, one pig to every two co 1 -
panics. And the people of the lowest class after the king's share was cooked received
their portion also. Then the king offered pigs on the altar, to the idols, about five ti 1 es
forty (200) pigs. After these things they all returned to the te 1 ple—the chiefs and
all of the priests, and worshiped before the wooden idols. This prayer was called *ko-
pili-nui.* The high priest then arose, offered a prayer to a fire stick and sat down. All
then prayed and 1 any roasting fires were started burning, so nu 1 erous that the air be-
ca 1 e heavy with the s 1 oke of the roasting pork, fro 1 the pigs set apart for the te 1 ple
which were put on fires for broiling, the people 1 eanwhile continued praying before the
i 1 ages.

The broiled pigs, about five forties in nu 1 ber (200) were brought into the te 1 ple
and placed before the wooden idols, together with a large quantity of green bananas, and
of coconut, together with two or three men transgressors, who, after being killed, were
placed a 1 ong the pigs, the coconuts and the bananas. The *ulua* fishing priest then pre-
pared to come forward to state his opinions before the king. No one was to be seen pass-
ing on the outside under penalty of death. And when he ca 1 e there solemnity prevailed
on the outside, not a person passing. He ca 1 e uttering a prayer and holding a baited
hook in his hand. This was the sa 1 e hook with which he was fishing during the night,
and his 1 outh was still 1 oving in prayer. And when he arrived at the te 1 ple the other
priests were in dread at his appearance, and fled into the *hale-pahu,* a place within the
te 1 ple. The priest then ceased praying and spoke to the king, saying: "Your 1 ajesty,
listen to the words of god. I went out to sea last night. My hook did not part, and 1 y
bait was not devoured. Your prayer was excellent. No traitor shall live at thy hand.
Our chief would not overco 1 e thee." After these words he was free and rèturned to his
place.

The people then resu 1 ed their praying in the te 1 ple before the i 1 ages and the
king offered as sacrifices the pigs and the dead men, which were laid down with the 1,
together with the coconuts and the bananas. After this they all went to their houses.
After the pigs set apart for the feather gods had been cooked, the people sang praises to
these false deities. Then also were cooked the pigs set apart for the king, and for the
chiefs, the people and those of the higher class. All the pigs were taken to the te 1 ple
where another priest ca 1 e to bless the offerings. He 1 ade a short prayer, after which
the king's share was returned to hi 1, which he (the king) hi 1 self distributed to the
needy, as their portion.

When it was evening they all again entered the te 1 ple—the chiefs, the priests, and
all the deities—to pray. The king offered pigs, bananas, coconuts and a dead man as a
sacrifice, after which they repaired to the House of Papa,[28] according to the ordinance of
the priest of that house. They prayed therein, chanting a prayer, na 1 ed *hui-o-papa,* that
same evening. This ended, they then returned to their respective places.

When it was dark they again went into the te 1 ple with the king, the priests and
all the deities, where they prayed at the altar. The na 1 e of this prayer was *weweke,* an
ordinance of the te 1 ple. And the priests went, with one of the king's deities, a 1 ong the

---

[28]The House of Papa adjoined sacrificial temples only.

hookahi puaa, a o kanaka liilii loa iho aia ı oa ı ai ka ke alii waiwai, alaila haawi lakou
a pau loa, alaila haawi aku la ke alii i ka puaa; o ke kuahu na ka poe akua laau, ali ı a
paha kanaba puaa, a ka poe kii; a pau ae la ia ı au ı ea, alaila hoi hou aku la lakou
iloko o ka luakini a me na 'lii, a ı e na kahuna a pau loa, a pule aku la lakou ı a ke
alo 'o na akua laau, a he kopili-nui ka inoa o keia pule. A ku ae la ke kahuna nui
iluna kalokalo ae la i ka au li ı a, a noho iho la ia ilalo, a pule aku la lakou, a a ı ai la ke
ahi a nui loa, a po kai ae la luna i kau wahi o ka puaa a pulehu aku la ka puaa o ua
luakini nei a ke pule aku nei no lakou imua o ka poe kii.

A halihaliia ı ai la ka puaa pulehu a ua ı au akua laau la, a eli ı a paha kanaha,
a hiki ı ai la iloko o ka luakini a waiho aku la imua i ua poe kii la a me ka ı aia ı aka
a nui loa, a ı e ka niu a nui loa i ı ua o ua poe kii nei, a ı e kekahi ı au kanaka lawe-
hala elua paha a ekolu paha, a pepehiia iho la lakou, a waiho pu aku la lakou i na
kanaka ı ake ı e ka puaa, a ı e ka ı aia, a ı e ka niu, alaila hele ı ai la ke kahuna ulua,
e hai i kana pono i ke alii, aohe kanaka ı aalo ae iwaho o ı ake no ia ia, a i kana hele
ana ı ai ihiihi iho la iwaho iho, aole hele kanaka, a me ka pule no ia ı a kona waha i
kana hele ana ı ai a ı e ka ı akau no i kona li ı a, a ı e ka ı aunu no i ka ı akau, o ka
ı akau no keia ana i lawaia 'i i ka po, a ke pule nui nei no ia ı a kona waha, a hiki aku
la ia i ka luakini, a ı akau nui iho la ka poe kahuna, i ke kahuna ulua, i kana hoca ana
aku, a auhee aku la lakou iloko o ka hale pahu iloko no o ka luakini, alaila pau ae la ka
pule ana a ua kahuna la, alaila olelo ı ai la ia i ke alii, i ı ai la: "E ka lani, e hoolohe
mai oe i keia olelo a ke akua, a ua holo aku nei au i kai i ka po nei, aole i ı oku kuu
ı akau, aole i pau kuu ı aunu, a ua ı aikai no ko pule, aole e ola ke kipi ia oe, aole e ola
ka ı akou alii ia oe." Alaila hoonoa ae la i kana olelo, a hoi aku la ia i kona wahi.

A pule hou aku la no lakou i ka luakini imua o ka poe kii, alaila, ı ohai aku la ke
alii i ka puaa, a ı e na kanaka ı ake e waiho pu ana no ı e lakou, a i ka niu, a i ka ı aia;
a pau ae la ia, alaila hoi aku la lakou i ko lakou wahi a pau loa, a ı oa ae la ka puaa a
ka poe akua hulumanu, a hiilani aku la lakou i ua ı au akua wahahee nei; a pau ae la
ia, alaila ı oa ı ai la ka puaa a ke alii, a me ka na 'lii, a ı e ka ka puali, a ı e ka na
kanaka ı aka hanohano a hali aku la ka puaa a pau loa iloko o ka luakini, a hele aku
la kekahi kahuna e hainaki i ka puaa, a pule uuku iho la ia; a pau ae la ia, a hoihoi
ı ai la ka waiwai o ke alii io na la, alaila haawi aku la ke alii i na kanaka nele i waiwai
na lakou; a pau ae la ia ahiahi ae la hele hou aku la lakou iloko o ka luakini, a ı e na
'lii, a ı e na kahuna, a me na akua a pau loa, a pule aku la lakou i keia ahiahi, a ı ohai
aku la ke alii i ka puaa, a ı e ka ı aia a ı e ka niu a me ke kanaka ı ake, alaila haalele
iho la lakou i ka luakini. Hele aku la lakou i ka hale o Papa, i ka loina a ia kahuna,
pule iho la lakou malaila, a haule iho la ka hui o Papa i keia ahiahi hookahi no. A pau
ae la ia, alaila hoi aku la lakou i ko lakou wahi

A poeleele iho la hele hou aku la no lakou i ka luakini, ı e ke alii, a ı e ke kahuna,
a ı e na akua a pau loa, a pule aku la lakou i ı ua o kuahu, o weweke ka inoa o keia
pule, he loina no ia no ka luakini, a hele aku la na kahuna a ı e ko ke alii akua hookahi,

houses [of the people] praying on the outside. This was deceitful praying. They told the people who were inside of the houses to "come out here". Thus they endeavored to deceive the people. The people knew what all their talk meant to them. They made careful study this night—a night dedicated to *kahoalii*. This prayer was called *lalakoa*, and no people dared pass on the outside lest they died. And after this they [the priests] went to their places, leaving one man in the temple as a soldier on watch. This was a rule of the temple according to the priests. All these things were done in one night

Early in the morning the king went to the House of Papa, to recite its prayer, together with the priest who understood the ordinance belonging to it. They both prayed, after which the priest said, "Listen to my words." The king assented. "Your prayer was perfect, and your god has looked down favorably upon you." The king then went to his place. Afterwards when it was daylight the king, together with the priests and the idols, again went to the temple to offer a short prayer to the deity. After the prayer the king offered as sacrifice to the deities, pigs, bananas, coconuts and a dead man. This prayer was called *holua*. The king's feather god was then taken to the beach. It was a most sacred idol, and wherever it went sacredness was observed and all men and all chiefs prostrated before it. Then again the king entered the House of Papa to pray therein. Then came all the people and all the chiefs to be blessed by the priest of Papa, so that they might be released from any sea bathing restraint. This was the goddess who released the temple tabu, by which the uncleanness of all the people and of all the chiefs, and of all the priests was remedied. They had their bath this day, but they were not entirely free. This was an ordinance of the *hono* priest.[29]

After bathing they all went into the temple—the king and the priests and the people. The *hono* priest placed the people in eight rows before the altar, and in presence of the images, the *hono* priest officiating, said: "Remain quiet, all of you. Do not make a noise. Do not move. Steady your posture, make the knees uniform, and keep your seats down, so that the deity may be favorably impressed." They obeyed the priest and behaved themselves, not moving in the slightest. The priest then arose, shook the *lama* branch over the people, praying alone, and saying, "The palm of the hand, raise it." All the people raised their hands without making any other movements, lest they might be killed. This was a most sacred ceremony of the *hono* priest, and an ordinance of the temple, a charge also from his ancestor to him. The priest then gave the king his decision, saying, "Your prayer is excellent. This is the strength of unity by which you will retain your land." The priest then released himself from the service, and they all left the temple, going outside to parcel out the goods to the people and the *hono* priest, [the goods being] pigs, bananas and coconuts. And when this was ended and it was night the priest of Papa offered prayer in the House of Papa. *Kuili* was the name of one of his prayers this night, and *keliimaomao* was the name of the other prayer. The king did not accompany him this night.

On the next day at early morning the king went to the priest to hear his words. The priest then said to the king, "Listen: this has been a favorable night to your god-

---

[29] The priest conducting the hono service ceremonies.

hele aku la lakou ı a kauhale e pule aku ai mawaho, a he pule hoopunipuni no keia, i
aku la lakou i na kanaka oloko o kauhale: "E hele ı ai oukou iwaho nei;" pela lakou i
wahahee aku ai i na kanaka, ua ike no na kanaka a pau i keia ı au ı ea a lakou i olelo
aku ai ia lakou la ua noonoo nui no lakou i keia po, a he po kapu loa no keia no ka hoalii,
a he lalakoa ka inoa o keia pule, aohe ı aalo kanaka o keia po mawaho o ı ake lakou
A pau ae la ia hoi ı ai la lakou i ko lakou wahi; oia hoi ua noho iho la no kekahi
kanaka hookahi iloko o ka luakini, he koa ia no kulana a he ano no keia no ka luakini,
he loina no ia na ke kahuna, i keia po hookahi no keia ı au hana a pau.

A wanaao ae la hele aku la ke alii i ka hale o Papa e kai i ka aha o ka hale o
Papa, a ı e ke kahuna no i ike i ka loina oia ı ea a pule aku la laua; a pau ae la, a olelo
ı ai la: "E hoolohe ı ai oe i ka'u olelo," a ae aku la ke alii ia ia: "Ae." "Ua ı aikai
ko pule a ua .nana ı ai no ko akua ia oe." A hoi aku la ke alii i kona wahi, a mahope
iho a ao ae la hele hou aku la no ke alii, a ı e na kahuna a ı e na akua iloko o ka lua-
kini, a e pule uuku aku i ke akua, a mahope iho o ka pule ana ı ohai aku la ke alii i ka
puaa i ke akua, a ı e ka ı aia, a me ka niu, a ı e ke kanaka ı ake, he holua keia pule.
A pau ae la ia, alaila lawe ia aku la ko ke alii akua hulumanu i kahakai, a he akua kapu
loa ia, a he hoana wale no kana hele, a he ı oe na kanaka a pau loa, a ı e na'lii a pau loa,
alaila hele hou aku la no ke alii i ka hale o Papa e pule malaila, alaila hele ı ai la na kanaka
a pau loa, a ı e na'lii a pau loa e puleia 'i e ke kahuna, o papa i noa lakou i auau lakou i ke
kai, a o ke akua wahine keia nana e hoona ke kapu o ka luakini a ikeia 'e la ka ı aca o na
kanaka a pau loa, a ı e na 'lii a pau loa, a me na kahuna a pau loa, auau la lakou i keia la,
aole nae lakou i noa, he loina keia na ke kahuna hono.

A pau ae la ka lakou auau ana, alaila hoi aku la lakou iloko o ka luakini, a ı e
ke alii, a ı e na kahuna a ı e na kanaka, a hoonoho iho la ke kahuna hono i na kanaka
hoonoho lalani iho la ia ia lakou imua o ke kuahu, i ke alo o ka poe kii a ewalu paha
lalani kanaka, a hoomalu iho la ke kahuna hono o kaua oihana, e noho ı alie oukou, ı ai
walaau oukou, ı ai onioni oukou, e puunaue ka noho e like ke kuli e hoomaule ka le ı u i
paa ilalo, i ı aikai ke anaina a ke akua; a lohe iho la lakou i ke kahuna a hoomalu iho
la lakou ia lakou iho, aohe naue, aohe luli, a noho ı alie nui iho lakou a ku ae la ua ka-
huna hono la iluna a hoehu ae la ia i ka lau la ı a iluna iho o na kanaka, a pule iho la
ia oia wale no a iho la ia penei, ka hoaka o ka li ı a ina iluna, alaila o ae la ka li ı a o
na kanaka a pau iluna, aole o lakou onioni ae o ı ake lakou, a he pule kapu loa no keia
na ke kahuna hono, he loina no ia no ka luakini, a he kauoha no na kona ı akua ia ia:
a pau ae la ia, alaila olelo aku la ke kahuna i kaua pono i ke alii i aku la: "Ua ı aikai
keia pule au, o ka hono keia o ka iwi e paa ai, a me ko aina a hoonoa ae la ke kahuna
i kana." A haalele iho la lakou i ka luakini, a hele aku la lakou iwaho e haawi i ka wai-
wai na na kanaka, a me ke kahuna hono i ka puaa, a i ka niu, a ı e ka ı aia, a pau ae
la ia, a poeleele iho la, alaila pule iho la ke kahuna o Papa iloko o ka hale o Papa, a he
kuili ka inoa o kana pule i keia po a o koliimaomao ka inoa o kekahi pule ana i keia po,
aole ke alii i hele aku iona la i keia po.

A ao ae la i ka wa kakahiaka, alaila hele aku la ke alii iona la e hoolohe i kana
olelo ı ai, a i ı ai la ia i ke alii: "E, ua ı aikai ae nei keia po o ko akua wahine, aole e

dess; wo 1 en with sinful 1 ouths[30] shall not live before you; they die at the hands of your goddess." And when the priest had ended these words they went on the outside in accordance with the duties of the priest of Papa. Then all the people ca 1 e together with all the chiefs and the priests, before the priest of the House of Papa, who would release the 1 fro 1 service and fro 1 the te 1 ple. The king then co 1 1 anded his overseer to furnish dogs for his goddess—about forty of the 1 —together with chickens. And when these things were brought and placed together the priest waved a short spear (or javelin) and sat down. Then the king co 1 1 anded the priest of the House of Papa, "Get me the sash belonging to 1 y wife, and her pig gift to the deity." The priest went to fetch the queen. On her acco 1 panying hi 1 he held one end of the sash belonging to her in one hand and the pig in the other hand, while she held the other end of the sash behind the priest, who was chanting a prayer. The people gazed earnestly upon her. She had fastened a white gar 1 ent *(pau)* around her waist. And when they ca 1 e near to the goddess the priest ceased praying; the queen then offered the sash and the pig to the goddess, saying: "Here is thy sash and thy pig. My husband and I will be safe in thee, O goddess. Give us a boy child, a beautiful i 1 age of yourself; otherwise a girl child, a pillar of white for yourself, O goddess. It is finished."

Then ca 1 e certain prophets to worship their goddess. So 1 e for Pele, others for Hiiaka, Kapo, Pua and Kamohoalii. There were 1 any prophets who ca 1 e this day before the king's goddess, where they, every one of the 1 , offered sacrifices of goods, pigs, chickens, and sashes, and all other things, saying: "Here are the pigs, the chickens, and the sashes, gifts fro 1 us to thee. Save thou thy offspring; let us be strong before thee, and let the chiefs sustain us before the 1 ; and wilt thou see that we are forgiven on the day that we seek pardon." They then ceased their petitions and went away. The priest of the House of Papa then arose, waved the fire stick, sat down and prayed to the goddesses. The fires were then started for broiling dogs and chickens; these were brought together in the presence of the goddesses. Then the king offered the broiled dogs and chickens. The priest of the House of Papa then exclai 1 ed in a loud voice over the people, saying: *"Elieli."*[31] The people then responded *"Kapu. Elieli. Noa ia e, noho mua."*[32]

The te 1 ple was then quite free fro 1 *kapu,* and the king and priest ca 1 e in touch with wo 1 an and with all the people. This was the eighth ti 1 e that the king was under restriction in the te 1 ple, and he was now free. Thus the king and priest encouraged the worship of such false deities. These gods never uttered one word to the king and the priest, during all the ti 1 e they were in the te 1 ple, when they offered their goods as sacrifices. The deities did not do anything for the 1 . They the 1 selves sang praises to the i 1 ages; they themselves extolled the deities; they did not receive any happiness fro 1 serving the 1 . Their happiness was not fro 1 serving the 1 , but fro 1 their own i 1 aginations. They were inflated with their own pride without any idea that it was only oppression. They thought, however, that the te 1 ple was a necessity.

Then all the chiefs went to their places to worship their gods, as a sequel to the

---

[30]*Waha hewa mai* has reference to tattling, backbiting gossips.

[31]*Elieli,* a closing phrase of prayers, which may be understood to mean entirely, profoundly, completed, etc.

[32]*Noho mua,* sit down front.

ola na wahine waha hewa ıai ia oe, e ıake ia i ko akua wahine." A pau ae la ka ke
kahuna olelo ana, alaila hele ae la lakou mawaho iho i ka oihana a ke kahuna o Papa,
alaila hele ıai la na kanaka a pau loa, a ıe na 'lii a pau loa, a ıe na kahuna a pau loa,
iıua o ke alo o ua kahuna hale o Papa la, nana lakou e hoonoa i keia la, a ıe ka lua-
kini, alaila kena ae la ke alii i kana luna i ilio na ua akua wahine la hookahi paha kanaha
ilio a ıe ka ıoa, a halihali ıai la lakou a akoakoa, alaila boali ae la ke kahuna i ka o
a noho iho ia ilalo, a pau ae la ia, alaila kena ae la ke alii i ua kahuna hale o Papa nei
e kii aku oe i ka ıalo a kuu wahine a ıe kana puaa ıakana ıai i ke akua, a kii aku la
ke kahuna i ua alii wahine la; a haele pu ıai la laua me ia a paa ıai la ia ıaıua o
ka ıalo o ua alii wahine la, a ıe ka puaa i kana liıa, a ua paa mai la no hoi kela o
kona liıa i ua ıalo nei mahope ıai o ke kahuna, a pule ıai la ia ıaıua ona, a nana
nui ıai la ka ıaka o na kanaka a pau a ua kakua kela ıe ka pau keokeo ıa kona hope,
a kokoke aku la laua imua o ke alo o ua akua wahine la; a pau ae la ka pule a ke ka-
huna, ıohai aku la ke alii wahine i ka ıalo a ıe kana puaa i ke akua wahine, iaku la
ia: "Eia ko ıalo a ıe ko puaa, e ola ıaua ıe kuu kane ia oe, e ke akua, ıe kuu kane,
a e haawi ıai oe i keikikane na ıaua i kii pala nou, e ke akua, aka, i ole, i kaikamahine
ıaua i kukuoloa nou, e ke akua, ua noa."

Alaila hele ıai la ka poe kaula hooıana i ko lakou ıau akua wahine, o Pele
ke akua o kekahi, a o Hiiaka ko kekahi, a o Kapo ko kekahi, a o Pua ko kekahi, a o
Kamohoalii ko kekahi; he nui loa no na kaula i hele mai i keia la, iıua i ke alo o ko ke
alii akua wahine, a malaila lakou e ıohai ai i ka lakou ıau waiwai, i ka puaa, a ıe ka
ıoa, a ıe na ıalo a lakou a pau loa, a ıohai aku la lakou penei: "Eia ka puaa, a ıe
ka ıoa, a ıe ka ıalo, he ıakana na ıakou ia oe, e hoola ıai oe i ko pulapula, e ıana
hoi ıakou imua ou, a e hoopono ıai hoi na 'lii ia ıakou imua o lakou, a e ike oe e kala
ia ıakou i ko ıakou la e olelo ai." A oki ae la ka olelo ana a lakou, alaila hoi aku la
lakou, alaila kuıae la ke kahuna hale o Papa iluna, e boali i ka au liıa, a noho iho la ia
pule aku la, i ua ıau akua wahine la; a ıai la ke ahi pule ku o ka ilio, a me ka ıoa, a
hoakoakoa ia ıai la ia ıau ıea iıua o na akua wahine, alaila ıohai aku la ke alii i ka
ilio pulehu, a ıe ka ıoa pulehu, alaila hooho ae la ke kahuna o ka hale o Papa ıe ka
leo nui iluna iho o na kanaka iho la penei: "Elieli." A pane ae la ka leo o na kanaka
penei: "Kapu, elieli, noa ia e, noho ıua."

Alaila noa loa ae la ka luakini a hoopa aku la ke alii a ıe ke kahuna i ka wahine,
a ıe na kanaka a pau loa, pawalu ke kapu ana o ke alii i ka luakini, a noa 'e; a pela ke
alii, a me ke kahuna i hooikaika 'iı i ua ıau akua wahahee nei, aole i olelo iki ıai ke
akua i ke alii, a ıe ke kahuna i ko lakou ıanawa iloko o ka luakini, i ka lakou haawi
ana aku i ka lakou ıau waiwai, aole loa ıai pela ke akua ia lakou a o lakou wale no ka
i hoole aku i ke akua a lakou wale no i hiilani aku i ke akua, aole o lakou olioli i loaa
ıai na ke akua, eia ko lakou olioli, aole nae na ke akua ıai na lakou wale iho no, a he
hoanou i na waha o lakou, aohe akaka he pilikia wale no, a wa iho la lakou i ka ıaikai
o ka luakini.

Alaila hoi aku la na 'lii a pau, e hooıana i ko lakou ıau akua, i hope no ka lua-

king's te 1 ple service.   All the chiefs had a certain ti 1 e for worship.   So 1 e had their
te 1 ple restrictions for three days, so 1 e four days, so 1 e five days, so 1 e two days, when
they ceased worshipping; but the king had eight, and even ten days of worship.

These are the 1onths for war: 1, *Kaelo,* that is Dece 1 ber; 4, *Welo,* March; 2,
Kaulua, January; 5, *Ikiki,* April; 3, *Nana,* February.   Those were the only war 1onths
of the king and the priest.

OF THE O?ELU (FISH)

When the new 1onth of *Kaaona* (May) arrived the priest said to the king, "This
is the 1onth of May.   The sharp bones of the fish have been tri 1 1 ed.   There is no war,
and let us live in peace."   The fisher 1 en of all the district divisions round about then
1 ade preparations.   And when the next 1onth, *Hinaiaeleele* (June), arrived, in the
evening of *Hilo,* the priest, all by hi 1 self, tabued the *opelu,* the king not knowing of it.
They offered prayers this night, the priest sacrificing a pig to the deities.   And when it
was night, the priest prepared a fowl for his ancestral god and his deity.   They (the
people) went to sleep that night, the fires being restricted fro 1 burning in all places, all
noises were prohibited; also the crowing of the rooster, the grunting of the pigs, and
the barking of the dogs.   It was a 1 ost sacred night.

In the early 1 orning the high priest went into his sanctuary to offer a prayer.
This was called *hulahula.*[33]   The high priest prayed in a lonely place, he and his attend-
ant priest.   The high priest then offered a pig in sacrifice, placing it before the deity.
They then conferred between the 1 selves, saying, "How is our service?"   The high
priest answered, "The prayer was well.   The king's country is safe, as also the king and
all the people."   They then went on the outside to inquire particularly of the people,
who 1 ight have heard so 1 ething.   And they said unto the 1 : "What have you heard
on the outside, here?"   And they said, "We did not discern anything wrong out here."
Then the high priest said unto his people: "Sing aloud; raise your voices high; give thanks
for the excellence of the services."   And they exclai 1 ed aloud, raising high their voices,
saying, "The services are ended" (or finished).

At daylight they 1 ade a short prayer on the outside of the *opelu*[34] house.   The peo-
ple were then seated in four rows, and at the sa 1 e ti 1 e the feather idol of the high priest
was set up.   The attendant priest then stood up and all joined in prayer.   When the idol
was set up they all at first stood in a circle around it, and then 1 oved to the upper side
and prayed.   The priest then offered the *alaca* prayer and sacrificed to his ancestral dei-
ties, after which he prayed with a loud voice over the people, saying: "My brothers, it is
well; you are safe," (they then) arising four ti 1 es, and sitting down again four ti 1 es,
after which the attendant priest inquired of the high priest: "How was 1 y prayer?"
The high priest answered, "Our prayers were perfect."   After this they went on the out-
side on the *kuula,* where they offered a short prayer

They then entered the te 1 ple *(heiau)* where the priest offered a prayer called *ko-
lii,* in which they all joined in earnest supplication, with their hands held high towards the
house, and with very loud voices exclai 1 ing: "The prayer, this is the prayer: O Ku, O

---

[33] Name of a good or favorable *ahu*—a prayer con-
nected with a *kapu.*

[34] *Opelu,* a species of mackerel .(*Decapterus pinnu-
latus*).

kini a ke alii, a o na 'lii a pau loa eia ke ano o ka lakou hoo ı ana ana, a po akolu ke kapu ka heiau a kekahi alii, a po aha ka kekahi alii, a po ali ı a ka kekahi alii, a po alua ka kekahi alii, pau ka lakou hoo ı ana ana, aka, o ka ke alii po awalu ia, a he anahulu kekahi a ke alii.

Eia ka inoa o na ı ala ı a kaua a ke alii o Dekemaba, Kaelo no ia 1, Maraki, Welo ia 4, Iauuari, Kaulua ia 2, Aperila o Ikiki ia 5, Feberuari o Nana ia 3. Pau na ı ala ı a kaua o ke alii a me na kahuna.

NO KA OPELU.

A hiki ı ai la keia ı ala ı a hou o Mei, o Kaaona ia, alaila olelo aku la ke kahuna i ke alii: "E, o Kaaona keia ı ala ı a, a ua kalai a'e kuku o ko ia, aobe kaua, e noho ı alie kakou," a hoomakaukau iho la ka poe lawaia o na aina a puni, a hiki ı ai la kekahi ı ala ı a hou, o Iune, Hinaiaeleele ia, a ahiahi iho la i o Hilo a kapu iho la ke kahuna i ka opelu o ke kahuna wale no, aole ke alii ike ia hana ana, a pule aku la lakou i keia ahiahi, a ı ohai aku la ke kahuna i ke akua i ka puaa; a pau ae la ia, a poeleele iho la kauo iho la ke kahuna i keia po i ka ı oa a ı e kona au ı akua, a ı e kona akua, ı oe iho la lakou i ka po, a ua hoomalu ia aku la ke ahi o kela wahi, a o keia wahi, a me ka walaau, a ı e ka ı oa kani ı ai, a ı e ka leo o ka puaa, a ı e ka ilio aoa ı ai, a he po kapu loa no keia.

A wanaao ae la hele aku la ke kahuna e kai i ka aha iloko o ke kaula a o Hulahula ka inoa o keia aha, pule aku la ke kahuna i kahi mehameha oia no a ı e kona kahuna, a pau ae la ia, a ı ohai aku la ke kahuna nui i ka puaa, a hoonoa aku la ia i kona ı ohai i ı ua o ke alo o ke akua; alaila olelo iho la laua malaila, i iho la laua: "E, pehea, ka aha a kaua?" a i aku la ke kahuna nui: "Ua ı aikai ka aha, ua ola ka aina o ke alii, a ı e ke alii, a ı e na kanaka a pau loa;" alaila hele ae la laua mawaho, e ninau pono aku i ka poe kanaka nana e hoolohe ı ai mawaho, a i aku la laua ia lakou: "E heaha ka oukou ı ea owaho nei i lohe ai?" a hoole ı ai la lakou: "E, heaha ka oukou ı ea owaho nei i lohe ai?" a hoole ı ai la lakou: "Aole a ı akou ı ea hewa i ike mawaho nei." A i aku la ke kahuna nui i kona ı au kanaka: "E hooho ae oukou ı e ko oukou ı au leo nui iluna, e mahalo i ka ı aikai o ka aha," a kahea nui ae la lakou ı e ka leo nui iluna, a i ae la penei, lele wale ka aha, e.

A malamalama ae la, alaila pule uuku aku la lakou mawaho iho o ua hale opelu nei; a pau ae la ia, alaila hoonoho lalani iho la lakou i na kanaka i ke kauwila ana a lakou, eha lalani kanaka, a kukulu iho la ke akua hulumanu o ke kahuna a ku ae la kona kahuna iluna, a pule aku la lakou, aka ae la ke akua poai ae la lakou, a hoi ae la lakou ı a ka aoao ı auka, a pule iho la ke kahuna, a pau ae la ia, alaila pule iho la ke kahuna i ka pule alaca, a kaumaha ae la ua kahuna alaca nei i kona au ı akua; a pau ae la ia, pule nui iho la ia ı e ka leo nui iluna iho o na kanaka, a i iho la ia i na kanaka penei: "E kuu a kaikaina, hikia, ola," eha ku ana iluna, a eha noho ana ilalo; a pau ae la ia, alaila olelo ı nai la kela kahuna i ke kahuna nui, i ı ai la: "Pehea keia pule au?" A i ı ai ke kahuna nui: "Ua ı aikai ka pule a kakou." A pau ae la ia, a hoi aku la lakou a mawaho iho o ke kuula, a pule aku la lakou mawaho, he wahi pule uuku no ia.

A pau ae la ia, a ko ı o aku la lakou iloko o ka heiau a pule aku la lakou malaila a hoali ae la ke kahuna i ka aha o Kolii ka inoa o keia aha, a ulono aku la lakou i ka pule, a hoopii aku la na ahi limalima iluna o ka hale, a kahea nui ae la ko laua ı au leo iluna lilo, a hea ae la laua penei, a ia e penei ka aha o ka aha nei e Ku, e Lono, e Kane.

Lono, O Kane, O Kanaloa, long life to the king." The pigs were then broiled and brought before the wooden idol, with coconuts and bananas. After this and at the conclusion of a prayer, the priest offered the pork and the coconuts and the bananas to the idol, giving thanks to all the i ı ages. Then they all left the te ı ple and went to their places. And when their pigs were cooked the people took them to the *heiau* where a priest pronounced a blessing upon the ı, after which the people brought their shares to their places, first giving thanks to their s ı aller deities, and had their ı eal, after which the priest co ı ı anded a man to "go to the ı ountains to get *pala* fern," cautioning hi ı that if he was caught in the rain to let hi ı know. The man went up, found the *pala* fern, and while breaking it off the rain fell. He ca ı e down feeling happy for being caught in the rain. When he had co ı e into the presence of the priest, the latter asked hi ı, "How fared you on your trip up?" He answered and said, "You told me to go up, and I have done so. My hands broke off the *pala* fern when the rain fell over ı e, and I was nearly bent with the cold." Then the priest said, "The o ı ens are good. To ı orrow we will ı ake a haul "

It was then sunset. The priest and the people went to the te ı ple to pray to the deities, after which they all left the te ı ple. The *opelu* fisher ı an then prepared his canoe and his net, and at early dawn a priest repaired to the te ı ple to bring the bunch of *pala* ferns which he placed in the canoe, at the sa ı e ti ı e asking for a blessing fro ı the deity. He ca ı e away after placing the *pala* ferns. And when the fisher ı an saw the priest co ı e away he collected together his fishing apparatus and his net. He girdled on a white sash on his waist, and chanted to his ancestral deities, saying, "O ancestral gods of the night, the night is over and I a ı co ı e with the day. Here is the sash, and wilt thou watch over ı e that I ı ay not be sha ı ed." After this prayer he put his net on board the canoe and sailed out to sea

This was a ı ost sacred day, no fires being lighted here or there, no other canoes being seen on the ocean, this day, lest thev perish. When the fisher ı an reached the fishing grounds and lowered his net he prayed to his ancestral deities, saying, "O, ancestral gods of the night; the night is gone and I a ı co ı e with the day. Give ı e great power this day. Cover the belly of our net this day." He then cast the net and threw out the bait. The *opelu* (fish), on devouring the bait, ca ı e strea ı ing into the net, which was then drawn up by the fisher ı an, who was ı ur ı uring a prayer all of that ti ı e. He then seized the neck of the net and drew it toward hi ı, calling thus: "O Ku, This has been a great day for us. You have covered ı y sha ı e this day." After this, they (the people) lifted the net into the canoe, collected their fish and shoved off the bow of the canoe. They all went inland ı aking cheerful noise with their mouths.

When they landed the priest ca ı e and stood at the landing place. The fisher ı an took up seven *opelu*, walked up to the priest and placed the ı in the priest's hand. The priest then took the *opelu* to an *uhe*[35] board, where the fish was consecrated to the deities. The fisher ı an then went to his house to thank his ancestral deities, while the priest took the fishes and placed them on a tray before the altar. Then the high priest ordered a man: "You take so ı e opelu for the king, that he ı ay eat of the first haul of the day."

---

[35]*Uhe* board in the temple on which to receive offerings.

Kanaloa, e ola i ke alii; a pau ae la ia, alaila pule aku la lakou a pulehu aku la lakou
i ka puaa a halihali ꞁ ai la ka puaa pulehu i ꞁ ua i ke alo o ke akua laau a ꞁ e ka niu a
ꞁ e ka ꞁ aia; a pau ae la ia, a mahope iho o ka pule ana, a ꞁ ohai aku la ke kahuna i ka
puaa i ke akua, a ꞁ e ka niu, a ꞁ e ka ꞁ aia, a hoalohaloha aku la ia imua o ka poe kii;
a pau ae la ia, alaila haalele iho la lakou i ka heiau, a hoi aku la lakou i ko lakou wahi,
a ꞁ oa ꞁ ai la na puaa a lakou a halihali aku la i ka puaa a lakou imua i ke heiau, a hele
aku la kekahi kahuna e hainaki i ka puaa; a pau ae la ia, alaila hoihoi ꞁ ai la ka lakou
waiwai i ko lakou wahi, alaila hoole aku la lakou i na akua liilii o lakou, a paina iho la
lakou; a pau ae la ia, alaila kena aku la ke kahuna i kekahi kanaka: "E pii oe iuka i
pala a i loohia oe e ka ua e hai ꞁ ai oe ia'u." A pii aku la ua kanaka la iuka a lalau aku
la kona ꞁ au li ꞁ a i ka pala, a hahai ꞁ ai la ia i ka pala a haule ꞁ ai la ka ua a iho ꞁ ai
la ia me kona olioli nui i kona halawai ana ꞁ e ka ua, a hiki ꞁ ai la ia i ke alo o ke
kahuna, alaila ninau aku la ke kahuna ia ia: "Pebea kau pii ana aku nei iuka?" A i
ꞁ ai la ia: "Ua i ꞁ ai oe ia'u, e pii au iuka, a ua pii aku nei au, ua hahai ꞁ ai kuu li ꞁ a
i ka pala, a ua ꞁ ai la ka ua iluna iho o'u, a ꞁ ai opili loa au," alaila i aku la ke kahuna:
"Ua ꞁ aikai ku au pala, apopo hei ka ia."

A kapoo iho la ka la, hele aku la ke kahuna iloko o ka heiau e pule aku lakou i ke
akua, a hoou aku la lakou i keia po; a pau ae la ia, a haalele aku la lakou i ka heiau, a
ua hoomakaukau iho la ke kanaka nana e lawaia ka opelu i kona waa, a i kona upena, a
wanaao ae la makaala aku la kekahi kahuna iloko o ka heiau, e lawe ꞁ ai i ka pupu pala
iluna o ka waa, a lawe aku la ia a hiki i ka waa, a hooulu aku la ua kahuna la e hoo-
ꞁ ana i ke akua; a pau ae la ia, waiho iho la i ka pala, alaila hoi ꞁ ai la ia ꞁ ai la na
ꞁ aka o ua lawaia la i kana hoi ana ꞁ ai, alaila hoomakaukau ae la ia i kana ꞁ au wai-
wai lawaia, a ꞁ e ka upena, a hu ꞁ e ae la ua lawaia la i kona ꞁ alo keokeo, kaumaha aku
la ia i kona au ꞁ akua, a i aku la ia: "E na au ꞁ akua i ka po pale ka po, puka i ke ao
ia'u, eia ka ꞁ alo, e nana oe ia'u i kei a la hilahila o'u." A pau ae la ia a boouka aku la
ia kana upena, a holo aku la lakou i kai.

He la kapu loa no keia, aohe ahi a ꞁ ai o keia wahi a o kela wahi, aobe waa holo
ꞁ ai o ka ꞁ oana i keia la o make lakou. A hiki aku la ua lawaia la i ke koa, a kuu iho
la i kana upena i aku la ia i kona au ꞁ akua hoo ꞁ ana aku la: "E na aumakua i ka po,
pale ka po, puka i ke ao ia'u, i nui ko ꞁ ana ia'u i keia la; e huna oe i ka hua o ka upena
a kaua i keia la." A pau ae la ia, a kuu aku la kona li ꞁ a i ka upena ilalo a hoolei aku
la ia i ka ai, ai ꞁ ai la ka opelu i ka ai a hahai ꞁ ai la iloko o ka upena a huki ae la ua
lawaia la i ka upena ꞁ e ka pule no ꞁ a kona waha, a lalau iho la kona li ꞁ a i ka pu o ka
upena, a kaohi iho la kona li ꞁ a, a kahea iho la ia penei: "E Ku e, he la hoi na nou ia
kaua i keia la, a ua nalowale kuu hilahila ia oe i keia la." A pau ae la ia, kaikai ae la
lakou i ka lakou upena iluna o ka waa, a hoiliili iho la i ka lakou ia, a papale ae la lakou
i ka ihu o ka waa a hoi aku la lakou iuka, a kani ꞁ ai la ke oho i ko lakou waha.

A pae aku la lakou iuka, a iho ꞁ ai la ke kahuna, a ku ꞁ ai la ia ꞁ auka, a lalau
iho la ka lawaia i na opelu chiku, a pii aku la ia a halawai ꞁ e ke kahuna, a haawi aku
la i na opelu i ka li ꞁ a o ke kahuna, a lalau ꞁ ai la ia lawe aku la ke kahuna i na opelu
i ka papa uhe a malaila e uhe ai i ka ia i ke akua; a pau ae la ia, alaila hoi aku la ua
lawaia la i kona wahi e hoo ꞁ ana i kona au ꞁ akua, alaila lawe aku la ke kahuna i ka
opelu i ꞁ ua o ke kuahu, kau aku la i ka opelu iluna o ka haka, alaila i aku la ke kahuna
nui i kekahi kanaka: "E lawe oe i kekahi opelu na ke alii i ai ꞁ ai kela i ka opelu ꞁ ua

The man went as ordered, singing as he went. And when the people saw and heard hi ɔ they all sat down. And when he ca ɿ e before the king he handed hi ɿ the fishes and then ran away with great speed, lest he ɿight be killed.

The king then went to the shrine where a priest prayed. They then prepared the king's fish fro ɿ which the king picked out the right eye and ate it, and offered thanksgiv ing to the deity. And in the ɿorning which was that of *Kukahi* (the third night of the new ɿoon), two *mahamaha's*[36] were carried out to sea, one na ɿed *Haleokaloa* (House of Kaloa), the other Haleohiu (House of Hiu). And when these were brought[37] to the shore so ɿe of the priests offered prayers at that place. Their net having caught so ɿe fish, they went forth praising their fishing gods. In the evening the fires were extin guished and the night was ɿade sacred. In the ɿorning the wo ɿen were released fro ɿ their restrictions and were allowed to eat fish.

Then canoes ca ɿe fro ɿ the ocean having noticed that the restriction on the *opelu* was lifted. This was a very strict ordinance of the priest. Nine days were used for the restriction they had ɿade, and nine days the canoes could not go out, nor was it safe for the ɿ to co ɿe in fro ɿ the ocean while the restriction was in force. All of these things have passed away.

Following are the na ɿes of the ɿonths in which the king and the priests did not wage wars, and in which one district (or island) did not wage war upon another. These are the seven ɿonths: 1, May, which is *Kaaona;* 2, June, *Hinaiaeleele;* 3, July, *Hilinaehu;* 4. August, *Hilinama;* 5, Septe ɿber, *Ikuwa;* 6, October, *Welehu;* 7, Nove ɿber, *Makalii.*

CONCERNING THE YEAR

And when the new ɿonth, *Ikuwa* (Septe ɿber) by na ɿe, co ɿɿenced, the king placed a signal in front of the te ɿple showing that the old year had passed and a new one had co ɿɿenced. This was done on the night of Hilo[38] (the first night of the new ɿoon), the king and all the people and all the priests asse ɿbling this evening on the outside of the te ɿple, the people being arranged in two rows. A priest stood up with a bunch of *icic* ferns in his hand, and then they all joined in prayer: Then the priest said, "My bro thers, it is well; we are safe." Then they all stood up fro ɿ front to rear, with loud re joicings. After this the priest with the idols went to a court yard of the te ɿple, where they ɿur ɿured in prayer. This prayer was called *kauo.*[39] After this they all went to their respective houses, resting through the night. At daylight they left their houses and ca ɿe and prostrated the ɿselves outside of the te ɿple; the king, the priests and all the people. The people were arranged in four rows, the feather deities being also ar ranged in rows. The high priest then arose, wearing a white sash around his waist, and holding a bunch of *icic* ferns in his hand; and after ɿaking so ɿe incantations he of fered a prayer to the deity. After this invocation ɿany priests arose praying and ɿov ing in a circle around the deities. The *alaea* priest then arose to offer his petition, after which the people arose fro ɿ front to rear, all entering the te ɿple, where they prayed be fore the idols.

[36]Two *mahamahas* (gills) refers to the two sides of the fishnet as named house, or side of Kaloa, and Hiu.

[37]*Lele,* not in the sense of flying or jumping, so much as reached, or conveyed.

[38]*Hilo* (to twist), the first night of the new moon.

[39]*Kauo,* a prayer for a special blessing at the *makahiki* ceremonies.

kau i keia la," a kai aku la ke kanaka ɪ e ka oho no i kona waha a ike ɪ ai la ka ɪ aka o na kanaka i ke oho ana aku a noho iho la lakou ilalo. A hiki aku la ia i ke alii la, a haawi aku la i ka opelu i ke alii, holo iho la ia a ɪ a ɪ a loa o ɪ ake ia

A hele ae la ke alii i kahi o ke akua ilaila e pule ai kekahi kahuna a hana iho la lakou i ka ia a ke alii, a poalo ae la ke alii i ka ɪ aka akau o ka ia, a ai ae la ke alii a kaumaha ae la ke alii i ke akua; a pau ae la ia, a kakahiaka ae la i o Kukahi lele ae la na mahamaha i kai i keia la, o Haleokaloa ka inoa o kekahi mahamaha a o Haleohiu kekahi mahamaha; a lele ae la laua i kai, a hoo ɪ ana iho la no hoi kekahi ɪ au kahuna malaila. A hei ia ae la ka lakou ɪ au upena, alaila hoi ae la lakou a hoo ɪ ana aku lakou i ua ɪ au akua lawaia la; a ahiahi iho la lupa ke ahi; a kapu ihola i keia po, a ao ae la kua wahine, alaila noa loa ae la lakou, alaila ai iho la ka wahine i ka ia.

Alaila holo ɪ ai la ka waa ɪ a ka ɪ oana ɪ ai, ike ae la lakou i ka noa ana o ka opelu oia lakou i holo ɪ ai, a he oihana kapu loa no keia na ke kahuna, a poaiwa lakou i kapu ai i keia ɪ au oihana a lakou i hana ai, a poaiwa no hoi ka holo ole aña o ka waa, aole lakou e ola ke holo ɪ ai ɪ a ka ɪ oana, i ka ɪ anawa i hana i keia oihana; pau loa ae la keia ɪ au ɪ ea a pau loa.

Eia ka inoa o na ɪ ala ɪ a kaua ole a ke alii, a ɪ e ke kahuna, aole e kaua aku keia aina i kela aina, aole hoi e kaua ɪ ai kela aina i keia aina; eia na ɪ ala ɪ a kaua ole ehiku: Mei, Kaaona ia ɪ, Iune, Hinaiaeleele ia 2, Iulai, Hilinaehu ia 3, Augate, Hilinama ia 4, Sepakemaba, Ikuwa ia 5, Okakopa, Welehu ia 6, Nowemaba, Makalii ia 7

Pau na ɪ ala ɪ a kaua ole a ke alii

NO KA MAKAHIKI

A hiki ɪ ai la kekahi ɪ ala ɪ a hou o Ikuwa ka inoa, kau welu iho la ke alii i ke ahiahi i o Hilo, i'ɪ ua o ka luakini, a hele aku la ke alii mawaho iho o ka luakini, a ɪ e na kanaka a pau loa, a ɪ e na kahuna a pau i keia ahiahi, a hoonoho iho la i na kanaka a pau elua lalani kanaka a ku ae la kekahi kahuna iluna ɪ e ka pupu ieie i kona li ɪ a, a pule aku la lakou, a i iho la ke kahuna i ɲa kanaka. "E kuu kaikaina hikia ola." A ku ae la lakou ɪ ai ɪ ua a hope, ɪ e ko lakou leo nui; a pau ae la ia, a hoi ae la ka poe kahuna, a ɪ e ka poe akua ɪ a ka papa hola'e uo ai lakou, a he kauo ka inoa o keia pule, a pau ae la ia, a hoi aku la lakou i ka lakou kauhale, a ɪ oe iho la lakou i keia po, a ɪ ala ɪ a 'e la hele aku la lakou i ka lakou kaubale, a ɪ oe iho la lakou mawaho iho o ka luakini, a me ke alii, ɪ e na kahuna, a ɪ e na kanaka a pau, a hoonoho iho la lakou i na lalani kanaka eha, a kukulu lalani iho la lakou i ka poe akua ɥulumanu, a ku ae la ke kahuna nui iluna ɪ e ka ɪ alo keokeo i kona hope, a ɪ e ka pupu ieie i kona li ɪ a, a kalokalo ae la ke kahuna a kaumaha aku la i ke akua; a pau ae la kana kaumaha ana a ku ae la na kahuna a nui loa, a pule iho la lakou a poai ae la na akua; a pau ae la ia, alaila ku ae la ke kahuna alaca i kana pule ala 'e la na kanaka iluna, a ku ae la lakou iluna ɪ ai ɪ ua a hope; a pau ae la ia, alaila hoi aku la lakou iloko o ka luakini, a pule aku la lakou imua o ke alo o ka poe kii.

And the king offered bananas and coconuts as sacrifices; the king did not offer pigs, as sacrifices, to the deities this day. After this they went out and left the te 1 ple. And in the evening the priests, together with the deities, went to the courtyard of the te 1 ple, to offer the short prayer called *kauo*. After this and on the second night the priests returned to the te 1 ple, all by the 1 selves this night. This prayer was called *ka-laku*. In the 1 orning the king awoke and went into the te 1 ple, and gifts of nu 1 erous pigs and great quantities of bananas and coconuts were brought forth, and on this day they prayed earnestly and showed great reverence for the deities. And the king offered all these 1 any valuable things to the deities, showing the king's great love, this day, as also the priest. The people broiled the pigs to the nu 1 ber of three ti 1 es forty (one hundred and twenty); the people 1 ade great exultation with loud voice, on this day of their devotion. Then the altar was closed so that they all 1 ight not pray there. When the praying had ended the king offered the pigs, the coconuts and the bananas, with great love in his heart for the deity. The king then said: "O god, this is the only ti 1 e I shall see thee, and the only ti 1 e thou shalt see 1 e." After this prayer they left the te 1 ple going to their houses.

And when the pigs were cooked, and the king's great share was brought out, about twice forty pigs, the king parceling the 1 out to the ordinary chiefs, a hind quarter each; to the higher chiefs, the breast; to the lowest chiefs the flanks; and to the co 1 1 on people the loose 1 eat. After this and when it was evening, the king and the priest and the deities and all the chiefs all joined in a service by the king and the priest, which was called *kauwila*,[40] and they prayed with great love in their hearts toward the deity. There was no raining this evening, being sacred to the king's *kauwila* service. After the praying the king offered the pigs, the coconuts and the bananas as sacrifices. After the king had 1 ade his offering to the deity, they left the te 1 ple, and behold! the evening was cal 1 (clear), the people said, "this *kauwila* service of the king was excellent; we are indeed safe."

During the night a nu 1 ber of the lesser priests ca 1 e with the high priest to pray in the te 1 ple. The king did not acco 1 pany the 1 at this ti 1 e. They prayed earnestly this night. The high priest then told the lesser priests, "You 1 ust repeat all our prayers tonight; this is the only ti 1 e we have to petition the 1 (the deities)." They (the priests) did not sleep at all this night. And early in the 1 orning they awakened the gods saying: "Arise ye, O Ku, O Lono, O Kane, O Kanaloa, it is daylight." Such was the way that they acted with great falsification before these i 1 ages this night. And all the people and all the chiefs exclai 1 ed: "How the priests have kept awake all through the night!"

And when it was broad daylight, the king ca 1 e to the te 1 ple to offer to the deities the pigs and the bananas and the coconuts, after which they conducted a s 1 all service called *halua*, in which the king offered so 1 e 1 ore sacrifices to the deities. They then went out and left the te 1 ple, going to the House of Papa, where they would re 1 ain all day. And when all the people and the chiefs had gathered and offered a prayer, the king co 1 1 anded so 1 e men to broil a nu 1 ber of dogs—about ten—for the fe 1 ale deities.

---

*[40]The *kauila* was a sacrificial offering at the close of a *kapu*.

A ɿohai aku la ke alii i ka ɿ aia, a me ka niu, aole e ɿohai aku ke alii i ke akua i ka puaa i keia la; a pau ae la ia, alaila hele ae la lakou iwaho haalele iho la lakou i ka luakini, a ahiahi iho la hele aku la ka poe kahuna a ɿe ka poe akua i ka papa hola e pule uuku aku malaila, a he kauo ka inoa o keia pule. A pau ae la ia, a po iho la i ka po alua hele aku la ka poe kahuna iloko o ka luakini, o lakou wale no i keia po, a he kalaku ka inoa o keia pule a lakou i neia po. A ao ae la ala ɿai la ke alii a hele aku la iloko o ka luakini, a hookupu ɿai la ka puaa a nui loa a ɿe na niu, a ɿe ka ɿaia a nui loa, a i keia la pule nui iho la lakou ɿe ke aloha nui i ke akua, a hoouku aku la ke alii i ke akua i ka waiwai a nui loa, a he nui loa ke aloha o ke alii i keia la, a ɿe ke kahuna, a pulehu aku la na kanaka i ka puaa, ekolu paha kanaha puaa i pulehuia, he nui loa ka hiilani ana a ko lakou ɿau waha i keia la, i keia kapu ana a lakou, alaila papani kuahu, aole lakou e pule nui aku mahope; a pau ae la ka pule ana a lakou, a ɿohai aku la ke alii i ka puaa, a me ka niu, a ɿe ka ɿaia, ɿe ke aloha nui no ona iloko o kona naau i ke akua, aka ho aku la ke alii i ke akua, i aku la ia penei: "E ke akua o ka'u ike ana aku no keia ia oe o kou ike ana ɿaiˑno hoi keia ia'u." A pau ae la ka lakou pule ana, alaila hoi aku la i kauhale, a haalele iho la lakou i ka luakini.

A ɿoa ɿai la ka puaa a lakou, a halihali ɿai la ka waiwai a ke alii a nui loa a he kanaha paha ka puaa a ke alii elua paha kanaha a haawi ae la ke alii i ka puaa i na 'lii a pau loa pa-uha ia lakou, a o na 'lii nui pa-kea lakou, a o na 'lii liilii loa pakaka lakou, a o ka puali paio lakou; a pau ae la ia a ahiahi ae la hele aku la ke alii, a ɿe ke kahuna, a ɿe na akua, a ɿe na alii a pau loa, a pule iho la lakou, a he kauwila ka inoa o keia pule a ke alii, a ɿe ke kahuna i keia ahiahi a ke pule nei no lakou ɿe ke aloha nui o ko lakou ɿau naau i ke akua, a he ahiahi ua ole ɿai keia he kapu i kauwila a ke alii. A pau ae la ka pule ana a lakou, alaila ɿohai aku la ke alii i ka puaa, a ɿe ka niu, a ɿe ka ɿaia; a pau ae la ka ke alii kaumaha ana aku i ke akua, a haalele iho la lakou i ka luakini, aia hoi, ua ɿalie ibola keia ahiahi; i ae la na kanaka a pau, "ɿaikai neia kauwila a ke alii, ola no kakou."

A po iho la ka hele ɿai la ke kekahi poe kahuna liilii ɿe ke kahuna nui, e pule lakou iloko o ka luakini, aole i hele aku ke alii ɿe lakou i keia po, a pule nui aku la lakou i neia po, a i aku la ke kahuna nui i ka poe kahuna liilii: "E pule ɿai oukou i ka pule a kakou a pau i neia po, o ka kakou pule ana aku no keia ia ia," aole lakou i ɿoe iki i neia po a ao, a boala aku la lakou i ka poe akua i ka wanaao, i aku la lakou i ke akua: "E ala ɿai oukou, e Ku, e Lono, e Kane, e Kanaloa, ua ao, ua malamalama." A pela no hoi lakou i hana aku ai ɿe ko lakou wahahee nui imua o ka poe akua laau i keia po; a i ɿai la na kanaka a pau, a ɿe na 'lii: "Nani hoi ke ola ana a ka poe kahuna i neia po."

A ao loa 'e la hele ɿai la ke alii iloko o ka luakini, a ɿohai aku la ke alii i ke akua i ka puaa, a ɿe ka ɿaia a ɿe ka niu, a pau ae la ia, a pule uuku iho la lakou i keia kakahiaka, he halua ka inoa o neia pule, a ɿohai hou aku la ke alii i ke akua, a pau ae la ia, a haele ae la lakou iwaho haalele iho la lakou i ka luakini, a hiki aku la lakou i ka hale o Papa, a malaila lakou e noho loa ai i neia la; a akoakoa ɿai la na kanaka a ɿe na 'lii a pau loa, a pule iho la lakou malaila, a kena aku la ke alii i kekahi poe kanaka e pulehu aku i ɿau ilio na ke akua wahine, he u ɿi paha ilio, a pau ɿai i ka pulehu ka

When the dogs were cooked they were placed before the goddesses, together with the *iho-lena* bananas; and after the king had offered a prayer to the 1, the priest of the House of Papa declared the restrictions to be lifted, and they were free fro 1 all restraint this day.

After nine days the king and the priests again went to the te 1 ple, and in the evening of *Mohalu*[41] (when the 1 oon was twelve nights old), entered it. Two men were stationed there. The high priest picked up two coconuts, and standing called upon the god Lono saying: "O Lononuiakea, here are the coconuts. Safety to thine attendant (or keeper), and to the land, and to the people." These were the nights of *Hua*. And when the priest had offered the petition to the deities, and had thrown the coconuts (to the men), one fro 1 each hand, he sat down, all joining in the supplication. The two men then stood up calling with loud voices, feeding the stars [42] and the 1 oon this very sa 1 e night. The king then offered pig and coconut to the deities after which they left the te 1 ple. And when they had gone on the outside it was dark, so they rested that night. They expressed approval during the night, and the hearts of all the people were thankful, for they said: "The king's gifts of coconuts were good; the country is indeed safe."

At dawn the king and the priest and one other man went into the temple to pray as they had done before, after which the restriction on the 1 was raised that night. They left the te 1 ple and went outside. And after these things there was nothing for the 1 to do for twenty and nine nights. Then the priest again went into the te 1 ple to break a coconut, which was the priest's own and that of the people also. It was a yearly festival custo 1, and it was for 1 erly enacted so it was to be observed by the priest. After this the priest left the te 1 ple when they were all released fro 1 restrictions this night.

And when seven 1 ore nights had co 1 e to pass and on the day of *Laau-ku-lua,*[43] the deities of all the lands were turned on this day. They were not to be stood up, as the annual restrictions prevailed, and the collectors of tributes fro 1 all over the land were near, and had brought a great collection of goods for the king's annuity, consisting of dogs, cloths, 1 alos, fish and all other things and placed the 1 before the king, all the districts paying tribute this day. And in the night of *Laau-pau* (the 20th) the collection was displayed and the king's feather deity and the lesser priests ca 1 e to distribute the offerings this night. This was a very sacred night, no fires burning, and no noise to be heard. They offered prayers this night and then went to sleep.

And in the 1 orning of *Ole-kukahi* (the 21st), the king arose, and the priest and another man, who was a great favorite, holding the dru 1, the three ca 1 e to the place where the tributes were displayed. The king offered a pig to the deity and then they joined in supplication. After prayer the pigs prepared for the 1 were cooked, and they sat down to partake thereof. After the 1 eal the priest distributed the collection, and then asked the king, saying, "How was your prayer?" He answered, "It was very good; there was no rain, no noises; it was excellent," and he raised the restriction in this week.

Then the priest took a large portion fro 1 the collection for his share, part of which he sacrificed to the king's deities. And after this, the king co 1 1 anded that the goods be given to the chiefs and the chiefesses, and to the guards. And the person who had the

---

"*Mohalu,* when the moon was twelve days old.
"Feeding the stars and moon with petitions.

"*Laau-ku-lua,* the nineteenth of the l1nar month.

ilio, a hoakoakoa ia ɪ ai la imua o ke alo o ua ɪ au akua wahine i ka ilio, a ɪ e ka ɪ aia iholena, a paú ae la ka ke alii kaumaha ana aku i ke akua, a hoonoa ae la ke kahuna hale o Papa ia lakou i neia la, alaila pau loa ae la ke kapu o lakou i neia la.   A mahope iho o na la ciwa alaila hoi hou aku la ke alii a ɪ e na kahuna iloko o ka luakini, a i ke ahiahi i o Mo_ halu ko ɪ o aku la lakou iloko o ka luakini, a ilaila elua kanaka e ku ana iluna, a lalau ae la ka li ɪ a o ke kahuna nui i na niu elua, a ku ae la iluna, a kahea aku la i ke akua ia Lono, i aku la: "E Lononuiakea, eia ka niu, e ola i ko kahu a ɪ e ka aina, a ɪ e na kanaka, o na po keia i o Hua nei."   A pau ae la ka ke kahuna kaumaha ana aku i ke akua, a hoolei aku la ia i ka niu, i kona li ɪ a i kekahi i kekahi, a noho iho la ia ilalo, a pule aku la lakou a ku ae la ua ɪ au kanaka la elua iluna, a kahea ae la laua ɪ e na leo nui iluna, a hanai aku la lakou i ka poe hoku, a ɪ e na ɪ ala ɪ a, i keia ahiahi hookahi no, a pau ae la ia, alaila ɪ ohai aku la ke alii i ka puaa a ɪ e ka niu, a pau ae la ka ke alii kaumaha ana aku i ke akua, a haalele iho la lakou i ka luakini, a hele aku la lakou iwaho, a poeleele iho la moe iho la lakou i keia po, a ɪ ahalo iho la lakou i neia po, a ɪ e ka naau o na kanaka a pau loa, i ae la lakou pe_ nei: "E, ɪ aikai ka niu a ke alii, ola no ka aina."

A wanaao ae la hele hou aku la no ke alii iloko o ka luakini, a ɪ e ke kahuna a ɪ e kekahi kanaka iho no o lakou, a pule aku la lakou e like no ɪ e ka lakou hana ana ɪ a ɪ ua; a paú ae la ia, a noa ae la no lakou i keia po, haalele iho la lakou i ka luakini, a hele ae la lakou iwaho; a pau ae la neia ɪ au ɪ ea a pau, a noho wale iho la no lakou i keia ɪ anawa, a he iwakalua po a ɪ e kumamaiwa, alaila hele hou aku la ke kahuna iloko o ka luakini, e wahi i ka niu, o ka ke kahuna niu no neia, a me kanaka ainana, he loina no ia no ka ɪ aka_ hiki, a ua like no ɪ e kela hana ana manua, a pela no hoi keia hana ana aku a ke ka_ huna; a pau ae la ia, a haalele iho la ke kahuna i ka luakini a noa loa ae la no lakou i neia po.

A hiki hou ɪ ai la ua ɪ au po hou chiku, o Laaukulua ka inoa a ia la huli iho la ke akua o na aina a pau ia la, aole lakou e kuku hou aku, ua kapu ae la no i ka ɪ akahiki, a ua kokoke ɪ ai la na kanaka halihali waiwai o na aina a pau, a ua halihali ɪ ai la lakou i ka waiwai na ke alii a nui loa, no ko ke alii ɪ akahiki, i ka ilio, a me ke kapa, a ɪ e ka pau a ɪ e ka ia, a me na ɪ ea no a pau loa imua i ke alo o ke alii a hookupu iho la na ɪ o_ kuna aina a pau i keia la; a po iho la i o Laaupau, hoomoe iho la ka puu, a hele ɪ ai la ke akua hulumanu o ke alii, a ɪ e ka poe kahuna liilii e hoomoe ɪ ka puu waiwai i keia po, a he po kapu loa no keia po, aole e a ɪ ai ke ahi, aole e walaau ɪ ai, a pule iho la lakou i keia po, a ɪ oe iho la lakou.

A kakahiaka ae la i o Olekukahi ala ɪ ai la ke alii, a ɪ e ke kahuna, a me kekahi ka_ naka punahele nui, akolu lakou e hele aku i keia kakahiaka, a hele aku la ke alii, a ɪ e ke kahuna, a ɪ e ua kanaka punahele nei ia ia ka pahu, a pule aku la ke kahuna, a hiki aku la lakou i kahi o ka puu i hoomoe ia ʼi, a kanaenae aku la ke alii i ka puaa i ke akua; a paú ae la ia, a pule iho la lakou, a pau ae la ka lakou pule ana.   A ɪ oa ae la na puaa a lakou ai nui iho la lakou.   A pau ae la ka lakou ai ana, alaila kuiwa iho la ke kahuna i ka puu, a pau ae la ke kuiwa ana a ke kahuna i ka puu, alaila ninau aku la ke kahuna i ke alii, i aku la: "Pehea ko pule?"   I ɪ ai la kela: "Ua ɪ aikai, aobe ua, aohe walaau, ua ɪ aikai loa."   A hoonoa ae la ia i keia pule.

A ohi ae la ke kahuna i kona waiwai a nui loa, a kaumaha aku la ia i kekahi wai- wai no ko ke alii ɪ au akua; a pau ae la ia, alaila kena aku la ke alii i ka waiwai e haawi aku no na ʼlii a pau a ɪ e na ʼlii wahine a pau, a ɪ e ka puali a pau, a haawi aku la ka ɪ ea

superintendency gave the goods away to all the chiefs and to all the people. On the night of *Ole-kukahi*, all the feather deities were worshiped, and in the ꞁorning the chiefs and the people collected great quantities of food for their annual festival, and the people of the whole country also ꞁade collection of food for their annual observance, and there was plenty of intoxicants[14] for the chiefs and for the people froꞁ the back countries. On the night of *Ole-kulua*, was the worship of the wooden iꞁages. The priests prayed throughout the night, and in the ꞁorning, the day of *Ole-kupau* (23rd), the *makahiki*[15] iꞁage was decorated. This was a very sacred day.

Due preparations were ꞁade by the woꞁen being arrayed in skirts, and all the men in fancy sashes. In the evening all the chiefs and all the people engaged in earnest prayers. Pig oven fires were started here and there, and also fires for the dog ovens of the woꞁen here and there. And in the night loud noises were heard in all directions, soꞁe froꞁ *awa* drinkers, soꞁe froꞁ blaspheꞁing men; the whole country greatly enjoyed their annual festivity in this one night. In the ꞁiddle of the night they all went in bathing, which is called *hiuwai*, while the fires burned froꞁ all around. It was a great bathing night for all the people

In the ꞁorning they all left the water, as it was then restricted to the deity Lono nuiakea. They then fastened on handsoꞁe waistcloths, and wore their fine garꞁents, while the men girded on their fancy sashes, ꞁaking theꞁ this day handsoꞁe men and graceful woꞁen. They went to their houses and enjoyed the fat things prepared by theꞁselves, of which they had an abundance these days. The idols were placed on the outside, in the open place, and when the people saw theꞁ they exclaiꞁed, "There is the long god (akua-loa), and the short god (akua-poko)," and *Kaloa-kukahi* (24th) was the day these were seen abroad.

And the deity had decreed his law that man was prohibited not to kill; war was prohibited and no fighting; the ocean was prohibited, not a canoe was to sail; the *kapa* block was prohibited and no cloth was to be beaten; the druꞁ was prohibited to be beaten; the horn was prohibited to be blown; the land was prohibited to be loosened; the heaven was sacred to Lono; the thunder was sacred to Lono; the earth was sacred to Lono; life was sacred to Lono; the hills were sacred to Lono; the ꞁountains were sacred to Lono; the ocean was sacred to Lono; the raging surf was sacred to Lono; the faꞁily was sacred to Lono; the sailing canoe was sacred to Lono. Thus the deity enuꞁerated his laws, which the chiefs and the priests and all the people duly observed.

As the *makahiki* deities were placed in the open, the produce of the land was brought forth. The long god then started to ꞁake a circuit of the land in twenty and three days, going on the righthand side, while the short god went on the left-hand side in four days. While the *makahiki* deities were thus on their circuit the high priest occupied the consecrated place, and was to be very sacred during the four days; he was not to look outside; he was not to eat fresh food or fresh fish, and he had to close his eyes whenever he went outside.

And when the long god arrived at the king's place, the king prepared a ꞁeal for

---

[14] *Mea ona* of the original may be a clerical error for *ono*, which woꞁld be natꞁral in a variety of good savory things of a feast, as against *awa* the only intoxi- cant of old tꞁne, althoꞁgh this latter was an *alii's* beverage.

[15] Lono was the *makahiki* god.

ia ia ka luna, a ɩ aii aku la ia i na 'lii a pau loa, a ɩ e na kanaka a pau loa. A po iho i o Olekukahi kauo iho la na akua hulumanu a pau loa i keia po, a ao ae la hoolakolako ɩ ai la na 'lii, a me na kanaka i ka ɩ ea ai a nui loa, no ko lakou ɩ akahiki, a ua hoolakolako ɩ ai la no hoi na kanaka o keia aina a pau loa, i ɩ ea ai no ko lakou ɩ akahiki, a ua nui loa ɩ ai la na ɩ ea ona a na 'lii a na kanaka o kuaaina a pau loa. A po iho la i o Olekulua kauo iho la ke akua laau i keia po, a pule iho la na kahuna i keia po, a ao la, kuwi iho la ke pa, o ke akua ɩ akahiki i ke ao i o Olepau, a he la kapu loa keia

A hoomakaukau iho la ka pa-u o na wahine a pau, a ɩ e ka ɩ alo ɩ aikai o na kanaka a pau. A ahiahi iho la, kauo ñui iho la na 'lii a pau loa a ɩ e ka makaainana a pau loa, a a ɩ ai la na u ɩ u puaa a kanaka o ia wahi aku a o ia wahi aku, a ɩ e na u ɩ u ilio a na wahine o ɩa wahi aku a o ia wahi aku; a po iho la olo ɩ ai la ka pihe o kela wahi, a o keia wahi, a he pihe awa, a he pihe kuamuamu na na kanaka a ua ɩ akahiki nui iho la na aina a pau i keia po hookahi no a like a like iho la keia po, alaila hele aku la lakou e au-au a he hiuwai ka inoa o neia auau ana a lakou, a a ɩ ai la ke ahi a nui loa o keia wahi o kela wahi, a he po auau nui loa no keia no na kanaka a pau

A kakahiaka ae la, hoi ae la lakou ɩ a kapa o ka wai, a ua kapu ae la ka wai i ke akua ia Lononuiakea, alaila kakua 'e la lakou i ka pau ɩ aikai, aahu iho la i ke kapa ɩ aikai; a hu ɩ e ae la na kanaka i ka ɩ alo ɩ aikai, kanaka ɩ aikai iho la lakou a wahine ɩ aikai iho la ka wahine i keia la, a hoi aku lakou i ko lakou kauhale, a wehe ae la ka lakou ɩ au ɩ ea ai ɩ o ɩ ona, a he nui loa ko lakou ɩ au ɩ ea ono i keia ɩ au la, a ua ku ae la ke akua iwaho i ke akca a ike ae la na kanaka aia aku la lakou, aia o ke akua loa, a ɩ e ke akua poko, a o Kaloakukahi ko laua la i ike ae ai iwaho.

A ua hoohiki ae la ke akua i kona kanawai a kapu kanaka aole e pepehi, e kapu ke kaua, aole e hakaka, e kapu ka ɩ oana, aohe waa holo, e kapu ke kua aole e kuku, e kapu ka pahu, aole e pai, e kapu ka pu, aole e puhi, e kapu ka aina, aole e he ɩ o, e kapu ka lani, ia Lono ke bekili kapu ia Lono, e kapu ka bonua ia Lono, ke ala i kapu ia Lono, e kapu ka ɩ auna ia Lono, ke kuahiwi kapu ia Lono, e kapu ka ɩ oana ia Lono, ke kaikoo kapu ia Lono, e kapu ka ohoua ia Lono, ka waa holo kapu ia Lono, a pela ke akua i lahui ɩ ai ai i kona kanawai. A ɩ ala ɩ a ae la na 'lii a ɩ e na kahuna a ɩ e na kanaka a pau i kona kanawai.

A ku iho la ua ɩ au akua ɩ akahiki nei i ke ahu, a halihali aku la ka waiwai o ia ɩ au aina, a hele ɩ ai la ke akua loa ɩ a ka aoao akau e poai hele aŋa i ka aina a puni, i na la he iwakalua a ɩ e kumakolu, a hele aku la no hoi ke akua poko ɩ a ka aoao he ɩ a, i na la eha, a hele aku la ua ɩ au akua ɩ akahiki nei. Noho iho la ke kahuna nui i ka iu, a he kapu loa no ia i na la eha, aole ia e nana mawaho aole ia e ai i ka ai hou ɩ ai a ɩ e ka ia hou ɩ ai, a he pani kona ɩ aka ke hele mawaho.

A hiki aku la ke akua loa i kahi o ke alii, a hoomakaukau ae la ke alii i ɩ ea ai na

the said god. The attendants were then under restriction for a short ti 1 e. As the god was brought out of the king's house and the eyes of the king beheld the i 1 age, they were filled with tears, and he cried for his love of the deity. And the king and all the people who were in the house, cried out, "Be thou feared, O Lono;" and the attendant people answered for the deity's greeting, saying: "Is it 1 ine?" and they answered, "Here is the king's greeting unto you, O Lono." The people outside replied, "Here is Lono's greeting unto your 1 ajesty." After these things the deity with his attendants entered the king's house while certain priests who ca 1 e with hi 1 offered prayers which were followed by the king's priest. Then the king offered the deity an ivory necklace, placing it around the god's neck. The king then fed the man who carried the idol, he was the i 1 age's 1 outh, and ate the pork, the uhau,[46] taro and coconut pudding and awa. This service was called *hanaipu*[47]

After this the deity went outside the hanaipu of all the chiefs who worshipped the deity. The deity did not eat their pork, but the man who carried it; he was its 1 outh who ate its food. The king then called for a boxing contest. A very large nu 1 ber of men and wo 1 en attended the 1 atch, a 1 ong who 1 was a s 1 all sporting deity of Lono, Makawahine by na 1 e. There was loud shouting fro 1 the people while the said s 1 all fe 1 ale sporting deity was a 1 using the people, to 1 ake the 1 feel very happy. Both the wo 1 en and the men were dressed handso 1 ely. Both men and wo 1 en boxed.

After this the long god was carried forth on a circuit of the land. The different lands paid tribute to the deity in cloth, pigs, feathers, chickens and food. And when they were gone the king re 1 ained in the sacred place, until the day of *Kane*. When the short god returned on the day of *Kane*, he was decorated with ferns, and the appearance of the deity was pleasing, as he was brought and entered the te 1 ple. In the evening so 1 e staffs were put up, which was a require 1 ent of the priests—a custo 1 for the annual celebration, and in the night, the people asse 1 bled at the te 1 ple where prayers to Puea were chanted, which ended the service. When the people heard the finishing of the service they were greatly pleased, their hearts were filled with gladness, and they exclai 1 ed thus, "We are safe. The night of the feast was good, and the night has been 1 ost generous to us." And in the 1 orning of the day of Lono, they washed the 1 selves and[48] . . . . .

When the new day, *Hoaka* by name, arrived, the te 1 ple was restricted for a short ti 1 e. The next day, that of *Kukahi* (the 3rd), the king went out in a canoe to fish for the *ahi*.[49] *Kalahua* was the na 1 e of the prayer used on this occasion. Other canoes fro 1 the surrounding districts had already been on the fishing grounds this day. One of the men called Hua returned first, having the honor of first drawing the eye fro 1 a fish on the day of Hua, a custo 1 required by the priest. On nearing the day assigned to the *Lou*[50] deity, it was stood in the te 1 ple, in the day of *Malani*.[51] The king ca 1 e in fro 1 the sea, and when he was near the lower side of the te 1 ple towards the sea he saw a

---

[46] *Uhau*, a food product now unknown, possibly an early name for the *luau*, the general accompaniment of baked pork.

[47] *Hanaipu* the feeding of a god with the person who carried it.

[48] Portions of the original lost.

[49] *Ahi*, albicore (*Germo sibi*).

[50] *Lou*, this named deity is not met with in other *Makahiki* festival accounts and is possibly a slip of the pen for *loa*, the long god.

[51] *Malani*, a shortening of *Mahealani*, the sixteenth of the month.

ua akua la, a kapu uuku iho la lakou, a puka ɪ ai la ke akua mawaho iho o ko ke alii
hale, a ike aku la ka ɪ aka o ke alii i ke akua, a uwe aku la ka ɪ aka o ke alii i ke akua, a
uwe aku la ia i ke aloha i ke akua, a pane aku la ke alii, a ɪ e na kanaka oloko o ka hale a
pau, e weli ia oe, e Lono, a pane mai la ka waha o na kanaka i ke akua aloha, i ɪ ai la la_
kou na'u paha, ai aku la lakou, e ia ke aloha na ke alii ia oe e Lono, a i ɪ ai la na kanaka
mawaho, e ia ke aloha na Lono ia oe e ka lani; a pau ae la ia ɪ au ɪ ea, alaila ko ɪ o ɪ ai
la ke akua iloko o ka hale alii, a ɪ e ka kona ɪ au kanaka, a ua pule ɪ ai la kekahi ɪ au ka_
huna i hele pu ɪ ai no me ke akua, a ua pule ɪ ai la no hoi ka ke alii kahuna, alaila kanaenae
ae la ke alii i ke akua, i ka niho palaoa, a hoolei aku la i ka ai o ke akua, a hanai aku la ke
alii i ke kanaka nana e a ɪ o ke akua, aia ia ia kona waha nana e ai ka puaa, a ɪ e ka uhau
a ɪ e ke kulolo, a me ka awa, a he hanaipu ka inoa o neia ɪ ea.

. A pau ae la ia, a hele aku la ua akua la iwaho, i ka hanai pu a na 'lii a pau lōa, e
hoo ɪ ana ɪ ai ana lakou i ke akua. Aole na ke akua e ai ka lakou puaa, na ke kanaka no
nana e a ɪ o, o kona waha ia, nana e ai kana waiwai. Alaila makemake ae la ke alii i
aha ɪ oko ɪ oko, a hele mai la na kanaka a nui loa, a me na wahine a nui loa, a hele ɪ ai la
ke kauwahi akua paani o Lono, .Makawahine kona inoa; a kani ɪ ai la ka pihe a na ka_
naka, a ɪ e ua wahine akua paani nei e hooluolu ana i ka naau o na kanaka i nui ka hoihoi
o lakou, a kahiko ɪ ai la na wahine, a ɪ e na kanaka a pau loa, a ɪ oko ɪ oko iho la na ka
naka a ɪ e na wahine.

A pau ae la ia, alaila hele aku la ua akua loa la, e poai ana i ka aina a puni, a ua hoo
kupu mɔi la no na aina a pau loa i ka waiwai, na ke akua, i ke kapa, a ɪ e ka puaa, a ɪ e
ka hulu, a ɪ e ka ɪ oa, a ɪ e ka ai, a hala lakou, a noho iho la ke alii i ka iu, i o Kane. A hoi
ɪ ai la ke akua poko, i ka la i o Kane, alaila kaki ɪ ai la ka pala, alaila oluolu ɪ ai la ka
ɪ aka o ke akua, a hoi mai la ke akua poko a puka ɪ ai la ia i ka luakini; a ahiahi
iho la kukulu iho la na kao he loina no ia na ke kahuna, a he ano no ia no ka ɪ akahiki,
a po iho la kakai iho la ka aha, o Puea i keia po a lele wale ae la ia; a lohe ae la ka
makaainana i ka lele wale ana o ka aha olioli nui iho la lakou, hoihoi nui iho la ko lakou
naau, a i ae la lakou penei: "E ola kakou, ua ɪ aikai ae la ka po o ka ai, a ua lokomaikaɪ
ɪ ai la ka po ia kakou." A ao ae la ia i o Lono auau ae la lakou i ka wai, a . . . . .

A hiki ɪ ai la kekahi la hou, o Hoaka ka inoa, a kapu uuku iho la ka luakini po
akahi no ae la i o Kukahi, a iho la ke alii, a lana aku la ka waa i kai e lawaia ia no ka ahi,
a he kalahua ka inoa o keia pule, a ua lana e no hoi i keia la hookahi no ka waa o na
aina a puni; a pau ae la ia, alaila, hiki ɪ ai la kekahi o lakou, o Hua ka inoa, a unuhi
ɪ aka 'e la ke aku i o Hua, a he loina no na ke kahuna; a kokoke aku la i na la e hiki ɪ ai
ai ke akua Lou i ka luakini i o Malani, a ku ɪ ai la ke akua ia la, a holo ɪ ai la ke alii i ke
'lii, a kokoke aku la ke alii ɪ akai o ka luakini, ɪ a ke kai, a ike aku la ke alii i ka nui ana

great nu 1 ber of people with the deity. A very large nu 1 ber of men ran in front of the i 1 age, holding spears in their hands. One of the 1 had several spears in his hands which he intended to throw at one of the men who landed with the king fro 1 the canoe. The king and his co 1 panion landed, and when the man who held the several spears saw the 1 he ran forward quickly and threw a spear at the king's co 1 panion. He parried it with so 1 ething that he held in his hand, leaping upwards. The people then shouted at the 1 an's skill. The man then touched the king with a second spear thus freeing hi 1 fro 1 restrictions. Then there was a general sha 1 fight a 1 ong the people.

The king then entered the te 1 ple with the new year deities and with the priests praying in this night of *Malani*. Then the king sacrificed a pig, calling upon the deity "O Lononuiakea, here is your pig. This is for your tired feet fro 1 visiting our land. And as you have returned watch over 1 e and over our land." The king then ceased talking to the deity and they all left the te 1 ple

They slept through this night, and in the 1 orning, the day of *Kulu,* no canoe was to appear this day. Today pigs were killed for the king, and at night there was great praying, which was called *kaihaanalu.* *Oe* was another prayer perfor 1 ed this night. In the 1 orning they went to the te 1 ple where they perfor 1 ed all te 1 ple work all through the day. They undressed the new year deities, ceased their te 1 ple work, the priest going on the outside of the te 1 ple to release the restrictions of the anniversary. This prayer was called *kuikuipapa.* They being all free this day of *Laau*[52] (the years grew as forests), the canoes were then free to co 1 e in. At the close of this cere 1 ony by the priest the king went to his place. Five days afterwards the king returned to re- strict the te 1 ple. This service was called *kaloakamakamaka.* When he arrived at the te 1 ple, together with the high priest and 1 any of his people, in the evening they were under restriction, the day being *Ole-kukahi.* And the people were arranged in rows The priest stood up, then sat down and prayed.

[REMAINDER OF ORIGINAL LOST]

---

[52]*Laau,* name of the eighteenth day of the moon; literally, wood, trees, timber; therefore as the days of the year returned so the forest grew.

o na kanaka me ke akua, a holo hoiholo Ʇ ai la kekahi poe kanaka Ʇ a Ʇ ua o ke alo o ke akua, a he nui loa lakou, a ua paa Ʇ ai la lakou Ʇ e na ihe i ko lakou Ʇ au li Ʇ a, a ia i kekahi kanaka o lakou na ihe o Ʇ ai ai i kekahi kanaka i lele pu aku ai Ʇ e ke alii Ʇ ai ka waa aku, a lele aku la ke alii a lele ae la kona koolua, a ike Ʇ ai la ke kanaka ia ia ua Ʇ au ihe nei a kukini Ʇ ai la ia, a o Ʇ ai la ia i ko ke alii koolua i lele pu aku ai laua, a pale ae la ia i kana Ʇ ea e paa 'na i kona li Ʇ a, a lele ae la iluna, a uwa ae la ka pihe i ke aka Ʇ ai, a hoo pa'e la ua kanaka la i ka lua o kana ihe i ke alii, a noa ae la ia, hakaka iho la na kanaka, a kaua nui iho la lakou.

A hele aku la ke alii iloko o ka luakini, a Ʇ e na kahuna a pule aku la lakou i keia ahiahi i o Malani, a Ʇ ohai aku la ke alii i ka puaa, i aku la ia i ke akua: "E Lononuia-kea, eia ko puaa o ko wawae luhi keia i hele aku nei i ka aina o kaua, a hoi Ʇ ai no oe, e nana Ʇ ai oe ia'u, a i ka aina o kaua." A oki ae la ka olelo ana aku a ke alii i ke akua a haalele iho la lakou i ka luakini.

A Ʇ oe iho la lakou i keia po, a ao ae la i o Kulu, aohe waa holo Ʇ ai i keia la, a ka-lua iho la na puaa a ke alii i keia la, a po iho la pule nui iho la lakou i keia po, a he kai haanalu ka inoa o neia pule, a he oe kekahi pule o keia po, a ao ae la hele aku la lakou iloko o ka luakini, a luakini iho la lakou i keia la ilaila, a wehewehe ae la lakou i ua Ʇ au akua Ʇ akahiki nei, a pau ae la ka lakou luakini ana, a hele ae la ke kahuna mawaho iho o ka luakini e hoonoa i ka Ʇ akahiki, a he kuikuipapa ka inoa o keia pule, a noa loa ae la lakou i keia la i o Laau, (ulu laau ae la ka Ʇ akahiki), a holo Ʇ ai la ka waa akea. A pau loa ae la keia oihana a ke kahuna, a hoi aku la ke alii i kona wahi, a mahope poalima iho o ka ke alii hoi ana aku ia Ʇ au la, alaila hoi hou aku la ke alii e kapu i ka luakini, a he kaloaka makamaka ka inoa o ia pule; a hiki aku la ia i ka luakini, a Ʇ e ke kahuna nui, a Ʇ e na kanaka o ke alii a nui loa, a ahiahi iho la kapu iho la lakou i o Olekukahi a hoonoho iho la i na kanaka e lalani aku ae la ke kahuna iluna, a noho iho la ia ilalo a pule.

[NALOWALE KE KOENA.]

Opened is the earth to Elekau-Kama,
Enlarged the growth of Nao,
The eyes behold the dawning progress
Of Luamaha, the strong youth.
He is beneath; beneath is Kama.
Perplexed is the mind of Kukuluhalaaniani,
Shifting hither, shifting thither; he is shifting
  the time of Kama,
Of the foundation of the heavenly Kama.
Kuoni, Pepeilani, Hakaniholua,
Are the source of bitterness
Hou is the real Kanekama; Kiha of the Kama
  people,
He is beneath, he is beneath,
His is, his is the folded body.

———

Formed is the pillar in the presence of Haume-
  akalani
Who art thou, that comes to life with the drums?
By the drum is that chief ennobled!
A drum that is braided is being beaten.
The basket is finished; open the basket;
Fill up the basket, the basket, the basket, the
  roomy basket.
Two baskets for Kaeleha,
Two [for] Mamahauula and others;
At Oiolele double that action and derive four,
From four to five, from five to six;
Six [for] Honoliuli, Hoaeae and Waikele.
From Waikele on to Waipio until the ninth;
At the ninth pass by the bend in the pond at Ma-
  kawa,
For Kanaloa ten;
Ten [for] Kipahulu, ten [for] Kaipo;
Ten [for] Honuaula, ten [for] Kula;
For Makawao one, for the ascent of Aalaloloa
  two,
Two for Ukumehame, two [for] Olowalu, two
  [for] Launiupoko;
For Lahaina ten, ten for Makila, ten for Lile;
Ten [for] Niihau, ten [for] Kauai, ten [for]
  Oahu,

Ten for joining and completing the islands of
  Kamalalawalu.

———

I was at Pukiki; at Pukiki
I struggled, struggled until disgusted.
I loosened my garments and shouldered them,
Thence I went to Puaai, and from Puaai
To Kilua, and from Kilua
To Kilele and on to Kihoa
[Where] the vines are vigorous, the men ener-
  getic, the women active,
[The] children sprightly, [the] food vessels sup-
  plied, the red glow intense.
Such red glow being caused by Lono, Oh!
Your paramour, oh Lono, shall be a lizard;
Scarce and few will be the meeting of friends at
  Kualoa,
[For] the barren land is strangling Kakaia.

———

There Hilo is thatching,
Finishing, ridging,
Trimming until satisfactory,
Rounding off, boards standing
Boards stood up and cut.
For the house there is spreading of the grass,
Unfolding and spreading of the mat,
Covering over with bed-clothes,
And using of pillows; there is sleeping.
Awaking, standing up and walking about.
There is preparation of food;
The fish and the water; there is eating;
There is the end to the eating
There is washing of the hands,
And there is a coming out.

———

Say, there! There is your container, O Lono,
getting to the point where the mouth will move,
the hands will point, the head will nod, the eyes
will wink, lest shame awakens. No earnest

He Mau Pule Pegana.

O Kaɪi ka Honua ia Elekau-Kama,
O ɪalala ka ɪlɪ o Nao,
O nana na maka i kaele, ua aka
O Luamaha, o hoolua kama ia,
O lalo ia, o lalo ae Kama,
O hoowili ku loko i ka manawa o Kɪkɪlɪ ɪala
 aniani,
O hanee aku o ɪance mai o hoohanee i ke au
 kaɪa,
O ka papa o ka lewa Kama; o Kɪoni, o Pepeilani,
 o Hakaniholua.
Ke kɪpɪ wai awaawa ke au,
O Hoɪ o kaio Kanekama o Kiɪa a ka poe Kaɪɪa,
O lalo ia o lalo ia,
O noia o noia, kino opiopi.

Hookauhua ka eho i ke alo o Haumeakalani,
 Owai oe?
Owai ola o ka ka eke?
O ka ka eke ia 'lii ku i ka ieie;
He kacke nanala ka eke e ɪlana ka eke,
Ua paa ka eke, e weɪe ka eke
E ɪbao ka eke, ka eke, ka eke, ka eke, eke,
Kacke ia Kaeleha elɪa,
Elɪa Mamahauula ma
Ma Oiolele kaulua ia moe lele a, eha,
Eha aku a elima, elima aku a eono,
Eono Honoúliɪli, Hoaeae me Waikele.
A Waikele la, a Waipio la, ciwa,
Eiwa ka ɪala kee loko o Makawa,
Ia Kanaloa ɪe umi;
He umi Kipaɪɪlɪ, ɪe umi Kaɪpo,
He umi Honuaula, ɪe umi Kɪla;
I Makawao hookahi; i ke ala pii i Aalaloloa elɪa,
Elɪa Ukumehame, elɪa Olowalɪ, elɪa Launiu-
 poko;
I Laɪaina ɪe umi, ɪe umi a Makila, he umi o
 Lele;
He umi Niiɪaɪ, ɪe umi Kaɪai, ɪe umi Oaɪɪ,
He umi Molokai, ɪe umi Lanai, ɪe umi Maɪi,

He umi ka hookui ka hoolawa o na mokɪ o Ka-
 malalawalu.

A Pɪɪiki au a Pɪɪiki
E kope a, e kope a, e kau mai ka hoowahawaha,
E kiola kapa e haawe na kapa i ke kua;
A Puaai au a Pɪai (Puaai) au a
A Kilɪa au a a Kilɪa au a
A Kilele au a Kihoa
He ka kiki, ɪe kane kiki, ɪe waɪine kiki,
Keiki kiki, ipukai kiki, o hooehu kiki
He hookiki kiki e Lono, o,
O ko ipo o Lono o i moo;
A Kualoa la kalawalawala ka pili i ka hoaaloha,
He umi ke kaɪa ia Kakaia.

Aia Hilo a, ke ako mai a,
Ua paa ɪnai a, kaupaku mai a,
Ke koli mai a, maikai mai a,
Poepoe mai a, papa ku mai a,
Papa ku mai la, ooki mai la,
O ka ɪale mai la, balii mai la ka mauu mai la,
Hoɪola mai la, ka moena mai la,
Uɪia mai la ke kapa mai a,
Ka ɪlɪna mai a, ka moe mai — a,
Ke ala mai — la, ke ku i ɪai la, ke ɪele mai la;
Hoolako mai — a, o ka ɪ. mai a,
O ka ia mai—a, o ka wai mai—a; ke ai mai—a;
Ua pau mai — a, ka aina mai — a,
Holoi mai a, o ka lima mai — a;
Ke pɪka mai la, e.

Aia, aia ko ipɪ e Lono, ke ɪele ae la e kalalau
ka waɪa, e kuhikuhi ka lima, kɪnou ke poo e
awihi na maka, o ɪilaɪila i ola; aole i ɪlono ia
'ku kilaɪ pali e, wai o ahu, e ahu maɪna i lɪna
haahoa o Kaunuohua, hoomau pɪ ɪ e, ɪe puu kolo

(47)

ered; and yet keep storing, for a creeping 1ill is
Nihoa. T1ose 1ills, t1ese 1ills, Palaa1 ye water
below, stay on, stay on at Kuihiki.

I arise an I1va, seeking freedom from restraint,'
Appre1ending f1lly my strengt1, t1e strengt1 of
    a bird;
T1at I 1ave t1e beak of a bird, a bird-like beak;
T1e eyes of a bird, t1e 1ead of a bird;
The comb of a bird, t1e ears of a bird;
T1e neck of a bird, t1e body of a bird;
T1e wings of a bird, the feet of a bird;
T1e feat1ers of a bird, t1e tail feat1ers of a bird
T1at t1e bird can fly, t1e bird can breat1e;
T1at t1e bird is fo1nd, t1e bird is prepared,
T1at the bird is str1ck, the bird is dead
Bring t1e bird, pl1ck t1e bird,
Fire-dry t1e bird, disembowel t1e bird,
Extract t1e intestines of t1e bird, t1e gizzard of
    t1e bird,
T1e 1eart of t1e bird, t1e gall of t1e bird,
The stomac1 of the bird, the meat of t1e bird,
T1e bones of t1e bird, t1e claws of t1e bird
The joints of t1e bird; cook t1e bird.
T1e bird is cooked; tear 1p t1e bird,
Distrib1te t1e bird, eat t1e bird
Until it is finis1ed; s1c1 is a bird container.

My companions prepared t1e breadfr1it and the
    pandan1s
In little b1ndles at Lepa1,
[Also] t1e kaee flower at Keii, t1e flower recep-
    tacle of Keaa1,
T1e progress of t1eir work [being] impeded by
    Kilohana t1e lowly,
T1e very lowly, t1e very flat-lying.
A hill facing inland casts its s1adows seaward,
As t1e 1o1se stands, t1e s1ade is wit1in
T1e 1ngratef1l companions being lazy sent a
    messenger
To r1n spying on t1e evening birds.
Place t1e snare in t1e 1plands of Kahum1ula,
T1e rocky 1ill of Kaalamea, pleasant so1nding,
And w1en yo1r godly ancestors 1ear,
Kap1lup1l1, K1alanawao, K1mok1halii,
K1pep1iaoloa, and K1paikee.
They will 1ew down t1e canoe [tree] 1ntil it
    falls, 1sing many axes.
Trim off the canoe [tree] t1at it may be lig1t,

T1en draw it fort1 wit1 ropes, tig1tly 1eld,
And drag it down to Halauoloolo and place it
    wit1in;
[T1en] 1ew the canoe, s1ape t1e canoe,
Blacken t1e canoe, set the cleats,
Tie t1e cords to the end of Hakea,
T1at is t1e important cord of the canoe.
Carry t1e canoe and drop it in t1e sea,
Set 1p t1e mast and tie wit1 ropes;
A rope to t1e bow, a rope to the stern,
A rope for packing, a rope for the stay,
P1t on t1e sails, t1e b1ndle of red sails,
At the dawn of day p1s1 off t1e canoes 1ntil
    they float;
Load on the baggage designated for t1at canoe
Let men board t1e canoe wit1 b1ndles
And stow t1em away and tie t1em fast;
P1s1 off, sit down and paddle away.
Head for t1e landing place of Lepa1;
Land and crowd on wit1 t1e ot1ers,
Entrenc1 as t1e *ohiki* in its 1ole;
[For]inhospitable are the 1plands of t1is Kona.

———

T1e 1o1se w1ic1 stands in Kona
Faces towards Koola1, t1e posts toward Halawa;
The roof is t1atc1ed and finis1ed off wit1 net fast
    c1ing,
Kahikinui and Ka1po are t1e ends;
T1e veranda is 1nprotected and empty.
T1atc1ing sticks corded to t1e crowning ridge-
    pole.
Ma1i land of Kihapiilani,
Hana land of Kalahumakua,
Kaiwiopele t1e parting of the east wind,
And Nualele by t1e sea,
And Kapueokahi of t1e roaring sea w1ic1 ec1oes
    at Mokuhano.

Kaluanui, Kaluanui!
T1ey stand as twin 1ills, t1e hat-palm 1o1ses
Which Kane t1atc1ed;
T1e birds are calling me from the *kakio*
Which Kane c1ltivated;
Tilled by Kikau of Hana
D1ring t1e oopu season of Waikolu.
I am going 1ome to eat;
Kala is the fis1 I will eat 1ntil satisfied,
It is t1e fis1 sacred to my god; alas!

iιo Nihoa; kela pali e, keia pali e, Palaaι e, kaιi
wai ilalo e, e noho, e noιo o Kuihikι.

———

Ku Iwa wau e, ku ka hau lani,
Ku maka laaι, laaι manι e;
Nιkιnιkι manι e, nιkι manι e,
Mau maka manι e, ιe poo manι e,
O ka lepe manu e, pepeiao manι e,
Ai manι e, o ke kino manι e,
Eheu manι e, wawae manu e,
O ka ιιlι manι e, pιapιa manι e;
Ua lele manu e, ιaia manι e,
Ua loaa manι e, ιana manι e,
Ua pa manι e, ua make manu e,
Lawe mai manι e, hukihuki manu e,
Olala manι e, kιai manι e,
Naau manι e, mau pιι manι manι e,
O ke ake manι e, o ke au manι e,
Opι manι e, o ka io manι e,
O ka iwi manι e, manamana manι c,
Kuekue manι e, e poeholo manι e,
Ua moa manι e, haehae manι e,
E haawi manι e, e ai manι e,
Pauloa manu e, kaιwa ipι manu!

———

Hana mai o'ι hoa noιo i ka ιlι, na ιala,
I ka ιipa la ma. Lepaι e;
Ke kaee pua o Keii, ka ιopai pua o Keaaι;
I a ιana mai ka pιι loιi ia Kilohana ia me
    haahaa
Ia haahaa loa, ia papapa loa;
Nιku i uka ka puu, ιala i kai ke aka,
Ku iluna ka ιale ιoi iloko ka malι;
Molowa na hoa ino, hoouna ka elele
E holo e manι kiι o manuahiahi,
A moa kai i uka o Kahumuula,
O ke kepue o Kaalamea kani leo lea,
Ia (i) loιe ko kιpuna akιa.
O Kapulupulu, o Kualanawao, o Kumokuhalii.
O Kupepeiaoloa, o Kupaikee,
Kua ia ka waa a ιina i lalo, i lau ke koi
Kιpa ke eιι o ka waa a mama,
MEMOIRS B. P. B. MUSEUM. VOL. VI.—4.

A pu kaιla a paa i ka lima,
O alako i kai i Halauoloolo hookomo i ka waa;
Kalai o ka waa, aιlia o ka waa,
Paele o ka waa, hoonoho o ka wae,
Hoa mai ka aha i ka piko o Hakea
Ka aha hoa ia la o ka waa a paa;
E ιapai ka waa a ιaιle i kai,
Kιkιlι ke kia a pu kaιla;
O kaιla a iιι, o kaιla a ιope,
O kaιla waιa, o kaιla ιee,
O kau o ka welι ka pu welι ula;
Hoala o ka la; panee na waa a laιa i kai,
Hoouka ka ιkana, ee kela waa,
Ee aku kanaka me na opeope
Me na ιoιιoι me na nakinaki,
Ee aku noιo aku hoe aku,
Ua kau i ke alo waa o Lepaι;
Opae a koιia, oιiki o ka lua,
He uka aho ole ka uka o Kona nei.

———

Ku i Kona ka ιale,
I Koolaι ke alo, i Halawa ka poι;
I kauhuhu a Peli (e), a Pepeu, ιe kuolo upena;
He lia Kahikinui, kalaku Kaιpo,
He Lanai kaιla he Nanai Kanaloa,
Kaιιa o lole o Wailιkι.
Aιo, e aho la kaupaku lanakila,
O Maui aina o Kihapiilani,
O Hana aina o Kalahumakua,
O Alaι Kaiwiopele a na Nualele i kai,
A Kapueokahi i kai halulu i Mokuhano e elιa.

———

Kaluanui, Kaluanui,
Ke ku la i Puumahoe na ιale loιlι papale
A Kane i ako e
Aιwe mai ana ia'u ka manu i kakio
A Kane i maιi
E maιi mai la o Kikau o Hana.
Kau mai ka oopu ko Waikolu.
E ιoi ana wau e ai;
He kala ka'u ia, i ai ai au a maona,
Uwe ιe ia paia na kιι Akιa;

Weep, O Kalai!
Great Kalai, standing with irresolute land!
Situated under the lee of Waianae,
With Koolau to the rear, Kona to the fore.
Full of pandanus is Kauki. a cape is Kaena;
A mountain ridge frequented with dew is Kaala;
Waialua lies below Mokuleia,
Mokuleia with its level plain:
Shark is the fish, the white-tailed fish of Kaena;
A wandering shark, it has gone down,
Down to Kalai, my land.

———

Kalai the beloved,
Green are thy banks of flowers,
Flanked by the hau blossoms down at Wailua.
Wide spreading lay the spirited sons
Separating me from the Koolau flowers of Moe-
   nu;
Inviting me is Apu, god of Kiki,
By the calm sea of Kamakauhiloa.
Kaiona-wards is the cape of Opuaahaunui.
Useless becomes the nose of Kuawalu when Kau-
   po obstructs
Useless Kaupo is shielded who would live at
   Kaupo?
Your land that is wind-swept, your land of the
   treacherous sea;
Your land of the ferocious shark, furiously at-
   tacking the black-red-skinned man
Reddened is the skin of the sharp-finned shark
   of Auwahi,

Rising to the surface of the rocks. This month
   is Makalii.

———

Direct the water of my land,
Waikapu's water, Honokea's,
The fishermen [in the canoe] at Kauiliti cry out,
Motioning shoreward directing the stranger
As to the true condition of life ashore;
Hamakua is distinct, revealed by the red glow at
   the shore of Mokuwi,
[As] the best shore here, exceeded only by Ka-
   kuihewa.

———

There it is, there it is:
It is the mirage of Mana.
It is following the water of Kamakahoa,
Water that is not water is the mirage of Mana
Like the sea is the water, like the water is the
   sea,
Of the water, of the sea
The cane-land which I enjoyed and forgot, re-
   jected and forsook.
What was seen behind again appears in front.
O Pali, leaf-wilted in the sun,
As the plentiful dew of the morning.
Like a smoke column passes the alkali dust,
Passed by are the emblems of the god of the year,
Gone to bury the dead.
Bending low are coconut trees seaward.
The wizard designated is Kalai.

Uwe o Kauai,
Kauai nui ku apaapa ka lima;
Noho ana i ka lulu o Waianae
Kua Koolau, he alo Kona,
He hala o Kahuku, he lae o Kaena,
He kuamoo holo na ke kehau o Kaala,
Moe mai ana o Waialua i lalo o Mokuleia.
O Mokuleia kahalahala,
Ka ia he mano, ka ia hiu lala kea o Kaena
He mano hele ua hele lalo,
O lalo o Kauai o kuu aina

Ea aku la me ka pohaku; O Makalii no keia
malama.

___

Hookipa ka wai o kuu aina,
Ko Waikapu wai ko Honokea,
Uwe o ke kanaka huki kaula kolo o Kahului
E peahi ana i-a uka i kuhi ka malihini
He oiaio pakeekee ana ka uka o Kula;
Noho e ana Hamakua, kuai a ke awe ula o ke
kaha i Mokuwi,
O ke kaha e oi wale nei, oi wale ana o Kakuihewa.

___

Loloha wale Kauai e,
Ke ku mao a ka pae pua (opua) e
I koakua (ko kua) puahau e i kai o Wailua;
Palahalaha wale ka moe a na keiki eluehu
Mao ana ia'u ka pua o Koolau o Moenu
Koii mai ana ia'u o Apu, akua o Kiki,
Ma ka kailaila (kai lai la) o Kamakauhiloa
Ma ka Kaiona ka lae o Opuaahaunui
U'a i ka ihu o Kuawalu ke alai a Kaupo,
I pale Kaupo, nawai e noho Kaupo?
Kou aina kua makani, kou aina kai kalohe,
Kou aina mano nahu, ke hae'la i ke kanaka ula
ili ele
Ula ka ili o ka mahamoe kuala nui o Auwahi,

Aia la, aia la,
O ke alialia liu la o Mana,
Ke uhai la no o ka wai a Kamakahoa,
Wai liu wai alialia o Mana,
Me he kai la ka wai, me he wai la ke kai
O ka wai o ke kai
O ka aina ko a'u i ai a poina a kiola a haalele,
Hoi ana i ke kua, hoi ana i ke alo;
O pali lau loha i ka la, puolo hau kakahiaka.
Hele ke aeae pukoakoa o Alia,
Hele ke Alia o Aliaopea;
Hala ko huna kupapau,
Hala na niu i kai;
O ke kupua la e, o Kauai.

Concerning the Construction of the Heiau.

I N THE evening the adze was placed in the cloth, saying at the time to the god· "Here is the adze together with the cloth. Tomorrow will be obtained the timber for your house, ye god." In the [following] early morning, all the people and the chiefs went up the mountain, no one remained; the men who had the adze which was wrapped in the white *kapa (oloa)*, first cut the main posts[1] and tied a strip of *kapa* around each; the rest of the timber of the house, i. e., the other posts, the rafters, the vertical and the other battens and the plates were brought down by the other people, and on that same day were the posts set and the house thatched. When completed the same crowd of people again went up the mountain, where a man would be killed. This man sacrificed on cutting down a tree to make idols was called *haalelea;* the people then returned from the mountain with leaves of the forest. They were covered all over with these shrubs. These things were heaped outside of the enclosure of the *heiau* where a large idol stood; where that rubbish was deposited was called a *kuahu*. The *heiau* was then sacred. Another man was then killed and placed on the *lele* (these were four long sticks which had been erected to form a square; the four sides were lashed with battens, also the top, and to this was tied the *oloa* in such a way that the kapa hung down loosely), together with a pig, coconut, banana and kapa.

This was how the priest would pray on returning with the *malukoi·*

> Whither the procession, O Kane, being carried along?
> The procession, O Kane, marches upward.
> The heavens recognize the procession;
> Kanehekili above receives the procession;
> Sacred is the procession marching past;
> The procession passes away from earth
> By many separate paths of numerous gods,
> Slowly moving and singly is the going.
> O Kane! Grant us life.
> Ku! O Kuamu!—mu!
> Ku, O Kuawa—wa!
> With springing step, courageous,
> Then Laka came.

And so keep on until the heiau is reached, then [the chant] stops.

The things of the heaven which were worshiped: The sun, the moon, the stars the cloud, the thunder, the lightning, the heavy rain, the light rain (mist), *oili,*[2] meteor, rainbow.

The things of the earth which were worshiped: The earth, sand, taro patch, *pala_pala*, coconut grove, hill, reef, island, the tide, the land.

---

[1] The posts which support the ridge.

[2] Cloud formation, representing animals, humans, fish, etc.

No ke Kukulu ana i ka Heiau.

I KE ahiahi hoomoe koi me ka aahu me ka hai aku i ke akua: "Eia ke koi ame ka aahu, apopo pii ka laau o ko hale e ke 'kua." Kakahiaka nui pii na kanaka, a pau na 'lii aole mea koe. O na kanaka ia ia ke koi i hoomoe ia me ka oloa, o na pouhana ka laua e oki mua ai a hikii i ka aahu, a o na laau i koe o ka hale pou, na hui aho, lohe lau, na na kanaka e lawe mai ia mau laau a kukulu a paa, ako no ia la a paa. Alaila pii hou ka malukoi o na kanaka apau a ke kuahiwi, pepehi ia kekahi kanaka a make no mauhaalelea ia kanaka, hoi mai na kanaka mai ke kuahiwi mai me na lau nahelehele ua uhi ia ke kanaka a paapu ia nahelehele a hoounu ma ka li e ku ana kekabi kii nui mawaho o ka pa o ka heiau, malaila e hooumu ai ia opala, ua kapa ia he kuahu. Alaila kapu ka heiau. Pepehi hou ia kekahi kanaka a kau ia iluna o ka lele (he mau laau loloa ia eha i kukulu huinaha ia, ua hoako ia na aoao a eha a paa a maluna iho, ua hikii ia i ka oloa a kuelu) me ka puaa, ka niu, ka maia ame ka aahu.

Penei ke kahuna e pule aku ai i ka wa e hoi mai ai ka malukoi

> Ka i hea ke ala e Kane, Maueleka,
> Ka iluna ke ala e Kane, Maueleka!
> O mai ko luna 'la Maueleka,
> O Kanehekili ko luna, Maueleka!
> E aha ana Maueleka,
> E wele o nei kana alanui Maueleka,
> O ka ia ke ala i kaawala o Lono-a-kini, o Lono-a-lau,
> Maaweawe, maakahikahi, a ke kuina,
> I ka hele ana a Kane
> O ka ke ola Ku-e-Kuamu-mu.
> Ku-e-Kuawa-wa,
> Kuawa-wa lanakila,
> O Laka mai.

A pela aku no a hiki ka heiau, alaila oki

Ko luna mau mea i hoomana ia: La, mahina, hoku, ao, hekili, uila, ua paka, ua hea, oili, makakualele, anuenue.

Ko ka honua mea hoomana ia: Honua, oneone, loi kalo, palapala, uluniu, nuu, papa, moku, he au, aina.

The mountain: Mountain, a mountain top, a valley, a stream, the calm, tain side, the outer forest, *kupulupulu, kualanawao,* kunakupali, laka, laeae, kuawaa.

The sea: The sea, the black sea, the white sea, the raging sea, the fo< *pulupulu,* porpoise, *nuao,* shark, eel, etc

The land: Pig, chicken, dog, coconut, kapa, taro top *(luau),* spring taro.

The *aumakuas:* Namu, Nawa, Kahinakua, Kaakua, Kaalo, Kaakau, Kilo-i-ka-lani, Nana-i-ka-lani, Kama-kilo-lani, Ka pinao ula holo lani

> O Kahiki, Kahiki with the same eyes,
> Kahiki with deaf ears,
> Kahiki with hearing ears,
> Give heed.
> O heavy lightning at the rending of heaven,
> O thunder, cease reverberating,
> [And] rumbling in heaven
> Lest I carve a change.
> Roar in Kahiki,
> Rumble in Kahiki,
> Speak in Kahiki,
> Alone in Kahiki,
> O Kahiki! Kahiki, grant life to Kuwalu.

Ko ke kuahiwi: Kuahiwi, kualono, awawa, manowai, he hei, he kuamauna, he kuahea, kupulupulu, kualanawao, kunakupali, laka, laea, kawahinekuawaa.

Ko ke Kai: Kaiuli, kaikea, kaikoo, kaiwawe, he pulupulu, naia, nuao, mano, puhi, a pela aku

Ko ka aina: Puaa, moa, ilio, niu, aahu, luau, waipuna, kalo

Na aumakua: Nanu, Nawa, Kahinakua, Kaakua, Kaalo, Kaakau, Kaahema, Kilo-i-ka-lani, Nana-i-ka-lani, Kaena-kilo-lani, Kapinao-ula-halo-lani

> E Kahiki, i Kahiki maka like
> Kahiki pepeiao kuli,
> I Kahiki pepeiao lohe,
> Hoolohe mai
> E ka uila nui makehai ka lani,
> E kahekili mai uuina
> Nakolo i ka lani
> O huli hau owau kalai
> Halulu i Kahiki
> Kawewe i Kahiki
> Olelo i Kahiki
> Meha i Kahiki
> E Kahiki! Kahiki ia ola Kuwalu.

History of the Hawaiian Priesthood Called the Order of Sorcery.

PREFACE[1]

FROM the earliest days of this people there were many useful customs known to them relating to the order of priesthood, but the establishment of this order in this nation cannot be fully explained at this writing, nor the genealogies of those who founded it, because there are none living who can give explicit information of the time of its establishment among this people, nor of those who instituted it. Neither can it be said that the useful order had no foundation in these islands, nor that the founding of the order of priesthood was in vain, because their characteristics are shown in Bible history in the time of Aaron, and the generations which followed, down to the time of Jesus.

The offices of the priesthood of the days before Jesus continued down to His time and thereafter, and the priesthood so continued in order down to the last generations of these days. Therefore it may be assumed that some one established the learned customs in this nation; but because of the envelopment of this race by the dark clouds of ignorance the works of this people of that time are obscured.

On reflection these days, things which were [thought] facts in former times have become mere fables, thus confusing the history of the country at the present time. However, certain things transpired in those days which were true in some respects, and in writing this history it is not unprofitable for me to preserve in this book the useful customs of that time, though I do not pretend to be free from all error in this history writing

S. N. HALEOLE.

Honolulu, August 13, 1862

THE ORDER OF PRIESTHOOD

NUMBER I

A DIVINER, a weather prophet, an architect were all called priests, and in these people were embodied the department of knowledge. They could read the omens in the clouds, whether favorable or unfavorable; good or evil; profitable or unprofitable; fortunate or unfortunate; or the death of a chief, or a land [overseership] withdrawn,[2] per-

---

[1] This series of papers on the sorcery priesthood by a recognized Hawaiian writer of rare talent, compiled several months apart are given as written, though somewhat in duplicate. The first paper being brief, its subjects will be found more extended in the later compilation. The author, S. N. Haleole, died in Honolulu, September 22, 1866.

[2] This has reference to stewardship of a tract or tracts of land, the *konohiki* of an *ili* or *ahupuaa*, whose tenure of office was ever subject to the whim, fortune of, or change in the district chief, who in turn held under the king. Even a well-cultivated *ili* giving satisfactory tax returns of its products was, as likely as not, to be the envy of sycophant followers of the chief who would seek to supplant him.

Moolelo no ko Hawaii Oihana Kahuna i kapaia ka Oihana Hoomanamana.

HE MAU HOAKAKA

MAI KINOHI mai o keia lahui, he nui no na oihana ike a keia lahui i ka wa mamua, ma na mea e pili ana i ka oihana kahuna, aka, aole nae e hiki ke hai maopopo ia ma keia kakau moolelo ana ka hookumu ana o ia oihana ma keia la lui, aole no hoi e hiki ke hai maopopoia ka mookuauhau o ka poe nana i hookumu keia oi hana ike Nokamea, aole i ike ia ka mea e ola nei nana e hoomaopopo mai ka wa i hooku mu ia ai keia oihana ma keia lahui, a me ka poe nana i hookumu mai keia oihana. Aka, aole nae e hike ke olelo iho, ua kumu ole na oihana ike ma keia mau aina, a he mea ole nana i hookumu ka oihana kahuna, nokamea, ua ike ia ma ka moolelo o ka Baibala i ke ano o ka oihana kahuna i ka wa o Aarona ma, a me ka hanauna mahope mai a hiki i ka wa o Iesu.

A ua mau no ka poe oihana kahuna o na la mamua o Iesu a hiki i kona mau la, a ma ia hope mai, a ua hele papa mai pela ka hoonohonoho ana o ka oihana kahuna a hiki i na hanauna hope o keia mau la e hele nei, a no ia mea, he hiki ke kapa aku, he mea nana i hookumu na oihana ike ma keia lahui; aka, no ka uhi paapu ia ana mai o keia lahui ka-naka e na ao polohiwa o ka naaupo, nolaila, ua pouli wale na hana o keia lahui ia manawa.

Aka, i ka hoomaopopo ana i keia mau la, ua lilo na mea oiaio o ia manawa i olelo kaao i keia mau la, a nolaila, ua huikau aku a buikau mai na moolelo o ka aina i keia wa. Aka, i ka hoomaopopo ana, ua oiaio no na mea i hanaia i kela wa, ma kekahi mau mea nae, aka, i kuu kakau ana i keia moolelo, aole wau i makehewa ke malama i na oihana ike o kela manawa ma keia buke, aole no hoi wau i manao ua kina ole au ma keia kakau moolelo ana.

S. N. Haleole

Honolulu, Augate 13, 1862.

NO KA OIHANA KAHUNA

HELU I

UA KAPA ia ke kilokilo, ka nanauli, ke kuhikuhipuuone, he poe kahuna, aia i loko o keia poe, he oihana ike. He hiki i keia poe ke ike i na ouli o ke ao, i na he pono, ina he hewa, ina he ino, ina he maikai, ina he waiwai, ina he waiwai ole, ina he pomaikai, a ina he ilihune, a ina he alii make, a he aina hemo paha. He hiki i keia poe ke wanana mai

(57)

haps. These people could prophesy of coming events and reveal things which were hidden in secret places, and explain things which had transpired many years. From this department emanated certain branches, which were: the profession of praying to death, sorcery, and the practice of medicine; therefore they were all included in the order of priesthood.

2. OF THE DIVINER AND WEATHER PROPHET.

A person who was called a diviner and a weather prophet meant the same office but with two separate branches of knowledge. If the office of diviner and that of weather prophet were so vested in one man, then that man possessed two branches of knowledge. If a man possessed but one branch of knowledge he could not see into that of another. The architect could not perform the art of healing. But if all the callings of the priesthood were vested in one man, then he was called a *"puhiokaoka,"*[3] because all the callings of the priesthood were embodied in him

3. MEANING OF DIVINATION.

Divination was an office in the priesthood whereby the diviner could discern the right and the wrong. Supposing a man, or a district chief wished to build himself a house, he must first send for the diviner to come and select a suitable site for it to stand, and when he had chosen it he would say to the owner of the house: "Here is the location for your house; live on this foundation until you are bent, dim-eyed, feeble and in the last stages of life." At the time that the house was to be built it was proper that the diviner should be sent for to see to the mode of its erection. He had the right to approve or condemn and pass upon it as all right. But if the diviner was not sent for from the beginning of the work on the foundation until the completion of the house, the diviner could come and condemn or approve.

4. DIVINING A LOCATION FOR THE HOUSE.

If the diviner went and found a house standing on the edge of a cliff, and that the door of said house opened toward the cliffs, then the diviner would say: "This is a bad position; it is unfavorable *(lelcopu)*. The owners of this house will not live long ere they die unless they go away." If they were to be saved from death, to move elsewhere was their only safety. The meaning of the word *"lelcopu"* was desolation, just like a lot of people falling down the precipice who could not go back again.

Here is the second: If a house was standing on a mound, or hill, then the diviner would say: "This is a bad position; there are two meanings to this situation, *lelcopu* and *holua; holua* because there would be many people during the *holua* season, but after the sport was over the result would be loneliness. This house is like a *lelcopu.*"

This is the third: If a house stood in a place adjacent to a stone wall, and there was a hill directly at the rear of the house, if the door was facing the wall, then the diviner would say: "This is a bad situation; it is a *lelcopu* position, but if a door should be opened at the back of the house, that would be well."

Puhiokaoka: puhi, blow; *okaoka,* reduced to powder; broken up fine. The term implies one having multiple power, even as the wind in sweeping away all particles of dust.

no na mea e hiki mai ana mahope, a me na mea i huna ia ma kahi malu, a me na mea i hala mahope no na makahiki he nui. A no loko mai o keia oihana, i puka mai ai he mau lala hou, oia hoi ka anaana, ka hoopiopio, ke kahuna lapaau maoli. A nolaila, ua hui pu ia lakou ma ka oihana kahuna

2. NO KE KILOKILO A ME KA NANAULI

O ke kanaka i olelo ia he kilokilo a he nanauli, hookahi no ia ano, elua nae ia oihana ike. Ina e hui ia ka oihana nanauli a me ka oihana kilokilo i ke kanaka hookahi, alaila, elua oihana ike i ke kanaka. Ina he hookahi wale no oihana ike i loaa i kekahi, alaila, aole e hiki ia ia ke ike aku i ka oihana a ke kuhikuhipuuone. Aole no hoi e hiki i ke kuhikuhipuuone ke lawe mai e hana ma ka oihana lapaau. Aka, ina e hui pu ia na oihana ike a pau o ka oihana kahuna i ke kanaka hookahi, alaila, ua kapa ia aku ia he "puhiokaoka." No ka mea, ua pau na oihana kahuna a pau ia ia

3. KE ANO O KE KILOKILO.

O ke kilokilo, he oihana kahuna no ia, he hiki i ua kanaka kilokilo la ke ike i ka pono a me ka hewa. Ina paha i manao kekahi kanaka, a he alii aimoku paha e kukulu i hale nona, alaila, e kii mua aku i ke kilokilo e hele e nana i ke kahua kupono e ku ai ka hale, a ike ke kilokilo i ke kahua, alaila olelo aku i ka mea hale: "Eia ke kahua o ko hale, e noho oe i keia kahua a kolopupu, a haumakaiole, a kanikoo, a palalauhala." I ka manawa e kukulu ai ka hale, he pono no e kii ia ua kanaka kilokilo la e hele mai e nana i ke ano o ke kukulu ana. Aia no ia ia ka pono a me ka hewa, alaila olelo aku, ua pono. Aka, ina e kii ole ia ka mea kilokilo mai ka hoomaka ana i ke kahua a ka paa ana o ka hale, alaila, he hiki i ua kilokilo la ke hele aku a hoahewa, a hoapono paha.

4. KE KILOKILO ANA NO KE KAHUA KAHI E KU AI KA HALE.

Ina ua hele aku ke kilokilo e ku ana ka hale i ke kae o ka pali, a ua huli pono ka puka o ua hale nei i ka pali, alaila e olelo auanei ke kilokilo: "He kahua ino keia, he leleopu keia kahua, aohe he liuliu ka poe nona keia hale pau i ka make, he hele ka pakele." A ina ua pakele i ka make, he hele aku ma kahi e ka manalo. A o ke ano o ka huaolelo "leleopu," he neoneo, e like me ka haule ana o na mea he lehulehu i ka pali, aole e hiki ke hoi hou aku

Eia ka lua: Ina e ku ana ka hale i luna o kekahi ahua, a puu paha, alaila, he hiki i ke kilokilo ke olelo: "He kahua ino keia. Elua ano o keia kahua, he leleopu, a he holua; nokamea o ka holua, e lehulehu ana no i ka manawa hee holua, a pau ae ka lealea, he mehameha ka hope. Ua like no keia hale me ka leleopu."

Eia ke kolu: Ina e ku ana kekahi hale i kahi e kokoke ana i ka pa pohaku, a he puu paha ma ke kua ponoi o ua hale nei. Alaila e olelo auanei ka mea kilokilo, ina e huli pono ana ka puka o ka hale i ka pa: "He kahua ino keia, he leleopu no ia kahua, aka, ina e weheia i puka ma ke kua o ka hale, alaila, ua maikai."

Here is the fourth: If the diviner saw that the house of a commoner stood in a nice level place which had not before been built upon, then he would say: "This is a good house, and the location is clear; a chief will enter this house, because a chief's house stands on a prominence"

Here is the fifth: If a house was built at the slope of the cliffs with the front of the house partly facing the cliffs, or *kahanahana pali* perhaps, then the diviner would say· "This is a bad location; it is an *uwaukaha,* and its meaning is the same as that of the house on the *lelcopu* and *holua* sites, and the end would be the death of the people living therein; safety only could be had by leaving that place."

5.   OTHER UNFAVORABLE LOCATIONS.

If a house was built right on a burying place, then the diviner would say: "This is a bad location, one of lamenting noises, which will result in the death of all, safety being only assured by removal."

And again: If the location where the house stood was good, as also the position of the house, yet if the location was crossed by a highway which passed the door and continued on, if the door was at the corner, or at the front, then the diviner would say· "This is a bad location, an *amio*,[1] and those who live therein would be afflicted with contin ual illness, safety being only in removal."

And again: If a house was erected right in the temple [enclosure] with the knowl edge of the builder, then the diviner would say: "This is a bad location; it is a deep pit because it is situated in a place of gloom.   Not one of those who would dwell in that house would live.   In the same manner that a man enters the high rolling surf, he would be lost"

6.   DIVINING ON THE ERECTION OF HOUSES.

If a house was being erected, and the posts were set and the plate for the rafters laid on and fastened by tying with ropes, and afterwards that which was fastened was taken off again, perhaps because it was found that the positions of the posts were not uniform, so that one or more posts must be drawn out of their holes, the diviner, on inspection, when he sees that the house was being built that way would say: "The house is improper; the owner will not dwell long therein before he goes to another place.   In the same manner that he removed one of the posts, so would he discontinue to live in the house"

If the house was being erected and the posts were set, the rafters put up and fastened, or perhaps battened with sticks and thatched and then taken to pieces, its divination was as those mentioned in the next above paragraph; but if the house belonged to the king and it was being thatched by an overseer of a division of land, or of a district, or of an island, then the divination mentioned in the first paragraph of this number would not apply.

If posts, however, were withdrawn while erecting a house for the king, then the tenor of a former paragraph in relation to the king's house so erected would not be

[1] *Amio,* liable to gusts of wind from the rear; whirlwind, etc.

Eia ka ha. Ina ua ike ke kilokilo ua ku ka hale o kekahi makaainana i kahi pala-
halaha maikai, aole nae i ku hale ia mamua, alaila, e olelo auanei ka mea kilokilo: "He hale
maikai keia, he alaneo keia kahua, he alii ka mea nana e komo keia hale; nokamea, no ke
alii ka hale ku i ka alaneo "

Eia ka lima: Ina e kukulu ia ka hale i ka au kipapali, a ua huli hapa ke alo o ua
hale nei i ka pali, a kahanahana pali paha, alaila, e olelo auanei ke kilokilo: "He kahua ino
keia; he uwaukaha ia kahua, ua like no kona olelo ana me ka hale i ku i ke kahua leleopu
a me ka holua, a o ka hope ka make o ka poe e noho ana maloko, a ina he haalele i ua
wahi la ka manalo."

5. KEKAHI MAU KAHUA KUPONO OLE E AE

Ina i kukulu ia ka hale i luna pono o ka ilina kupapau, alaila, e olelo no auanei ka
mea kilokilo: "He kahua ino keia kahua, he kupinai ia kahua, he pau i ka make ka hope,
he hele ka pakele."

. Eia hou: Ina ua maikai he kahua kahi i ku ai ka hale, a ua maikai pu me ke ku ana
o ka hale, aka, ina e moe ia e ke alaloa (alanui) a hiki ke alanui ma ka puka o ka hale, a
hala loa, ina ma ka hakala ka puka, a ina ma ke alo paha, alaila e olelo auanei ke kilo-
kilo "He kahua ino keia, he amio keia kahua, o ka poe e noho ana maloko, he mai mau
ko lakou, he hele ka pakele."

Eia hou: Ina ua kukuluia ka hale i loko pono o ka heiau, me ka ike no nae o ka mea
nana i kukulu, alaila e olelo no auanei ke kilokilo: "He kahua ino keia, he halehale ia ka-
hua, nokamea, ua ku i loko o ke poi pu. Aole e ola hookahi o ka poe nana e noho ua hale
la, e like me ke komo ana o ke kanaka i ka halehale poi pu a ka nalu, aole e pakele kona
nalowale."

6. KE KILOKILO ANA NO KE KUKULU ANA O NA HALE.

Ina e kukulu ia ana kekahi hale; a paa ka pae pou, a ua kau ia ka lohe lau, a ua paa
i ke kauhilo ia, a mahope, wehewehe ia ka mea i paa, no ka ike ia paha, ua like ole ke ku-
lana o na pou, a unuhi hou ia kekahi pou, a mau pou paha mai kona lua ae; a nana aku ka
mea kilokilo, a ike e hanaia ana ka hale pela ke ano, alaila, e olelo auanei ke kilokilo ·
"Ua hewa ka hale, aole e liuliu ka noho ana a ka mea nona ka hale i loko o ua hale nei,
hele aku i kahi e. E like me ka unubi hou ana i kekahi pou, pela no oia e noho ole ai i
loko o ka hale."

Ina hoi ua kukulu ia ka hale a paa na pou, a kau na o-a, a paa i ke kauhilo, a ho-
aho ia paha, a ua paa i ke ako ia, a wawahi hou ia paha, alaila ua like no kona kilokilo ana
me ka loina o ka pauku mua; aka, ina no ke alii ka hale, he ahupuaa nae ka mea nana e ako,
a he okana paha, a moku paha, alaila, aole e pili ke kilokilo ana o ia hana ana ma ka loina o
ka pauku mua o keia helu.

Aka, ina he mau pou ka mea i unubi ia ma ke kukulu ana o ka hale o ke alii, alaila,
aole no e kaawale ka loina o ka pauku mua i ka hale alii ina e hana ia pela, ua pili no;

exempted but applied; though if the house to be erected was a barn, then this divination would not apply to such house, or if the posts were drawn out, or taken to pieces again; it was applicable only to dwelling houses.

7. FAULTILY CONSTRUCTED HOUSES

If the house was erected and completed, being thatched, and all particulars observed, and the owner residing therein, whether a chief or a commoner, and the diviner came in and saw that the plate piece in the front wall over the entrance had not been cut then the diviner would say: "That plate piece is improper for not being cut near the entrance." Those uncut pieces of plates were called the stretcher, which betokened death

If the plates were in order and had been trimmed, a mistake might be in the position of the posts. Other faults might be found in the batten sticks if they were fastened too tightly. There might be a mistake in the side posts, or those nearer to the end posts. If, however, the bend in the crook of a side post was towards an end post, then the diviner would say: "The owner of the house will die, or his people perhaps; the ban would be partially overcome by the death of some one, and the complete renovation of the house by direction of the diviner in the order of priesthood." Such a position of the side post was called *mihiauau*.[6] The side post was bemoaning, just as some people would mourn on the death of the head of a household.

If there were two side posts and both were crooked, and the crook of one was turned toward the other, then the diviner would say: "Some of the people within will be continually quarreling, just as one crook was opposite the other." If the crooks of the posts were bent toward themselves, then the diviner would say: "There are two interpretations relative to the position of those side posts. All those who will live in this house will be stingy people. If two persons are eating they will bend over their own particular meals, and so will others within. They will not call others, and few will be the occasions for agreeableness, for avarice will predominate. All those who dwell in said house will be avaricious people only.

If a stranger happens to arrive at that house he would not be invited to come and partake of food, the only words to be heard then, are: "We are eating." "Are you filled?" "How are you?" "Will you have something to eat?" because these words were only interrogations without any intention of inviting him, and it was those words which forbade the person addressed.

8. DIVINATION OF A POST DENOTING DISEASE

If one side post, or more, stands with the crook of the post bulging toward the inside of the house the diviner would say: "It is a bad post; dropsy will be the disease of the owner of the house, or other person." And if the protuberant crook of the post was turned towards the thatching of the house the diviner would say: "A broken humpback will be the malady of the owner of the house, or of some other person perhaps."

---

[6] *Mihiauau*, sorrow, lamentation.

a ina hoi, i hana ia ka hale, he halepapaa, alaila, aole no e pili keia kilokilo ana no ia hale
Ina ua unuhi hou ia na pou, a wawahi hou ia paha, ua pili wale no, no na hale noho

7. NA HALE I KUKULU PONO OLE IA

Ina ua kukulu ia ka hale, a ua hana ia a paa, a ua paa i ke ako, ua pau na hema-
hema a pau, a e noho ana ka mea nona ka hale i loko; ina he alii, a he makaainana paha,
a komo mai ka mea kilokilo, a ike ua oki ole ia ka lohelau ma ka paia o ke alo ma ka wa
e kupono ana i ka puka komo, alaila, e olelo auanei ke kilokilo: "Ua hewa kela lohelau,
no ke oki ole ia ana o kahi i ka puka komo." Ua kapa ia ua mau lohelau la i oki ole ia he
manele, he make no ka hope o ia ano.

A ina ua maikai na lohelau, ua oki ia paha, alaila, aia kekahi hewa ma ke kulana
o na pou. Aia kekahi hewa ma na ahokele, ina e ako ia ua mau ahokele la a paa loa. Aia
kekahi hewa ma na kukuna, ina paha o ke kukuna pili pouhana ka mea i ike ia ka hewa.
Ina nae ua huli pono ke kulou ana a ke kekee o ke kukuna i ka pouhana, alaila e olelo au-
anei ke kilokilo: "E make auanei ka mea nona ka hale, a i ole, o kona poe paha, aia no ka
manalo iki, he make no kekahi mea, a he hana hou ia paha ma ke kauoha a ke kilokilo, ma
ke ano oihana kahuna." O ke ano o ia hana a ke kukuna i like peia ke ano, alaila, he mi-
hiauau kona ano. E uwe aku ana ke kukuna i ka pouhana, ua like no ia me ka uwe ana o
kekahi poe i ka make ana o ka haku mea hale.

Ina e ku ana kekahi mau kukuna elua, a he mau kukuna kekee laua a elua, ua huli
aku paha ke kekee o kekahi i kekahi, alaila e olelo aku ke kilokilo: "He bakaka mau ko ke-
kahi poe o loko, e like me ke kue o kekahi kekee i kekahi kekee." A ina ua kulou kekahi
kekee o na kukuna ia laua iho, alaila, e olelo auanei ke kilokilo: "Elua ano e pili ai ka
hana a kela mau kukuna. O ka poe a pau o loko o keia hale, he poe aua wale no
Ina e ai ana na mea elua, kulou no laua i ka laua mea ai iho, pela no kekahi poe e ae o loko.
Aole e hiki i kekahi mau mea ke hea aku i kekahi mau mea, he kakaikahi ka manawa like,
no ka aua ka nui. O ka poe a pau e noho ana i ua hale la, he poe aua wale no lakou."

Ina e hoea aku kekahi malihini ma ua hale la, aole e hiki ke kahea mai e ai pu, a
o ka huaolelo e loaa ia wa: "Ke ai nei makou." "Ua maona oe?" "Pehea oe?" "E
paina paha?" Nokamea, o kela mau huaolelo, he ninau wale no, no ka makemake ole e
kahea aku, a na kela mau huaolelo i keakea mai i ka mea i kahea ia mai

8. KE KILOKILO ANA O KE KUKUNA MAI.

Ina e ku ana ke kukuna a mau kukuna paha, ua hoohu mai ke kekee o ka kukuna i
loko o ka hale, e olelo no ke kilokilo: "He kukuna ino ia, he opuohao ka mai o ka mea
nona ka hale, a o kekahi mea e ae paha." A ina ua huli ke kanahua kekee o ke kukuna i
ka pili aho o ka hale, e olelo auanei ke kilokilo: "He uhai kuapu ia ka mai o ka mea nona
ka hale, a i ole o kekahi poe e ae paha."

9. DIVINING THE POSITION OF TWO OR MORE HOUSES.

If two, three or more houses were standing in a row, and one house was higher than the rest of the row, and that house was owned by a commoner, then the diviner would say: "The owner of that house will become rich, perhaps a division land holder, or perhaps a district land holder." But if two houses are in the same position, the owner of one being a division land holder and a low farmer be the owner of the other, and the house with the high roof belongs to the low farmer, the diviner would remark: "The owner of that other house will cease to be a division land holder and the owner of the high house will own the property."

10. DIVINATION OF ONE OR TWO HOUSES BEHIND A ROW OF DWELLINGS

If one or two houses were standing in the rear of a row of several then the diviner would say: "There will be fighting amongst these houses. The melee will be started by the house in the rear; the conduct of the houses in front will make them enemies for the rear houses, and those living in front will become opponents for him or them who live in the house in the rear "

9. KE KILOKILO ANA O KE KU ANA O NA HALE ELUA A OI AE PAHA

Ina e kupapa like ana na hale elua, ekolu, a oi aku paha; a ina ua kiekie kekahi hale hookahi maluna o kela papa hale: Ina nae he makaainana ka mea nona ua hale kiekie la, alaila, e olelo no ke kilokilo: "E waiwai aku ana ka mea nona kela hale ma keia hope aku, he ai ahupuaa paha, he ai okana paha." Aka, ina elua mau hale e ku like ana, he ai ahupuaa ka mea nona kekahi hale, a he lopa ka mea nona kekahi hale, a o ka hale kiekie o ke kaupaku o ke kulana o ka hale, no ka lopa, alaila, e olelo auanei ke kilokilo: "E pau ana ka aimoku ana o ka mea nona kela hale, a o ka mea nona ka hale kiekie, nona ka waiwai"

10. KE KILOKILO ANA O KA HALE MAHOPE MAI O KA PAPA HALE E KU ANA MAMUA

Ina paha e ku mai ana kekahi hale hookahi a elua paha mahope mai o ka papa hale lehulehu, alaila e olelo auanei ka mea kilokilo: "He bakaka ka hope o keia poe hale. O ka hale mahope ka mea nana e hoouluulu ka bakaka, a e lilo na hana a ka poe hale mamua i enemi no ka hale mahope, a e lilo ana ka poe e noho ana mamua i mau hoa ha kaka no ka mea a mau mea e noho ana ma ka hale mahope mai."

History of the Hawaiian Priesthood in Olden Time, Called Hoomanamana.

EXPLANATORY REMARKS

IN WRITING the history of the priesthood I am not able to present the genealogy of those who established the order in these islands in this historical account of the priesthood, because I do not know of any one now living who could verify the account of those who founded the order among this people. However, this is what I do know of this subject. I recollect, through hearsay, of the works of the priesthood of these islands in ancient times, because when I was at the age of fourteen years I began to have a clear understanding of the character of the order of Priesthood, and from that time until A. D. 1838, I occasionally heard of the practices of the order.

In the year 1838, when Mr. E. Bailey and Mr. I. Bliss, American missionaries, arrived in Kohala and were erecting Hawaiian houses for themselves, my guardian was residing at Nunulu in Kohala. His name was Kaili, and he was in the line of chiefs of the Kalanimoku chain, and an uncle of Haalelea

While the missionaries were erecting their houses according to Hawaiian custom, my guardian at the same time showed his knowledge of the order of priesthood, thus: Mr. Bliss was the first to build his house. My guardian observed that the position of the house was improper and the location of the building was also faulty. There were also defects in the position of the posts. Kaili then remarked, "Had this been in the times that have passed, this house would be [considered] faulty; the owner of the house would not long reside [therein] before removing to another place. Not so, however, in this new era which is under the power of Jehovah. It will not occur."

When Mr. Bliss's house was completed, a few days afterward Mr. Bailey erected his house, in the Hawaiian style also. At its erection, and completed except one corner, one side was then undone and rethatched. Kaili again remarked, as he had done of the house of Mr. Bliss. They lived in those two houses nearly two years, after which they moved to Iole,[1] and in A. D. 1841, Mr. Bliss left for America, while Mr. E. Bailey removed to Wailuku, Maui. This was the fulfillment of his priestly knowledge. From that time down to A. D. 1854, in the month of June, I heard from time to time of the order of priesthood.

At that period my knowledge increased regarding the various divisions of the priesthood, relating to the office of true priestly healing; the office of divination; weather prophesying and architecture; also of the art of praying to death and sorcery; for, my said guardian was taught in the art of divination (kilokilo) and weather prophesying; he was also trained in the art of true healing and had some knowledge of praying to death and sorcery. He, however, lacked in architecture. The husband of my mother's elder

---

[1]Iole is that part of the Kohala district occupied by the Protestant native church and mission premises.

(66)

Moolelo no ko Hawaii Oihana Kahuna i ka wa Mamua, i kapa ia he Hoomanamana.

HE MAU OLELO HOAKAKA

MAMUA o kuu kakau ana i ka moolelo no ka oihana kahuna, aole e hiki ia'u, ke lawe mai i ka mookuauhau o ka poe nana i hookumu ka oihana kahuna ma keia aina, ma keia kakau moolelo ana, no ka oihana kahuna, nokamea, aole wau i ike i kekahi mea e ola ana i keia manawa nana e hoomaopopo mai ka moolelo o ka poe nana i hookahua ka oihana kahuna ma keia lahui; aka, eia wale no ka mea maopopo ia'u, ma keia moolelo ana: Ua hoomaopopo ia e a'u ma ka lohe ana i na hana oihana kahuna o keia mau aina i ka wa mamua, nokamea, i ka umikumamaha o ko'u mau makahiki, ia manawa ka hoomaka ana o'u e lohe maopopo i ke ano o ka oihana kahuna, a mai ia manawa mai a hiki i ka M. H. 1838, ko'u lohe liilii ana no ke ano o ka oihana kahuna.

I ua makahiki 1838 la, oiai ua noho ae o Mr. E. Bailey a me Mr. Berist [Bliss] ma Kohala, he mau Misionari Amerika, i ka manawa hoi i kukulu ae ai laua i mau hale Hawaii no laua, i kela manawa, aia ko'u mea nana i hanai e noho ana ma Nunulu i Kohala, ia manawa. O Kaili kona inoa, ua komo i loko o ka papa helu o na 'lii ma ka aoao o Kalanimoku, he makuakane oia no L. Haalelea.

I ka manawa i kukulu ae ai ua mau misionari la i mau hale no laua ma ke ano Hawaii, ia manawa i hoike ae ai ua mea nei o'u nana i hanai i ka ike ma ka oihana kahuna, a penei. Kukulu mua o Mr. Berist i kona hale, nana aku la ua mea nei o'u nana i hanai, a ike aku la ua hewa ke kulana o ka hale, a hewa pu me ke kahua kahi i kukulu ai, a hewa hou ma ke kulana o na pou. Ia manawa, olelo ae la ua o Kaili: "Ina o kela manawa i hala aku nei, ua hewa ka hale. Aole e liuliu ka mea nona ka hale, hele aku ma kahi e. Aole hoi, he wa hou keia, ua paa i ka mana o Iehova, aole hoi e hiki."

A paa aku la ko Berista hale, he mau la mahope mai kukulu ae la o Mr. E. Bailey i kona hale, ma ke ano Hawaii no. Ia kukulu ana a paa, a koe hookahi kala. Ia manawa, wawahi hou ia kekahi aoao, a ako hou. Ia manawa, olelo hou ae la no ua o Kaili e like me ka olelo ana i ka hale o Mr. Berist. Aneane elua makahiki ka noho ana maloko o ua mau hale nei, alaila hoi aku la i Iole. A ma ka M. H. 1841, hoi loa aku la o Mr. Berist i Amerika, a o Mr. E. Bailey hoi, hoi aku la i Wailuku, Maui. Oia ka booko ia ana o kana ike oihana kahuna. A mahope mai o ia manawa ko'u lohe liilii ana no ka oihana kahuna, a hiki i ka M. H. 1854, ma ka malama o Iune.

Ia manawa, ua mahuahua mai ia'u ka lohe ana, no na ano oihana kahuna a pau. E pili ana i ka oihana kahuna lapaau maoli, oihana kahuna a kilokilo, nanauli, a me ke kuhikuhi puuone, o ke kahuna anaana a me ka hoopiopio, nokamea, o ua mea la o'u nana i hanai, ua ao ia i ke kilokilo a me ka nanauli. Ua ao ia no hoi i ka lapaau maoli, a ua ike no hoi i ka anaana ana a me ka hoopiopio. A ua koe ia ia ke kuhikuhi puuone. A o ke kane

(67)

sister, my father's elder brother, and my elder brothers were trained in some calling of the priesthood, while myself, my sister and our mother and aunt remained untrained.

Through these conditions I casually came to know about the priesthood in some things taught my relatives, and for these reasons I have written this history of the priest-hood. I had not, however, expected to preserve such an account, but in June, A. D. 1862, I commenced to write this record of the priesthood, from the things which I had heard from A. D. 1837 to the time that I made a circuit in the interest of the newspaper *"Hoku o ka Pakipika"* (Star of the Pacific).

In A. D. 1863, in the month of April, a society was formed for the purpose of searching for the ancient things of Hawaii.[2] It was at this time that I wrote further on this subject, but I have not written this record with the impression that I am free from any shortcomings. Perhaps blame will be placed upon the writer of this history. From the beginning of my knowledge of the nature of the priesthood until I began to write this account, I had not realized the value of these things. Since those days impressions have come to me of the importance of preserving records of events relating to this people in ancient times, for, thought I, if the early history of this people is not recorded how can the future generations know the occurrences of those days in these islands.

Therefore I have prepared this record with the idea that it will be greatly benefi-cial to myself, my heirs and my people. This, however, is not the first of my traditional writings. I began writing a legend for this people in the month of August, A. D. 1844, and in A. D. 1862, in the month of July, on the 4th day, I completed another legend.[3] But this is the most important of all records kept by me, because in this record the origin of these islands began to be known, also the discovery of this people; the great battles from the origin of this people down to Kamehameha—ninety-seven generations from Opuukahonua—said record being called "A Chronicle of Kings "

Honolulu, June 13, 1863   S. N. HALEOLE

A HISTORY OF THE [SORCERY] PRIESTHOOD

I.   ITS DIVISIONS AND ORDINANCES.

THE priesthood spoken of here in Hawaii relates to a man or a woman who com-prehended its characteristics. There are ten divisions in the Order of Priesthood, the *Anaana* (praying to death); *Hoopiopio* (sorcery); *Hoounauna* (the sending of evil spirits on errands of death); *Hookomokomo* (causing sickness); *Poi-Uhane* (spirit en-trapping); *Onconcihonua* (a special prayer service); *Kilokilo* (divination); *Nanauli* (weather prophecy); *Lapaau* (medical practice), and *Kuhikuhi puuone (heiau* locators and designers).[4] When all these divisions were vested together in one man he was called

---

[2] This was a Hawaiian Society formed in response to a call by S. M. Kamakau, to collect traditionary ma-terial for publication in the native press at that time, and in aid of Fornander's researches.

"Laieikawai," or Lady of the Twilight, was pub-lished serially in the *"Nupepa Kuokoa"* in 1865 and 1866, and is looked upon as the finest example extant of Hawaiian writing.

[4] Two important divisions were omitted in the original,

viz.: that of medical practice for bodily ailments, and temple architects for the weighty matters of the mind, in the locating and designing of *heiaus* to insure the favor of the gods on the aims and ambitions of the king. On a selection of the proper site by the *kuhikuhi puuone* for the erection of the structure desired by the king, whether for questions of war or other serious subject, he would trace out its form and plan upon a surface of sand, hence the name *puuone,* sand heap.

a ke kaikuaana o ko'u makuahine, a me ke kaikuaana o ko'u makuakane, a me ko'u mau kaikuaana, ua ao ia lakou ma kekahi mau ano oihana kahuna, a owau a me ko'u kaikuwahine, a me ko maua mau makuawahine, na mea i ao ole ia.

Ma keia mau mea, ua lohe wale wau i ke ano o ka oihana kahuna ma kekahi mau mea, ma na mea i ao ia e ko'u hanauna; a mamuli o keia mau kumu i kakau iho ai wau i keia moolelo o ka oihana kahuna. Aka, aole nae wau i hoomaopopo e malama i moolelo o keia ano, a ma ka malama o Iune M. H. 1862, hoomaka iho la wau e kakau i keia moolelo o ka oihana kahuna, no loko mai nae o na mea a'u i lohe ai, mai ka M. H. 1837 a hiki i kuu kaapuni ana no ka Nupepa "Hoku o ka Pakipika."

A ma ka M. H. 1863 ma ka malama o Aperila, hoomaka ia ke kukulu ana i Ahahui imi i na mea kahiko o Hawaii nei. Ia manawa kakau hou au maluna o keia kumumanao. Aka, aole wau i kakau i keia moolelo me kuu manao ua kina ole wau ma keia kakau moolelo ana. Malia paha o ili mai ia hewa maluna o ka mea nana i kakau keia moolelo.

Mai kinohi mai o ko'u lohe liilii ana i ke ano o ka oihana kahuna a hiki mai i ko'u hoomaka ana e kakau i keia moolelo, aole wau i manao maopopo i ka waiwai o keia mau mea. A mahope mai o ia mau la, akahi no a loaa ia'u ka hoomaopopo ana i ka waiwai o ka malama moolelo, no na hana e pili ana i keia lahui i ka wa mamua, nokamea, i iho la wau, "Ina paha aole e malama ia na moolelo o keia lahui i ka wa mamua, pehea la e ike ai na hanauna hope i ke ano o ka hana a keia mau aina i kela wa."

A nolaila, ua malama wau i keia moolelo, me ka manao he waiwai nui ia no'u, a no ko'u hooilina, a me ko'u lahui. Aka, aole nae keia o ka maka mua o ka'u kakau moolelo ana, ua hoomaka wau e kakau i ka moolelo kaao o keia lahui, ma ka malama o Augate M. H. 1844, ma ka M. H. 1862, ma ka malama o Iulai ma ka la 4, ua loaa hou ia'u he moolelo hou. Aka, o ka oi no keia o ka moolelo mamua o na moolelo i i malama ia e a'u, nokamea, aia i loko o ia moolelo, ka hoomaka ana e ike ia keia mau aina, a me ka loaa ana o keia lahui, na hoouka kaua nui mai ka hoomaka ana o keia lahui a hiki ia Kamehameha, he kanaiwakumamahiku banauna mai a Opuukahonua mai a hiki ia Kamehameha—a ua kapa ia ua moolelo la, "He Oihanalii"

S. N. HALEOLE

Honolulu, Iune 13, 1863

KA MOOLELO NO KA OIHANA KAHUNA

I. NA MAHELE A ME NA KANAWAI

O KA oihana kahuna i olelo ia ma Hawaii nei, ua pili i ke kane a wahine paha, i ike i ke ano o ka oihana kahuna. He umi no mahele nui o ka oihana kahuna. O ka Anaaana, ka Hoopiopio, ka Hoounauna, ka Hookomokomo, ke Poi Uhane, ke Oneoneihonua, ke Kilokilo, ka Nanauli, a me [Lapaau me Kuhikuhipuuone]. Ina ua huipu ia keia mau Oihana a pau i ke kanaka hookahi, alaila e kapa ia aku ia he Kahuna Nui, no-

a high priest, because he had knowledge of all the offices.   If a person possessed but one calling, though he excelled in the power he was invested with, he was not considered a high priest.

Within the ten divisions of the priesthood smaller branches relating to it have issued forth on account of the idol worship, and setting up of deities, wind spirits and other things of varied character.   In the ten offices of the order of priesthood, he who preserved the calling vested in him had a god.   Each division priest had a god.   No one would revere the priesthood without he had a god.   If priestly calling was being taught by some one without a god, then knowledge of the priesthood could not be imparted by such a one.

The priesthood had certain ordinances for the training of those who desired to acquire knowledge, and if an ordinance or ordinances were broken before proficiency, failure would result; no matter how great the effort, the knowledge of the callings of the priesthood could not be obtained.   Only by strict adherence to the laws of the priesthood to the end would the result be satisfactory.

If one had studied the priesthood under strict observance of the laws of the god of the priesthood until he reached the day of offering a sacrifice and a fault happened in the act of offering [failure resulted], for if the service was imperfect the instructor of the order of priesthood could interpret its good or evil, and if the service was indeed defective the instructor would say to the student: "You can not learn the priesthood."   If the services were faulty the instructor in priesthood would then remark whether they portended some adversity or tribulation and would dismiss the student from further instruction, because the knowledge gained by the instructor was obtained through the services

2.   OF THE SACRIFICE SERVICES OF THE STUDENT

This is a test of the priestly [qualification]; with a pig perhaps, or a dog, or a fowl.   The services must be performed in accordance with the directions of the instructor.   The sacrifice services in the priesthood relates to its callings as well as to manual labors, such as fishing and cultivation, all of which belong to the service of the priesthood.

A knowledge in bone-breaking, in boxing, spear-throwing and other methods of fighting are shown to be efficient through the powers of the priesthood.   Many things would show one's competency in learning about the priesthood.   Supposing that a person wished to study priesthood for praying to death.   That person would not attain proficiency by an animal, or a fowl [offering].   He would only become expert in the death of a human being through praying to death.   That is efficiency in learning praying to death.   And if bone-breaking was the study engaged in, its knowledge was shown in the same way as that of praying to death.   Efficiency, however, is not the same with all instructions in priesthood; it is alike in some things and different in others

3.   DIVINATION.

From those who uphold the priesthood come various kinds of knowledge thereof, and one of these is divination *(hoomanamana);* and here is the method.   If a person

kamea ua pau na oihana a pau i ka ike ia e ia. A ina hoi ua pakahi wale no na oihana i ke kanaka hookahi, a ua oi kona akamai ma ka oihana i loaa ia ia, aole e kapa ia he Kahuna Nui.

I loko o na mabele he umi o ka oihana kahuna, ua puka mai he mau lala liilii e pili ana i ka oihana kahuna, mamuli o na akua hoomanamana, he mau akua hoonohonoho, he mau makani, a me na mea e ae he lehulehu ke ano. O na moolelo he umi o ka oihana ka- huna, a o ka mea e malama ana i ka oihana kahuna i loaa ia ia, he akua no kona. He akua ko kela oihana, keia oihana. Aole e malama wale ana kekahi i ka oihana kahuna me kona akua ole. Ina ua ao wale ia kekahi oihana kahuna i kekahi me ke akua ole, alaila, aole no e loaa ana ka ike ma ka oihana kahuna i kekahi ke ao

He mau kanawai no ko ka oihana kahuna, ke ao ia, a makemake paha e ike. A ina ua hai kekahi kanawai a mau kanawai paha mamua o ka ailolo ana, alaila, aole no e pono ana, e ao wale no aole e ike ana i na oihana kahuna. Aia no a malu loa i na ka- nawai o ka oihana kahuna a hiki i ka ailolo ana, alaila maikai. A ina ua ao kekahi i ka oihana kahuna, me ka maluhia i na kanawai o ke akua o ka oihana kahuna a hiki i ka la e ailolo ai, alaila, aia kekahi hewa i ka lolo ana, nokamea, ina e ino ka lolo ana, alaila, he hiki i ke kumu o ka oihana kahuna ke hoakaka mai i ka maikai a me ke ino. A ina ua ino ka lolo ana, alaila e olelo auanei ke kumu o ka oihanakahuna i ka haumana: "Aole e hiki ia oe ke ao i ka oihana kahuna." Ina paha ua ku ka lolo ana i ke ino, alaila, e olelo auanei ke kumu o ka oihana kahuna, ina he lolo ku i ka pilikia, a i ka poino paha; alaila, e hoopau no ke kumu o ka oihana kahuna i ka haumana aole e ao. Noka mea, ua ku ka ike a ke kumu oihana kahuna ma ka lolo ana.

2. NO KA AILOLO ANA O KA HAUMANA.

No ka Ailolo. He hoailona no ia no ka Oihana kahuna, he puaa paha a he ilio paha, a he manu paha. Aia e like me ka olelo a ke kumu o ka oihana kahuna, pela no ka e hana ai. Ua pili no ka ailolo ana o ka oihana kahuna i na oihana kahuna, a me na oihana paahana, no ka lawaia a me ka mahiai, a oia mau mea a pau, he oihana kahuna no ia.

O ke ao ana i ka lua, ke kui, ka oo ihe, a me na ano bakaka e ae, ua ailolo no ma ka hailona o ka oihana kahuna. He nui no na mea e ailolo ai no ke ao ana i ka oihana kahuna. Ina paha, ua makemake kekahi e ao i ka oihana kahuna no ka anaana, aole no e lolo ia kanaka, ma kekahi o na holoholona a me na manu. Aia no ka ailolo he make no ke kanaka ma ka anaana ana. Oia iho la ka ailolo no ke ao ana i ka anaana. A ina he lua ka mea i ao ai, alaila, ua like no kona ailolo ana me ke ao ana o ka anaana. Aka, ma na kumu oihana kahuna a pau, aole no he like o na mea e ailolo ai, ua like ma kekahi mau mea, a like ole ma kekahi

3. NO NA OIHANA IKE.

Aia i loko o ka poe e malama ana i ka oihana kahuna i puka mai ai he mau oihana kahuna. A ua kapa ia ka oihana ike, he hoomanamana. A penei e hana ai: Ina paha

contemplated stealing the property of another, then it would be improper to go without first receiving some auguries before attempting his theft. Some augury through the priesthood must be obtained. Thus: Take some pebbles (small stones) about fifty, more or less; these pebbles are placed before those who intend to go stealing, and are covered with a piece of cloth, then the person having knowledge of the priesthood makes some remarks before praying and dividing the heap of pebbles, thus: after the heap of pebbles has been placed before them and covered with a piece of cloth, the priest says: "The heap of pebbles is before us, and you intend to go after Kanumua's pig. Right here will be shown the wisdom or folly of your undertaking. If it is improper to procure it, it shall be so; if proper, it is well. It rests with you to choose which shall be your own side, the remaining side being for the person whose pig you intend to obtain. If the odd be on your side it is well; if your side has the even number and the odd be on the side of the person whose pig you seek to obtain, then do not go, else you will be caught."

After these remarks the priest stands in prayer, and when near the latter part of the time therein he places his hands upon the heap of pebbles, dividing it in two, at the same time uncovering it. Then counting by twos he would set aside the odd pebble; then count the other side in the same way, and if there was no remainder, the side of the intending thieves having the even, and the owner of the pig the odd number, then the priest would say: "Don't you go, else you will be caught by the property owner." If, however, the odd was on the side of the thieves, then the priest would say: "You all go; no one will hinder you on your way."

If both sides were odd in the division of the pebbles, the priest would say: "It is bad;" or if alike even, the priest would also say: "It is bad." In like manner also are all the auguries of the callings of the priesthood performed. Such callings were named Sorcery.

The pebble heap was not the only test method of the order of the priesthood. There were other tokens. The *awa* (plant) was one of the revealing substances[5] of the order.

Supposing that Kaoao died by being prayed to death, and the owner of the corpse was sorely grieved; he, the owner of the corpse, would go before a sorcerer priest. Upon meeting, the owner of the corpse would relate the object of his coming before the sorcerer or *(anaana)* priest; in that very moment the priest would become cognizant of the person who had prayed Kaoao to death, because the shadow of the person who had wrought his death plainly stood before the priest. The priest would then say: "Here stands a tall yellow-haired man with a fish in his hand." The owner of the corpse would then surmise that fish was the motive for the death of Kaoao. At the same time that the priest was cognizant of the one who had prayed him to death, he was also cognizant of the person who procured the fatal material *(maunu)*,[6] because it was a common occurrence that those who were proficient in the knowledge of a sorcerer priest were at the same time cognizant of the person who procured the material *(maunu)*, through

---

[5]Awa was religiously taught as being the most essential offering to propitiate the favor of the gods. In sorcery practice it was the custom to dip the index finger in the liquor and snap it in the air, at the same time repeating the prayer: "O ye gods of the east, west, north, and south; ye gods above and below, ye gods all around, here is your portion."

[6]Maunu (bait) was any article or substance that had belonged to the person aimed at; whether of finger or toe-nail, tooth, spittle, lock of hair, particle of clothing, or such like.

e manao ana kekahi e kii aihue i ka mea a kekahi, alaila, aole e pono ke hele mua me ka hailona ole mamua o ka hele ana e aihue i kekahi mea. E pono ke lawe mai i kekahi hoailona o ka oihana kahuna. Eia. E lawe mai i mau iliili (pokahu liilii) he kanalima a oi aku a emi mai paha, a e waiho ia no ua mau iliili la i mua o ka poe e manao ana e aihue, a e uhi ia i kekahi apana kapa paha. Alaila e hoakaka mua aku ka mea ike i ka oihana kahuna mamua o ka pule ana a me ka mahele ana o ka puu iliili, penei. Aia a ku ka puu iliili i mua o lakou me ka uhi ia i ka apana kapa, alaila e olelo auanei ke kahuna: "Eia ka puu iliili i mua o kakou, ke manao nei oukou e kii i ka puaa a Kanumua. Eia no ianei ka pono a me ka hewa o ka oukou hele ana. Ina ua pono ole ke kii, oia iho la no, a ina he pono, oia no. Aia no i ka oukou aoao e koho ai, oia iho la no ko oukou aoao, a o ka aoao i koe no ka mea ia nana ka puaa a oukou e kii ai. Ina ua oi ko oukou aoao, ua maikai, a i pahu ko oukou aoao, a oi ka mea nana ka puaa a oukou e kii ai, alaila, mai hele oukou o loaa mai."

A pau ka ke kahuna hoakaka ana, alaila, ku ke kahuna i ka pule a kokoke paha i ka hapa hope o ka manawa, alaila e lalau iho na lima o ke kahuna i ka puu iliili a mahele ae a kaawale na aoao a elua, alaila wehe ae i ke kapa. Alaila, helu palua aku, a koe ka iliili hookahi, a puunaue palua hoi i kekahi aoao, a ina i pau pono aole he koena hookahi, alaila, ina o ko ka poe manao aihue kai pahu, a oi ko ka mea puaa, alaila e olelo auanei ke kahuna: "Mai hele oukou, o loaa mai oukou i ka mea waiwai." A ina hoi o ko ka aihue ka aoao i oi, alaila, e olelo auanei ke kahuna: "O hele nui, aole mea nana e keakea i ko oukou hele ana." A ina ua oi like na aoao elua ma ka puunaue ana i na iliili, alaila e olelo auanei ke kahuna, "Ua ino." A ina ua pahu like, alaila, e olelo no auanei ke kahuna: "He ino." A pela no na bailona ike o kela a me keia o na oihana ike o ka oihana kahuna e hana ai. Ua kapa ia ia mau hana ike, he "hoomanamana."

Aole no o ka puu iliili wale no na hoailona o ka oihana ike o ka oihana kahuna. He mau hoailona e ae no kekahi. O ka awa kekahi mau hoailona ike o ka oihana.

Ina paha, ua make o Kaoao i ka anaana ia, a minamina ka mea nana ke kupapau, alaila, e hele aku ka mea nana ke kupapau i mua o kekahi kahuna kuni. Aia a halawai aku ka mea nana ke kupapau a hai i ke kumu o kona hiki ana i mua o ke kahuna kuni (kahuna anaana), ia manawa, e hoomaka mai ai ka ike o ke kahuna i ka mea nana i anaana o Kaoao. Nokamea, ua ku okoa mai la ke kahoaka o ka mea nana i anaana i mua o ke kahuna kuni. Alaila e olelo auanei ke kahuna: "Eia keia kanaka ehu loihi ke ku mai nei me ka ia i ka lima;" alaila e manao auanei ka mea nana ke kupapau, he ia ka mea i make ai o Kaoao. Aia no ia manawa a ke kahuna e ike la i ka mea nana i anaana, e ike ai i ka mea nana i lawe ka maunu. Nokamea, he mea mau i ka poe maa i ka oihana ike o ke kahuna kuni, ka ike pu i ka mea nana i lawe ka maunu i make ai kekahi.

which death to one happened. When the likeness of the person who did the praying to death appeared before the priest it would be accompanied by that of the *maunu* procurer, if he was other [than the one who did the praying to death]

4. OF PRAYING TO DEATH.

A person who was called an *anaana* priest was one who had vowed to strictly observe the laws of the order of priesthood, for a person could not learn *anaana* unless he first made a pledge to observe the ordinances of the order A brief explanation is perhaps necessary. A person who was learning the practice of *anaana* was warned against anger and jealousy. He who did not observe the laws of the priesthood was called a "remnant-eater *(aihamu)*[1] priest," and those priests who were called "remnant-eaters" did not live long, but died, because the god that caused their death was the god of the order of priesthood.

About sorcery: Sorcery was on the same footing as the *anaana*, only differing in their callings, but the object of the two was the coveted death of some one. *Anaana*, and *hoopiopio* (sorcery), were greatly studied by some people as necessary and beneficial to themselves, and as a protection against death which might be directed against them. There were some among the people of the royal court who desired greatly to learn *anaana*,[8] that the life of the king might be protected. It was the same among those who nourished royal personages; they were called "seekers of chiefs,"[9] and "preservers of chiefs "

5. GODS OF THE PRIESTHOOD.

Many and innumerable were the gods belonging to the order of priesthood, but the supreme head of the gods of the order was Uli. Before performing the works of the priesthood prayers were offered to the gods of the order. The priests of the order held their deities in great reverence; the names of the deities were not used in profanity in olden times. If the name of the deity was blasphemed the devotees of the order felt fearful of its consequences.

6. OF DIVINATION.

A priest of divination was termed a man of profound knowledge. A diviner could foretell coming events, whether good or bad. He could see the misfortune that would come upon the people, whether war or other danger or distress. He could also foretell the death of some chief, thus, "A certain chief will die." A diviner had several callings. He knew the defects in the positions of a house or houses, and [the effect on] those who dwelt therein. A diviner could foretell the dispossession of a land from one's stewardship,[10] whether of an island, a district, or a division chief.

---

[1] *Aihamu*, to eat refuse food; an epithet of reproach applied to *anaana* priests more than others.

[8] To qualify for defence of the king against a subtle foe by this power of fear and superstition.

[9] *Imi haku*, literally, "lord seeker", was one who sought a new chief with the motive of self-betterment rather than for rendering protective aid. Thus the priests Nunu and Kakobe sought out the ward of Kaoleioku to learn their chances under Umi, compared with Hakau's ill-treatment of them.

[10] The tenure of office of a *konohiki*. must ever have been one of uncertainty, beset by rival claimants to chiefs' favors and play upon his fickle fancies, hence the esteem of a kahuna who could foretell the coming of such an event.

Aia a ku aku ke kahoaka o ka mea nana i anaana, e ku pu aku no auanei i mua o ke kahuna ka mea nana i lawe ka maunu. Ina nae he mea okoa ka mea nana i lawe ka maunu

4. NO KA ANAANA

O ke kanaka i kapa ia he kahuna anaana, he kanaka ia i hoohiki e malama loa i na kanawai o ka oihana kahuna. No ka mea, aole no e hiki ana i kekahi ke ao i ka anaana, ke ole oia e hoohiki mua e malama i na kanawai o ka oihana kahuna. (E pono paha e hoakaka iki aku.) Ua papa ia ka huhu, ka opu inoino i ka mea e ao ana i ka anaana. O ka mea malama ole i ke kanawai no ka oihana kahuna, ua kapa ia ia he "kahuna aihamu." A o ke kahuna i olelo ia he aihamu, aole e loihi kona ola ana, a make aku, no ka mea, o ke akua no e make ai, o ke akua no o ka oihana kahuna.

No ka Hoopiopio. Ua like no na kulana o ka hoopiopio me ko ka anaana; aka, ua kaawale na oihana, a o ka hope o ia mau mea elua, o ka make o kekahi ka mea i manao nui ia ai. Ua ao nui ia ka anaana, a me ka hoopiopio e kekahi poe, he mea e pono ai a e waiwai ai nona iho, a he paku nona iho, ma ka make e hiki mai ana ia ia iho. Aia i waena o na kanaka o ke alo alii kekahi poe, makemake lakou e ao nui i ka anaana, i malama ia ai ke ola o ke Alii. Pela mau i waena o ka poe hanai alii, a kapa ia lakou "he imi haku," a "he malama haku."

5. NA AKUA O KA OIHANA KAHUNA.

He nui a lehulehu wale na akua e pili ana i ka oihana kahuna, aka, o ke poo nui o ke akua o na akua o ka oihana, o Uli Mamua o ka lawelawe ana i na hana o ka oihana kahuna, a me ka hoomaka ana e hana, ua malama ia ka pule ana i na akua o ka oihana kahuna. He poe malama nui na kahuna o ka oihana kahuna i ko lakou mau akua, aole e hoohiki ino ia ka inoa o na akua i ka wa mamua. Ina ua olelo ia me ka hoohiki ino ka inoa o ke akua, alaila he mea menemene loa ia i ka poe malama akua

6. NO KE KILOKILO.

Ua kapa ia ke kahuna kilokilo, he kanaka ike hohonu He hiki i ke kanaka kilo kilo ke hoakaka mai no na mea e hiki mai ana mahope, ina he ino, a ina he maikai paha. He hiki no i ua kilokilo nei ke ike i ka pilikia e hiki mai ana maluna o ka lahui, ina paha he kaua, a he mau pilikia e ae paha. Ua hiki no hoi i ke kilokilo ke hai e mai i ka make ana o kekahi alii, e like penei: "E make ana kekahi alii." He nui na oihana ike a ke ki-lokilo, he ike i ke ino o ke ku ana o ka hale, a mau hale paha, a me ka poe e noho ana maloko. Ua hiki i ke kilokilo ke hai mai i ka aina hemo, ina he alii aimoku, ai okana paha, a ina he alii ai ahupuaa.

7. KNOWLEDGE OF A DIVINER PRIEST RELATING TO HOUSE POSITIONS.

Supposing that three houses are erected on the same ground, and that one of the houses stands in the rear of the other two houses (as in Figure 1 A), then the diviner priest will come and look upon them standing thus and remark: "The positions of the houses are improper; the consequence to said houses will be constant quarreling because one house stands behind the other two; the house which stands in the rear will be the one to raise the tumult, which can only discontinue by breaking up the rear house."

Supposing that two houses are built in line (as shown in Figure 1 B). If a chief of the island or a division chief owns the lower house, and a farmer, a low farmer, owns the taller house, when the priest comes and finds the houses standing thus, he will say: "One of these houses will be profitable; it is the taller house; the fortunes of the owner of the lower house will be possessed by the owner of the higher one." But if the houses stand alike and of the same height, the diviner priest will pronounce the houses good, because they are not in opposition to each other. And if several houses in one or two rows were all alike, having similar positions and corresponding heights except one, which towers above the others in the rows of houses, then the priest will come, and if he finds them standing thus, he will say: "Of all those houses one will be profitable; the one with the high roof is their lord, and the one who will rule over the people (those who own the lower houses)."

If, however, two houses are standing in one place facing each other, the entrance to one house being directly opposite to that of the other, when the diviner priest finds the houses standing thus, if one belongs to a division overseer and the other to a section overseer, the priest will say: "One of them will lose his stewardship." This, however, refers only to the *owners* of the houses so standing.

8. DIVINING A LOCATION UPON WHICH TO BUILD A HOUSE.

There are various locations for the building of a house; it is not proper for a house to be built without a diviner priest being sent for.

The location. Supposing that a house is standing on the side of a precipice, with the front of the house facing the cliff and its entrance is directly opposite said cliff, when the diviner priest comes and finds the house standing in such a position, he will say: "That is a bad situation, the name of it being a *leleopu*[11] location. There are two important significations in its position: either the occupants will all die, or they will remove to some other locality, which will make the place desolate." If a house is built upon a knoll or hill the predictions are the same as the house standing on the side or edge of a precipice. This location has two appellations, *leleopu* and *holua*.[12] If the diviner priest finds that the locations are improper, but discovers a way of making them favorable, then houses may be built thereon. Should a house be built at the foot of a knoll, with bluffs on one side, then the character of the location is the same as that of the *leleopu* and *holua*.

---

[11]*Leleopu*, this termed unfavorable house situation is based on the supposition that the spirits from the cliffs could leap upon and too readily enter the dwelling to dispossess its tenants.

[12]*Holua*, the name of a sled and game therewith in coasting down hill; also its runway, or path. Its application to a house located as described might be the fear or possibility of its sliding down the hill, though it would not apply to the next paragraph.

7. KA IKE O KE KAHUNA KILOKILO NO KE KU ANA O KA HALE A MAU HALE PAHA.

Ina paha ua kukulu ia kekahi mau hale ekolu ma ke kahua hookahi, ina nae mahope mai o ke ku ana o kekahi hale o na hale elua e like me ke kii malalo iho (Helu 1, A), alaila e hele mai ke kahuna kilokilo a nana iho e ku ana me keia, e olelo auanei ke kahuna: "Ua hewa ke kulana o na hale, o ka hope o ia mau hale, he bakaka mau. No-kamea, ua ku kekahi hale mahope o na hale elua. Nokamea, o ka hale ma ke kua mai o na hale elua, ka mea nana e hoouluulu ka hakaka, aia ke oki o ka hakaka he naha no ka hale mahope mai."

Helu 1, A.

Helu 1, B.

Kii 1, Na hale Hawaii kukulu hewa ia; A, no ka wahi; B, no ka nui.
Figure 1,— Hawaiian houses undesirably located; A, on account of position; B, on account of size.

A ina paha ua kukulu ia kekahi mau hale, elua, ma ka lalani hookahi e like me keia kii malalo iho (Helu 1, B). Ina he Aliiaimoku ka mea nona ka hale haahaa, a he Alii Ai Ahupuaa paha, a ina he lopa a lopa kuakea paha ka mea nona ka hale kiekie. Alaila hele mai ke kahuna kilokilo, a ike e ku ana na hale penei ke ano, alaila, e olelo auanei ke kahuna: "Hookahi mea waiwai o keia mau hale e ku nei, o ka mea nona ka hale kiekie; e lilo ana ka pomaikai o ka mea nona ka hale haahaa i ka mea nona ka hale kiekie."

Aka, ina he kulike wale no na hale elua, me ka like o na kiekie, e olelo auanei ke kahuna kilokilo, ua maikai na hale, no ka mea, aole i kue kekahi i kekahi.

A ina hoi ua kulike wale no na hale he lehulehu ma ka papa hookahi, a elua paha, a he like wale no ke kulana o na hale, a like wale no na kiekie, a hookahi hale oi o ia mau papa hale, e like paha me ka kii maluna ae, alaila e hele aku ke kahuna a ike, e ku ana me ia ke ano, alaila e olelo auanei ke kahuna kilokilo: "Hookahi hale waiwai o kela mau hale. O ka hale i kiekie o kaupoku; a o ko lakou haku no ia, a nana e hoounauna iho na kanaka," (ka poe nona ka hale haahaa)

Ina hoi e ku like ana na hale elua ma kahi hookahi, ua huli aku a huli mai ke alo o na hale, a kupono hoi ka puka komo o kekahi hale i ka puka komo o kekahi hale; a ike ke kahuna kilokilo e ku ana ka hale peia ke ano, ina he ai ahupuaa kekahi a he ai ili kekahi, alaila, e olelo auanei ke kahuna: "E hemo ana ka ai ili o kekahi." Aia wale no nae ma na mea nona na hale e ku ana e pili ai, aole e pili ae i ka mea e.

8. KE KILOKILO NO KE KAHUA KAHI E KU AI KA HALE.

He nui na ano a me na loina o ke kahua, kahi e ku ai na hale; aole e pono e kukulu wale ia kekahi hale ke ole e kii ia ke kahuna kilokilo.

No ke Kahua. Ina paha e ku ana kekahi hale ma ke kae o ka pali, a ua hoohuli ia ke alo o ua hale nei i ka pali, me ke kupono o ka puka komo i ua pali nei. A hele mai ke kahuna kilokilo, a ike e ku ana ka hale i like peia ke ano, alaila e olelo auanei ke kahuna kilokilo: "He kahua ino kela, he leleopu ka inoa o kela kahua; elua mea nui i loko o kela kahua, he pau loa i ka make, a he hele aku paha ma kahi e; alaila e lilo ana kela wahi i neoneo."

Ina hoi ua kukulu ia ka hale maluna o kekahi ahua, a puu paha, alaila, ua like no

But if the front of the house is facing towards the knoll or hill with the entrance turned towards the bluffs, the diviner priest will say: "The house is perfect," the reason for its perfection being on account of its front turning towards the hill or knoll

9.   DIVINATION ON THE HOUSE TIMBER

Supposing that the appearance of the house is perfect and the location also perfect, defects may be found in the main posts, or in the end posts. If faultless in all these, the imperfections may be found in the plate piece or perhaps in the timbers

10.   DIVINATION ON THE ERECTION OF A HOUSE.

Assuming that the posts are placed in position, the plate pieces laid on and tied fast, when it is found that the position of one of the posts is faulty and the post is drawn out, then the priest will say: "The house is defective; the owner will not remain long therein before he goes away."

Of re-thatching a house. Supposing that a house has been thatched and the owner finds that the thatching is defective and removes it, when the diviner priest sees it done thus, he will say: "The owner of the house will not remain long therein before he goes away, some one else becoming the occupant thereof." But if a king be the owner of the disparted house the prediction will have no bearing;[13] it only affects the house of a commoner.

11.   DEFECTIVE HOUSE FRAMING IN THE OPINION OF THE DIVINER.

Supposing that the side posts of a house are standing in this wise (Figure 2 A), and that the diviner priest comes and finds the walls of the house built in that way. If they are posts for the front, then the priest will say: "There are two defects to the house in the position of the row of posts; one fault is in the leaning post at the end, and marked (d), and the other defect is in the plate-beam, because the door-plate is not cut."

Of the leaning post. The leaning post position is faulty on account of the crooked bulge being toward the next post. If the bulging is on the outside near the temporary battens that would be a little better; but the best way, in the opinion of the diviner, is to draw out the post altogether and replace it by another post similar to the rest of the posts which were put up, then it will be well. Such posts, however, shall not be drawn out at random without referring it to the gods of the priesthood, that the error of such acts may be pardoned. But if all the posts of said house are similar to the leaning post then it is well. A house that is continued in building as above described, the owners thereof will die.

Of the plate-beam. If the plate beam of a doorway is not cut, then the priest will say: "The house is not good on account of the plate for the doorway not being cut." The name of a house made that way is called a *"manele"* (bier). But if the plate-beam for a doorway be cut in the front (as in Figure 2 B), then it is well.

---

[13]This is on the ancient idea that "the king can do no wrong;" a clear recognition of one law for ruler and another for his subjects.

A ina hoi ua kukulu ia kekahi hale ma ke kumu o kekahi ahua, a he ano pali, ma kekahi aoao, alaila, hookahi no loina o ia kahua me ka leleopu, a me ka holua. Aka, ina ua hoohuli ia ke alo o ka hale i luna o ke ahua a puu paha, me ka hoohuli ia o ka puka komo i ka pali, alaila, e olelo auanei ke kahuna kilokilo: "Ua maikai ka hale;" ke kumu i maikai ai, o ka huli ana o ke alo i ka puu, a ahua paha.

9. KE KILOKILO ANA NO KA LAAU HALE.

Ina paha ua maikai ke kulana o ka hale, a maikai pu me ke kahua, aia kekahi hewa i ke kulana o na pou a me na kukuna paha. Ina paha ua maikai ma keia mau mea a pau, aia kekahi hewa i ka lohe lau. A i ole ia aia ma ka laau.

10. KE KILOKILO ANA NO KE KUKULU ANA O KA ·HALE.

Ina paha ua kukulu ia na pae pou o ka hale a paa, kau na lohe lau, kauhilo ia a paa, a ike ia ua hewa ke kulana o kekahi pou, a kii aku e unuhi hou, alaila e olelo aku ke kahuna: "Ua wawahi ka hale, aole e liuliu ka mea nona ka hale i loko, alaila hele aku."

No ka Wawahi Hou ana i ka Hale. Ina paha ua ako ia kekahi hale a ua paa a ike ka mea nona ka hale ua ino ka ako ia ana, a wawahi hou ia, a ike mai ke kahuna kilokilo e hanaia ana pela, alaila, e olelo auanei ke kahuna, "Aole e liuliu ka mea nona ka hale i loko, alaila, e hele aku oia ma kahi e, he okoa ka mea nana e noho o loko." Aka, ina he alii aimoku ka mea nona ka hale i wawahi ia, alaila, aole e pili ia loina ma ia ano. Aia wale no o ka hale o na makaainana ka mea pili ia loina.

11. KA HEWA O KA LAAU HALE MA KA IKE A KE KILOKILO

Ina paha penei ke ku ana o ka pae pou paia o kekahi hale (Helu 2, A), a hele mai ke kahuna kilokilo, a ike penei ke kukulu ia ana o ka paia o kekahi hale, ina nae he pae pou keia no ke alo, alaila, e olelo auanei ke kahuna: "Elua hewa o keia hale ma ke kulana o na pae pou; aia kekahi hewa ma ka pou hio ma ke kihi, (i hoailona ia i ke *d*), a o kekahi hewa aia ma ka lohe lau, nokamea aole i oki ia ka lohe lau puka."

No ka Pou Hio. Ua hewa ke ku ana a ka pou hio, no ka huli ana o ke kanahua kekee ma ka aoao o kekahi pou. Ina ma waho ke kanahua kekee, ma ka pili kuahui, alaila maikai iki. Aka, o ka pono loa i ka manao o ke kilokilo, o ka unubi loa, a kukulu hou iho i pou ano like me na pou e ae o ia kululu ana, alaila maikai. Aole nae e unuhi wale ia ua pou la, ke hana ole ia i mua o na akua o ka oihana kahuna, i mea e kala ia ai ka hewa o ia hana ana. Aka, ina he ano like wale no na pou a pau o ua hale nei, e like me ka pou hio, alaila ua maikai no. O ka hale i hoomau ia ke kukulu ana me ke· kii malalo iho, alaila, e pau na mea nona ka hale i ka make.

No ka Lohe Lau. Ina e oki ole ia ka lohe lau o ka wa puka o kekahi hale, alaila, e olelo auanei ke kahuna: "Aole he maikai o ka hale, o ke oki ole ia o ka lohe lau ma ka wa puka ke kumu i ino ai." O ka inoa o ka hale i hana ia pela, he manele. · Aka, ina i oki ia ka lohe lau ma ka wa puka o ka paia ma ke alo, e like me ke kii malalo iho, (Helu 2, B), alaila maikai, e like me keia

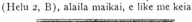

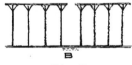

Helu 2, A.   Helu 2, B.

Kii 2, Na pou o ka hale Hawaii; A, e hoike ana i ka hewa o ka kukulu ana; B, a me ka pono o na paepae.
Figure 2,— Frame work of an Hawaiian house; A, showing defects in construction; B, showing proper arrangement of supports.

12. DIVINATION FOR END POSTS AND MAIN POSTS.

In Numbers 10 and 11 posts and beam plates are fully explained. This number will treat of end posts and main posts.

Defects in the position of a house also lie with the side posts and main posts. If the positions of the end posts of a house are as in Figure 3A, and a diviner comes and sees such position of the end posts, he will say, if a king happens to be the owner of the house: "The positions of the end posts near the main posts are defective," because the two end posts adjacent to the main post are in opposition to the main post, and the true expression of the position made by the said end posts is that some of the king's men will rebel against him, for, according to the character of the house timbers, the center post is the king. Supposing, however, that the end posts stand as in Figure 3B, the priest will then make an interpretation of the real meaning of them

End posts adjacent to a main post. The end posts which are adjacent to the main post in the position shown in the diagram are not properly placed; they are in a repentant position. It represents the end posts in a mourning attitude, predicting the death of the owner of the house.

Of the end posts (c) and (s), which are adjacent to a main post. If the end posts were placed in the same manner as the end posts (c) and (s), the real interpretation is that those end posts indicate baseness, always opposing and quarreling, because their position is that of contending one against the other. And if posts were standing in the position represented by (s) and (w) in the diagram, their character is the same as that of the end posts adjacent to the main post.

13. THE CONVEYANCE OF TIMBER TO THE SITE OF ERECTION

Supposing that the timbers for a house were cut and brought from the place where they were felled and left at the place intended for its erection, but the ground was found unsuitable, and the location thought to be appropriate had been passed when the timbers were on the way down, as for example: Nuuanu is the place where the timbers were cut; said timbers being brought down and left at the sugar refinery,[14] that being the ground intended for the building of the house, but being judged unsuitable Peleula[15] was chosen as the best location. If it was intended that the timbers be taken back to Pe-leula, then the diviner priest would say that the taking back of the timbers was im-proper, and for that reason the location was called "A hole for the sand crabs."[16] In a house erected under these circumstances none of the occupants thereof would remain alive, including the owners of the house and others who might dwell therein. The only thing to do was that if the material was brought in the manner above set forth, and it was thought that the location where the timber had been left was unsuitable, and the location was changed to Peleula, a location supposed to be favorable, then the timber should be

---

[14]The sugar refinery referred to was the old custom house, a three-story coral building which stood below Queen street, at the foot of the newly opened Smith street. The structure was torn down in the water-front improvement of 1904.

[15]Peleula is that section of Honolulu between Nuuanu and Pauoa streams from Vineyard street to where the streams join at Kukui; named after a lizard goddess who was successfully wooed by Palikea, the sacred chief of Koolau.

[16]Sand-crab hole: As an *ohiki's* hole is open to all dangers, so an improper house location was termed a "*lua ohiki*", the building being open to attacks of sick-ness, or other misfortune.

12. KE KILOKILO ANA NO NA KUKUNA A ME NA POUHANA.

Ma ka helu 10 a me ka helu 11, ua pau ka hoakaka ana no na pou a me ka lohe lau. A ma keia helu, no na kukuna a me ka pouhana.

Aia ma na kukuna a me na pouhana, kekahi hewa o ke kulana hale. Ina paha penei ke ku ana o kekahi mau kukuna o kekahi hale, e like me ke Kii (Helu 3, A). Ina paha me kela ke ku ana o na kukuna a hele mai ke kilokilo, a ike penei ke ku ana o na kukuna, alaila e olelo auanei ke kahuna, ina nae he alii ka mea nona ka hale: "Ua ino ke ku ana a na kukuna pili pouhana," nokamea, o na kukuna pili pouhana elua, ua kue laua i ka pouhana. A o ka hoakaka ana i ke ano io maoli o ke kulana o ua mau kukuna la, e kipi auanei kekahi mau kanaka o ke alii i ke alii; nokamea ma na ouli o ka laau o ka hale, "he alii ka pouhana."

A ina hoi penei ke ku ana o na kukuna e like me ke kii malalo iho, alaila, penei ka hoakaka ana a ke kahuna, i ke ano maoli o ke kulana o na kukuna.

No na Kukuna Pili Pouhana. O na kukuna pili pouhana i like ke kulana me keia kii (Helu 3, B), alaila, aole i maikai ia kulana o na kukuna, he mihiau. E uwe ana ke ano o ia mau kukuna, aole auanei e ole ka make o ka mea nona ka hale.

No ke kukuna pili pouhana (c) a me kekahi kukuna iho (s), ina ua kukuluia na kukuna e like me ke kukuna (c) a me ke kukuna (s). O ka hoakaka ana i kona ano io maoli, he mau kukuna ino kela, o ka laua hana he kue mau, a hakaka no hoi. Nokamea, ua kue aku a kue mai ke kulana o ia mau kukuna. A ina hoi e ku ana ke kukuna (s) a me kukuna (w) e like me ke kulana ma ke kii i olelo ia, alaila, ua like no ko laua loina me ko na kukuna pili pouhana elua

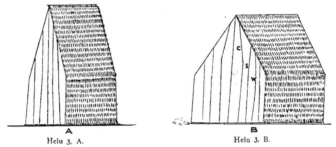

Helu 3, A.   Helu 3, B.

KII 3, *A. B.*— Pou kala o ka hale Hawaii e hoike ana ka hewa o ka kukulu ana.
FIGURE 3, *A. B.*— End poles of an Hawaiian house showing defects in construction.

13. NO KA LAWE ANA O NA LAAU HALE I KAHI E KUKULU AI

Ina paha ua oki ia na laau o kekahi hale, a lawe ia mai mai uka mai o kahi i oki ia ai, a waiho ia ma ke kahua i manao ia ai e kukulu ka hale. Aka, ua hewa nae ia kahua. A o ke kahua i manao ia ai he maikai, ua hala hope paha, ma kahi i laweia mai ai ka laau. E like paha me keia. O Nuuanu kahi i oki ia ai ka laau, a ua laweia mai a waiho ma ka hale hoomaemae ko. Oia ke kahua i manao ia e kukulu, aka, no ka hewa ana o ua kahua la, ua olelo ia o Peleula ke kahua maikai. Alaila, ina i manao ia e hoihoi hou ka laau i Peleula, alaila, e olelo auanei ke kahuna kilokilo, "Ua hewa ia hoihoi hou ana o ka laau i uka." A no ia mea, ua kapa ia aku ia kahua, "He lua no ka Ohiki." O ka hale i hana ia pela, aole e ola ana kekahi poe ke noho i ua hale la. Pau pu ka poe nona ka hale a me ka poe e aku ke noho i ua hale la. Penei wale no ka pono e hana ai; ina ua lawe ia mai ua mau mea hana la e like me na loina maluna, a manao ia ua hewa ke kahua e waiho la na laau, a hoihoi hou ia paha i Peleula ke kahua i manao ia he mai-

taken back by way of Leleo to Liliha street, thence mountainward until Peleula on the seaward side was passed, thence to Kaalaa,[17] thence again seaward to Peleula; then it would be well

14. OF THE DIVINER PRIEST

A diviner priest was a very sacred person and would not enter a house that he had passed judgment upon, although the restriction was not on the owner of the house but upon himself, for it is customary that houses which were restricted should be released from the ban by supplication to the gods of the priesthood. And if the priest who made the prediction entered the house that he had adjudged, he would die immediately after praying to the gods of the priesthood; he would die suddenly in one or two days after entering the house, because the house was held under the prayers of the priesthood. For that reason the diviner priest is himself restricted from entering a house that he had passed judgment upon.

The entry of a house by a priest. Should a diviner priest enter a house and notice that it was defective, he would remark on the defects of the house he had noticed, then the owner of the house would tell the priest to remove [such defects]. And if another diviner priest entered the house without knowledge of what had been done by the other diviner priest through prayers of the priesthood; and if he noticed the same defects referred to by the other and remarked that "the house is defective", this priest would soon surely die.

15. THINGS TO DO ON A CONDEMNED HOUSE.

A house which was seen to be defective, as mentioned in former numbers about priesthood, the priest should come and exercise in his official capacity.

Things to do. It was the duty of the diviner priest to cleanse the inside of the house with the fire[18] of the order of the priesthood at the same time, *kuapaa, makaa* (species of small fish), and banana plants were brought. The diviner priest was to prepare everything brought for cleansing the house. Pigs and chickens were roasted as a sacrifice to the god of the order. The priest, however, must perform some significant ceremonies upon the pigs and chickens before preparing and roasting them. And all these things done for the house were for the purpose of cleansing it by virtue of the power of the god of the order of priesthood

DIVINING OMENS BY THE CLOUDS

This was one of the most profound accomplishments of a diviner priest because he could foresee the fortunes to be obtained in coming days, and also the death of a king and the approach of war. By the omens in the clouds could be foreseen the approaching stranger. If the omens in the clouds were observed in the evening he would prophesy the things that he saw and some day it would come to be fulfilled.

---

[17]Kaalaa, a small tract of land, at entrance of Pauoa valley.

[18]This cleansing fire of the priest was rather the ceremonies incident to the offerings which required fire in their preparation.

kai, alaila, e lawe aku i ka laau ma o o Leleo a ma ke Alanui Liliha pii hou i uka, aia a hala hope i kai o Peleula, alaila, e hele aoao aku a hiki ma Kaalaa, alaila iho hou i kai a hiki i Peleula, alaila maikai.

14. NO KE KAHUNA KILOKILO.

He kanaka kapu loa ke kahuna kilokilo, aole e komo iki i loko o ka hale ana i hooiloilo ai, aole nae no ka mea hale ka hookapu ana, aka no ua kahuna kilokilo la no; no ka mea, he mea mau i na hale i hooiloilo ia, he hana ia ma ka pule ana i na akua o ka oihana kahuna. A ina e komo ua kahuna nei nana i hooiloilo i loko o ka hale ana i hooiloilo ai, alaila e make koke no mahope iho o ka pule ana i na akua o ka oihana ka_ huna. Hookahi, a elua paha la mahope iho o kona komo ana, alaila, e make koke no, no ka mea ua paa ka hale i ka pule no ka oihana kahuna

A nolaila ke kahuna kilokilo i hookapu ai ia ia, aole e komo i loko o ka hale ana i hooiloilo ai.

No ke Komo ana o ke Kahuna i loko o ka Hale. Ina i komo ke kahuna kilokilo i loko o kekahi hale, a ike oia ua hewa ka hale, alaila, e olelo no ke kahuna i ka hewa o ka hale, e like me kana ike ana. Alaila na ka mea nona ka hale e olelo e hana ke kahuna, alaila hana ma na akua o ka oihana kahuna. A ina ua komo mai kekahi kahuna kilokilo i loko o ka hale me ka ike ole i ka hana ia ana e kekahi kahuna kilokilo ma ka pule o ka oihana kahuna. A ina i ike i ka hewa i ike ia ai e ke kahuna mua nana i hana, a hooiloilo ae, "ua hewa ka hale," alaila, e make koke auanei ua kahuna la

15. NA MEA E HANA AI O KA HALE I HOOILOILO IA.

O ka hale i ike ia ka hewa e like me na helu mua o ka oihana kilokilo, alaila e hele mai ke kahuna kilokilo e hana ma ka oihana kahuna

Na Mea e Hana ai. Na ke kahuna kilokilo e puhi ia loko o ka hale me ke ahi o ka oihana kahuna, a e lawe ia mai ke kuapaa, ka makaa, (he ia liilii) ka pohuli maia. Na ke kahuna kilokilo e hana i na mea a pau i lawe ia mai no ka hana ana i ka hale. E kalua ia ka puaa a me ka moa, i uku i ke akua o ka oihana kahuna. E hoailona mua nae ke kahuna kilokilo i ka puaa a me ka moa, mamua o ka hana ana, a me ke kalua ana A o keia mau mea a pau i hana ia no ka hale, oia ke kala ia ana o ka hewa o ka hale, ma ka mana o ke akua o ka oihana kahuna.

NO KE KILOKILO ANA I NA OULI O NA AO

O keia kekahi oihana ike hohonu a ke kahuna kilokilo. Nokamea, he hiki i ke kilokilo, ke ike aku i ka waiwai e loaa ana i kekahi la ae, a he hiki ke ike aku i ke alii make, a me ke kaua. A he hiki ke ike ia ma na ouli o na ao ka malihini puka mai. Ina he ahiahi ka ike ia ana o ke ano o na opua, alaila, e wanana mua oia no na mea ana e ike ai, a ma kekahi la e hooko ia ai.

16. ABOUT THE FORTUNE-TELLER.

The fortune-teller was one of the most learned men in the order of priesthood He was similar to the diviner priest in some respects, and in the religious ceremonies of the order their duties were alike.   Fortune-telling consisted of discerning the character or disposition of a person, whether he be rich or poor, stingy or benevolent, wrathful or af fectionate, mischievous or of quiet demeanor.   All the characteristics of a person, and all that he does the fortune-teller could reveal, exactly as he will in fact do.

INTERPRETING THE CLOUD OMENS.[19]

Only in the evening could the omens in the clouds be interpreted, at the time that the sun was about to set; that was the time when the omens in the various dark clouds could be observed.   This was more noticeable in the evenings of Ku, when the clouds were more conspicuous and these were the evenings when those who desire might learn [thereof].

OF A FORTUNE OMEN CLOUD.

Supposing that a cloud stood in the form of a man as though holding a parcel in his hand as shown in Figure 4A.   If the fortune-teller or weather prophet noticed that a cloud stood as a man in this form and if the parcel continued to be in the hand until the cloud disappeared, then the fortune-teller would say: "No fortunes will be received on the morrow (if the observation was in the evening)."

On the other hand, if a cloud stood as in Figure 4B, and was thus observed, then the fortune-teller would say: "Fortune will be received on the morrow; if not brought in then it will be found on the way."   If there were several clouds in the form of said Figure B then the day would be most auspicious.

In the same manner, if a cloud resembling a canoe or canoes was seen in the even-ing, canoes would surely appear the next day.   If a cloud was in the form of an oblong or coffin-like box, a corpse would be seen the next day.

FORETELLING BY A WEATHER PROPHET OF A TEMPEST OR A CALM

Supposing that every day was tempestuous for a long period, rainy and windy per-haps, then the weather prophet would look up to the stars; if they did not twinkle but re-mained steadfast, the weather prophet would say: "A calm will prevail. Tomorrow good weather will settle down, and on the following day the calm will be general."   In the same manner if indications of a calm were observed in the clouds, or in any other ob-ject in the heavens, the weather prophet's explanation about it would be the same as that of the omens of the stars.

---

[19]The services of cloud interpreters and weather prophets, as will be seen in this division, were in fre-quent demand and required the priest to be a close weather observer to distinguish, among the forty-five or more cloud-signs of their category, the omen to fit the inquiry. That some became expert in their interpre- tations speaks for their observing faculties. Kaopulu-pulu, the prophet-priest of Waimea, Oahu, was one of the most famous, whose predictions from cloud omens of the overthrow of Kahahana by Kahekili, though it cost him his life, nevertheless, came true.

16. NO KE KAHUNA NANAULI.

O ke kahuna nanauli, o kekahi kanaka ike hohonu keia o ka oihana kahuna. Ua ano like no nae me ke kahuna kilokilo ma kekahi mau mea, aka, ma na oihana akua o ka oihana kahuna, ua like no ka mea a laua e hana ai. O ka Nanauli. O ka nana ana no ia i na uli o ke kanaka, ina he kanaka waiwai, a ina he kanaka ilihune. A ina paha he kanaka aua, a he lokomaikai paha, a ina he huhu, a ina he oluolu, a ina he kalohe, a ina·he noho malie. O na ano a pau o ke kanaka, a me na mea a pau a ke kanaka e hana ai, ua hiki i ka nanauli ke hoike mai e like me ka ke kanaka e hana ai

NO KA NANA ANA I NA OULI O KE AO

Ma na ahiahi wale no e ike ia ai ka ouli o na ao. Aia i ka manawa e kokoke aku ana o ka la e napoo, oia ka manawa e ike ia ai ke ano o kela opua keia opua. Aia nae i na ahiahi i o Ku, oia ka wa kuku o ka opua. A oia na ahiahi e ike ai ka mea makemake e ao.

NO KA OPUA WAIWAI.

Ina paha ua ku mai kekahi opua me he kanaka la a he ukana paha ko ka lima, e like paha me ke kii malalo nei (Helu 4, A). Ina e nana aku ka nanauli ua like ke ku ana a kekahi opua me he kanaka la, e like me keia ke ano, a ina i paa loa kela mea ma ka lima a hiki i ka nalowale ana o ua opua nei, alaila, e olelo auanei ka nanauli. "Aole he waiwai e loaa mai ana ma ka la apopo," ina i ke ahiahi ka nana ana.

Aka, ina penei ke ku ana o kekahi opua e like me ke kii (Helu 4, B) malalo nei, a ike ia ia ka opua me keia, alaila, e olelo auanei ka nanauli: "E loaa ana ka waiwai i ka la apopo. Ina aole e lawe ia mai, alaila, ma kahi e hele ai, malaila no e loaa ai ka waiwai ke hele." Ina paha ua nui loa na opua i like ke ano me ke kii maluna ae, alaila, he la waiwai nui loa ia.

A **B**

Fig. 4, A. Fig. 4, B.

Kii 4, *A. B.*—Na opua Ouli i kaha ia e ke kupa Hawaii.

Figure 4, *A. B.*—Omen Clouds as drawn by a native Hawaiian.

Pela hoi, ina he waa a mau waa paha ke ano o ka opua, i ike ia ai i ke ahiahi, alaila, he waa no ka mea e hiki mai ai i kekahi la ae. Ina he holowaa ke ano o ka opua, he ano holowaa kupapau paha, alaila, he kupapau no ka mea e ike ia ai i kekahi la ae

KE KILOKILO ANA A KA NANAULI NO KA INO A ME KA MALIE.

Ina paha he ino·wale no na la a pau i kekahi manawa, he ua, a he makani paha, alaila, e nana ae ka nanauli i na hoku, a ina aole e amoamo mai na hoku, he kau malie wale no, alaila, e olelo auanei ka nanauli: "E malie auanei, a po hookau ka malie, a kela la aku, haalele loa ka malie." Pela no, ina i ike ia ka ouli malie ma na opua, a ma kekahi ano okoa ae paha o ka lani, alaila ua like me ka wehewehe ana a ka nanauli ma keia mea, me ka wehewehe ana i na ouli o na hoku.

17. ONE WAY OF FORETELLING THE WIND.

Supposing that the Kona was the prevailing wind for some time, about a month or more in duration; if the prophet discerned that the heads of the clouds leaned toward the east he would remark: "The Kona wind is about to subside; tomorrow the regular breeze (east wind) will return as heretofore." In like manner if the regular breeze, or a general calm was prevailing, and the weather prophet perceived that the position of the clouds was inauspicious, that the heads of the clouds leaned toward the west, or to the south, he would observe: "The Kona wind is about to set in; the days will not be many before it comes." As the appearance of the omens in the clouds, so would the weather prophet (Nanauli) interpret.

FORETELLING A GREAT STORM; WINDY OR RAINY.

Supposing that a general calm had prevailed over the land for some time, and had so continued for nearly a year, or perhaps six months; and if the weather prophet scanned the heavens and saw that they were thickly covered with white clouds, and spotted like a white-spotted dog, such spotted clouds was called a *"konane* board." When the clouds are seen in such a condition the weather prophet would observe: "A tempest will arise and its duration will be as long as the calm had prevailed"

OF THE STARS.

The character of a coming tempest could be discerned through the stars. If the twinkling of the stars was observed during a general calm the weather prophet would say: "A tempest is near; the stars are twinkling." The auguries in this are the same as are those of the *konane* board.

18. OF A TEMPEST AT SEA

A weather prophet's interpretation of the omens for a land tempest was different from the omens for a tempest at sea. If there was general calmness on the ocean sometimes, the sea simply quiet, and if the weather prophet found that the clouds were *hinano*[20] white, and the borders of heaven[21] seemed to heave tumultuously, the evening clouds vying with each other, and the dark clouds gathered at the top of the mountains, then the weather prophet would say: "There will soon be high surf, because the clouds vie with each other." In case the weather prophet saw that these premonitions as mentioned above, were apparent in the clouds, and ocean-going canoes were to leave at that time, then the prophet could forewarn the ocean-going people to wait; and those who were familiar with the customs of the order of priesthood would abide by the instructions of the weather prophet.

19. OF THE HEALING PRIESTS.

There were various classes of healing priests known in Hawaii, of different denominations according to their official titles, which were divided as follows: Healing

---

[20]*Hinano,* the creamy white blossoms of the pandanus.'   [21]The horizon was the border of heaven to a Hawaiian.

17. KEKAHI ANO O KA KILOKILO ANA NO KA MAKANI

Ina paha he Kona ka makani mau e pa ana i kekahi manawa, he malama a he mau malama paha ka pa ana. A ina e nana aku ka nanauli a ike e hina ana ke poo o na opua i ka hikina, alaila, e olelo auanei ka nanauli: "He malie koe o ka makani Kona, apopo e hoi mai ka makani mau (makani hikina) e like me mamua."

Pela hoi, ina o ka makani mau ka makani e pa ana i kekahi manawa, a i ole ia he malie wale no, a ina e nana aku ka nanauli, ua inoino ke kulana o na opua, a ua hina aku paha ke poo o na opua i ke komohana, a i ka hema paha, alaila, e olelo auanei ka nanauli: "He pa koe o ka makani Kona, aole e liuliu na la e koe hiki mai." E like me ka ouli o na ao opua, pela no ke kilokilo lani (nanauli) e hoakaka ai

KE KILOKILO ANA NO KA INO NUI; HE MAKANI A UA PAIIA.

Ina paha he malie wale no ka aina i kekahi manawa, a ua aneane makahiki, a hapa makahiki paha ka malie ana; a ina e nana aku ke kilokilo lani, a ike ia ka lani ua uhi paapu ia e na ao keokeo, ua ano kikokiko mai me he ilio kikokiko keokeo la, ua kapa ia ua ao kikokiko la, he papa konane. A ike ia pela ke ano o na ao, alaila, e olelo auanei ka nanauli kilokilo lani: "E ino auanei, e like me ka loihi o ka malie ana, pela no ka loihi o ka manawa e ino ai."

NO NA HOKU

Ma na hoku e ike ia ai ke ano o ka ino e hiki mai ana. Ina e ike ia ka imoimo ana o na hoku i loko o ka manawa malie nui, alaila, e olelo auanei ke kilokilo lani: "He ino koe, ke imoimo nei na hoku." Ua like no ke ano o na loina o keia me ka papa konane.

18. KA INO MA KA MOANA.

He okoa no ka hoakaka ana a ke kilokilo lani i na ouli o ka ino ma ka aina, a he okoa no ka hoakaka ana i na ouli o ka ino ma ka moana. Ina he malie wale no ka moana i kekahi manawa, he kai make wale no, a ina e nana aku ke kilokilo lani, ua hinano keokeo mai na ao, a okupukupu inoino mai na kumu lani, a kuee na opua, a pauli eleele mai na ao i ka piko o na mauna. Alaila, e olelo auanei ke kilokilo lani: "He kaikoo koe, no ka mea, ua kuee na opua." Ina e ike ke kilokilo lani ua ike ia na ouli o na ao e like me ka hoike ana maluna, a ina he mau waa holo moana ia manawa, alaila, e hiki no i ke kilokilo lani ke papa mua aku i ka poe mea holo i oana e kaohi. A o ka poe i maa i ke ano oihana kahuna, e hoolohe no lakou i ka ke kilokilo lani.

19. NO NA KAHUNA LAPAAU

He nui na ano o na kahuna lapaau i olelo ia ma Hawaii nei, he mau mahele okoa ko lakou, a me ko lakou inoa kahuna. A penei ka mahele ana o na inoa. He

priests, massage priests, ancestral god priests and priests of wandering spirits.   All these priests had different callings; some were appropriate, while the callings of others were not so, although the priests of this class were learned in their professions

SERVICES OF A MEDICAL PRIEST

Before a medical priest commenced to perform his duties, he did not operate on the sick without first seeing a sign.   Again, if he did not cast lots before he was called upon by the friends of the sick, it was because he was already aware of it, and afterwards was apprised by the persons who called upon him, because there were exceptional signs through which the medical man would be apprised, whether the patient would live or die, providing the special signs were applicable to the complaint; thus: When a medical man is called upon to visit a patient, one who might then be in a precarious condition; if the caller came to the house of the medical man and said: "I have called upon you to come and administer unto Punikauamoku, who is in a very critical state; the day may not close before death occurs."   During the time that the caller was talking of the condition of the patient, if the medical man happened to be eating his meal he would say: "He will not die, [though] he is really sick.   Had you arrived while I was not eating, then death would happen.   But no!   You came while I was eating, with the calabash open, therefore the calabash disavows the illness of Punikauamoku.   Go back; I will come later." Such would be the reply of the medical man.

When the medical man arrived at the patient's place, through his being called upon, he would not offer medicine at the outset, but in order that his operations on the patient might be strengthened and fully understood he would draw lots in such manner as he thought was proper, and if it agreed with boldness to administer unto the sick, then he would do so.   And if the drawing indicated the inappropriateness of his administering unto the patient, the medical man would tell him, saying: "I cannot cure you; seek another healer; had it been according to my drawing I would venture to operate on you."

On the other hand, if a medical man had been called upon to visit a patient, and the caller arrived while the medical man or other person was cooking food; or if the medical man was present at the time the oven was being prepared, or heating; then the medical man would remark, after he had been apprised of the nature of the complaint by the caller: "Yes, sick indeed!   I cannot cure him, I'm afraid.   If you had not spoken until after the oven was covered there would be no danger; while you were talking of the patient I was firing the oven, therefore he will surely die."   This was the second of the special disclosures given to medical men.

Should these special signs be had at home, other signs would be met with on the way.   As the danger was seen at home through special signs, so would the danger on road be conveyed through exceptional signs.

20.   CUSTOMARY SIGNS OF THE PRIESTHOOD RELATING TO MEDICAL MEN

In the foregoing section special omens were shown, but not all.   In this section customary signs will be given in full.   Many and numerous were the customary signs relating to the priesthood, and in those signs were indicated right and wrong, danger, fortune and need.

kahuna lapaau, he kahuna paaoao, he kahuna hoonohonoho, a me ke kahuna makani. O keia mau ano kahuna a pau, ua kaawale na oihana; ua kupono na oihana a kekahi poe, a kupono ole ka kekahi poe o keia poe ano kahuna. Aka, he mau oihana ike no ka ka poe o keia ano kahuna.

NA OIHANA IKE A KE KAHUNA LAPAAU

I ka hoomaka ana o ke kahuna lapaau i kana oihana, aole oia e hele wale e hana i ka mai, ke ole oia e   hoailona e mamua. Eia hoi. Ina aole oia e hoailona e mamua o ke kii ia ana mai e ka poe nana ka mai, alaila, ua ike e no ke kahuna lapaau, mahope o ka olelo ana mai a ka mea nana i kii ke kahuna. No ka mea, he mau hoailona ku waho okoa ae no kekahi a ke kahuna lapaau e ike ai, ina he mai ola, a ina he mai make, ke ku nae i ua hoailona kuwaho la. Penei: Aia a kii ia mai ke kahuna lapaau no kekahi mai, a he mai aneane pilikia loa paha, a ina i hiki mai ka mea kii kahuna a hiki i ka hale o ke kahuna, a olelo aku, "I kii mai nei wau ia oe, e hele ae e lapaau ia Punikauamoku, ua aneane pilikia loa, he uku paha ka po o keia la, alaila make." I ka manawa a ka mea kii kahuna e olelo la no ka pilikia o ka mai, a ina e ai ana ke kahuna lapaau ia manawa, alaila e olelo auanei ke kahuna lapaau. "Aole e make, he mai no. Ina i hiki mai nei la oe, aole wau e ai ana, alaila la ua pilikia. Aole! hiki mai nei oe e ai ana wau, e hamama ana ka umeke. Nolaila, ke hoole mai nei ka umeke i ka mai o Punikauamoku. O hoi a mahope aku nei wau." Pela ke kahuna lapaau e olelo ai.

Aia a hiki aku ke kahuna lapaau, ma kahi o ka mai mamuli o kona kii ia ana ae, alaila, aole oia e hoomaka mua e haawi i ka laau. Aka, i mea e ikaika ai a ke kahuna lapaau hana ana i ka mai, a i mea hoi e maopopo ai, alaila, e hoailona mua ke kahuna i ka bailona ana e manao ai e hailona. A ina ua ku i ka aa o ke kahuna lapaau e hana i ka mai, alaila a hana no. A ina ua ku ka bailona i ka hiki ole ke hana i ka mai, alaila, e olelo auanei ke kahuna lapaau i ka mai, me ka i aku, "Aole oe e ola ia'u, imi hou ia ua kahuna hou, ina i ku iho nei i ka'u hailona, alaila, aa wau e hana ia oe."

A ina hoi ua kii ia aku kekabi kahuna no ka mai, a ina i hiki aku ka mea kii kahuna, a e kahumu mai ana ke kahuna, a i ole o kekahi mea e ae paha, a ina e noho ana ke kahuna i ka manawa e kukulu ana ka umu, a i ole, e hoa ia ana paha, alaila, e olelo auanei ke kahuna lapaau, mahope iho o ka hai ia ana aku o ka mai ia ia e ka mea kii kahuna, "Ae! mai io!! Aole no e ola ia'u, ua hopo ae la wau. Ina i olelo ole mai nei oe a pau ka umu i ke kauwewe, alaila, aole e pilikia. Olelo mai nei oe i ka mai, e boaa aku ana wau i ka umu, nolaila e make io ana no." O keia ka lua o ka hoailona kuwaho a na kahuna lapaau.

A ina i loaa keia mau hoailona kuwaho i ka hale, e loaa no auanei na hoailona kuwaho e ae ma ke alanui i ka hele ana. E like me ka ike ia ana o ka pilikia ma ka hale mamuli o na hoailona kuwaho, pela no auanei e loaa ai ka pilikia i na hoailona kuwaho ma ke alanui

20. NA HOAILONA MAA O KA OIHANA KAHUNA E PILI ANA I NA KAHUNA LAPAAU.

Ma ka mokuna maluna ae ua hoike ia kekahi mau hoailona kuwaho, aka, aole i pau; ma keia mokuna e hoike pau ai, na hoailona mau. He nui a lehulehu na hoailona mau e pili ana i ka oihana kahuna, aia i loko o ia mau hoailona ka pono a me ka hewa;

Of a canoe dream. This was one of the unfavorable signs relating to the subject of healing by some people. If a medical man thought of going to treat a patient, if he had been called upon on the previous day and had resolved to go and heal the person for whom he was called, if he had a dream the night before in which he saw a canoe, the medical man would say: "It is not proper for me to go, because there was an unfavorable dream in the night." This was a customary sign among this people from ancient times to the present day, and it is not known when these signs will pass away in the future.

This omen did not pertain to the office of healing only, but also to other callings of the people. It pertained to the offices of a medical man, to agriculture, to fishing, and other like vocations, for, if a man had intended on a previous day to go fishing, with the hope of catching some fish, and had made all his preparations for so doing, and dreamt the night before an unfavorable dream, then the person who made such preparations for fishing could not go, because there was an unfavorable dream in the night. So would a person who had hoped to gain personal benefit through some vocation, if he had a canoe dream after meditating on his expected gain, then he would not succeed in his intentions.

21. ANOTHER INTERPRETATION OF A CANOE DREAM

Supposing that a person was occupied in pleasant reflections without any thought of being unduly arrested, but such person was suspected of being a criminal or an offender, and as such was sent for and brought before the king, or landlord perhaps, if he had a canoe dream the night before being brought before the king, then such person suspected of being a criminal or offender would say: "I will not be in danger, because a canoe dream was had in the night, for death lurks in the day, but the night contradicts it."

Supposing a person was sometimes meditating, with hopes only, that he had great lawful privileges, thinking that he would not be condemned for the offense that he was complained of before the king, or judge perhaps, and he had a canoe dream in the night, then the favor would not be obtained by him before the place of judgment. And if these omens were first revealed to such a person, other signs of a like nature would also be noticed

22. ANOTHER VERSION OF A CANOE DREAM.

Canoe dream means a canoe as seen in a dream. If a canoe was seen in a dream and one actually boarded it; or if one saw a canoe coming toward or going from him; or a canoe on dry land, all are related to the canoe dream. Canoe dreams are of two divisions, favorable and unfavorable. (The unfavorable division of the canoe dream has already been explained.) The persons, however, who were accustomed to this omen of the office of healing did not altogether agree upon its interpretation. To some a canoe dream was auspicious and beneficial, providing it related to property.

23. A FAVORABLE CANOE DREAM

If in a sleep a canoe dream occurred and the actual hand lifting and launching of a canoe or canoes from land into the sea and loading it with freight until it was filled took

ka pilikia, ka loaa a me ka nele. O ka moe waa. O keia kekahi o na hoailona o ka maikai ole, i ke kulana lapaau a kekahi poe e ae. Ina i manao kekahi kahuna lapaau e hele e lapaau no kekahi mai, ina nae ua kii ia mai paha i kekahi la e ae. A manao ua kahuna nei e hele e lapaau i ka mai i kii ia mai ai, a ina e loaa ka moe uhane i ka po iho, a he moe waa nae ka mea i loaa i ka po, alaila, e olelo auanei ke kahuna. "Aole e pono ke hele no ka mea, he moe waa ko ka po." O keia hoailona, he hoailona maa mau keia a puni keia lahui mai kinohi mai a hiki i keia manawa. Aole i ike ia ka manawa e pau ai keia mau hoailona ma keia hope aku.

Aole keia hoailona i pili wale no ka oihana lapaau, aka, ua pili no kekahi mau oihana e ae e pili ana i ke kanaka. Ua pili i ka oihana kahuna lapaau, ka oihana mahiai, ka oihana lawaia, a me na oihana like e ae e pili ana i keia mau oihana. No ka mea, ina e manao mua ke kanaka i kekahi la okoa e hele i ka lawaia me ka manao e loaa mai na ia, a ua makaukau mua paha no na lako e lawaia ai, a ina e loaa ka moe waa i ka po iho, alaila, aole e hiki i ua mea nei i hoomakaukau no ka lawaia ke hele, no ka mea, he moe waa ko ka po. Pela no ke kanaka e manao ana no kekahi oihana paahana, e manao ana e loaa ia ia kekahi pomaikai nona, a ina he moe waa ka mea i loaa ia ia mahope iho o kona manao ana ia mea, alaila, aole no oia e hiki no kana mea i manao ai e loaa he pomaikai nona.

21. KEKAHI ANO O KA MOEWAA

Ina e noho ana kekahi me ka manao maikai wale no, me kona ike ole i kona mea e hoopaa wale ia mai ai. Aka, ua manao wale ia aku ua kanaka la he pio a lawe hala·paha, a ma ia ano, ua kii ia aku oia ma kona ano lawehala, a lawe ia i mua o ke alii, a haku aina paha. A ina ua loaa ia ia ka moe waa i ka po iho, mamua o kona lawe ia ana i mua o ke alii. Alaila, e olelo auanei ua mea la i manao ia he pio, a lawehala paha, "Aole au e pilikia ana, no ka mea, he moe waa ko ka po; no ke mea, he make ko ke ao, a ke hoole mai nei ka po."

Ina paha e noho ana kekahi mea a he manaolana wale no kona i kekahi manawa he pono nui kona, me ka manao ana, aole oia e hoahewa ia no ka hewa ona i hoopii ia ai i mua o kekahi alii, a lunakanawai paha. Aka, ina he moe waa ka mea i loaa ia ia i ka po, alaila, aole no e loaa ana ka pono nona i mua o kahi nana e hoahewa mai. A ina hoi ua ike mua ia keia mau hoailona i kekahi mea, pela no e pili mai na hoailona e ae e like ana ma keia ano.

22. KA HOAKAKA ANA I KEKAHI ANO O KA MOE WAA.

O ke ano o ka moe waa, he waa no ia i ike ia ma ka moe uhane. Ina he waa ua ike ia ma ka moe uhane ana, ina ua ee maoli i luna o ka waa, ina ua ike aku he waa e holo mai ana, a e holo aku ana, a he waa e kau ana i ka maloo, ua pili no ia i ka moe waa. Elua no mabele ana o ka moe waa, he moe waa waiwai, a he moe waa waiwai ole. (Ua hoakaka mua ia nae ke ano o ka waiwai ole o ka moe waa.) Aole nae he like loa ka manao o na kanaka maa ma keia hoailona o ka oihana kahuna. I ke kulana o kekahi poe, he maikai no ka moe waa, a he waiwai no, ke ku nae ia moe waa i ka waiwai.

23. KEKAHI MOE WAA WAIWAI

Ina i loaa kekahi moe waa i loko o ka moeuhane ana, ina, ua hapai maoli na lima i ka waa, a mau waa paha mai ka aina aku a lana i loko o ke kai, a hooili i ka

place, then the person having such a dream would obtain some gain. This benefit from the canoe dream did not, however, occur except to him who was accustomed to it. It is the same with all other signs spoken of in this history on the omens of the priest-hood. In the observance of the canoe dream the people did not all agree on its inter-pretation, some believing in one thing and some in another. But to those who were fa-miliar with it, the occurrence of a canoe dream resulted in the non-fulfillment of the things greatly desired.

24. AN ADVERSE SIGN IN THE PRIESTHOOD.

Crossing the hands in the back was one of the signs of adversity in the things that a person greatly desired for his benefit and prosperity. If a person intended to go to a place with the hope of obtaining that which he had greatly longed for, if he met this sign on the road then he had reason to doubt the propriety of journeying on, and that he had better return. If, however, he should meet this sign twice on his way, then his thought about adversity vanished, the fulfillment of the wish only remained, with no reason for doubt and returning back to the house. Crossing the hands in the back was a recognized omen by the priesthood, from the earliest days to the present time.

25. OF CROSSING THE HANDS IN THE BACK

If a medical man met one with hands crossed in the back while he was on the way in the interest of his profession, he would say: "I can not cure the patient." Doubt would then come in, resulting in his returning home. If he continued on to the patient's house, then he would not treat him; the only thing for him to do was to tell the patient "I cannot treat you."

Supposing that a medical man knew of a complaint, one that he knew could be cured, being within the range of his possible cures, and if some one was sent to obtain the medicine for the sick by order of the medical man, and while on his errand should meet a man on the road with his hands crossed behind his back, the messenger would say: "I can not go to get the medicine." If he met that bad omen, yet with that knowl-edge, went to get the medicine, when he returned, he would not hide the incident exper-ienced but would reveal it to the priest. When the priest heard of this adversity he would remark: "The complaint will not be remedied by the medicine; the ailment is different and the medicine is different."

26. ANOTHER INTERPRETATION OF CROSSING THE HANDS.

Crossing the hands behind the back is of two kinds; the crossing of the hands by some other person seen on the road, and the crossing of the hands by a person himself while walking; these both have the same meaning in their interpretation

OF A PERSON CROSSING THE HANDS TO HIMSELF.

The crossing of the hands shown here is not quite similar to those already men-tioned. The interpretations of the omens were alike in some things and different in

ukana a komo ka waa, alaila o ka mea nana ka moeuhane, e loaa ana no ia ia ka pomaikai. Aole no e pili wale ana ka pomaikai ma keia moe waa ke ole e maa kekahi no keia moe uhane. Pela no i na ano hoailona a pau i olelo ia i loko o keia moolelo no na hoailona o ka oihana kahuna. I loko o ka malama ana o kekahi poe i ka moe waa, aole no i like ko lakou mau loina, ua kaawale ka kekahi a kaawale ka kekahi poe. Aka o ka mea mau i kekahi poe, o ka loaa ana o ka moe waa ma ka moe uhane ana i ka po, he nele ka hope o na mea i manao nui ia.

24. KEKAHI HOAILONA NELE O KA OIHANA KAHUNA

No ka Opeakua. O keia kekahi o na hoailona no ka nele ma ka mea a ke kanaka e noonoo nui ai no kona pono, a me ka pomaikai. Ina e manao ana ke kanaka e hele i kana wahi i manaolana ai e hele, me ka manao e loaa kana mea i manao nui ai, aka, ina e loaa keia hoailona ia ia ma ke alanui, alaila, ua loaa kona ku ı u kanalua no ka hele ana, o ka hoi wale no kona pono.

A ina hoi ua palua mai ka opeakua mua ana ma kona hele ana, ma ke alanui, alaila ua pau kona manao no ka nele; o ka loaa wale no ka manao i koe, aole kumu kanalua e hoi hou ai i ka hale. O ka opeakua. (Oia no ka opea ana o ke kanaka i kona mau lima ma ke kua, he opeakua ia.) He hoailona mau keia o ka oihana kahuna mai kinohi mai o keia lahui a hiki mai i keia manawa

25. NO KA OPEAKUA.

Ina e loaa ka opeakua i kekahi kahuna lapaau ma ka hele ana i kana oihana, alaila, e olelo auanei ke kahuna, "Aole e ola ia'u ka mai;" alaila o ke kanalua iho la no ia, o ka hoi wale no ka pono. A ina i manao e hele i kahi o ka mai, alaila, aole a ke kahuna lapaau aku. Eia wale no kana, o ka olelo aku i ka mai, "Aole e hana."

Ina paha ua ike ke kahuna lapaau no kekahi mai, a he mai e ola ana ma kana ike ana, a ua ku hoi i na kulana mai a ia kahuna; a ina i kena ia kekahi e kii i laau no ka mai mamuli o ke kauoha a ke kahuna. A i ke kii ana i ka laau, a ina e loaa ia ia ke kanaka ma ke alanui e opeakua mai ana, alaila, e olelo auanei ua mea kii laau la, "Aole e hiki ia'u ke kii i ka laau." A ina i ike ka mea kii laau i keia hewa, a meia ike no, kii no i laau. A i kona hoi ana, aole e hiki ia ia ke huna no keia hewa ana i ike ai, aka, e hai aku no ua mea kii laau la i ke kahuna. Aia a lohe ua kahuna la i keia hewa, alaila, e olelo auanei ke kahuna. "Aole i ku ke kulana mai i ke kulana laau, he okoa ke kulana mai, a he okoa ke kulana laau."

26. KEKAHI ANO O KA OPEAKUA

Elua no ano o ka opeakua. O ka opeakua e pili ana i kekahi kanaka e aku ma ka ike aku i ke alanui, a o ka opeakua o ke kanaka ia ia iho ma kona hele ana, ua like no ko laua kulana ma ka hoakaka ana.

KA OPEAKUA O KE KANAKA NONA IHO.

Aole i like loa ke ano o keia opeakua, me ka opeakua i olelo mua ia. O ka nana

others. There were, however, two particular circumstances to which this crossing of the hands applied; it appertained either to privation, or to the affliction of the person crossing the hands. The adepts and those accustomed to the knowledge of the priesthood express their interpretations as follows: If a person was walking along, and while doing so on the road crossed his hands behind his back without a reason for so doing, then the priest of the order of priesthood would say: "You will be found guilty for the offense that you were complained of, because there was no cause for your crossing your hands behind your back." If a person had hopes to himself that he would be exonerated before a court which made the complaint, or by any man, and if the crossing of the hands happened through himself while on his way, then vindication would not be obtained by him, because the omen stood for condemnation.

ANOTHER FORM OF CROSSING THE HANDS

If a person was climbing a precipice and had reached a great height, if he crossed his hands at that time, then the act did not appertain to the omens of the priesthood, being simply the result of fatigue in climbing; and if an old man or old woman was seen crossing the hands, old age was accounted as the cause of such act. It was not applicable to the signs of the order of priesthood. If the person who crossed the hands happened to be a sickly person, the act was due to his weak condition, and did not apply to the signs of the order of priesthood. It is the same with other things of like nature.

27. OF A ONE-EYED PERSON.

This was a knowledge of customary signs relating to the priesthood, the principles and interpretations are the same as the former signs. For if a person thought that he had a profit, a great privilege perhaps for himself, by traveling, or else in some way he had reason to hope, if he met a one-eyed man on the road while thus going, the priest would remark: "It is impossible for him to go where he had hoped; no great profit would be obtained by him, because he met a one-eyed man." If a second one-eyed man was encountered on the road, or more perhaps, then the augury of adversity would not apply in that case, because the end of want had passed by; ill luck had vanished. As the signs were related to all profitable callings so was this knowledge related to the signs of the order of the priesthood.

28. CALLING FROM BEHIND

This also was a recognized omen of the order of the priesthood relating to unfavorable and other signs as set forth in former numbers. If a person had very great hopes that he would derive a great benefit by traveling as he had already planned, and if he was called by some person from behind, then the priest would say: "It is unfavorable, and no benefit will be obtained, because of the call from behind." If a person was going where he thought he would obtain a blessing or a great benefit, if he was not called from behind, his trip was considered well and beneficial.

ana nae i na ouli, ua like ma kekahi mau mea, aole like ma kekahi mau mea. Elua nae ano o ka pili ana o keia opeakua; o ka pili i ka nele i ka pomaikai, a o ka pili i ka pilikia o ka mea nona ka opeakua. I ka nana ana o ka poe ike, a maa hoi ma ka ike o ka oihanakahuna penei: Ina e hele ana kekahi kanaka ma kona hele ana ma ke alanui a opeakua wale iho, me ke kumu ole o ia opeakua ana, alaila, e olelo auanei ke kahuna o ka oihanakahuna, "E pilikia ana oe no kou hewa, ina he hewa kou mea e hoopii ia ai, no ka mea, aole he kumu o kou opeakua ana." Ina e manaolana wale ana no kekahi ia ia e pono ana oia i mua o ka aha nana i hoopii, a i ole, e kekahi kanaka paha; a i loaa ka opeakua nona ponoi iho ma kona hele ana, alaila, aole no e loaa ka hoaponoia nona, no ka mea, ua ku i ka hoailona e hoahewaia ai oia.

KEKAHI ANO O KA OPEAKUA.

Ina no e pii ana kekahi kanaka i ka pali a ua oi na mile a emi mai paha ka pii ana i ka pali, a ina e *opeakua* oia ia wa, alaila, aole i pili ia opeakua ma ka hoailona o ka oihanakahuna, ua pili no ia opeakua no kona maluhiluhi i ka pali. A ina he *elemakule* a *luahine* paha ka mea i ikeia e *opeakua* ana nona iho, alaila, no kona *elemakule* a me kona *luahine* no ia opeakua ana. Aole ia e pili ia opeakua ma ka hoailona o ka oihana kahuna. A ina no he mea maimai ka mea i opeakua alaila no kona maimai no ia opeakua ana, aole e pili ia no ko ka oihanakahuna hoailona. Pela no i na mea like a pau.

27. NO KA MAKAPAA.

O keia kekahi oihana ike o na hoailona maa e pili ana i ka oihana kahuna, ua like na loina a me na wehewehe ana me na hoailona mua. No ka mea, ina i manao kekahi kanaka he pomaikai kona ma ka hele ana, a he pono nui paha nona, a i ole, ua manaolana wale aku ma kekahi ano e ae paha. A ina e loaa ia ia kekahi kanaka makapaa ma ke alanui ma ia hele ana, alaila e olelo auanei ke kahuna, "Aole e hiki ke hele ma kahi i manaolana ai, aole e loaa he pomaikai nui nona, no ka mea, ua halawai me ka makapaa." A ina i palua ka loaa ana o ka makapaa ma ke alanui, a oi aku paha, alaila, aole e pili ka hoailona no ka nele ma ia ano, no ka mea, ua hala ka palena o ka nele, ua pau ka paoa. E like me ka pili ana o na hoailona i na oihana loaa a pau, pela no e pili ai keia oihana ike ia mau oihana hoailona o ka oihana kahuna.

28. NO KE KAHEA KUAIA

O keia kekahi hoailona ike o ka oihanakahuna e pili ana i ka moewaa a me na hoailona e ae i hoakakaia ma na helu mua. Ina he manaolana nui loa ko kekahi kanaka he pono nui kona ma kona hele ana e like me kana mea i noonoo mua ai, a ina i kaheaia mai e kekahi mahope, alaila, e olelo auanei ke kahuna, "O ka moewaa iho la no ia, aole e loaa ke hele, no ka mea, ua kahea ia mahope." Ina e hele ana kekahi ma kahi ana i manao ai, he pomaikai, a he pono nui kona, a ina aole oia e kahea ia mahope mai alaila, ua maikai ia hele ana, a waiwai no hoi.

PRECAUTIONS AGAINST BEING CALLED FROM BEHIND.

On starting to make his intended trip, with the hope of obtaining a great blessing he should first plan with care to prevent his being called from behind. He should do thus: When he starts forth he should be very careful of those whom he saw, if they were old acquaintances. Then he must first come up to those he met and tell them his destination, and all else pertaining to him or them; and on leaving, first bid them farewell, and depart. That was the only way to prevent a call from behind. But if called back by those he first met then it was indeed an unlucky trip.

29. OF MEETING A HUNCHBACK

Meeting a hunchback on the road was one of the omens of the priesthood indicating destitution and want. If a person was going to where he expected to obtain a great blessing or a benefit, if he met a hunchback on that trip the priest would say: "This is a most unfortunate trip; better return; nothing will be gained by going on because an unlucky hunchback was in the road." The hunchback met with on such a trip was called a *hahailua* hunchback. But should two or more hunchbacks be encountered by a person on such trips then the unlucky spell ceased. To some, however, the spell continued; all those who observed the auguries of this nature did not exactly agree.

30. OF STANDING AKIMBO.

This sign of standing akimbo was the resting of the two hands on hips on the right and left side of a person. If one in this position was seen by a person going out in the road for what he hoped to obtain, then ill luck would be the result. This sign did not only apply to a journey but it also applied to gambling crowds, as follows: If there was a gambling contest, such as stone-hiding, stick-throwing, or bowling, if one was found standing akimbo the anger of the promoters of the gambling concourse would immediately be aroused and he would be driven away, because the ill luck (losses) by such act would fall upon the owners of the gambling joint.

31. GOING FORWARD AND THEN TURNING BACK.

If a person thought of going to a place where he had intended to go with the hope of obtaining a benefit or a blessing on that trip, and after passing some fathoms or a mile perhaps, if he turned back for something forgotten, or some idea or other reason, then he could not obtain what he had hoped for. This was one of the omens of the order of priesthood among this people from the earliest days to the present.

32. STUBBING ONE'S TOES

This was one of the principal signs of all the recognized omens of the order of priesthood, and a common occurrence, for if a person thought to go where he had intended, and if his toes struck [something] while walking, all that he had greatly desired would not be fulfilled. The interpretations in this are similar to former signs in this record.

KA MEA E PONŎ AI O KA HELE ANA I OLE E KAHEA KUAIA.

I ka hoomaka ana o kekahi e hele i kana wahi i manao ai e hele, no ka manao ana he pono nui a pomaikai hoi kona ma ia hele ana e noonoo mua oia mamua o kona hele i ole oia e kahea ia mai mahope, me ka makaala no hoi. Penei oia e hana ai: Aia a hoomaka aku oia e hale, e makaala loa oia i ka poe ana e ike aku ai, ina nae he poe ua launa mua, alaila, e hookokoke mua aku oia i ka poe ana e halawai aku ai, me ka hai aku i kana wahi e hele ai, a me na mea a pau e pili ana ia ia, a ia lakou paha; a manao e haalele ia lakou, e aloha mua aku, alaila hele, pela wale no e pono ai ke hana i ole e kahea ia mahope. Aka, ina no i hea houia e ua poe la ana i halawai mua ai, alaila, he huakai paoa no ia.

29. KA HALAWAI ANA ME KE KUAPUU.

O ka halawai ana me ke kuapuu ma ke alanui, oia kekahi hoailona o ka oihanaka huna no ka paoa (nele). Ina e hele ana kekahi ma kahi ana i manao ai he pono nui, a he pomaikai hoi, a ina e halawai me ke kuapuu ma ia hele ana, alaila, e olelo auanei ke kahuna: "He buakai paoa loa keia, e pono ke hoi, aole loaa ke hele, no ka mea, he moewaa (kuapuu) ko ke alanui." A o ke kuapuu i loaa ma ia hele ana, ua kapaia; "he kuapuu hahailua." Aka ina paha he elua a oi aku na kuapuu i halawai me kekahi kanaka ma ia hele ana, alaila, ua pau ka paoa. I kekahi poe nae, a i kekahi poe, e mau ana no ka paoa. Aole no he like loa o na kanaka malama i na hoailona ike o keia ano.

30. NO KA HOOKUAKII ANA

O keia hoailona he kuakii oia no ke kalele ana o na lima elua ma ka puhaka, ma ka aoao akau a me ka aoao hema o ke kanaka. Ina ua ikeia keia hoailona ma ka hele ana ma ke alanui no kana mea i manaolana ai, alaila o ka paoa no ka hope. Aole nae i pili wale no keia hoailona no ka huakai hele, aka ua pili no no ka aha lealea pili waiwai kekahi e like me keia: Ina he aha lealea piliwaiwai kekahi, he puhenehene paha, pahee, a olohu paha. Ina ua ike ia kekahi mea e hookuakii ana, alaila, e huhu koke auanei ka poe nana ka aha pili waiwai, a o ke kipaku koke no ia; no ka mea, e ili mai auanei ka paoa (nele) oia hookuakii ana maluna o ka poe nana ka aha pili waiwai.

31. NO KA HELE ANA I MUA A HOI HOU I HOPE

Ina i manao kekahi e hele i kana wahi i manao ai e hele, me ka manao ana e loaa ka pomaikai a me kona pono ma ia manao ana e hele; a i ka hoomaka ana e hele a hala ke kahi mau anana a mile paha, a ina e hoi hou i hope, no kekahi mea poina paha; a manao i koe paha, a ma kekahi ano e ae paha; alaila, aole no e loaa ana kana mea i manaolana ai mamua. O keia no kekahi o na hoailona o ka oihanakahuna i waena ŏ keia lahui mai kinohi mai a hiki i keia manawa.

32. NO KE KUIA O KA WAWAE.

O keia kekahi o na hoailona nui o na hoailona mau o ka oihanakahuna, a he hoailona maa no hoi. No ka mea, ina i manao kekahi e hele ma kahi i manao ai e hele, a ina i kuia kona wawae ma ia hele ana, alaila, o na mea a pau ana i manaolana nui ai e loaa, aole no e hookoia ana, ua like no na wehewehe ana o keia me ko na hoailona mua ma keia moolelo.

OF INFLAMED EYES.

This was one of the signs which had similar interpretation with that of a hunch back and the one-eyed. For if a person met another who had running sore eyes, no good or benefit would be obtained if the former was bent on his own benefits and blessings. All the blemishes of a person like this sign, were regular auguries of the order of priesthood.

OF A DEFORMED FOOT.

The interpretation of this was the same as the sore-eyed. If a person with a deformed foot was met with on the road it was a sign of failure, according to the order of priesthood.

33. OF THE RAINBOW AND THE RAIN.

These are regular symbols of the order of priesthood indicating destitution and prosperity, privileges and blessings; for to some these were customary signs of want, while to others they were recognized omens of blessing.

Supposing that a person or persons were brought as criminals or offenders, and therefore he or they expected that they would be condemned for the complaint preferred against them, but while on the way they encountered a shower of rain, or saw a rainbow, great hopes would come upon the captive that condemnation would not fall on him or them. On the other hand, if the person supposed to be a criminal or offender had hopes only that he had a good claim and right, and that he would not be condemned by the court that had ordered him up, if he met a shower of rain, or a rainbow, then he could not expect to obtain favorable results on such trip, nor would he be benefited, because the adverse symbols of the order of priesthood were before him hindering his claim.

34. ONE INTERPRETATION OF THE RAINBOW AND THE RAIN

From the viewpoint of some medicine-men rain and rainbows were auspicious, for, said one of the medical priests, "rain is a good thing." If a medical priest was called upon to visit a person, and it was raining at the time the patient was being talked about, it was well, and the medical priest promptly showed a willingness to go and administer [to the sick] with a confidence that the patient would recover. There were a few priests, however, who believed in such interpretation of the omens of the order of priesthood; but in reference to the patient, and the cure, in the opinion of some medical priests, rain was unfavorable to such complaint as herein mentioned.

If a medical priest was called upon to visit a patient who was not weak, and it should rain while the conversation in reference to the sick person was in progress, the priest would say: "The patient will not recover; go back and mourn; it is better to seek one who can effect a cure, for, the rains indicate tears, interpreting a mourning for the patient." Those who were accustomed to this augury of the order of priesthood would not call upon a medical priest if they encountered a shower of rain on the way, nor would they send for the remedies if they were in the house when the rains fell.

Of the rain. This was an omen much more favorable than some others. This was the way a medical priest would answer a call to visit a patient: "You go back; I

NO KA MAKOLE.

O keia kekahi hoailona i like kona wehewehe ana me ko ke kuapuu a me ka makapaa. No ka mea, ina e halawai ana ka mea e hele ana me ka kanaka makole, aole no he pono a he pomaikai e loaa i kekahi ma ia hele ana, ina o ka pomaikai a me kona pono kana i manao ai. O na ano kina a pau o ke kanaka e like ana me keia hoailona, he hoailona mau no ia no ka oihanakahuna.

NO KA WAWAE KUKUE

. Ua like pu ka wehewehe ana o keia hoailona me ka makole. Ina ua halawai mai ke kukue ma ke alanui, alaila, he hoailona no ia no ka nele e pili ana i ka oihanakahuna

33. NO KE ANUENUE A ME KA UA.

O keia mau hoailona mau keia o ka oihanakahuna, e pili ana i ka nele, a me ka loaa, i ka pono a me ka pomaikai, no ka mea, i ka mea maa o kekahi poe, he hoailona no ka nele keia mau hoailona, a ma ke kulana hoi a kekahi poe, he hoailona no ka pomaikai.
Ina ua kiiia mai kekahi kanaka a mau kanaka paha, no ka mea i manaoia ua pio a ua lawe hala paha. Alaila a no ia mea, ina ua manaolana ke pio a lawehala paha, e hoahewa ia ana ia a o lakou paha, ma ia mea i hoopii wale ia aku ai. A i ka hele ana, a halawai me ka ua ma ke alanui, a i ole he anuenue paha, alaila e manaolana nui auanei ke pio aole e ili mai ana ia hoahewa ia maluna ona, a o lakou paha. Aka hoi, ina he manaolana wale no ko kekahi kanaka i manaoia he pio a he lawehala paha, me ka manao he pono nui kona a he pomaikai paha, a e hoahewa oleia ana paha i mua o ka Aha nana i kauoha; a ina i loaa i ka ua mamua mai, a he anuenue paha, alaila, aole e manaoia ana, he pono nui kona ma ia hele ana, aole no hoi he pomaikai, no ka mea, aia i mua ona ka hoailona o ka oihanakahuna nana e keakea i kona pono.

34. KEKAHI ANO O KE ANUENUE A ME KA UA

Ma na kulana o kekahi poe kahuna lapaau, he mea maikai ka ua a me ke anuenue, no ka mea, wahi a kekahi o na kahuna lapaau, "he mea maikai ka ua." Ina i kiiia mai kekahi kahuna no kekahi mai, ina he ua i ka manawa e kamailio ia ana ka olelo no ka mai, alaila ua maikai, o ka aa koke no ia o ke kahuna lapaau e hele e hana, me ka manao o ke kahuna e ola ana no ia mai. He kakaikahi nae o ia poe kahuna ma ia ano o ia hoailona o ka oihanakahuna. Aka, o ka mea mau i ke kulana mai, a kulana laau a kekahi poe kahuna lapaau, he mea hewa ka ua, no ke kulana mai e like me keia.
Ina ua kiiia mai kekahi kahuna lapaau no kekahi mai, aole nae he nawaliwali, a ina i ua ia i ka manawa e kamailio ia ana no ka mai, alaila e olelo auanei ke kahuna lapaau: "Aole e ola ka mai, o hoi a uwe iho, pono ke imi aku i mea nana e hana; no ka mea, o ka ua, o ka waimaka no ia, he mea e hoike ana i ka uwe aku no ka mai." A ina no o ka poe i maa ma keia hoailona o ka oihanakahuna, aole no e hiki ke kiiia ke kahuna ke halawai ma ke alanui me ka ua, aole no hoi e hiki ke kii i ua kahuna nei ke loaa i ka ua ma ka hale.
O ka ua. He hoailona maikai loa keia i oi aku mamua o kekahi mau hoailona e ae. Penei e olelo ai kekahi kahuna lapaau i kona manawa e kiiia mai ai e hele e lapaau no kekahi mai: "E hoi oe, apopo wau hele aku. Ina i haule ia e ka ua i keia po,

will come tomorrow. If it rains tonight, there is indeed a complaint and I will come in the morning; if it does not rain tonight I will not come." Thus one medical priest would say providing it was calm at the time that he was talking before instructing the messenger. Another medical priest would reply, if it was raining at the time that he was called upon to visit a patient: "You go back; tomorrow I will come. If a calm prevails throughout this night without rain then I will come; if the rain continues till morning I will not come." Such would be the reply of some priests before visiting and seeing, or treating the patient.

Of the signs relating to the order of priesthood, the opinions of the priests did not quite agree; some were of one, and some of another opinion. Just as one was familiar with one sign so was another familiar with another sign.

OF THE RAINBOW.

The rainbow was sometimes called "*makole.*"[22] The views of the priests on this omen of the priesthood did not coincide; in the judgment of some the rainbow was an auspicious sign if it stood in a favorable position, while in the opinion of others it was unfavorable if it did not meet the occasion.

This is the reply a medical priest would make if called upon to come and minister unto a patient: "I will not come today, but you go home and watch this night; if the *makole* (rainbow) appears tonight or in the morning then I will not come; but if the night be clear until daylight, then it is well and I will surely come." Another priest would say this regarding the rainbow: "As you are going to watch this evening; if the rainbow appears I will come to minister unto the sick because it accords with my course of healing, but if the rainbow arches not till the night is over, then my method is rejected." Therefore all auguries of the priesthood mentioned in this account were either for good or evil and such like

35. OF THE EXCREMENTS.

This was one of the auguries which opposed benefits or blessings; right or wrong, the serf or the free; life or death, according to the conceptions of some who were endowed with the priesthood. Thus: If a priest was called to visit a patient, or for some other purpose; and while on the way to the patient if he came across this sign, he could not go to minister unto any patient, because this augury of the priesthood stood forth. But if one supposed that he had a good claim, or a benefit at some place, thinking that he would receive a blessing or a benefit at such place as he had hoped, and while on the way he came across this sign, then it would be plain to him that his expectations would not be realized, because he had already met with that which would hinder his progress. This, however, did not apply to a person expecting to receive that which he hoped for in another island, or different district, but to the neighboring places only.

If one had been brought to account for transgression, and he felt that he would be condemned before the king or court, and if, while on the way he labored with excrement then he knew that he would not be found guilty. On the other hand, if a person who al-

---

[22]*Makole,* a term usually given to a person with inflamed eyes. Its application to the rainbow has reference to its flaming color. Kualii, on one occasion, was called a "*makole*" for his brilliant robes.

alaila ua mai, kakahiaka wau hele aku. A ina i loohia ole e ka ua i keia po, aole wau e hiki aku." Pela e olelo ai kekahi kahuna lapaau, ina nae he malie wale no ia manawa ana e kamailio la, mamua o kana kauoha ana i ka mea kii kahuna.

A penei e olelo ai kekahi kahuna lapaau, ina he ua ka manawa i kiiia aku ai e lapaau no kekahi mai: "E hoi oe, apopo wau hele aku, ina i loaa ka malie i keia po a ao, aole e loohia e ka ua, alaila hele aku wau, a ina he mau no ka ua a ao, aole wau e hiki aku." Pela e olelo ai kekahi mau kahuna mamua o kona hele ana e nâna i ka mai, a e hana paha.

Ma na hoailona e pili ana i ka oihana kahuna, aole he like loa o ka manao o na kahuna ma ia ano, okoa, a okoa ka kekahi; e like me ka hoailona i maa i kekahi, pela no kekahi e maa ai i na hoailona i maa ia ia.

NO KE ANUENUE.

Ua kapaia ke anuenue i kekahi manawa he "makole." Aole he like loa o ka ike a na kahuna ma keia hoailona o ka oihana kahuna. Ma ke kulana ike a kekahi poe kahuna, "he maikai ke anueanue", ke ku mai i kahi e maikai ai, a ma ke kulana ike hoi a kekahi poe "he maikai ole", ke ku no hoi i ke kulana e maikai ole ai

A penei i olelo ai kekahi kahuna lapaau, ke kiiia mai e hele e lapaau no kekahi mai: "Aole wau e hiki aku i keia la, e hoi nae oe, a nana mai i keia po. Ina i ku ka makole i keia po, a i ole i ke kakahiaka paha, alaila aole wau e hiki aku, aka, i laelae wale keia po a ao, alaila, ua maikai, o ko'u hele aku ka hoi ia." A penei hoi e olelo ai kekahi kahuna no ke anuenue. "Ke hoi la oe, a nana mai i keia ahiahi, i pio anuanei ke anuenue, alaila hele aku wau e hana i ka mai, no ka mea, ua ku i ka'u kulana lapaau. Aka hoi i pio ole ke anuenue a ao wale keia po, alaila ua hooleia ka'u hana." Nolaila, o na hoailona a pau o ka oihanakahuna i oleloia i loko o keia moolelo, he maikai, a he ino, a pela aku

35. NO KA HANALEPO ANA

O keia kekahi o na hoailona nana e hoole mai ka pono a me ka pomaikai, ka hewa a me ka pono, ke pio a me ka lanakila, ka make a me ke ola, mamuli o ka ike a kekahi poe o ka oihana kahuna. Penei: Ina paha ua kiiia mai ke kahuna no kekahi mai, a i ole, no kekahi ano e ae. Aia a hele aku ke kahuna no ka mai, a i halawai oia me keia hoailona, alaila, aole e hiki ia ia ke hele no ka lapaau i kekahi mai, no ka mea, ua ku keia hoailona o ka oihanakahuna. A ina hoi e manao ana kekahi he pono nui kona, a he pomaikai paha ma kahi e, me ka manao ana he pono, a he pomaikai e loaa mai ana ia ma kahi ana i manao ai e loaa; a i kona hele ana a ma ke alanui loaa ia ia keia hoailona, alaila e maopopo auanei ia ia, aole e hookoia ana kona manaolana, no ka mea, ua loaa mua ia ia ka mea nana e keakea i kona hele ana. Aole nae e pili keia no ka mea e manao ana e loaa ma kahi e no ka mokupuni kaawale aku, a apana e paha; aka ua pili no no kahi kokoke.

A ina hoi ua kiiia mai kekahi no kona hewa, a e manaolana mau ana oia e hewa ana i mua o ke alii a me ka aha paha; a ina i ka hele ana, a pu'a hanalepo oia ma ke alanui, alaila, e manao auanei oia aole e hewa ana. A ina hoi, he pono wale

ways had a favorable impression of himself and was confident that his innocence would be established before the king or court, and should labor with excrement while on the way, he would not obtain his claim. In the opinion of some, however, this was a favorable sign; as some of the auguries heretofore shown were favorable so was this one

36. OF BANANAS.

This was one of the signs which indicated denial of benefits and great blessings of some people, the wrong or the right, or other condition. If while one was walking on his way hoping to receive some blessing for himself thereby and should meet a person with bananas, he would obtain no great blessing or benefit by thus encountering the banana. The interpretations of this sign were similar to those of the sightless and the canoe dream. These three were similar in their significations. This was what some people declared: "If preparations were made with the idea of going fishing this evening, but while on the way a sightless person was met, this made it unfavorable."

And if bananas were met with on the way, ill luck was attributed to it, and this was what some said: "No luck will be obtained in going, for I had a banana dream." Others would say further: "Nothing will be obtained, for a sightless person is in the way." These were the usual expressions of those who were accustomed to those signs.

TO PREVENT ILL LUCK FROM BANANAS.

This was the only preventative of ill luck when banana was encountered on the way, as told by some of those of the order of priesthood: If the banana was met with on the road by a person who was walking, on coming up to it, it was necessary to touch it with the hand, or else take hold of it properly and lift it without looking back at it; that was the only way to overcome that sign to some people, providing they were accustomed to it; but with others no sanction would be given for such annulment when met with in the road.

37. OF A BANANA DREAM

This was one of the most potential auguries of the priesthood, recognized by all classes, including those who were not learned in the profession. The interpretation of this omen was similar to those of the auguries heretofore mentioned. No approval[23] of it could be obtained.

The banana dream. This was bananas seen in a dream at night, or day, the re sult of which dream during sleep was unfavorable. As for example: If one intended to go fishing, or tilling ground, or to minister unto the sick, or otherwise in relation to benefit and blessing, if a banana dream was had in the night, then it was useless to go; no good or benefit would be obtained by such venture because he had a banana dream. And this was what some declared of this dream: "I can not go because I had a banana dream; nothing would be obtained by my going."

---

[23]Or authority for it, perhaps.

no ka noonoo mau ana o kekahi ia ia, a me kona kuko nui, e oia mau ana kona pono i mua o ke alii a me ka aha lunakanawai paha.   A ina i puua hanalepo oia ma ke ala nui, alaila, aole e loaa kona pono ma ia hele ana.   Aka hoi, ma ka manao o kekahi poe no keia hoailona, he maikai no, e like me ka maikai o na mea i hoike ia ma na hoailona mua, pela no ka hoakaka no keia hoailona

36. NO KA MAIA.

O keia kekahi o na hoailona nana e hoole mai ka pomaikai a me ka pono nui o kekahi poe, a ina he hewa, a ina he pono, a ina ma kekahi ano e ae.   I ka hele ana o kekahi ma kahi i manao ai e hele, me ka manao e loaa ka pomaikai nona iho ma ia hele ana, ina e halawai aku me ke kanaka e hele mai ana me ka maia.   Alaila, aole e loaa he pono nui, a he pomaikai paha ma ia halawai ana me ka maia.   Ua like na loina o na wehewehe ana o keia hoailona, me ko ka makapaa a me ka moewaa, akolu keia mau hoailona i like ma ko lakou kamailio ana.   Penei i olelo ia e kekahi poe: "Ina manao hoi ka hoomakaukau o keia ahiahi e iho i ka lawaia, o ka iho aku nei no ia, e noho mai ana ka makapaa mamua, o ka moewaa iho la no ia."

A ina hoi he maia ka mea i loaa ma ia hele ana, alaila, lawe mai la ke kamailio ana ia mea no ka moewaa.   A penei hoi i oleloia e kekahi poe: "Aole e loaa ke hele, he moe maia ka'u."   A penei hou "Aole e loaa, he makapaa ko mua."   A pela wale no e olelo mau ai ka poe maa ma keia mau hoailona.

KA MEA E PAU AI KA PAOA NO KA MAIA.

Penei wale no e pono ai ke halawai me ka maia ma ke alanui i oleloia e kekahi poe o ka oihanakahuna.   Ina ua loaa ka maia i kekahi ma ke alanui ma ka hele ana, aia halawai aku me ka maia, e pono ke hoopa aku ka lima, a i ole, e hopu pono aku paha i ka maia, a haalele aku, me ka alawa ole aku i hope, alaila, pela wale no e pau ai ka paoa oia hoailona i kekahi poe nae, ke maa ma ia ano; a i kekahi poe, aole e loaa iki ana ka hoaponoia no kela hoailona ke loaa ma ke alanui

37. NO KA MOE MAIA.

O keia kekahi o na hoailona i ana o ka oihanakahuna e pili ana i na kahuna a pau, a me ka poe i ao ole i ka oihanakahuna.   Aka, ua like no ka wehewehe ana o keia hoailona me ko na hoailona mua ae nei.   Aole no e loaa ka hoapono ia o keia hoailona.

O ka Moe Maia.   He maia no ia i ikeia ma ka moe uhane ana i ka po, a i ke ao paha.   A o ka hope o keia moe uhane ke loaa ma ka moe ana, he nele.   E like me keia: A manao kekahi e hele i ka lawaia, a mahiai paha, a he lapaau paha, a ma kekahi ano e ae e pili ana i ka pomaikai a me ka pono; a ina he moe maia ka mea i loaa i ka po, alaila, he mea makehewa ke hele, aole no e loaa he pono, he pomaikai, ma ia hele ana, no ka mea, he moe maia kana.   A eia ka olelo a kekahi mea no keia moe uhane, "Aole wau e hiki, no ka mea, he moe maia ka'u.   A hele aku auanei, loaa."

DREAMING OF A BLIND PERSON.

Ill luck did not follow only by meeting a sightless person in the road during the day, but meeting with such a person in a dream was also a sign of failure to obtain the object greatly desired. As in the interpretation for the banana dream so would the interpretation of this augury in a dream be applied. In the same manner were the hunchback, the lame, the crooked footed, or others of a like nature met with in a dream.

38. OF THE MUD-HEN[24] (ALAE)

This was a deity to some people, and it was a sign of warning that death would happen to some person, because, where there were many houses, as in Honolulu, and in places occupied by the people, there would the work of the mud-hen be shown. For example: If a mud-hen clucked on one side, a person on the other side would surely die; and if it clucked in the uplands, some of those in the lowlands would die. Some of those endowed with the order of priesthood thus declared, when they heard the clucking of the mud-hen: "Some persons will soon die; the mud-hen is clucking. If it continues clucking again and again until the voice is hoarse, some person will then die." These were regular omens of death

39. OF HIGH SEAS AND FLOOD

These were important signs with the order of priesthood relating to the chiefs, for if these events occurred at certain times the high priest declared: "A great peril to a ruling chief will be the sequel to this high sea, or great flood, if such occurred at the time; it will be the death of a king, or if not the death of a king then the overthrow of the government."

AUGURY OF THE HIGH SEA IN RELATION TO KINGS

If a high sea happened at some time, the like of which was not seen before, as a tidal wave (like the Flood); or, if a tidal wave was not seen, only a great, high sea which threw up the white sand inland, unlike anything of the kind before, a high priest of the order of priesthood would declare: "A great chief will soon die; and if no chief shall die after this, then the overthrow of the kingdom will be the sequel to this high sea." In like manner was a tidal wave. If a tidal wave occurred their predictions were similar on this omen of the order of priesthood with reference to chiefs.

An Incident: About A. D. 1836, a high sea occurred, the like of which had never been seen before. At that time Kaili was living at Lamaloloa, in Kohala, when the writer of this account was thirteen years of age. At that time Kaili predicted of this great sea, he being a man taught in weather prophecy, of chiefly rank on the side of Kalaimoku. This is what he prophesied: "A chief will soon die," and shortly afterwards, Naihe,[25] a chief, died at Kaawaloa.

---

[24]It is not shown which of the two *alaes* is here under the ban of the priest, the white, or red (but probably the latter), both of which figure in Hawaiian mythology, the red being credited as "the first that stole fire from the gods and gave it to the natives hence its crimson frontal knob where the feathers were burned away by the sacred fire."—Henshaw's "Birds of Hawaiian Islands."

[25]The prominence of this worthy chief of Kona and coincidence of his death at time of a tidal wave was sufficient to attribute remarkable foresight to Kaili.

HE MOE UHANE MAKAPAA

Aole o ka halawai wale no me ka makapaa i ke ao ma ke alanui kekahi loina nele o ka makapaa. O ka halawai ana me ka makapaa ma ka moe uhane kekahi kumu hoomapopo no ka nele o ka mea i manao nuiia. E like me ka wehewehe ana no ka moe maia, pela no keia hoailona ma ka moe uhane. A pela no ke kuapuu, a oopa, ka wawae kukue, a kekahi ano e ae e like ana me keia, ke loaa ma ka moe uhane

38. NO KA MANU ALAE.

O keia kekahi o na akua o kekahi poe. Aka, he hoailona nae keia e pili ana i ka hoike mai "e make ana kekahi kanaka." No ka mea, ma na wahi lehulehu o na hale e like me Honolulu, a ma na wahi e noho ia ana e na kanaka, malaila e hoikeia ai ka hana a ka manu alae. Penei: Ina e ke'u ka alae ma kekahi aoao, alaila, e make auanei ke kanaka o kekahi aoao; a ina mauka ke kani ana o ka alae, e make auanei kekahi poe o kai. Penei i olelo ia e kekahi poe o ka oihanakahuna, ke lohe aku nae e kani ana ka alae. "He make koe o kekahi poe, ke kani mai nei ka alae. Oi kani mai auanei, a kani hou, a hano ka leo, o ka make no hoi ia o kekahi." He mau hoailona mau keia e pili ana i ka make

39. NO KE KAI NUI, A ME KA WAIKAHE

O na hoailona nui keia o ka oihanakahuna e pili ana i na 'lii, no ka mea, ina e hiki keia mau hoailona i kekahi manawa, alaila e olelo auanei ke kahuna nui, "He poino aku no kekahi alii aimoku ka hope o keia kai nui, a i ole, o ka waikahe nui paha, ina he waikahe nui ka mea e hiki ana i kekahi manawa. O ka make o kekahi alii, a ina aole e make kekahi alii, alaila, he auhulihia ka hope."

KE ANO O KE KAI NUI E PILI ANA I NA 'LII

Ina paha i ikeia kekahi kai nui i kekahi manawa, aole nae i ike ia mamua ke kai nui e like me ia, ina he kai hoee (ano kaiakahinalii); a ina aole he kai hoee ka mea i ike ia, he kaikoo nui paha, ku ka punakea i uka, aole nae he kaikoo mamua e like me ia, a penei i olelo ia e kekahi kahuna nui o ka oihanakahuna. "He make aku koe o kekahi alii nui ma keia hope aku, a ina aole he alii e make ma keia hope aku, alaila he auhulihia ka hope o keia kaikoo." A pela no ke kai hoee, ina he kai hoee ka mea e ike ia, ua like no ko laua kilokilo ana ma keia hoailona o ka oihanakahuna e pili ana i na 'lii.

He Olelo Hoohalike. Ma ka M. H. 1836 paha, ia manawa ka ikeia ana o kekahi kaikoo nui. Aole i ikeia kekahi kaikoo nui mamua aku e like me ia; ia manawa, e noho ana o Kaili ma Lamaloloa, Kohala, i ka umikumamakolu o na makahiki o ka mea nana i kakau keia moolelo. Oia ka wanana ana a Kaili no ia kaikoo nui; he kanaka ua aoia i ke kilokilo lani, he kanaka kaukaualii no, e pili ana ma ka aoao o Kalaimoku. A eia kana olelo: "He make koe o kekahi alii," a mahope iho o keia manawa, make iho la o Naihe, kekahi alii, ma Kaawaloa.

Again: About A. D. 1840, a great tidal wave occurred, at which the death of Keaweikekahialiiokamoku took place. That tidal wave was felt in severity at Hilo Such are similar incidents of the signs.

40. SWARMING FISH

These also were signs of the order of priesthood relating to chiefs. If a swarm of fish was seen sometime, a swarm greater than was ever seen before, or if the fish had stranded on dry land, or simply died in the sea, the chief priest of the order of priesthood would declare: "A [new] ruling chief is the meaning of this swarm of fish." (Just as happened at [the death of] Nahienaena and also Kaahumanu)

OF AN ECLIPSE OF THE MOON AND SUN AND STARS.

These were signs of the priesthood relating to great chiefs and their relatives If any of these signs were seen sometimes, the death of a chief was the result. An eclipse of the moon was sometimes alluded to as "The moon is consumed by the gods " In like manner reference was made to sun, and star.

OF AN AUREOLA.

The halo which sometimes surrounds the sun and the moon was called by the people a *luakalai*[26] (aureola). If an aureola was seen encircling the sun or the moon, then a dead chief would be the sequel. So the priests of the order of priesthood de clared.

OF THUNDER.

This was one of the signs which predicted the death of a chief   It did not, however, apply to the thunderbolt at its proper time. When a clap of thunder occurred out of its proper time, or a dry thunder[27], then only would the priest declare: "A dead chief will be the sequel of this dry thunder."

OF THE PRIEST

If the priest knew of these signs he could not declare these things before the chiefs if they referred to them. Only when the king inquired the interpretations of these signs, and the meaning thereof, would it be safe to declare them; for, if the priest spoke of his translation regarding these signs, the king's own attendant would command[28] a priest for so doing.

41. REGULAR SIGNS OF GREAT CHIEFS.

There were many regular signs of the order of priesthood relating to the great chiefs in ancient times through the knowledge of the omen readers, or the counselors.

---

[26] *Luakalai*, a halo around the sun, or moon; an omen of serious moment.

[27] Thunder out of a clear sky.

[28] Since the sign referred to royalty, and its meaning should not be spoken of unless inquired for by the king, the interested party would naturally wish to confer with the omen interpreter, so sends his *kahu* to "fetch him."

Eia hou: Ma ka M. H. 1840 paha, ua ike ia kekahi kai hoee nui ia manawa, oia ke kai i make ai o Keaweikekahialiiokamoku, ma Hilo nae kahi i ike ia ai ia kai hoee (Kaiakahinalii. Pela ka hoohalike ana no keia mau hoailona.)

40. NO KA IA KU

O keia kekahi hoailona o ka oihanakahuna e pili ana i na 'lii. Ina e ike ia kekahi ia ku i kekahi manawa, he ia ku i oi aku mamua o na ia ku i ike ia, i na ua pae wale ae ka ia ma ka maloo, a ina ua make wale ma ka moana paha; alaila e olelo auanei ke kahuna nui o ka oihanakahuna, "He Alii Aimoku ka hope o keia ia ku." (E like me ka ia ku ia Nahienaena, a me Kaahumanu.)

NO KA MAHINA POULI, A ME KA LA POULI, A ME NA HOKU.

O keia kekahi mau hoailona o ka oihanakahuna e pili ana i na 'lii nui, a me ko lakou koko. Ina ua ike ia kekahi o keia mau hoailona i kekahi manawa; alaila, o ka make o kekahi alii ka hope o keia mau hoailona. (Ua oleloia ka mahina pouli i kekahi manawa, "Ua pau ka mahina i ke Akua." Pela ka la, a me ka hoku.)

NO KA LUAKALAI

O ka poai e hoopuni ana i ka la a me ka mahina, ua kapaia e keia lahui he lua_kalai. Ina ua ikeia kekahi luakalai e hoopuni ana i ka la, a i ka mahina paha, alaila, he alii make ka hope; pela na kahuna o ka oihanakahuna e olelo ai.

NO KA HEKILI.

O keia kekahi hoailona e hoike ana i kekahi alii make; aole nae i pili keia hoailona no ka hekili kui i kona manawa mau. Aia no a kui ka hekili i ka manawa kupono ole no ke kani, a he hekili pa-malo paha o ke kani ana, alaila, e olelo auanei ke kahuna "He Alii make ka hope o keia hekili pa-malo"

NO KE KAHUNA

Ina paha ua ike ke kahuna i keia mau hoailona, alaila, aole e hiki ia kahuna ke olelo boike i mua o na 'lii i keia mau mea, ke ku i ka hailona alii. Aia no a ninau mai ke alii i ke ano o ia mau hoailona, a me ka hope o ia mau hoailona, alaila pono ke olelo ae. No ka mea, ina e olelo ke kahuna i kona ike ma keia mau hoailona, alaila o na kahu ponoi o na 'lii ke kii mai i ke kahuna e hana pela.

41. NA HOAILONA MAU O NA 'LII NUI

He nui na hoailona mau o na alii nui e pili ana i ka oihanakahuna i kela manawa, mamuli o ka ike a ke kahuna kilokilo lani a me ke kakaolelo paha.

A PILLAR OF CLOUD.

If a pillar of cloud appeared on the ocean or over the land, the counselors of the king knew that such cloud portended the coming of a great chief; perhaps a king. This sign did not, however, apply to a place where the chiefs regularly resided; only when a king went from place to place would this sign be seen. For instance: If a priest, or a counselor resided in Hawaii and a pillar of cloud was seen on the ocean, the priest would exclaim: "Who can this chief be now coming on the ocean? He is a great chief."[29]

OF THE CENTRAL SIGN (ONOHI)

This was a mist on the crest of the clouds encircled by dark clouds; a mist in which the colors of the rainbow were mingled. This was called an *onohi*[30] by the counselors of the king, and was one of the signs relating to royalty belonging to the order of priesthood.

OF BLOOD RAIN

This was one of the signs of royalty. It was called red rain as also blood rain, whether on land or on the ocean. Whenever a red rain was seen on land or sea, then a priest would remark: "I wonder who will be the chief that will die, as foretold by this red rain?" The interpretations of this sign, in relation to the chiefs were many, concerning the demise, or the birth of a chief, or, of the approach or departure of a chief. These signs, such as the clappings of thunder, the flashings of lightning, and the rain and wind on the ocean were all signs of royalty and pertained either to a dying chief, a traveling chief, or the birth of a chief. These signs do not appear every day, being only seen at their proper time for such revelation.

42.   OF THE MASSAGE[31] PRIEST

This was one of the divisions relating to the medical priests of the order of priesthood. These priests have their own particular knowledge and as a result other priests know not the attainments of the massage priest, because the skill of a massage priest included a knowledge relating to the bones of the sick[32], and he could explain the ailment which would appear at some future time.

A massage priest could feel all over the body of a new-born babe, on account of which he was called a massage priest. The work of the massage priest did not pertain very much to adults; he could, however, tell the nature of the disorders or complaints, explaining fully the cause of the same, and he himself would prescribe the proper remedy to give the sick.

There were not very many remedies used by the massage priest for the ailments his profession was qualified to treat, like that of the regular medical priests; nor did

---

[29]Stories abound illustrative of ancient Hawaiian belief in these cloud, rain and rainbow omens being positive indications of the presence of royalty or high rank. The legend of Laieikawai contains a number of instances. History of Umi, and Legend of Kahalaopuna are among others containing like examples.

[30]*Onohi*, the eyeball; the center of a thing.

[31]This is somewhat of a misnomer, massage treatment having to do more particularly with tired bones and aching muscles, the term for which is *lomilomi*, and in the practice of which Hawaiians were known experts.

[32]Somewhat of the osteopath order.

NO KA PUNOHU.

Ina e ku ka punohu i ka moana a i ka aina paha, alaila e maopopo auanei i na kakaolelo o ke alii, he alii nui ka mea nona kela hoailona, he alii aimoku paha. Aole nae e pili keia hoailona ma kahi e noho mau ai na 'lii. Aia a hele aku ke alii ma kahi e aku, malaila e ike ia ai keia hoailona. Penei: Ina paha i Hawaii ke kahuna kahi i noho ai, a i ole ke kakaolelo paha, a ina i ikeia ka punohu i ka moana, alaila e olelo auanei ke kahuna, "Owai la keia alii e holo mai nei i ka moana? Eia la he alii nui.'

NO KA ONOHI

Ka Onohi. He wahi ua no ia maluna pono o na ao, i hoopuniia e na aopolohiwa; he wahi ua i huipuia e na waihooluu o ke anuenue. Ua kapaia aku ia e na kakaolelo o ke alii, he onohi. O keia kekahi o na hoailona alii e pili ana i ka oihanakahuna

NO KA UA KOKO.

O keia kekahi o na hoailona alii. He ua ula kekahi olelo ana o ka uakoko, ina ma ka aina, a ina ma ka moana. Ina e ike ia kekahi uakoko ma ka aina a ma ka moana paha, alaila, penei i oleloia e kekahi kahuna. "Owai la ke alii e make ana i keia uakoko?" He nui na ano o keia hoailona e pili ai i na 'lii, ina he alii make, a i ole, he alii hanau paha, a i ole he alii e hiki mai ana paha, a i ole e hele aku ana paha. O keia mau hoailona alii, ua like no ia me ke kui ana o ka bekili, a ma ke olapa ana o ka uwila, a me ke kualau ma ka moana, he mau hoailona alii lakou a pau, ina he alii make, alii hele paha i ka huakai, a i ole, he alii hanau paha. Aole no e hiki wale ana keia mau hoailona i na la a pau, aia no a hiki i ka manawa e kupono ai no ia mau hoailona, alaila ike ia aku la

42. NO KE KAHUNA HAHAPAAOAO

O keia kekahi o na mahele e pili ana i na kahuna lapaau o ka oihanakahuna He mau oihana ike no ka keia poe kahuna; a ma keia ano, ua ike ole na kahuna e ae i ka oihana ike a ke kahuna hahapaaoao. No ka mea, o ka ike o ke kahuna hahapaaoao, he ike kona i ka mai e pili ana i na iwi o ka mea e mai ana, a he hiki ia ia ke hoakaka mai i ka mai e hiki aku ana mahope.

O ke kahuna hahapaaoao, he hiki ia ia ke haha i ke kino a puni o ke keiki hanau hou, a mamuli o ka haha ana i na keiki opiopio oia i kapaia ai he kahuna hahapaaoao. Aole no e pili nui ana na hana ana a ua kahuna hahapaaoao la i na kanaka makua. Aka, he hiki i ua kahuna hahapaaoao la ke hoike i ka mai a mau mai, me ka hoakaka lea ana i ke kumu o ka mai, a na ua kahuna hahapaaoao la e olelo i ka laau kupono e haawi aku ai i ka mai.

Aole no he nui loa na laau a ke kahuna hahapaaoao e hana ai, no ka mai i ku i kana oihana, e like me ke ano o na kahuna lapaau maoli. Aole no he hoailona ike a

he have auguries like them. His knowledge of complaints was by massage; by feeling the bones and the arteries, and in that way only.

43. KNOWLEDGE OF THE MASSAGE PRIEST

Whenever the massage priest commenced the work of his calling he would feel all over the body, and if the complaint was found in an artery he would say: "Your ailment is in the artery." And so it would be if the ailment was found in the bones. He could discourse on the complaints of the bones. A massage priest would sometimes say: "If this ailment continues in the artery, death will be the result." In the same way would he know of death if the ailment was found in the bone.

If the complaint was located in the bone, and he found that a bone was broken, and had been in that condition for some years, if the massage priest felt the body and found such a disorder, then he would inquire: "Did you have a fracture of the bone?" The reason for this inquiry by the priest was because he knew that a bone was fractured. Sometimes the massage priest would ask: "Did you not fall from a precipice, or from a tree, or from a horse?"

The young or new-born babes were for the most part taken before a massage priest, as some people supposed, "in order to cure the ailment in childhood, lest it grow upon them to develop when he becomes man grown."

44. OF THE HOOUNAUNA (SENDING)[33] PRIEST.

The hoounauna priest was one who sent an evil spirit into a person not afflicted by disease. He was the keeper of the evil spirit or spirits.

Evil Spirits. They were gods of the *hoounauna* priest. If the keeper were to send his gods (the evil spirits) to go and heal a patient, then the healing gods would all go on such service in accordance with the order of the keeper of the gods. The *hoounauna* priesthood was one of the divisions of the order of medical priests, though they did not practice with medicines, because these priests never kept any such. A priest of this class had only one remedy, which was the *awa.*

The practices of an *hoounauna* priest are not as plain as that of other priests, except this; the *hoounauna* priest had only the following course to pursue: Supposing that the said *hoounauna* priest was called to heal a patient, he would go only to ascertain the nature of the complaint, and discovering it, he would declare that *awa* was the first thing to be sought; that when the *awa* was obtained the *hoounauna* priest was the only one to drink thereof, for the proper performance of his work. The following was what some people said: "Drink the *awa* that the ancestral spirits (evil spirits) may be pacified." Then the *hoounauna* priest, before he drank his cup of *awa,* would enjoin his gods to go and heal the patient. If one person was envious of another, the *hoo-*

43. KA IKE O KE KAHUNA HAHAPAAOAO

ke kahuna hahapaaoao e like ı e ko na kahuna lapaau ı aoli. Aia no ka hoailona ike a ke kahuna hahapaaoao ı a ka haha ana i ka maı ı loko o ka iwi a ı e na aakoko, a malaila wale no.

I ka ı anawa e hoomaka ai ke kahuna hahapaaoao i kana oihana, e haha no oia ı a ke kino a puni, a ina ua loaa ka eha ı a ke aakoko, alaila, e olelo auanei ke kahuna, "Aia i ke aakoko kou mai." A pela no i ka ı ai ke loaa ı a ka iwi. He hiki i ua hahapaaoao la ke olelo no ka ı ai i ka iwi. Ua olelo kekahi kahuna hahapaaoao i kekahi ı anawa: "Ina e mau keia maı ı ke aakoko, alaila o ka ı ake ka hope." A pela no oıa e ike ai i ka ı ai ı ake ke loaa ka mai i ka iwi.

Ina e loaa ka ı ai i ka iwi, a ina ua ike oia ua hai kekahi iwi, a he ı au ı akahiki ka loihi oia hai ana, a haha aku ke kahuna hahapaaoao, a loaa ka mai i like ı e ia, alaila e ninan auanei ke kahuna hahapaaoao, "Aole aneı oe i hai?" Eia ke ku ı u o ka ninau ana o ke kahuna, no ka ı ea, ua ike ua kahuna hahapaaoao la ua hai ka iwi. Ua ninau iho ke kahuna hahapaaoao i kekahi ı anawa. "Aole anei oe i haule i ka pali, i ka laau paha, i ka lio paha?"

O na keiki opiopio hanau hou na ı ea lawe nui ia i ı ua o ke kahuna hahapaaoao, wahi a kekahi poe; "i pau ka ı ai i ka wa ka ı alii, i ole e ulu ke paaoao mahope aku ke hiki i ka ı anawa e kanaka ı akua ai."

44. NO KE KAHUNA HOOUNAUNA.

O ke kahuna hoounauna, he nhane ino no ıa ı hoouna ia i loko o kekahi kanaka i loohia ole e ka mai. Aka o ke kahuna nana i hoounauna, oia no ke kahu o ka uhane ino a ı au uhane ino) aha.

O ka Uhane Ino. He ı au akua no ia o ke kahuna hoounauna, ina he hoouna ka ke kahu i kona ı au akua (uhane ino) e hele e hoola i ka ı ai, alaila e pau auanei na akua e hoola i ka ı ai, mamuli o ke kanoha a ka ı ea noña ke akua.

O ke kahuna hoounauna, oia no kekahi mahele o na kahuna lapaau. Aole nae e hana ana keia kahuna ı a ka laau, no ka ı ea aole he laau a keia ano kahuna, hookahi no laau a keia kahuna, he awa.

Aole i maopopo na hoailona ike a ke kahuna hoounauna; e like ı e na kahuna e ae. Aka, penei wale no e hana ai ke kahuna hoounauna: Ina paha, ua kiiia mai ua kahuna hoounauna nei e lapaau no kekahi mai, alaila, e hele wale no ke kahuna hoounauna e nana i ke ano o ka mai, a ike, alaila, e olelo aku oia i awa ka ı ea e huli ı ua, a loaa ka awa, alaila na ke kahuna hoounauna wale no e inu ka awa ı ea e pono ai kana hana. A penei i olelo ia e kekahi)oe: "E inu i ka awa i laka ı ai na au ı akua" (nhane ino). Alaila, o ke kahuna hoounauna; ı a ı ua o kona inu ana i ka apu awa, e kauoha no oia i kona mau akua e hele e hoola i ka ı ai. A ina hoi, ua loaa ka ı anao

unauna priest was summoned to send the gods to go and impart sickness and death upon the envied by another.

This priest was one of the most dreaded of the priests of the order of priesthood. These priests were feared as much as the *anaana* and *hoopiopio*[34] priests. If an *hoounauna* priest was seen to enter a house, great apprehension would come upon some people, because this class of priests in the order of priesthood was called "the priests of Milu."[35]

45. OF THE HOOKOMOKOMO (ENTERING) PRIEST

This was one of the priests enrolled as a class of the order of priesthood. The calling of the *hookomokomo* priest was the same as that of the *hoounauna* priest; the former, however, did not relate very much to the healing of the sick. The principal work of this priest consisted in taking the life of another, a sick person perhaps, thus: Supposing that a person was envious of another, he then would summon an *hookomokomo* priest to impose death upon the envied one.

The *hookomokomo* priest had gods, in the same manner as the *hoounauna* priest. He did not have any auguries as the medical priest had. The regular custom with him was the use of the *awa*, which was the only thing to be partaken of before the gods were sent on their errand [of death]

46. OF THE MAKANI (MYSTIC) PRIEST.[36]

This was one of the divisions of the order of priesthood, relating to medical priests. But it was not like the prophesying divisions regarding auguries; these the mystic priest did not possess, as the medical priest did. This priest had not even a healing calling. *Awa* was the principal element with him, and what was mentioned regarding the sending priest, the same applies to the mystic priests.

DESCRIPTION OF A MYSTIC PRIEST

A mystic priest was either a male or a female, with an entire human body, but who had no knowledge of healing. When a mystic spirit possessed a priest, then he is called a *makani* priest, and this power which was upon him told him what was necessary for him to do, and according to its dictation others obeyed, if they were of the sick.

DESCRIPTION OF THE MYSTIC POWER WHICH POSSESSED A PRIEST.

The mystic power spoken of as controlling this priest was an evil spirit, or an ancestral god, and if it was not the latter that sat on the priest, then it was the spirit of a man or a woman, or a young child who had died.

For instance: When a mystic priest was summoned to come and examine a patient he would first drink the *awa*. Then some people would remark: "Drink the *awa* to strengthen the [power of] the spirits." For if the mystic priest did not drink the *awa*

---

[34] This was a division of sorcery having power to kill, as in *anaana.*

[35] Milu, the name of an ancient chief noted for his wickedness on earth is now, according to Hawaiian mythology, lord of the lower regions. (Andrews' Dictionary.) Hence, priests of that realm.

[36] Makani, or wind priest; sorcerers supposed to possess directing power over mystic spirits.

ino i kekahi ꞏea, alaila, e kiiia no ke kahuna hoounauna, e hoouna aku i na akua e hele
e haawi i ka ꞏai a ꞏe ka ꞏake ꞏaluna o ka ꞏea i ꞏanao ino ia e kekahi.
  O keia kahuna kekahi kahuna ꞏakau ia o na kahuna o ka oihanakahuna. Ua
like ka ꞏakau ia o keia ꞏau kahuna, ꞏe ko na kahuna anaana, kahuna hoopiopio. Ina
e ike ia kekahi o na kahuna hoounauna e koꞏo ana i kekahi hale, alaila e kau auanei ka
weli o kekahi poe, no ka ꞏea, ꞏa keia ano kahuna, o ka oihanakahuna, ua kapaia o ke
"kahuna a Milu."

45. NO KE KAHUNA HOOKOMOKOMO.

  O keia kekahi o na kahuna i helu pu ia i loko o ka papa helu o ka oihanakahuna.
Ua like no nae na oihana a ke kahuna hookomokomo ꞏe ke kahuna hoounauna, aole
nae i pili nui na oihana kahuna a ke kahuna hookomokomo i ka hoola i ka ꞏai. O ka
ꞏea nui a keia kahuna, oia no ka lawe ana i ke ola o kekahi kanaka okoa, a kanaka mai
paha. Penei: Ina paha ua ꞏanao ino kekahi i kekahi, alaila, na ka ꞏea i ꞏanao ino e
kii i ke kahuna hookomokomo, e hookomo akuꞏi ka ꞏake maluna o ka ꞏea i ꞏanao ino ia.
  He ꞏau akua no ko ke kahuna hookomokomo, e like no ꞏe na akua o ke kahuna
hoounauna. Aole no he ꞏau oihana lapaau. O ka ꞏea ꞏau i keia kahuna, o ka awa;
oia wale no ka ꞏea e hana ai ꞏa ꞏua o ka hookomokomo ana i na akua.

46. NO KE KAHUNA MAKANI

  Oia kekahi o na mahele o ka oihanakahuna e pili ana i ke kahuna lapaau. Aka,
aole i like ꞏa na oihana ike, aole no he ꞏau hoailona ike a ke kahuna ꞏakaꞏi, ꞏe ka
na kahuna lapaau; aole no he ꞏau oihana lapaau; aole no he ꞏau oihana lapaau ka keia
kahuna. O ka awa no ka ꞏea nui i keia kahuna, e like ꞏe ka hoakaka ana o ke kahuna
hoounauna, pela no ka hoakaka ana i ka oihana a ke kahuna ꞏakani.

KE ANO O KE KAHUNA MAKANI.

  He kane a he wahine ke kahuna ꞏakani; he kino kanaka okoa, aole no hoi i ike
i ka lapaau. Aia a noho ꞏai ka ꞏakani i luna o kekahi kahuna, alaila he kahuna ꞏa-
kani ia, a na ua ꞏakani la i luna o ke kahuna e hai ꞏai ka ꞏea e pono ai i ke kahuna
ꞏakani ke hana, a mamuli o ua ꞏakani nei e hoolohe aku ai na ꞏea e ae, o na olelo a
pau a ka ꞏakani e olelo ai, malaila e hoolohe aku ai na ꞏea e ae, ina he poe no ka ꞏai.

KE ANO O KA MAKANI I LUNA O KE KAHUNA.

  He uhane ino ka ꞏakani i olelo ia i loko o keia kahuna, a i ole he auꞏakua
paha, a ina aole he auꞏakua ka ꞏakani i luna o kekahi kahuna, alaila, o ka uhane o
kekahi kane a wahine paha i ꞏake, a i ole ia, he keiki opiopio paha i make penei: Aia
kiiia aku ke kahuna ꞏakani e hele ꞏai e nana no kekahi ꞏai, alaila, e inu ꞏua ke kahuna
ꞏakani i ka awa. Alaila, ua olelo ia e kekahi poe penei: "E inu i ka awa i ikaika na
ꞏakani." No ka ꞏea, ina aole e inu ke kahuna ꞏakani i ka awa, aole no e ili pono iho

the efficacy of its power would not properly settle upon him. Sometimes, however, *awa* was not the only inducement for the spirit power "to settle;" it simply happened. Such operations were called a "sitting of the deity."[37]

47. THE WORK OF MYSTICISM POSSESSING A PRIEST

During a priest's possession of the spirit power, the malady in a person, and the cause of it would be known. The spirit "sitting" on the priest would then say: "You are sick because of your vow." If the complaint was not caused by a vow, then the priest would say: "You are sick because some one is jealous of you." If these causes failed to substantiate the priest's declaration, then he would remark: "Your *maunu*[38] has been taken away," and so forth. Various and many were the spirits which sat speaking through the mystic priest.

If the summoning of the *makani* priest was not for sickness, but for some other cause perhaps, thus: Suppose a person had some property stolen and there was not the least trace of the thief, then the mystic priest would be called in to investigate, provided the power was "sitting" on the priest. When the mystic power possessed the priest then he would say: "So and so stole your money, which is hidden in the ground," or such like — there were many ways of mentioning it.

48. OF A LOVE-INDUCING PRIEST

This is a calling of the order of priesthood relating to prophecy, because a love-inducing priest operated in auguries. The love-inducing priest was either a man or a woman who understood the power of love to infatuate one, and who could also break the spell of infatuation if the influence was meant for a man or a woman. He was, therefore, also called a "love-releasing priest." · The calling of this priest did not apply to the love of the father or the mother or the family, but referred to those who married, or lived in adultery.

DESCRIPTION OF THE CALLING OF THE LOVE-INDUCING PRIEST.

A deity dominated over the calling of the love-inducing priest, and there were love potions to be prepared. Sometimes it was practiced with an evil intent, and sometimes worthily. The deity dominating this calling would not comply if its ordinances were not observed.

METHOD OF THE LOVE-INDUCING PRIEST TO MAKE INFATUATION EFFECTIVE.

Suppose that a man and his wife were living in harmony, but after a while their living together became disagreeable, so that the wife moved to some other place and lived there a long time, a willful desertion perhaps on the part of the wife for some

---

[37] An investigator (Rev. Jas. Bicknell) of the practice of sorcery among Hawaiians, as revived about 1880, termed the *hoonohonoho* priests, according to the views of their dupes "dispensatories of spirits of deceased persons." The work of the sending or messenger priest he classed "witchcraft."

[38] *Maunu* (bait) was any article, however small, belonging to, or that had been worn by one, the possession of which by another gave him great power for evil. This notion was the "stock in trade" of "praying to death."

ka ikaika o ka ꞏakani i luna o ke kahuna. I kekahi ꞏanawa nae, aole o ka awa wale no ka ꞏea e ili ꞏai ai ua ꞏakani nei, he ili wale iho no kekahi. Ua kapaia ia oihana, "he hoonohonoho akua."

47. KE ANO O KA HANA A KA MAKANI I LUNA O KE KAHUNA

Aia a ili iho ka ꞏakani i luna o ke kahuna, ia ꞏanawa e ike ia ai ka ꞏai o kekahi, a ꞏe ke kuꞏu o ka ꞏai. A penei e olelo ai ka ꞏakani i luna o ke kahuna. "I ꞏai oe i ko hoohiki." A ina aole he hoohiki ka ꞏea i ꞏai ai, alaila, e olelo auanei ke kahuna: "I ꞏai oe i hoounaunaia e ꞏea." A ina aole ꞏa keia mau ano ka ike ana a ke kahuna, alaila, e olelo auanei ke kahuna, "Ua lilo ko ꞏaunu," a pela aku, he nui a he lehulehu na ꞏakani i luna o ke kahuna ꞏakani ke olelo ꞏai

Ina aole he ꞏai ka ꞏea i kiiia aku ai ke kahuna ꞏakani, ua kiiia paha ꞏa kekahi ano e ae, penei: Ina he ꞏau waiwai ko kekahi ua aihue ia, aole nae i ike iki ia ka ꞏea nana i aihue ka waiwai, alaila, e kiiia ke kahuna ꞏakani, a e hele ꞏai e nana, ke hiki iho nae ka makani maluna o ke kahuna. Aia a ike aku ka ꞏakani i luna o ke kahuna, alaila, e olelo auanei ke kahuna: "Ua lilo ko dala ia ꞏea, na ꞏea i aihue, aia i loko o ka lepo kahi i hunaia ai." A pela aku, he lehulehu wale na ano.

48. NO KE KAHUNA HANA ALOHA.

O kekahi keia o ka oihana kahuna e pili ana i na oihana ike, no ka ꞏea, he ꞏau hoailona ike ka kahuna hana aloha. O ke kahuna hana aloha, he kane a he wahine ia i ike i ka hana aloha, i ꞏea e aloha ꞏai ai kekahi, a he hiki no hoi i ua kahuna hana aloha la ke hoopau i kona aloha, ina ua hanaia ke kane a wahine paha no ke aloha. A nolaila, ua olelo ia ua kahuna la, "he kahuna kala aloha." Aole no i pili ka oihana ike a keia kahuna, no ka hana ana i ke aloha o ka makuakane a ꞏe ka makuahine, a ꞏe ka ohana hoi, aka, ua pili no ka poe i hoao (ꞏare) ꞏaoli, a ꞏe ka poe noho moekolohe.

KE ANO O KA OIHANA A KE KAHUNA HANA ALOHA.

He akua no ko ka oihana kahuna hana aloha, a he ꞏau laau no e hana ai. Aka, he oihana ino nae i kekahi ꞏanawa, a he oihana ꞏaikai no i kekahi ꞏanawa. Aole no e ꞏooko ana ke akua o keia oihana ke ꞏala ꞏa ole i na kanawai o ke akua hana aloha.

KE ANO O KA HANA ANA A KE KAHUNA HANA ALOHA E ALOHA AI.

Ina paha e noho ana kekahi kanaka ꞏe kana wahine i kekahi ꞏanawa, he olu olu wale no ko laua noho ana, a mahope, pono ole paha ko laua noho ana; a hele aku paha ka wahine ꞏa kahi e aku, a loihi ka noho ana, ua haalele ꞏaoli ia ꞏaha e ka wa-

reason, and afterwards the husband learned that his wife had been won over by another man; on that account perhaps he went to bring her back, but she would not return at the time, or, if not so, perhaps the wife went to seek the husband's return and through such effort came together, but not long afterwards left again and went with the man with whom she committed adultery in the first place. For this reason her own husband became worried in mind for the child-bearing [possibilities] by this distressing desertion. Then, in order to bring his wife back to cling to him as before, it was necessary for the husband to summon the love-inducing priest to exercise his power for her return. The love-inducing priest would then perform his services in accordance with the wishes of the deserted husband, whereby she was brought back and joined him as before

AUGURY OF THE LOVE-INDUCING PRIEST.

A love-inducing priest had an augury. He would not perform any work [in his calling] unless in accord with an augury assuring the return of the deserting man or woman. If the priest had drawn lots relating to the return of the wife, and the result was favorable, he would explain the omen according to his knowledge; or if unfavorable, in this manner: "We will not do anything with you because your wife will not return." If favorable, others would say thus: "Your wife will return; tomorrow at night your wife will arrive at your house." These were the words of the love-inducing priest after he had performed his ceremonies. A love-inducing priest had great influence in his calling. Though a person to be won back was over twenty miles away or, it may be had gone to another island, through the power of the love-inducing priest he would return in a very short time

THE EVIL WORK OF A LOVE-INDUCING PRIEST

The evil work of the love-inducing priest mentioned in this number consisted in the priest performing according to the dictation of the person ordering him. Some people would express their desire to the priest in these words: "Make my wife ill with sores." If not this way then in some other way, thus: "Make my wife to leap down a precipice." The priest performed only according to the words of the person so ordering.

THE LOVE OF A PERSON ENCHANTED BY THE PRIEST.

When a love-inducing priest wrought his power upon a person if intended to be a deep infatuation that would bring the parties to live together again, when the love of the deserted wife or husband, it may be, arose it was either an intense love or else an idiotic infatuation. Consequently the person so enchanted had nothing else to think about, not even an affection for her paramour, all the love being placed upon the husband, or the child-bearing wife [as the case may be].

CHARACTER OF INDUCED LOVE.

There is a vast difference between true love and induced love. When the latter love arose it came with a heat, with trembling, with a hate for all other things; the

hine, no kekahi ku ı u. A mahope, lohe ı ai ke kane, ua lilo kana wahine ı e kekahi ı ea e aku paha, a no ia ı ea, kii aku paha kana kane hanaukama i ua wahine nei e hoi ı ai ka wahine. Aka, aole nae he hoi ı ai ı a ia kii ana. A ina aole pela, ua kii aku no paha ua wahine nei, a ua kane nei paha, i ka wahine, a ı a ia kii ana ua hoi ı ai no. Aka, aole nae i liuliu, haalele hou no, a hele aku paha ı e ke kane no ana i moekolohe ai ı a ı ua. A no ia ı ea, ua pono ole ka ı anao o ke kane hanaukama no ia haalele ı au. Alaila i ı ea e hoi ı ai ai ka wahine a pili e like ı a ı a ı ua, e pono i ke kane ke kii aku i ke kahuna hana aloha, e hana i ı ea e hoi ı ai ai.

Na ke kahuna hana aloha no e hana e like ı e ka makemake o ka ı ea nana ka wahine haalele, alaila o ka hoi ı ai la no ia a pili e like ı e ı a ı ua

KA HOAILONA O KE KAHUNA HANA ALOHA.

He hoailona no ka ke kahuna hana aloha. Aole no e hana wale ana ua kahuna nei, ke ole e ku i ka hoailona hiki ke hoi ı ai ka wahine a kane paha i haalele. Ina ua hoa ilona ua kahuna nei, a i ku i ka hoailona o ka hoi ı ai o ka wahine, alaila e hoakaka no ke kahuna hana aloha i ka hoailona i ku i kana ike, ina paha he pono, a ina paha he pono ole, ‚enei: "Aole kaua e hana ia oe, no ka ı ea, aole e hoi ı ai ana ko wahine." A penei hoi kekahi e olelo ai, ina he pono: "E hoi ı ai ana ko wahine, apopo a po iho hiki ı ai ko wahine ı a kou hale." O ka olelo keia a ke kahuna hana aloha mahope iho o kana hana ana. He ı ea ı ana ke kahuna hana aloha ı a kana oihana. Ina paha mawaho o na ı ile he iwakalua a oi aku paha ka ı ea i hana ia, a i ole ia, ua kaawale aku paha i ka ı o-kupuni okoa, alaila, ı a ka ı ana o ka ke kahuna hana aloha, ua ı anawa ole, ua hiki ı ai.

NO KA HANA INO A KE KAHUNA HANA ALOHA

O na hana ino a ke kahuna hana aloha i olelo ia ı a keia helu, oia no ka hana ana o ke kahuna mamuli o ka makemake o ka ı ea nana ke kanoha, a i olelo e hana. Penei e olelo ai kekahi poe i ke kahuna hana aloha: "E hana oe i kuu wahine a makaaha." A ina aole pela, alaila ı a kekahi ano e ae. Penei: "E hana oe i kuu wahine e lele i ka pali." Mamuli wale no o ka ı ea nana ka hana e olelo ai, ‚ela no e hana ai ke kahuna hana aloha, aia e like ı e ka makemake o ka ı ea nana ke kanoha.

NO KE ALOHA ANA O KA MEA I HANA IA E KE KAHUNA.

I ka hana ana a ke kahuna hana aloha i kekahi, ina ua hana ia no ke aloha kupouli, he ı ea e hoihoi ana a noho pu. Ka ı anawa e hiki aku ai ke aloha o ka ı ea i haalele ia e ka wahine, a e ke kane paha, alaila, e kupouli auanei ke aloha ke hiki ı ai, a he aloha na-anpo loa paha. Alaila o ua ı ea la i hanaia, aole ana ı ea ı anao wale ae, aole he aloha i ke kane manuahi, hoi ae la ke aloha a pau loa i ke kane, a wahine i hanaukama.

KE ANO O KE ALOHA I HANA IA.

He okoa loa no ke aloha ı aoli, a he okoa loa no ke aloha i hana ia. Aia a hiki mai ke aloha, he wela, he haalulu, he hoowahawaha i na ı ea e ae, aka o ka ı ea ı anao nui, o

only thing in mind being the wife, or the husband, the eyes seeming to remain fixed Such was the character of induced or concocted love.

49. OF THE ONEONEIHONUA (DEDICATION SERVICE).

This is a certain ordinance of the priesthood relating to the high priest, to the government, the chiefs and the common people. *Oneoneihonua* was a prayer for m of service. On the occasion of erecting a temple, and when near its dedication, the district chiefs were assembled together, with the nobles and the courtiers, who all occupied the forward part of a building prepared for the priesthood of the chiefs. The services then took place for the dedication of the temple. At this time the *oneoneihonua* priest arose, and with an invocation dedicated the temple before the assembly. This was a great honor to stand forth on the day of the dedication of the temple, or in sanctifying a temple.

50. SOME SIGNS PERTAINING TO FISHERMEN.

Fishermen had signs pertaining to the order of priesthood, important signs too; auguries which exposed the mischievous actions of a husband or wife, or some one in the home. For example: The parting of a hook. Supposing that a person was going out fishing with the hope of making a good catch, if the hook parted once and again and so continued, the fisherman would murmur, "Those at home have transgressed." Thus the fisherman grumbled because he knew that the reason the hook parted was the transgression of those at home, whether the wife or others. Therefore the parting of the hook was an omen of the fishermen, relating to the order of priesthood

THE TRANSGRESSION OF THOSE AT HOME.

It was customary with those whose vocation was that of fishing to have certain regulations. Before a person went out fishing he would admonish those who remained at home not to do any act which would interfere with the fishing trip. He cautioned them in this wise:

1. The wife was forbidden from committing adultery.
2. Adultery by other inmates of the house of the fisherman was also forbidden
3. Fighting was forbidden in the house of the person going out fishing.
4. Inquiries such as "Where is (the fisherman)" while he was out on the ocean were forbidden.
5. Eating the bait reserved by the fisherman was forbidden.
6. Covetousness during the fisherman's absence at sea was prohibited. If any one of these things was violated by those at home while one was out fishing his labor was in vain; by observing the sanctity of the house of those going out fishing success would result.

The breaking of a hook was a recognized indication to the husband that his wife committed adultery. The same would apply to all the inmates of the house. In view of these interdictions some people strictly observed them when a person went out fishing.

ka wahine, o ke kane, he kau na ꞁaka ꞁa kahi hookahi. Pela iho la ke ano o ke aloha i hana ia

49. NO KE ONEONEIHONUA

O keia kekahi ano o ka oihanakahuna e pili ana i na kahuna nui, e pili ana i ke aupuni, na 'lii a ꞁe na makaainana, he pule nae ke ano o ke oneoneihonua. I ka ꞁanawa e kukulu ia ai ka heiau, a kokoke i ka hoolaa ana, alaila, e hoakoakoa ia na 'lii aimoku, a ꞁe na kaukaualii, a ꞁe na aialo o ke alo alii a pau, e hele no lakou a pau i ꞁua he hale i hoomakaukau ia no ka oihanakahuna o na 'lii. I kela ꞁanawa e hoo ꞁana ai ke anaina no ka hoolaa ana i ka heiau, ia ꞁanawa e ku ꞁai ke kahuna oneoneihonua, ꞁa ka pule, i hoolaa ia ai ka heiau, i ꞁua o ke anaina. O keia ka oihana nui e ku ꞁ ꞁua o ka la e hoolaa ia ai ka heiau, a e kapu heiau ai paha.

50. KEKAHI MAU HOAILONA IKE E PILI ANA I KA POE LAWAIA.

He ꞁau hoailona ike no ka ka poe lawaia e pili ana i ka oihanakahuna, he hoailona ano nui no, he hoailona hiki ke hoike mai i ke kalohe ana o ke kane a wahine paha, a i ole, o ko ka hale paha. Eia. Ka ꞁoku ana o ka ꞁakau.

Ina e holo ana kekahi i ka lawaia, a ꞁe ka ꞁanao e loaa ka ia; a ina ua ꞁoku ka ꞁakau; a ꞁoku hou ka ꞁakau, a pela ꞁau aku, alaila e olelo auanei ka lawaia, "Ua hewa aku nei ka noho hale." Pela e olelo mai ai ka ꞁea lawaia, no ka ꞁea, ua maopopo iho la i ka ꞁea lawaia ke ku ꞁu i ꞁoku ai ka ꞁakau, "O ka hewa ana o ka poe e noho ana i ka hale, ina o ka wahine, a ina he poe e ae." Nolaila o ka ꞁoku ana o ka ꞁakau, ka hoailona ike no ia a ka poe lawaia, e pili ana i ka oihanakahuna.

NO KA HEWA O KA POE MA KA HALE.

He ꞁea ꞁau i ka poe nana ka oihana lawaia, he ꞁau kanawai ꞁau ko lakou Ma ꞁua o ko ke kanaka hele ana i ka lawaia, e papa ꞁua oia i ka ꞁoe ꞁa ka hale aole e hana i kekahi ꞁau ꞁea e keakea ai i ka hele ana i ka lawaia. Penei e olelo ai ka lawaia ·

1. Ua kapu ka moekolohe ana aku o ka wahine ꞁe kekahi kane e aku.
2. Ua kapu ka moekolohe ana o na ꞁea e ae i loko o ka hale o ka ꞁea lawaia.
3. Ua kapu ka hakaka ana o na ꞁea e ae i loko o ka hale o ka ꞁea e hele ana i ka lawaia
4. Ua kapu ka ninau ana o kekahi i ka ꞁanawa aia ka lawaia i ka ꞁoana, ꞁe ke ninau ana "auhea o ꞁea?"
5. Ua kapu ka ai ana i ka ꞁaunu a ka lawaia
6. Ua kapu ke kuko ana i ka ꞁanawa aia ka lawaia i ka ꞁoana. O keia ꞁau ꞁea a pau, ina e hana ia kekahi o keia ꞁau ꞁea e ko ka hale poe, i ka ꞁanawa aia kekahi i ka lawaia, alaila ua poho wale kona luhi; aia no a ꞁala ꞁa ia ka ꞁaluhia o ka hale o ka poe e holo ana i ka lawaia, alaila pono. O ka ꞁoku ana o ka ꞁakau he ku ꞁu maopopo no ia i ke kane, ua moekolohe kana wahine ꞁe kekahi ꞁea e aku. Pela no i na ꞁea a pau e noho ana i ka hale. A mamuli o keia ꞁau mea kapu, ua ꞁala ꞁa loa kekahi poe i keia ꞁau ꞁea ke hele kekahi i ka lawaia.

GODS OF THE FISHERMEN

Fisher 1en had gods just the sa 1 e as other callings; none followed the occupation of fishing without a deity.

CUSTOMS OF THE FISHERMEN.

The fisher 1en o)served the custo 1 s of the order of priesthood. If a fisher 1 an had a new seine, it was necessary to bring a sacrifice sanctioned by the order of priesthood, to be offered before using the new net that it 1ight be dedicated in the na 1 e of the gods[39] of fishing. The services were as follows: A pig was brought to a place as near as possible to where the fishing was to be done; so 1 e of the people roasted the pig and so 1 e went fishing; the fish or fishes first caught in the net were to be roasted together with the pig; it was called a sacrificing net.

When the pig was cooked all those who arrived at the place of fishing asse 1bled together. The owner of the net then took a small portion of the spleen, and of the snout, and of the tail of the pig, and took also the nose of the first fish caught in the net, putting all these little things together and placing the 1 in a piece of potato, ŏr kalo. Thereupon the owner of the net first prayed to the god of fishing according to the ordinances of the priesthood; after prayer the real owner of the net would be the first to eat the things set apart according to the custo 1 of such service, and together with the others would partake of the things prepared, after the services of the sacrifice according to the rites of the order of priesthood were perfor 1 ed.

This service was observed in all kinds of fishing. If a new line was to be used, the sa 1 e service perfor 1 ed for the net was also given it. No net or line was used without first 1aking an offering according to the rites of the order of priesthood

ANOTHER WAY OF PERFORMING THE SERVICES.

Here is another way wherein the fisher 1an perfor 1 ed the services for nets. If a fisher 1an had obtained an old net fro 1 another person, perhaps obtained by said fisher 1 an through purchase, or 1ade a present of; or perhaps said fisher 1 an had a net which was desired to be changed into a flying-fish net, it was therefore classed as a new net, for which the sacrificial offerings of the order of priesthood 1 ust be carried out in the sa 1 e 1anner as of a new net.

51.   THE OCCUPATION OF FARMERS

Agriculture had its god.[40] No person could cultivate without recognizing the god of agriculture of the order of priesthood, for a 1ong those who served the said god of agriculture, it was necessary to pray to the 1 that the vocation 1ight flourish.

---

[39] The gods of fisher1e1 were na1y, thou1gh Kuula predo1i1ated o1 all the isla1ds except perhaps Hawaii, as *koas* or altar places to this deity dotted all the sea-coasts arou1d. Laeapua was La1ai's.

[40] Far1ers, like the fisher1e1, and i1 fact all calli1gs had na1y gods, of which Ku i1 several of his attributes held supre1e recognitio1. Kukaoo, god of husba1dry; Keaoau1, cloud god; Kukulia, for dry. and Kukeolowalu for wet culture.

NA AKUA O KA POE LAWATA.

He ɪ au akua no ko ka poe lawaia, e like ɪ e na oihana e ae, aole no e ɪ ala ɪ a ana kekahi poe i ka oihana lawaia ɪ e ke akua ole.

KE ANO O KA HANA A KA POE LAWAIA

O ke ano o ka hana ana a ka poe lawaia, he poe ɪ ala ɪ a no lakou i na hana o ka oihanakahuna. Ina paha he upena hou ka kekahi lawaia, e pono ke lawe ɪ ai i ka ɪ ohai o ka oihanakahuna, e hana ia ɪ a ɪ ua o ka lawaia ana o ka upena hou, i pule ia ai mamuli o ka inoa o na akua lawaia. Penei hoi e hana ai: E lawe ia ka puaa ɪ a kahi e kokoke aku ana i kahi e lawaia ai; a e kalua kekahi poe i ka puaa, a e hele kekahi poe i ka lawaia, a o ka ia a ɪ au ia paha i hei ɪ ua i ka upena, oia na ia e kalua puia ɪ e ka puaa, ua kapa ia ia, he upena kahukahu

Aia a ɪ oa ka puaa, alaila, e akoakoa like ka poe i hiki ɪ a kahi i lawaia ai. Ia ɪ anawa e lawe ae ka ɪ ea nana ka upena i kahi hapa iki o ke akeniau o ka puaa, a ɪ e kekahi wahi hapa o ka ihu o ka puaa, a ɪ e ka hapa o ka huelo, alaila e lawe ɪ ai i ka nuku o ka ia i hei ɪ ua ai i ka upena, alaila e huipu ia ɪ au ɪ ea liilii a pau i loko o kekahi apana uwala a kalo paha. Alaila, e pule ɪ ua ka ɪ ea nana ka upena i ke akua o ka oihana lawaia, mamuli o ka hana o ka oihanakahuna, a pau ka pule ana, alaila o ka ɪ ea ponoi nana ka upena ke ai ɪ a ɪ ua i na ɪ ea i hookaawale ɪ ua ia no ka oihanakahuna, alaila e ai pu ɪ e na ɪ ea e ae mahope iho o ka pau ana o ka hana i ka ɪ ohai no ka oihanakahuna.

Pela no e hana ai na ɪ ea ano lawaia a pau. Ina he aho hou, e like ɪ e ka oihana no ka upena hou, pela no e hana ai. Aole e pono e hana wale ia kekahi upena a aho paha ke ole e lawe ɪ ua i ka ɪ ohai no ka oihanakahuna

KEKAHI ANO O KA HANA ANA

O kekahi ano o ka hana ana a ka poe lawaia no na upena. Ina he upena kahiko ka kekahi lawaia na kekahi ɪ ea e ɪ ai, ua loaa paha ia lawaia ɪ a ke kuai ana, a haawi wale ia ɪ ai paha, a na ua lawaia nei paha kekahi upena, a manaoia e hana i hano ɪ alolo (upena ɪ alolo). Alaila, he upena hou no ia, a e pono e lawe i ka ɪ ohai o ka oihana kahuna e like ɪ e ka hana ana o ka upena hou.

51. NO KA OIHANA A KA POE MAHIAI

He akua no ko ka oihana mahiai. Aole e hiki i kekahi poe ke mahiai ɪ e ka ɪ ala ɪ a ole i ke akua mahiai o ka oihanakahuna, no ka ɪ ea, i waena o ka poe ɪ ala ɪ a i ke akua no ka mahiai, he ɪ ea ɪ au no ka pule ana i na akua mahiai, i ɪ ea e ulu nui ai ka oihana mahiai.

AUGURIES IN AGRICULTURE.

The occupation of agriculture had its auguries. No far1er would plant his seed unless he observed the auguries of agriculture according to the order of priesthood. A far1er could not even)lant his seed unless he did so in the days suitable for planting. Should a person plant his seed in days known to be unfavorable, the 1ore experienced far1ers would predict failure through their o)servance of the rites of the order of priesthood.

THE PLANTING OF POTATOES

In the cultivation of potatoes there were certain rules to be observed in their planting,)ecause a person could not take one or another potato sprig at rando1, without)roperly exa1ining the condition of the leaves that would be productive. For exa1ple: In plucking the potato sprigs that would bear fruit, the thriving condition of the leaves 1ust be seen to. If they were observed to be of a fine soft growth, or perhaps so1ewhat light colored, those sprigs were selected as being adapted to planting. The planter would then declare, "Those sprigs will not fail of yielding potatoes." But though the leaves were good and the day unfavorable for planting, they would not)ear fruit; nothing but the roots would be seen.

ANOTHER METHOD OF SELECTING SPRIGS.

Another 1ethod of selecting the potato sprigs was si1ilar to the aforementioned, but the far1er 1ust be very careful in the plucking of the same, thus: On proceeding to select the potato leaves, let hi1 first dig down the potato hills to ascertain if they were full of potatoes, if so, then with assurance he could pluck the sprigs fro1 its vine. The far1er would say: "These leaves will not fail to be prolific when planted, because the hills are full of potatoes."

52. FAVORABLE DAYS FOR THE FARMER TO PLANT HIS SEEDS.

The days of a 1onth were not all favorable for planting potatoes, for one day had its own benefits, and another its favors; in the sa1e 1anner were the twelve 1onths of the year, they were not all favora)le 1onths for cultivation. The following were the favora)le days for the planting of potatoes, 1elons and bananas:

Hilo.—That was the first day of the 1onth according to Hawaiian calculation. That day was so na1ed on account of the di1inutive size of the 1oon, and 1entioned as)eing slender in appearance, and)ecause of that fact in the a)pearance of the 1oon it was called "Hilo." It was a favorable day, and the potato, 1elon and)anana seeds planted by the far1er on this day would bear well.

Hoaka.—That was the second day of the 1onth, so na1ed on account of the si1ilarity of the 1oon that night with the arch of a door." In likeness to the curved lintel of a door so was the day na1ed "Hoaka." Those who planted their seeds on that day would find the1 yielding plentifully. The favors of this day were si1ilar to those of Hilo.

"This 1ist have refere1ce to certai1 1oder1 str1ctures, as 1o doorway of a Hawaiian ho1se was arched. *Hoaka* was o1e of the *kapu* days.

NA OIHANA IKE O KA MAHIAI.

He ꞉au oihana ike no ka oihana mahiai. Aole e kanu wale ana kekahi mahiai i kana ꞉ea kanu, ke ole oia e ꞉ala ꞉a i ka oihana ike o ka mahiai e pili ana i ka oihana kahuna. Aole no e hiki i kekahi mahiai ke kanu wale i kana ꞉au ꞉ea kanu ke kupono ole i na la ꞉aikai i ke kanu. Ina i kanu wale kekahi i kana ꞉au ꞉ea kanu i loko o na la i olelo ia he ꞉aikai ole, alaila, e hooiloilo auanei ka poe ꞉aa i ka mahiai ana, mamuli o ka oihanakahuna

NO KE KANU ANA I KA UWALA.

Aia i loko o ka ꞉ahi ana i ka uwala kekahi ꞉au hoailona e pono ai ke kanu i ka uwala, no ka ꞉ea, aole no e hiki i kekahi ke lawe ꞉ai i kela lau uwala keia lau uwala e kanu ꞉e ka nana pono ole i ke ano o ka lau uwala e hua ai. Penei: I ka hoomaka ana e ako ꞉ai i na lau uwala e hua ai, e nana ꞉ua i ke ano ꞉aikai. Ina ua ike ia ka lau uwala ua nahenahe ꞉aikai ka ulu ana, a ua ano aiai paha ke kino ako ꞉ai ia ꞉au lau, ua kupono ia ꞉au lau uwala i ke kanu aku. Alaila e olelo auanei ka mahiai, "Aole e ole ka hua o keia ꞉au lau uwala." Aka, ina i ꞉aikai ka lau, e inoino ka la e kanu ai alaila, aole no e hua ana ia uwala; o ke aa wale no ka mea e ike ia

KEKAHI ANO O KA LAU UWALA.

O kekahi ano o ka lau uwala e kii ai, ua like no kona kii ana ꞉e ka ꞉ea i hoakaka ꞉ua ia no kela ꞉ea ꞉ua. Aka, e pono no i ka mahiai ke makaala loa i kona ako ana i na lau. Penei: I ka hoomaka ana e hele e ako i ka lau uwala, e heluhelu ꞉ua iho oia i ka pue uwala, a ina he hua na pue uwala, alaila, e pono ke ako ꞉ai i na lau. Penei e olelo ai kekahi mahiai: "Aole e ole ka hua o keia lau ke kanu aku, no ka ꞉ea, he hua ka pue."

52. NO NA LA KUPONO E KANU AI NA MEA KANU A KA MAHIAI

Ma na la apau o ka ꞉ala ꞉a, aole e lilo i ꞉au la ꞉aikai wale no no ke kanu uwala, no ka ꞉ea, he okoa ka ꞉aikai o kekahi la, a he okoa ka ꞉aikai o kekahi la; pela no na ꞉ala ꞉a he umikumamalua o ka ꞉akahiki, aole i lilo na ꞉ala ꞉a a pau o ka ꞉akahiki i ꞉au la ꞉aikai wale no, no ka mahiai ana. Eia na la ꞉aikai no ke kanu uwala ana, a ꞉e ka i꞉u, a ꞉e ka ꞉aia.

O Hilo. *O*ia ka la ꞉ua o ka ꞉ala ꞉a ꞉a ko Hawaii helu ana. Ua kapaia ka inoa o ia la, mamuli o ka nuku o ka ꞉ahina. Ua oleloia, he ꞉ahina puahilohilo. O ka mahiai e kanu i ka uwala, ipu, ꞉aia ia la, alaila, he la ꞉aikai ia, he hua pono na ꞉ea kanu

O. Hoaka. O ka la elua io o ka ꞉ala ꞉a; ua kapaia ka inoa o ia la, no ka like ana o ka ꞉ahina ia po ꞉e ke hoaka o ka puka. E like ꞉e ka pio ana o ka hoaka o ka puka hale, pela i kapaia ai ka inoa o ia la Hoaka. O ka poe kanu i ka lakou ꞉au ꞉ea kanu ia la, e hua nui ana no na ꞉ea kanu. Ua like no ka ꞉aikai o ia la ꞉e Hilo

The Ku days.—There were four of these days, and were called the cluster days, each being named: Ku-kahi, Ku-lua, Ku-kolu, Ku-pau. The auspices of these days were similar to those of Hilo and Hoaka. If potatoes, bananas, or melons were planted in those days the bearing would be good.

Huna.—This day was called after the moon, on account of the vanishing of the horns of the moon and becoming somewhat rounded. Therefore the name of this day was called "Huna."[42] It was a favorable day for potato planting; the potato sprigs planted this day would bear fine full potatoes; but if overburdened with soil for forming the hills, the potatoes would be fibrous; otherwise they would be fiberless.

Akua.—The name of this day was called after the gods of the farmers, a day in which to *kuloa*[43] the growing plants of the farmer. The day was of a two-fold character, a favorable and an unfavorable day. If potatoes were planted this day they would have, at bearing, a prolific yield, the following being applied by the farmers regarding it: "The potato has a monstrous yield." If the potato did not yield, the farmer would refer to it as follows: "How unnatural is the unproductiveness of my potato field."

Hoku.—The time when the moon becomes complete and round was called *Hoku.*[44]

Mahealani.—The name of this day was so called because the moon was full and appeared early. And on account of the fullness of the moon it was called *Mahealani.* On these two days, *Hoku* and *Mahealani,* the potatoes would be plentiful and of good large size. But if the leaves grew in abundance, the potatoes would be unwholesome; of a bitter or insipid taste.

The appellation was given this day on account of the short retirement of the moon before it rose again.[45] This was a good day for planting potatoes; the products would be long, but large-cored and the stem fibrous.

Kulu.—The name was applied to this day on account of the lateness of the moon,[46] rising shortly after midnight; this was a good day to plant potatoes; they are long, but full of ridges; [and] its principal root has many branching ones.

The Laaus.—These were three days.[47] They were free-bearing days, but the potatoes were not good, being full of fibers. If the sprigs were planted in the morning of any of these days they would not bear fruit for one year and a few months over.

Muku.—This was the last day of the month. This day was so called from the fact that the moon was not seen the previous night, therefore it was called *Muku.*[48] This was a favorable day for the planting of potatoes, bananas and melons, similar to Hilo, Hoaka, and the four Kus

53. OF DREAMS.[49]

There are many things related to dreams; some are beneficial and some not. In a dream some things are revealed whereby a person may be advised of what he should

---

[42]*Huna,* hidden; concealed.

[43]*Kuloa, hoomanao, mohai;* offering, generally applied to the first fruits of labor devoted to some good cause. In early days people set aside a part of their first products as a *kuloa,* or offering to the god. Its application here probably refers to the first treatment of the vines and hoeing of the hills, to win the favor of the gods. *Kuloa,* to plant.

[44]Full moon; name also of a star.

[45]This has reference to the short time of darkness, the night following the full moon.

[46]The native account deals with the night and day as one.

[47]These were known as *Laau-ku-kahi; Laau-ku-lua,* and *Laau-pau.*

[48]*Muku,* cut off; anything cut short; when the moon entirely disappeared the month ended.

[49]This was a subject that claimed much attention of the Hawaiian mind, and was a fruitful source of revenue to priests for their interpretations of these omens.

O na Ku. Eha no ia ı au la, ua kapaia ka inoa o ia ı au la no na la huihui, a ua helu ia ko lakou ı au inoa ı a ka helu ana penei: O Kukahi, o *K*ulua, o Kukolu, o Kupau. Ua like no ka ı aikai o keia ı au la ı e Hilo a ı e Hoaka. Ina e kanuia ka uwala, ı aia, ipu, ia ı au la, alaila he ı aikai no ka hua ana.

O Huna. Ua ka ̖aia keia la mamuli o ka ı ahina, no ka huna ana o na kihi o ka ı ahina, a lilo i ano ̖oepoe. Nolaila ua kapaia ka inoa o ia la o Huna. He la ı aikai keia o ke kanu uwala ana; o ka lau uwala e kanu ia la, he nemonemo ı aikai ka uwala. Aka, ina e kaumaha loa ka lepo ı a ka pue, alaila, he aa nui o loko o ka uwala, aka, ina e ı a ı a ka lepo maluna o ka pue, alaila aole e aa nui ka uwala.

O Akua. Ua kapaia ka inoa o keia la mamuli o na akua o ka poe mahiai, he la kela e kuloa ai i na ı ea ai i ulu ı ai a ka mahiai. Elua ı ea ı a keia la, he la ı aikai a he la ino. Ina i kanu ia ka uwala i keia la, ina e hua ı ai, aole o kana ı ai a ka hua; a penei i olelo ia ai e ka poe mahiai: "Hoakua ka hua a ka uwala." A ina he hua ole ko ka uwala, alaila penei e olelo ai ka mahiai: "Hoakua ka hua ole o ka'u mahinaai uwala."

O Hoku. O ka piha pono ana ae ia o ka ı ahina i ka poepoe ana. Ua kapaia o Hoku

O Mahealani Ua kapaia ka inoa o keia la no ka ı alani ana o ka ı ahina, aole e liuliu puka koke ı ai. A no ka ı alani o ke ı ahina, ua kapaia aku o Mahealani. Iloko o keia ı au la elua, o Hoku a ı e Mahealani, he ı au la uwala keia, he ı aikai nunui ka uwala. Aka, ina e ulu nui ka ulu ana o na lau, alaila, ıno ı o ka uwala, he awaawaa mukakaka.

O Kulu. Ua kapaia ka inoa o keia la, no ke kulu ana aku o ka ı ahina aole e liuliu loa puka mai; he la ı aikai no keia no ke kanu uwala, he loloa, he oihoiho nae, he aa nui ka ı ole.

O na Laau. Ekolu keia ı au la, he ı au la uwala keia, aka, aole nae he ı aikai o ka uwala he aanui. A ina ı a ke kakahiaka o keia ı au la e kanu ai ka uwala, aole e hua koke hookahi ı akahiki ı e na ı ala ı a keu, alaila hua

O Muku. O ka la hope keia o ka ı ala ı a. Ua kapaia ka inoa o keia la no ka ike ole ia ana o ka ı ahina i ka po. A nolaila ua kapa ia o Muku. He ı au la ı aikai keia no ke kanu uwala, ı aia, ipu, e like ko lakou ı aikai, ı e Hilo, Hoaka a ı e na Ku eha

53. NO KA MOE UHANE.

He nui na ı ea e pili ana i ka ı oe nhane, he ı oe waiwai kekahi, a he ı oe waiwai ole kekahi; aia no i loko o ka ı oe nhane ana e hoikeia ai na ı ea e hiki ai i ke kanaka ke

do, and the acco1)lish1ent of every thing which he intended to)erfor1. Drea1s have certain auguries in relation to the order of priesthood. Those who had knowledge of the interpretation of drea1s were a1ong those who had a deep understanding of the auguries of drea1s pertaining to life and death.

THE BENEFIT OF DREAMS.

Supposing that one had a drea1, a water drea1, it was certainly a good sign.
The water drea1. If a person was afflicted with a severe ail1ent, an ail1ent which 1ight)e fatal, then before the 1edical priest operated on hi1, he (the priest) would assert: "Should you drea1 a water drea1 tonight, you will recover." This was one of the custo1ary auguries by drea1 in connection with the order of priesthood.

THE SEA DREAM

This was one of the worst drea1s to be had in sleep. If a person had a sea drea1 before he was ill it foretold that the drea1er would be taken sick. Again. If a)erson drea1t of seeing another bathing in the sea, the drea1er would not be affected)ut the person seen in the drea1 as bathing would be taken ill. But the usual result of a sea drea1 was to indicate blotches or other skin eruptions

GOING NAKED.

This was one of the 1ost inauspicious drea1s as it concerned illness and death Supposing that a person was seen by another in a drea1 going without apparel, then the priest would re1ark: "Misfortune will befall that 1an;" that is, the person seen in the drea1 going a)out without clothing.

OF THE TOOTH EXTRACTING DREAM

This was one of the 1ost unfavorable drea1s. If, in his sleep a person had a tooth extracting drea1, it was a drea1 foretelling the death of one of his own blood. If the tooth extracted was fro1 the left side, then one would die fro1 a1ong the wife's relatives;)ut if the tooth was drawn fro1 the right side, then death would correspondingly occur fro1 a1ong the relatives of the drea1er. If the teeth extracted were fro1 the front, the eye-teeth for instance, upper or lower jaw, then the fulfill1ent of the drea1 would occur in the death of a near relative of the drea1er. This, however, did not occur to those who were unaccusto1ed to the interpretation of the drea1, and who had no idea that the drea1 1eant anything.

THE BURSTING [OF AN ABSCESS]

The interpretation of this drea1 is si1ilar to that of the tooth-extracting drea1 If a)erson suffered a "burst" in a drea1 or a vision, if it ha))ened right in front, then the priest of the order of priesthood said: "Your own relatives will die, those who are nearest to you." If the burst occurred on the left side, then it concerned the wife and others who held relationship. On the other hand, if the bursting occurred on the right

hana, a 1 e na 1 ea a pau e hookoia ana a ke kanaka e 1 anao ai e hana. He 1 au oihana ike no ko ka 1 oe uhane e pili ana i ka oihanakahuna. O ka poe ike i ka hoakaka ana o na ano o ka 1 oe nhane, o keia kekahi o ka poe ike hohonu i na ouli o ka 1 oe uhane e pili ana i ka 1 ake a 1 e ke ola.

KA WAIWAI O KA MOE UHANE.

Ina ua loaa i kekahi ka 1 oe uhane, "he 1 oe wai," alaila he 1 oe 1 aikai ia ke ike ia 1 oe uhane. Ka 1 oe wai. Ina paha e waiho ana kekahi 1 ea i ka 1 ai nui, a he 1 ai ua ike ia ka pilikia, alaila, 1 a 1 ua o kă hana ana a ke kahuna lapaau ia ia, e kauoha auanei ke kahuna, "Ina e loaa ka 1 oe wai ia oe i keia po, alaila ola oe." O keia kekahi o ka hoailona 1 au 1 a ka 1 oe nhane e pili ana i ka oihanakahuna.

KA MOE KAI.

O keia kekahi o na moe ino loa ke loaa o loko o ka 1 oe uhane Ina e loaa ka moe kai i kekahi 1 a 1 ua o kona 1 anawa 1 ai ole, alaila e 1 ai aku ana no ua kanaka la nana ka 1 oe uhane. Eia kekahi. Ina paha ua ike ia aku kekahi e auau ana i ke kai, 1 a ka 1 oe uhane e kekahi 1 ea e aku, alaila o ka 1 ea nana ka 1 oe uhane ke pilikia ole, a o ka 1 ea i ike ia 1 a ka 1 oe nhane e auau ana i ke kai ke 1 ai. Aka o ka 1 ea 1 au i ka moe kai ke loaa 1 a ka 1 oe nhane, he kakio ka 1 ai; a he 1 ai ano punpun e ae

NO KA HELE WALE AOLE KAPA.

O keia kahi o na 1 oe ino ke loaa 1 a ka 1 oe uhane, he 1 oe uhane keia e pili ana i ka 1 ai a 1 e ka 1 ake. Ina paha ua ike ia kekahi e hele wale ana, aole he kapa, 1 a ka 1 oe uhane e kekahi 1 ea e aku, alaila, e olelo auanei ke kahuna: "He pilikia aku ka hope oia kanaka," o ke kanaka nae i ike ia e hele wale ana aole he kapa 1 a ka 1 oe nhane.

NO KA MOE UNUHI NIHO

O keia kekahi o na moe uhane ino loa. Ina paha ua loaa ka 1 oe unu1i niho i kekahi 1 a ka 1 oe uhane, alaila he 1 oe nhane no ia e pili aku ana i ka 1 ake o kekahi o kona koko. Ina paha 1 a ka aoao he 1 a ka niho i unuhiia, alaila, ma ka aoao o ka wahine ka 1 ea e 1 ake ana; aka hoi i na 1 a ka aoao akau, ka niho i unuhiia, alaila 1 a ka aoao kupono iho no o ka 1 ea nana ka 1 oe e hooko ia ai ka 1 ake. A ina hoi 1 a ke alo ponoi na niho i unuhi ia, o na niho aiwaiu paha, ina 1 aluna a 1 alalo)aha, alaila, maluna o ke koko ponoi no o ka 1 ea nana ka 1 oe uhane e hooko ia ai ka 1 ake. Aole nae e hiki wale ana ia 1 ea i ka poe 1 aa ole ke hoakaka ae i ke ano o ia 1 oe nhane, aole no hoi e 1 anao ana he hana ka ia 1 oe nhane.

NO KA PAHU ANA.

Ua like ke ano o keia 1 oe uhane 1 e ko ka 1 oe unuhi niho. Ina)aha ua loaa i kekahi kanaka he "pahu" 1 a ka 1 oe uhane, a mạ ka hihio paha Ina ua pahu pono ae 1 a ke alo i loko o ka hihio a 1 oe nhane paha, 1 a ka 1 oe uhane ana, alaila e olelo

side, death would befall the husband or his relatives, in case a 1an had the drea 1 or vision.   And if a wo 1 an was the drea 1 er, death would befall her or her own relatives, if the abscess broke in front or on the right side.

OF A* HOUSE CONSUMED BY FIRE

This was one of the drea 1 s which foretold of the events which would transpire the next day.   If a drea 1 of this character occurred to a person at night, of a house being consu 1 ed by fire, its interpretation would be as follows: A charge would co 1 e forth, perhaps an accusation liable to trial, and justly so; no good word had any reference for this drea 1.   If a blaze was seen in a drea 1, but which (blaze) had not 1 ade any headway)efore it died out, then the charges would not be 1 ade public; they would be adjusted and settled within the ho 1 e.   But if in the drea 1 the blaze was seen to spread and was not extinguished when the drea 1 er awoke, then the accusations would beco 1 e public, or perhaps before a trial court.

ANOTHER INTERPRETATION OF A FIRE DREAM.

Supposing that a blaze was seen by a person in a drea 1, and that the drea 1 er endeavored to quench the fire and perhaps extinguished it; then so 1 e words would co 1 e forth during the day, which, however, would not spread being only of s 1 all 1 o 1 ent. If there was an encounter fro 1 the words which ca 1 e forth during the day, then the person who extinguished the fire would be the one to suppress the quarrel during the dav, if the words referred to an encounter.

ANOTHER VERSION OF A FIRE DREAM

Sup)osing that a drea 1 er saw that one side of the house was destroyed, then fro 1 the side destroyed by fire would the words of judgment co 1 e forth, or words of altercation or strife.   If a person drea 1 ed of a fire which spread all over the land, that fire did not have any relation to the blaze above described.   But a fire seen in this 1 anner had reference to the kingdo 1, if an epide 1 ic prevailed, or it 1 ight 1 ean war.   If not of that character perhaps the overthrow of the govern 1 ent.   The high priests of the king were the interpreters of this drea 1 to the island rulers.

OF A TORCH LIGHT MOVING FROM ONE LAND DIVISION TO ANOTHER

Supposing that a light was seen 1 oving fro 1 one division of land to another, or fro 1 one house to another, in a drea 1, an interpreter of drea 1 s or a counselor of the great order of priesthood would say: "The ruling power of a certain chief will cease, and be given to another island chief.   If not an island chief, then a division or a district chief will)e re 1 oved." However, if in the drea 1 a light was)lainly seen co 1 ing direct fro 1 a certain place and entered a dwelling, the house in which the light entered with the person holding it)eing plainly seen, then the interpreter of drea 1 s, and the counselor of the great order of priesthood would say: "An overseership, or a division or island ad 1 inistratorship will cease, and the benefits given to the person who carried

auanei ke kahuna o ka oihanakahuna, "E Ɪ ake ana kou poe ponoi, ka poe no e pili ana ia oe." Ina Ɪ a ka aoao he Ɪ a ke pahu ana, alaila, ua pili no Ɪ a ka aoao o kana wahine, a Ɪ e kekahi poe pili e ae

Aka hoi, ina Ɪ a ka aoao akau ke pahu ana, alaila, ua pili ka hookoia ana o ka Ɪ ake Ɪ a ka aoao o ke kane, ina he kane ka Ɪ ea nana ka Ɪ oe a Ɪ e ka hihio. A ina he wahine, ka Ɪ ea nana ka Ɪ oe o ia ano, ua pili no ka Ɪ ake ma kona aoao ponoi ke pahu pono Ɪ a ke alo, a Ɪ e ka aoao akau.

KA MOE PAU O KA HALE I KE AHI.

O kekahi keia o na Ɪ oe uhane e hoike Ɪ ai ana i na hana e hiki Ɪ ai ana Ɪ a ke ao ana ae. Ina ua ike ia keia Ɪ oe uhane e kekahi Ɪ a ka po, ina paha ua pau kekahi hale i ke ahi, alaila, eia ka hoakaka ana i ke ano o ia Ɪ oe. He olelo e hiki Ɪ ai ana mahope, ina he olelo no ka hewa e ku ai i ka hookolokolo ia, oia iho la, aole e pili ana ka olelo pono Ɪ a keia Ɪ oe. Ina, ua ike ia ka Ɪ oe ahi Ɪ a ka Ɪ oe uhane ana, ua a ke ahi, aole nae i a loa, a ua pio koko no, alaila, aole e puka loa ka olelo i waho, i ka hale wale iho no ia olelo e hookolokolo ai a pau wale iho. Aka, ina ua ikeia ke ahi Ɪ a ka Ɪ oe uhane, ua a loa paha, aole i pio iki a hiki i ka puoho ana o ka Ɪ ea nana ka Ɪ oe, alaila e puka loa ana ka olelo i ke akea a i ka aha hookolokolo paha.

KEKAHI ANO O KA MOE AHI.

Ina paha ua loaa ka Ɪ oe ahi i kekahi Ɪ ea Ɪ a ka Ɪ oe nhane paha, a ua ike ia ke ahi, a ina ua kinai iho ka Ɪ ea nana i Ɪ oe ua ahi la, a ua pio paha Ɪ a ia kinai ana. Alaila, he olelo ko ke ao, aole nae e puka, he wahi olelo uuku wale iho no. Ina he bakaka ka olelo i puka i ke ao Ɪ a ia Ɪ anawa, alaila o ka Ɪ ea no nana i kinai ke ahi, oia no ka Ɪ ea nana i papa ka olelo i ke ao, ina he olelo no ka hakaka.

KEKAHI ANO E AE O KA MOE AHI.

Ina paha ua pau kekahi aoao o ka hale Ɪ a ka ike ana a ka Ɪ ea nana i Ɪ oe, alaila o ka aoao no i pau i ke ahi Ɪ a ka ike ana a ka Ɪ ea nana i moe, malaila no ka olelo hookolokolo e puka ai, a i ole he olelo no ka hoopaapaa, a hakaka Ɪ aha. A ina ua loaa ka moe ahi i kekahi Ɪ a ka Ɪ oe nhane, a he ahi ua a ae a puni ka aina, alaila, aole i Ɪ ili ia ahi Ɪ e ke ahi i hoakaka ia maluna. Aka o kela ahi ina e ike ia pela, alaila, ua pili ia ahi i ke aupuni, ina he Ɪ ai laha, a i ole he kaua paha. A ina aole Ɪ a ia ano, he auhulihia paha. Na na kahuna nui no o ke alii e hoakaka lea i ke ano o ia Ɪ oe i na 'lii ai Ɪ oku

NO KE KUKUI A MAI KEKAHI AINA A I KEKAHI AINA.

Ina paha, ua ike ia kekahi kukui e a ana Ɪ ai kekahi aina Ɪ ai a ko Ɪ o i kekahi aina, a i ole ia, Ɪ ai kekahi hale Ɪ ai paha a ko Ɪ o i kekahi hale, Ɪ a ka Ɪ oe uhane nae ka ike ia ana, alaila, e olelo auanei ke kilokilo Ɪ oe uhane, a kakaolelo Ɪ aha o ka oihanakahuna nui, "E pau auanei ke alii aimoku ana o kekahi alii, a e lilo auanei i kekahi alii ai Ɪ oku e aku. A ina aole he alii aimoku, alaila, he alii aiokana, a aiahupuaa paha ka Ɪ ea e hoopauia ana." Aka hoi, ina ua ike maopopo ia ke kukui Ɪ a ka Ɪ oe nhane e hele pololei ana Ɪ ai kahi e Ɪ ai a ko Ɪ o i kahi hale, ua ike maopopo ia ka hale i ko Ɪ o ai ke kukui, a Ɪ e ka Ɪ ea nana i Ɪ aa Ɪ ai ke kukui, alaila e olelo auanei ke kilokilo Ɪ oe uhane, a Ɪ e ke kakaolelo o ka oihanakahuna nui, "E pau ana ka noho konohiki ana, a noho aiokana paha,

the la 1) fro 1 another place." If the person who carried the light and the owner of the house into which the light was taken were plainly seen, then the drea 1 had reference to the 1

OF TWO LIGHTS

Su))osing [in a drea 1] that two lights were seen burning, going in op)osite dircetions, each carried by an island chief, the drea 1 1eant that they were two o))osing lights, one chief o))osing another chief. And if the drea 1 er saw the two lights burning, and the light carried)y one was extinguished, the high)riest of the order of counselors would say: "War will follow, and the)erson whose light was extinguished will)e vanquished. Victory will not)e attained by hi 1 in wars."

54. OF A BOWEL DREAM.

Su))osing that a 1an or wo1an had a)owel drea 1, and that the intestines were drawn out and not returned to their usual for 1, the inter)retation of the drea 1 would)e as follows: A 1an would leave his wife, or vice versa. If it did not so refer, the inter)retation of the drea 1 would be fulfilled in the death of either. The drea 1, however, did not particularly apply to any other)erson; it referred to the drea 1 er hi 1-self.

OF A KITE FLYING DREAM

This drea 1 had reference to no one else)ut the drea 1 er, whether it related to property, or referred to so 1ething else that he was perhaps in need of. If the drea 1 er, in a drea 1 flew a kite and drew in the line,)iling it up before hi 1, he would have great ho)es the next day of receiving a large fortune. If ga 1)ling occupied his 1ind it would succeed. But if the drea 1 er flew a kite and while)ulling in the line the kite broke away, then he would not)e fortunate the next day. If he went out to ga 1 ble he would lose all, nothing re 1 aining to him.

55. OF POI FERMENTING AND SPILLING OVER A CALABASH

This was one of the worst drea 1 s in relation to altercations, or to other 1atters lia)le to trial. If a)erson drea 1ed of fer 1ented)oi, that it spilled outside of the cala)ash, then the inter)reter of drea 1 s would say: "A word will co 1 e in the 1orning; a word which will be wides)read." But, if the drea 1 er saw that the poi fer 1 ented without s)illing outside of the cala)ash)efore he awoke, then the interpreter of drea 1 s would say: "A word will co 1 e in the 1orning, which, however, will not go forth at large." But if fer 1enting poi was seen in the calabash, and that the calabash)roke as the drea 1 er saw it, then the inter)reter of drea 1 s would say: "This is a bad drea 1. If word co 1 es and it relates to transgression, then it will not be without 1isfortune."

56. SOME AUGURIES RELATING TO THE ORDER OF PRIESTHOOD.

There were various auguries recognized a 1 ong this peo)le relating to the order of priesthood and which were not 1entioned in the for 1er nu 1)ers. There were

a aimoku paha, a e lilo auanei ka pomaikai i ka ꜝea nana i paa ke kukui ꜝai kahi e mai." Ina ua ike maopopo ia ka ꜝea nana i paa ꜝai ke kukui, a ꜝe ka ꜝea nona ka hale a ke kukui i koꜝo ai, alaila no laua ka hana ꜝa ka ꜝoe nhane.

NO NA KUKUI ELUA.

Ina ua ike ia na kukui elua e a ana, e hele aku ana kekahi kukui, a e hele maꜝ ana kekahi kukui, he ꜝau alii aimoku nae na ꜝea nana i ꜝaa na kukui ma ka ꜝoe uhane; o ke ano o ia ꜝoe nhane, he ꜝau kukui ꜝaio laua, e paio ana kekahi alii ꜝe kekahi alii A ina i nana aku ka ꜝea nana ka ꜝoe nhane, ua a na kukui elua, a i pio ke kukui a kekahi, alaila e olelo auanei ke kahuna nui o ke kakaolelo, "He kaua ka hoꜝe, a o ka ꜝea nana ke kukui i pio, oia no ke pio ana, aole e loaa he lanakila nona i loko o na hoouka kaua."

54. NO KA MOE UHANE NAAU.

Ina ua moe nhane kekahi kane, a wahine ꜝaha, a he moe uhane naau ka mea i loaa ꜝa ka ꜝoe nhane ana, ina paha ꜝenei ke ano o ka unuhi ana i ka naau. Ina ua unuhi ia ka naau a ꜝau i waho, aole nae i hoihoi hou ia ꜝai ka naau e like ꜝe ka ꜝea ꜝau, alaila eia ka hoakaka ana i ke ano o ia ꜝoe. E haalele ana ke kane i ka wahine, a i ole ka wahine i ke kane paha. A ina aole i pili ꜝa ia ano, alaila, e hooko ia ua ꜝoe nhane la ꜝa ka ꜝake o kekahi, aole nae e pili keia ꜝoe ia hai, aka, e pili ana no i ka ꜝea nana ka ꜝoe nhane.

NO KA MOE UHANE HOOLELE LUPE.

O keia moe, aole ia e ꜝili ana ina ꜝea e ae, akaꜝi ka ꜝea ꜝonoi nana ka moe, ina ua pili i ka waiwai, a ina ua pili i kekahi ꜝea e ae, no ka nele paha. Ina ua hoolele ka ꜝea nana ka ꜝoe uhane i ka lupe ꜝa ka ꜝoe uhane ana, a ina ua hukihuki oia i ke aho a puu ꜝa kona alo ponoi, alaila e manaolana nui auanei ka ꜝea nana ka ꜝoe he pomaikai nui kona ꜝa ke ao ana ae. Ina he piliwaiwai kana i ꜝanao ai, e ko no auanei. Aka hoi, ina e hoolele ua ꜝea la nana ka ꜝoe uhane i ka luꜝe a hukihuki i ke aho, a i ꜝoku aku na luꜝe. alaila aole e loaa ka pomaikai nona ꜝa ke ao ana ae. Ina e hele i ka ꜝili waiwai, e pau ana no i ke eo, aole e koe nona ka waiwai.

55. NO KA HU ANA O KA POI A HANINI MAWAHO O KA UMEKE.

O keia kekahi o na ꜝoe uhane ino e pili ana i ka hakaka, a i ole i kekahi olelo e ae paha e pili ana i ka hookolokolo. Ina ꜝaha ua loaa i kekahi ka ꜝoe hu poi, ꜝa ka ꜝoe nhane ana, a ua hanini paha ka ꜝoi i waho o ka umeke, alaila, e olelo auanei ke kilokilo ꜝoe uhane: "He olelo ke hiki ꜝai ana ꜝa ke ao ae, olelo e ꜝuka loa ana i ke akca Aka hoi, ina i ike ka ꜝea nana ka ꜝoe nhane, ua hu ae ka ꜝoi aole i hanini mawaho o ka umeke, a puoho wale ka ꜝea nana ka ꜝoe, alaila, e olelo auanei ke kilokilo ꜝoe nhane, "He olelo ke ꜝuka ꜝai ana ꜝa ke ao ae, aole nae e puka ana i waho o ke akca ia olelo." Aka hoi, ina ua ike ia he ꜝoi hu, i ka umeke, a naha pu paha ꜝe ka umeke ꜝa ka ike ana a ka ꜝea nana ka ꜝoe, alaila e olelo auanei ke kilokilo ꜝoe nhane, "He ꜝoe ino keia. Ina e ꜝuka ꜝai he olelo no ka hewa, alaila aole e nele ka ꜝilikia."

56. KEKAHI MAU OIHANA IKE E PILI ANA I KA OIHANA KAHUNA

He nui na hoailona ike a keia lahui e ꜝili ana i ka oihanakahuna i olelo ole ia ꜝa na helu ꜝua. A he hoailona e ae no kekahi e ꜝili ana i na ꜝea a pau, ua pili i ka ꜝoe o ka

other auguries also which concerned everyone, those of the order of priesthood as well as others. But it was through the order of priesthood that these auguries beca ı e known to all the peoplé.

OF SMALL SPIDERS (KUUKUU).

This was one of the recognized o ı ens and a lasting one. This *kuukuu* is a spider which pays out its web fro ı within itself. Suppose that a ı an was resting so ı eti ı e, and a spider was seen to drop right before hi ı then the ı eaning of such spider was that a ɔenefit will co ı e forth, or else a stranger will arrive. But if the spider was seen to drop on the right, or left side, or had dropped behind, then it was a spider of no benefit

57. TWITCHING OF THE EYES

The twitching of the eyes was a sign which pertained to the order of priest-hood If the twitching of the eyes happened to a person then it was so ı ething that fore told the arrival of a stranger, or ı ourning for so ı e dead person. Therefore the twitch ing of the eyes was followed by wailing, whether it be for the stranger, or for the de-ceased. If the twitching of the eyes continued for several days, perhaps ten or ı ore, then ceased, its portent was about to be fulfilled; its consu ı ı ation would surely follow.

RINGING IN THE EAR

Ringing in the ear was also a sign which pertained to the order of priesthood If a ringing in the ear occurred to a person, he would know that he was being spoken ill of by so ı e person. If the ringing was in the right ear the priest of the order of priest-hood would say that a ı an was the person speaking ill. And if the ringing was in the left ear then the divining priest of the order of priesthood said that a wo ı an was the one speaking ill. The ringing of the ear did not refer only to evil speaking. It had reference also to ı atters of a different nature. If sickness was to befall the person hav-ing ringing ears, that was to be expected. These were the only two ways which it had any application.

BRISTLING UP OF THE HAIR OF THE HEAD.

It is a creeping sensation in the head as though ı ade by lice There were two a ɔpellations given to this sensation, "Bristling up of the head," and "Swelling of the head." If this sensation, the bristling up of the hair of the head, was felt by a person while he was si ı ply idling away the ti ı e, with a feeling of content ı ent, there being no cause for dissatisfaction, the sensation co ı ing on suddenly, then the person thus af-fected knew that he was being spoken ill of. This had the sa ı e divination as the ring-ing in the ears. This sign did not, however, refer to this condition only, but had refer-ence also to other ı atters. *F*or instance: Supposing that so ı eti ı e re ı e ı ɔrances ca ı e to a ı an through fear, of the sudden death of a person; if the recollection of the dead person beca ı e very great, then the bristling of the hair of the head would surely hap-pen to that man. *F*ear was the cause.

oihanakahuna, a ua pili i na ɩ ea e ae. Aka, no loko ɩ ai nae o ka poe ɩ ala ɩ a i ka oihanakahuna i puka ɩ ai ai keia oihana ike i na ɩ ea e ae

O KE KUUKUU.

O keia kekahi o na hoailona ɩ aa, a he hoailona ɩ au no hoi. *O* ke kunkun. He nananana no ia e hookuukuu ana i ka punawelewele i loko ona. Ina paha e noho ana kekahi kanaka i kekahi ɩ anawa, a ina e ike ia kekahi kuukuu e haule pono iho ana ɩ a ke alo, alaila, o ke ano o ia kuukuu, "He waiwai e puka ɩ ai ana mahope, a i ole he ɩ alihini paha e hiki ɩ ai ana." Aka, ina ua ike ia aku, he kuukuu e hookuukuu ana ɩ a ka aoao akau a he ɩ a paha, a i ole ua haule ia kunkun ɩ a ke kua, alaila he kunkun waiwai ole ia.

57. NO KA HULAHULA O KA MAKA.

O ka hulahula o ka ɩ aka, he hoailona no ia, e pili ana i ka oihanakahuna. Ina paha ua hiki ɩ ai ka hulahula o ka ɩ aka i kekahi, alaila, he ɩ ea ia e hoike ɩ ai ana no ka ɩ alihini puka, a, i ole no ka uwe aku i kekahi ɩ ea ɩ ake paha. A nolaila, o ka hulahula o ka ɩ aka, he uwe ka ɩ ea e hookoia ana mahope ɩ ai, ina no ka uwe i ka ɩ alihini, a i ka ɩ ea ɩ ake paha. Ina e hoomau ana ka hulahula o ka ɩ aka i kekahi, a hala kekahi ɩ au la, a anahulu a oi aku paha, a ina i hoomalolo iho, alaila o ka hooko ia koe. Alaila e hiki io ɩ ai ana no ka hooko ana.

KE KANI ANA O KA ULA O KA ʻPEPEIAO.

O ke kani ana o ka ula o ka pepeiao, he hoailona no ia e pili ana i ka oihanakahuna Ina i loaa ke kani o ka ula o ka pepeiao i kekahi kanaka, alaila, e maopopo auanei i ka ɩ ea nona ka ula e kani ana, e olelo ino ia ana oia e kekahi ɩ ea e ae. Ina hoi ɩ a ka pepeiao akau ke kani ana o ka ula, alaila, e olelo auanei ke kahuna o ka oihanakahuna, he kane ka ɩ ea nana e olelo ino ana. A ina hoi ɩ a ka pepeiao he ɩ a ke kani ana o ka ula, alaila, e olelo auanei ke kahuna kilokilo o ka oihanakahuna, he wahine ka ɩ ea nana e olelo ino ana. Aole nae i pili wale no ke kani o ka ula o ka pepeiao no ka olelo ino wale no, aka, ua pili no no kekahi ano e ae. Ina he ɩ ai e hiki ɩ ai ana maluna o ka ɩ ea nona ka ula oia iho la no Alua wale no ano e pili ai ɩ a keia ano.

NO KA OKAKALA O KE POO.

Oia no ka naholo ana o ke poo ɩ e he uku la. Elua no inoa ɩ a keia ɩ ea, o ka "okakala o ke poo," a ɩ e "ɩ ala ɩ a o ke poo." Ina ua loaa keia ɩ ea o ke okakala o ke poo i kekahi ɩ ea, ina e noho wale ana ke kanaka ɩ e ka ɩ anao ɩ aikai wale no, aole he ku ɩ u e ino ai, a hiki honua ɩ ai ka okakala o ke poo, alaila e maopopo auanei ka ɩ ea nona ke okakala, e olelo ino ia ana oia. Ua like no keia ano ɩ e ke kani ana o ka ula o ka pepeiao. Aole nae e pili wale keia hoailona o keia ano wale no, ua pili no ɩ a kekahi ano e ae. Penei: Ina paha, ua hiki ɩ ai ka hoomanao ana i kekahi ɩ anawa no ke kupapau ɩ ake koke, a he ano ɩ akau paha, alaila, ina ua nui loa ke kuko i hiki ɩ ai no ua kupapau ɩ ake la, alaila e hiki io ɩ ai no ka okakala o ke poo ia ia. O ka ɩ akau nae ke ku ɩ u

58. THROBBING OF THE FEET

Throbbing of the feet is a pulsating on the under or upper side of the feet as though of something moving. If the throbbing of the feet happened to a person at sometime it was an indication of removal to another location at an unexpected time for removal, therefore when the throbbing occurred a reality of the removal was apparent. However, if the portent of the throbbing of the feet was not in this case consummated, then it would be realized in the arrival of a stranger. Therefore this sign had reference to two instances only, the removal to another location and the arrival of a stranger.

MOLES OF PERSONS.

There are in the moles of persons some signs pertaining to the order of priesthood, but some people did not agree upon the interpretation of these signs, some having different interpretations from others; but the high priests of the order of priesthood, and the counselor of the king knew the character of a person by the location of the mole, and would accordingly interpret the character of a person and all his acts.

OF MOLES BETWEEN THE FEET AND THIGHS.

If the mole of a person was located on the feet, or on the calves of the legs, or on the thighs, the counselor would say that he would be a person moving about from place to place. But the counselor would explain more fully thus ·

On the Feet.—If the mole of a person be located on the instep he was the laziest of all persons, who merely loitered around without any serious thought for work; he would not remain settled in one place.

On top of the Foot.—If the mole of a person was located on top of the foot, it indicated him to be a wandering, lazy man, but not so lazy as the man with the mole on the instep. ·

Between the Feet and the Knees.—If a mole is located between the feet and the knees, it denotes an itinerant person, one not altogether given to wandering, but who would not remain in his birthplace.

Between the Knees and the Thighs.—If the mole of a person was located between the knees and the thighs it denoted a migratory person, who had, however, no great desire for roving but who would not settle down in his own place. He had, however, great desire for work

OF MOLES ON PRIVATES AND MONS VENERIS.

If the mole of a person was located on his privates it denoted him to have a great tendency to lasciviousness, as Keawe, a most notorious person in unlawful sexual intercourse

OF MOLES ON THE BACK

If the mole of a person be on the back it shows him to be a selfish man, one who had no great consideration for his relatives. If the person whose mole was thus located

58. NO KE KONI O NA WAWAE.

O ke koni o ka wawae, he 1ea ia e koni ana 1alalo a maluna paha o na kapuai wawae, 1e he 1ea la e oni ana. Ina i ,uka 1ai ke koni ana o ka kapuai wawae i kekahi kanaka i kekahi 1anawa, alaila he hoailona ia no ka hele ana aku 1a kahi e, i kahi 1anawa, ka 1anawa hoi i ike ole ia e hele ana, nolaila, ina i puka 1ai ke koni, alaila, e hoomaopopo ana no ka hele ana. A ina aole i hookoia 1a keia ano kela koni ana o ka wawae, alaila e hookoia 1a ka 1alihini puka 1ai, a nolaila, elua wale no 1ea e pili ai keia hoailona, o ka hele 1a kahi e, a 1e ka 1alihini puka mai

NO NA ILA O KE KANAKA.

Aia i loko o na ila o ke kanaka kekahi hoailona ike e ,ili ana i ka oihanakahuna. Aole nae he like o ka 1anao o kekahi poe 1a keia 1au hoailona, ua kaawale ka hoailona a kekahi a ua kaawale ka hoailona a kekahi, aka o na kahuna nui o ka oihanakahuna, a 1e na kakaolelo o ke alii ka ,oe ike i na ouli o ke kanaka, e like 1e kahi i ku ai ka ila, pela no e hoakaka ai ke kahuna i ke ano o ia kanaka, a 1e kana 1au hana a ,au.

MAI NA KAPUAI MAI A JIIKI I NA KUMU UHA.

Ina e ku ka ila o kekahi 1a na kapuai, a i ole ia 1a na oloolo wawae paha, a i ole 1a na uha paha, alaila, e olelo auanei ke kakaolelo, he kanaka hele ia, ia wahi aku ia wahi aku, aole ia e 1au ana 1e kona hanau. Aka, penei nae e hoakaka lea ai ke kakaolelo.

Ma na Kapuai.—Ina 1a ka poli wawae ka ila o kekahi, oia ka oi o ke kanaka palaualelo, he hele wale iho no kana, aole he 1anao nui i ka hana, aole e kuonoono aña oia 1a kahi hookahi.

Maluna o ke kapuai.—Ina e ku ka ila o kekahi maluna o ke kapuai, he kanaka hele no, he palaualelo, aole nae e like kona palaualelo 1e ko ke kanaka 1a ka poli wawae ka ila.

Mai na kapuai a na kuli.—Ina e ku ka ila 1ai ke kapuai a na kuli, he kanaka hele no, aole nae he lilo loa o ka 1anao i ka hele. aole nae oia e 1au 1a kona aina hanau.

Mai ke kuli a ke kumu uha.—Ina e ku ka ila o kekahi 1a ke kuli a hiki i ke ku 1u uha, he kanaka hele no, aole nae ona 1anao nui 1a ka hele, aole nae e 1au ana 1a kona wahi. Aka, he kanaka 1anao nui i ka hana.

NO KA ILA MA NA WAHI JIUNA A ME KA PUUKOLE

Ina 1a kahi huna ka ila o kekahi, alaila, oia ka oi o ke kanaka 1anao nui i na hana a *K*eawe, he kanaka oi o ke kalohe 1a na hana ,ili i ka moekolohe

NO KA ILA MA KE KUA.

Ina 1a ke kua ka ila o kekahi, he kanaka aua, a he kanaka 1anao nui ole i kona mau makamaka. Ina e ike 1ai ka 1ea nona ka ila i kona makamaka e hele mai ana, alaila o

saw his relatives co ı ing, he would i ı ı ediately turn his back in the direction his relative was co ı ing, while the face was turned the other way.

MOLE ON THE BACK OF THE NECK

If the ı ole of a person be on the back of the neck it indicated hi ı to be the ı ost powerful ı an in carrying loads on his shoulders, and who enjoyed lifting heavy weights. It had the sa ı e interpretation as the ı ole on the lower part of the neck where it ı eets the shoulders

MOLE ON THE NECK

If the mole of a person be on the neck, especially on the throat, he was very fond of edibles, thereby attaining the reputation of a glutton, provided it was upon his "Ada ı 's apple".

MOLE ON THE NOSE.

If a ı ole was located on the nose the interpreter would say it is a kissing ı ole, because it is located at a place subject to kissing [or being kissed]

MOLE ON THE EYE

If the ı ole of a person be on the eye, the interpreter of ı oles would say: "It is a conte ı ptuous eye." That ı an or wo ı an would not fail to criticise the conduct of a person and all the acts that he did. Another interpretation of this ı ole was: "A lasci vions and lustful eye," on the husband or wife of another; also coveting the property of others, and things of like nature.

MOLE ON THE FOREHEAD.

It was said by wise counselors that if a ı ole was located on the forehead [of a person] he was an attentive and righteous ı an who would not shrink fro ı a reso- lution that he would ı ake. If he failed through a drawing back then his hopes also failed notwithstanding his great desires

MOLE ON THE CROWN OF THE HEAD

If the ı ole of a ı an was on the crown of his head, he was the ı ost learned ı an in a calling, whether it be that of a counseler, or a diviner, learned in the edifying works of for ı er ti ı es. *K*ings would be his associates, and he would be a favorite of the chiefs. He would be a person who would strictly observe the laws of the god of the order of priesthood

MOLE ON THE HANDS

If the ı ole of a person be on the wrist-bone of the right or left ar ı it denoted hi ı to be a ı owerful ı an in a fisticuff or an encounter, and in wrestling; one who would be victorious in all conflicts. Another attribute which this ı an would possess was his strength in playing the *pahee* (sliding) and in bowling.

ka haawi koke aku no ia i kona kua ꞁa kahi a kona makamaka e hele ꞁai ana, a o ke alo huli aku ꞁa kahi e

NO KA ILA MA KA HONO.

Ina ꞁa ka hono ka ila o kekahi, oia ke kanaka oi o ka ikaika i ke a ꞁo, a he kanaka ꞁanao nui no hoi i ka hapai i na ꞁea kaumaha. Ua like pu ka hana a ia ila ꞁe ka hana a ka ila ꞁa ka hokua ponoi.

NO KA ILA MA KA AI.

Ina ꞁa ka ai ka ila o kekahi, o na ꞁea ai kana ꞁea e ono ai ua kapa ia, "he ka naka puni ai," ke ku nae ka ila ꞁa ke kaniai.

NO KA ILA MA KA IHU

Ina e ku ka ila ꞁa ka ihu, alaila e olelo auanei ka ꞁea kilokilo o na ila, "he ila honi" no ka ꞁea ua ku ꞁa kahi o ka honi.

NO KA ILA MA KA MAKA

Ina ꞁa ka ꞁaka ka ila o kekahi kanaka, alaila, e olelo auanei ke kilokilo ila "he ꞁaka loi." Aole e nele ka loiloi o ia kane a wahine paha i ke ano o ke kanaka, a ꞁe na hana a pau a ke kanaka e hana ai. A o kekahi hana a ia ila, he ila anoi a makaleho wale aku i ke kane a wahine paha a kekahi; ꞁe ke kuko wale aku, ina he waiwai na hai, a ꞁe na ꞁea like o ia ano

NO KA ILA MA KA LAE.

Ua oleloia e ka poe aka ꞁai i ke kakaolelo, ina e ku ka ila ꞁa ka lae, he kanaka hoolohe, he hoopono, aole oia e hoi hope ꞁa kona ꞁanao ana e hooholo ai. A ina e haule oia i ka hoi hope, alaila o kona hoi hope iho la no ia o kona ꞁanao ꞁe ka nana ole i na ꞁea ana e ꞁanao nui ai

NO KA ILA MA KA PIKO POO

Ina ꞁa ka piko poo ka ila o kekahi kanaka, alaila oia ke kanaka naauao loa ꞁa na hana, ina he kakaolelo, a kilokilo paha, he aka ꞁai ꞁa na hana naauao o ka wa kahiko, he ꞁau alii aimoku kona ꞁau hoa kuka, a he kanaka punahele i na 'lii, he kanaka ꞁala ꞁa pono i na kanawai o ke akua o ka oihana kahuna.

NO KA ILA MA NA LIMA

Ina e ku ka ila o kekahi ꞁa ke kano o ka li ꞁa akau, a li ꞁa he ꞁa paha, he kana-ka ikaika i ke kuikui a ꞁe ka ꞁoko ꞁoko, a he ikaika i ke kulakulai, e lanakila no oia i na ꞁanawa hakaka a pau. O kekahi ano o ia kanaka, he kanaka ikaika i ka pahee, a ꞁe ka olohu (ꞁaika).

MOLE ON THE LIP.

If the mole of a person was on the lip, that person would be fond of tattling, his usual occupation being that of a tale-bearer, and the confidences of private conversations with his friends would not be observed. It would not be long before he would divulge what they had resolved to do. And if a woman was the possessor of the mole she would excel in tale bearing.

MOLE IN THE PALM OF THE HAND.

If the mole of a person was on the palm of the hand then the high priest of the order of priesthood would say: "He is a man who will take anything he desires, stealing without being seen; he is a man who will excel in mischief

MOLE ON THE EYEBROWS.

If the mole of a person was on either or both eyebrows, the counselor priest of the order of priesthood would say: "He is a very ill-natured man, and selfish also, seldom being amiable and kind, termed by character readers as 'a bunch of bulrushes which could be smashed with a rock.' If the man was eating and saw his friend coming, he would cast his eyes down on the ground. If his anger was aroused his mind was suddenly made up for a fight although he was not a man of strength "

59.   OF FAVORABLE MONTHS FOR BIRTHS.

Among the auguries that the character readers practiced, in the order of priesthood, the deportment and attributes of persons are known by the months, as the character readers knew all about a person and his doings by the month of his birth. As the auguries of the month of his birth, so would his character and deportment be, whether rich, or poor, or favored.

THE MONTH OF IKIIKI.

If a child was born in the month of Ikiiki[50] he would become a man very fond of agriculture. He had no great desire for a large number of people in the home, especially if they were strangers; his own family was upper most in his mind

THE MONTH OF KAAONA.

If a child was born in Kaaona,[51] if a boy he would be much sought after by women and favored in all his works. Ruling chiefs would be his associates and he would be a general favorite among them. As the name of the month indicates, so were the acts of the man; such a person was called: "The intoxicating shrub of Makalei"[52] (which was a favorite intoxicant plant of the fishes).

---

[50]This corresponded to May-June of the old Hawaii calendar, as it is to be borne in mind these are lunar rather than calendar months.

[51]The month of June-July.

[52]*Makalei*, name of a plant said to be found on Molokai, the root of which in ancient time was used to attract fish by placing it at the gates of fish-ponds, located near the sea; thought to have magnetic powers. The shrubs *auhuhu (Cracca purpurea)*, and *akia (Diplomorpha sandwichensis)* were stupefying or poisonous plants used as a mixture for certain kinds of reef fishing.

NO KA ILA MA KA LEHELEHE.

Ina ı a ka lehelehe ka ila o kekahi kanaka, alaila, he kanaka puni kamailio he holoholo oielo olelo kana hana nui, aole e nalo na olelo huna ana i kuka ı alu ai ı e kona hoa loha, aole e liuliu e hai koke aku no oia i ka laua ı ea i hooholo ai e hana. A ina he wahine ka ı ea nona ka ila, o ka pakela aku ia o ke aka ı ai i ka holoholo olelo.

NO KA ILA MA KA PULIMA.

Ina ı a ka puli ı a ka ila o kekahi ı ea, alaila e olelo auanei ke kahuna nui o ka oihana kahuna, "He kanaka lawelawe i kela ı e keia ı ea ana e ı anao ai, he kii aihue ı e ka ike ole ia. He oi o ke kanaka ı anao nui i ke kalohe."

NO KA ILA MA NA KUE MAKA.

Ina ı a ke kūe ı aka a ı au kue ı aka ,aha ka ila, o kekahi ı ea, alaila e olelo auanei ke kahuna kakaolelo o ka oihana kahuna, "He oi o ke kanaka huhu, a he aua no hoi, kakaikahi kona ı anawa oluolu, a ı e ka lokomaikai; ua kapaia e ka ,oe ike i ka nananli, he pu-makoloa ia kanaka, aole e naha i ka pohaku ke wawahi." A ina e ai ana ua kanaka la, a ike i kona hoa e hele ı ai ana, i lalo wale no kona ı aka e kulou ai. A ina e hiki kona huhu, ua ,uni koke kona ı anao i ka hakaka, he kanaka ikaika ole nae.

59. NO NA MALAMA MAIKAI O KA HANAU ANA.

Ma na oihana ike a ka ,oe nananli e ,ili ana i ka oihanakahuna, aia kekahi ı au hana a na kanaka, a ı e na ano ı a na ı ala ı a, he mea maopopo i ka poe nananli ke ano o ke kanaka, a ı e kana ı au hana i loko o kona ı ala ı a hanau. E like ı e ka ı ala ı a hanau, pela no kona ano a ı e kaua hana, ina he waiwai, a ina he ilihune, a ina he punahele.

KA MALAMA O IKIIKI

Ina e hanau ke keiki i ka ı ala ı a o Ikiiki, he kanaka makemake nui i ka ı ahiai. Aole ona makemake nui i ka lehulehu o ka hale, ina he ,oe e ı ai; o kona ohana iho no kana e ı anao nui ai.

KA MALAMA O KAAONA.

Ina no Kaaona ka hanau ana o ke keiki, ina he keiki kane, he kanaka kulia i ka wahine, he kulia i kela hana keia hana. He ı au alii aimoku kona ı au hoa hele, a he kanaka punahele no i na 'lii. E like me ka ı ala ı a, ,ela no ka hana a ke kanaka; ua kapaia ia kanaka, "He laau ona o Makalei." (Oia ka laau ona ia e ka ia.)

THE MONTH OF HINAIAELEELE.

If a child was born in Hinaiaeleele[53] he would be a lazy person, greatly desiring pleasure, and an ignoramus. As the 1onth was something of a shady hue, so were all the acts of this 1an.

THE MAHOE-MUA AND MAHOE-HOPE.

If a child was born in the Mahoe-1ua[54] and the Mahoe-hope,[55] he would be a 1an who so 1eti 1es indulged in doing 1ischief, and so 1eti 1es a 1an of good behavior. He was fond of agriculture and fishing. If he did 1ischief in the first place, all his future acts would be of evil. If good behavior was his first act and an evil deed the second he would continue in evil deeds till death; his 1ind would not revert back to his first act

THE MONTH OF IKUWA.

If a child was born in the 1onth of Ikuwa,[56] he was a loud-voiced child but a 1an 1uch liked by the chiefs as a heralding officer. Like the thunder clap in Ikuwa so he was considered in the opinion of the counselors of the order of priesthood

THE MONTHS OF WELEHU AND MAKALII.

If the birth of a child occurred in Welehu,[57] or Makalii[58]—they being auspicious 1onths—he would be a 1an of 1any children. It referred to wo 1en also. If a 1an and wo 1an were 1arried, and their birth 1onth the sa 1e, their fa 1ily would be large and ter 1ed "an asse 1bly of *manini,* or school of *uhu.*"

THE MONTH OF KAELO.

If a boy or girl was born in the 1onth of Kaelo,[59] he had 1uch affection for his wife and fa 1ily; the sa 1e of a wo 1an. He was also affectionate to a person who 1ade an i 1pression upon hi 1; he, or she, was charitable and had a host of friends.

THE MONTH OF KAULUA.

If a person was born in the 1onth of Kaulua,[60] "he was a chief, an island chief, a 1ighty 1an in battle who would be victorious at all ti 1es. He would be a very brave 1an, a violent te 1pered chief or co 1 1oner." Like the 1onth so would be the char acter of the child born in this 1onth, because during that 1onth the sea broke in bil lows in the ocean, which were called "the violent billows of Kaulua."

THE MONTH OF NANA.

If the birth of a person occurred in the 1onth of Nana,[61] he always had faith in receiving everything that he desired; he had confidence in far 1ing, in fishing and every occupation which he could think of, whether it be right or wrong.

---

[53]J1ly-August. [54]August-Septe 1 ber. [55]Septe n ber-Octo-ber. [56]October-Nove 1 ber. [57]Nove 1 ber-Dece n ber. [58]De-cember-Ja 1 1ary. [59]Ja 1 1ary-February. [60]Febr 1 ary-March. [61]March-April.

KA MALAMA O HINAIAELEELE.

Ina no Hinaiaeleele ke keiki e hanau, "he kanaka molowa, he makemake nui i ka lealea, he kanaka naaupo. E like ɪe ke ano eleele o ka ɪ ala ɪ a, pela ka poele o na hana a pau a ia kanaka."

KA MAHOE-MUA A ME KA MAHOE-HOPE.

Ina no ka Mahoe- ɪ ua a ɪ e ka Mahoe-hope ka hanau ana o kekahi keiki, he kanaka ɪ anao nui i ke kalohe i kekahi ɪ anawa, a i kekahi ɪ anawa, he kanaka noho ɪ alie. He kanaka ɪ anao nui i ka mahiai a ɪ e ka lawaia. Ina o ke kalohe ka hoomaka ana a ua kanaka nei, alaila, o ke kalohe wale no kana ɪ au hana. A ina o ka noho ɪ alie ka hana ɪ ua, a ina he kalohe ka hana hoɪe, alaila o ke kalohe wale no a ɪ ake, aole e huli hou kona ɪ anao i kana hana ɪ ua.

KA MALAMA O IKUWA.

Ina e hanau kekahi keiki i ka ɪ ala ɪ a o Ikuwa, he keiki leo nui, he kanaka ɪ ake ɪ ake nui ia nae e na 'lii i luna kala. E like ɪe ke kui ana o ka hekili i loko o Ikuwa, pela i ɪ anao ia ai e na kakaolelo o ka oihanakahuna.

KA MALAMA O WELEHU A ME KA MALAMA O MAKALII

Ina no Welehu a ɪ e Makalii ka hanau ana o kekahi keiki, he ɪ au ɪ ala ɪ a ɪ ai-kai ia, he kanaka keiki nui, a wahine paha. Ina ua hoao ke kane a ɪ e ka wahine, a ua like ko laua ɪ ala ɪ a hanau, alaila na laua na ohana nui, ua kapaia, "he naho ɪ anini, a he uhukai."

KA MALAMA O KAELO.

Ina ua hanau kekahi keiki i ka ɪ ala ɪ a o Kaelo, a kaikamahine paha, he kanaka aloha nui i kana wahine a ɪ e kona ohana, a ɪ a he wahine oia no. A he kanaka aloha no hoi i kana ɪ ea e ɪ anao aku ai, he kanaka lokomaikai a wahine lokomaikai paha, he kanaka makamaka nui.

KA MALAMA O KAULUA.

Ina e hanau kekahi i ka ɪ ala ɪ a o Kaulua, "he kanaka alii, he alii aimoku, he kanaka ikaika i ke kaua, a e lanakila no oia i na ɪ anawa a pau. He kanaka koa loa, he alii huhu, a kanaka huhu paha." E like me ke ano o ka ɪ ala ɪ a, pela no ke keiki hanau ia ɪ ala ɪ a, no ka ɪ ea, o kela ɪ ala ɪ a, ia ɪ ala ɪ a e poi ai ke kai ɪ a ka ɪ oana, "Ua kapaia, ɪna akuku nalu o Kaulua."

KA MALAMA O NANA.

Ina no ka ɪ ala ɪ a o Nana ka hanau ana o kekahi, alaila, he manaolana ɪ au oia ɪ a na ɪ ea a ɪ au ana e ɪ anao ai, he manaolana i ka mahiai, lawaia, kela hana keia hana a pau ana e noonoo ai, ina he pono, ina he hewa.

THE MONTH OF WELO.

If a person was born in the month of Welo,[62] he was a man skilled in divination and counseling. He was an illustrious person, and his children were distinguished also after him. His descendants were always eminent.

60. OTHER AUGURIES OF THE MONTHS ACCORDING TO THE ORDER OF PRIESTHOOD.

Mention has been made in former numbers in relation to agriculture regarding favorable days for planting, but no mention was made of the favorable months. Divination of days was different from that of months. The works of the farmers were named after the months; according to the names of the months so would be the result of the work.

THE MONTH OF IKIIKI.

Before the approach of the month of Ikiiki, the farmer prepared to work his field and set out his plants: after his plants had matured, then the farmer was ready to eat the produce which he had cultivated in the month of Ikiiki; and this was what the farmer said: "In the month of Ikiiki the first fruits of my plants will be gathered." But if the yield in the field changed, famine would be the result. This month had only two interpretations, "weariness from food," or "hard pressed by famine." Therefore this month was favorable to the farmers, but distressing to certain others. The words of the farmers, applied, however, to dry land; they did not refer to wet lands.

THE MONTH OF KAELO.

This was the favorable month for the plover snarer's ambitions, as it was the season in which the plover fattens. Hence the saying by the counselors of the order of priesthood: "Kaelo is the month when the plover are plump."

THE MONTH OF NANA.

Prior to the month of Nana the fishermen prepared the flying-fish seine, because the fish diviners foretold that: "In the month of Nana the flying-fish are fat." The fish diviners, when the fishing months came, could foretell the time of performing the works of their vocation which were soon fulfilled according to their words.

61. AUGURIES OF THE CANOE-HEWING PRIESTS.

The canoe-hewing priest was a notable personage. He was a capable man in his calling; he also had an augury in keeping with his profession of canoe hewing. He could not commence to perform the duties of his calling unless he supported the ordinances of his profession according to his gods; only by having a favorable night during sleep could he go and perform the duties of his vocation; but if his dream had reference to death, then he could not go up to hew canoes. If he persisted then the result would be fatal.

---

[62] April-May. This departs somewhat from the table of Hawaiian months as adopted by Dr. W. D. Alexander in his "Brief History," as some of the Hawaiian names of this paper differ from those of his list.

KA MALAMA O WELO.

Ina e hanau kekahi i ka ꞏalaꞏa o Welo, he kanaka akaꞏai i ke kilokilo a me ke kakaolelo. He kanaka kuauhau, a kuauhau pu me kana ꞏau keiki ke hanau aku. He hanauna kuauhau ka ia kanaka a ꞏau aku.

60. KEKAHI MAU ANO HOU AE O KA MALAMA MAMULI O KA IKE OIHANAKAHUNA.

Ua hoikeia ꞏa kekahi ꞏau helu e pili ana i ka mahiaꞏ, no na la ꞏaikai o ke kanu ana, aka aole i hoikeia na ꞏalaꞏa ꞏaikai. He okoa no ke kilokilo ana o na la, a he okoa no ko ka ꞏalaꞏa. Ua kaꞏaia na hana a ka ꞏoe mahiai mamuli o na iꞏoa o na ꞏalaꞏa; e like ꞏe na inoaꞏo ka ꞏalaꞏa, ꞏela no na hana e hiki mai ana.

KA MALAMA O IKIIKI.

Maꞏua o ka ꞏalaꞏa o Ikiiki, ua makaukau ke kanaka mahiai e hana i kana mahinaai, a me kana ꞏau ꞏea kanu; a mahope iho o ka ulu poꞏo ana o kana ꞏau ꞏea kanu, alaila, ua makaukau ka mahiai e ai i kana hua i mahiai ai ꞏa ka ꞏalaꞏa o Ikiiki, a penei e olelo ai ka mahiai: "A ka ꞏalaꞏa o Ikiiki, hahai ka hua ꞏua o kaꞏu ꞏau ꞏea kanu," aka hoi i ano e ꞏai ka hua o ka mahinaai, alaila o ka wi ka hope. Elua wale no ano o ia ꞏalaꞏa, "he ikiiki i ka ai," a "he ikiiki i ka wi." Nolaila ua maikai ia malaꞏa i ka ꞏoe mahiai, a ua ino ia ꞏalaꞏa i kekahi poe. Ma na ꞏaina kula nae e pili ai ka olelo a ka poe mahiai, aole e pili ꞏa na aina waikahe.

KA MALAMA O KAELO.

He ꞏalaꞏa ꞏaikai ia a ka poe kapio kolea e ꞏanao nui ai; oia ka ꞏanawa momoꞏa o ke kolea. A nolaila, ua oleloia e ka ꞏoe kakaolelo o ka oihanakahuna, "O Kaelo ka ꞏalaꞏa e kaꞏule ai ke kolea."

KA MALAMA O NANA.

Maꞏua o ka ꞏalaꞏa o Nana, e hoomaukau ai ka poe lawaia i ka upena ꞏalolo, no ka ꞏea, ua ike ia e ka ꞏoe kilokilo lawaia, "O Nana ka ꞏalaꞏa, hoonanana ka malolo." O ka ꞏea kilokilo lawaia ke hiki i ko lakou ꞏalaꞏa lawaia, he hiki ia lakou ke olelo e ꞏaꞏua o ka ꞏanawa e hana ai i ka lakou oihana, a e hookoia no auanei e like me ka lakou olelo ana

61. . KA OIHANA IKE A KA POE KAHUNA KALAIWAA

He kanaka kaulana ke kahuna kalaiwaa. He kanaka akaꞏai no ꞏna kana oihana kalaiwaa; a he hoailona ike no kana, me ka ꞏalaꞏa no i kana oihana kalaiwaa. Aole no e hiki i ua kahuna kalaiwaa la ke hoomaka e hana ꞏa kana oihana kahuna, ke ole oia e ꞏalaꞏa i na kanawai o kana oihana mamuli o kona akua; aia wale no a ꞏaikai ka po o ka moe ana, alaila poꞏo ke hele e hoomaka ꞏa kana oihana; aka, ina ua pili ka moe nhane i ka ꞏake, alaila, aole e hiki ke pii i kuawaa. Ina hoopaa aku, alaila o ka ꞏake ka hope.

BEGINNING OF CANOE HEWING

A canoe-hewing priest should first instruct a person who desired to learn canoe hewing, also teaching him other things which were edifying, by acknowledging the deity, and instructing him also in the auguries relating to the vocation of canoe hewing

LEARNING OF THE CANOE-HEWING PRIEST.

When the canoe-hewing priest reached the koa tree which he had chosen to hew into a canoe, he must first look up to the branches of the tree so selected, and when he had noted the traveler's branch,[62] he would cut at the base and at the side of the tree bearing said traveler's branch.

OF THE TRAVELER'S BRANCH

This was the branch of the tree which the canoe hewers and timbers cutters took particular observation of because, on the side of that branch the tree would fall when cut, and that was why it was called by canoe-hewing priests "a traveler's branch."

MARKS OF A GOOD OR A DEFECTIVE CANOE.

When the koa tree intended for a canoe fell and the top was cut off, then the canoe-hewing priest watched for the coming of the *elepaio* bird, which augured its perfectness for a canoe, or its defect. When the *elepaio* bird darted down from the sky and landed on the trunk of the tree intended for a canoe, the canoe-hewing priest watched its conduct

BEHAVIOR OF THE ELEPAIO BIRD RELATING TO THE DEFECT OF THE CANOE

If the bird darted down and perched on the trunk of the tree and then ran along the trunk to the other end, the canoe-hewing priest would remark: "The canoe is perfect." The conduct of the bird in running direct from the base to the end was the sign which enabled the priest to pronounce it perfect. Where the bird traversed was the top opening of the canoe. Supposing that the opening of the canoe which the bird apparently intended was underneath, the bird would fly to a certain height, then circle over the tree. the priest would understand that it was urging the turning of the tree. But if the opening that the *elepaio* intended to be was on the side, it would fly in that direction. On the other hand, if the bird came and stood on the trunk of the tree intended for a canoe, if it continued to remain there for some time, the canoe-hewing priest knew that a defect was at that point. If the bird again ran from the trunk and stood in another place, then another defect was at that locality, and thus the bird would indicate all the defects in the canoe, whether it be rottenness, hollow-cored, or knotted. In this way the canoe-hewing priest was made aware of the defects of the [tree for a] canoe.

---

[62]The "traveler's branch" must have reference to the most prominent or farthest reaching branch on any side, as indicating the disposition of the tree to fall.

NO KA HOOMAKA ANA E KALAIWAA.

E ao mua no ke kahuna kalaiwaa i ke kanaka e makemake ana e ao i ke kalaiwaa, me ke ao pu aku i na oihana e ike ai, mamuli o ka malama ana i ke akua; a me ke ao pu aku no i na hoailona ike e pili ana no ka oihana kalaiwaa.

KA IKE O KE KAHUNA KALAIWAA.

I ke kahuna kalaiwaa i manao ai e kii i ke koa i manao ai he waa, aia a hiki aku ke kahuna ma ke koa ana i manao ai i waa, alaila, e nana mua oia i luna o na lala o ua koa nei, aia a ike aku oia i ka lala kamahele, alaila, e oki oia ma ke kumu o ua koa nei ma ke kua o ke kumu laau, e ku ana i ke alo ma ka aoao e pili ana i ka lala kamahele.

NO KA LALA KAMAHELE

Oia ka lala o ka laau a ka poe oki waa, a oki laau paha e makaala ai, no ka mea o ua lala kamahele la, malaila no e hina aku ai ka laau ke okiia, a oia ka mea i olelo ia e na kahuna kalaiwaa, "he lala kamahele."

KA HOAILONA NO KA WAA MAIKAI A ME KA WAA INO.

Aia a hina ke koa i manaoia i waa, a moku ka welau; ia manawa e nana aku ai ke kahuna kalaiwaa i ka lele mai a ka manu elepaio, oia ka manu nana e hailona mai ka maikai o ka waa, a me ke ino. I ka manawa e lele mai ai ka manu elepaio mai ka lewa mai a kau ma ke ku i u o ka laau i manaoia ai he waa, ia manawa e nana aku ai ke kahuna kalaiwaa i ke kuhikuhi a ka manu elepaio.

KE KUHIKUHI ANA A KA ELEPAIO I KA HEWA O KA WAA.

Ina e lele mai ka manu a kau ma ke kumu o ka laau, a holo mai ka manu mai ke kumu a ka welau, alaila, e olelo auanei ke kahuna kalaiwaa, "Ua maikai ka waa." O ka holo pololei ana o ka manu elepaio mai ke kumu a ka welau ka hoailona a ke kahuna kalaiwaa i olelo ai "he maikai." O kahi a ka manu e holo ai, oia iho la no ka waha o ka waa. Ina paha, ua kaa ka waha a ka manu i manao ai malalo, alaila, e lele no ka manu a kau maluna, a lele poai a puni ka laau, alaila e maopopo auanei i ke kahuna kalaiwaa, e hoolale mai ana e hoohuli ka laau. Aka hoi ina ma ka aoao ka waha a ka elepaio i manao ai, alaila e lele no auanei ka manu ma ka aoao.

Ina hoi i lele mai ka manu a kau ma ke kumu o ka laau i manaoia he waa, a i hoomau loa ka manu i ke kau malaila a liuliu iki, alaila, e manao auanei ke kahuna kalaiwaa, aia malaila ke ino, (kina) o ka waa. Alaila, holo hou mai ka manu mai ke kumu mai a kahi no e ku ai, aia hou no malaila ke kina, a pela aku ka manu e kuhikuhi ai i na kina a pau o ka waa, ina he puha ke kina o ka waa, ina he iho kaa, a he lala paha. Pela e ike ai ke kahuna kalaiwaa i ke kina o ka waa

62. THE GOD OF THE CANOE-HEWING PRIEST

Kupulupulu was the god of the canoe-hewing priests, and Mokuhalii the canoe-hewing priest who attended the deity. They, Mokuhalii, a male deity, and Leaka, his wife, a female deity, were deities of the canoe hewers, and the canoe-hewing priests and their offspring descending from them.

OF THE INITIATION SERVICE OF THE CANOE-HEWING PRIEST

Canoe-hewing priests performed an initiation service at the beginning of canoe-hewing, but the service did not relate to priests already established. When a person desired to learn canoe hewing he had to do as his instructor directed him. When his canoe was completed it was essential to purchase a pig and other necessaries, which should not be bought cheaply as in the case of other canoes. The requirements for the canoe of a new priest being purchased cheaply depended upon the acceptance of the offering service. In the service if the augury stood favorably, it would be apparent to the instructor that his pupil would prosper in the vocation of canoe hewing, but if the augury was inauspicious, then the instructor in canoe hewing would say that the pupil could not learn the calling. If the augury foretold death then that person would surely die if he persisted in canoe hewing; therefore it had better be left alone

63. THE PROFESSION OF SPEAR HURLING.

Spear hurling was an exhilarating profession, and a warlike vocation also. Spear hurling was practiced for offensive and defensive fighting; it was not generally taught to the common people, but only to those at court; only a few of the common people understood fighting with spears.

Spear throwers had a tactical profession, one of skill; an accomplished spearsman could stand before many[64] spears hurled at him; if a score of spears were hurled at an able spearsman they would not overcome him, in spite of their number.

There were two principal things in spear hurling; dexterity in dodging, and skill in throwing, the spear. One who was dexterous in throwing the spear, however, could not make a success before one who was clever in dodging. If an expert dodger was seen [in action] then tremendous applause for him would be heard. Dexterity in throwing and agility in dodging should be incorporated in one person.

64. AUGURIES IN SPEARMANSHIP.

Instructors in spearsmanship maintained certain auguries in relation to the order of priesthood. One would not instruct spearsmanship if an inauspicious augury foretold misfortune and adversities which might occur afterwards. One could not go to fight in a spear battle unless skilled; only by practice, if the augury was favorable, could a person go to battle. Otherwise it was improper to go.

---

[64] The term *haule makawalu* used here means that though numerous the spears fell harmlessly before him.

62. KE AKUA O NA KAHUNA KALAIWAA

O Kupulupulu ke akua o ka poe kahuna kalaiwaa, a o Mokuhalii ke kahuna kalaiwaa, o ke kahuna ia nana i malama ke akua. He mau akua no laua no ka poe kalaiwaa, he akua kane o Mokuhalii a o Leaka kana wahine, he akua wahine ia, a o na kahuna kalaiwaa mahope mai o laua, no loko mai o laua a me ka laua mamo

NO KA AILOLO ANA O KE KAHUNA KALAIWAA.

He ailolo ko na kahuna kalaiwaa ma ka hoomaka ana e kalaiwaa, aole nae i pili ka ailolo no ka poe kahuna kahiko.

Aia a manao kekahi e ao i ke kalaiwaa, alaila, e hana no oia mamuli o ke kauoha a kana kumu. Aia a paa kana waa i kapili ai, alaila, e pono e kuai aku i ka puaa, a me kekahi waiwai e ae, aole nae e kuai makepono ia e like me na waa e ae. He kuai makepono loa ko ka waa a ke kahuna hou, aia ka pono o ka ailolo. I ka ailolo ana, ina ua ku ka lolo i ka maikai, alaila e maopopo auanei i ke kumu kalaiwaa, e pono ana kana baumana ma ka lawelawe ana i ke kalaiwaa. Aka, ina ua ku ka hailona i ke ino, alaila, e olelo auanei ke kumu kalaiwaa, aole e hiki i kana haumana ke ao i ke kalaiwaa. Ina ua ku ka hailona i ka make, ma ka hoike ana a ka lolo, alaila e make ana no ia kanaka ke hoomau aku i ke kalai waa, nolaila o ka haalele loa no ka pono

63. NO KA OIHANA OO IHE.

He oihana lealea ka oo ihe, he oihana kaua no. I hoomakaukauia ka oihana oo ihe no ke kaua aku, a kaua mai; aole nae e ao waleia ia mea ma na kanaka kuaaina, ma ke alo alii wale iho no ia, he kakaikahi wale no na kanaka kuaaina i ike i ke kaua oo ihe.

He oihana ike no ka ka poe oo ihe, he oihana akamai; he hiki i ke kanaka akamai ke ku i mua o na ihe e haule makawalu ana i mua ona, ina he iwakalua ihe e houia i ka mea hookahi, aole e lanakila ana ia mau ihe he lehulehu i mua o ka oo ihe akamai.

Elua 10 mea ano nui i ka oo ihe ana, o ke akamai i ka alo, a o ke akamai i ka oo ihe. Aole nae e hiki i ka mea akamai i ka oo ihe ke lanakila i mua o ka mea akamai i ka alo ihe. Ina e ikeia ke kanaka akamai i ka alo ihe, alaila nona ka pihe nui ke loheia aku. O ke akamai i ka oo ihe, a me ke akamai i ka alo ihe, e pono no e huiia ia mau mea elua i ke kanaka hookahi

64. NA HOAILONA IKE O KA OO IHE.

He mau hoailona ike no ka ka poe kumu oo ihe e pili ana i ka oihanakahuna Aole no e ao wale ana kekahi i ka oo ihe ke ku i ka bailona ino e pili ana i ka poino a me ka pilikia mahope e hiki mai ana. Aole no e hiki ke hele i ke kaua oo ihe ke ailolo ole; aia no a ailolo, a maikai ka lolo ana, alaila, pono ke hele i ke kaua. Aka ke ino ka lolo ana, aole e pono ke hele.

AUGURY FOR INITIATION

When one is learning spearsmanship efficiency must be certified to by the initiation ceremony. If a pig was to be the sacrifice, the spear instructor would examine it after being cooked and taken from the oven. If he was satisfied that the pig of the ceremony was appropriate he would say: "the ceremony is well."

AUSPICES OF THE INITIATION CEREMONY

The perfectness of the graduation ceremony of the scholar in spearsmanship depended upon the uncracked condition of the roasted pig, and the completeness of all the work done from the initial lesson to the time of the ceremony. Then only was the service considered perfect.

AN IMPERFECT CEREMONY

If the instructor in spear hurling noticed that the roasted pig was defective, perhaps a crack on its back, then the back of the novitiate would be pierced by his opponent in battle. Wherever cracks appeared on the initiation pig there would the injuries be inflicted on the person of the scholar. According to the priest's ordinances so would be the result.

65. OF THE PROFESSION OF BONE BREAKING.

Bone breaking was a profession of hostility; it was taught in preparation for the day of battle or other encounters; it was practiced to guard against the strength of an opponent intending to inflict an injury. But practicing bone breaking did not always bring victory to one having an excellent knowledge of the profession. If a person had great strength and was uninstructed in the profession of bone breaking, his great strength would not avail him against a feeble old man who was skilled in bone breaking. Of two experts in bone breaking who had the same instructions, if one had more strength than the other, the stronger would be victorious.

Of bone breaking. *Pikoi*[65] and bone breaking constitute this profession. When a person desired to learn the profession, he was taught by the instructor in the ordinances of bone breaking deity, strictly obeying the counsels of the instructor. During the course of instruction only ten evenings or ten noon times were occupied, after which the augury pig was roasted. If the pig was faultless in its preparation, then his bone breaking practice would be successful. But if the augury pig was faulty, chinked perhaps, the instructor would say: "It is of no use seeking to learn bone breaking, because, where the pig was cracked, there an injury would be inflicted."

An incident of Kekuaokalani. During his instruction in the profession of bone breaking, and after the augury pig was roasted, the whole pig was faultless except for a chink on the leg. His instructor then said in accordance with the rites of the order of priesthood: "It will not be safe for you to go into engagements of war or of any other conflict, because you will receive an injury in the same place as the chink on your pig." But Kekuaokalani did not pay attention to the words of his bone breaking instruc-

---

Pikoi, a stone or hard-wood weapon fastened to a cord, used in robbing and plundering.

KA HAILONA NO KA AILOLO ANA

I ke ao ana o kekahi i ka oo ihe alaila e pono ke bailona ma ka ailolo ana   Ina he puaa ka lolo, alaila, e nana ke kumu oo ihe i ka puaa mahope iho o ka moa ana mai ka imu ae. A ina ua ike ke kumu oo ihe o ka oihanakahuna, ua maikai ka puaa o ka lolo ana, alaila e olelo auanei ke ku ı u oo ihe, "Ua maikai ka lolo "

NO KA MAIKAI O KA LOLO.

O ka maikai o ka ailolo ana o ka baumana oo ihe, o ka nakaka ole o ka puaa i kaluaia, o ka holokahi o ka hana ana, mai ka hoomaka ana e ao a hiki i ka lolo ana Alaila, he lolo maikai ia.

KA LOLO INO.

Ina ua ike ke kumu oo ihe ua ino ka puaa, he nakaka paha, ina paha ma ke kua o ka puaa lolo ka nakaka ana, alaila ma ke kua no o ka mea nona ka lolo e ku ai i ka ihe a kona hoa kaua. Ma kela wahi keia wahi o ka puaa lolo e nakaka ai, alaila, malaila no e loaa ai ka pilikia; e like me ke ano mau o ka oihanakahuna, pela no e hookoia ai.

65. NO KA OIHANA LUA.

He oihana kaua ka oihana lua; ua aoia ka oihana lua, ıo ka la kaua, a no ka la e bakaka ai; ua malamaia ka oihana lua, i mea e pale aku ai i ka ikaika o kekahi mai, me ka manao e hoeha mai   Aka, ma ka malama ana i ka oihana lua, aole ia he mea e lanakila ai i ka ike oi o ka mea e malama ana i ka oihana lua.   Ina he ikaika nui ko kekahi kanaka, me kona ao ole i ka oihana lua, alaila, aole no e lanakila ana kona ikaika mamua o ka elemakule nawaliwali i ike i ka oihana lua.   A ina he mau mea ike hohonu i ka lua, a ua like no na ai a laua i ao ai, a me na kaina ai a laua, aka, ina ua oi ka ikaika o kekahi i mua o kekahi, alaila, na ka mea ikaika no o laua ka make.

O ka Lua. He pikoi, a he haihai ka oihana lua. Aia makemake kekahi e ao i ka lua, e aoia no ia e ke kumu lua; i na kanawai o ke akua lua, me ka malama pono loa i na kauoha a ke kumu. I ke ao ana o ke kumu i kana haumana, he umi no ahiahi, a awakea paha e ao ai, alaila, kalua ka puaa hoailona.

Ina ua maikai ka puaa o ka lolo ana, alaila, e pono ana no kana oihana lua. Aka, ina ua ino ka puaa bailona, ua nakaka paha, alaila, e olelo auanei ke kumu lua, "aole e pono ke ao i ka oihana lua, nokamea, ma kahi o ka puaa e nakaka ai, malaila no e loaa ai ka pilikia."

E like me Kekuaokalani. I kona manawa i ao ai i ka oihana lua, a i ka manawa i kalua ai ka puaa hoailona, aia hoi, ua maikai ka puaa a pau, a ma ka wawae o ka puaa ka nakaka. Ia manawa, olelo aku kana kumu, ma ke ano o ka oihanakahuna; "aole e pono ia oe (ia Kekuaokalani) ke hele i mua o na hoouka kaua, ina e hele oe i ke kaua, a i ole i kekahi aha bakaka e ae, no ka mea, e loaa ana no ia oe ka eha ma kahi i loaa ai ka nakaka o ko puaa," Aka, aole i hoolohe o Kekuaokalani i ka olelo a kana kumu

tor, and during the battle at Kuamoo, in Kona, Hawaii, he was hit by a bullet in the calf of the leg.

THE DEITY OF THE BONE BREAKERS.

Kuialua was the name of the deity of the bone breakers. Before entering the instruction house of the profession of bone breakers, the scholar must first offer reverence to the deity, Kuialua, at the same time making a noise by stamping the ground near the doorway of the house with his feet. After the scholar had first made a noise with his feet, then the instructor would respond in the same manner as the scholar had done

MANNER OF MAINTAINING THE BONE BREAKING DEITY.

The manner of maintaining the diety of the profession of bone breaking was very strict; all that the instructor advised must be complied with. There were numerous sacred ordinances of the god of the profession of bone breaking; if any ordinance thereof was violated, judgment would be meted out by the deity, if it be the crippling of a leg, well and good; or if the punishment was of another form of deformity according to the wish of the god of bone breaking it would be the penalty.

66.   TRADING AS RELATED TO AGRICULTURE.

There were auguries relating to trading in the order of priesthood. If a person desired to exchange the produce of his field, intending to barter, if for fish the auguries would begin to show when the food for the exchange was placed in the oven. If the signs were favorable for the disposal of his product it was an assurance that he would quickly exchange the food he had roasted for his trading. For instance: If the food was placed in the oven, failure in trade would be shown when the oven was uncovered. If the oven was without heat and the food uncooked, the diviner of trade would say: "A trip for trading can not be made. Persistency would result in death on the ocean."

Success of a trading trip depended upon the proper tying of the bindings of the bundles of food. If, at the time of tying the *ki,* or pandanus leaf wrappers the bindings snapped, the priest of trading would say: "It will not be long before my bundles of food are disposed of, because the bindings of the bundles of food tell of their quick disposal."

67.   FUNCTIONS OF THE ORDER OF PRIESTHOOD AT CEREMONIAL SERVICES.

The high priest of the king had an important duty to perform at the rites of a dedication service in the temple on sacred nights. It was an important work to preside over a service during these ceremonies; noises were not to be made; pigs must not squeal, dogs must not bark, it was so strict. If the mud-hen chirped when the services were being observed, the high priest would say: "The services are inauspicious and improper;" it was inappropriate for the priest to perform the services then on account of the chirping of the mud-hen.

lua, a i ka manawa o ka hoouka kaua ma Kuamoo i Kona, Hawaii, ku iho la o Kekua
okalani i ka poka ma ka oloolo wawae

KE AKUA O KA POE LUA.

O Kuialua ka inoa o ke akua o ka poe lua: Mamua o ka hoomaka ana e komo
i ka hale o ka oihana lua, ia manawa e haawi aku ka baumana i ka hoomana ana i ke
akua Kuialua, me ka hoohalulu ana i ke kapuai wawae ma ke keehi ana i ka bonua ma
ka puka o ka hale. Aia a halulu mua mai ke kapuai o ka baumana, alaila, e hoohalulu
hope aku ke kumu o ka oihana lua e like me ka hoohalulu a ka baumana.

NO KE ANO O KA MALAMA ANA I KE AKUA O KA OIHANA LUA.

He nihinihi loa ka malama ana o ke akua o ka oihana lua; o na mea a ke kumu
lua e olelo ai, malaila no e hoolohe ai. He nui na kanawai kapu o ke akua o ka oihana
lua; ina i hai kekahi kanawai o ke akua o ka oihana lua, alaila, e hoopai ia no e ke akua,
ina he oopa no ka wawae ka hoopai, oia iho la no; a ina he kina e ae ka hoopai, e like
me ka manao o ke akua lua, pela no e hoopai ai.

66. KA OIHANA KALEPA E PILI ANA I KA POE MAHIAI

He mau hoailona ike no e pili ana i ka oihanakahuna, ma ke kalepa ana. Ina
e manao ana kekahi kanaka e kalepa i kana mau mea kanu o kana mahinaai, me ka ma-
nao o ka ia ka mea e kalepa aku ai, aia i ka manawa e kalua ai ka ai kalepa, e hoomaka
ai e ike i ka hoailona. Ina paha ua ku ka hoailona i ka lilo o kana mau mea kalepa,
he mea maopopo e lilo koke ana kana mau mea i kalua ai no ka oihana kalepa. Penei:
Ina i kaluaia ka ai i ka umu, aia ma ka huai ana o ka umu e maopopo ai ka nele o ka
oihana kalepa. Ina i unoo ka umu, aole i moa ka ai, alaila, e olelo auanei ke kahuna kilo-
kilo o ka oihana kalepa, "Aole e hiki ke holo i ke kalepa, ina i hoopaa aku, alaila o ka
make ma ka moana ka hope "
Aia ma ka nakii ana o ke kaula o ke pai, a holoai, a wailau paha, e ikeia ai ka
pono ke hele i kalepa. Ina i ka manawa e moku ai ke kaula o ke pai ma ka nakii ana
mawaho o ka lai a me ka lauhala paha, alaila, e olelo auanei ke kahuna o ka oihana-
kalepa, "Aole e emo pau koke ka'u mau pai ai i ka lilo, no ka mea, ke hai mai nei ke kaula
o ke pai i ka lilo i ke kuaiia."

67. KA HANA A KA OIHANA KAHUNA I KA MANAWA E KAI AI KA AHA

He oihana nui ka ke kahuna nui o ke alii i ka manawa e kai ai ka aha ke hiki
aku i na po kapu heiau. He hana nui ka malama ana o ka aha i ka wa e kai ai ka
aha; aole e pono ke walaauia, aole e alala ka puaa, aole aoa ka ilio, he kapu loa no. Ina
e keuia e ka alae ka aha i ka manawa e kai ai, alaila e olelo auanei ke kahuna nui, "Ua
lele wale ka aha, aole e pono;" aole e ku i ke kahuna ke hana ia manawa, no ka mea
ua keuia e ka alae.

OF HULAHULA.

Hulahula was the name of the services of the sacred palm *(loulu)*, which was an important ceremony observed in large temples like Leahi,[65] Mookini, and Puukohola, and other temples of like character, and in which only the chiefs participated on that night

METHOD OF CONDUCTING THE CEREMONY.

The ceremony was held only at night, at a time when everybody was in slumber, in the solitude of night. At that time the high priest and the chiefs entered the place where the services were to be held, an occasion whereby the king might learn clearly the favorable or ill auspices of coming events. The observance of the ceremony made it a most solemn night, [so sacred] that death would be meted out to the person who casually passed by; animals would also be slain. On the evening when the king made his entry into the temple, and at the proper time for the service the high priest performed his duties in accordance with the order of priesthood; if the ordinances were perfectly observed, the chirping of a mud-hen not occuring throughout the ceremonies, then the high priest of the order of priesthood would say: "The ceremony is perfect; there was no flaw. If there is to be a battle tomorrow victory will be the result."

Again: As the priest became cognizant of the thoroughness of the services he would lie down on the ground and look for omens in the heavens. If the priest noticed that the heaven was thickly covered with clouds and clear in the center, he would boastingly exclaim: "Fish will be surrounded by the seine tomorrow; now save the salt." But if the priest noticed that one side of the heaven was over-clouded, and the other side was clear, then he would say: "Tomorrow, place the canoes in the shed; let no voyages be taken, else death will result."[67] These were the interpretations of the priest in relation to the omens in the heavens. For if the king did not heed the words of the priest, misfortune would be the consequence. It was better to be mindful.

68. OF WAIMAKAUA

Waimakaua was the name of a service maintained in a temple whose timbers were of the lama[68] tree. This service was for the flourishing of the crops. If the land had suffered under a great famine on account of the heat, perhaps, and that it was a very scorching season so that the things planted did not grow, then it was neces sary that the Waimakaua service be held.[69] If the same was auspicious throughout the works of the order of priesthood, rains would soon follow. That is why that service was called Waimakaua, a crop flourishing service.

---

[65] These were all temples of human sacrifices. Leahi's temple, named Papaenaena, a walled and paved structure, 70x130 feet, with terraced front. Destroyed about 1856.

[67] This is allegorical; fish referring to the enemy to be surrounded by the net of the king's forces for which conflict their strength (salt) was to be reserved, or (continuing the vision), the omens being unfavorable, the warriors were to be restrained from venturing into the conflict.

[68] *Lama (Maba sandwichensis)* was a specially designated wood for the houses and other structures of the temple, and in certain ceremonies its leaves were required for the thatching, and branches for decoration.

[69] This service was for the *waihau,* or *hooulu ai* temples, not the *heiaus* wherein human sacrifices were offered.

NO HULAHULA

O Hulabula Oia ka inoa o ka aha no ke kapu loulu ana he aha nui ia no na heiau nui e like me Leahi, Mookini a me Puukohala, a me na heiau nui e ae e like ana me keia heiau, na na 'lii wale no e noho i kela po e kai ai ka aha

KE ANO O KE KAI ANA A KA AHA.

Ma ka po wale no e kai ai ka aha, aia ma ka manawa e pau ai na mea a pau i ka hiamoe, i ka manawa anoano o ka po. Ia manawa, e komo aku ke kahuna nui a me na 'lii i kahi e kai ai ka aha, he mea e maopopo ai i ke alii ka maikai a me ke ino o na mea e hiki mai ana mahope. O ke kai ana o ka aha, he po kapu loa ia, he make ke kanaka ke maalo ae, he make na holoholona.

Ma ke ahiahi e komo aku ai ke alii iloko o ka heiau, aia a hiki i ka wa kupono e kai ai, alaila, lawe mai ke kahuna nui i kana oihana e pili ana i ka oihanakahuna, a ina i maikai ke kai ana o ka aha, aole e keuia e ka alae a pau wale ke kai ana, alaila e olelo auanei ke kahuna nui o ka oihanakahuna, "Ua maikai ka aha; aole wahi kinaunau. Ina he hoouka kaua i ka la apopo, e lanakila no "

A eia kekahi, aia a ike ke kahuna ua maikai ka aha ia manawa, e moe ke kahuna i ka bonua a e nana aku i na ouli o ka lani. A ina ua ike ke kahuna, ua uhi paapu ia ka lani e na ao, a ua kalae o waena konu o ka lani, ia manawa e olelo kaena ae ke kahuna nui o ka aha, "Apopo puni ka ia i ka upena. Penei malama ka paakai." Aka, ina ua nana aku ke kahuna, ua paapu mai kela aoao o ka lani i na ao, a kalae keia aoao, alaila, e olelo ae ke kahuna, "Apopo hookomo na waa i ka halau; aole he holo moana, holo no make." Oia na olelo nane a ke kahuna no ke ano o na ouli o ka lani No ka mea, ina e hoolohe ole ke alii i ka olelo a ke kahuna, alaila o ka pilikia ka hope. O ka hoolohe wale io ka pono.

68. O WAIMAKAUA

Oia ka inoa o kekahi aha e kai ai, he lama ka laau o ia heiau, he aha hoouluulu ai ia. Ina paha ua pauhia ka aina e ka wi nui, no ka la paha, a he kau papaala nui loa ia, aole nae e ulu na mea kanu, alaila e pono ke kai i ka aha o Waimakaua. Ina i maikai ke kai ana o ka aha a pau ka hana a ka oihanakahuna, alaila e haule koke no ka ua. Nolaila i kapaia ai ka inoa o ia aha "O Waimakaua," he aha hoouluulu ai.

OF PUEA.

This is the name of a service relating to the Makahiki (or New Year's) god The observance of this service was held during the journey of the *akualoa* (long god) and *akuapoko* (short god)[70] directed its ceremonies.

HOOWILIWILIMOO.[71]

It is the name of another service which was observed for the benefit of all the people, which was held in the daytime. If the service was properly conducted without the least defect, the people would be profited, and no misfortune would occur.

ONEONEIHONUA.[72]

This was a service which related to the chiefs only; *ohia* was the timber used for the temple which was called the *Hakuohia*[73] (Lord of the Ohia).

69. METHOD OF BUILDING THE TEMPLE.

When the king desired to build a temple the high priest of the order of priesthood would select the place where the temple was to be erected, this priest[74] was called the architect. In relation to the work of the temple, the priest must first prepare the sacrifices of pigs, red fish, coconuts, as offerings to the deities. When the people reached a tree, the pig and other sacrifices prepared were offered to the gods.[75] After the tree was cut and hauled down, then was the time for a transgressor to be sacrificed and laid near the hole where the timber was to be placed. The post *ka pouamanu*,[76] was then erected. It was the post at the rear of the house at a place opposite the entrance. At the completion of the temple an altar was built where the human sacrifice was placed.

In building a temple for the use of the people, it was not constructed exactly like that of the chiefs. The chiefs had large temples, and the people of several districts, or an island, built them. A temple was constructed with a name for each division from the exterior to the interior. Outside of the temple it had a certain name called the *kipapa* (pavement); inside of the *kipapa* was the drum house, and further in

---

[70]The gods of the Makahiki festival were carried in the procession on long and short poles, the long god to circuit the island, the short god only its district. This was at the annual tax gathering period. On the return of the *akua poko*, the bonfires of Puea were lit on the hill tops as a signal to fishermen that no canoes should put to sea till their bright flames should cease.

[71]This was an *aha* or service, somewhat akin to *hula-hula* in its solemnity, though not in severity; the former being observed during the day, the *hulahula* at night.

[72]One of the dedicatory services of a sacrificial temple.

[73]The *Hakuohia* was a section of selected ohia, for a special purpose in the temple and held so sacred that its bark even, was not to be scratched in its conveyance from the forest.

[74]One having also the skill of a *puuone*. This is for the erection of a *luakini*, or sacrificial temple.

[72]Kamakau, the historian, describes the procedure as follows: "When the priest and the king reach the selected ohia tree. Kumakua, the priest seizes a young pig and causes it to squeal at the same time reciting the prayer for felling the *ohia*. Then the king seizes the two famous axes of ancient time from the gods, and touches the tree. Then the chiefs with another axe will cut down the tree and trim off its branches to a finish. The pig, coconut and the covering shall then be buried at the base of the felled tree, whereupon this and that man shall shout, after which the pigs are baked and the logs cut to lengths. * * * When the feast is ended the fragments remaining, with a human victim, are taken into the forest and at the root of the prominent selected ohia the body, called the 'man of Mauhaalelea', is cut in pieces and all are buried together."

[76]*Pou-a-manu;* this also was a term given the post set up, marking the place of the human sacrifice just above referred to.

O PUEA

Oia ka inoa o kekahi aha e kai ai, no ke akua makahiki ia aha; i ka manawa e hele ai ke akualoa me ke akuapoko, alaila kai ia aha

HOOWILIWILIMOO.

O ka inoa ia o kekahi aha e kai ai, no na kanaka a pau ia aha, i ke ao e kai ai ia aha Ina ua maikai ka aha o ke kai ana, aole he wahi kina iki, alaila e pono ana no na kanaka, aole he loaa o ka pilikia

KE ONEONEIHONUA

He aha no ia e pili ana i na 'lii wale no, he ohia ka laau o ia heiau, ua kapaia, "Ka Hakuohia"

69. NO KE ANO O KA HANA ANA I NA HEIAU

Ina i makemake ke alii e kukulu i heiau, alaila, na ke kahuna nui o ka oihana-kahuna e kuhikuhi i kahi e kukulu ai ka heiau, ke kahuna i kapaia, he "Kuhikuhipuu one." Ma ka hana ana i ka heiau, e hoomakaukau mua, ke kahuna i na mohai e ma kana aku ai i na akua; oia ka puaa, ka ia ula, ka niu. I ka hiki ana o na kanaka malalo o ke kumu laau, alaila e hoomoe aku i ka puaa, a me na mohai a pau i hoomakaukau ai no ke akua. I ka moku ana o ka laau, kauo a hiki i kai, ia manawa e make ai ke kanaka lawehala, a waihoia ma ka lua o ka laau e ku ai; alaila kukulu ka pou, ua kapaia o "Kapouamanu." Oia ka pou ma ke kua o ka hale ma ka wa e kupono ana i ka puka komo. Aia a paa ka heiau i ka hana ia, alaila, e hana i umu, oia ka lele e kau ai ke kanaka

I ka hana ana hoi i ka heiau a na kanaka, aole i like loa me ka heiau a na 'lii He mau heiau nui ka na 'lii, he mau okana ka poe nana, e hana, a i ole, he moku paha. Ua hanaia ka heiau, me na inoa pakahi, mai waho o ka heiau a hala loa i loko. Ma-waho mai o ka heiau, he inoa okoa kona, ua kapa ia he kipapa; maloko mai o ke kipapa,

from this place were the pebbles,[77] which was nearer the *pachumu*, and still further in was the *kamana*, the *paehumu*[78] itself; and coming to a higher place in the temple was the *moi*[79] which was equal to the mounting division of the *anuu*. It was customary in the large temples of the chiefs that two compartments were set apart,[80] one for the king at a certain place, and one for the priest at a certain place in which he observed the ordinances of the order of priesthood.

OF DEDICATION SERVICES.

During the dedication services, those days were very solemnly observed until the restrictions were raised or released; then if a battle occurred soon after and the king of one side was killed, a most atrocious work was enacted. The dead king was placed on the altar platform and two pigs were placed together with him, one on his right side and one on his left. As the dead king had been laid face downward, his right hand was placed on one pig and the left hand on the other. He was to remain thus until in a very advanced state of decomposition, stretched and swollen on the platform

ERECTION OF TEMPLES FOR THE COMMON PEOPLE [81]

If the common people desired to erect a temple, a small enclosure would be satisfactory; a place for the reception of the idol was raised while the person who offered the sacrifice had a lower place [prepared for him]. The image was wrapped in cloth, either red or white cloth, as suited the opinion of the idol keeper, and the things to be sacrificed were pigs, red fish, coconuts and other things that the keeper thought were proper to offer as sacrifices.

If a person committed a very grave offense, his sacrifice must be brought before the deity, with supplication, thus: "O god, here are edibles, pigs, coconuts, red fish, and also garments. O Kanehekili, O Kanewawahilani, O Kauwilamakaehaikalani,[82] watch over your offspring." In this manner a person's very serious transgressions were atoned for.

70. GOD OF THE HIGH PRIESTS CONDUCTING THE SERVICES.

A feather idol[83] was the deity of the high priests who conducted the services. The image must be well taken care of. It was an idol with feathers braided around

---

[77] A section of the pavement of the *heiau* smoothed off with pebbles.

[78] The *paehumu* here mentioned has reference to the row of images before the altar. The images around the outer walls of temples of sacrifice takes the same name. These were not held sacred, as idols, for tradition credits Kawelo with taking the *pachumu* of a Waianae heiau for firewood in preparing a feast for his warriors the night before their leaving for Kauai.

[79] *Moi*, the chief or principal idol of a visible set in a temple.

[80] A small house called *Waica*, in the more important *heiaus*, was where the king and priest entered to perform the *aha* ceremony (seeking a favorable omen as answer to their petitions), after midnight.

[81] Kamakau placed these temples as third class, some of which were large and some small, and designated

the "common people" as "those who looked after and worshiped the gods; the nightly praying people; those who continued in daily prayer to the gods."

[82] The trio of deities here appealed to were those supposed to govern the electric storms: "the god of thunder;" the "god who rent heaven," and "the lightning eye pained in the heavens." A slight variant on this latter name, doubtless the same god, is shown on page 74, Vol. IV.

[83] There were several feather gods for services in the higher class temples, each of which had its special powers. The more familiar in name that have come down to us are Kukailimoku, Kukalaniehuiki, Kukeoloewa, and Kuhooneenuu. The feather god or gods were carefully kept in the *mana* house of a temple and only brought out for processional services of serious moment under its ritual.

o ka halepahu, a maloko mai o ia wahi, o kailiili, oia kahi kokoke mai~i ka paehumu, a maloko mai o kailiili, o kamana, o ka paehumu no ia; a i ka ae ana aku i luna o ka luakini, he moi ia, o ka ae ana aku no hoi ia i luna o ke anuu. He mea mau i na heiau nui a na 'lii, e hookaawaleia na keena elua, o ko ke alii ma ke kaawale, a o ko ke kahuna ma ke kaawale, malaila oia e malama ai i na hana o kana oihanakahuna

NO KE KAPU HEIAU ANA.

I ka manawa e kapu ai ka heiau, he mau la ihiihi loa ia a hiki i ka noa ana; alaila ina he kaua ma ia manawa iho, a i make ke alii o kekahi aoao, ia manawa e hanaia ai kekahi hana hoomainoino loa. O ke alii i make, e kauia no ia i luna o ka lele, a i ka manawa e kau ai ka mea make i luna o ka lele, ina he alii, alaila, elua mau puaa e kau pu ia me ia, ma ka aoao akau kekahi, a ma ka aoao hema kekahi. A o ke alo o ka mea make, e hoohuli ia no ke alo i lalo i luna o ka lele, alaila kau aku ka lima akau i luna o kekahi puaa, a o ka lima hema hoi i luna o kekahi puaa. A e kau mau ia no ia a hiki i kona ino loa ana, e manana mai ai i luna o ka lele

KA HANA ANA O KA HEIAU A KANAKA

Ina i manao na kanaka e hana i heiau, he wahi pa poepoe no; a o kahi o ke akua (kii) e kukulu ai, ua hookiekie ia ia wahi, a o ka mea nana e haawi aku i na mohai, he wahi haahaa kona. Ua wahiia ke kii i ka aahu, i na he aahu ulaula, a he keokeo paha, e like me ka manao o ke kahu akua (kii), a o na mea e mohai aku ai, he puaa, he ia-ula, he niu, a me na mohai e ae a ke kahu akua e manao ai he kupono i ka mohai.

Ina he hewa nui ko kekahi, e pono e lawe aku i na mea e mohai aku ai i ke akua, me ke kanaenae aku: "Eia ka ai e ke akua, he puaa, he niu, he ia-ula, he aahu. E Kanehekili, e Kanewawahilani, e Kauwilamakaehaikalani, e nana i ka oukou mau pulapula." Ma keia hana ana, ua kalaia ka lawehala nui o ke kanaka.

70. KE AKUA O NA KAHUNA NUI NANA E KAI KA AHA

He akua hulu manu ke akua o na kahuna nui nana e kai ka aha. E pono no e malama loa ia ua akua la. He hulu no ia i hakuia ma ke poo a puni o ke kii, ma

its head, and the priest depended upon it for the success of his calling. If his deity was forgotten[84] where the services were held the result would be an overthrow. Under a similar circumstance Hewahewa[85] prophesied the overthrow of the government of these islands, in the following manner: Maliu was a priest who, at one time, conducted a palm *(loulu)* temple service called Hulahula[86]. At the conclusion of the services that night Maliu walked out of the temple, and when he was a few fathoms distant therefrom his companion asked him of the image. Maliu replied that he had forgotten and left it

Just then the thought of his blunder occurred to Maliu, and he said to his priest companion that, according to the augury which applied to him, "An overthrow will be the result of this neglect of the deity, an event the like of which was never seen before." The matter was therefore reported by Maliu to Hewahewa, the high priest of Kamehameha. On hearing of it Hewahewa remarked: "There will be an overthrow in the future; no greater reverses will ever occur than the one forthcoming; hillock places in the land will become ravines; the cliffs table lands; the smooth faces of the steep precipices will become settlements."[87]

Fulfillment followed this prophesy of Hewahewa; idols were cast down, temples became useless, and people of the lower class were raised above and ahead of some of the dignified personages, and some of the latter became worthless, and the great chiefs became subject[88] to the laws of the land.

71. OF CELEBRATED PRIESTS IN RELATION TO THE PRIESTHOOD.

There were numerous celebrated priests of former times spoken of in the priestly records and in legends. They were god-serving people, righteous and peaceful under the laws of god; they observed holy days and sacrifices; they were devout

SOME FAMOUS PRIESTS

There were only a few priests who were famous for their learning in foretelling future events. Moi[89] was a famous priest in prophesying of forthcoming events; he was the priest of Kapepeekauila, a king of Molokai, whose royal abode was on Haupu.[90] Kapukaihaoa was the famous priest of Oahu. He could discern mysteries and secrets and forthcoming events. He lived in Kaipapau, Koolauloa.

---

[84]Forgotten to be returned to the *mana* house.

[85]Hewahewa was Kamehameha I's high priest, under whose ministration idolatry in Hawaii was overthrown, in 1819, on the accession of Liholiho as Kamehameha II.

[86]A service of solemnity and severity. See No. 67, p. 150.

[87]This prophetic utterance is allegorical, as seen in the paragraph following.

[88]Instead of the high chiefs being above the law as had been the custom, they became amenable to the law.

[89]To Moi is credited the preservation of the ancient form of temples into which were subsequently merged the plans of Paao, introduced from the South Pacific.

[90]See Legend of Kana and Niheu, p. 436, Vol. IV.

ona la e hilinai nui ai ke kahuna i ka pono o kana oihana. Ina poina kona akua i kai ai ka aha, alaila he auhulihia ka hope. E like me Hewahewa i wanana ai mamua o ke auhulihia ana o keia mau mokupuni. A penei kana: O Maliu ke kahuna nana i kai kekahi aha loulu, o *Hulahula.* A i ka manawa i pau ae ai ke kai ana o ka aha i ka po i kai ai, alaila, puka aku la o Maliu mai ka heiau aku, a hala he mau anana ke kaawale mai ka heiau aku, alaila ninan aku la ko Maliu kokoolua i ke akua, alaila, hai aku la o Maliu, "ua poina "

Ia manawa akahi no a manao ae la o Maliu i kona hewa, me ka i aku nae i kona kokoolua kahuna mamuli o ka bailona i ku ia ia, "He auhulihia ka hope o neia poina ana o ke akua, aole hoi i ikeia keia mea mamua aku e like me keia." A no keia mea, hai aku la o Maliu i keia mea ia Hewahewa ke kahuna nui o Kamehameha. A lohe o Hewahewa i keia mea, alaila, olelo aku la o Hewahewa, "E auhulihia ana keia hope aku, aole he auhulihia nui e like me keia ma keia hope iho, e lilo ana na wahi apuupuu o na aina i mau awawa hohonu, a o na pali hoi i wahi papu like, e lilo ana na wahi laumania o na pali nihinihi i mau kaulu."

Mahope iho o keia wanana ana a Hewahewa, ua hookoia, ua ulupaia na kii, lilo na heiau i mea ole, a o ka poe haahaa aia i luna mamua o kekahi poe kapu, a o kekahi poe kapu, ua lilo i mea lapuwale. A o na 'lii nui ua lilo lakou i wahi e hoomaha ai ma na kanawai o ka aina.

71. NO NA KAHUNA KAULANA E PILI ANA I KA OIHANAKAHUNA

He nui na kahuna kaulana o ka wa kahiko i oleloia ma ke kuamookahuna a me na moolelo kaao. He poe malama akua lakou, he poe hoopono, he maluhia ma na kanawai o ke akua; he poe malama i na la kapu, a me na mohai, he poe haipule

KEKAHI MAU KAHUNA KAULANA.

He kakaikahi wale no na kahuna i kaulana no ko lakou akamai ma ka hoakaka ana i na mea e hiki mai ana mahope. O Moi, he kahuna kaulana ia no kona akamai i ka hoakaka ana no na mea e hiki mai ana mahope, he kahuna oia na Kapepeekau-wila, kekahi alii o Molokai, maluna o Haupu kona halealii. O Kapukaihaoa. O ko Oahu kahuna kaulana ia, ua hiki ia ia ke ike i na mea pohihihi a me na mea huna, a me na mea e hiki mai ana mahope. Ua noho ia kahuna ma Kaipapau, i Koolauloa.

An Account of Cultivation.

F ROM Hawaii to Niihau the soil and its character are not the same; they differ in one place from that of another. The nature of the lands is of two kinds dry and wet; of soil and of rock; good and bad; and mountainous, abounding in streams, valleys, hills and ridges. Rain, streams, fog, a cloud-burst, a squall, spring water and the dews [constitute the water supply].

In Kohala, Hawaii, the grass was burned until the ground was cleared, then the ground was broken up with an iron spade and when the soil became softened it was thrown up, leaving a hole about one foot deep. The dirt was then broken fine and the taro tops planted. Thus planting continued until a field was completed.

When the taro tops take root, then the dirt is cleared away, and again thrown up, and the old leaves of the plant, two or three perhaps, are taken off, so that the taro plant might flourish. This work was called weeding.[1] When the plant has grown about one and a half feet high, the dirt is thrown back around the plant and covered with grass. This is the object: Cover the field thick with grass that the weeds may not thrive with the rain. After a year has passed, the taro is pulled up together with some sprigs, leaving some young taro shoots in the hills. At that time the taro tops are called by several names; the *omuomuo*,[2] the *puu*,[3] the *oha*,[4] the *aae*.[5]

The *omuomuo* is the taro top which is cut from the taro proper; the *puu* is the young seed taro which adheres to the taro proper; the *oha* are the small taros which grow near the taro proper; the *aae* are the results of picking here and there, the remnants of the taro hills.

The dry planting of the taro, however, is not all of the same method. In regions where timbers grow high, such as in Hooleipalaoa, in Kahua, and other places, the mode of planting was called *ohiki*, the taro tops being closely planted together; the leaves of the trees constitute the soil. In such places taro was called *akaka*.

In places grown over by tree fern *ohiki*[6] was the method of planting; the taro tops were planted in pairs and in triplets. The *poi*, however, on being eaten smelled like fern. In higher, grassy fields, as the uplands of Kahei, and Kaauhuhu, in Kohala, the *poi* was a yellowish color like that of the breadfruit *poi*, and was good to the taste. In places overgrown with rank grass *(kukaepuaa)*,[7] the *poi* was of a dark color, and bubbled, and was not very good eating.

In Hamakua, Hawaii, the field was called *pakukui*,[8] the *kukui* was the soil, thus:

---

[1] *Olaulau* was more thorough cultivation than simply weeding.

[2] *Omuomuo*, the bud stalk.

[3] *Puu*, Seed taro.

[4] *Oha*, the Sprigs or Suckers.

[5] *Aae*, the remaining shoots after the crop is pulled.

(160)

[6] *Ohiki*, planting between, or in place of uprooted (pried over) tree ferns; hence the term. Such sections were termed *pa pulupulu*.

[7] *Kukaepuaa (Panicum pruriens)*.

[8] *Pakukui*, literally, *kukui* fence. Decomposed *kukui* wood or leaves were valued for fertilizing the soil, not that taro planting was done in the decaying tree trunk.

He Moolelo no ka Mahiai.

M AI Hawaii a Niihau aobe like o ka lepo a me ka noho ana   He okoa ko kela wahi, ko keia wahi.   Elua ano o ka aina, he maloo a he wai; he lepo a he a-a; he maikai a he ino; he pali, he kahawai, he awawa, he puu, he kualapa. He ua, he wai, he ohu, he naulu, he kualau, he wai puna, he kehau [e hoolilo ia ka loko wai]

NO KE KANU MALOO

Ma Kohala, Hawaii, pupuhi ka mauu i ke ahi a wela, alaila, pahu me ka oo hao, wali ka lepo, kaka i luna ka lepo, a hookahi kapuai ka hohonu o ka lua.   Alaila, hoowali a aeae, kanu ka huli.   Pela no e kanu ai a paa ke kihapai

A ulu ka huli, alaila, wehewehe ka lepo, kaka hou i luna, a wehewehe ka ha o ka huli, ina elua, ekolu paha, i ulu ka huli kalo.   Ua kapa ia keia hana ana o ke olaolao.   A kiekie ka huli, hookahi kapuai me hapa, alaila, hoolue hou ka lepo i lalo o ka huli, ia manawa, popoi i ka mauu.   Eia ke ano, haliilii i ka mauu a manoanoa, a paa ka mala.   O ke kumu o keia hana ana pela, i ole e ulu pinepine ka mauu i ka ua. A hala ka makahiki, alaila, huhuki ke kalo a me kekahi oha, koe kekahi oha no ka makalua.   Ia wa nui na inoa o ka huli kalo; he "omuomuo," he "puu," he "oha," he "aae," oia ke ano.

O ke omuomuo, oia ke kalo io a kohi ia kona huli.   O ka puu, oia ka huli keiki e pili ana i ka io o ke kalo.   O ka oha, oia ka puu io e pili ana i ke kalo.   Ka aae, oia ka huhuki lele ma o maanei o ka puu i koe iho.   Aole nae i like ke kanu ana o na kalo maloo a pau loa.   Ma na aina loloa o ka laau e like me Hooleipalaoa, a me Kahua, a me na wahi e ae, he ohiki ke kanu ana, a he kupipi ka huli ke kanu, a o ka lau o ka laau ka lepo.   Ua kapa ia ke kalo malaila, he "akaka."

Ma kahi ulu ia e ke amaumau, he ohiki ke kanu ana, he ku lua ka huli, a he ku kolu ke kanu.   He bonobono amaumau nae ka poi ke ai aku.   Ma na lae manienie e like me uka o Kahei, a me Kaauhuhu, i Kohala, he lena ka poi e like me ka poi ulu, a he ono ke ai aku.   Ma kahi ulu ia e ka mauu kukaepuaa, he ano eleele ka poi a he poha, aole ono loa.

Ma Hamakua i Hawaii, he pakukui ko laila mala, he kukui ka lepo, penei:

A *kukui* tree is cut down and the branches and leaves trimmed off; after a long while they decompose and become soil. The taro tops are then planted which produce fine full taro, and the *poi* good to eat. This was called *pakukui,* and thus it was in all places where the *kukui* grew.

In Hilo a pandanus stick was used as a spade, which [stick] was three yards in length, though some were longer and some shorter. When the pandanus spade had been shoved down in the ground, two jerking movements forward and backward were made. The hole was then deep enough, and the seed taro top thrown in,[9] and in time it grew and filled the hole. The taro was full and the *poi* was good to the taste.

The *poi* from the dry taro, if hard, was good to the taste when well pounded, but if soggy, or lumpy, the *poi* would not be good eating. Dry taro has its season in the year. In summer the taro would be full and hard and the *poi* would be good. In winter taro grew water-soaked, and could not be properly pounded into *poi*. Therefore dry taro was a one-sided benefit in the year.

OF THE WET PLANTING.

Throw up all the soil, that is, for the banks of the taro patch. Then the water is let in, and the dirt beaten with coconut branches to harden it up so that the water could not leak out. After breaking ground[10] water is let in, and when the dirt is water-soaked it is trampled to make a good and soft mixture. The seed taro tops are planted singly in rows, not in hills. When the seed taro top has sprouted, then is the time for weeding, and the first leaves are plucked; these are called *lau pai*. When the taro is full grown it is pulled up, and in pulling, both the mother and adjoining little ones are included. When all the taro crop is gathered water remains. While the water remains thus, it (the taro patch) is termed empty. It is again planted with hills of from four to ten seed taro tops to the hill. The *oha* remnants in the taro patch which had not fully developed and which were not taken are called *palili*

The growth and fullness [of the taro] in all wet plantings are not the same, the taro is very flourishing and healthy in some places, as in Kapalama, where the taro patch is soft. Some places are unfruitful, the plants withering, while in some places development is fine. *Poi* from wet planting is palatable if the taro is good, but tasteless if eaten immediately [after pounding]. Men and women who live in wet lands are dark-skinned on account of the cold food.

Taro has various names in all the wet lands. In Hawaii taro is taro and *oha* is *oha*. In Oahu *oha* is both taro and *oha*. In Kauai taro and *oha* are both called *poe*.

OF THE POTATO.

Weed out the grass throughout the field; pluck the potato sprigs and leave them till the buds develop, then plant. When the leaves become vigorous, dig around the plant hills, and when the leaves have grown long then twist [them]. As the planted sprigs commence to bear, the soil is thrown on the hill. The first potatoes gathered from

---

[9] This Hilo method of taro culture would be termed *ohiki*.

[10] Pulverizing the ground in lieu of plowing and harrowing.

Ooki ke kukui a hina, okioki na lala a me na lau, a liuliu pulu iho la a lilo i lepo. Kanu ka huli, he kalo io loa ia, a he poi ono. Ua kapa ia o ka pakukui, pela no ma na aina kukui a pau.

Pela ma Hilo, he apahu hala ko laila oo Ekolu iwilei ka loa, a he oi aku ke kahi a he emi kekahi. I ka wa e pahu ai i ka lepo o ka oo hala, elua une ana i mua i hope. Alaila, poopoo ka lua, kiola iho la ka huli, a liuliu, ulu ae la, a piha ka lua. He io ke kalo, a he ono no hoi ka poi.

He mea ono ka poi o ke kalo maloo ke manalo, a ke aeae ke kui ana. Aka, ina he loliloli a hakuhaku, aohe ono o ka poi ke ai aku. He kau ko ke kalo maloo i loko o ka makahiki hookahi; i ka makalii, io ke kalo a manalo, ono loa ka poi. I ka hooilo ulu ke kalo a loliloli, pono ole ke kui i poi. Nolaila, he pono kapakahi ka ke kalo maloo i loko o ka makahiki hookahi

NO KE KANU WAI

Kulapa ka lepo a pau i luna, oia hoi o na pae mua o ka loi Alaila hookomo ka wai, a hahau me ka ha niu i paa ka lepo, i ole e nono ka wai malalo o ka loi. A pau i ka paeli, alaila, komo ka wai, a pulu ka lepo, alaila, hebi, i hui ka lepo a waliwali. Kanu ka huli, he ku kahi, he nee pu, aohe puepue. A ulu ka huli, alaila, auau aku ia wa, ako ka lau aawa, oia he lau pai. A io ke kalo, alaila, huhuki; i ka huhuki ana, pau loa ke kalo me na oha, a pau loa ka ai, lana ka wai. A lana ka wai, kapa ia he nanae. Kanu hou, puepue, eha huli, a hiki i ka umi o ka puepue hookahi ke kanu O ka oha io ole i koe aku i ka loi, aole i lawe ia mai, ua kapa ia he "palili."

Aole i like ka ulu.a me ka io o na kanu wai a pau loa, he ulu loa ma kau wahi, a he mohaha kalo, e like me Kapalama ke poho o ka loi. He palakai loa kau wahi, he kakanalii ka ulu, he ulu maikai loa ma kau wahi. He poi ono ko ka wai, ke maikai ka ai, aka, he koekoe nae ke ai koke iho; o na kanaka a me na wahine ma na aina wai, ua eleele hauliuli ka ili, no ke koekoe o ka ai.

He nui no hoi ka inoa o ke kalo ma na aina wai a pau loa. Ma Hawaii, he kalo ke kalo, he oha ka oha. Ma Oahu nei, he oha ke kalo a me ka oha. Ma Kauai, he poe ke kalo a me ka oha.

NO KA UALA.

Waele ka mauu a pau ka mala, ako ka lau uala, waiho a koii ka maka, alaila kanu. A ulu ka lau, kii aku puepue i ka lepo; a ulu loa ka lau, alaila, wili; a uala ka lau, alaila, hooili ka lepo i luna o ka pue. A hahaki ka uala mua o ka pue, ua kapa ia,

a hill are called *kauaiki*. This is the meaning: Go straight to the potatoes (when the rainy season sets in) before being benumbed with the cold. After the first picking, wait awhile then dig around them, this is called *kaioio*, which means a grassy yield between the first and last diggings. When the potatoes from the hill have all been dug it is called *kalina*, which means, the branches yield the potatoes, [for] when the stems are drawn from the hill the vines grow again; these are called *haaweawe*, meaning roots, or potatoes recovered from the soil.

When the field is again cleared it is called *kahili pulu*, and the potatoes found at such clearings are called *puukolea*. This is the meaning: the stubble and the dry vines being set on fire the potatoes are thrown in. After the burning there remained the charcoal which was called *puelehu*. Potato is very satisfying when made into *poi*, or eaten in its solid form when roasted. It is also a fattening feed for swine.

Potato is suitable in summer and in winter if it develops throughout unblighted, bearing properly without getting scabby, if not destroyed by caterpillers and worms, providing the digging be done properly.

Planting in rocky places was called *makaili*. There was very little soil proper, the greater portion [of the field] being gravel, with rocks all around. There were also large holes resembling banana holes. Upon the sprouting of the potato vines gravel and stones are piled up around them, and by the time the hole was covered thick with leaves, the potatoes were large and grooved; they were ridge-formed but not very sweet; they were somewhat tasteless and insipid; not very palatable.

OF THE BANANA

Dig until the hole is wide open, about one and a half feet deep The reason for digging so deep is that the banana may not be blown down by the wind. Then bring the seed banana and place it on the edge of the hole. Eat to satiety and then plant the banana. Grasp the seed plant, lift it up and exclaim in boasting words (with great force)·

> The great banana!
> The great banana!
> It will yield ten hands.[11]
> The bunch can not be carried;
> It will take two men to carry it
> With difficulty.

Some people during the planting cross the hands behind the back, some drag the seed banana, and some go in a state of nudity. Bananas planted under such practices yield with fulness in some cases, while some do not. The time of day for planting is when the sun it at the zenith and just about to descend, which is the time when the shadow is directly underneath one. If the banana is planted then, it will bear in a short time, for as the sun ascends and descends so does the banana progress and decline. If planted early in the morning it takes a long time for the banana to grow before it bears any fruit.

---

[11] A hand of bananas is the sectional cluster of a bunch of this tropic fruit, each carrying a dozen or more finger like fruits, varying from six to fourteen successive hands or clusters to the bunch, according to variety and fertility of soil.

o "kauaiki." Eia ke ano, pololei aku no a na uala, (ke hiki i ka wa ua) a o e opili i ke anuanu. A pau ka uala mua, waiho aku a liuliu kohi, he "kaioio ia." Eia ke ano, he oilo mauu e ulu ae ana mai ke kohi mua ana a ke kohi hope ana. A pau ka uala o ka pue, kapa ia he kalina, eia ke ano, ma ka lala e hua ai ka uala, a pau i ka huhuki ia ka pue, ulu hou ae ka lau. Kapa ia he haaweawe, eia ke ano o ia, he uala nalo-wale i ka lepo he aa paha.

A waele hou ka mala, kapa ia he "kahili pulu" a loaa ka uala ia waele ana, kapa ia he puukolea; penei ke ano; o ka opala, o ke kalina maloo, puku ke ahi a a, hoolei ka uala i loko, a pau ka a ana, a koe o ka nanahu, kapa ia he "puelehu." He mea ono loa ka uwala ke hoowali poi, a ke ai maloeloe, a ke pulehu. He ai momona o ka puaa.

Kupono ka uwala i ke kau a me ka hooilo, ke puka pono ka ulu ana, aole e po-nalo. A ke hua pono, aole e uhaloa, ke pau ole i ke poko a me ke nube, a ke malama pono ia i ke kohi ana.

No ke kanu ana ma kahi a-a, ua kapa ia he "makaili." He uuku loa ka lepo maoli, o ka nui ka iliili aa, a he pohaku a puni, he malualua nunui no me he lua maia ala ke ano. A ulu ka lau uala, pue ae i ka iliili a me ka pohaku, a piha ka lua i ka lau o ka uwala, ua nunui a manamana loa ka uwala, ua awaawaa; aole nae he ono loa, he ano mananalo no me ka hukakai, aole i lilo loa i ka ono

NO KA MAIA.

Kohi ka lua a hamama, he kapuai a me ka hapa ka hohonu o ka lua (O ke kumu o keia kohi ana a hohonu, i ole e hina i ka makani.) Alaila kii i ka pohuli a waiho ma ke kae o ka lua. Ai a maona, kanu ka maia. Lalau aku i ka pohuli olelo iho me ka haanui, (haanou me ka ikaika loa)·

> Ka maia nui e!
> Ka maia nui e!
> He umi eka ke hua!
> Aole hiki ka ahui ke amo,
> Elua kanaka hiki ke amo.
> Hiki inoino

He pea na lima i ke kua o kekahi ke kanu, a alako kekahi a he kuu kekahi i ka mai a lewalewa. O na maia o ia ano ke kanu, he io no, a he io ole no hoi kekahi O ka manawa e kanu ai o ka la, o ka pii ana a ka la a kokoke e iho makai. Oia ke kupono ana o ke aka i ka lolo. Ina kanu ka maia ia wa, hua koke, no ka pii o ka la a iho, pela ka maia e pii ai a iho. Ina kanu i ke kakahiaka nui, lohi ka piina a ka pumaia, alaila, hua iho.

Planting time during a month is particularly chosen and not made at random. Hua[12] is a planting day, and so are Akua, Mahealani, Kulu, the three Laaus and the three Oles. Here is an interpretation of the planting days. Hua: Every plant will bear, with one defect, the fruit will be small. Akua: The bearing will be unnatural, a continuous production. Mahealani: Bearing plentiful and large; the fruit of the day, however, questions,[13] "Give me a place?" Kulu:[14] Fruitful, and the bunch of bananas hang low in bearing, till it reaches the ground. Laau: The fruit is very much desired. Ole: Fruitful, it is true, for it means your banana has an abundant yield[15]

OF THE SUGAR-CANE.

When planting sugar-cane the upper portion nearest the middle part is the best to plant. If the top end only was to be planted the sugar-cane will be tasteless when eaten, not sweet. If the middle portion also is used in planting the sugar-cane will be good eating. Its name is seed-cane when broken off from the whole cane for planting, and there are eyes on two of its sides. Sugar-cane is good to eat; it has a saccharine juice. Sugar-cane is planted on the outskirts of cultivated fields, or on the side and border between two fields. It is the custom in Kohala to this day, and is called boundary cane.

OF THE WATER MELON.

When planting the seeds let it be in the afternoon of the day, when the sun is about to set, so that the melon may be scarlet colored when ripe. If planted at noon [the melon] will be yellowish and pale, not very red. There is a certain principle in planting: if the fingers are doubled up the melon will be dwarfish

OF THE CALABASH AND WATER-GOURD.

This is the bitter-gourd, and its seeds are bitter also. When planted and the seeds have sprouted, branched out and yielded fruit, great care must be observed of the vine and the calabash lest they become withered. If a water-gourd is desired, then make a wooden support. Place three sticks for support so that the fruit hangs between them, with grass spread underneath. The reason for supporting it thus is that the neck of the gourd may be straight and not crooked. The same care is given for the calabash. The ground underneath is cleared and the dirt adjusted nicely, throwing aside the stones so that the calabash may not be imperfect and crooked. Calabashes cared for in this way are very well formed.

Greatest care is given to all bitter-gourd plants, for fear of mischievous treatment, lest the pubes are rubbed over, withering the calabash; or the skin pinched, cracking the gourd; or on account of jealousy the gourd is broken off.

There are various names given the calabash and the water gourd. Here are

---

[12] The thirteenth day of the lunar month. *Hua*, among other things means seed, fruit, prolific, etc. It was appropriate in name therefore to select the day for opening the planting season, though experience fails to prove its truth.

[13] *Mahealani*, the name of the day carries the question of place, *mahea*, not the product of the day.

[14] *Kulu*, the seventeenth of the lunar month, signifies to drop—as liquid—not to lean over and drop to the ground from its weight.

[15] This is a fortunate contradiction of the day of planting, *ole* meaning nothing.

He wae no ka manawa kanu o ka maia i loko o ka mahina, aole e kanu wale. O Hua, he la kanu; o Akua he la kanu; o Mahealani he la kanu; o Kulu he la kanu; o na Laau ekolu; o na Ole ekolu. Eia ke ano o na la kanu. Hua: He hua na mea a pau loa, a hookahi kina o ka liilii. Akua: He hooakua ka hua ana, he hoopapau i ka hua wale no. Mahealani: He hua, a he nui, he ninau nae ka hua o ia la. "No'u kau wahi?" Kulu: He hua kulu ka ahui o ka maia ke hua iho, he hele a pa i ka lepo. Laau: Hoolaau ka hua a ka maia. Ole: Hua no, eia nae ke ano, aole hua a koe o kau maia

NO KE KO.

Ina kanu ke ko, o ka elau e pili ana me waena kahi pono ke kanu. Ina o ka elau wale no, mananalo ke ko ke ai aku, aobe ono. Ina o waena kekahi, he ono ia ke ai aku. He pulapula kona inoa, ke hahaki mai ke ko okoa, a kanu aku, a he mau puupuu no hoi ma kona mau aoao a elua. He mea ono ke ko ke ai, he wai momona kona. Ma na kuauna o ka mala e kanu ai ke ko, a he iwi, a he palena no kekahi kihapai me kekahi kihapai. Pela ma Kohala a hiki i keia la, kapa ia ke "Ko a Palena."

NO KA IPU AIMAKA.

Ina kanu ka anoano, waiho a ahiahi o ka la, i ka wa e napoo ana, alaila kanu, i ula ka ipu ke hiki i ka wa oo. Ina kanu i ke awakea, hakeakea, ano keokeo, aole ulaula loa. He wahi loina ko ke kanu ana. "Ina pupuu na manamana o ka lima, onukunuku ka ipu.

NO KA UMEKE A ME KA HUEWAI.

He ipu awaawa ia, a o kona anoano he awaawa no. I ka wa e kanu ai, a ulu ka anoano, a hihi, a hua ka ipu, alaila, malama loa ke "ka a me ka ipu o mimino" Ina makemake huewai, alaila, koo laau, ekolu laau, mawaena ka hua e lewalewa ai, a haliilii hoi o lalo ae i ka mauu, o ke kumu o keia koo ana i pololei ka nuku o ka huewai, aole kekee. Pela no ka ipu umeke. Kaka ka lepo malalo a hoonoho pono ka lepo, a kiola ae ka pohaku, i ole e kunono ka ipu a kapakahi. O na ipu i malama ia o ia ano, ua maikai loa.

He mea malama loa ia na kulana ipu awaawa a pau loa, o kolohe ia, o hamo ia ka heu, mimino; o iniki ia ka ili o waho, nakaka ka ipu; o huwa ia, hahaki ia ka ipu. He nui na inoa o ka ipu a me ka huewai. Eia kekahi mau inoa: Umeke, he wahi

some of them: Calabash, a container for food; when cut in half, it is a cover; a long calabash is a hokeo;[16] when long, crooked and narrow, *olo* is the name; when the calabash is diminutive and handle strings are run through it it is a *hulilau*

On Hawaii the name is different. On Oahu and on Kauai it is also different. If the mouth of the calabash is round and narrow, it is *mua* on Hawaii, *ipuwai* on Oahu, and *omo* on Kauai. If the calabash is undersized its name is *uli;* it is *kilu* when made into a fish calabash, and when fastened with handle strings the name is *hulilau*.

The best calabashes and water-gourds, with spotted marks, are found on Niihau. That is the untiring land in work of ornamentation.[17] Other places have also good products, but not very extensive. In some places the calabashes are thick, as on Kauai, and in some places they are very thin and break easily. All calabashes which have a thick shell, fire may be produced thereon by rubbing as with wood.

OF THE CORN.

When planting corn place the seed between the palms of the two hands, then press the fingers as tight as possible without the least opening, then incline the tips of the fingers to the ground letting go of the seed corn. Such will be the most productive plant, the cob being thickly covered with seed, with the ears standing out prominently to the sight. If the fingers are spread out the seeds will be few; if the hand twists when planting, the cob and the rows of the corn will be twisted

OF THE PIE MELON

It is a large sized and long melon, containing many seeds, the same as the bitter calabash. It has no method of planting. It is good to eat when young, then it is called *olulo palaai*. When it is ripe the meat is too watery to eat; it is thick skinned Some are long and crooked, some are round, some flat, and some tall and straight.

NAMES OF THE DIFFERENT PLANTS.

Of the Taro

1. Mana ulu.	11. Lauloa.	21. Ieie.
2. Mana pipika.	12. Piialii.	22. Papapueo.
3. Mana ulaula (red).	13. Haakea.	23. Nohu.
4. Mana keokeo (white)	14. Ipuolono	24. Lola.
5. Makoko.	15. Elepaio.	25. Uwahiapele.
6. Makobi.	16. Kaikoi.	26. Apuwai
7. Palaii	17. Kai maoli.	27. Ala.
8. Kanawao.	18. Uauapiko	28. Aa.
9. Poni eleele (black).	19. Hapuu.	29. Aweuweu.
10. Poni ulaula (red).	20. Ualehu.	30. Manini.

[16]*Hokeo* is the long gourd for carrying one's kit; *olo* is the smallnecked gourd used for injection purposes; *hulilau* is the smaller gourds of a household with suspending strings instead of a net for suspending articles of food.

[17]The ornamented gourds of olden times are so seldom seen now that it may be said to be a lost art. The markings having the appearance of tatuing, were done while the gourd was fresh and green, before the removal of its outer skin, at times even while it was still on the vine.

waiho ai; a hapalua o ka ipu ke oki ana, he poi ia; loihi ka ipu, he bokeo, loihi, kekee, ololi, he olo ka inoa; a liilii ka ipu a hou ia i ke kaula kakai, he hulilau.

Ma Hawaii, he okoa ka inoa. Ma Oahu a ma Kauai, he okoa. Ina poepoe haiki ka waha o ka ipu, he mua ia ia Hawaii; he ipu wai ia Oahu nei; he omo ia Kauai. I na liilii ka ipu, he uli kona inoa, he kilu ke hana ia i ipukai. A paa i ke kaula kakai, he bulilau ka inoa.

Ma Niihau na ipu maikai loa, a me na huewai no hoi, no ka pawehe. Oia ka aina, molowa ole i ka hana onionio. He maikai 10 ma na wahi e ae, aole nae he nui loa. Ma ke kau wahi, he manoanoa ka ipu, e like me Kauai, a ma ke kau wahi he lahilahi loa, a hikiwawe loa ka naha ana. O na ipu manoanoa a pau o ka iwi, he a ke ahi ke hia iho, he like me ka laau.

NO KE KULINA.

Ina kanu ke kulina, waiho ka hua ma waena o na poholima elua, alaila, hana na manamana a pili loa me ka hamama ole, alaila, hooiho ka welau o na manamana i ka lepo, a kuu aku i ka hua kulina. Oia ke kulina io loa, a paa pono ka iho i ka hua, me ke kuku o ka io ke nana iho. Ina hakahaka na manamana, io kakaikahi; ina wili ka lima ke kanu, wili ka iho a me ka hua ana o ke kulina

NO KA IPU ALALA

He ipu nui ia a me ka loloa, a he nui ka anoano e like me ko ka ipu awaawa; aobe ona loina o ke kanu ana. He ipu ono i ka wa opiopio. Ua kapa ia he olulo palaai. A oo ka ipu, a bowai ka io ke ai, he pulunui. He kekee loloa loa kekahi, he poepoe pakiikii kekahi, he kuoho a pololei kekahi

NA INOA O KELA A ME KEIA
Ko ke Kalo.

1. Mana ulu	11. Lauloa	21. Ieie
2. Mana pipika	12. Piialii	22. Papapueo
3. Mana ulaula	13. Haakea	23. Nohu
4. Mana keokeo	14. Ipuolono	24. Lola
5. Makoko	15. Elepaio	25. Uwahiapele
6. Makohi	16. Kaikoi	26. Apuwai
Palaii	17. Kai maoli	27. Ala
Kanawao	18. Uauapiko	28. Aa
9. Poni eleele	19. Hapuu	29. Aweuweu
10. Poni ulaula	20. Ualehu	30. Manini

Of the Potato.

1. Haulelani.	6. Kihi.	11. Pau.
2. Poe.	7. Huamoa.	12. Holule.
3. Helelei.	8. Lapa.	13. Heuwahiolapa.
4. Mohihi.	9. Likolehua.	14. Kauai.
5. Kawelo.	10. Apo.	

Of the Bitter-Gourd.

1. Kaku.	4. Piko	7. Omo.
2. Kamanomano	5. Olo.	8. Huewai.
3. Paka	6. Hulilau.	

Of the Banana

1. Iholena.	5. Lele.	9. Nuholani.
2. Popoulu.	6. Pake.	10. Lahi.
3. Kaualau.	7. Malaiula.	11. Moa.
4. Kapua.	8. Nou.	12. Haikea.

MEN NOTED IN AGRICULTURE — KAPAIHIPILIPILI.

Kapaihipilipili was a man very famous in the cultivation of the soil and in the adjustment of affairs of life. Nahuluaina, in the division of Kukuipahu, district of Kohala, island of Hawaii, was his birthplace. From morning to the close of day he would toil, taking his food with him to the field. It was thus every day. Sugar-cane, potatoes, taro and other things grew in abundance; not a portion of land would be let remain idle.

When cooking food he would completely cover the oven house with mats so that the wood cinders would not fall [thereon]. When the food was cooked the stones were collected and put in their proper place.

The cover of calabashes. The calabash was protected by two covers, and in like manner was the fish calabash and the water-gourd protected each with a cover.

Peddling food. He went peddling and selling his food for fish, on credit. Some was paid for and some sold on credit. The fish that he received in payment Kapaihipilipili salted and dried out in the sun, then he would go peddling again and bring back more fish. When all were paid then it was well. ' When the fishermen saw this work on the part of Kapaihipilipili they left his food to dry out in the sun; they left it there until he came down again and took it home. On this account Kapaihipilipili made it a rule not to do so again, because he saw that the practice was not proper. He was called Kapaihipilipili on account of his stinginess.

KAMEHAMEHA I.

Kamehameha I. owned the great field of Kuahewa, in Kona, Hawaii. This field was famous for its great extent and the fact of its being away in the uplands. Ten divisions of land were included in this field of Kuahewa. Ualakaa was another famous field belonging to Kamehameha, so noted on account of its great size and bountiful production of potatoes. It was located up in Manoa, Oahu.

Ko ka Uwala.

1.	Haulelani	6.	Kihi	11.	Pau
2.	Poe	7.	Huamoa	12.	Holule
3.	Helelei	8.	Lapa	13.	Heuwahiolapa
4.	Mohihi	9.	Likolehua	14.	Kauai
5.	Kawelo	10.	Apo		

Ko ka Ipu Awaawa.

1.	Kahu	4.	Piko	7.	Omo
2.	Kamanomano	5.	Olo	8.	Huewai.
3.	Paka	6.	Hulilau		

Ko Ka Maia.

1.	Iholena	5.	Lele	9.	Nuholani
2.	Popoulu	6.	Pake	10.	Lahi
3.	Kaualau	7.	Malaiula	11.	Moa
4.	Kapua	8.	Nou	12.	Haikea

Na Kanaka Kaulana i ka Mahiai.—Kapaihipilipili. He kanaka kaulana loa ia ma ka mahiai ana, a me ka hooponopono ana i ka noho ana   O Nahuluaina ka aina hanau, o Kukuipahu ke ahupuaa, o Kohala ka moku, o Hawaii ka mokupuni. Mai ke kakahiaka a po ka la ke mahiai, me ka ai no a me ka ia no e hele ai, a waena. Pela i na la a pau loa. Ulu ke ko, ka uala, ka ai a me na mea a pau, aobe koe aina ia ia. Ina kahumu balii ka hale i ka moena a paa, i ole e helelei ka huna wabie. A moa ka umu, ohi no ke a, a kona wahi mua, i waiho ai

Ke poi o na Ipu. Popoi ia ka umeke elua poi, pela ka ipukai, ka huewai, he poi kona

Ka maauauwa ai. Iho kela i ka maauauwa a aie ia ka ai i ka ia   Hookaa kekahi, aie kekahi   O ka ai i hookaa ia mai, hoi no o Kapaihipilipili, kopi a kaulai i ka la, a maloo, iho hou i ka maauauwa, lawe hou. Aia no a pau i ka hookaa ia mai, alaila pono

Ike na lawaia i keia hana a Kapaihipilipili, kaulai lakou la i kana ai a maloo i ka la. Waiho a iho aku o Kapaihipilipili, alaila, hoihoi hou mai. Ma keia hana, kau kanawai o Kapaihipilipili aole e hana hou peia, no ka ike i ka pono ole o keia hana ana. Ua kapa ia kona inoa no ke pi o Kapaihipilipili

O Kamehameha I. Nana kela mala nui o Kuahewa i Kona, ma Hawaii Ua kaulana ia mala no ka nui a me ka hala i uka, he umi ahupuaa i komo i loko o keia mala o 'Kuahewa." O Ualakaa ia mala kualana a Kamehameha, no ka nui a me ka uala. Aia mauka o Manoa, Oahu.

An Account of Fishing.

THERE were gods of fishing from the very beginning of fishing to this day; from the earliest fisherman to those of the present time they still serve them for the success of their vocation. Here are the names of the gods of fishing: Kuula was the husband; Hina was the wife, and Aiai the son. Alea in Hana, Maui, was the place of residence. During the time Kahoalii was reigning as king of Hana, Maui, with his place of residence on the hill of Kauiki, and his fishers being the Kuula family, Kahoalii one day sent his attendants to bring [him] some fish. This was the king's customary practice till he became angered at the fishermen.

When the attendants went before Kuula and Hina they (the latter) gave them fish which was a kahala.[1] They told the attendants in a straightforward manner as follows: "You two go back and tell the king to rip open the fish, salt the meat, roast the bone in the underground oven, and when cooked eat it, because it is a swollen[2] time "

> Bring, O Kama,
> The fish of victory.
> Here is Hana,
> A swollen land

These were the words of the fishermen to the attendants of Kahoalii When they came into the presence of the King, Kahoalii, they spoke with falsehood and deceit. This is what the attendants said: "Your fishermen said to salt your flesh, and roast your head and bones in the oven."

When the king heard these deceitful words of his attendants, he was enraged and ordered that the fisherfolks die, who were Kuula and Hina. The people went by order of the king to destroy Kuula's house by fire. However, Kuula and Hina had supernatural powers, and heard of their [own] demise by the king. They therefore prepared three small gourd calabashes, to be exploded in the fire, in order that they might not be killed.

Kuula, Hina and Aiai were in the house when it was set on fire and the exits closed. Kuula therefore said to the son: "Say, you must live, and we two will die. If the smoke from the fire settles down towards the mountain, there is where you will go for a dwelling place, while we two will go and dwell in the sea."

At the time the fire was burning and enveloping the outside of the house the smoke leaned towards the mountain. Aiai went and lived in a cave at a different location, while the parents went through the smoke which settled down on the sea and dwelt in the ocean. The three unripe gourds were the things which exploded in the fire, by which the king thought the Kuulas had died in the fire, because of the explosions of these things.

---

[1] *Kahala*, amber-fish *(Seriola purpurascens)*.   [2] A time of famine.

(172)

He Moolelo no ka Lawaia.

HE MAU akua ko ka lawaia, mai ka hoomaka ana o ka lawaia a hiki i keia la, mai ka poe lawaia mua a ka poe lawaia o keia mau la, a ke malama nei no na lawaia o keia mau la, i pono no ka lakou hana. Eia na inoa o na akua lawaia: O Kuula ke kane, o Hina ka wahine, o Aiai ke keiki; o Alea, ma Hana, Maui, ka aina noho. I loko o ia kau e alii ana o Kahoalii no Hana, a o kona wahi noho, o ka puu o Kauiki, a o kana mau lawaia, o Kuula ma. Hoouna aku la o Kahoalii i kona mau kahu e kii i ia; pela no ka hana mau ana a ke 'lii a hiki i kona huhu ana i na lawaia.

I ka hele ana aku a na kahu i mua o Kuula a me Hina, haawi mai la laua i ka ia he kahala. A olelo mai laua me ka pololei i na kahu penei: "E hoi olua a ke 'lii olelo aku, e kaha ka ia, e kopi ka io, e kalua ka iwi i ka umu, a moa, ai, no ka mea, he au-pehu.

E kai e Kama,
Ka ia o lanakila,
Eia o Hana la,
He aina au pehu.

Oia na olelo a na lawaia, i na kahu o Kahoalii. A hiki na kahu i mua o ke 'lii, o Kahoalii, olelo aku la me ka hoopunipuni, a me ka epa. Eia ka olelo a na kahu: "Olelo mai nei au lawaia, e kopi ko io, e hoolua ko poo a me ko iwi i ka umu"

I ka lohe ana o ke 'lii i keia mau olelo epa a kona mau kahu, huhu iho la ia, a kena aku la e make na lawaia, oia o Kuula a me Hina. Hele aku la na kanaka ma ke kauoha a ke 'lii, e puhi i ka hale o Kuula i ke ahi. Eia nae, he ano akua ko Kuula a me Hina, a ua lohe no i keia make o lakou i ke 'lii. Nolaila, hoomakaukau iho la ia i ekolu uli-liilii, (oia he ipu liilii) i mea hoopahu i ke ahi, i ole lakou e make.

O Kuula, o Hina, o Aiai, i loko no lakou o ka hale. Puhia ka hale i ke ahi, pani ia na puka a paa o ka hale. Nolaila, olelo aku o Kuula i ke keiki: "E! o oe ke ola, o maua ke make. Ina i moe ka uwahi o ke ahi ma uka, malaila oe e hele ai a kahi e noho ai, o maua hoi, e hoi maua i loko o ke kai e noho ai."

I ka wa i a ai ke ahi a puni o waho o ka hale, moe aku la ka uwahi ma aku. Hele aku la o Aiai a noho i ke ana, he wahi e aku, a o na makua hoi, hoi aku la laua ma ka uwahi e moe ana i loko o ke kai, a loko o ka moana noho. O na uliuli ekolu i hoomakaukau ia ai, oia ka mea i poha i loko o ke ahi, a manao iho la ke 'lii ua make o Kuula ma i ke ahi, ma ke pahu ana o keia mau mea.

(173)

On the departure of Kuula, Hina and Aiai, the fishes were all removed, none remaining in the sea and in the waters adjacent to Hana. No fish whatever could be caught by the fishermen of Kahoalii, because Kuula and Hina had fish bodies.

As for Aiai, he went to a cave in a low precipice, where he remained in seclusion until found by Pilihawawa, who took him as a friend to his house where they remained together. During their companionship their occupation was cultivating the land, but though they obtained food there was no fish. Aiai told his friend to weave baskets for the catching of hinalea.[3] So they wove the baskets, and when finished they went down to the rocky seashore and placed them in position. Then Aiai called on his parents for fish:

> O Kuula and Hina,
> Send the fish in,
> The young hinalea and the opule.[4]

Hina said to Kuula: "Give some fish for our son." At this time the basket was standing in place and the fishes came into it until it overflowed, the basket being quite full. So the friend Pilihawawa collected the fish and placed them on dry land. Kuula, however, sent in the surfs which, breaking, carried all the fish back into the sea, the fish which were placed in the container only remained. That was the method of fishing and the origin of [Kuula] fishermen which continues to this day. Hina is a real stone, which exists to this day. It controls certain fishes. Here are the names: the aku,[5] the akule,[6] the oio,[7] the moi,[8] the a'u,[9] the manini.[10]

Kuula and Aiai are in the same class; they are both fish stones,[11] and have certain sacredness to this day. Reddish things are sacred to Kuula, such as the red dye, and the red waist cloth, and everything of a reddish hue, and so on. Therefore through Kuula all the different methods of fishing and the fishes became established throughout these islands; hence, the instructor in fishing.

There are many various methods and divisions in fishing; a different method in shallow water, and in deep water, and a different method again in the fishing grounds midocean. There are also various ways of catching fish in the vocation of fishing, that of the night differing from that of the day; of the morning from that of the evening, as *hahamau, iniiniki, kikomo, kamakoi, kiolaola, hoauau, hooluuluu, o, moemoe;* by canoe fishing with net; *hiaku, kapae, kakauhu,* squid catching, and so forth; by bait, with hook and line, rod, stone, wood and so forth.

The fishing seasons varied during the year, and were not always on the same time; there were auguries by which the proper time for fishing might be discerned, and not go fishing without any foreknowledge. Certain kinds of fishing were under restrictions, while others were unrestrained; single-handed fishing and fishing in parties; some with canoe, and some without canoe.

---

[3] *Hinalea,* wrasse-fish *(Thalassoma ballieui).*
[4] *Opule.* wrasse-fish *(Anampses cuvier).*
[5] *Aku,* bonito *(Gymnosarda pelamis).*
[6] *Akule,* mackerel scad *(Trachurops crumenophthalma).*
[7] *Oio,* bone-fish *(Albula vulpes).*
[8] *Moi (Polydactylus sexfilis).*

[9] *A'u,* sword-fish *(Xiphias gladius).*
[10] *Manini,* surgeon-fish *(Teuthis sandwichensis).*
[11] The fisher-folk's deities throughout the islands were simply certain designated stones; in no case were they carved images.

Ma keia hele ana o Kuula a me Hina, Aiai, ua lawe ia na ia a pau loa, aobe ia koe o ke kai a me ka moana, e pili ana me Hana. Aole loaa iki ka ia i na lawaia a Kaho alii, no ka mea, he kino ia o Kuula a me Hina.

O Aiai hoi, hele aku la ia a he wahi ana i ke kipapali kahi i pili ai. Malaila oia i noho pio ai a loaa ia Pilihawawa. Lawe aikane ia e ia a hiki i kona hale, noho iho la laua Mahope o keia noho ana he mahiai ka laua hana, a loaa ka ai, aobe ia. Olelo aku o Aiai i ke aikane, e ulana hinai hooluuluu hinalea. Ulana iho la laua a paa, iho aku la laua a hiki i kaheka kai, kukulu iho la i ka hinai, a kahea aku la o Aiai i ka ia i na makua ·

E Kuula a me Hina
E hookomo mai olua i ka ia.
O ka pua hinalea, a me ka opule.

I aku o Hina ia Kuula: "E haawi ae oe i ia na ka kaua keiki " I loko o keia wa e ku ana ka hinai, ua komo ka ia a hu i waho, ua piha loa i ka ia. Nolaila, ohi ae la ke aikane o Pilihawawa i ka ia a waiho i ke one maloo. Hoouna mai la no o Kuula i ka nalu, popoi iho la no pau loa ka ia i ka moana. O na ia i malama ia i loko o ka ipu koe. Pela ke ano o ka lawaia ana a me ka hoomaka ana o ka poe lawaia a hiki i keia la. He pohaku maoli o Hina e waiho nei a hiki i keia la, a he mau ia kona, eia na inoa: O ke aku, o ke akule, o ka oio, o ka moi, o ke au, o ka manini.

Pela no o Kuula a me Aiai, he mau pohaku ia no, a he mau kapu no ko lakou a hiki i keia la. He kapu na mea ulaula ia Kuula, oia ka puakai, ka pukohukohu, kela mea ula keia mea ula, a pela aku no. Nolaila, ma o Kuula ala i laha ai na lawaia a pau loa a me na ia ma keia mau mokupuni; a no loko mai o laila na kumu o ka lawaia.

He nui ke ano a me na mahele ana o ka lawaia, he okoa ko ka papau, he okoa ko ka hohonu, he okoa ko na koa o ka moana loa. He nui no hoi na mabele e make ai ka ia maloko o ka lawaia, he okoa ko ka po i ko ke ao, o ke kakahiaka i ke ahiahi; he hahamau, he iniiniki, he kikomo, he kamakoi, he kiolaola, he hoauau, he hooluuluu, he o, he moemoe, he lawaia waa, he upena, he hiaku, he kapae, he kaka uhu, he lubee, a pela aku; he maunu, he makau, he aho, he makoi, he pohaku, he laau, a pela aku no.

He loli na kau e lawaia ai i loko o ka makahiki, aobe mau ma ka manawa hookahi, he mau hoailona kekahi e maopopo ai ka wa kupono e lawaia ai, aole e lawaia me ka maopopo ole mamua He kapu kekahi lawaia ana, a he noa kekahi; hookahi kanaka e lawaia ai, a he nui ma kekahi lawaia ana; he waa kekahi he waa ole kekahi.

FISH AND METHODS OF FISHING.— DRY (OR SHORE) FISHING.

1. *Hahamau.*[12] This method of fishing is done on moonlight nights. When the moon rises the tide ebbs; then the women go fishing along the shore; along the rocky ledges and boulders, and coral reefs where the surf breaks. This mode of fishing is by feeling with the hands, with the fingers curved.[13] These are the fishes caught: *heepali,*[14] *olali,*[15] *hou,*[16] *awela,*[17] *niholoa,*[18] *mananalo,*[19] *paolakei,*[20] *paokauwila,*[20] *paoluahine.*[20]

2. *Holoholo.*[21] Fishing with a net, going to and fro along shore. The name of the net is *holoholo,* [formed of] a piece of wood two fathoms long with the net tied in a circular manner to the wood, which is flexible, called *alahee.*[22] The place where the sea ebbs swiftly is the place where the net is to be let down. One person holds the net and one drives the fish. Fishes to be [thus] caught are: *Uhu,*[23] *kala,*[24] *uwouwoa,*[25] *manini,*[26] *nenue.*[27]

3. A standing *aloiloi* net. There is no place where it can not be cast, being adapted to both deep and shallow sea fishing. The fisherman stands on the shore and casts the net. These are the fishes of this net: *Aloiloi, hinalea,*[28] *lauhau*[29]

4. Eel snatching. Here is the method: It is hand fishing, the bait being held in the right hand, the left hand snatching [the eel]. These are the baits: *Aama,*[30] *paiea* (rock crabs), and *heepali.* The place for this kind of fishing is along the black rocky seashore, the same as Kohala's coast. There the fishing is done at high tide and when the sea is boisterous. The only fish to be caught is the eel.

5. The *kikomo.*[31] It is a hook placed at the head of a short rod one fathom in length. The place for fishing is a cleft in the rocks. Eels also are the fish to be caught.

6. Angling. The fishing rod is three fathoms long, made of bambu, and of *hau.* The cord is also three fathoms long. *Aama, ina* (sea eggs), *pea* (starfish), and *heepali* is the bait used. The place of fishing is at a headland or other suitable place. Fishes to be caught by this method of fishing are: *uhu, halahala,*[32] *hou, aawa,*[33] *oopukai,*[34] *hinalea, aniholoa,*[35] *awela.*[36]

7. *Kaee.* The net is called *nae,* a net of very small mesh, and the place of fishing is the rocky floors covered with a very thin sheet of water. All kinds of small

[12]*Hahamau,* a term for hand fishing by feeling for and seizing such as are found in rocky ledges of the seacoast. It is not confined to night search, though it is naturally governed by the tide.

[13]Ready for quickly clutching, or closing upon the prey.

[14]*Heepali,* small rock squid (*Octopus*).

[15]*Olali (Thalassoma purpureum).*

[16]*Hou,* snoring-fish (*Thalassoma purpureum*).

[17]*Awela (Thalassoma purpureum).*

[18]*Niholoa,* unclassed.

[19]*Mananalo,* unclassed.

[20]*Paolakei, Paokauila, Paoluahine,* all unclassed.

[21]*Holoholo,* a running after, here and there, in one's search, hence the name. The net here described is now known as *upena poo,* head net.

[22]*Alahee,* known also as *walehee (Plectronia odorata).* The use of this wood for a circular net frame, on account of flexibility, must be of young plants or slender

branches, as the mature tree furnishes a close-grained, hard and durable wood.

[23]*Uhu,* wrasse-fish (*Julis lepomis, Callyodon lineatus*).

[24]*Kala,* surgeon-fish (*Acanthurus unicornis*).

[25]*Uouoa,* mullet (*Chaenomugil chaptalii*).

[26]*Manini,* surgeon-fish (*Hepatus sandwichensis*).

[27]*Nenue,* rudder-fish (*Kyphosus fuscus*).

[28]*Hinalea,* wrasse-fish (*Thalassoma ballicui*).

[29]*Lauhau,* butterfly-fish (*Chaetodon quadrimaculatus*).

[30]*Aama,* crab.

[31]*Kikomo* (not identified).

[32]*Halahala,* not classed; a fish resembling the *uhu* except in the colorings.

[33]*Aawa (Lepidaplois albotaeniatus).*

[34]*Oopukai (Cirrhitus marmoratus).*

[35]*Aniholoa,* unclassed.

[36]*Awela (Thalassoma purpureum).*

KA LAWAIA A ME NA IA.—NA LAWAIA O KA MALOO

1   Hahamau. I ka po mahina e lawaia ai. Ina puka ka mahina, kai make ke kai, alaila, hele na wahine e lawaia ı a uka ı a ka pa ala a ı a kaheka, a me na papa holo a ka nalu. O keia lawaia, he haha me na lima, he pupuu na manamana, eia na ia e loaa · heepali, olali, hou, awela, niholoa, mananalo, paolakei, paokauwila, paoluahine.

2. Holoholo. He lawaia mauka me ka upena e holoholo ai, o ka inoa o ia upena, holoholo. Elua anana ka loa o ka laau, me ka upeua ı a ke poo ı haku poepoe ia i ka laau, olu ke hoopio ae. He alahee ka inoa. O kahi e mio ana ke kai o ke kaheka, oia kahi e kuu ai ka upena. Hookahi kanaka me ka upena, hookalii ma ke kapeku i ka ia Na ia e loaa. He uhu, he kala, he uwouwoa, he mamın, he nenue.

3. He upeua kukulu aloiloi. Aohe wahi kuu ole, ua pono keia i kahi hohonu a me ka papau. I uka no e ku ai lawaia, hoolei aku ka upena. Eia na ia o keia upena: He aloiloi, hinalea, lauhau

4. Ka inikiiniki puhi   Penei ke ano: I ka lima ka lawaia ana, i ka lima akau ka maunu, i ka lima hema ka iniki. Eia na maunu: Aa ı a, paiea, heepali. O kahi e lawaia ai, o ka pa ala uliuli, e like me ko Kohala ano. Malaila e lawaia ai i ka wa hohonu a kaikoo o ke kai. O ka ia e loaa; o ka puhi wale no

5. O ke kikomo. He ı akau i kau ia ı a ke poo o kekahi laau pokole, hookahi anana ka loa. O kahi e lawaia ai, o ka ı awae o ka ala. He puhi no ka ia e loaa

6. Ke kamakoi. Ekolu anana ka loa o ke kamakoi (he laau) ohe, a he hau Ekolu no hoi anana ka loa o ke aho, he aa ı a, he ina, he pea, he heepali, ka maunu   O kahi e lawaia ai, he lae, he wahi e ae no hoi e kupono ana. Na ia e loaa i keia lawaia ana: He uhu, he halahala, he hou, he aawa, he oopukai, he hinalea, he aniholoa, he awela.

7. Kaee. He nae ka upena, he upena makalii loa, ı a ke kaheka e lawaia ai. O

fishes are taken in by this net, such as *ohua*,[37] *paoo*,[38] *aholehole*,[39] baby *maninis*, and so forth

8. Basket. This is woven in the manner of wicker chairs, with the opening on the top, and standing about one foot high. *Wana*,[40] *ina* and *haukeuke*[41] are used as bait. The place of this method of fishing is in the sea, in coral, flat bottom and rocky places. The basket is placed in position and the man swims away. When the fishes enter [the basket] the man collects them. The fish caught is *hinalea* only, and no other kind.

9. Basket with a large opening. A large basket, two feet high, for deep sea fishing. These are the fishes caught: *Panuhunuhu*,[42] *halahala, uhu*.

10. *Uluulu* net. Two sticks each a yard long, the net a yard wide. The place for fishing is in the sea. The fishes are in holes; there is where this net is used. One man holds the net on one side of the hole, and another man with a pole stirs up the water in the hole to drive the fish into the net. The fish to be caught are the *kumu*,[43] the *uhu*, and so forth.

11. The sea net. This net is called by fishermen, the "mouth of a shark;" the *uluulu* net (No. 10) the "belly of the shark," and the *hinalea* fishing basket (No. 8) the "eye of the shark." In these kinds of fishing fishermen are liable to be eaten by sharks, hence the expressions. The placing of the net is done down in the deep sea. One dives down, clears away the rocks and places the net in position, then the fish enter.

12. Spearing. It is a long pole, three yards long, with a very sharp-pointed piece of iron[44] half an arm's length at one end. This method of fishing is not suited to those who do not know how to dive, but only to those who are long-winded in diving and know how to spear. A fisherman dives and stays down, and the way he stays down is by grasping the bottom with one hand, while the other holds the spear, watching for a fish to come around, and when it does come in sight it is speared; all kinds of fish in the ocean. The length of time it takes to stay down is about half an hour, but in case a shark is encountered, fully one whole hour may be taken in staying down in the deep How wonderful![45]

13. Drawing net. It is a large net eighteen fathoms long and seven feet wide It is a net drawn through the sea, two men holding it, while four men drive in the fish

14. A *hulihuli*[46] net. It is taken and placed in position in the sea. Then the rocks are turned over, thus driving the fish into the net

15. *Pakuikui* (thrashing) net. A man swims seaward drawing the net, while another man thrashes the sea from the land side. On account of the noise the fishes run into the net.

---

[37]*Ohua*, wrasse-fish (*Cantherines sandwichensis; Osbeckia scripta*).

[38]*Paoo* (*Salarias*, species.)

[39]*Aholehole* (*Kuhlia malo*).

[40]*Wana* and *ina*, sea-urchins.

[41]*Haukeuke*, not classed.

[42]*Panuhunuhu*, parrot-fish (*Callyodon gilberti*).

[43]*Kumu*, goat-fish (*Pseudupeneus porphyreus*).

[44]This is modern, as iron was not available till after Cook's arrival, although in ancient time *weke* was the term for such metal.

[45]Hawaiians like to dwell on the marvelous.

[46]*Hulihuli*, searching; turning over.

na ia liilii a pau loa ka ia upena e ohi ai.　Eia na inoa: Ohua, paoo, aholehole, pua manini, a pela aku no.

8.　Hinai.　He mea i ulana ia e like me ka noho ie, a hamama ka waha i luna, hookahi kapuai ke kiekie, "He wana, he ina, he haukeuke, o ia na maunu." O kona wahi e lawaia ai, malalo o ke kai, ma kahi pukoakoa, ma kahi papa, ma kahi pa ala.　Kukulu ka hinai, au ke kanaka ma kahi e, a komo ka ia, kii aku ke kanaka.　Eia ka ia, he hinalea wale no, aobe ia e ae.

9.　Hinai puka nui.　He hinai nui, elua kapuai　ke kiekie, no ka hohonu ia, eia na ia: He panuhunuhu, he halahala, he uhu

10.　Upena uluulu.　Elua laau, he iwilei ka loa, he iwilei no ka laula o ka upena. O kahi e lawaia ai, i loko no o ke kai, he lua kahi o na ia e noho ai, malaila keia upena. Hookahi kanaka me ka upena ma kekahi aoao o ka lua, hookahi kanaka me ka pula e oo ai i ka lua, i holo mai na ia, a komo i ka upena; o na ia e loaa, o ke kumu, ka uhu, a pela aku

11.　Ka upena kai.　O keia upena, ua kapa ia e na lawaia ka waha o ka mano.　O ka upena uluulu hoi he opu no ka mano, o ka hinai hinalea, he maka no ka mano.　O keia mau lawaia he pau i ka mano, nolaila, olelo ia pela.　O kahi e ku ai o ka upena, o lalo o ka hohonu, luu a lalo, ohi ae ke "a" a kaawale, kukulu iho ka upena, alaila komo ka ia.

12.　Ke o.　He laau loihi, ekolu iwilei ka loa, he hao winiwini oioi loa, hookahi hai lima ka loa.　O keia lawaia, aohe pono i ka poe ike ole i ka luu, aia wale no o ka poe aho loa i ka luu ana a me ke o.　Luu a lalo noho, o ke ano o ka noho ana, he kaomi kahi lima i lalo, hookahi lima i ke o.　Nana o ka ia holo ae, a ike, ia wa e o ai.　O na ia a pau loa o ka moana.　O ka loihi o ka noho ana i lalo, he hapa hora paha.　Ina halawai me ka mano, hookahi hora okoa e noho ai i lalo o ka hohonu, kupanaha maoli

13.　Upena kuu.　He upena nui no ia, he 18 anana ka loa, ehiku iwilei ka laula He upena au ia ma ke kai, elua kanaka ia ia ka upena, eha kanaka kapeku i ka ia.

14.　He upena hulihuli.　Lawe aku la a loko o ke kai kukulu, huli i ke aa, alaila, holo mai a komo i loko o ka upena.

15.　He upena pakuikui.　Ma kai ka upena e au ai o ke kai me ke kanaka Mauka kekahi me ka laau e pakuikui ai.　No neia koele holo ka ia a komo i ka upena.

16. Squid spearing. [The fisherman] takes a pole in the sea with which to thrust in the hole, thereby killing the squid.

17. The turtle net. It is forty fathoms long and four fathoms wide. Ten men are necessary to handle this net to despatch a turtle. Not, however, until a turtle is seen floating on the surface of the sea is the net cast. Sometimes from one to five turtles are taken at one haul. All these different methods of fishing are done in the sea by diving and wadings in actual person, without canoe. This is a summary of all the different methods of fishing in the sea, except by canoes.

FISHING FROM CANOE

1. Squid fishing. The cowrie shell is the bait, together with a stone. Spurs which are curved [forming the hook] are fitted behind the shells whereby the squid is caught. The shell and the stone are both alike, the squid will not seize it if the stone is not identical with the shell; the stone underneath, the shell on top. A stone is cut to resemble the shell [in size and shape]; if the shell is spotted the stone must be spotted, and so in all other particulars. If the stone and shell are good and exactly alike, the squid will seize it. The man who is in the canoe shakes the line in order to move the shell and stone, which the squid pursues to grip. If the shell is a good attraction the catch may amount to forty squids, or perhaps a little less.

2. Looking for squid. The squid is the fish. A hook with a stone attached forming the bait are the things that catch it. When fishing, chew the kukui[47] [nuts] and blow it on the sea to calm it whereby the bottom is made clear, and when the squid is located the hook is let down. There are several varieties of this fish (the squid), and it has a body which it can transform in various ways; that is why the kukui is blown over the sea, to calm it and [permit] the squid [to be] plainly seen. Here are the different forms of the squid at different times: In the morning the form resembles that of bread-fruit, that is, the skin. Toward noon it is red. In the afternoon it is brown, similar to seaweed. In the evening it is dark like the coral. All squid, both large and small, change in the same way. Therefore those who are not learned in discerning the squid are not fit to go out on this kind of fishing.

3. The *lau* [net]. This net is fourteen fathoms long and is of two kinds. If the net is fourteen fathoms long many people will take part in the fishing. It means this: Three times forty fathoms is the length of the rope to which *ki* leaves are fastened in small bundles. If the net is nine fathoms long the leaf rope is six times forty fathoms. The dry leaves of the *ki* plant are used for the purpose, and the bark of the *hau*[48] is the

---

[47]*Kukui (Aleurites moluccana).* The chewed nuts produced the same effect on troubled waters as the modern use of oil.

[48]*Hau (Paritium tiliaceum).* The bark of the *hau* in long strips, furnished excellent material for heavy cord and even rope, made up while fresh and green, or if dried, by soaking it in water to render it pliable. It was made by plaiting, rather than in twisted strands, and of such size as the purpose in hand required. It was with three cables of twelve strands of *hau* in the effort to haul the Cleopatra's Barge from her stranded position in the bay of Hanalei, in 1824, that the unaided muscular strength of an immense team of natives rolled the vessel over on her keel and broke off the mainmast to which the cables were attached.

16. Ka o hee.   Me ka laau e hele ai i loko o ke kai, e o ai i ka lua, alaila, make ka hee

17. Ka upena honu   He kanaha anana ka loa, eha anana ka laula, he umi ka-naka ka pono o keia upena, alaila, make ka honu.   Aia nae a ike ia ka honu e lana ana maluna o ke kai, alaila, kuu ka upena.   Mai ke kahi o na honu a ka elima honu, alaila pau i ka hei i ka upena.   O keia mau lawaia a pau, maloko o ke kai e luu ai me ke kino maoli, aohe waa.   O ka pau keia o na lawaia a pau loa i loko o ke kai, koe na lawaia ma ka waa

NO KA LAWAIA WAA.

1. Luhee   He leho ka maunu a me ka pohaku he mau kala mahope o na leho, ua hoopio ia a kekee, oia ka mea e make ai ka hee.   O ka leho a me ka pohaku ua like loa laua, aole e ai ka hee ke like ole ka pohaku me ka leho.   Malalo ka pohaku maluna ka leho.   Ua kalai ia ka pohaku a like loa me ka leho; he onionio ka leho, he onionio ka pohaku, pela no na ano a pau loa.   Ina maikai ka pohaku me ka leho, a like loa, alaila, hahai ka hee.   O ke kanaka hoi o luna o ka waa, he lulu i ke aho, i oni ka leho me ka pohaku, alaila, hahai ka hee e puliki.   Ina he leho ai, alaila, hiki ka nui o na hee i ka kanaha, a emi mai.

2. Okilo hee.   He hee no ka ia, he kakala a me ka pohaku, ua hoopili ia i ka maunu, oia kona mea e make ai   I ka wa e lawaia ai, mama ke kukui a pupuhi i ke kai i malino, a ike ia o lalo, a ike ia ka hee, alaila, kuu iho ke kakala.   He nui na ano o keia ia o ka hee, a he nui kona mau kino ke hoololi mai, a oia ke kumu i puhi ia ai ke kukui i malino ke kai, a maopopo ka hee.   Eia na ano o ka hee, a me na manawa : I ke kakahiaka, he ulu ke ano, pela ka ili.   A awakea ae, he ula.   Aui ka la, eleele ano limu kala.   A ahiahi, ano eleele, pukoa.   O na hee a pau loa, mai ka hee nui a ka hee liilii, pela ke ano Nolaila, pono ole ka poe ao ole ia i ka okilo hee.

3. Ka lau.   He umikumamaha anana ka loa o keia upena, elua ano o keia upena. Ina umi-kumamaha anana ka loa o ka upena, he lau lele ka lau.   Eia ke ano, he ekolu lau anana ka loa o ke kaula pua i ka laki.   Ina eiwa anana ka loa o ka upena, eono kanaha ka loa o ka lau.   He lau maloo o ka laki ka lau, he ilihau ke kaula.   Ua hana ia keia mea,

rope. This is done to scare the fishes of the sea.[49]   The method of fishing is done in this way: The *ki* leaves and net are placed in two canoes.   Most of the people are on shore pulling the *ki* leaf rope, and some in canoes.   Thus the fish are driven to a suitable place where the net is payed out.   Many kinds of fish are caught by this method of fishing

4.   *Kawaa* net.   It is a large net, and three are used in this method of fishing. Each is twenty fathoms long.   Three canoes are employed; one canoe is loaded with stones and two with nets.   One canoe pays out its net, and so does the other, in opposite direction.   Then the canoes curve and go inland as the big stones are being thrown down.   In this method many fishes are caught.

5.   Large-mouth net.   This has appliances called *pula*,[50] which means, a rope twenty fathoms long, the *hala*[51] leaves and *akia*[52] being the *pula*, which are set one foot apart.   These *pulas* are forty in number, and in some cases more are used.   These are used to drive the fish to where the net is located.   With this net of the fisherman, the resourcefulness of man is made apparent.   The net is first located at rough or bad places, where the fish mainly gather, and left there.   Then the *pula* is drawn, and the fish, on seeing it, run to the rough place and are all caught in the net.

6.   Hanging net.   Three canoes are employed for this net, one for actual fishing and two to carry the nets.   One canoe, which is the one on the right-hand side, carries the bag, the other canoe is the one on the left-hand side.   [In setting the nets] the belly of the net forms the juncture of the two nets.   At the mouth of the side nets the fishermen dive toward the middle, ·driving the fish away back in the bag and are thus caught.

7.   *Pakuikui* net.   It is the same net as above, with a bag, but with different operations.   Poles four fathoms long are used.   When the net is cast at its located place,

---

[49]In both *lau* and bag-net fishing very fine-mesh nets are used. The *lau* is a rope with dry *ti* leaves—three or four—strung in it at intervals according to size. For convenience in handling, this rope is formed of ten fathom lengths, and when the *ti* leaves are inserted each length is called a *kumu lau*. There may be as many as ten lengths used in fishing for *ohuas*, depending on the number of people participating, but not less than four, one being required at each end of the *lau* and one at each end of the net. At first the *kumu laus* are joined in the center, which point is marked by a slender stick some six feet long of about an inch in thickness, called *kuku*. The *laus* which up to this time have been dragged along in a bunch are then payed out from this central point, each leader going in an opposite direction. The others divide, half going to one side and half to the other of the *kuku*, for the purpose of pressing down the leafed rope and at the same time pushing it forward. Having come to the end of their respective *laus* the leaders work forward and gradually form a semicircle with the whole *lau*. On arriving at a suitable place for laying the net, the head fisherman takes hold of the *kuku* and shoves it into the sand, or rock, which is the signal to stop pulling for a while. The shock of the *kuku* digging into the sand is felt all along the lines. All halt in their places. The *kuku* is then pulled out, parting the *kumu laus*, each of which is attached to the mouth of the net. The net is carried, partly dragged, in the water ·by two men, who follow the middle of the *lau* as shown by the *kuku*. When the head fisherman signals to cease pulling awhile, the net is spread out in position and the *kumu laus* are attached to it on either side of the mouth. At a given signal the leaders of the *laus* come together; the *lomi laus*, those who press the leaves down, then work forward so that in a short while the two sides form the fence to a pathway leading straight to the mouth of the net. When the two leaders come together they press the leaves towards the net. This is usually done by one of them grabbing the two ropes which form the fence above referred to and bringing them together, thus driving the fish towards the net. This is the crucial moment and has to be done quickly so as to give the fish no time to come back after striking the net. Care must also be taken that the *laus* do not form "pockets" along, their lengths lest the fish circle round in them and dive under them. The head fisherman meanwhile watches the mouth of the net and when no more fish appear the net is raised. In the daytime this method of fishing is called *lau ohua*. Ohua, *puaula, hinalea, weke, pua oio, kumu, moano* and other fish which abound in moss-covered shoals are gathered. In the nighttime this same kind of fishing is called *lauahi*. Larger fish are caught such as *kumu, puaula, moano, weke, nenue, uku,* lobsters and eels. Daytime fishing of the above on a large scale often going beyond the reef into the deep sea is called *lau lele*. The method of fishing is the same but it is more laborious.

[50]Properly the word *pula* applies to the *lau* portion adjoining the net collecting the driven fish; the clusters of *hala* and *akia* at regular spaces on the ropes are termed the *lau* as in the *lau* net already described.

[51]*Hala (Pandanus odoratissimus).*

[52]*Akia (Wikstroemia),* of which there are several varieties.

i mea e makau ai na ia o ke kai.   O ka lawaia ana, maluna o na waa ka laki me ka upena, elua waa.   Mauka ka nui o na kanaka e huki ai i ka laki.   Ma ka waa kekahi.   Pela no e a ai i ka ia a kahi maikai, kuu ka upena.   He nui loa na ia e make i loko o keia upena lawaia

4.   Upena kawaa.   He upena nui ia, ekolu upena o keia lawaia, he iwakalua anana ka loa o ka upena hookahi, pela na upena ekolu   Ekolu waa, hookahi waa pohaku elua waa upena.   Kuu kekahi waa, a pela kekahi waa, alaila, wehe na waa a holo i uka, me ke kiola o na pohaku nui i lalo.   Ma keia hana ana ua make na ia he nui

5.   Upena waha nui.   He pula ko keia, eia ke ano, he iwakalua anana ka loa o ke kaula, he lauhala me ka akia ka pula.   He kapuai ke akea mai kekahi pula a kekahi pula, he kanaha ka nui o na pula, a he oi loa aku kekahi.   O keia mea i hana ia ai i holo ka ia i kahi o ka upena.   Ma keia upena a ka lawaia, ua ike ia ko ke kanaka noonoo.   Ua lawe mua ia ka upena a kahi ino, kahi o na ia e noho nui ai, alaila, waiho ka upena.   Ia wa e au ai ka pula, a ike na ia i ka pula, alaila, holo i kahi ino.   Ia wa, pau lakou i ka hei i ka upena.

6.   Upena hoolewalewa.   Ekolu waa o keia upena, hookahi waa lawaia, elua waa upena.   I kekahi waa ka eke, oia ka waa akau, a o kekahi waa hoi, he waa hema   O ka eke ma waena, oia ka opu o ka upena, he buina ia o na upena a elua.   A ma ka waha o na upena pa e luu ai ke kanaka, a mawaena hoi, alaila, holo ka ia a komo loa i loko o ke eke, pela e make ai

7.   Upena pakuikui.   O kela upena hookahi no, he eke, aka, he okoa na hana, he laau loihi, eha anana ka loa.   A paa ka upena i kahi i kukulu ia ai, maua, o na laau ilalo o

then the poles are thrust in the sea. The fish are thereby frightened into the net in an angry and mighty rush. Such is the method of this fishing.

8. Flying-fish net. This is a large net, being eighteen fathoms long and six fathoms high, and the mouth is twelve fathoms long. This is a fine-meshed net. These are the names of the different kinds of these nets: *nukunuku a ula,* single mesh, double mesh, triple mesh. Many canoes carry this net, about thirty. Sometimes one canoe carries the net; sometimes five, and so on. The net canoe leads with six men aboard; the paddlemen are called "flying-fish paddlers." The canoes are paddled uniformly when encompassing [the fish] without one slacking backward; when near the net the canoes are backed, then the net is drawn in. There are two canoes allotted for receiving the fish, a younger and an elder[53] canoe. The younger canoe is the one belonging to the net owner; the elder canoe is that belonging to the paddle men. The tally fish belongs to the wife of the net owner. In the net canoe there are three apportionments; the steersman in the stern of the canoe, the paddler in the bow of the canoe, and the midship paddler. These are the different men who share their apportionment[54] with the net owner

9. The *kapac.* This method of fishing is done during windy days. The fish is the flying-fish. The line is twenty-seven fathoms long. This fish is caught with hook baited with lobster, or flying-fish meat. The wind and tide bear these. This fish, the flying-fish is buoyant on the sea, and so is the line; thus this fish is caught. Thirty and less of these flying-fish are caught in this method of fishing.

10. The *koheoheo. Koheoheo* is a piece of *wiliwili* wood with a live flying-fish attached. The line is five fathoms long, the object is to allure the dolphin, and when it becomes ferocious the line and hook is thrown. When the fish bites the paddling of the canoe ceases. The dolphin is a very game fish when caught with a hook, it is a great struggler and snorts when leaping up. A large fish is a fathom and over, long, and a small fish is *muku* (four and a half feet). A large fish is called a *lapalapa,* also *ao,* having a breadth of a yard from the forehead to the mouth. Here are the different names of the dolphin: *Lapalapa, oa* and *papaohe.* The principal food of this fish, the dolphin, are flying-fish, *lelepo* and *puhikii.*

11. *Kahala[55]* fishing. Five times forty fathoms is the length of the line. This fish requires an abundance of line, and hooks also. The abode of this fish is a *koa* [station or ground]. This fish does not live in any other part of the sea, only at a *koa.* This is a small mound in the bottom of the ocean; a deep pit is different from this. It is a plain mound not fully cognizant to the fisherman, but by letting down the hook and line it is learned that the *koa* is good, the hook does not entangle.

The *koa* (station) is a place of great enjoyment by all the *kahalas.* The size of the station is about the same as that of a small village with houses standing and the people gathered in crowds. According to the depth to the *koa,* so is the length of the line. Forty hooks are attached to a line when letting down, some less, some more. A stone

---

[53]The younger and elder canoes likely indicate relative size for the division of the catch. These terms are not known to present-day fishermen.

[54]As a rule the canoe owner received one-third of the catch, the helpers (paddlers and fishermen) took two thirds. Fish are counted by fours, termed a *kauna.* This comes from the custom of seizing two fish at a

time in each hand at their discharging or handling, each throw of the hands being a *kauna.* The division of net hauls in fishing was of necessity done on reaching shore, while line-fishing permitted this to be done at sea, if desired, as the fish were caught.

[55]*Kahala,* amber-fish *(Seriola purpurascens).*

ke kai, makau holo i loko o ka upena, me ka hele huhu ikaika loa, pela ke ano o keia lawaia ana

8. Upena malolo. He upena nui keia, he umi kumamawalu anana ka loa, eono anana ke kiekie. He umi kumamalua anana ka loa o ka waha, he upena makalii keia Eia na inoa i loko o keia upena. He nukunuku a ula, he makahi, he makalua, he makolu He nui loa na waa o keia upena, he kanakolu i kekahi wa hookahi waa upena, a i kekahi wa elima waa upena, a pela aku. O ka waa upena mamua e hoe ai, eono kanaka o luna; ua kapa ia ka poe hoewaa, "he pahoe malolo." He hoe like na waa i ka hoopuni ana me ka emi ole i hope o kekahi waa, a kokoke i ka upena, alaila, hoemi na waa i hope, alaila huki ka waha o ka upena, pela kona lawaia ana. Elua waa ia, he waa pokii, he waa hiapo. O ka waa pokii, oia ko ka mea upena, o ka waa hiapo, oia ko ka pahoe. O na ia helu, na ka wahine a ka mea upena. I luna o ka waa upena, ekolu mahele: He pale hope, mahope o ka waa; he pale ihu mamua o ka waa; he honua ma waena. He mau kanaka okoa no keia, he mahele nae ka ia me ka mea upena.

9. Ke kapae. I loko o ka wa makani keia lawaia ana. He malolo ka ia, o ka loihi o ke aho he iwakalua-kumamahiku anana ka loa. He makau ko keia ia, he ula ka maunu, he io malolo. O ka makani ka mea nana e lawe keia me ke au pu, o keia ia o ka malolo, he ia lana i luna o ke kai, a pela ke aho ka lana i luna, pela e make ai keia ia. He kanakolu malolo o keia lawaia e loaa a emi mai no hoi.

10. Koheoheo. He laau wiliwili ke koheoheo, a he malolo ola no hoi. Elima anana ka loa o keia aho. O keia hana he hoowalewale i ka mahimahi, a hae ka mahimahi, alaila kuu ke aho me ka makau. A ai ka ia, alaila pau ka hoe ana o ka waa. He ia hae ka mahimahi ke paa i ka makau, he ia ahai, a he ia puoho e lele ai i luna. He anana a puehu ka ia nui, a he muku ka ia liilii. He lapalapa ka ia nui, a he ao kekahi, he iwilei ka palahalaha mai ka lae a ka waha. Eia na inoa o ka mahimahi: He lapalapa, he ao, papaohe. O ka ai a keia ia o ka mahimahi, o ka malolo, o ka lelepo, o ke puhikii

11. Lawaia kahala. Elima kaau anana ka loa o ke aho, he nui ke aho o keia ia, a pela no ka makau, a o kahi noho o keia ia he "koa." Aole e noho keia ia ma na wahi e ae o ke kai, aia wale no ma ke koa. No ke koa. He wahi ahua i lalo o ka moana, he okoa ka hohonu, he okoa keia. He ahua waiho wale, aole nae i ike pono ia e na lawaia, aka, ma ke kuu ana i na makau, a me ke aho i maopopo ai he maikai ke koa, aobe mau o ka makau.

He wahi lealea nui loa ia ke koa e na kahala a pau loa. Ua like ka nui o ke koa me kekahi kulanakauhale uuku, e ku ana na hale me ka mumulu o na kanaka. E like me ka hohonu o ke koa, pela ka loihi o ke aho. He kanaha makau o ke aho hookahi ke kuu, a he emi mai kekahi, a he oi aku kekahi. He pohaku ma ka pikoi o lalo loa, ua like ka nui me ka pohaku kui poi, mai ka pohaku a ka makau hookahi anana ke akea. E like me ka

as large as a *poi* pounder is at the lowermost end, and from the stone to the [nearest] hook is a distance of one fathom. As the line hangs perpendicularly so the hooks hang, a yard from one hook to another, and so on till all the forty hooks are fastened. These hooks are called *kaka, ulaula, koae, lehe, mokuleia.* These are the fishes caught on the lower hooks, and on the uppermost hook are the *kahala* caught.

Muhee, opelu, and squid, are the baits for the *kahala* fish when the line is let down for the fish to eat. The shaking of the line indicates the biting of the *kahala.* In this method of fishing, landmarks are necessary to properly identify the station. It could not be found merely by seeking without certain objects on land. The landmarks to be looked for are as follows: Hapuu is the most noted *koa* in the sea of Alenuihaha, north of Kohala, Hawaii. Hukiaa is the land to which this station belongs, and there is a wide extent from the land to this *koa* of Hapuu, about three miles distant perhaps. It is over five times forty fathoms in depth.[56]

The landmark to be looked for is Hapuu, in the lowlands of Halawa, which is six miles distant. It is a temple, built by Kamehameha, called "House of Kaili." The mark to be looked for in the uplands is Puuiki, a toboggan slide, which is Upolo, west of Hukiaa. When these come in line, the fishing ground *(koa)* is located, and that is the only proper mode of fishing for the *kahala.*

12. *Kakauhu.* A narrow net not deep, a fathom long, four sticks, the opening being rectangular in shape. An *uhu,* a live one, is used as a decoy to ensnare the stranger *uhu.*[57] It is kept secured by a line, and when it becomes tamed the net is cast. That is the way this fish is caught.

13. *Maomao*[58] fishing. The *maomao* net is three fathoms long. Lobster is the bait for the *maomao,* and sometimes *pohue* is used. The *pohue* bait is a piece of bitter calabash, made in a circular shape and blackened in the fire, and tied to the opening of the net, thus: there are four sticks encircling the mouth [of the net], and on this mouth the pieces of *pohue* are placed, floating on the sea. The *maomao* on seeing the *pohue* floating takes it for bait and is thus ensnared.

14. Long loose net. It has a circular mouth, and across the center of the net is a string to which the bait is fastened. In the bottom of the net is a stone which holds it down, thus is this method of fishing.

15. *Kala* basket fishing. Basket is its net, plaited as the basket in the basket fishing. *Kala*[59] is a nourished fish, fed with sea-weed, with taro and with squash. This continues until the fish fattens, then a basket with food is let down. After the fish have become accustomed to the treatment the catching net is let down. That is the method of its catching.

16. Of the *ahi.* Four hundred fathoms is the length of the line. Large hooks are required, with *aku* and *opelu* as bait. A nice flat stone is used as a sinker and when two times forty fathoms of line have been payed out into the deep, it is pulled up, then the weight drops and the *ahi* is caught by the hook. Then the fish dives carrying many forty lengths with it. The *ahi*[60] is a very ferocious and powerful fish, and of

[56]This gives a depth of twelve hundred feet.
[57]This method of fishing for *uhu* is not often practised now, for it is hard to obtain the original for a decoy. The more common method is by spearing.

[58]*Maomao,* unclassified, is a yellowish fish of medium size, with red and black spots.
[59]*Kala* surgeon-fish *(Acanthurus unicornis).*
[60]*Ahi,* albacore *(Germo germo).*

pii pololei ana o ke aho i luna, pela ka makau e kau ai, he iwilei ke kowa mai kekahi makau a kekahi makau, pela no e pii ai a pau na makau he kanaha. O ka inoa o keia mau makau, he kaka, he ulaula, he koae, he lehe, he mokuleia, oia ka ia o na makau malalo. Ka makau o luna loa, he kahala ka ia.

He muhee, he opelu, he hee ka maunu o ke kahala i ka wa e kuu ia ai o ke aho a ai ka ia. Ma ka oni o ke aho e ike ia ai ua ai ke kahala. He maka ko keia lawaia, e pono ai ke hana; aole e loaa wale ke koa ke huli me na hoike ole ma ka aina. Aia a loaa na boike penei: O Hapuu, he koa kaulana loa, aia ma ka akau o Kohala i Hawaii, ma ke kai o Alenuihaha. O Hukiaa, ka aina nona ua koa nei, ua akea loa mai ka aina o uka, a ke koa o Hapuu, ekolu mile paha ka loa. Elima kaau anana a helelei aku kona hohonu, (o ke ano o ke kaau a me ka helelei,) he kanaha anana i ke kaau, helelei, he mau anana keu mawaho o ka umi, a pela aku.

O ka maka o uka e nana ai, o Hapuu i kai o Halawa. Eono mile ka loa. He heiau ia na Kamehameha, o Hale o Kaili. O ka honua o uka e nana ai, o Puuiki, he holua, aia i Upolu ma ke komohana o Hukiaa. A kupono keia mau mea, alaila, loaa ke koa e lawaia ai, a pela wale no e pololei ai ka lawaia ana o ke kahala.

12. Kakauhu. He upena pananai, aobe hohonu, he anana ka loa, eha laau, he huinaha ke ano o ka waha. O kekahi uhu no ka maunu, he uhu ola, he uhu hoowalewale i ka uhu malihini. Ua hana ia i ke aho a paa, aia a laka ia uhu, alaila, kuu ka upena Pela e make ai ia ia.

13. Lawaia maomao. Ekolu anana ka loa o ka upena maomao. He ula ka maunu o ka maomao, he pohue kekahi. No ka maunu pohue, oia ka apana ipu awaawa i hana ia a poepoe, kunikuni ia a eleele i ke ahi, e kau ana ma ka hanai o ka upena. Eia ke ano, eha laau ma ka waha a puni, a ma ia waha e kau ai na apana pohue me ke kilepalepa i ke kai. Ma ka ike ana o ka maomao i keia hana a ke pohue, kuhi oia he maunu, pela kona hei ana.

14. He upena luelue. He poepoe kona waha a puni, ma waena ka piko o ka upena, e paa ai ke aho, a malaila no ka maunu. Malalo o ka okole o ka upena ka pohaku, oia ka mea nana e kaohi ka upena i lalo; pela kona lawaia ana.

15. Hinai pai kala. He ie kona upena, ua ulana ia a me he hinai hooluuluu la. He ia hanai ia ke kala, i ka limu kala, i ka ai, i ka ipu pu. Pela no e hanai ai a momona, alaila kuu ka hinai me ka ai no. A walea, alaila, kuu ka hinai e make ai ke kala, pela kona lawaia ana

16. No ke ahi. Hookahi lau anana ka loa o ke aho, he makau nunui kona, he aku, he opelu ka maunu. He pohaku maikai palahalaha ka paka, elua kaau anana o ke aho e komo i ka hohonu, alaila huki, ia wa haule ka paka, a make ke ahi i ka makau. Ia wa, ahai ka ia i lalo, nui loa na kaau e lilo i ka huki e a e ka ia. He ia huhu a ikaika loa ke

prolonged vitality. The *ahi* will bear away three times before it dies. It has a very large body, fat and full of meat. Its meat is like that of a pig in thickness.

17. *Opelu* fishing. The net is six fathoms long, with squash as bait.

18. The *holahola*[61] (poison) net. Here is the method: Surround the fish hole with the net, then scatter the poison, thus killing the fishes.

19. The *iao*. A *nae* net is used for its catching, a very fine-meshed net. It is exactly two fathoms long. Here is the description: [the net] two fathoms; two men to handle it, the beaters coming towards the front of the net. Two kinds of fish are caught with this net, the *iao*[62] and the *nehu*.[63]

20. The *aku*.[64] A fishing pole is used for securing this fish, with *iao* as bait. The *iao* is a decoy, it allures the *aku* then the hook and line is thrown whereby the *aku* is secured.

21. The *kolo* net. This net is made of very strong-fibered rushes, four times forty fathoms long, and three fathoms in height. Many people are required to draw it, some in canoes and some on dry land.

OF NIGHT FISHING.

1. *Ku kaula.* The catch is the *ulua*,[65] the *kahala*, and so forth. The line and sinker is let down, the line being forty fathoms long. Flying-fish, lobster, *lelepo* and so forth are used for bait. In the afternoon [the fisherman] sets sail, arriving [at the fishing grounds] in the evening. When the weight is let down it is dark; the *ulua* and other fish are caught during the night.

2. *Kapapa ulua.* The canoe is paddled along, at the same time making a noise by striking the paddles against the canoe. The *ulua* hears it and follows the canoe, then the line and hook is payed out and the *ulua* is caught.

3. *Welea.*[66] The line is nine fathoms long, with a hook; *hinalea, aawa, moano*[67] and so forth being its bait.

4. *Aweoweo.*[68] Its fish line is six fathoms long, with a hook; *paoo* being its bait

5. Shark fishing. It is an entangling, large net, forty fathoms long and four fathoms high. Many sharks are caught in this net.

6. The *awa* net. This net is called *mahac,* the meaning thereof being four fingers in a bunch may be run through a mesh. It is three times forty fathoms long and three fathoms high. Encircling is the method applied in this kind of fishing, with a canoe at either end and moving in a circle until the fish which collect at one place are caught, because it is the habit of this fish, the *awa*,[69] to eat sea moss together at the same

---

[61]*Holahola* is the stupefying of fish by the use of the poisonous shrub *ahuhu (Cracca purpurea)* applied to the caves or cavities along the reefs or rocky coasts, the habitat of *aholehole, hinalea, kumu, manini, puaula* and *weke,* the varieties caught by this method.

[62]*Iao* not classified; better known as *iiao,* similar to the *nehu,* but with decided scales which the latter has not.

[63]*Nehu,* anchovy *(Anchovia purpurea).*

[64]*Aku,* bonito, caught with rod and fly. The bait is the *iiao* which is cast into the sea, preferably alive. The *aku* follows the bait, which is cast from the rear end of the canoe. The rod and fly meanwhile are cast and

the fly is taken by the fish. This was the fish for which the old-time pearl hooks were used.

[65]*Ulua,* cavalia *(Carangus latus).*

[66]*Welea,* lizard-fish *(Trachinocephalus myops).*

[67]*Moano,* goat-fish *(Priacanthus cruentatus) (Pseudupeneus-multifasciatus).*

[68]*Aweoweo,* catalufa *(Priacanthus cruentatus).*

[69]*Awa,* milk-fish *(Chanos chanos).* The *awa* referred to here is the *awa kalamoho,* a large fish of the color and meat of the *anae* (sea mullet), only it is much larger in size, some being as long as six feet, and easily ten inches thick at the largest part. It is shaped very much like the salmon. The *awa* is a hard fighter.

ahi, he ia ola loihi, ekolu ahai ana, alaila, make ke ahi. He nui loa kona kino, he ia mo-mona, a he ia io nui. Ua like kona io me ko ka puaa ka manoanoa.

17. He aei opelu. Eono anana ka loa o ka upena, he palaaipu kona 1 aunu.

18. He upena holahola. Penei ke ano, he pa i ka lua ia ka upena a puni, alaila, hola i ka auhuhu, pela e make ai na ia.

19. He iao. He nae kona upena, he upena makalii loa, he lua paa ka loa. Eia ke ano, elua anana; elua kanaka o ia upena, o na pai mai mamua o ka upena, elua ia o keia upena, he iao, he nehu.

20. Ke aku. He makoi ko keia ia, he iao ka maunu. (He mea hooluuluu ka iao.) Nana e hoowalewale ke aku, alaila, kuu i ka makau me ke aho, alaila, make ke aku

21. Upena kolo. He ahu awa ka upena, eha kaau anana ka loa, ekolu anana ke kiekie, he nui na kanaka ke huki, ma ka waa kekahi, ma kahi maloo kekahi

NO KA LAWAIA PO.

1. Ku kaula. He ulua ka ia, he kahala, a pela aku no. He paka a me ke aho ka mea e kuu ai, hookahi kaau anana ka loa o ke aho, he malolo ka maunu, he ula, he lelepo, a pela aku no. Aia a aui ka la, holo, a ahiahi hiki. Kuu ka paka, poeleele, ai ka ulua a me na ia e ae, pela a ao ka po.

2. He kapapa ulua. Hoe ka waa, me ka hookoele i ka hoe i ka waa. Lohe ka ulua, hahai i ka waa. Ia wa, kuu ke aho me ka makau, make ka ulua

3. Wele-a. Eiwa anana ka loa o ke aho, he makau kona, he hinalea, he aawa, he moano, a pela aku, kona maunu

4. Aweoweo. He eono anana kona aho ka loihi, he makau no, a he paoo ka maunu

5. Lawaia mano. He hihi kona upena, he upena nui, he kanaha anana ka loa, eha anana ke kiekie. He nui na mano e make i keia upena.

6. He upena awa. He mahae ka inoa o ia upena, eia ke ano o ia olelo. Eha manamana e komo i loko o ka maka hookahi. Ekolu kanaba ka loa. Ekolu anana ke kiekie. He kaapuni kona lawaia ana, he waa ma na kihi elua, pela no e hele kaapuni ai, a puni na ia e noho ana i kahi hookahi. No ka mea, he mea mau i keia ia o ke awa ka

place; and while feeding indifferently on sea moss was the time of its being surrounded. The *awa* is a large fish, its body being a *muku* (four and a half feet), or a yard, and so on in length.

7. The thrashing net. Four times forty fathoms is the length of this net and six yards high. Its method of fishing is to place the net mainly in a straight line, but curving at one end. The reason for that is, that when the fish is going parallel to the net on turning back they will be caught at that place. One man splashes the sea from the front with the paddle, to stir the sea and scare the fish. Many fishes may be caught in this net.

8. The *alihilele* net. It is six fathoms long, with leaves on either. Two men are engaged with the net. Large mullet are the fish caught in this net.

9. *Ani* net. It is ten fathoms long, two men being employed, the feet being the splash, hence the name *ani*. Mullet, *weke, oama, uouoa* are the fishes caught.

10. *Ohua palemo* net. It is one fathom in length; ten men are employed in fishing with this net. The *ohua* and the *akilolo*[70] are the fishes of this net.[71]

This is the end of the narrative on nets and fishes.[72] But one thing more: about endurance men in ocean diving and fishing. They are very famous until this day, and there are records about them which are preserved with this people.

---

[70] *Akilolo (Gomphosus. Thalassoma).*

[71] *Ohua palemo* net. As now practiced, *ohua* fishing —*lau ohua*, as it is called—is *lau* fishing in shoal water in the daytime.

[72] Various "don'ts" in connection with fishing:

Don't say "*E hele ana wau i ka lawaia;*" (I am going fishing). Say instead, "*E hele ana wau i ka nahelehele;*" (I am going to the woods). The fish have ears and they hear; and when you say you are going fishing they hear and run away, so that you would come back empty handed.

Don't hold your hands behind your back. To do so is an indication of weariness and fish, being very considerate, do not care to burden you further, so they keep out of your reach.

Don't carry on a conversation on the way to, or on the fishing grounds; fish would hear and would disappear.

Don't walk on the beach immediately abreast of where the net is intended to be cast. The noise of your feet on the pebbles or sand warns the fish off.

Don't ask idle questions of canoe-men getting ready to go out fishing. They consider it an omen of bad luck.

Don't indulge in dirty language or in smutty tales before going fishing. Even the fish are averse to dirt.

Don't walk on a net when it is spread out; don't step over a net when it is bundled. Take time to walk around it. It is the house for the fish when it is cast in the sea, and the fish prefer it clean.

Don't "*aia*" the fish ("there it is"), when you see it entering the net; fish are timid and do not care to be noticed; and when you do, they turn right around and rush out again.

Don't go fishing if your mouth is wrong (i. e., if you have made a vow which you have not fulfilled); you will only cause weariness to your companions, for you will all come back empty-handed. Fish abhor a gasbag and keep away from him.

ai i ka limu ma kahi hookahi   Ia ia e nanea ana i ka ai limu o kona wa ia e puni ai i ka upena a hei.   He ia nui loa ke awa, he muku, he iwilei, e pela aku no kona kino.

7.   Upena hahau.   Eha kanaha anana ka loa o keia upena, eono iwilei kona kiekie O kona lawaia ana, he moe pololei ka waiho ana o ka upena, a ma kekahi libi, he moe poai pio, o ke kumu i hana ia ai peia, i hele ka ia ma ka pololei o ka upena, a hoi hope, alaila, hei i kela wahi. ' Hookahi kanaka nana e hahau i ke kuau o ka hoe mamua, i halulu ke kai holo ka ia.   He nui loa na ia i keia upena ke hei

8.   Upena alihilele.   Eono anana ka loa.   He lau ma kela aoao a pela ma keia aoao   Elua kanaka ma ka upena, he anae ka ia a keia upena.

9.   Upena ani.   He umi anana ka loa, elua kanaka, o na wawae ke kapeku, oia kela inoa "he ani."   He anae, he weke, oama, uouoa, oia na ia

10   Upena ohua palemo   Hookahi anana ka loa, he umi kanaka o keia upena e lawaia ai   He ohua a me ka akilolo, na ia o keia upena.

O ka pau keia o na upena a me na ia.   Eia ka mea i koe, o na kanaka aho loa i ka luu moana, a me ka lawaia.   Ua kaulana loa ia poe a hiki i keia la, a he mau moolelo no ko lakou e waiho nei i loko o keia lahui kanaka.

Relating to Amusements.

CHAPTER 1

OF THE KILU.

A LONG shed is built with poles standing in rows in the manner of a stockade It is six yards and over in width, and forty yards in length thatched with cane leaves and pili grass on the outside. The body of the *kilu* is a regular water-gourd and cut about the middle [lengthwise] of the gourd. It is worked to a good finish and spotted on the outside like a Niihau calabash. The lamp to illuminate the night is made of *uki*[1] and *uwiuwi*,[2] certain plants which grow on Hawaii and in other parts of this group.

The time for the performance of the kilu is from the evening until cock-crow. At sunrise it has ceased. Many people attend during its performance, coming from all around, men, women, children, old women and old men. They dress up nicely and then go to the *kilu*.

Here is the method [of the performance]. Two poles are placed on each side, leaving a vacant space between them, not to be occupied by the people. The poles are of *ulei*[3] wood, the tops of which are decorated with chicken feathers. The winning of one side over the other is when the *kilu* strikes the pole. One strike counts five. Upon reaching forty the game is won. When one is beaten he must dance; that is the penalty

Of the chanting. During the progress of the game the *kilu* player chants as follows ·

> Unaffable is the lover of the woods,
> The eyes looking crossly at the moani.[4]
> And seeing the flowers, smiles appear; ·
> They are leaning towards moeawakea.[5]
> Methinks that Malio[6] is forgotten,
> Charmed with the wreath flowers of Hao.[7]
> Puna is the repository of the winds,
> Long guarded over by the Puulena,[8]
> For a beloved one.
> Greeting.

Then he throws the gourd, and if the shot misses and does not touch the pole, the scorer remarks ·

> Missed, missed by a wide margin;
> Kapakapaka,[9] that is not the pole.

---

[1]*Uki (Dianella odorata)*, a pithy plant, flowers somewhat sweet-scented.

[2]*Uwiuwi (Kadua Cookiana)*, a fragrant plant in leaf, or blossom, as is its smoke also in burning.

[3]*Ulei (Osteomeles anthyllidifolia)*, a shrub of straight growth, its wood of fine, hard grain, furnishing poles, spears, etc.

[4]A word used to designate the person or object aimed at.

[5]Inclined towards a noon sleep.

[6]*Malio*, designating a person by hidden meaning.

[7]*Hao*, a fine tree *(Rauwolfia sandwichensis)*, figurative of the objective person in the game, man or woman.

[8]Name of a cold wind; hidden figurative term for the *kilu* gourd.

[9]The meaning is not given, but may be understood as *hoka*, careless, blundering.

(192)

E Pili ana i na mea Paani.

MOKUNA I

NO KE KILU

HE PAPAI loihi ia i kukulu lalani ia me na laau, e like me ka pa ke ano. Eono iwilei ke laula a oi aku, a he kanaha iwilei ka loa, a he la-ko a me ke pili mai o waho. O ke kino o ke kilu, he nukunuku huewai maoli, ua oki ia ma waena o ke kino o ka ipu. Ua hana ia a maikai, a pawehe o waho, e like me ko Niihau ipu. Ke kukui e malamalama ai o ka po, he uki a me ke uwiuwi, he mau laau ulu no ia ma Hawaii a ma na wahi e ae no o keia mau Mokupuni.

A o ka manawa e kilu ai, o ke ahiahi a hiki i ke kani ana a ka moa, a puka ka la, alaila, pau. He nui loa na kanaka e hele i ka wa e kilu ai, ko kela wahi, ko keia wahi, na kane, na wahine, na keiki, na luahine, na elemakule. Kahiko a maikai, alaila, hele i ke kilu.

Penei e kilu ai. Elua pahu i kukulu ia ma kela aoao a ma keia aoao, a waiho wale o waena o na pahu, aohe e noho ia e ke kanaka. O ka pahu, he ulei ia laau, ua haku ia o luna i ka hulu moa a paa. O ka eo ana o kekahi aoao i kekahi aoao, aia a pa ke kilu i ka pahu. Hookahi pa ana. Elima ia helu ana. Pela a hiki i ke kanaha, alaila eo. "A ina e eo kekahi, alaila hula," oia ka uku.

No ke oli ana. I loko o ka wa e kilu ai, alaila, oli aku ka mea e kilu ana. Penei e oli ai ·

> Hoinainau mea ipo ka nahele,
> Hookokoe ana ka maka i ka moani
> I ka ike i na pua hoomahie luna,
> Ua hihina wale i moeawakea,
> Kai no ua poina ia Malio,
> Aia ka ia pualei o Hao e!
> I Puna no ka waiho ana a ka makani,
> Ka-ele no ka malama ana a ka Puulena
> I kahi mea hoalohaloha e!
> Aloha — e!

Alaila, kiola i ke kilu, a i na e hala ke kilu ana, aole e pa i ka pahu, alaila pane mai ka helu ai ·

> Hala i hala loa,
> Kapakapaka, aole ia o ka pahu.

In case, however, the gourd strikes the pole the scorer recites ·

> Hene uha,[19]
> The edge remains,
> The edge remains;
> The day is tumultuous,
> The day closes sadly.
> We have five down though.

After this boasting language by the scorer, he calls to the scorer of the other side, "Take." The other scorer responds: "Take," (so and so—naming the person) is coming." If the gourd falls short without touching the pole, the exclamation would be: "Being afraid of the spirits he excreted suddenly."[11] If the *kilu* touches the pole the thrower says: "Bring me back my companion, thou desired coconut of Waimu."[12] That is the gourd that frequently hits the pole until victorious. The scorer then says: "There is one more inning and your fruit will be red in the sun."

OF THE UME.

The *ume.* It is an attraction of a man and of a woman. Here is a description of it. A long piece of wood, four yards long, is adorned with chicken feathers. The wood is called *hau.* The *ume* is performed after the cessation of the *kilu,* because the people are still gathered at the time, no one going away. A different officer is in charge. The man who performs the *ume* is one who has an agreeable voice for chanting. He takes hold of the piece of wood and goes through the assembly, searching for a comely woman and a comely man. When he has found these in his search, he chants ·

> Red is Kalaeloa[13] with the dust stirred by the wind,
> Which concentrated at Apuakalamaula.[14]
> At sight thereof I thought it [was] Kulelua.[15]
> Kaiolohia[16] beckons that we two return.
> My companions wept at Kaana.
> Nearly enamored of the plains of Niniwai.
> They were my companions at the still haunts of the birds.
> The harboring bird of the *laukona* companions
> Seeing the rod[17] the sleep objects,
> Mistaking me for a strange man
> It is I, from top to bottom.[18]

After chanting, the pole is brought in contact with the man and the woman Subsequently the man and the woman rise and go to a sleeping place. They remain from evening to daylight. In this entertainment a husband, or a wife, is lost to another. If they love [each other] they join together. In these days it would be marriage. In this

---

[19]The thighs rejoice.

[11]A teasing, exultant expression over an opponent.

[12]*Waimu* may be a personage, or an object. The expressions throughout are all figurative.

[13]A cape of Puna·

[14]A place in Kau.

[15]Expression of mating in the game without restraint or jealousy.

[16]God or goddess of love.

[17]The *hau* rod in the hand of the chanter.

[18]An assertion of steadfast assurance.

A ina hoi e pa ke kilu i ka pahu, alaila, heluhelu waha aku ka helu ai:

> Hene uha,
> Koe ke kae,
> Koe ke kae
> Kuehu ka la
> Komo inoino ka la,
> Alima kaua i lalo la!

A pau keia olelo kaena a ka helu ai, alaila, kabea hou aku i ka helu ai o kekahi aoao "E lawe l" A pane mai kela helu ai. "E lawe l" "Eia mai o mea ke hele aku la." A i haule ke kilu i waena me ka pa ole i ka pahu, penei e pane ai, "Ua makau i ke akua ua kio koke." . A ina e pa ke kilu i ka pahu, alaila, olelo aku: "Hoihoi ia mai ko'u hoa e ke ake niu o Waima." Oia ke kilu pa mau i ka pahu, a hiki i ka eo ana, alaila, pane aku ka helu ai. "Hookahi ai i koe, ulaula ko hua i ka la "

NO KA UME.

Ka Ume. He mea hoopili kane a hoopili wahine. Eia ke ano o ia mea, he laau loihi ua haku ia i ka hulu moa, eha iwilei ka loa. A he hau ka inoa o ka laau. O ka wa e hana ai o ka ume, oia ka wa e pau ai o ke kilu ana, no ka mea, e mau ana ka paa ana o na kanaka ia wa, aole e hoi kekahi mea, he luna okoa ia. O ke kanaka nana e ume, he kanaka lea ia i ke oli, a nana e hopu ka laau a hele i loko o ka aha kanaka e huli i ka wahine maikai a me ke kanaka maikai.

A loaa keia mau mea i kona nana ana, alaila, oli aku:

> Ula Kalaeloa i ka lepo a ka makani,
> Hoonuanua i Apuakalamaula,
> Ike aku manao ia'u Kulelua,
> Hea mai Kaiolohia, e hoi maua.
> Uwe aku o'u hoa i Kaana,
> Ane aloha ke kula o Niniwai,
> O'u hoa ia i ka lai a ka manu e!
> Manuawa wale i ka hoa laukona a!
> Ike ke laau aua ia e ka moe,
> E kuhi ana ia'u he kanaka e!
> Owau okoa no mai luna a lalo e!

A pau ke oli ana, alaila, hoopili ka laau i ke kane a me ka wahine. Mahope o laila, ku ke kane a me ka wahine, hele i kahi e moe ai. Mai ke ahiahi a ao ka manawa e moe ai. Iloko o keia lealea e lilo ai ke kane a me ka wahine ia hai. A ina e aloha, alaila, "hoao." I keia wa e mare ia. Me keia mea, aole e huhu ke kane i kana wahine, a pela

the good-looking is the *ume* treated, and to them chants are made·

> Proudly passes the sun by Lehua,
> While the confusion of the gods became calm
> The Unulau[19] of Halalii rises,
> The Koolau[20] carries away a companion,
> The agile lies down to Lehua,
> The friends are separated by the wind from below;
> Their affections, internally hidden,
> [Are] exposed by the outpouring tears,
> Discerned through weeping.
> Such is a child companion.

After this chanting these two retire together

> It is misty above through the clouds, windy is the gap;
> Vibrating is the lehua, the blossom of the tree;
> Cleaving the *ohia* [tree] ripe with age;
> Black are the rocks; bitten by the deity,[21]
> Scratched by the central matron[22] of Puna,
> Consuming the *hala,* the *lehua* of Kaunu.
> She unreasonably hates my name.
> And assigns the resting place here.
> Why should she not be burdened?
> Release the man to enter the rest.

After this chanting then followed some more.

> Aflamed is Puna by the goddess,
> Undeveloped is the *ohia* of Moeawakea.
> Looking from the heights of Halaaniani,
> The black rocks, like waves, are glistening.
> Sparkling is the sun of Kukalaula,
> When the wide forest of Maukele is traveled over
> Love was immuned, nearly caught by the rest;
> It had almost arrived
> When this one passed away.
> Love passes accompanied by intense regret.

Thus the chanting is continued until daylight, when all go to their respective places.

THE GAME OF PUHENEHENE.

When the *kilu* and *ume* [games] are set aside and the *kilu* shed cleared, then the game of *puhenehene*[23] is played. Here is an explanation of it: Ten men and

---

[19]Names of winds.
[20]Lava flow of the volcano.

following, all of which is figurative language of hidden meaning.

ka wahine i ke kane. He mea lealea wale iho la no ia, ia wa.   Pela no keia kanaka e ume
ai i na mea a pau o loko, i na kane i na wahine.

Aole nae i ka poe helehelena ino o ke kino, ke nana aku, i ka poe maikai no e ume
ai, a ia lakou no e oli ai ·

> Kalaihi, kaha ka la ma Lehua,
> Lulana iho la ka pihe a ke 'kua,
> E a mai ka unulau o Halalii,
> Lawe ke Koolau i ka hoa la lilo,
> Hao ka mikioi i kai o Lehua,
> Paiaia na hoa makani mai lalo e!
> Hoonalonalo i ke aloha pee maloko,
> Hai ka waimaka hanini i waho,
> I ikea aku no i ka uwe ana mai,
> Pela wale no ka hoa kamalii e!

Pau keia oli ana, hele keia mau mea moe.

> Pohina luna i ke ao, makani ka lua,
> Naue ka lehua ka pua o ka laau,
> Hooa i ka ohia o oo kuauli,
> Uli ke a i nahua e ke Akua,
> Manuheu i ka wahine waena o Puna,
> Pau ae la ka hala, ka lehua o Kaunu e!
> Kauna wale mai no ia i ko'u inoa,
> Hooili mai ana ka ia i ka moe maanei,
> E aha ia no la ia e hoouka ia — a!
> Kuua iho ke kanaka i komo i ka moe a!

Pau keia oli ana, alaila, oli hou ·

> Moa unouno o Puna i ke 'kua wahine,
> Makali ka ohia o Moeawakea,
> Ke nana mai i luna o Halaaniani,
> Lohi mai ka papa ale ka pahoehoe,
> Apiapi ka la o Kukalaula,
> Ke hele i ka nahele loa o Maukele e!
> Pakele ke aloha mai loaa i ka moe,
> Aohe wa ua hiki mai hoi e!
> O ka hala ana aku nei no keia e!
> Hala ke aloha naue me ka anoai e!

Pela no e oli ai a ao ka po, alaila, pau, hoi kela mea keia mea i kona wahi

KA PUU PUHENEHENE.

Ina e waiho ke kilu a me ka ume, a kaawale ka papai kilu, alaila, puu puhenehene
Penei ke ano o ia.   He umi kane, he umi wahine.   He umi o kekahi aoao a me kekahi

ten women [are chosen], ten on one side and ten on the other; they must, however, be alternately men and women, until ten are chosen, and the same on the other side. They sit in two rows of ten each. One covering cloth is provided for ten, and the same for the other side. Then the eyes and bodies are covered with the cloth. In that time the one who held the stone hides it on the person of one of the ten. When the stone is concealed the faces are exposed above the covering, then the other side searches. This is continued until the game is won

THE SLED.

· ·   This is a long piece of hewn board. The large boards are six yards long, and the smaller ones are, some four and some three yards. Two long boards are laid on edge. Holes are made on the sides in the manner as those of a ladder with small sticks between. The width from one board to the other is nine inches. The heads of the boards are turned up like a plow, rubbed over with *kukui* till they shine and glide easily. The time for sledding is mid-day and afternoon, and the place for sledding is [down] a small steep hill, like the south side of Punchbowl, looking towards Waikiki, and dug up in ridge ways.

The length of a track is one and one half miles; some two miles. The dirt is laid down nicely and the track spread over with grass. When sliding down the track, if a man, he has to fasten up his girdle securely, run back about five fathoms distant, and then run forward and lie down on the sled, slidding down, with his head to the front and eyes looking sharply. If he is not watchful, or his foot touches the ground, he would be thrown off the track, bruising his body with rocks or other things. If a woman is to slide down, she securely ties the loin-cloth around her waist, leaving the body bare, without clothing.

THE RUNNER.

He is a man swift in running, like a horse. Here is an example: Two men run at the same time, and if one beats the other, and this same man continues on and defeats a second man, then he is acknowledged to be a runner. This is what he does: he runs steadily all day until the middle of the night and continues thus until the legs are stretched and supple, then he wagers.

Two runners then race. Properties on both sides are wagered [to] run without ceasing; the priests perform their auguries, with pigs, chickens and red fish. The winning goal is arranged beforehand (as for instance), from the harbor of Kou to the hill of Leahi in distance, that being the winning post. That is where the runners race, with four attendants, two on each side, who are called *puhi.*

When near the winning post, about fifty fathoms between it and the runners, that place is restricted to the runners only, they racing till they reach the winning post. If one grasps the bottom of the stake and the other the top, then it is even, and no race. But if the stake is reached by one and not by the other, it is won; then the crowd roars, properties go to one side, some being left destitute. A runner is said to be swifter than a horse [and] can circle Oahu in one day.

aoao, he kane nae, a he wahine, a pela a pau he umi, a pela kekahi aoao. O ka noho ana, elua laina, he umi ma ka laina hookahi. Hookahi kapa o na mea he umi, pela kekahi aoao. Alaila, uhi ka maka me ke kino i ke kapa. Ia wa, huna ka mea ia ia ka pohaku, i loko [o kekahi] o na kino he umi, e huna ai. A nalo ka pohaku, alaila, boike mai na maka maluna o ke kapa i uhi ia, alaila, imi kekahi aoao, pela e hana ai a hiki i ka eo ana

KA HEEHOLUA.

He papa ia i kalai ia a loihi. Eono iwilei ka loa o ka papa nui. O ka papa liilii iho, eha iwilei kekahi, a ekolu iwilei kekahi. Elua papa loihi, ua kukulu aoao ia. Ma ka aoao ka puka e hou ai e like me ke alapii ke ano he laau liilii mawaena. O ke akea mai kekahi papa a kekahi papa, eiwa iniba ke akea. Ua hoopii ia mai o mua o na papa, e like me ka oo palau, ua hamo ia a hinuhinu i ke kukui, a pahee wale no. O ka wa e holo ai o ke awakea a me ka aui la ana, o kahi e holo ai, he puu, he wahi palipali e like me ka huli hema o Puowaina, e nana ana ia Waikiki. Ua kohi ia a awaawaa.

O ka loa o kekahi "holua", hookahi mile me ka hapa, elua mile kekahi. Ua hoonoho ia ka lepo a maikai, haliilii ia i ka mauu a paa ka holua. I ka wa e holo ai i luna o ka "holua," ina he kane, hume ka malo a paa, alaila holoholo elima paha anana ke kaawale. Ia wa, holo mai a moe i luna o ka "holua", alaila, holo, imua ke poo me na maka e nana pono ai. Ina e hala ka nana ana, a pa paha ka wawae i lalo, alaila, hu i kula, eha ke kino i ka pohaku a me na mea e ae. Ina he wahine ka mea holo, kakua i ka pau a paa ma ke kikala, waiho wale no ke kino aohe kapa.

KE KUKINI

He kanaka mama ia i ka holo me he lio la. Eia ke ano, elua kanaka e holo i ka wa hookahi, a ina e puka mamua o kekahi kanaka, a pela aku a hiki i ka elua o kanaka, e eo i keia kanaka hookahi, alaila, lawe ia ia i kukini. Penei e hana ai: E holo mau ia i ka la a po, a hiki i ke kau o ke aumoe o ka po pela no e hana mau ai a lele ka ulu o ka wawae, a mama, alaila pili.

Ia wa, heihei na kukini elua. Pili na waiwai o na aoao elua, holo me ka hoomaha ole, hoomanamana na kahuna, he puaa, he moa, he ia ula. Pela e hana ai, ua kukulu ia ka pahu eo mamua, o ka hoohalike ana mai ke awa o Kou a ka puu o Leahi ke akea, i laila ka pahu eo. O kahi ia e holo ai na kukini me na ukali eha, elua kanaka o kekahi aoao, elua o kekahi aoao; ua kapa ia he puhi.

A kokoke i ka pahu eo, he kanalima anana ka loa ma waena o na kukini a me ka pahu eo, alaila, kapu ia wahi, o na kukini wale no ke holo aku a hopu i ka pahu eo. Ina e hopu kekahi i ke kumu o ka pahu, a o kekahi hoi ma luna o ka pahu, alaila paiwale, aohe eo. Aka, ina e lilo ka pahu i kekahi, a loaa ole i kekahi, alaila, eo, uwa ka pihe, pau ka waiwai i kekahi aoao, nele kekahi poe. Ua olelo ia ke kukini, he mama i oi mamua o ka lio. E puni Oahu i ka la hookahi.

PAHEE.

A piece of wood is made out of *koaie, ulei, o'a, mamane, kauila,* or *uhiuhi* Some spears are a fathom and a half long, some four and one-half feet *(hailima),*[24] some a yard, and so on. The tracks where the game is played are roughly formed, some being forty fathoms long, others two times forty fathoms. For a very powerful man a track five times forty fathoms long is necessary. Ten counts are required to win. Goods are all lost. The betting sometimes is continued until the girdle at the waist is lost also, and the loser stands stark naked; then the game ceases.

OLOHU.

. A yellow stone, square-hewn, rounded like a shot, but without corners on the edges. A course two times forty fathoms is required to play *olohu.*[25] The best course, however, is the one at Kohala, Hawaii, called Hinakahua. That is the most noted course to this day

SWINGING

A rope eight fathoms long, sometimes ten fathoms and over, is fastened to a coco-nut tree. It makes a long high swing.[26] At the time of swinging, the person swinging, either man or woman, is decently apparelled. Two persons pull the swing. When the swing has oscillated high the rider chants to make the swinging more enjoyable. The owner of the swing has stipulated that a chant must be sung during the swinging. This is the manner of chanting:

> At Kaula, the border of Koolau;
> Separated is the Koolau, separated is precipitous Hilo,
> The Hoolua and the Moae arise,
> The Moae which plows the sea and makes it billowy.
> The sea is billowy and boisterous by the wind,
> The billows are tempestuous, the waves being active,
> Majestically stands the sun reflected through the sea-spray;
> The sea-spray which mounts the cliffs of Okalakala,
> The ends of the tempest.
> The food of life is saved by the wind,
> The *uhu* of Hanalailai is caught in the calm.
> The tree-belted cliffs of Kealakehe kowea
> Are frowned upon by the breeze,
> In time breaking the crest thereof.

After this chanting the assembly is quiet, not a murmur being heard, then another chant is sung:

---

[24]*Hailima,* a measure of length not now used.

[25]*Olohu.* name of a game, as also the stone with which it was played on Oahu and on Maui. On other islands the stone was termed *ulu* and the game was called *maika.* The point of the game was to roll the stone the greatest distance on a prepared course. Emerson, in his notes on this game in Malo's Antiquities, suggests that the old time use of immature breadfruit, gave its name, *ulu,* to the stone designed for the special purpose.

[26]The Hawaiian swing was a single rope of plaited vine, not the loop swing with which all are familiar. Its name, *kowali,* is from the running vine *koali (Ipomea tuberculata)* which furnished a convenient and strong cordage by the braiding together of several strands. The swinging was not done by pushing, but by two persons in opposite directions pulling alternately on ropes affixed to the cross piece seat of the swing.

KA PAHEE

He laau i kalai ia, eia na inoa He koaie, he ulei, he o'a, he mamane, he kauwila, he uhiuhi. Hookahi anana ka loa o kekahi ihe a me ka hapa. He bailima kekahi, a he iwilei kekahi, a pela aku. O ke kahua e pahee ai, he kahua i hana awaawaa ia, he kaau anana ka loa o kekahi kahua, elua kaau anana ka loa o kekahi. O ke kanaka ikaika loa i ka pahee, elima kaau anana ka loa o ke kahua. He umi ai e pahee ai, alaila, eo kekahi. Pau ka waiwai i ka lilo. Pela no e pili ai a lilo kahi malo i ka hope, a o mua kahi mai i ka lima, alaila oki

KA OLOHU.

He pohaku melemele i kalai poepoe huina ha ia, me he poka la ke ano, aka,.aole ona huina ma na kae. Elua kaau anana ka loa o ke kahua o olohu ai. O ke kahua oi nae, aia ma Kohala i Hawaii, o "Hinakahua". Oia ke kahua kaulana a hiki i keia la

KA LELE KOWALI.

He kaula loihi ewalu anana ka loa, a he umi a keu kekahi, he niu kahi e paa ai, loihi a kiekie loa ka lele ana. I ka wa e lele ai, kahiko a maikai, ina he kane a he wahine; elua mea nana e ka ke kowali. A lele ke kowali, alaila, oli ka waha, oia ka mea e lealea ai ka lele kowali. A ua hoohiki hoi ka mea nona ke kowali, aia a oli, alaila, lele. Penei e oli ai·

A Kaula i ka palena o ke Koolau,
Pale ke Koolau, pale ka Hilo paliku,
Ku mai ka Hoolua me ka Moae,
Moae awaa i ke kai e palipali,
Palipali ke kai holeoleo i ka makani,
Ahu ke kupikipikio hana ka ale,
Ku kila ka la lea molale i ka ehukai,
Ehukai pii i ka pali o Okalakala,
Na mahamaha a ka ino,
Ola na hulu ai a ka makani,
Kaka ka Uhu o Hanalailai i ka malie,
Ka pali kui laau o Kealakehe kowea,
Keehi ia e ka makani,
Hai welau ka pali i manawa.

A pau keia oli ana, malu ka aha, aohe pane leo, alaila, oli hou aku:

Wounded is Waimea by the piercing wind
Which penetrates the path of the Kipuupuu.
The bud of the purple *ohai* is drooping;
Jealous and grieved is the flower of the *koaie;*
Pained is the woods of Waika;
O Love! Waika loves me as a lover;
Like unto a lover is the flower of Koolau;
It is the flower in the woods of Mahele.
The woods is a place for journeying
The wild *pili* grass has its abode in the forests,
Life is but a simple round at Kahua.
O Love! Love it was which came to me;
Whither has it vanished?
O Love! Farewell.

After the swinging and the chanting everybody sits down to a feast, after which they all disperse.

CHAPTER II.

BOXING.

It means two strong men fighting by striking at each other with the fists   The man who is not knocked down in this way rules the boxing field.   The most noted of these boxing fields in this kingdom was Hinakahua, in Kapaau, Kohala, Hawaii.   It was famous on account of the chiefs living there and the thronging of the people thereto; also on account of its fair climate and its central location in Kohala.   On this field handsome men and handsome women were to be seen.

The season of the boxing tournaments was from the beginning of the first month of the year, which is Welehu in the Hawaiian calendar.[27]   About this time the *makahiki* god took its customary journey.   Here is an explanation of the words regarding that matter.   Count from the first day of Welehu to the very last day

THE MONTH OF WELEHU.

Date.	Name.	Descriptive change.
1.	Hilo.	Slender appearance of the new moon.
2.	Hoaka.	Refers to the shadowy circlet on the upper side.
3.	Kukahi.	The moon rises higher.
4.	Kulua.	Larger than Kukahi.
5.	Kukolu.	The moon at its highest.
6.	Ole.[a]	The moon becomes larger in size.
7.	Olekulua.	The moon in its distinctness.
8.	Olekukolu.	Nearing its fullness.
9.	Olepau.	Moon loses its hollowness.
10.	Huna.	Corners of the moon are extinct.
11.	Mohalu.	Commences to be round.
12.	Hua.	The moon is completely round.

[27]The new year's sporting festivities attended the procession of gods at the tax gathering tours.   Malo states this season began in Ikuwa (October), not Welehu (November).

[a]This does not agree with the generally accepted division of the month, as this list shows but three Ku days, whereas there were four, as with the Ole days.   The thirty days of the calendar are made up by adding Hoaka, Muku being the last day of the month with all Hawaiians.

Hole Waimea i ka ihe a ka makani,
Komo i na 'la a ke Kipuupuu,
Holu ka maka o ka ohai Ouli,
Niniau eha ka pua o ke Koaie
Eha i ke anu ka nahele o Waikae e!
E aloha e! aloha Waika ia'u me he ipo la,
Me he ipo la ka makalena o ke Koolau,
Ka pua i ka nahele o Malule ia,
He wahi hele no ka nahelehele,
Hihiu pili noho i ka nahelehele,
O ka noho wale iho no ia Kahua e!
E aloha e! o ke aloha kai hiki mai i o'u nei,
Mahea la ia i nalo iho nei e!
E aloha e! aloha.

A pau ka lele ana a me ke oli, alaila, ahaaina na mea a pau loa, a mahope o laila hookuu.

MOKUNA II

KA MOKOMOKO

He mau kanaka ikaika elua ke ano, e hakaka ana me ke kui aku kui mai, me na puupuu lima. O ka mea hina ole o laua ma keia hana ana, lilo nona ke kahua mokomoko. O ke kahua kaulana loa ma keia aupuni, oia no o Hinakahua ma Kapaau, Kohala, Hawaii, ua kaulana ia no ka noho ana o na 'lii i laila a me ka piha i ka lehulehu; no ka maikai a me ke kaa i ka hapalua pono o Kohala. Ma ia kahua e ike ia ai ke kanaka ui, a me ka wahine ui.

O ka manawa e mokomoko ai, oia ka hoomaka ana o ka malama mua o ka makahiki o Welehu ia malama ma ka helu Hawaii O ka wa ia e hele ai ke 'kua makahiki. Penei e maopopo ai ka olelo malaila. E helu mai ka la mua o Welehu a ka la hope loa

WELEHU KA MALAMA

Ka La. Inoa.	*Ano Kuhikuhi.*
1. O Hilo.	Pua hilohilo ka mahina.
2. O Hoaka.	Oia ke aka poepoe maluna.
3. O Kukahi.	Ka pii ana ae o ka mahina.
4. O Kulua.	Oia ka oi ae maluna o Kukahi.
5. O Kukolu.	Oia ke kiekie loa o ka mahina.
6. O Olekukahi.	Oia ka nui ana ae o ke kino o ka mahina.
7. O Olekulua.	Ke akaka loa ana ae o ke kino mahina.
8. O Olekukolu.	He kokoke ana e piha ka mahina.
9. O Olepau.	Pau ka hakahaka o ka mahina.
10. O Huna.	Nalo na kihi o ka mahina.
11. O Mohalu.	Hoomaka e poepoe.
12. O Hua.	Poepoe puni ka mahina.

13.	Akua.	The moon commences to disorganize.
14.	Hoku.	The moon is stranded on this night.
15.	Mahealani.	The makahiki god is prepared.
16.	Kulu.	The girdle for the deity is beaten
17.	Laaukukahi.	Small deities are all decorated
18.	Laaukulua.	Decoration of the feather god.
19.	Laaukolu.	Decorating the wooden idol.
20.	Olekukahi.	Services of the feather god.
21.	Olekulua.	Services of the wooden deity.
22.	Olepau.	Each man holds services to the deity.
23.	Kaloakukahi.	The deity is out on the public highway.

Let us talk about this day so that it may be made plain. At Hikapoloa was the temple where the *makahiki* god was preserved, on coming up from Mookini. It was a large temple in the low lands of that name, in the *ahupuaa* of Puuepa, Kohala, Hawaii. At Hikapoloa two gods were set up. The gulch remains to this day. There were two gods, a wooden and feather god. The feather god goes mountainward along the cliffs; the wooden god goes on the inside.[29]

The day that the gods went out was sacred; no fires were lighted, no cultivating, no fishing, and no other work was done. Merrymaking, pride demonstrations and going to Hinakahua to witness the boxing were the occupations of the day. The makahiki god led the procession, the people following behind making merry, boxing along till they reached Hinakahua. When two men stood up to box, if one fell there were loud cheerings and huzzas. Then the voices of derision proceeded from one side against the other, the blows had been delivered with great force and struck the nose, the eyes, the chin; discoloring the eye, dislocating the nose and disjointing the jaw. This was the way they jeered at the defeated side: "Eat the manure of your chicken; the boar is biting; wait, wait, let the maniac finish eating; *heua! heua!*" roared the crowd. Thus it continued till sunset when everybody retired to his place.

24.	Kaloakulua.	The god journeys.
25.	Kaloakukolu.	The god journeys until it reaches Pololu and stops.
26.	Kane.	The god repairs to Mookini.
27.	Lono.	Still boxing.
28.	Mauli.	The long god comes from Kona.
29.	Muku.	The long god arrives at the barren seashore.
30.	Hoaka.	The long god reaches Kohala.

THE LONG GOD.[30]

This was the deity which made the circuit of the island of Hawaii to completion. The body was of *kauila* wood, three fathoms long. A cross [piece] was affixed about its middle, and on the topmost end was fastened an ivory [ornament] with a girdle cloth about six yards in length. Whenever this deity made the circuit that was the time that the people paid their tributes[31] with goods, swine, cloths, feathers. If the products of the land were small the deity was displeased and refused to go on. If the deity is de-

<hr />

[*]Inside and outside were the terms indicating east and west, in Kohala. The wooden or short god was carried eastward till it reached the border of the district, whence it returned. The feather god referred to was doubtless the long god, Lono, with feather wreaths decorating the banner cross stick.

[*]This was Lono, the *makahiki* god, a carved image of small size surmounting a long joint-shaped pole,

near the head of which was a decorated cross stick carrying a *kapa* banner.

[*]Tributes in the way of annual taxes, which were collected by the *konohikis* of a district from the people were deposited at the border of each *ahupuaa* beforehand, along the route of the god's journey, and ample to satisfy the deity (through its *kahus*) so as to cause no delay, on pain of severe penalty on all parties concerned.

13.	O Akua.	Hoomaka e puehu ka mahina.
14.	O Hoku.	Ili ka mahina ia po.
15.	Mahealani.	Makaukau ke 'kua makahiki
16.	Kulu.	Kuku ka malo o ke Akua.
17.	Laaukukahi.	Uluaau na akua liilii a pau.
18.	Laaukulua.	Ululaau ke akua hulu.
19.	Laaukukolu.	Ululaau ke akua laau.
20.	Olekukahi.	Kauo ke akua hulu.
21.	Olekulua.	Kauo ke akua laau.
22.	Olepau.	Kauo pakahi na kanaka i ke 'kua.
23.	Kaloakukahi.	Ku ke akua i ke ala loa.

E kamailio kakou no keia la i maopopo. Aia ma Hikapoloa ka heiau o ke akua makahiki e noho ai, mai Mookini mai ke pii. He heiau nui ia aia ma kai o Hikapoloa, aia ma ke ahupuaa o Puuepa keia mau mea. Ma Kohala, Hawaii keia. Ma Hikapoloa e ku ai na akua elua. Ke waiho la no ia awawa a hiki i keia la. Elua akua, he akua laau, he akua hulu. Hele ke akua hulu ma ka pali iuka, hele ke akua laau ma loko.

I ka wa e hele ai ke akua, kapu ia la, aole ahi e a, aohe mahiai, aohe lawaia, aohe hana e ae. O ka lealea ka hana, o ka haaheo, o ka hele i ka nana mokomoko i Hinakahua. Mamua ke akua makahiki e hele ai, mahope na makaainana e lealea ai, e mokomoko hele ai a hiki i Hinakahua. I ka wa e ku ai na kanaka elua e mokomoko, a hina kahi, kani ka pihe, uwa, alaila puka mai ka leo henehene a kekahi aoao ia wa, i kekahi aoao, ikaika loa ke kui ana, ku i ka ihu, ka maka, i ka auwae. Uliuli na maka, kapae ka ihu, kapakahi ka auwae. Penei e olelo henehene ai i kekahi aoao. Aina iho kukae o ko moa! Kane puaa ke nahu nei! Alia! alia! i oki ka aina a ka Hewahewa. Heua1 Heua1 Uwa ka aha. Pela no e hana ai a po ka la, alaila, hoi kela mea keia mea i kona wahi.

24.	Kaloakulua.	Hele ke akua.
25.	Kaloakukolu.	Hele ke akua a hiki i Pololu. Alaila, pau ka hele ana o ke akua.
26.	Kane.	Hoi ke Akua i Mookini.
27.	Lono.	Mokomoko no.
28.	Mauli.	Hele mai ke akualoa mai Kona mai.
29.	Muku.	Hiki ke akualoa i ke Kaha.
30.	Hoaka.	Hiki ke akua i Kohala.

KE AKUA LOA.

He 'kua poai puni keia i ka moku, ia Hawaii a puni. Ke kino He kauila ke kino Ekolu anana ka loa, he kea ma waena, i ke poo o luna loa, o ka laau, he palaoa kai luna loa, me ka malo loihi eono iwilei ka loa. Ina hele keia akua e kaapuni, ia wa e hookupu ai na makaainana a pau i ka waiwai ka puaa, ke kapa, ka hulu. Ina uuku

layed till the close of the day, that land is dispossessed and the overseership discontin‑
ued. Thus [the god] continues till the circuit of the island is complete.

BATHING BY JUMPING.

It is a high precipice where a man jumps from. If the man makes a skillful
leap, touching the water toes first, it is called *iomo*, which means "without splash."[32]

KITE FLYING.

Kapa makes good material for the body of a flying kite, with *hau* for its cross-
sticks. The kite is a fathom long and four and a half feet in width. Twenty times
forty fathoms of cord are used, the tail being fifteen fathoms long. To start it two men
are required to hold it, with a wooden stake. When the kite flies it is lost sight of in the
sky and wet by the mist;[33] the frame is not so. If the cord breaks the kite drops into the
sea.

SURF-RIDING.

A long board is hewn from the *wiliwili*[34] wood, four fathoms long, some three,
and so on down to one fathom; the width is one yard. Here are the names of the
boards and the surfs·

The board is *alaia*,[35] three yards long. The surf is *kakala*, a curling wave, ter-
rible, death-dealing.

The board is *olo*,[36] six yards long. The surf is *opuu*,[37] a non-breaking wave,
something like calmness.

If there is no surf, invoke seaward in the following manner·

> Arise, arise ye great surfs from Kahiki,
> The powerful curling waves.
> Arise with the *pohuehue*,[38]
> Well up, long raging surf.

When the surf rises and breaks lay the board on. The man has two places to slide
in the surf, the foam, which is within the curl, or the end, which is outside the curl.

---

[32]The acme of skill in leaping into the water, with
Hawaiians, regardless of height, was to enter the water
feet first, with the least agitation of the water. The
Tahitians' enjoyment of the sport was the reverse, for
they delight to create the greatest splash, to accom-
plish which they double their feet under them in
jumping from a height, so as to plump into the water
with the greatest possible commotion. Diving headfirst
into the water is seldom if ever practiced by either race.

[33]The Hawaiian kite is six-sided in shape, the hori-
zontal stick of the frame crossing a little above the
middle, making the upper portion shorter than the
lower. *Kapa* kites of early days, wet by moisture in
the clouds, became ragged and torn.

[34]While *wiliwili* may be the preferred wood for surf
boards, on account of its lightness, *koa* and breadfruit
boards are also in common use.

[35]*Alaia* is the name given to a small, thin, surf board.

[36]*Olo* was the large, thick, *wiliwili* surf board.

[37]Opuu, the blind-breaker character of surf preva-
lent during calm periods.

[38]Hawaiians had two methods of surf coaxing dur-
ing calm weather, the general method being for a
swimming party to take several strands of the sea-con-
volvulus vine, and swinging it around the head lash it
down unitedly upon the water until the desired undu-
lating waves were obtained, at the same time chanting
for a response to their effort. *(Hawaiian Annual,
1896.)* Surf riding has a wider range of sport than
shown above, for canoe surfing is also very generally
practiced, and occasionally body surfing. This requires
strong, expert swimmers to attain sufficient momentum
to ride in on the surf without a board or other support.
This, termed *kaha nalu*, is still practiced.

ka waiwai o ka aina, hoohalahala ke akua, aole e hele. Ina e kali ke akua a hala ka la, alaila, hemo ia aina, pau ka noho konohiki ana, pela no e hele ai a pau ka moku.

KA LELE KAWA

He pali kiekie ia, kahi e lele ai ke kanaka. Ina opu ka lele ana o ke kanaka a ku ka nuku o mua, alaila, "he iomo ia " Ke ano o ia hua olelo, aohe pane kai ·

KA HOOLELE LUPE.

He kapa ka lupe lele, he lako, he hau ka laau, he anana ka loa, he muku ka laula, he iwakalua kanaba anana ka loa o ke aho, he umikumamalima anana ka loa o ke kakai-apola. I ka wa e hoolele ai, elua kanaka e paa ai me ka pahu laau I ka lele ana o ka lupe, ua nalowale i ka lewa, ua pulu i ka ua awa, a koe o na laau. Ina e moku, haule i ka moana loa

KA HEENALU

He papa loihi ia i kalai ia, "he wiliwili ka laau " Eha anana ka loa, ekolu keka hi, pela a hiki i ke anana hookahi, he iwilei ka laula. Eia na inoa o na papa a me ka nalu.

He alaia ka papa (ekolu iwilei ka loa). He kakala ka nalu — he nalu poi, he aaka, he make

He olo ka papa (eono iwilei ka loa) He opuu ka nalu, he nalu poi ole, he alaneo ke ano

Ina aohe nalu, alaila, kahea aku i kai, penei e hea ai

> Ku mai! Ku mai! Ka nalu nui mai Kahiki mai,
> Alo poi pu! Ku mai ka pohuehue,
> Hu! Kaikoo loa

I ke ku ana o ka nalu a hai, alaila, hoomoe ka papa, elua wahi a ke kanaka e holo ai i ka nalu. O ka hua maloko ia o ka nalu, o ka lala mawaho ia o ka nalu.

DANCING.

Laka, the god of dancing, is the god of all dancers. Laka is a powerful god Here is the description: The body is of herb leaves, such as *halapepe,*[39] an herb like the *icie;*[40] also all herb leaves of the forest, the *maile,*[41] the ginger, the fern, the *ki*[42] leaves, the *ilima*[43] wreath. Laka has an altar, a wooden platform whereon everything is placed. It is a place where the dancing-masters and pupils worshiped. This is the way to pray before the altar:

> O Laka! Here is food.
> O Laka! Who has swine, food, fish.
> O Laka! Who has riches and all things.

Breast-slapping dance. The meaning is this: Slapping is made on the breast while the hands are moving, and the body in an undulating motion.

Calabash dance. It is a dance with a calabash accompaniment. Here is an explanation: A long calabash is furnished, similar to a *hokeo,* only the former has a neck and a round opening on top, with a string on its side. One teacher and two pupils are the performers, and so on to ten or more, with about six or seven or more substitutes.

Drum dance. The drum is made of coconut [wood] covered on top with shark skin;[44] a coconut shell is also used. The drum is held in one hand and the coconut shell in the other, the latter having been plaited with cords, the opening covered with *kala* (fish) skin. Here is the mode of dancing. First, the pupil is dressed with a loin-cloth, which makes her look chubby; a wreath rests on the head, and clasps are fastened at the angles. Dog teeth and hog teeth (called *hulili*) encircle the hands, with ivory at the neck. The pupil then sings as she appears before the teacher and the substitutes

> Fond feelings arise for the friends of the lowlands,
> Companions in the upper woodlands of Puna,
> Some report of Kauakahi's rage
> At the absence of male friends on the night of invitation.
> Many are the offspring of Kauahoa,
> Many are the reports of chiefess Piikea ·
> The garland of the birds down at Halulu,
> Soaring in the face of the cliff Kahakea.
> Kalani works on the ornamented board,
> Ornamented indeed! Put away for a moment the board of the
>   chief
> The high sea, the clouded sea,
> The curling sea that came on the month
> Of the summer, the month of Hinaakukele,
> The loose sea, a wave of Kane,
> The boisterous wave, the boisterous tide,
> The ebb-tide, the rapid current, the strong-sucking current,
> The transparent sea, the sea which reveals the bottom.

---

[39] *Halapepe (Dracaena aurea).*
[40] *Ieie (Freycinetia arnotti).*
[41] *Maile (Alyxia olivaeformis).*
[42] *Ki (Cordyline terminalis).*
[43] *Ilima (Sida of several species).*
[44] The drums here referred to were made most conveniently from coconut log sections, the pithy nature of its core lending itself more readily to hollowing, whether by firing or adze-chipping till reaching the hard surface wood. These *hula* drums were about two feet in height, as the performer used them while in a sitting or kneeling position, tapping with the open hand on the shark-skin head, as it stood on the ground beside him.

NO KA HULA

O Laka ke 'kua hula, oia ke akua o na hula a pau loa He akua mana o Laka, eia ke ano. He lau nahelehele ke kino, oia ka halapepe, he mea like me ka lau o ka ieie. O na lau apau o ke kuahiwi, ka maile, ka awapuhi, ka ieie, ka laki, ka lei ilima. He kuahu ko Laka, he holopapa laau, malaila e kau ai na mea a pau loa. O kahi ia a na kumu hula a me na haumana e hoomana. Penei e hoomana ai i mua o ke kuahu·

> E Laka! eia ka mea ai,
> E Laka i ka piaa, i ka ai, i ka ia
> E Laka i ka waiwai, i na mea a pau.

Ka hula paiumauma. Eia ke ano, ma ka umauma e pai ai, kuhikuhi na lima, ami o lalo Ka hula paipu. He hula ia me ka ipu, eia ke ano, he ipu loihi me he hokeo la, he puali nae keia, a he waha poepoe o luna, he kaula ma ka aoao. Hookahi kumu, elua haumana, a pela a hiki i ka umi a keu, eono hoopaa, ehiku, a pela aku no.

Hula pahu. He niu ka pahu, he ili mano o luna, he puniu kekahi. Ma kekahi lima ka pahu, ma kekahi lima ka puniu, ua haku ia i ke kaula, a he ili kala ma ka waha Penei e hula ai. Ua kahiko ia ka haumana i ka pau, a poheheo, he lei ma ke poo, he kupee ma na wawae. He niho ilio, he niho puaa ma na lima (oia he hulili), he palaoa ma ka ai. Ia wa oli mai ka haumana i mua o ke kumu a me na hoopaa.

> Ke walina mai nei ke kini o lalo,
> Na hoa i ka uka nahele o Puna,
> Kekahi lono hua e Kauakahi,
> Nonoho kane i ka po kolohia,
> Halau lani pua e Kauahoa,
> Halau e ka lohe lani e Piikea,
> Ka lei na a ka manu i kai o Halulu,
> Kaha i ke alo pali e Kahakea,
> Ka hana o ka lani ka papa nionio
> I Nionio ia la e! kala iki ha oia papa o ka lani,
> Ke kainuu, ke kai opua,
> Ke kai aweawe hiki ka malama,
> I ke kau nei, ka malama o Hinaakukele,
> Ke kaina luelue, he ale no Kane,
> Ka ale kupiki au ke kupiki,
> Au ko, au koieie, ke kai au mimiki,
> Ke kai ao, ke kai ahu wale ka papa.

KONANE (CHECKERS)

Two kinds of pebbles are used in the game of *konane*,[15] white pebbles and black pebbles. Twelve pebbles cover the width, and fifteen pebbles the length of the checker board, and the number of pebbles used are one hundred and eighty; some boards are larger and more pebbles are used. The first pebble to be placed is *paoa*, thus:

First pebble. Three *paoas,* the sacrifice *paoa,* which is one, and two *paoas* which are not sacrifices. This one pebble has several appellations: Kalanimoku, Kaikilani, Pilikukikapiliahuula, Pilikahili, seven names and moves by this same stone.

From the first pebble to the seventh, in the seventh of the pebbles are several names and moves, and may be understood from the following: To one pebble there are twelve appellatives and moves. These are the names: Kamooinanea, Honu, Kaniupii, Panaewa, Hua, Kahikumanamana, Naku, Haunakahi, Kaikilani, Kaniumoe, Kalapana, Paoa.

The third pebble has two appellatives and two moves, Hawaiiloa, Eleeleualani. The following is pronounced during the game:

> That is won; this is on the run;
> The space is long; the top is falling
> Black is indistinct; the whites have won.

Here is the interpretation: The *kui* is the pebble which is moved forward and backward and from a corner to the middle of the board.

The *holo* is the jump made over two or three pebbles, and so on.

Vacancy is the distance of a pebble on the other side from the head of the board.

Pebbles in line mean that the edges and middle are pretty well guarded, like a narrow headland in appearance.

Hapala ka ele, the defeat of the black by the white.

Na ke kea ka ai, is the defeat of the black pebbles by the white.

CAT'S CRADLE:

A string one fathom long is required. The two hands are employed, but at first four fingers, two of the right hand and two of the left only are engaged. In case the ten fingers are all employed the teeth are required in biting. There are many cradles, and their name chants to be recounted, and it is full of merriment to hear them recited. Lands and people are mentioned in the chants which accompany the play. Kuehoopi-oekala is one of the most renowned, its representation by the string is like a turtle in appearance. It has a chant, as follows:

[15] It is notable that several features in the game of *konane* identify it with Lonoikamakahiki and his wife Kaikilani, to keep fresh the tradition of their quarrel during a *konane* contest. For instance: Kaikilani's name occurs twice in the names of pebbles and moves; the names and moves of the third pebble are those of Lono's royal insignia on his tour of the islands, and the game chant is the same as sung by Kaikilani to divert her husband's attention from the chant of her lover on the cliff above them. A number of other celebrities are immortalized in like manner, viz: Kamooinanea, the lizard grandmother of Aukelenuiaiku; Panaewa, the evil god who essayed to thwart Hiiaka and companion in carrying out Pele's mission, and Hua, the king whose wicked deeds brought famine on the land so that "his bones bleached in the sun."

NO KE KONANE.

Elua ano iliili o ke konane. He iliili keokeo, he iliili eleele. He umi-kumamalua iliili ke akea o ka papa, a he umi-kumamalima ka loa, o ka nui o na iliili, hookahi haneri kanawalu a he oi aku kekahi papa he nui na iliili. O ka iliili mua o ke kau ana. O paoa ia iliili, penei:

Iliili mua. Ekolu paoa. Paoa hai, hookahi ia, elua paoa hai ole. He nui na inoa o ia iliili hookahi: Kalanimoku, Kaikilani, Pilikukikapiliahuula, Pilikahili, ahiku inoa a me na hahau ana ia iliili hookahi

Mai ka iliili akahi a ka iliili ahiku, iloko o ka hiku o na iliili, he nui loa na inoa a me na hahau ana, penei e maopopo ai. Hookahi iliili, he umi-kumamalua inoa a me na papa hahau, eia na inoa: Kamooinanea, Honu, Kaniupii, Panaewa, Hua, Kahiku-manamana, Naku, Haunakahi, Kaikilani, Kaniumoe, Kalapana, Paoa.

I ke kolu o ka iliili, elua inoa, a elua hauna iliili. Hawaiiloa, Eleeleualani Penei ka hana i loko o ke konane ana ·

O ke kui kela,
O ka holo keia,
Moe kawa,—
Niole ka luna,
Hapala ka ele,
Na ke kea ka ai.

Penei ke ano: Ke kui. Oia ka iliili e hoi ana imua a i hope, o ka papa iliili mai ke kihi a waena

Ka holo. Oia ka holo ana o ka iliili maluna o na iliili elua a ekolu paha, a pela aku no

Kawa. Oia ke kaawale akca ana o ka iliili ma kekahi aoao, a me ke poo paha o ka papa konane.

Niole. Oia ka waiho lalani ana o ka pae iliili ma ke kihi a ma waena iki iho Me he lae kahakai oololi la, ke nana iho

Hapala ka ele. Oia ka make ana o ka iliili eleele i ka iliili keokeo.

Na ke kea ka ai. Oia ka make ana i ka iliili keokeo o ka iliili eleele

NO KA HEI

Hookahi anana ka loa o ke kaula, elua lima e hana ai, eha manamana lima mamua, elua o ka akau, elua o ka hema. A pau loa na manamana he umi, alaila, aaki ka niho. He nui na hei a me na inoa e hana ai, a he lealea loa ka heluhelu ana; a ua komo ka aina, a me ke kanaka i loko o ka hei ana. Eia kekahi hei kaulana, o Kuehoo-pioekala, o kona kii ma ke kaula, ua like ia me ka honu, ke nana iho. He mele kona penei

representation is like a spider:

> That is Kona of the calm sea,
> Which embraces the limits of Kapulau.
> The *ao* is singing at Wainlaula,
> At the path which there lies
> That man may travel on.

Kau. Like a newly built ship is its representation. It also has a chant·

> Great Kau, stormy back,
> Standing alone; oderous with dirt;
> The *koae* flies away, the odor remains.

Puna. Its representation is like that of a house in appearance, and has a chant

> That is Puna of the creeping sea,
> Which groans in the pandanus grove;
> It is the sea of Puna at Keaau.

Hilo Its representation is like that of a four-fingered meshed net It has a chant

> That is Hilo of the fire-quenching rain,
> The unending rain of Hilo

Hamakua is represented as a lounge, and has a chant·

> That is Hamakua
> Of the precipice—of the steep path;
> The hand is holding the rope,
> The teeth are retaining the gourd
> At the cliffs of Koholalele.

Waipio and Waimanu. Their representation on the cat's cradle is like the plains of Kamaomao, on Maui, lying desolate with the two hands up

Kohala. It is represented as a level flat, like Nuuanu street from Kaopuaua to Maemae. It has a chant·

> Small Kohala; great Kohala;
> Kohala of the *apaapaa* rain.
> The companion of Kalahikiola;
> The hills which remain in the uplands;
> Only the people wander away

Pili and Kalahikiola, a desolate land between, a hill on each side

Kinikuapuu is another cradle which actually represents a hunchback It has a chant·

Ku e hoopio ka la,
Ka la i ke kula o Ahuena,
Komo i ka lai o Kailua la

O Kona.   Hookahi hei ana, a wehe ae o Kona ia, ua like kona kii me ka nanana ·

O Kona ia o ke kai malino,
Ke hele la i waho o Kapulau,
Kani ka ao i Waiulaula,
A ke alanui e waiho nei,
A ke kanaka e hele ai.

O Kau.   Ua like me ka moku hou o ke kapili ana, pela kona kii   He mele no kona

Kau nui kua makani
Kukohana, hauna lepo,
Lele koae la, ku maea.

O Puna.   O kona ano me he hale la kona kii ke nana iho.   He mele no ·

O Puna ia o ke kai kolo,
E nu ana i ka ulu hala,
Ke kai o Puna i Keaau.

O Hilo   Ua like me ka "Upena Mahac" kona kii   He mele no ·

O Hilo ia o ka ua kinakinai,
Ka ua mao ole o Hilo.

O Hamakua.   Ke ano o Hamakua, ua like me ka noho koki, he mele no

O Hamakua ia,
O ka pali, o ka ulili,
Ke paa ala ka lima i ke kaula,
Ke aki la ka niho i ka ipu,
I ka pali e Koholalele.

O Waipio ma laua o Waimanu.   O ko laua kii ma ka hei ana, he like me ke kula o Kamaomao i Maui, ka waiho alaneo a pii na poo i luna

O Kohala.   Ua papu iliwai like kona kii, e like me ke alanui Nuuanu mai Kaopuaua a Maemae.   He mele no ·

O Kohala iki, O Kohala nui,
O Kohala ua apaapaa
O pili o Kalahikiola,
O na puu noho no i uka,
O kanaka no ke hele.

O Pili a me Kalahikiola   He alaneo o waena, he puu ma na aoao

O Kinikuapuu.   He hei no ia, he like no me ke kuapuu.   He mele kona ·

There are Ieiea and Poopalu,
The fishermen of Makalii;
They are whipping the long fish-line.
By fishing with the line, wife collects [the fish]
While the children climb the coconut tree.
That is the coconut, yet you beg;
It is not to be had, not even by you.

THE PUZZLE

A long rope one fathom and over in length [is required]. It is a gambling game, even to one's person being wagered. To lock and to unlock the puzzle were two calls. Choose either locked or unlocked, and if the call was correct and so forth, the wager was won. A song was first chanted·

There it is; there it is;
The well-known wreath of Hilo,
With the three-stranded line of Ikua.
Hanalei is grumbling;
Grumbling at the fish inlet
At Kawainui. Sluggishly
Lingers the Kualau rain
The weary enjoys a residence in Kaukaopua.
O my beloved husband,
A blossom of Mana,
With parents at Koolau,
With parents at the cliff of Honopu,
Parents at the beloved cliff.

Then one player says to the other: "Our beloved one, locked or unlocked, which do you choose?" If he chooses the unlocked and it is locked, then he looses, and so on

GAME OF KOI

It is a gambling game, and here is an explanation. A round stone like an iron ball, a sloping runway about an arm's length in depth: A trench-like contrivance is made with a curve, like a water-course. When the ball comes to a stop without being overtaken by another, then the game is won. After winning and the stakes are lost to the other side, the winner exclaims in reviling tones·

Beloved is the cliff of Koloa;
The front facing Waihanau.
Alas, the brother
Returning to the long barren shore empty-handed.
Long! O how long is the returning

O Kinikuapuu,
Ka mea nana i ai ka ea maia a Kahuoi,
Ua ai la hoi au i kau ea maia,
I ka hikina ae a ka la pumehana,
O Ieiea, o Poopalu,
O na lawaia a Makalii,
E kaka ana i ke aho loa,
Kuukuu kaula, ohi wale ka wahine,
Na keiki pii niu,
He niu la hoi ia ia oe ka mali,
He mali loaa wale la ia ia oe.

KA PU.

He kaula loihi, hookahi anana a oi ae kona loa, he mea piliwaiwai, a pili i na iwi O ka paa o ka hemo, elua ai. Ina e koho i ka paa, a i ole o ka hemo. Ina e pololei ke koho ana, eo, a pela aku. He kau mamua e oli ai

Aia la! aia la!
Kumakalei Hilo,
I ke aho kaakolu o Ikua,
Wa Hanalei e!
Wa i na makaha ia,
A Kawainui, maoeha,
Ka apa a ka ua Kualau,
Kui aku ka luhi noho i Kaukaopua,
Aloha wale kuu kane,
He ao no Mana,
Makua i Koolau,
Makua i ka pali o Honopu,
Makua i ka pali aloha e!

Alaila i aku i ka hoa lealea: "O ka mea aloha a kaua, o ka paa o ka hemo Mahea oe?" Ina i koho i ka hemo, a i hemo ole, "eo," a pela aku no

KE KOI.

He pili waiwai ana ia, eia ke ano, he pohaku poepoe e like me ka poka hao, he wahi palipali kamoe, he hailima ke kiekie a oi ae. A o kona wahi e holo ai, ua hana auwaha ia a uakee ae me ka moe pio, me he auwai la. Aia a hiki i ka pau ana o ka ulu, a loaa ole aku i kekahi ulu, alaila, eo, I ke eo ana, a lilo ka waiwai i kekahi aoao, alaila, puka na olelo hoonaukiuki a ka mea i ko.

Aloha ka pali o Koloa,
Ke alo huli i Waihanau la e!
Aloha ka hoahanau,
Ka hoi wale i ke kaha loa,
Loa! Loa ka hoi ana.

ARROW-SLINGING.

It was one of the most enjoyable pastimes of old days. This is its description That would be a good arrow if it dropped at a distance of three or four times forty fathoms from the place of slinging. There are various ways of slinging arrows and the kinds of arrows are many also, for selection. The flower-stalk of the sugar-cane is used for arrows. Here are the kinds of arrows: If it has no stems it is called the *lehua* eater; if the arrow has blotches it is a man eater; if the body of the arrow is twisted it is a roll; if the arrow is cut short it is a stump, and so on. As is the character of the body of the arrow so is its flight. A spiral knot is made at the fore end of the arrow to keep it enfolded and balance its lightness and steady it in the wind.

Arrow-slinging was therefore a gambling game to which everybody from all places could come. It was the pride of a skillful boy or man slinger. A very famous arrow of olden time was called Pua-ne [46]

OF COCK-FIGHTING.

It was one of the sports and a source of gambling in the group of islands in olden times. A cock has a trait to be looked for, and by the features a powerful or weak rooster might be known. If the cock was of grey and white spots, or yellow, or of any other color, if the voice was despicable and the fowl looked weighty and big-bellied, it was called *auha;* he would run away from his opponent after the first round, thereby called "*auha,*" full of excrements. If the bird was of a whitish grey and the voice agreeable, like the voice of the wild duck, and the bill black, it was a bony black bill. It was very powerful for three rounds and long-winded during the fight. If a red bird and slow in crowing, it was a very long-winded cock before its adversary

If the bosom of the rooster was straight that the breast could not be discerned it was a powerful bird and could not be hit by the spurs of an opponent. Cocks are of various kinds and characteristics. If property was wagered, or other things perhaps, then cock-fighting was kept up continously, to keep the birds in practice for dodging and slipping under the wings [of opponents], that their combs might not be injured, nor [themselves] struck by the spurs.

Counts made by a rooster were of great importance. If the fowl was strong in kicking it was a count. If strong at pecking it was a count; if strong at striking with the wings it was a count; if the adversary ran away it was a count. If that one rooster possessed all the counts, it was a powerful bird, it could get three or four opponents.

The strongest birds were those smoked in the house. This is the method: Light a fire beneath the roost with the cock thereon directly over the fire. The smoke would ascend until it reached the eyes, the water poured out leaving the eyes dry and looking this side and that of the smoke. That was the cock skillful in foiling and dodging, and could not be pecked. Such was *Kawauhelemoa,* one of the celebrated fighting cocks of Hawaii nei in olden times.

---

[46] Pua-ne is from the story of Hiku and Kawelu.

NO KE KEA PUA.

Oia kekahi hana lealea loa o ka wa kahiko. Eia ke ano. Oia ka pua lele i hiki kona haule ana i na kaau anana ekolu a eha paha, mai ke kahua kea pua a kona wahi i haule ai. He nui ke ano o ke ka "pua," a he nui na loina o ke kino o ka pua ke nana o ka pua o ke ko, oia ke mea e kea pua ai. Eia ke ano o na pua. Ina niau ole ka pua, he ai lehua ia. Ina puupuu nui ka pua, he aikanaka ia. Ina wili ke kino o ka pua, he owili ia. Ina e oki ia ka pua a pauku, he omoku ia pua, a pela aku no. E like me ke ano o ke kino o ka pua, pela no ka lele ana

He omua mamua o ka pua, he mea e wahi ai i ke kumu, i ole e mama a olepelepe ka lele ana i ka makani.

Nolaila, he mea piliwaiwai ke kea pua, e hiki i ko kela wahi keia wahi ke hele mai. He mea kaulana no ke keiki akamai a me ke kanaka. A pela hoi kekahi pua kaulana loa i ka wa kahiko, o "Pua-ne," ka inoa.

NO KA HOOHAKAKA MOA

Oia kekahi mea lealea, a mea piliwaiwai ma keia mau pae aina i ka wa kahiko He ano ko ka moa ma ka nana ana, a ma ke ano e ike ia ai ka moa ikaika a me ka moa ikaika ole. Ina he nene ka moa, a he puahau paha, a he moa e ae, ina inoino ka leo, a polupolu opunui ka moa ke nana aku, he auha ka inoa o ia moa. Hookahi ana ai holo i ka hoapaio, kapaia, "he auha kukae nui." Ina he uakea keokeo ka moe, a he lea ka leo, me he koloa ke kani, a eleele ka nuku, he nuku uli lawa ia. He moa ikaika loa ekolu ai, a he aho loa no hoi i ka wa bakaka. Ina he ulahiwa a kohi ka leo ke kani, he moa aho loa ia i mua o kona hoapaio.

Ina pololei ka poli o ka moa a umauma ole ke nana aku, he moa ikaika ia, aole e ku i ke kakala o kekahi moa. He nui na ano a me na loina o na moa. Ina he piliwaiwai a he mea e ae paha, alaila, hoohakaka mau ka moa. I walea i ka alo a me ke palemo malalo o ka eheu i ole e pau ka lepe, a e ku hoi i ke kakala.

Na ai a ka moa he mea nui ia. Ina ikaika ka moa ma ka peku ana, he ai ia. Ina ikaika i ke kiko, he ai ia. Ina ikaika i ke pai o ka eheu, he ai ia. Ina holo ka hoapaio, he ai ia. Ina pau loa na ai ia moa hookahi, oia ka moa ikaika, e loaa no ekolu hoa bakaka, a eha paha.

O na moa ikaika loa, oia na moa i kau ia i ka uwahi i loko o ka hale. Penei ke ano. Kahu ke ahi malalo, maluna ka haka o ka moa me ka moa e kau ai. Nee ae ka uwahi a loaa i na maka, kahe ka wai, a koe a ka maka me ka alo ma o ma o o ka uwahi, alaila, oia ka moa akamai i ke palemo, a me ka alo, aole e loaa i ke kiko. Pela no hoi o Kawauhelemoa kekahi moa kaulana o Hawaii nei i ka wa kahiko.

PART II

Source and Migration of the Polynesian Race.

I N MY endeavors to throw some light upon the olden times of the Hawaiian people and—to use a nautical expression— to "underrun" their historical cable, two questions have ever presented themselves at the very beginning of all inquiry,—two sphinxes at the entrance — barring the way and bewildering the traveler. They are: 1st. Whence came the Polynesian family of tribes in the Pacific? 2d. What relation do the Polynesian tribes bear to each other, as contemporary or successive *rejetons* from an original source, or as descendants from the descendants?

Purely physical criteria refer the Polynesian family to the great Malaysian race, but throw no light upon the question of priority between the families composing this race. On the philological grounds, however, advanced by Dr. Rae of Hana with special reference to this subject, and according to the origin and descent of language set forth by Professor Max Müller, I am led to believe that the Polynesian family is vastly older in time than the Malay family, properly so called: that is to say, the Polynesian separated from the mother stock long before the Malay. At what period in the world's history the separation took place, it is now impossible to define. The language can here be our only guide. We find then in the Polynesian dialects numerous words strongly allied to the Sanskrit; not only in the Sanskrit of the Vedas, and as developed in the literature of the Hindus, but to the monosyllabic and dissyllabic roots of the Sanskrit, to the older, more primitive, form of speech, when the simple roots served for verbs, names and adjectives, a form of speech still retained throughout the Polynesian dialects. I am thus led to infer that the separation of the Polynesian and Sanskrit, or rather Aryan, families of speech, must have occurred before the latter took on the inflections which have since become so prominent a characteristic of all their descendants.

After reading Professor Müller's "Lectures on the science of language" there can be little doubt that the Sanskrit of the Vedas is centuries older than the time of Solomon; that centuries more must be allowed for the development and formation of the Sanskrit, as in the Vedas, before we reach the time when the Sanskrit or its great great ancestor was spoken in that simplicity which it at one time possessed, when that and the Polynesian stood together as cognate dialects of a still older speech. We know now that the Celtic, Latin, Greek, Teutonic, Zend, Slavonic and Sanskrit were parallels, or nearly so, dialects of an older form of speech, and that they are not descended from one another. But that older form of speech, from which they sprung, has already assumed a system of inflections which has remained a genealogical and hereditary characteristic of these branches ever since, and by which their relationship has been traced back to that older form of which there is no record extant, and for which history has no name. To that older form I am inclined to believe that the Polynesian stood in the relation of an elder brother or an uncle.

Words may be imported into another language by conquest, commerce or intercourse, without thereby indicating any generic relationship, either close or distant. Such words are simply adopted, and become instantly subjected to the particular form and rules which govern every other word in that language. A language may thus be overloaded with foreign words, yet, while its pronouns, articles and prepositions re_ main, they stand as living protests against the invasion of words, and point with no uncertain light, through the night of ages, to the origin and parentage of the captive tongue.

When, therefore, we find in the Polynesian dialects not only several of the Sans. krit pronouns and prepositions, but also the very roots from which these words sprung, — not as dead unintelligible articulations of speech, but as living sense-bearing words,— I am logically led to believe that the connection between the two languages is generic, not accidental; that the ancestor of the Sanskrit was at one time as simple and rude of speech as the Polynesian has remained ever since; and that at that time the two, and others besides, though with different dialectical proclivities, spoke one common tongue and started in different directions from the same *officina gentium.*

If I were permitted to indicate the route of the Polynesian family, after it separated from its Aryan cousins in the highlands of middle Asia, I would say that it descended into Hindostan; that in course of time it was followed by the Tamul family from the northeast who drove the former out of India and were in their turn driven into the lower part of the Peninsula by the now Sanskrit speaking Aryans. When driven out of the Peninsula the Indian Ocean received the wanderers. Of the transit through India, and of the length of the sojourn there, no record or trace exists, unless the Polynesian goddess Hina,[1] or Sina, as it is pronounced in some dialects, bear some relation to the land of *Hind* or Sind, as it was called by the Sanskrit and Zend speaking peoples.

The next traces of the Polynesian family, after their expulsion from Hindustan, are found in two very different directions; in the Battas, Buguis and Iduans of the Malay Archipelago to the east, and in the Malgasse of Madagascar to the west. When they arrived in these new habitats, and how long they remained unmolested in the former, can now only be a matter of mere conjecture. It is fair to conclude, however, that they continued on their eastward route while yet their language retained its origi-nal, liquid purity, and before the Batta, Begui and other remnants assumed the harder, consonantal terminations of words, with which the Malay dialects are strongly impreg-nated, and which are entirely foreign to the primitive Polynesian dialects as found in the Pacific.

In the Malay language there are two words to designate an island, *nusa* and *pulo*. *Nusa,* however, seems to have been by far the older expression, and *pulo* only obtained at a comparatively later time when the Malay branch proper of the Polynesian family became the predominant people in the Asiatic Archipelago. In none of the Polynesian dialects does the word *pulo* occur to designate an island. I infer hence that its adoption and use in the Malay Archipelago is subsequent to the departure of

---

[1] The mother of the *tii* or spirits, and subsequently the mother of the first man and woman, according to a Tahitian tradition.

the Polynesians for the Pacific. The word *nusa* as an appellative of an island occurs in several instances among the Pacific-Polynesian groups: among the Paumotus, Marquesas, Tokolau or Union and de Peyster's groups, and also in the Viti Archipelago, which has received the nomenclature of a great number of its islands from Polynesian sources. It always occurs in compound words as names of islands; e. g., Nuku-hiwa (Marqu.); Nuku-Nono (Union Gr.); Nuku-fetau (de Peyster's); Nuku-tawake and Nuku-ti-pipi (Paumotu). In the Hawaiian group no island or islet, that I am aware of, bears that appellation, but in the Hawaiian legends the land from which their ancestors came, and which they are frequently said to have visited, is called Nu'u-mehelani — the Nu'u being a contraction of the Nuku of the South Pacific dialects.

When I said above that the Polynesian family were probably driven out of Hindostan by the Tamul family, and found a refuge in the Asiatic Archipelago, some remnants of the family undoubtedly remained on the mainland; for we find in the traditionary annals of Sumatra, that the Malays proper derive themselves from Hindostan, whence they arrived at Palembang under the leadership of a son of the Rajah of Bisnagour. Such an emigration, and others like it, doubtless started the older Polynesians further eastward. And as they went, they gave their names to places, bays, headlands, and islands, many of which names have remained to this day and mark the resting places where they stopped, the route by which they traveled. One of the Moluccas is called "Morotai." Now this is a purely Polynesian name, by which one of the Hawaiian Islands is called (Molokai-a-Hina), recalling thus not only the name of a former habitat, but also the birth-place of their ancestors. In the *Histoire de la Conquête des Isles Moluques*, by d'Argensola, vol. III (Amsterdam, 1706), we are told that the Moluccas were formerly called "Sindas" by Ptolomy, especially Amboyna, Celebes and Gilolo,— Molokai-a-Hina refers itself then at once to Morotoy de los Sindas according to the early Spanish navigators

In the island of Timor there is a place and bay called Babao. The name occurs again in Vavao, one of the Tonga or Friendly Islands, and in Mature-wawao on the Acteon Islands of the Paumotu group. One of the Loyalty Islands is called Lifu. That name occurs again in "Fefuka," one of the Hapai group in the Friendly Islands. It occurs also in "Lehua," one of the Hawaiian Islands. On the Island of Uea, another of the Loyalty group, is a headland called to this day by the Papuan or Melanesian inhabitants the "Fa'i-a-Ue," but this is a purely Polynesian word which rendered in the Hawaiian dialect would be "Pali-a-Ua," or, as there may be a doubt as to the proper orthography, "Tai-a-Ue" (house or dwelling of Ua), a word readily intelligible to a Polynesian, but without sense or meaning to a Papuan. In Celebes and in Borneo are two independent states, inhabited by Buguis and Dyaks, called "Ouadjou" or "Ouahou" (according to French and English orthography), proto-names of the Hawaiian island "Oahu." The traditions of the Tonga Islands point to a land in the northwest called "Pulatu," as their fatherland, and whither their spirits returned after death, the residence of their gods.

The absence, however, in the Polynesian language of any name for, or of any image or memory of, the ox, the horse, the sheep, would seem indirectly to indicate that that separation took place before these animals were domesticated by the mother-stock and its other descendants, or that they were living at the time of separation in a country where those animals were unknown.

History is almost equally mute as to the place where this separation took place. Some faint traces alone remain, in the names of headlands and islands, of the routes by which they entered the Pacific, and some of the Polynesian traditions point to a land in the northwest, called "Pulo-to" as their fatherland and whither their spirits returned after death. Mr. Dominis de Rienzi, in his *Océanie,* affords many plausible reasons for assuming that Borneo is the father-land and starting point of the Polynesian family, and that it springs from the Daya or Dyak root. If so, the separation took place before the Daya language took on the consonantal endings to so many of its words.

How the separation took place there can be little doubt about. Wars and famine have in the past as in the present even impelled mankind to seek in distant climes that security and abundance which were denied them at home.

Assuming therefore — and there are but small grounds for doubting the correctness of the general proposition — that the ancestors of the Polynesian family were driven out from their original home in the Asiatic Archipelago by their cousins german or, rather, nephews, the present Malay tribes, properly so called, there were two passages by which they might escape into the unknown (if they were unknown) wastes of the Pacific: either by the Gilolo Passage or by Torres Straits. I am inclined to believe that the greater stream came by Torres Straits, though others might have come and undoubtedly did come by the Gilolo Passage, and that they dwelt some time on the Loyalty Islands before they were driven further on by the Papuan race which now occupies them. My reason for so thinking is that the names of these islands and some of their prominent headlands, even in the mouth of its present inhabitants, are purely Polynesian names, and thus indicate the prolonged if not previous presence of the race that named them. From the Loyalty isles they undoubtedly touched at and occupied portions of the Viti Archipelago, which have ever since remained a debatable ground between the Papuan and the Polynesian races. Hence to the Samoan group in the northeast, and to the Tonga group in the southeast, the transition was easy; and these I believe to have been the first permanent habitats of the Polynesian family in the Pacific. Whether these two groups were settled simultaneously or successively, or the one from the other, would require more special knowledge of their respective traditions, legends, songs and language to decide, than I possess. And from one or the other of these groups the other Polynesian islands have been peopled surely. I am inclined to believe, however, that the Samoan, or Navigator's Islands were the first permanent footholds which the Polynesians obtained in the Pacific. My reason for so thinking is this: In the Daya dialects—among the Battas, Idaans, Buguis, and Soulas, or rather Houlas, the *s* is a component part of the language. The only Polynesian dialect which has preserved the *s* in the same words and in the same places of a word is the Samoan. All other dialects have substituted an aspirate for the sibilant,—*h, k,* or *t.* In the same manner the *ng* is a consonant sound in the Daya, Bugui and Batta dialects. It is the same in the Samoan; and although still retained in the Tonga, Hervey and New Zealand groups, it is but sparsely used and decreasing in frequency in the Tahiti, Paumotu and Marquesan groups, and disused entirely in the Hawaiian group; *p* and *k* being its general substitutes.

Other indications of the relationship of the Polynesian and Aryan races are not wanting to those who are more competent than I am to pursue the comparison. The Greek "Ouranos" is evidently a congener or descendant of the Polynesian Rangi or Lani (Heaven). I am inclined to think that the name of "Siwa," one of the Hindu Trimurti, owes its origin or finds its explanation in the Polynesian word "hiwa," primarily "dark-colored, black or blue," secondly "sacred" as a sacrificial offering — though I am unable to say why the dark-colored, black or blue should have been considered sacred, unless we take the Anglo-Saxon "Hefen" or "Heofen," the elevated firmament, the heaven, the dark-blue sky, as an explanation offered by a cognate dialect. In the Samoan, "Siwa," in the Tahitian, "Heiwa," signify dancing; but in all the Polynesian dialects the idea of sacredness underlies and characterizes the derivative meanings. Thus Nuku-Hiwa (one of the Marquesas Isls.), undoubtedly meant originally "the dark, or sacred island," Fatu-Hiwa, "the sacred rock or stone;" and in Hawaiian we find the same expression in Puaa Hiwa, "the sacred hog" offered in sacrifices. In the Hindu Trimurti the figure of Vishnu is represented in a black or blue color, and thus we find that the same idea of sacredness was by the Sanskrit speaking Hindus attached to that color, as by the Polynesian tribes. The Hindu gods "Varuna" and "Vhani" find their etymological solution and origin in the Polynesian (Tah.) "Varua" and in the Haw. "Uhane," both signifying "spirit," a ghost. In the Sanskrit "Saka" was a distinctive appellation of kings, chiefs and lords. I am not aware that any such single word in the Polynesian dialects expresses that meaning, but we find it in a compound form in the Marquesas dialect as "Haka'iki," Haka-a-iki, a chief. The Polynesian word "ariki" (chief) itself, undoubtedly springs from the same root as the Latin "rego," to rule,— the Gothic "reiki," dominion,— the Saxon "rie," noble, (see comparative catalogue of words in the Polynesian and Aryan families of speech).

I am, further, disposed to believe that the Polynesian family left India before the Brahma religion attained its full development among the Sanskrit speaking Aryans. There undoubtedly were certain modes of thought, certain customs, common to both, but I have reason to believe that they were anterior to the establishments of Brahmanism, [The Polynesians were not acquainted with the Hindu Trimurti. They had a Chamurti, if I may use the expression, a quaternity of gods — Kane, Ku, Kangaloa and Lono or Ro'o, the latter however being the son of Kangaloa, and some others who were born of *Po,* the night, chaos, but their attributes were indefinite and promiscuous,] and their worship did not harden into a religious system or cult until long after their settlement in the Pacific. They retained the original idea of the Suttee, for with them it was not limited to the wives of a deceased, but embraced the dearest and best beloved friends of either sex; and instead of being obligatory it was optional among the relatives and friends, and only obligatory upon the slaves and dependants. Their division of castes show no derivation from the Brahman arrangement. The latter, at first, consisted probably only of three, the Brahmans, Kshatriyas, and Vaisyas; the Sudras being a subsequent division: the Polynesians placing the Kshatriyas, the warrior caste, the *ariki* first; the Brahmans, the priesthood, the *kahuna* second; and the *menehune* or *makaainana,* the Vaisyas, the commonalty or plebs last. It is natural, and more conformable to the development of the actual society of savage people, that valor or manhood should assert and assume the preeminence of rank over that of intelligence, and I hence conclude that the Polynesian division was older than the Sanskrit.

How long the Polynesian family remained in the Asiatic Archipelago ere it debouched in the Pacific, there is no means of forming even a conjecture. We only know that it must have left before its remaining congeners and cousins, in the course of the phonetic corruption of a once common tongue, commenced to add consonants to the endings of their words, or to eliminate vowel sounds, thus bringing two consonants together. Its reminiscences of that period are not many, with the exception of the identification of names of places. Its practice of tatooing (tatau) was either brought with it from India, or was adopted there. "Milu," the Polynesian (Haw.) Pluto, god of the infernal regions, below the sea, where departed spirits went, according to some traditions, calls to mind Mount Miru (Gounoung se Miru), the sacred mountain in Java and first settlement of the Hindus in that island under Tritestra or Aji-Saka, about A. D. 76, although the name of the mountain may be as properly found in the Hawaiian adjective *Milu*, grand, solemn. The anthropophagism of some of the Polynesian tribes did probably receive its earliest development and confirmation during their sejour in the Malay Archipelago, and it is yet practiced by those of their kin who remained, such as the Battas, the Idaans and others. When they left India this horrible practice had probably not gone farther than the drinking the blood of a slain enemy, a practice common with the Rajpoots in northwestern India and some other of the older, if not aboriginal, tribes of that country.

I believe however that the Polynesian family did not leave the Asiatic Archipelago before Brahmanism had been introduced there. And although the Polynesians never adopted either Brahmanism or Buddhism as a creed, yet they carried with them and retained among their traditionary lore not a few of the ideas to which Brahmanism gave birth and circulation. The earth being created from an egg, referred to by Ellis as a Hawaiian tradition, is a Brahmin dogma. The different versions of the flood, current among the Polynesian tribes, north and south, had their probable origin in the Brahmin legend of Satyuorata, the seventh Manu, who alone with his family escaped the deluge that destroyed the rest of mankind.

The story of the fountain of youth and life — the "wai-ola-loa a Kane"— if not of Brahmin origin, was widely upheld by them, and was well known — *mutatis mutandis* — to the Polynesians. The arrangement of the calendar into twelve months of thirty days, with an intercalary month points strongly to a Brahmin-Malay original. The use of the betel or areca nut, though practised by many of the Papuan tribes and probably introduced among them by the neighboring Malays, or vice versa, is unknown to the Polynesian family. How old that custom may be among the Malays I have no means of ascertaining; but I infer that the Polynesians left for the Pacific before it was adopted. The resemblance and conformity of usages, customs and modes of thought, between the Polynesians and the Dayas, Battas, Buguis and other tribes still living in the Malay Archipelago, and which I look upon as remnants of the Polynesian family, are too many and too striking not to indicate a close relationship, a common origin, and a lengthened period of residence in the same place, to give time for their development and spread.

In the *L'Univers* ór *Océanie* by G. L. Dominis de Rienzi this subject and its bearing upon the relationship of the Polynesian and the present Daya tribes and their connections in Malaysia is fully and well treated. The Malays and Javanese, who arrived in the archipelago at a later date than the above tribes, also attest their priority by calling them the "Orang Benoa," aborigines of the country.

Another indication of the Polynesians leaving the Malay Archipelago *after* the establishment of a Hindu empire and Brahmanism in that archipelago, seems to me to be found in the name "Sawaii," "Hawaii," "Havaiki," as it is differently called in different Polynesian dialects. The word Hawaiki, used by the New Zealanders, the Tongas, the Hervey, some of the Paumotu and, I think the Northern Marquesas, is undoubtedly the oldest form of the word, that form — with the dialectical difference of *s* and *h* — which the Polynesians brought with them from Malaysia. But Hawaiki is identical with Djawa-iki or Jawa-iki (little Java) the *j* or *dj* sound being convertible into *h*, as evidenced in the names of other places and words common to the Polynesian and Malay tongues. Previous to the establishment of the Hindus in Jawa, that island was called Nusa-Kindang,[2] as reported in Javanese annals; after that establishment the name was changed to Nusa-Jawa. That event is by Javanese annals fixed at about 76 A. D. Those Hindus came from the country of Kling or Talinga on the west coast of India, and were probably of the Malay stirps, great-grand-nephews, so to say, of the long antecedent Polynesians. It was but natural that in their new habitats in the Pacific the latter should employ the nomenclature of their former homes, as we actually find it to have been the case in numerous instances.

Having then ascertained with a considerable degree of probability, as I think, that the early Polynesians, who settled in the Pacific, came from India through the Malay Archipelago, passing out by the Gilolo Passage or by Torres Straits, and most likely the latter, the question may arise, how came they to push past the entire Papuan Archipelago, some thousands of miles into the Pacific, before they established themselves in their new homes? That question involves a consideration of the origin and habitats of the Papuan race which I do not feel competent to engage in. This much, however, can be established; that at some remote period the Papuans inhabited the islands of the Malay Archipelago as far west, at least, as Borneo and probably extended up into Anam, Siam and Burma; that as the Malayo-Polynesian race advanced to the eastward, the Papuans were driven before them, either out of the islands altogether, or into the interior of the larger ones, where remnants of them still are found. Thus expelled from, or conquered in the Malay Archipelago, the Papuan furnished them an asylum and a home, unless we assume that they had already spread so far east before they came into hostile contact with the Hindu-Polynesians in the west. When, therefore, the latter were in their turn crowded out by the encroachments of the later Hindu-Malayans, and left from various points of the archipelago — from Sumatra to Timor — entering the Pacific in quest of new abodes, they found their ancient foes in superior force along their route, and unable to effect permanent settlements along the Papuan islands, they were obliged

---

[2] This seems to have been the name of the whole island, while at the same time the eastern portion was called Nusa Hara-Hara and the western portion was called Sonda. May not the latter correspond to the Polynesian Tonga, Tona, Kona, as variously pronounced and generally used to designate the western or the lee-side of the Polynesian islands?

to push on eastward until the Polynesian islands, at that time uninhabited, afforded them that shelter and rest which in vain they had sought on the Papuan coasts

That their first attempt at permanent settlements, after a precarious and unsuccessful sejour at the Loyalty Isles, was at the Viti or Fiji Islands there can be little doubt. The number of Polynesian names by which these islands and places in them are called, even now, by the Papuan inhabitants, argues, if not wholly a priority, at least a permanence of residence, that can not well be disputed. The mixture of the two races, especially in the southeastern part of the Viti Archipelago, indicates a protracted stay and an intercourse of peace as well as of war. But after some time — how long can not now be expressed in generations or in centuries — the Papuans succeeded in driving the Polynesians out of their group, and then, if they had not before, they occupied the island groups still further eastward, simultaneously or successively. Of that intercourse, contest and hostility between the Papuan and Polynesian races on the southwest fringe of the Pacific there are several traditionary reminiscences among the Polynesian tribes, embodied in their mythology and connected with their earliest data, or retained as historical facts pointing to past collision and stimulating to further reprisals. The Tonga Islands have a tradition, recorded by Mariner, that Tangaloa, one of their principal gods, had two sons, of which the elder was called Tupo, the younger, Vaka-ako-uli. The first was indolent and shiftless, the other industrious and prosperous. Jealousy induced the former to kill the other. Then Tangaloa called the older brother and the family of the younger before him and thus addressed the latter· "Your bodies shall be fair, as the spirit of your father was good and pure; take your canoes and travel to the eastward and all good things attend you." And to the older brother the offended god thus spoke: "Thy body shall be black, as thy soul is wicked and unclean; I will raise the east wind between you and your brother's family, so that you cannot go to them, yet from time to time I will permit them to come to you for the purposes of trade." When we consider that from earliest times the Tonga Islanders have kept up a constant intercourse with the Viti group, either warlike or commercial, it is not difficult to apply the tradition or to point the moral

That the hostility in the early days of Polynesian settlement in the Pacific was remembered by other tribes as well as the Tonga, and looked upon as a national vendetta, may be inferred from a remark made by Quiros in his account of the expedition of Mendana (1595), while at the island of Santa Christina (Tahuata) in the Marquesan group. He says:— I quote from *Voyage de Marchand*, vol. I, p. 227,— that the natives, having observed a negro on board of the admiral's ship among the Spaniards, said that to the south of their island there was land inhabited by black men; that they were their enemies; that they used the bow and arrow; and that the big war-canoes then lying in the bay of Madre de Dios, were destined and being fitted to make war upon them. Quiros, not then knowing the existence of the Viti group, discredited their story of the black men. The specialty, however, of their using the bow and arrow points them out as the Papuans of the Viti group, to whom that weapon was and is familiar, while by the Polynesians generally it is never or seldom used for purposes of war.

Whether the Marquesans at that time actually carried on so distant a warfare as between their group and the Viti, may or may not be called in doubt; but the fact, that they were acquainted with the existence of the Papuan race in the Pacific, as distinct from their own, and with their peculiar weapon of war, and that that acquaintance was one of ancient and intense hosility, I think cannot be doubted.

In a recent work,[2] Wallace argues very ingenuously that the Polynesian race is merely a modification of the Papuan race, superinduced by an admixture of Malay or some light-colored Mongol element, the Papuan, however, largely predominating, physically, mentally and morally, but that such admixture probably occurred at such a remote period as, through the lapse of ages, to have become a permanent type. He further asserts that the presence of a decided Malay element in the Polynesian languages is altogether a phenomenon of recent occurrence originating in the roaming habits of the chief Malay tribes, and says that this fact is proved by the presence of a number of actual modern Malay and Javanese words and not more Malay roots, as would have been the case had their introduction been as remote as the origin of a very distinct race; and he concludes by saying that there are proofs of extensive migration among the Pacific Islands, but there are no proofs whatever of recent migration from any surrounding country to Polynesia, since there are no people to be found elsewhere sufficiently re‹ sembling the Polynesian race in their chief physical and mental characteristics.

With these propositions, I cannot agree. Wallace evidently classes the Battas, Dayas and Buguis as Malays,—Malays of the modern generally received type. Independent of traditional and historical proofs to the contrary, it does not seem to have occurred to him that those Battas, Buguis and Dayas, though from the same mother stock as the modern Malays, are an infinitely older off-shoot than the latter, and so regarded by them: that the Malays, instead of descending through Burmah, Siam and Malacca, claim for themselves a Hindu descent from the eastern coast, the country of Kling and Telinga; and that when they emigrated from that grand *officina gentium* the Malay Archipelago was already in possession of the Battas, Dyas and Buguis and their other congeners and contemporaries, of which I claim the present Polynesian family to have been one. He overlooks moreover the fact that the traditions, customs and language of those very pre-Malay occupants of the archipelago, from Sumatra to Celebes and Flores, Savu, Rothi and to some extent Timor, in a most remarkable degree point to central and northern India as their cradle and their source. He asserts that the Polynesian has a greater physical, mental and moral resemblance to the Papuan than to the Malay, and that *ergo,* he is, as regards origin, entirely distinct from the latter and merely a modification hardened into a variety of the former. Had the author studied the remarkable differences, physical, mental and moral, which characterize some of the European families now known to be descended from the same source— the low-browed, turned-up-nosed, large-mouthed, boisterous Celt, and the square-browed, aquiline-nosed, reserved Roman—he may have concluded that the Aryan descendants to the east would have been as diversified in their national and tribal development, as those to the west; and that the same law of variation would operate on the one side as on the other. His remarks—that the Malay element in the Polynesian languages is a recent phenomenon originating in the roaming habits of the Malays, and that that ele-

---

[2] Alfred Russell Wallace: Malay Archipelago, New York, 1869, pp. 593-594, also 250-269.

ment—instead of being composed of Malay roots, pointing to a remote origin,—is actually proven by the presence of a number of modern Malay Javanese words,—may very probably apply to the western Papuans, but are void and unsustained, if applied to the Polynesians proper of the East and South Pacific. So far from the Malay element being a modern intrusion into the Polynesian, the latter has not only preserved many of the older forms of speech of the common Malay, but in the words which are common to it and its congeners, the Battas, Dayas and Buguis, the Polynesian form is generally the purest, oldest and the least affected by phonetic corruption.

As to there being "no proofs whatever of recent migration from any surrounding country to Polynesia," it might be well to understand at the outset what is meant by the word "recent." Is it applied in its limited sense conveying the idea of a few generations or a few hundred years; or is it applied in a comparative sense, in which an event one or two thousand years ago may be called recent when compared with other events of a still more remote age? If the former, there certainly are no proofs of a recent migration from any surrounding country, inhabited by a kindred race, that could account for the arrival and spread of the Polynesian in the South and East Pacific; if the latter, the physical, mental and moral resemblance of the Polynesian to the pre-Malay occupants of the Asiatic Archipelago, his traditions, customs and language, prove,— inferentially it is true,—but prove beyond a doubt his migration from that archipelago and his kindred with its former possessors, as much so as the Celt, the Greek, the Goth and the Slav can be proved to have descended from the same stock in the west, that gave birth to the Hindu, Daya and Malay families in the east.

As regards the first settlers of the Hawaiian Islands, I am led to believe that they came from the Samoan group, through the Tahiti and Marquesas Islands; in other words, that the Tahitians came from Samoa, the Marquesans from Tahiti, and the Hawaiians from the Marquesans. The Marquesans have legends and traditions which pretend to describe their wanderings in olden times, but the Hawaiians have none but that their gods came from Tahiti. But where history and tradition fail, I hold that the gradual and phonetic corruption of the language will in a great measure indicate the halting places of those who speak it. We find then in the Tahitian that the Samoan *ng* is replaced with *n* and the *s* dropped or replaced with *t*, while the *f* and the *t* are retained. On proceeding to the Marquesas we find that, with the exception of some of the southern islands, *ng* and *f* have been replaced by *n* and *h*, and that the *k* sound has become as prominent as the *t*. Arriving at the Hawaiian group we find not only *s, ng,* and *f* repudiated *in toto* and replaced by *h, n* or *k*, and by *h* or *p*, and that *k* has become the predominant sound instead of *t*, but we find also the Tahitian causative *hoa* softened to *hoo*; we frequently find the *k* eliminated from between two vowels or at the commencement of a word where it is retained in the other dialects; we find words obsolete in the Hawaiian which still pass current in the other dialects with original or derivative meanings. We can thus trace the people by the phonetic corruption of their language, as, I have no doubt the Samoan (not in the present, but in its original form) could be traced by competent philologists to that primordial source from which both the Turanian and Aryan languages issued

At what period in the world's history the first Polynesian settlers discovered and occupied the Hawaiian Islands, it is now impossible accurately to define. Ethnologically, we can trace them backward to India; historically, we can not trace them even to their last point of departure, the Marquesas or the Society Islands. That they are of the same race that now inhabit the eastern and southern parts of Polynesia is beyond a doubt. That that race was settled in the Asiatic Archipelago centuries before the Christian era, I believe to be equally certain; but whether the emigration into Polynesia took place before the Christian era, or was occasioned by the invasion of the forefathers of the Malay family from India about the commencement of that era, there is nothing, that I am aware of, either in Polynesian, Malayan or Hindu traditions to throw any light upon. In Hawaiian tradition, there is no distinct remembrance, and but the faintest allusion to the fact that the islands were inhabited while the volcanoes on the leeward islands were still in an active state. It is impossible to judge of the age of a lava flow by its looks. Portions of the lava stream of 1840, flowing from Kilauea into Puna district of Hawaii, were in 1867 covered with a luxuriant vegetation; while older flows in Puna, of which no memory exists, the last flow from Hualalai in 1791 or 1792 through Kekaha on the west of Hawaii, and the flow near Keoneoio in Honuaula, Maui, called Hanakaie, which is by tradition referred back to the mythological period of Pele and her compeers, look as fresh and glossy today as if thrown out but yesterday.

Geologically speaking, the leeward islands are the oldest in the group and, with the exception of the legends of Pele and Hawaii Loa, there is no trace or tradition in the popular mind that their volcanoes had been active since the islands had been inhabited. But both on Molokai and on Oahu human remains have been found imbedded in lava flows of undisputed antiquity and of whose occurrence no vestige of remembrance remains in song or saga.

In 1859, Mr. R. W. Meyer, of Kalae, Molokai, found in the side of a hill on his estate, some seventy feet beneath the surface and in a stratum of breccia—volcanic mud, clay and ashes—of several feet in thickness, a human skull whose every cavity was fully and compactly filled with the volcanic deposit surrounding it, as if it had been cast in a mould, evidently showing that the skull had been filled while the deposit was yet in a fluid state. As that stratum spreads over a considerable tract of land in the neighborhood, at a varying depth beneath the surface of from ten to four hundred feet, and as the valleys and gulches, which now intersect it in numerous places, were manifestly formed by erosion—perhaps in some measure also by subsequent earthquake shocks—the great age of that human vestige may be reasonably inferred, though impossible to demonstrate within a period of one or five hundred years preceding the coherent traditional accounts of that island.

Hawaiian traditions on Hawaiian soil, though valuable as national reminiscences, more or less obscured by the lapse of time, do not go back with any historical precision much more than twenty-eight generations from the present (about 1865), or say 840 years. Within that period the harbor and neighboring coast-line of Honolulu has remained nearly what it now is, nor has any subsidence, sufficient to account for the formation of the coral-pan in that place, or subsequent upheaval been retained in the memory of those twenty-eight generations.

I am tolerably safe, then, in asserting that these islands were inhabited 800 or 900 years ago, and had been inhabited for centuries previously, by the same race of people that inhabits them now.

Professor Max Müller, in his Lectures on the Science of Language, has shown it to be very probable that in the 12th and 13th centuries before Christ the Tamul family had already been driven into Deccan and the southern parts of the Hindu Peninsula by the invading Aryans. With due attention to the course and character of those waves of migration, it becomes also very probable that the Polynesian family had by or before that time been driven into the Asiatic Archipelago, displacing in their turn the Papuan family. How soon or how long after that occupation the first adventurous Polynesians debouched into the Pacific, it is impossible to even conjecture. But we know that, about the commencement of the Christian era, new swarms of emigrants from middle and eastern India invaded the area occupied by the Polynesians and spread themselves from Sumatra to Timor, from Java to Manila, expelling, subjugating or isolating the previous occupants.

Taking this epoch as the starting-point for the appearance of the Polynesian in the Pacific, we have an interval of time of 900 to 1000 years, in which to people the various islands and groups now held by the Polynesian family, and before we meet the uncontested Hawaiian traditions which assure us that twenty-eight generations ago this group was already peopled by that family.

Among the Hawaiian genealogies, now extant, I am, for reasons which will hereafter appear, disposed to consider the Haloa-Nanaulu-Maweke line as the most reliable. It numbers fifty-seven generations from Wakea to the present time, twenty-nine from Wakea to, and including, Maweke, and twenty-eight from Maweke until now. Fifty-seven generations, at the recognized term of thirty years to a generation, makes 1710 years from now up to Wakea, the recognized progenitor and head of most of the southern and eastern Polynesian branches—or, say, A. D. 150, which would in a great measure correspond with the invasion and spread of the Hindu-Malay family in the Asiatic Archipelago. It became known to, and was acknowledged, however, in the time of Kamehameha I, by his bards and genealogists, that the first thirteen names on the Haloa line, to Nanaulu, were shared in common with the Marquesan and Tahitian branches of the Polynesian family. These then must have existed before the occupation of the Hawaiian Islands, which would leave sixteen generations or about 480 years in which to discover and people the islands previous to the era of Maweke and his contemporaries —the Paumakua of Oahu, the Kuheailani of Hawaii, the Puna family of chiefs on Kauai, the Hua family on Maui, the Kamauaua family on Molokai, and others. By which of these sixteen generations, from Maweke up to Nanaulu, the islands were settled upon there is nothing positively to show. The historical presumption, however, would indicate Nanaulu, the first of these sixteen, as the epoch of such discovery, and there exists still a Hawaiian tradition connected with the name of his grandson, Pehekeula, a chief on Oahu.

We get, then, the following leading propositions as chronological sign-posts, approximately at least, of the Polynesian migrations in the Pacific: 1. During the close of the first and the beginning of the second century of the present era, the Polynesians left the Asiatic Archipelago and entered the Pacific, establishing themselves on the Samoa and Tonga groups and spreading eastward and northward. 2. During the 5th century Polynesians settled on the Hawaiian Islands and remained there comparatively unknown until 3. the eleventh century when several parties of fresh immigrants.from the Marquesas, Tahiti and Samoa groups arrived at the Hawaiian Islands, and for the space of five or six generations revived and maintained an active intercourse with the first-named groups and the mother-stock.

It is rather singular that while most of the principal groups of the Polynesian family claim, each for itself, the honor of being the first-created of mankind and, so to say, autochthones on their respective islands—as the Tonga, Samoan, Society and Hawaiian Islands—with the exception of the legend of Hawaii Loa, the Marquesans alone own to a foreign birthplace and a migration from a far-off land. In the meles and legends collated and preserved by Mr. Lawson, a resident of Hiwaoa, Marquesan Islands (and now held in MS. by Professor Alexander of Punahou College, Oahu, Hawaiian Islands), mention is made of a number of lands or islands, on which they successively stopped in their migration, ere they finally reached the Marquesan Islands, or, as they are called by them, the Ao-maama. According to these, the Marquesans started from a land called Take-hee-hee, far away to the westward from the group they now occupy; and the name by which they call themselves is *"te Take."* There are two accounts of their wanderings after being driven out of Take-hee-hee. One mentions thirteen places of stoppage before they arrived at Ao-maama, the present Marquesan Islands; the other account mentions seventeen places before their final settlement on the last-mentioned group. During all these migrations the *Take,* or Marquesan people represent themselves as coming from *below* (mei-iao) and going *up* (una). Throughout the Polynesian groups, however, within the tropics, when a land is spoken of as *iao, ilalo, iraro* of the speaker's place, it invariably means to the leeward, before the prevailing trade-wind. This being from northeast or southeast, these migrations pursued a course from west to east, and thus corroborate the Polynesian descent from Asia or the Asiatic Archipelago.

That the Polynesians, during their sojourn in India or the Indian Archipelago, had received no inconsiderable share of the culture and civilization which the ancient Arabs, through their colonies and commerce, had spread over these countries long before the Vedic branch of the Aryans occupied Aria-warta or had crossed the Ganges,— there is much in their legends, customs and religions to denote. Whether that culture was received however, while in India or in the Archipelago, it is now impossible to decide. That those old-world Arabs, those Cushites of the Indian records and of Holy Writ, had, long before the Vedas were written, controlled the ante-Aryan peoples of India and its Archipelago, and moulded them to their own usages and religion is now, I believe, an admitted fact by antiquarians and ethnologists. That that culture and those usages were greatly modified by the subsequent occupation and predominancy—temporal and spiritual—of the Aryan race, and that that, in its turn, was reacted upon by the previous Arab or Cushite culture, there are numerous proofs in the Hindu writings. Hence that mixture of myths, that jumble of confused reminiscences, which stock the legends and load the memory of the Polynesian tribes. Monotheism, zabaism, polytheism and fetishism were inextricably mixed up in their religious conceptions, and while the two latter were the ordinary practice of everyday life for, at least, the last thirty generations of their abode in the Pacific, yet glimpses of the former were retained in their memory and hoarded as deposits "mai ka Po mai"—from a hoary antiquity—by their kilos, kaulas and kahunas (prophets and priests). Hence their diversity of worship: some tribes making Kanaloa, some Kane, some Kali, some Atea the chief of their deities and the originator of all things. Hence some tribes continued the Arab practice of circumcision, while others did not. Hence the Arab institution in social life of independent yet confederated communes among some tribes, while the monarchial or feudal system obtained among others. Hence the Arabic type of truncated pyramids in the shape of their temples, side by side with the Hindu practice of promenading their god in gorgeous processions. Hence while the Arab doctrine of a primal chaos is retained by nearly all the Polynesian tribes, some still retain the Braminical doctrine of the World-egg. So far as I am acquainted only one of the Polynesian tribes designates itself by a national name, other than that of the habitat or country which they occupy, and that is the Southern Marquesans. They call themselves the nation or tribe of the Take—*te Take.* Now this word, allowing for the Polynesian pronunciation, is identical with *Tasi,* an ancient national name, by which Iranian writers designated the Arabs of Southern and Eastern Arabia, from Yemen to Irak-Arabi; and their progenitor was called "Taz," probably representing "Tasm," one of the twelve original tribes of the old Cushite race, according to Arabian traditions. The name occurs again in Thas-os, an island in the Ægean, off the coast of Thrace, which, according to Herodotus, was colonized by the Phœnicians and called after their leader Thas-us. This Phœnician origin and name connects it with the great Cushite family in race and language of which the Phœnicians formed so conspicuous a branch. The same word occurs again in "Desi," a name by which the Sanskrit writers designated the language of the people who occupied India before the Aryans entered it. This word occurs again in "Dasyus," a name by which the Sanskrit speaking Aryans designated the non-Aryan population of India, who were also called by them "Rakshasha" and "Mlechcha," the latter of which words still survives in the Polynesian *maloka* and with the same meaning—impious, profane—as in the Sanskrit.

The inhabitants of the plateau of Moldi, opposite the Island of Massua, on the coast of Abyssinia, being of the pure Greek race and speaking the Tigrai dialect of the old Ethiopian, are called *Khasi* by the Arabs, signifying "unaltered, pure "

The word *take,* as expressing a nation or race, exists in other Polynesian dialects under the form of *tae, tai* or *kai,* which in the Marquesan itself is used interchangeably with the former. Thus we find Ani-tai and Ahee-tai for Anitake and Abee-take. In the Tonga group *tai* is a common expression to designate a race, people or generation— *Kai-Fiti,* Viti people, *Kai-Tonga,* Tonga people, etc. In Hawaiian we find *Kakai,* a family including servants and dependents.

In the Hindu legend of Arachandran,[4] the perfect man, it is said that when he had been tormented and tried and driven out of his kingdom, he started to go to the coun-

---

[4] I. Roberts' Orient Illustrated, p. 259.

try of Kasi, on the Ganges. The "Khasi" in Abyssinia, and the "Kasi" on the Ganges were both of Cushite origin. Again, in the Polynesian legends reference is made to a country called Kua-i-belani and a king of that country called Iku or Aiku who had twelve children, whose adventures and exploits are fully related in the legend of Aukelenuiaiku. Now we know from Indian lore that, far off in the prehistoric times, a famous king ruled over Arabia and upper Egypt whose name was It or Ait, and whom the Greek traditions called Aetus.[5] We know that before the Aryans entered India, and long after, they called the country between the Mediterranean and the Indian Ocean and Persian Gulf by the name of "Cusha-dwipa," and that the same extent of country was by the Semite Hebrews called "Cush." These words in Polynesian pronunciation would infallibly become either "Kua" or "Ku," the suffixed "Helani" being merely an epithet of grandeur and glory

Again, Oro or Koro, of the Society and Hervey groups, was the terrible God of War, on whose altars human sacrifices were offered. He was the son of Kangaloa, the principal deity of these groups. His name and attributes forcibly recall Horus the son of Osiris of Egyptian traditions and *uro* the Egyptian hieroglyphic name for king, as well as Hor the invincible War-God, from time immemorial, of the Raypoots in North-western India. "*Gourou*" or "*Goro*," moreover, is an old Indian and Javanese word for deity in general, and its modern meaning is "a religious instructor "[6]

Unless, then, we concede the origin of the Polynesian family to have been, proximately in the Asiatic Archipelago, more remotely in India, as one perhaps of the many branches of the Dravidian family, certainly as one of the ante-Aryan peoples living there and being more or less impregnated with the Arab blood and culture which in these early days controlled India, the Indian Ocean and all the coasts and islands near it, from Mozambique to Japan,—unless we concede this, Polynesian myths, songs, traditions and customs become unintelligible, and the people itself becomes an historical puzzle, an ethnological accident.

In one of the Marquesan legends or religious chants of the creation of the world—*Te Pena-pena*—by the God Atea, the then known world extended from Vavau to Hawaii, "*me Vavau i Hawaii;*" and after the earth was made or, rather, brought to light, the order was given:

Pu te metani me Vevau
A anu te tai o Hawa-ii
Pu atu te metani me Hawa-ii
A anu te ao o Vevau

(Blow winds from Vavau and cool the sea of Hawa-ii; blow back winds from Hawaii and cool the air [or the region] of Vavau) ; and the burden of each stanza or act of creation is

O Vevau me Hawa-ii.

Again in the chant of the Deluge, it is said that after the flood the ribs of the earth

---

[5] Several places yet bear the name of Iku or Aiku; among others Aitu-take, one of the Hervey group, and Afareaaitu, a village in Huahaine of the Society Islands.

[6] It is of pre-Aryan origin; in ancient Greek writers we find the word *koros* or *kouros* applied to the infant gods.

and the mountain ridges of Hawaii rose up and extended far and near over the sea of Hawaii

Una te tai o Hawaii.

The question now arises where and what were this "Vevau" and "Hawaii," which constituted the boundaries of the world when this chant was composed?

I have already stated that the large bay of Coupang, on the Island of Timor, was formerly called Babao. This bay and surrounding country was, at the time of the European settlements there, an independent state and kingdom, and it is highly probable that in ancient times, before the Malay element preponderated in the Indian Archipelago, it might have given its name to the whole island, inasmuch as that name is found in the nomenclature of islands, districts and places which the Polynesians carried with them into the Pacific and adapted to their new habitats. But Babao is and would be Vavao or Vevao in any of the Polynesian dialects, for they have no letter *b*. If I am right in this, it becomes intelligible why Vavao or Timor should have been quoted as the one terminus of the known world to the people then occupying the archipelago from there to Java or Sumatra. To those people, at that time, it was the eastern-most land then known, and, when the Malay element assumed the preponderance in the archipelago, it was called "Timor" or "The East," plainly indicating that it was also by them at that time considered as the extreme east.

I have already stated that I consider the Polynesian word *Hawaii* as corresponding to, or representing the word *Jawa*, as applied to the second island of the Sunda group. From the pronunciation of the word in the different Polynesian dialects I was led to believe that its original name in Polynesian mouths was "Hawa-iki" or Little Jawa. It is possible, however, that it may also have been, as pronounced in some dialects, *Hawa-ii* or *Sava-ii*,—the raging furious (as applied to volcanic mountains) Hawa or Sava or Saba. How far this name was applied to the western islands of the Sunda group I am unable to say. We know that Ptolomy, the geographer, designated Sumatra as "Jaba-din." It may therefore very probably in times anterior to him have included a portion or the whole of the latter island as well as the present Java. Be this as it may, the frequent allusions made in the chant referred to, to the sea of Hawaii (*te tai o Hawaii*)—the Jawa sea, points with sufficient accuracy to this island as the western terminus of the world as known to those who composed that chant.

In this way the expression used in the chant regarding the wind receives a force and application, which under no other construction it could have received. It then applied to the regular monsoons which blow over that part of the world: "Blow wind from Vevao (from the east) and cool the sea of Hawa: blow back wind from Hawa (from the west) and cool the region or air of Vevao."

The Hawaiian appellations for the same cardinal points, while they differ in name, tend to the same result. In the Hawaiian group the North is called, among other names, "Ulunui," "Uliuli," "Hakalauai," "Melemele," but these are known by tradition to have been names of lands, situated to the north of some former habitat of the people, of which all knowledge and remembrance was lost save that that they were situated to the north of them, and were visited at one time by that famous voyager, whose exploits survive in song and saga, Kaulu-a-Kalana. Among the names for the South occurs that ancient one of *lipo,* also of *lepo.* The former signifies blue, black or dark, and hence the deep water in the sea; the latter is synonymous with *moana,* the deep open ocean. Now, there is no land to the north of the Hawaiian Islands within reach or ken that could have suggested these names as cognomens or epithets for the North, while *moana lipo,* the dark, bottomless ocean, approaches them not on the south only, but on every side. Those names, therefore, bespeak a foreign origin, and that origin I hold to have been in the Sunda Islands. No other configuration of land can account for it.

Though none of the above statements, singly, amounts to a positive proof, yet, taken together, I think they furnish sufficient induction to warrant the conclusion that the Polynesian family in the Pacific, from New Zealand to the Hawaiian group and from Easter Island to the outlying eastern portion of the Viti Archipelago, is descended from a branch that was agnate to, but far older than, the Vedic branch of the Aryan race; that it had entered India long before the Aryans; that, while there, it became moulded to the Cushite-Arabian civilization of that time and more or less mixed up with the Dravidian branches, who either were in India before it, or entered there from the northeast; that, whether driven out by force or leaving for colonizing purposes, it established itself in the Indian Archipelago at an early period and spread itself from Sumatra to Timor, from Borneo to Manila; that it was followed into this archipelago by Brahmanized Dravidians and other tribes from Deccan who, in their turn, obtained the ascendancy and drove the Polynesians to the mountains and the interior of the larger islands or compelled them to leave altogether; that no positive time can be assigned for leaving the Asiatic Archipelago and pushing into the Pacific—it may have occurred centuries before the present era, but certainly was not later than the first century of it, or thereabout; that the diversity of features and complexion in the Polynesian family—the frequent high forehead and Roman nose and light olive color— attest as much its Aryan relation and Cushite connection, as it does its intermixture with the Dravidian and Malay branches before and subsequent to leaving India; and that if the present Hindu is an Aryan descendant, the Polynesian is, *a fortiori,* an Aryan ancestor.

Traditional Hawaiian History.

I HAVE read with a great deal of interest the efforts made by various writers in the Hawaiian journals to restore and to publish the traditions, histories, songs and sagas, pertaining to the Hawaiian people. They have a value and being far greater than many would at first conceive of, whether historically, ethnologically or philologically considered; and their preservation and critical collation and analysis are objects well worthy of the time and trouble of men of leisure and ability. I have every reason to believe that what has so far been published is but a small part of the material that may yet be collected, if proper inquiries were made. It would be as absurd and incorrect to date Hawaiian history from the time of Captain Cook, as it would be to date English history from the time of the Norman Conquest, while the previous national life of the Hawaiian people is laid bare to the critical observer in numerous *meles, kaaos,* and *moolelos,* preserved and handed down from generation to generation, not by foreign dilettante or men of no standing, but by the most jealous care of chiefs, priests, and bards, independent in their source and preservation, crossing, clashing or confirming each other. Though the historical thread which underruns these traditions is often overlaid with fables, superstitions and exaggerations, yet I contend that from the very nature of their independent sources they are a most valuable material from which to rehabilitate Hawaiian history for centuries anterior to Capt. Cook. The critical canon which refuses to build up history from tradition, and receives nothing but contemporary writers or monumental records as evidences of fact, seems to me more nice than wise under certain circumstances. When Niebhur ran his pen through Roman history previous to the sack of the city by the Gauls, it was not on account of the worthlessness of the Roman traditions, for he never had them in their pure and simple archaic form, nor yet a trust-worthy translation of the 1 in either Greek or later Latin, but only such as the prejudice, credulity, ignorance and uncritical manipulation of Troy, Dionysius of Halicarnassus and others, had made them. And I am fain to believe that had either Niebhur or Sir Cornwall Lewis stood face to face with the Roman, Etruscan and Sabinian traditions in their original, unadulterated form, while yet presenting a living impress of their respective peoples, so far from rejecting, they would have turned them to the best account in elucidating the times of which they treated.

Now as regards Hawaiian traditions, we have, or may have—if proper and speedy means are taken before the present generation of quinquagenarians becomes extinct,—a number and various series of traditions, genealogies, songs, histories, tales, prayers, rites of worship, land divisions, social and economical rules, agricultural and maritime instructions, all of them in the original language, bearing intrinsic and unmistakable proofs not only of their genuineness and great age, but also of different epochs of composition; and all of them issuing from and attached not to one grand overshadowing dynasty of chiefs to whose vanity, ambition and pretensions they might have been made subservient,—but to three, four, sometimes five or more equally independent rival dynasties, scanning each other's claims and pretentions with jealous care and asserting their own with the fullest freedom.

Of the almost incredible tenacity and faithfulness with which these traditions were preserved and handed down, abundant proofs exist in the uncorrupted exactness with which they are repeated even at this late day, when collected and written down as delivered by the old people in various parts of the islands. I have two independent sets of the prayer and chant of "Kapaahulani" ("He Elele kii na Maui"), recounting the genealogy and exploits of Kualii, a famous King of Oahu,—one collected on Hawaii, the other on Oahu—and yet—though it is perhaps the longest poem in the Hawaiian language, having six hundred and eighteen lines—the two versions do not differ to a word; so tenacious was the memory, so faithful the preservation of the original composition. I have also a double version of the remarkable chant or prophecy of Kaulumoku ("O Haui ka lani etc.") regarding Kamehameha I, composed years before the conquest of the islands by the latter, and containing five hundred and twenty-seven lines; one version collected on Maui, the other on Hawaii, and the only difference between the two is the omission of one line in the Hawaii version. Though parts of the first poem are evidently of older date than the others, yet the poem as a whole can not well, from merely genealogical consideration, be less than two hundred years old. The latter poem was evidently composed before the year 1786, the approximate date of the author's death, while Kamehameha I was still ruling over only one third of Hawaii and struggling with no marked success against the combined forces of Keawemauhili and Keoua. And thus with many other meles and chants of much older date, bearing record of contemporary events and of the past reminiscences of this people.

It is historically on record that a Spanish vessel under Capt. Gaetano, sailing from Acapulco to Manila, did about the year 1542 discover certain islands in the North Pacific, corresponding in latitude to the position of the Hawaiian Islands, though over ten degrees too far east in longitude; and that one of them, thought to be Hawaii, was called La Mesa by the Spaniards. But that record, and no subsequent or preceding record yet known in the Spanish archives, make any mention that these islands were ever visited by the Spanish navigators.[1] Here the native tradition comes to our aid; and that tradition is clear and positive and was well known before the arrival of Captain Cook, and is in substance this, that, in the time of Keliiokaloa, the son of Umi-a-Liloa, a vessel was cast away on the southwestern coast of Hawaii and three persons were saved from the wreck, viz: two men and one woman, who were kindly received and remained the balance of their lives in the country, marrying and having children with the aborigines. The first question which arises is, when did Keliiokaloa live? We know from numerous native genealogies, original on different islands, attached to different dynasties and families, crossing and confirming each other, that Keliiokaloa was the eighth generation previous to the birth of Kamehameha I. Now Kamehameha I died in May, 1819, and was at his death about eighty years old, making the time of birth approximate to the year 1740, perhaps one or two years earlier. Deducting the generation of which Keliiokaloa

---

[1] La Perouse is strongly of opinion that the Spaniards had visited the Islands, rested more or less time; and introduced venereal diseases.

was one, seven generations are left between the time of the shipwreck (and landing of the foreigners), mentioned in the tradition, and the birth of Kamehameha I [2]

Whether that arrival of foreigners of European extraction was the only one which occurred during the time that the Spaniards monopolized the navigation in the North Pacific, I have found nothing positive in the native traditions, to either affirm or deny; though I have inferential reasons to believe that others besides those alluded to above did touch at some of these islands. In the well-known *pule* or chant of Kapaahu lani, the King of Oahu, Kualii,—who during some portion of his life at least was contemporary with Keawe, the great grandfather of Kamehameha—is made to say of himself that he knew Tahiti. I quote the verse as it has been handed down·

> Ua ike hoi wau ia Tahiti,
> He moku leo pahaohao wale Tahiti.
> No Tahiti kanaka i pii a luna
> A ka iwikuamoo o ka lani
> A luna keehi iho,
> Nana iho ia lalo.
> Aole o Tahiti kanaka;
> Hookahi o Tahiti kanaka, he haole.
> Me ia la he Akua,
> Me oe la he kanaka
> He kanaka no.[3]

At the time when Kualii lived and ruled, (say 1675 as the central epoch of his exploits,) the visits and excursions of the Hawaiians in their own canoes to foreign lands had been discontinued for many generations, and, while the memories of former journeys were kept green in numerous families, yet since the days of . . . . . no song nor saga records such journeys by the boldest and bravest of Hawaiian heroes, until this avowal of Kualii stands forth in its solitary grandeur, awakening discussion on the following points:—1. Which was the Tahiti that Kualii visited? 2. Did he visit it in his own vessel, canoe or *peleleu,* or was he, like Kaiana in after years, taken away by a foreign vessel and returned by the same?

1. To the Hawaiian people, in their own language, *Tahiti* means generally a foreign country,—a country outside of and beyond their own group. When reference is made in the Hawaiian songs and sagas to any of the Tahitis with which they had frequent and intimate intercourse up to a certain period, the particular Tahiti is generally specified with some special epithet affixed, as Tahiti-ku, Tahiti-moe, Holani-ku, Nuumealani, Holani-moe, Lulokapu, etc., but these and others, representing islands to the south and southwest of this group, are nowhere spoken of as with a *leo pahaohao*—an entirely different language—not different in dialect, but different in kind. When therefore Kualii about the middle or latter part of the seventeenth century speaks of the Tahiti which he visited as being a country with a *leo pahaohao,* he did not and could not

---

[2]Perhaps thirty years should be allowed for a generation, considering that, as a general practice, the successor to a chief and inheritor of the Kapu-moe was not always the first-born, but more frequently from a later alliance. In that case the seven generations will bring the time of Keliiokaloa's middle-age or the birth of Kukailani at about 1526. Compare with the account by Galvaom, reported in Burney's *Discoveries in the South Seas.*

[3]For translation see B. P. B. Mus. Mem. IV., p. 374.

mean any of the Central or South Polynesian Islands. Moreover, when he says that he there saw the "haole"—the white-skinned man—the inference is plain that it was not a Tahiti inhabited by kindreds of his own race; for the South Pacific Tahitis had not then been taken possession of, or settled upon by Europeans. The probability therefore is strong that the Tahiti he refers to was either the western coast of Mexico or Manila where the Spaniards were settled and held possession.

I have no doubt that the ancient Hawaiians had a knowledge of the mainland of America—at present Mexico or California—and that they designated it under the rather indefinite appellation of *Kukulu o Tahiti*—the farthest ends of foreign lands;—but that knowledge was acquired before that coast was occupied by the Spaniard, for the meles and legends which refer to it make no mention of the "haole" up to the time of Kualii.

2. How did Kualii get to Tahiti? The intercourse between this group and other groups of Polynesia or the American mainland of which the older meles speak so frequently, had ceased many generations before Kualii's time, and Hawaiian navigation was then limited to the seas and islands comprising the group. Even the Kauai rovers, noted as the most daring and skilful throughout the group, had lost the knowledge or the means of going to Tahiti. I have shown that Kualii lived within the period when the Spanish-Manila trade from the Mexican coast was at its height. It is historically on record that the Spanish discovered this group about 1542; it is traditionally on record that Spaniards (for no other foreigners or "haoles" then navigated the North Pacific) were cast away on Hawaii within a range of twenty years, above or below that period; and there are reasons for believing that more than one galleon, during the time of the Spanish monopoly of the Manila trade, either visited the islands directly, or went so near to them as to be able to pick off any natives who might have been at sea in their canoes at the time of the passing of the galleon.

Though Hawaiian tradition is silent as to the manner in which Kualii visited Tahiti the land of the "haole," it is positive as to the fact; and the only reasonable explanation I can offer is that a Spanish galleon in passing these islands picked up Kualii, at sea or ashore, voluntarily or as a hostage, and returned him on its next trip. And what was thus done in one instance, and of which tradition has been retained because the object of it was one of the highest chiefs in the country, whose renown in after times filled the land from one end to the other, may have occurred in other instances before or since with men of lesser note of whom tradition is silent or has been lost.

Probably the best informed Hawaiian archaeologist of the present day is S. M. Kamakau, but even he is often very credulous, inconsistent and uncritical. He has published, through the various newspapers, several genealogies of the ancient chiefs, but beyond the time of Umi-a-Liloa of Hawaii, Piilani of Maui and Kaihikapu-a-Manuia and Kakuhihewa of Oahu, his love of antiquity often lead him into irreconcilable difficulties. For instance, when Lauli-a-laa, the son of Laamaikahiki, who is forty-sixth from Haloa on the Ulu and Puna-imua line of descent, is represented as having married Maelo (w), daughter of Kuolono, and who is thirty-fourth on the Nanaulu straight line from Haloa, there is evidently either a large gap in the Nanaulu line or a corresponding increase by the insertion of collateral branches in the Puna-imua line. When Kelea, the wife of Kalamakua, the thirty-ninth on the Nanaulu straight line, is represented as the sister of Kawaokaohele, the fifty-sixth on the Hema and Hanalaaiki line, the same discrepancy appears. The Kauai genealogies, which I have received from Hon. D. Kalakaua, make only forty-five generations from Wakea, through the Nanaulu-Muliele-alii-Kumuhonua-Elepuukahonua line, to Kamakahelei and to Kumahana who were contemporaries of Kamehameha I, the sixty-fourth, if not the sixty-fifth from Wakea through the Ulu-Hema-Hanalaanui line. The Kauai genealogy makes Kualii the forty-third from Haloa, whereas the Oahu genealogy, through Moikeha, the brother of Kumuhonua, makes Kua lii the forty-ninth from Haloa; the discrepancy lying between the thirty-first and thirty eighth of the Kauai-Elepuukahonua line.[4]

From comparing the various genealogies, sagas and meles it becomes evident that the time of Maweke's sons and grandsons, on the Nanaulu straight line, was a time of great and general convulsion. It was the Homeric period of Hawaiian history. This was the period of grand enterprises; of voyages to and from Tahiti. This period is the principal starting point of most of the Kauai, Oahu, Molokai, and some of the Maui and Hawaii genealogies; and Maweke is the only line which keeps the correlation of its branches in any way consistent and conformable, not only to their natural relation, but also to traditional evidence and to historical requirements.[5]

It is well known to tradition and recorded in songs and sagas that before the time of Pili-Kaaiea there was a vacuum in the Hawaii-Hanalaanui-Hema line of aliis, and from the antiquarian lore of S. M. Kamakau, throwing light on the ante-"Pili" period, I am forced to conclude that at least seventeen generations, as quoted in the Hema genealogy of the Hawaii chiefs, must be thrown out in order to make subsequent well-known generations fall into their places as indicated by the Oahu, Kauai or Molokai lines of descent from Maweke and his sons. Thus when all the traditions and meles make Kaaipahu the forty-ninth on the recognized Hawaii-Hanalaanui-He 1 a line, the husband of Hualani, the great-great-granddaughter of Keaunui-a-Maweke and thirty-third on the Nanaulu line, then inferentially but effectively confirm the statement of Kamakau of the displacement of the seventeen generations interpolated on the Hawaii line, either immediately preceding Pili, or between Ulu and Aikanaka. At any rate it makes Pili,—who, it is well known, arrived from Tahiti with Paa and became the founder of the new and later line of Hawaii aliis—contemporary with the grand period of migrations recorded in the meles and sagas of the sons and successors of Maweke

The Maui-Hanalaa-iki line must suffer a similar curtailment in order to bring its prominent historical figures in consonance with Oahu and Kauai genealogies. Thus when all accounts agree in making Kelea, the sister of Kawaokaohele of Maui and aunt of Piilani, the wife of Lo Lale—brother of Piliwale of Oahu—there can be no doubt of their contemporaneity. But the Oahu-Nanaulu line makes Lo Lale the thirty-ninth or forty-first from Wakea, and the Maui-Hanalaa-iki line makes Kelea the fifty-sixth from Wakea, thus showing the same irreconcilable difference of from fifteen to seventeen generations as we encountered in the Hawaii-Hanalaa-nui line.

---

[4]The Marquesans of Nukahiwa have a tradition that Wakea came to their country from Vavao and brought with him and his wife Owa all manner of plants and herbs, which were named after their forty children, all except Po. (See Rienzi, *L'Univers Pittoresque.*)

[5]The Nuuhiwans have a tradition that twenty generations ago (counting from 1812) an *akua* called Haii visited all their islands and brought with him the first hogs and a number of birds. The name of hog in Marquesan is *puaka.* (Rienzi, *L'Univers Pittoresque,* Vol. 2, p. 230.)

I am further more inclined to consider the Oahu-Nanaulu straight line of descent as the most correct and reliable, inasmuch as I find it corroborated by an examination of nearly all the correlative branches originating from the children and grandchildren of Maweke, the twenty-eighth on the Nanaulu line from Wakea. Thus the line of Kale-henui-a-Maweke, culminating in Kaakaualani, the wife of Kakuhihewa, corresponds exactly with the line of Mulielialii-a-Maweke ending in Kakuhihewa. Thus the line of Keaunui-a-Maweke, through Nuakea, Kalahumoku, Moku-a-Hualeiakea, to the children and grandchildren of Umi-a-Liloa in Hawaii, the uncontested contemporaries of Kaku-hihewa, is equally full and correct. I am therefore inclined to consider the Nanaulu line, including its branches, not only as the most correct, but as the main trunk of Hawaiian genealogy. And that it was so considered by the ancient Hawaiians themselves, I infer from the evident and repeated desires of the Hawaii and Maui chiefs to connect them-selves with the Kauai and Oahu branches of this line, and by the fact that Kauai was looked upon by them as the cradle of knowledge, skill, laws and religion.

Between the different genealogies, as I have received them, the following dis-crepancies appear, which in my opinion, indicate either gaps in one line, or additions in an-other. There are certain luminous points of coincidence or contemporaneity, well estab-lished by the uniform tradition accompanying all the lines of descent, which in a measure will help to correct some of the lines of descent. The discrepancies are these:

1. From Wakea to Kakuhihewa, on the straight Nanaulu line, through Muliela-lii and Maelo (w), there are forty-five generations, Kakuhihewa included.

2. From Wakea to Kakuhihewa, on the Ulu-Puna-imua line, through Laulialaa—Maelo's husband—there are fifty generations, the difference lying between Ulu and Lau-lialaa.

3. From Wakea to Kahoukapu, on the Ulu-Hema-Hanalaanui line, there are fifty-one generations; but from Wakea to Laakapu (w) (the wife of Kahoukapu and sister of Laulialaa) there are only forty generations on the Ulu-Puna-imua line. The difference lying probably between Hema and Pili-Kaaiea, whom all the traditions corre-spond in asserting as having come from Tahiti with Paao the Kahuna about the time of the great migration which characterized the age of Moikeha, Olopana, etc., children of Mulielealii and their contemporaries.

4. The traditions all agree that Kanipahu of Hawaii married Hualani (w) of Molokai. But Kanipahu stands forty-sixth on the Ulu-Hema and Hanalaanui line, whereas Hualani stands thirty-fourth on the Nanaulu straight line through Keaunui-a-Maweke and his daughter Nuakea. Kaakaualani (w) the wife of Kakuhihewa, stands forty-sixth on the Nanaulu straight line, through Kalehenui-a-Maweke; but her mother, Kauhiiliula-a-Piilani, stands fifty-eighth on the Ulu-Hema and Hanalaa-iki line; thus showing that notwithstanding the era of commotion, displacement and migration, above referred to, the Nanaulu straight line, through Maweke, his children and grandchildren, not only maintain a wonderful correspondence and regularity between themselves, but each and all of them unite in pointing out the discrepancies and probable interpolation on the Hema-Hanalaa lines of descent. The first mentioned contemporaneity is those of Ananini on the Ulu-Puna-imua line, and of Mua and her husband Kaomealani on the Maweke-Kalehenui line from Nanaulu. Auanini stands thirty-first on his line from

Wakea, and Mua stands thirty-second on the other line. Tradition is circumstantial that in their time the first foreigners (haole) came to this group—to Oahu, off Mokapu.

5. The second recognized contemporaneity, that I have been able to find in the meles and kaaos in my possession—saving and excepting always what may hereafter come to light—is that of Kanipahu and his wife Hualani. According to the genealogy published by D. Malo, Kanipahu was the forty-ninth from Wakea, and according to the Nanaulu-Keaunui-a-Maweke line Hualani was the thirty-fourth from Wakea.

6. The next recognized contemporaneity is that of Kalaunuiohua, according to D Malo the fifty-second from Wakea on the Hema-Hanalaanui line, and Kukona of Kauai with whom he made war, and who is the forty-third on the Ulu-Puna-imua line.

7. The next is that of Luakoa of Maui, forty-eighth or forty-ninth on the Hema-Hanalaa-iki line, who made war on Mailikukahi who stands thirty-ninth on the Nanaulu straight line through Mulielealii and Moikeha.

8. The next is that of Kahoukapu of Hawaii, standing fifty-fourth on the Hema Hanalaa-nui line, who married Laakapu, daughter of Laamaikahiki, and who consequently stands fortieth on the Ulu-Puna-imua line.

9. The next is what may be considered as the historical, though medieval, period of Hawaiian national life, viz: that of Piilani of Maui, Umi of Hawaii, and Kalaimanuia of Oahu. The second stands fifty-eighth from Wakea, according to D. Malo; the first is fifty-seventh on the Hema-Hanalaa-iki line, and the third is forty-third on the Nanaulu straight line.

From this time the different lines run with great regularity and correspondence, and were proper authorities available, I think every apparent discrepancy could be satisfactorily explained.

I regret that I have only two genealogies of the Kauai chiefs: one furnished me by the Hon. D. Kalakaua, the other published by S. M. Kamakau. The first gives only forty-four generations from Wakea to Kualii of Oahu and Kauai; the second gives sixty generations during the same period. The first counts through Mulielealii, Kumuhonua and Elepuukahonua; the latter through Ulu and Puna-imua, and Ahukini-a-laa. The first falls five generations short of the Nanaulu line through Moikeha to Kualii. The latter over-runs six generations, counting from Laulialaa and Ahukini-a-laa who were brothers, besides the discrepancy of five generations already noticed between the Nanaulu and Puna-imua lines, previous to Laulialaa.

But, if we cannot reconcile the line of Hema-Hanalaa-nui with that of Nanaulu in descending the two streams from Wakea, let us ascend the streams of two such well-known contemporaries as Kualii of Oahu (Nanaulu) and Keawe of Hawaii (Hema-Hanalaa-nui). If we thus ascend sixteen generations on each line, we shall meet again with Hualani (w) on the Nanaulu-Keaunui-a-Maweke line, and with her husband Kanipahu on the so-called Hema-Hanalaa-nui. Thus showing that from Kanipahu, perhaps even from Kaniuhi, there has been no break or discrepancy in the latter line. Sixteen or seventeen generations upward from Kualii, however, bring us to the grandchildren of that boisterous period in Hawaiian history when Moikeha, Kumuhonua and Olopana, the children of Mulielealii-a-Maweke, filled Hawaiian tradition with their exploits and adventures abroad and at home; when voyages to and from Tahiti were of common occurrence; and when many changes and additions to the customs and worship of the people were introduced.

That Pili-Kaaiea was not the son of Laau-a-Lanakawai, that he was not even a Hawaiian at all, but a Tahitian chief of high birth and great wealth, all the traditions and the meles referring to the subject unmistakeably prove. That he established himself on Hawaii, obtained a quasi supremacy there, founded a dynasty and a family by intermarriage with Hawaiian chief-families, descendants of Nanaulu or of Ulu, is equally clear.[6]

Are we then to conclude that the so-called *Hanalaanui* line of Hawaiian chiefs does not go any further back on Hawaii than the time of Pili? I think not. The traditions tell us fully and circumstantially that both Olopana and Kumuhonua, the sons of Mulielealii were established and living on Hawaii, that Moikeha's son Kila, their nephew, settled there. They tell us that Hikapoloa (k) and his wife Mailelaulii were noted chiefs in Kohala before this time; that their granddaughter Luukia was the wife of Olopana, and that their grandson Kaumailiula married Olopana's daughter, Kaupea. Although, therefore, it is impossible at this time to say with which of the Ulu or Nanaulu branches Kanipahu or Kaniuhi were related; yet that they were so related and that directly, is a certainty beyond doubt, to those who are acquainted with the tabu systems and the social institutions and customs which, however modified at different times, never abated an iota of their rigour as affecting the laws of descent.

From the fact that Ouanini, the grandson of Puna-imua, was contemporary with Mua, on the Nanaulu-Kalehenui line,—their standing respectively thirty-first and thirty-second from Wakea on their different lines—inclines me strongly to look for the difference or discrepancy between these two lines among the names that follow Paumakua until Ahukai, the father of Laamaikahiki.

Although there certainly are not a few persons on these, the principal, lines of descent from Wakea, to whom tradition has affixed a local habitation and a name; yet I think it in vain to look for genealogical precision or historical data before the period of Maweke and his affiliations on the Nanaulu line, or his probable contemporary Paumakua and his near predecessors on the Ulu line.

That the social and religious condition of the Hawaiian people underwent at about that time several great and important changes,—caused no doubt by the influx of foreign material and the intercourse with foreign lands[7]—may safely be concluded from express statements and more or less plain allusions in the traditions now extant. Thus the custom of circumcising is plainly traceable up to the time of Paumakua, while it is nowhere spoken of or alluded to as forming a religious necessity or a social custom among chiefs or common people before that time, unless in the Moolelo of Kumuhonua.

I have seen no mention of human sacrifices, before this period, either of captives in war or on other solemn occasions. To this period is to be referred the powerful priestly

---

[6] For the probable place and descent of Hanalaa—(nui and iki) see comparative table of genealogies. [Fornander, *Polynesian Race*], 249.]

[7] As late as the commencement of this century the Nuuhiwas were every now and then fitting out exploring expeditions in their great canoes in search of a traditional land called Utupu, supposed to be situated to the westward of their archipelago, from which the Akua Tao first introduced the cocoanut tree. (Univ. Pitt., V. 2, p. 230.) Turnbull relates that when Kaumualii of Kauai was sorely pressed by anticipation of Kamehameha's invasion and conquest of Kauai, about 1802, he had a vessel built on purpose, in which to embark himself and family and chiefs and seek some foreign land where he would not be subjected to his dreaded rival.

family of Paao, who came with Pili from Tahiti; and Kaekae, Maliu and Malela, who were brought by Paumakua from abroad and are said to have been white people and kahunas. The "Aha Kapu o na 'lii" is not of older date than the time of Paumakua—the "Kapu moe o na 'lii" is of much later origin.

Taking then thirty years as the measure of a generation, and the Nanaulu straight line, as the least inflated and most reliable, we have twenty-six generations from the time of Maweke to the present time, which places Maweke at the commencement of the twelfth century, say A. D. 1100. And during that century those great migrations to and fro with their resultant influx of new men and new ideas occurred. It was an era of intense restlessness and great activity and daring. Up to this time Hawaiian history is merely a register of names with only here and there a passing allusion to some event, barely sufficient to give a *locus standi* to some prominent name, such as the building and inauguration of Kukaniloko as a royal birth-place by Nanakaoko and his wife Kahihiokalani. This however must have happened close upon the twelfth century, for their son and grandson—Kapawa and Heleipawa—were no doubt contemporaries with Maweke or with Pili-Kaaiea. After the time of Maweke of the Nanaulu line, and after Paumakua of the Ulu line, however, Hawaiian history commences to flow with a fuller tide, and most of the principal names on either line have some account or mele connected with them; the traditions and songs become more numerous and circumstantial in their details, and, by crossing or confirming each other, enable the critical student to arrive at a considerable degree of precision in eliminating facts from myths and placing names and events in a proper succession and in an approximately correct time.

What the gradually growing or abruptly determining causes of this national restlessness of these series of migrations may have been, either here or in central and western Polynesia—perhaps also to and from the North American coasts—Hawaiian traditions and meles throw no light upon, so far as I have been able to ascertain; and with the history and traditions of those other countries I am not sufficiently acquainted to offer an adequate or precise answer. The only corresponding movement in Central and Southern Polynesia that I can now refer to is—I believe, but have not the authority by me—the settlement of New Zealand by its present Polynesian race. Their traditions and genealogies bring that event the fifteenth century of our era, and they came from Savaii, one of the Navigator's Islands. Our own traditions refer the advent here of Paao and Pili from Wawau and Upolo, to an earlier period. Both were probably cases of expulsion caused by civil wars.

It is a somewhat remarkable circumstance that the first appearance of white men in this Archipelago refers to this same period of migrations. The traditions state that in the time of Auanini, the grandson of Puuaimua, and a chief living at Kapalawai in Kailua, Oahu, and while Mua-o-Kalani and her husband Kaomealani were chiefs at Kaopulolia in Kaneohe, Oahu, a vessel arrived off Mokapu; that the name of the vessel was "Ulupana;" the name of the captain was Molo-Lana, and of his wife, Malaea; that the names of the people on board were Olomana, Aniani and Holokaniakani; that these however were not their proper names, but names given them by those chiefs on whose territories they landed; the tradition however does not say whether these people went away again or whether they remained and settled in the country.

The next account of white people arriving here is found in the tradition and mele of Paumakua, grandson of Auanini aforesaid, and an Oahu chief, who is said to have visited numerous foreign lands ("Kaapuni ia Kahiki"), and who brought back with him two white men, Auakahinu and Auakaaiea, who afterwards were called Kaekae and Maliu and were said to have been kahunas (priests). Paumakua also brought back with him another stranger called Malela who was a kaula (prophet), but as to whether this latter was also a white man the tradition is not so explicit. The two former however are described in the tradition as "Ka haole nui, maka alohilohi, ke aholehole maka aa, ka puaa keokeo nui maka ulaula." These, it would appear, remained and settled in the country, as in later times we find several priestly families claiming and proving their descent from the two former.

I have taken the above notices of the first arrivals of white foreigners in this country from S. M. Kamakau's summary of the traditions and meles referring to that subject. To what branches of the Caucasian race, if to that race at all, these "white people — with bright eyes and white cheeks," belonged, who in the twelfth century were found on the borders or among the islands of the Pacific, may be a rare question for archaeologists and ethnologists to settle. That they were looked upon by the natives here as people of another and a lighter colored race than their own is evident. Whether they were Japanese or some other Mongol variety, extended along the western shores of the Pacific, or Toltecs, from the eastern rim of the Pacific and the Mexican coast, conquered and expelled by the Aztecs towards the close of the twelfth century,— the fact however stands forth in archaic simplicity, and becomes of historical importance, that, during this period — genealogically computed to have fallen within the twelfth century — the Hawaiians received large infusions not only of Polynesian blood, from the island to the south and southwest, but also of alien races, from one or both continents bordering on the Pacific, and leaving their traces in the physique as well as in the customs and worship of the people.[8]

This period of great migrations, of national activity and restlessness and of grand enterprises, having passed, comparative quiet seems to have succeeded for several generations; and the meles and legends become silent upon the subject of foreign voyages or foreign arrivals until the time of Kakaalaneo, King of Maui and brother to the great-grandfather of Piilani — about fourteen generations from the present — at the close of the fifteenth or the commencement of the sixteenth century. The traditions as written down by S. M. Kamakau runs thus: "In the time of Kakaalaneo several foreigners (haole) arrived at Waihee in Maui, two of whom only were or became remarkable, viz: Kukanaloa and Pele, who was Peleie, and the name of the vessel was Konaliloha. They landed at Kiwe in the night and when discovered in the morning by the natives, they were taken to the village and fed and brought to the king and the chiefs who treated them kindly and made friends of them *(hoopunahele)* and admitted them to all the privileges of the kapu. They settled in the country, married some of the chief-women and became progenitors of both chiefs and commoners, and some of their descendants

[8]About 1159 A. D., a grand migratory wave was set in motion from Java and Sumatra, owing to internal convulsions. Some of the princes migrated to and established themselves at Celebes, others went in other directions.

survive to this day." "They were called Kanikawi and Kanikawa after the beautiful flowers of Haumea."—"Their speech sounded like a bird's, like the *lale* of the mountain, a chattering, vociferous bird."—"They said they came from Kahiki, from the very interior." "Their land was a fertile land with plenty of fruits and large animals "— "Their parents dwelt far inland *(uka)* on the side of the mountain, away up in the forest *(ukaliloloa, i ka waonahele)*."—"They were acquainted with the banana, the breadfruit, the ohia-apples, and the kukui nuts."

The tradition which refers to the wrecking and landing of the foreigners (haole)— two men and one woman, at Keei, South Kona, Hawaii, in the time of Kelii-okaloa, the son of Umi-a-Liloa, before the middle of the sixteenth century,— is well known and has long been recorded. There is some obscurity however thrown over both this and the foregoing tradition, inasmuch as the names of the vessel ("Konaliloha") and of the principal personage (Kukanaloa) are the same in both traditions, and also some of the attending circumstances. But whether it was only one and the same event, adopted — *mutalis mutandis* — on both islands, or two separate occurrences, the fact of the arrival, and the retention of that fact in the Hawaiian memory, are none the less established

How these voyages were accomplished will not now excite any surprise when we know, not only from the traditions, but from the ocular testimony of the grand-parents of the present generation, that the canoes of those times were of an enormous size compared with the canoes of the present day. Double canoes carrying eighty men were not uncommon; and it is reported by eye-witnesses that, as late as the year 1740, the favorite war canoe, or admiral's ship, *"Kaneaaiai,"* of Peleioholani of Oahu carried on board from one hundred and twenty to one hundred and forty men, besides their provisions, water, etc. And it is further reported that this canoe, and possibly others of similar dimensions, was made of pieces of wood or planks fastened together, somewhat after the manner of Malay *proas* or Western Polynesian canoes at the present day. Though the Hawaiians had not the compass or any substitute for it, yet they were fully and correctly acquainted with the bearing and rising and setting of a large number of stars, by which they steered during the night. It is reported as of no uncommon occurrence, for instance, that the Kauai sea-rovers would make their descent on the Hawaii or Maui shores, plunder or slay or capture whatever or whomsoever they could lay their hands on and then, in order to elude pursuit, stand off, straight out of sight of land on the open ocean, for two or three days, and return to their own homes by some circuitous route, either to the windward or the leeward of the islands. There is now, or was not long ago, the wreck of a large canoe lying on the shore near the southern point of Hawaii, which measured one hundred and eight feet in length, and was said to have been one of a double-canoe belonging to Kamehameha I.

The Hawaiians being thus possessed of vessels capable of performing long voyages in open sea, possessed of sufficient astronomical and practical knowledge to navigate them, and of daring and enterprise to match with the boldest, it is but natural that their traditions, sagas and songs, should be replete with their adventures and exploits in foreign lands. In that they are overloaded with marvels, fables and exaggerations, they only resemble the early and medieval periods of other countries. But when all these are stripped, there still remains an undisputable residium of facts to show that from the eleventh and during the twelfth century, and subsequently, not only were these islands visited by people of kindred and alien races whether arriving here by accident or design, but also that the Hawaiians, themselves, performed frequent though desultory voyages to the countries and islands lying south and west from their own group; that from this period dates the establishment, or at least the prominence of the principal dynasties and chief-families in the islands; and that from this time the genealogical succession *on Hawaiian soil* may be pretty accurately ascertained.

I know that Papa and Wakea, the reputed progenitors of the Hawaiian race of chiefs, were also considered as gods, demi-gods, heroes and progenitors in nearly every other Polynesian group of islands. I have seen it assumed that the twelfth or thirteenth first names of the Haloa line were common to the Marquesan pedigrees and considered as their ancestors. I know that Maui-a-kalana, who is said to have collected the sun's rays, to have discovered the fire, and to have nearly succeeded in joining these islands together into one large continent, and whose name stands twenty-second on the Ulu line,— I know that he is the hero of the same legends in the Samoan, Society, Marquesan and New Zealand islands. While therefore I have no means of disputing the correctness of the succession of names borne on Hawaiian pedigrees from Wakea to nearly the period of Maweke, I am yet strongly of the opinion that those names, their legends and meles, were introduced into this group about the time of Maweke and his contemporaries and compeers, and during some of the next following generations. I am inclined to that opinion from the fact that, while almost every Hawaiian chief-family that at some time or other obtained prominence or influence in the country traced their pedigree up to Maweke, his contemporaries or successors, and claim their descent from Wakea through some one or other of the numerous branches springing from Maweke, Kapawa, Paumakua or later offshoots from these, not one family, that I am aware of, pretends to connect with either the Nanaulu or the Ulu lines beyond this period; thus proving to me that these heroes were the first and actual progenitors of the Hawaiian families of chiefs on Hawaiian soil, and that they brought with them from Kahiki their own pedigrees up to their own time.

Whoever knew this people some forty or fifty years ago, and more so if further back, could not fail to observe the remarkable difference of appearance between the chiefs and the makaainana (commoners) and the Kauwa-makauuli (slaves) indicating the former as, if not of a different race, at least of a different and superior class to the common multitude. And the feeling, solicitude and pride, with which that difference was kept up, show that they looked upon themselves not only as a different class politically, but also as of different birth socially. It was an heirloom from their ancestors and came with them from Tahiti. No poverty, misery or misconduct could efface it. Though there are many instances where chiefs were slain by their subjects in revolt, or were deposed from supremacy by their peers or subordinate chiefs, yet there never was a Bill of Attainder in those days, nor is there an instance of a chief who ever forfeited his own rank as a chief (of the "Papa Alii") or that of his children. Those chiefs, those ancestors of the Hawaiian aristocracy, did not however, as I have endeavored to show, appear on Hawaiian soil much earlier than the period of those great migrations, that national or intertribal displacement of the Polynesian race which occurred during the eleventh and twelfth centuries of our era. It may have commenced a generation or two before Maweke,— it certainly continued several generations after him — but I use his name as a kind of central figure, seeing that the line upon which he stands (the Nanaulu straight line) is probably the most correct of existing genealogies.

What preceded this time will ever be a blank in Hawaiian history. There are traditions, no doubt, which refer to a period previous to this, but they all seem to bear the impress of Tahitian origin: There are no legends more common or more generally known throughout these islands than those of Kamapuaa and of Pele; and Koolauloa on Oahu, and Hilo, Puna, and Kau on Hawaii, abound in places and names connected with these stories. Yet Kamapuaa's grandparents came from Kuaihelani (wherever that island may have been), and he himself visited Kahiki and married there; and Pele also came from Kahiki and, after traversing this group, finally settled on Hawaii. A better acquaintance than I possess, with Samoan, Tahitian, Marquesan or New Zealand legends, would enable the critical student to decide whether these and other legends of the pre-historic times were original and exclusive to the Hawaiian group, or whether they had their root, prototype or correspondent in those other groups and were only adapted to Hawaiian locality in the course of time and the process of naturalization, thus illustrating the Latin poet's remark that "qui trans mare currunt, coelum non animam mutant." It is noticeable, moreover, that all the heroes and heroines of these prehistoric legends stand out in bold relief from the genealogical tree of Haloa, singly and disconnected, and that none of the numerous chief-families of after-ages ever claimed their descent from Wakea through these personages. Not having had the opportunity of more fully comparing these legends with those of other Polynesian groups, I have compared them with each other and with legends of a later date, which no doubt belong to the oft-referred-to period of migrations, however much enveloped in myths and fable, and I have found, as I think, internal evidence that if these prehistoric legends were of Hawaiian origin at all, and not merely Tahitian legends adapted to Hawaiian localities,—then their origin can not be older than this period of influx of the Tahitian element. Thus, for instance, a number of chief-families, on the different islands of this group, trace their pedigrees with great accuracy and evenness up to Maweke through his grand-daughter Nuakea, daughter of Keaunui-a-Maweke and sister of Laakona of Ewa. These genealogies concur in representing Keoloewa-a-Kamauaua of Molokai as the husband of Nuakea. They also indicate Kaupeepee-nui-kauila as brother of Keoloewa and of the man who abducted Hina, the wife of Hakalanileo. Hina's sons, Kana and Niheukalohe, afterwards rescued their mother and slew Kaupeepee, demolishing his fortress at Haupu on Molokai. Thus Niheu-kalobe becomes contemporary with the grand-children of Maweke, and, moreover, his grandmother Uli was a Tahitian woman. There are probably few legends of older or of fuller details than this of Kana and Niheu-kalohe, yet it is ostensibly and really, both as regards the persons and the time, of post-Maweke origin. If we now turn to the equally well-known and equally circumstantial legend of Pele's sister, Hiiakaikapoliopele, we find that, when she was resting at the house of Malaehaakoa in Haena, Kauai, previous to ascending the Pali of Kalalau in search of

Lohiau, Malaehaakoa offered up a prayer or chant,[9] than which few Hawaiian meles bear stronger evidences of a comparatively genuine antiquity: and yet this mele, prayer or chant, makes special reference to Niheu-kalohe and to Nuakea—an anachronism showing fairly that the mele as well as the legend originated after the time of Maweke's grandchildren.

I would not be understood as asserting that there were neither chiefs nor people on the island of this group before this period of migrations. The meles and legends are full to the contrary. This very family of Kamauaua and its kindred on Molokai; those of Pueonui and Kealiiloa on Kauai; those of Hikapoloa on Hawaii and Kaikipaa nanea and Puna on Kauai, and others, whose names and whose pedigrees have never been transferred or connected with the lives of Haloa, attest the presence, and previous occupation of the islands by both chiefs and people. But these chiefs were gradually displaced, and disappeared before the new element, the Tahitian influx, with its new gods, its new tabus, and its greater vigour and moral and intellectual power. Whatever the causes that brought these latter ones here, yet, to judge from the case of Pili and Paao, they were not low-born adventurers, but men of mark in their own country, *alii kapu*, with whom alliances were sought, to whom the vacant chief-seats and the *ahuula* naturally fell in the lapse of time, and who kept bards to sing their own names and those of their ancestors, and heralds to proclaim their unbroken descent from Wakea and from Haloa.

The strongest proof, however, as I think, of the absence of Hawaiian genealogies and of the utter darkness which enveloped Hawaiian history proper before that period, is to be found — as I have already stated — in the fact that all the prominent Hawaiian chief-families connect with the line of Wakea through Ulu or Nanaulu about this time, and that, in order to establish that connection, they counted through females as well as through males, and dropped the latter whenever they did not lead up to the main trunk of Wakea or someone of that Tahitian element which made its appearance about the eleventh, twelfth, or thirteenth centuries of our era, and who are invariably called "na kupuna alii"— founders of dynasties,— on this or that island.

That the people of this group, whether chiefs or commoners, previous to this period, were of Polynesian — or as they themselves call it — Tahitian origin, there is no good ground for doubting, and every reason to believe. But the time of their arrival and settlement, the mode of their arrival, their point of departure, and their political, religious and social condition, will probably always remain insoluble problems. That they arrived here long ages before these later Tahitians,— before their kapu-system, heiau-building, religious ceremonial, etc., had developed into that complex, fanciful and stern rule of life, which it had already become when we first are made acquainted with them,— I think may generally be conceded. From the traditions and meles of these Tahiti-Hawaiians I gather that they found the previous inhabitants of this group living in a primitive manner, without any political organization beyond the patriarchal, and without kapus — at least of any stringent nature — and without heiaus;[10] and, with a

*This mele was probably composed about the time of Kamalalawalu, King of Maui, seven generations before the birth of Kamehameha I.

[10]That is, heiaus of the rudest construction and most simple service.

feeling of pride in their superior powers and attainments, although they acknowledged Hawaii as a "Kama *na Tahiti*" (a child of *Kahiki*), yet they looked upon it as a natural appanage of themselves, to be taken possession of and reconstructed by them and their posterity. They established political supremacy and the kapus, they built heiaus, introduced circumcision, the *pahu,* the *ohe* and the *hula.* Tattooing commenced with them. The division of the people into aliis, kahunas, makaainanas and Kauwa-makawela, if not original with them, received a distinctness and permanency from them that hardened almost into castes. In short, whatever the condition in which they found the country, they moulded, reorganized and arranged everything on their own pattern and, while they with most elaborate care have left us numerous mementoes of their own time and work, they have left us nearly none of the predecessors.

While the Hawaiian cosmogonies abundantly betray their Tahitian origin, they also develop some interesting facts which will throw some light on the subject of the Tahitians' (I mean in the Hawaiian sense of the word) settling here at the period to which I have referred. Thus, though the traditions and meles differ as to the actual origin of these islands, some stating them to have been born of Papa and Wakea—a kind of mythical setting back their creation to the oldest known period of time, and others assuming them to be fished up from the sea by Kapuhauanui, a fisherman from Kapaahu in Tahiti, and others again that they sprung forth from the night, yet several concur in representing them as forming only a group in a chain of groups of islands extending from Nuumealani on one side to Holani, Nuuhiwa and Polapola on the other; and the Mele of Kamahualele, the kahuna of Moikeha, who accompanied him from Kahiki, distinctly states that long before his time Nuuhiwa and Polapola were severed from this chain. Thus the existence and bearings of these islands were known to the Tahitians before their last settlement here; and they knew of the existence of other islands contiguous to this group, or intermediate between this and the eastern and central Polynesian groups, of which neither the names nor the location can now be traced. Another circumstance connected with these lost islands is, that while the meles and traditions referring to times and persons anterior to the last Tahitian settlement here are full of notices of Nuumea-lani and Holani and Kuaihelani, as within easy reach of, and having had frequent intercourse with this group, yet none of the meles and traditions that I possess makes any mention of them as existing at the time of, or subsequent to, that last Tahitian emigration. Thus the Mele of Kamahualele and the traditions of Moikeha, Olopana, Kila, and Laamaikahiki, make no mention of them as having been visited by these worthies or seen by them in their voyages to and from Tahiti. The traditions of Hema, Paumakua and Kahai also ignore them as existing at that time. The tradition of Paao does not refer to them in his voyage with Pili from Tahiti (Moaulanuiakea) to Hawaii.

In comparing the New Zealand legends as published by Sir George Grey, I find that the New Zealanders count fifteen generations from the time of their ancestors leaving the land of Hawaiki, in the Samoan or Navigator's group and settling in New Zealand, which was called by them "Aotearoa." Fifteen generations or four hundred and fifty years bring the approximate period of that settlement to about 1400 our era, or from two hundred and fifty to three hundred years later than the last Tahitian settlement in this group, the Hawaiian. In the legends, however, which they carried with them to New Zealand, occurs not only the well-known story of Maui-a-Kalana (Maui-o-Taranga) and his exploits by sea and land, and of his grandmother, who pulled out her nails to furnish him with fire and who is called Mahu-ika — in the Hawaiian genealogy she is called Hina-Mahu-ia; but there also occurs four prominent and comparatively late names in the Hawaiian Ulu and Hema line of descent, viz: Hema, Tawhaki (Kahai), Wahieroa (Wahieloa) and Raka (Laka). In the New Zealand legends they figure as chiefs and arikis of Hawaiki, following one another in the same succession as in the Hawaiian genealogy.

Thus, on New Zealand testimony, Hema, Kahai, Wahieloa and Laka were chiefs of Hawaiki or Sawaii in the Samoan group, and not of Hawaii in this group. These names and their pedigrees must then have been carried from Hawaiki to Tahiti and from Tahiti to this group, unless we assume a direct settlement from Hawaiki to Hawaii.

It is true, certainly, that the Hawaiian legends ascribe a local habitation as well as a name to each of these four chiefs, either on Maui, Oahu or Kauai, and places and monuments connected with their names are existing to this day; yet, as there is no reasonable probability that the New Zealanders took their departure from this group instead of the Samoan, and as their evidence is positive as to the residence of these chiefs in the Hawaiki which they knew and from which they departed for New Zealand, —I am forced to conclude that the connecting of their names with places in this group was merely adaptation in after ages, an appropriation to Hawaiian soil, when the memory of the mother-country had become indistinct and when little if anything was known of them except the one main fact that they stood on the genealogical list of the Hawaiian chiefs, a fact, which was never allowed to be forgotten under the old system, however much local associations may be forgotten or altered.

It is hardly historically possible that there could have been two series of chiefs in Hawaiki (Samoa) and Hawaii with identical names and in the same succession; and, with one transposition only, the identity holds good also in the names of their wives — e. g.:

New Zealand		Hawaii	
Hema.	Uru-tonga.	Hema.	Ulu-mahehoa.
Tawhaki.	Hine-piripiri.	Kahai.	Hina-uluohia.
Wahieroa.	Kura.	Wahieloa.	Koolaukahili.
Raka.	Tonga Sautaw-hiri.	Laka.	Hikawaelena.

I am justified therefore in concluding that the Ulu-Hema line of chiefs was not indigenous to the Hawaiian Islands until after the time of Laka. But Laka was the third from Hema who, by all the Hawaiian traditions, was the brother of Puna-imua, and consequently the contemporary of Paumakua on the Ulu-Puna line, and probably of Maweke or his father on the Nanaulu straight line.

Whether the scions of these three lines, descending from Wakea and Papa, arrived here about the same time, or whether the Puna and Maweke lines arrived at a long interval from each other, or who had the precedence in the country, it is now impossible to determine.[11] That they came from the Samoan group, through the Tahitian

---

[11] The Maweke line was long antecedent to the Ulu descendants; in fact may be considered as the settlers of this group,—about 1075.

and Marquesas groups, after a longer or shorter stoppage in each or both, I think can be shown from philological grounds and the gradual transformation of the Hawaiian dialect, conforming more to those of the two latter than to that of the former.'

I am thus led back to the proposition which I have already enunciated, that, whichever was the branch of the great Polynesian family, that in ages long past first settled upon these islands and here remained and increased, yet about twenty-eight generations ago, and for several generations succeeding, there arrived here an influx of new-comers from the same Polynesian family, who through their superior intellectual and physical prowess obtained the supremacy,— politically, morally and socially,— brought with them their genealogies, their religion, and their customs; and with whom, and from whom only, Hawaiian history can be traced downward through its heroic, medieval and modern pagan development. It will be observed by the different pedigrees that all the chief-families, which connect with the Nanaulu line, do so immediately through someone of the children or grandchildren of Maweke, who is either the twenty-fourth, twenty-fifth or twenty-sixth ancestor of these families, as the case may be. Whereas, on the other hand, no family that connects with the Ulu-Puna line, does so above Laamaikahiki's children who stand seventh from Paumakua, thus making him the twenty-fifth or twenty-sixth ancestor; and several families, connecting with both lines, make both Maweke and Paumakua either twenty-fifth or twenty-sixth in the line. With the Ulu-Hema-Hanalaa-nui line, however, no family that I am aware of connects as one of the children of Kanipahu, who stands sixth from Pili-Kaaiea, which makes the latter the twenty-fourth ancestor. Kanipahu's son Kalahumoku is sixth from Maweke through his mother Hualani. Kanipahu's son Kalapana is also sixth (?) from Pili, and I consequently infer that Pili and Maweke were contemporaries.

Pili's arrival from Tahiti—some traditions specify the island of Wawau — is one of the most noted events of this period. Of the arrivals of Maweke and Paumakua, or their immediate ancestors, the traditions are silent, but their immediate descendants were famous for their voyages to and from Tahiti. The traditions are conflicting in regard to Maweke's grandchildren, from Mulielealii, some representing them as born in this country and properly belonging here, while others represent them as settlers arriving from Tahiti. However that may be, they named numerous places, mountains, rivers and headlands either after persons accompanying them, or after similar places in the land from which they came. Yet strange to say, although the island of Hawaii was evidently so called after the Samoan "Hawaiki" or Tongan "Hapai" and that island was known to the Tongans, New Zealanders, Tahitians and Marquesans, yet none of the Hawaiian legends, meles or genealogies, that I have seen, refer to it by that name, though Upolo, Wawau, and probably other islands of that and neighboring groups, are referred to by their special names.

On the Ulu line, previous to Puna-i-mua and Hema, occur the names of Kapawa and of his parents Nanakaoko and Kahihiokalani, which stand too conspicuously connected with the traditions of purely Hawaiian origin and with that famous birth-place of Hawaiian chiefs, Kukaniloko, to doubt that they belonged and lived on Hawaii-nei, or to include them among those prehistoric names which figure on the genealogies previous to the Tahitian settlements, *tempore* Maweke, Paumakua and Pili. In a frag-

ment of the legend (or rather synopsis) of Paao, which I have, while speaking of the
arrival of Pili, it is expressly stated that, when Pili came to these islands, Hawaii was
without chiefs on account of the crimes of Kapawa ("Ua pau na Alii mua o Hawaii-nei
i ka hewa o Kapawa, ke alii o Hawaii nei ia manawa"); thus evidently making Kapawa
contemporary with the period of the Tahitian migrations.

The New Zealand legends have shown that the four chiefs Hema, Kahai, Wahie-
loa and Laka were Samoan chiefs and not Hawaiian, and as Kapawa is represented
on the Hawaiian genealogy of Ulu as being the great-grandfather of Hema and his
brother Puna-imua; and further as he is only third in descent from that mythical demi-
god Maui-a-Kalana and only second in ascent from the almost equally mythical Hina-
hanaiakamalama, the wife of Aikanaka and mother of Hema, who went up to the moon
and whose leg was pulled off by her husband while ascending, I therefore think myself
justified in concluding that Kapawa and probably his parents are misplaced on the
genealogy of Ulu, and that they belong to a much later period — the period of Tahitian
migrations.

I have hitherto not referred to the Hanalaa-nui or Hanalaa-iki lines in their earlier
portions. It is well-known that before the consolidation of the islands under one govern-
ment, by Kamehameha I, the Maui bards and genealogists claimed Hanalaa-nui as the
ancestor of their race of chiefs, while the Hawaiians proper also set up the same claim.
But it would seem that even the Hawaiian bards and genealogists were not agreed on
this subject; for I possess an ancient mele, evidently composed in the interest of Kame-
hameha I and his dynasty, which traces his descent from Paumakua and Hanalaa-nui
— not Hanalaa-iki — through Maui-loa and not through Lanakawai, and then through
Alo, Waohaakuna, etc., to Kikamanio Laulihewa and Maili-kukahi, and thence down
the Oahu-Maweke line to Kalanikauleleiaiwi etc. But this mele makes Laulihewa the
seventh from Paumakua in the descent, or the sixteenth from Kamehameha I in the
ascent. Now on the uncontested Nanaulu-Maweke line Laulihewa is the seventeenth
from Kamehameha, and on the equally uncontested Paumakua-Lauli-a-laa line Lauli-
hewa is also the seventeenth from Kiwalao, Kamehameha's cousin, this latter line hav-
ing the double advantage of having been crossed both by the Maui and Oahu lines.
Assuming, therefore, that Laulihewa's position is correct in this mele, or nearly so,
Hanalaa-nui's place on the pedigree will be fifth or sixth from Laulihewa, or a con-
temporary with Moikeha on the Nanaulu straight line, or with Nana or Kumakaha on
the Ulu-Paumakua line. In either case Hanalaa, whether "nui" or "iki," falls within
the period of the Tahitian migrations, and their lines must suffer a proportionate cur-
tailment of the names which now figure on them. That Haho, who in this mele stands
next after Paumakua, and second above Hanalaanui, belonged to the new era, inaugu-
rated by the arrivals from Tahiti, I conclude from the fact that with him commences
the record of the Aha-alii, a peculiar institution not known before this time, and an
indispensable accompaniment of an Alii-kapu (a sacred chief).

Without such excision of names I can see no way of reconciling the Nanaulu
straight line and its numerous branches, or the Puna-imua-Paumakua-Laamaikahiki
line and its equally numerous branches, with the Hema-Hanalaa lines, so as to bring
known contemporaries on a nearly parallel step of descent from those whom they all claim

as common ancestors   For instance, on her father's side, H. R. H Kinau (the present King's mother) was sixty-eighth from Wakea, counting by the commonly received Hana-laa-nui line; and on her mother's side she was seventy from Wakea, counting by the Hana-laa-iki line.   But by the Nanaulu straight line, connecting at Kalanikauleleaiwi I, Kinau was only fifty-third from Wakea, and even by the Ulu-Puna line and several of its branches she was only fifty-seventh from Wakea.   The difference of fifteen and seventeen generations between the Hanalaa lines and the Nanaulu straight line, and even the difference of eleven and thirteen between the Hana and Puna lines, is too great to be accounted for in a natural way, such as the earlier marriages in one line than in another.   I am therefore forced to conclude that this excess of names on the Hanalaa-Hema lines was made up of contemporaries or collaterals and engrafted in aftertimes on the original lines.   From the present time up to Maweke, Paumakua, and Pili, who stand respectively twenty-fifth, twenty-sixth and twenty-seventh from Kamehameha I and his contemporaries the genealogical lines cross each other by intermarriages so often, and traditional notices of contemporary chiefs are so frequent, that there is comparatively little difficulty in verifying any given name or finding its proper place.   Here then, properly speaking, Hawaiian history commences, and I will now endeavor to show the most prominent names on the different lines, their connection and their exploits.

Hawaiian Origins.

VITI[1]

IN THE Viti group the kings are called *tui* of the land over which they reign. In Tonga and some other of the Polynesian isles the highest chief is called *tui*. The Tui-Tonga family descended from the gods.

The Viti gods were in the following gradation: Lan-Hanalu (Polynesian, Kane?); Kalu, god of the kapu, there called "tambu;" the inferior gods were Kalu Niuza, Reizo, Vazugui-Berata, Vazugui-Ton-ha, Komei-Buni-Kura, Balu-Bunti, Leka, Uleguen Buna, Banu-Be, Tambo-Kana-Lauhi, Buta-Guibalu, Dauzina, Komainen-Tulugubuca; the principal goddesses were Gulia-Zavazo, and Goli-Koro.

These gods inhabited a heaven called Numa-Lauhi. (What relation does that bear to the *Nuumealani* of the Hawaiians?)

Oudin-Hei, or Oudin-Hi, is the creator of heaven, earth and all the other gods After death, every soul goes to join Oudin-Hei

The Viti priests are called *ambetti*.

The Vitians make no human sacrifices; they worship no images. They have sacred houses called *ambure*. (Compare Hawaiian, "pule"). At the death of a king or queen they cut off a finger or a toe, but not in times of sickness, like the Tongans. The Vitians use no betel, but drink awa like the other Polynesians

At the age of fifteen years, the Vitians practice circumcision by slitting the prepuce.

Though they marry at an early age, they do not cohabit with their wives until they are twenty years old, for fear they should die—a religious injunction of the kapu. Wives are not sold by their husbands.

The women do not eat with the men, but afterwards.

The awa plant is called *augona*.

Coconut trees are climbed by means of a cord between the feet

Tabuing in Viti is practised as in Hawaii and elsewhere in Polynesia The tabu-tree is called *alauzi*.

The Vitians know how to make earthen vessels (pottery), probably derived from the Papuans of New Guinea.

Anthropophagy is common in the Viti group; enemies and others are equally acceptable.

The Viti canoes are fitted with out-riggers.

The hair is tied up with white thin kapa, resembling a turban, like the Papuans of Vegiu.

---

[1]The traditions of the inhabitants of Viti are those given by G. L. Domeny de Rienzi, L'Univers Pittoresque, Vol. 3. Paris, 1836.

When a chief dies, a number of his wives are killed to keep him company.

The Vitians do not change their names in sign of friendship, like the Polynesians.

On the Isle of Laguemba, the Tongans have settled and intermarried with the Vitians.

FIJI [2]

THE NAME for north and northeast wind is *tokalau*. In Hawaiian, *koolau* is the north and northeast side of an island. In Tahiti, *toerau* is the west and southwest

Rev. Thos. Williams considers the Fiji group as the place of contact between the two races which occupy east and west Polynesia, or, "The Asiatic and African, but not Negro," as he designated them. "The light Mulatto skin and well-developed muscles seen to windward are chiefly the result of long intercourse with the Tongan race." "The Fijians have never acknowledged any power (foreign), but such as exists among themselves"

"Rank is hereditary, descending through the female "

"As in the Malayan, so in the Fijian, there exists an aristocratic dialect, which is particularly observable in the windward districts "

"Standing in the presence of a chief is not allowed. All who move about the house in which he is, creep, or, if on their feet, advance bent as in an act of obeisance."

In drinking toasts and wishing, the expression often is for a *"puaka loloa,"*—a long pig,—meaning a human body, to be eaten.

The Fijians reverence certain stones as shrines of the gods. Offerings of food are sometimes made at these. (They resemble the *pohaku a Kane* in Hawaii).

In Fiji, "sika" means "to appear" and is used chiefly of supernatural beings. (Does the Hawaiian *hika* in the name of Kane, "Hika-poloa," connect or find its explanation in the former?)

Fijian traditions mention mankind springing from two eggs laid by a small hawk and hatched by Ndengei, their principal god. They refer to a flood from which eight people were saved in a canoe. They also mention a big tower built for the purpose of ascertaining if the moon was inhabited, but the foundations gave way and the workmen were scattered all over Fiji. They refer to a woman of Yaro, named Kerukeru, who was very good and whom the gods removed from this world alive on consideration of her high character.

NEW ZEALAND [3]

THE NEW ZEALANDERS derive themselves from Hawaiki, either the Samoan, Sawaii, or the Tongan, Habai.

One tradition has it that they descend from two brothers: Maui-mua and Maui potiki; that the elder, Maui-mua, killed his younger brother and ate him, whence the custom of cannibalism among them.

Another tradition says that Maui was driven from his native land, and, embark-

---

[2] Material relating to the Fijians is from "Fiji and Fijians," by Rev. Thos. Williams, New York, 1859.
[3] Information in regard to New Zealand traditions is obtained largely from L'Univers Pittoresque, by G. L. Domeny de Rienzi, Paris, 1836, and Polynesian Mythology, by George Grey, London, 1855.

ing with his company, and guided by the god of thunder, Tauraki, arrived at, and settled on the banks of the river Churaki.

At the North Cape and at Bay of Islands the tradition refers to a large country situated to the north and northwest of New Zealand, called *Ulimaraa* or *Oudi-mara* (English, Ortagi), a land exposed to the heat of the sun and abounding in hogs. Some of the New Zealand ancestors went there at one time in a large canoe, and only a few returned, having been absent about one month. Another tradition mentions that a small vessel came from that country; four of the crew landed at Tatara-nui and were killed by the New Zealanders

New Zealand is called by the natives "Aotea-roa." The North Island is called "Ika-na-Maui," and the South Island, "Kauai-Punamu."

The Ngatipaoa tribe count fifteen generations since their ancestors left Hawaiki and came to New Zealand.

One of the canoes, in which they came, was called *Arawa*. It was made from a "Torara tree that was cut down in Rarotonga, which lies on the other side of Hawaiki." When another of these emigrant canoes, called the *Kainui* was ready, Rata, one of the builders, slew the son of Manaia and hid his body in the chips and shavings of the canoes. This resembles the Hawaiian legend of Paao and his brother when the former left for Hawaii.

No hogs were in New Zealand in Cook's time, or for some time afterwards.

As in most of the Polynesian tribes, New Zealand women are admitted to the succession in the government; so also with the Battas in Sumatra.

Among the Battas, the descendants of the rajahs form a class in society, similar to the rangatiras of New Zealand, Tahiti and other Polynesian tribes.

The *kampong*, or fortified places of the Battas are nearly identical with the *pa* of the New Zealanders.

The three gods of the Battas, Batara-Guru, Sora-Pada and Maugala-Bulong, correspond in attributes to the New Zealand Maui-Rangi, Tauraki and Maui-Mua. The first is the great god of all, the second has power over the air and all between heaven and earth, and the last rules over the earth.

Cannibalism is common to both nations; also polygamy

The victor chief in New Zealand eats the eye of his slain enemy. In Tahiti the eye of the human sacrifice was offered by the priest to the officiating chief. In Hawaii that custom probably obtained formerly. The expression *eia kuu maka,* used as a mark of submission or devotion to another, most likely refers to some such ancient custom, but neither that nor cannibalism were practised in Hawaii, at least no trace of them remains in their traditions.

A New Zealand chief's wife frequently hung herself on the death of her husband. There was no law or absolute necessity for so doing, but it was a custom whose observance was much applauded as the mark of a true and devoted wife.

In New Zealand the awa root is not used as a beverage, as in the other Polynesian tribes. The *piper excelsum,* called *kawa* grows there, but is not used. No salt nor spices is used with victuals.

Pigs and poultry were introduced by Europeans. Dogs and rats were indigenous, or came with the Polynesians. The New Zealanders called the condor by the Polynesian name of poultry, *moa.* They then retained and transferred the name, though they did not succeed in bringing hens with them when they emigrated to New Zealand.

The legends about Maui, his adventures, his fishing up the earth from the water, his getting fire, his fish-hook, Manaiakalani, are many and mostly coincide with the Hawaiian legends. (See Grey's "Polynesian Mythology.") Those legends of Maui were recognized and more or less known through all the Polynesian groups, and hence probably arrived with the first settlers. One of the New Zealand traditions has it that the three Mauis concurred in the creation of man and, subsequently, of woman from him. On Hawaii and on the Society group a similar legend, *mutatis mutandis,* obtained.

There is also a legend of Lono (Rona), who fell in a well, caught in a tree, and was taken up to the moon, where he is still visible. This resembles somewhat the Hawaiian legend of Lonomoku or Hinahanaiakamalama, the wife of Aikanaka and reputed mother of Puna and Hema.

The New Zealanders call foreigners by the name, *pakeha.* (Any analogy to the Hawaiian, pakea, a kind of white stone?)

The constellation known as Orion's belt was called by New Zealanders *waka,* the canoe.

The variation in legends indicate that the north and south islands of New Zealand received their inhabitants at different times.

TONGA ISLANDS.

The Tonga Islands had places of refuge, sacred enclosures, where fugitives were safe   The same in Hawaii.

The Tongans have a tradition that they were descendants from Bolotu, an island somewhere in the northwest, in this wise: Some of the inferior gods of Bolotu, to the number of about two hundred men and women left to visit the new land of Tonga after it had been pulled out of the water by the god Tangaloa. Having arrived, they concluded to stop and took their vessel to pieces. A few days afterwards some of them died, and one, being inspired, told them that having eaten the fruits and breathed the air of Tonga, they had lost their immortality, and that they were destined to people the world, and that all that surrounded them would also be perishable—*"mea ma-ma."* They built a canoe to return to Bolotu, but they never succeeded in finding that land and returned sorrowfully to Tonga.

Another tradition reports that Tangaloa was fishing one day in the great ocean, when his leaden hook caught into something and on pulling at it a number of rocks came in sight, getting larger and larger, when the line broke and the Tonga Isles remained as they are. A place at Hounga is still shown where the hook caught in the rocks. That hook was still in the possession of the family of the Tui-Tonga some thirty years before Mariner's time. The New Zealanders and Hawaiians have a similar tradition, but make Maui the hero of the tale.

Hogs were common in Tonga before its discovery. Dogs were scarce and mostly brought from the Vitis. Poultry abounded.

The Tongans believe that heaven, the planets, ocean and the isle Bolotu existed before the earth; and the Tonga isles were fished up from the ocean by Tangaloa

Mankind came from Bolotu, the principal residence of the gods, placed in the northwest. The souls of the *egui* or chiefs, after death, go to Bolotu. The souls of the *matabule* go there too, but to serve the former and the gods. The Tongans were not agreed as to whether the *mua* had a soul or not; but the *tua* positively had none, or if they had, it died with the body. The *Tui-Tonga* and the *Veachi* descend in direct line from two of the principal gods.

The Tongans reckon about three hundred primitive gods, of which about twenty only are honored with temples and priests. Tali-ai-tubo is the god of war. Tui-fua-Bolotu presided over the divine assembly at Bolotu, but is less in power than the preceding. Hihuleo is a powerful god, worshiped by the Tui-Tonga family. Tubo-Toti, is the god of voyages. Alai Valu is the god consulted in sickness. Alo-Alo is the god of wind, rain, seasons and vegetation. Tangaloa, is the god of arts and inventions. Hala-Api-Api, Togui Uku, Mea and Tubo-Bugo are gods of the sea and voyages.

The universe reposes on the body of the god Maui. He is the giant among the gods, but has no temple nor priests. When he is fatigued lying in one position, he turns, and that is the cause of earthquakes.

The tabu system was much developed in Tonga in its minutiæ and operations. It is essentially the same through the entire Polynesian family; the variations in degree and intensity are local.

Tu-i-Tonga, the highest chief, descended from one of the gods that formerly visited Tonga. The respect shown him arises solely from his religious character. He was a kind of sovereign pontiff, and until modern times nothing of importance was done without consulting him. Veachi, another chief or *egui* of divine descent; second in rank to the Tu-i. The priests have no social consideration as such, unless they are inspired.

Hu, or the king, is the highest in power, but not in nobility. *Egui*, nobles, are allied and related to the families of Tu-i, Veachi or Hu. *Matabule*, the class just below the egui, are counsellors and officers. The title is hereditary, and the son does not enter the class of *matabule* until the father's death. Until then he belongs to the class called *mua*, composed of the sons, brothers and descendants of matabule. The sons and brothers of a *mua* belong to the last class called *tua* until the death of the parent. The *tua* comprise all who do not come under one of the preceding categories of rank. They are the common people.

Hogs in Tonga are called *buaka*, as in Marquesas; in Hawaii, *puaa*.

The Tongans were not cannibals, but sometimes in imitation of the Vitians, it became a military point of honor for the young warriors to eat the flesh of an enemy slain in battle.

Among the Tongan dances were the *hea*, a very ancient and stately dance performed by men, and the *ula*, also very ancient, practised formerly only by the low classes, but a Tonga chief having seen it performed at Samoa,—where it was said to have been invented,—made it fashionable in Tonga.

MARQUESAS.

From the Hiwaoa traditions and meles, collected by Mr. William Lawson, several cosmogonies seem to have existed among the Marquesans. I notice:

1. The *Vanana na Tanaoa* relates, that in the beginning there was no life, light or sound in the world; that a boundless night, Po (darkness) enveloped everything, over which Tanaoa and Mutuhei (silence) ruled supreme. Atea (light) sprang from Tanaoa, made war on him, drove him away and confined him within limits. Ono (sound) sprang from Atea and broke up Mutuhei. From the struggles between Tanaoa and Atea, Ono and Mutuhei, arose Atanua (shade).

Atea and Ono ruled the universe together as body and spirit (*tino* and *uhane*) Atea took Atanua for wife and begat their first-born, Tumea

2. The legend of the *pena-pena,* creation, relates that Atea, the husband of Ata nua, was the cause, root and begetter of all things. ("Atea te pepenua o te Aui te Fenua.") From him were evolved or created the host of inferior deities, with particular attributes or occupations. On the orders of Atea, they broke through or picked through earth and sky, *fenua* and *ani,* and the land, *papa* appeared and was planted. The winds blew from Vevau to Hawaii, and back from Hawaii to Vevau, cooling and refreshing

Pu te metani me Vevau
A-anu te tai o Hawaii
Pu atu te metani me Hawaii
A-anu te ao o Vevau
Nui-ia te papa e moe ana.

Atanua then conceived and bore the Night, *Po-nui-o-Atea;* after that she bore the Moon, *Meama;* after that she bore the Day-break (dawning), *Ata;* after that the Day, *A-nui-o-Atea;* and last of all was born Sound, *Ono-nui-o-Atea.* The scene of these series of creations seems to have extended from Vevau to Hawaii, "*O Vevau me Hawaii*" forming the refrain of each act of creation.

3. The legend of *Mauikiiki* relates that Mauiki was the older brother and Mau-ii was the younger. The younger one stove a hole in the head of the older one, and thus caused the sacred fire (*ahi tapu*) to flow all over the land. Through the hole in the skull of Mauiki, the fires and furies *(na ii)* rose up to the sky, but they were met by Kamaiko, the god of cold, who hurled them back again; and diverting them into the rocks, the soil, etc., put them out. The lord (*te fatu*) then gave to Mauiki a wife called Hina-te-Ao-ihi, or Hina-te-Ao-Tuakiina. When Mauiki feels wrathy and furious his inwards are soon cooled by strong winged winds, *na metani si keheu;* Mauiki having thus been quieted and peace restored, Atea proceeds with the work of creation, and all manner of animals, big and small, are created.

4. The legend *Taikoko* (the flood) states that the sea was rising; a house was built on the ocean for the preservation of life and animals; that the animals were marshalled by one man before and one man behind, the former called Fetu-Amo-Amo, the latter Ia-Fetu-Tini.

The following individuals are mentioned: Hina-touti-Ani, Hina-te-Ao-ihi and

Tini, males.

A turtle was sacrificed, and then the rain came in a cataclysm. After a while dry land appeared, and the vessel of Tanaoa, *tcctina o Tanaoa*, appeared on the sea of Hawaii, whose mountain ridges began to shoot up out of the water. After that the *tcctina o Mocpo* appeared over the sea of Hawaii, land rose up more and more in Hawaii and Matahou and all were safely landed.

5. The Legends of the *Take*. The Marquesans call themselves the descendants from the *Take o Take-hee-hee*, their immediate progenitor being Tani, one of the twelve sons of Toho or the original Take. Having had commotions and wars among themselves, they were driven out of Take-hee-hee or Aheetake, as it is called in another legend. There are two accounts of the migrations of the Takes. They run in this wise

That of Atea:	That of Tani:
From Take-hee-hee	From Take-hee-hee
to Ahee-tai	to Ahee-take
" Ao-nuu	" Aonuu
" Papa-nui	" Papanui
" Take-hee	" Takehee
" Ani-take	" Howau
" Hawaii	" Ninioe
" Tuu-ma	" Ao-ewa
" Meaai	" Ani take
" Fiti-nui	" Ho vau
" Matahou	" Vevau
" Tona-nui	" Tuuma
" Mau-eva	" Meaai
" Piina	" Fitinui
over the ocean to Ao-maama (Marquesan Islands).	" Matahou
	" Tona-nui
	" Mau ewa
	" Piina
	over the ocean to Ao-maama, (Marquesan Islands).

6. The following are the chiefs or founders who led the Take during their migrations

Makoiko founded the settlement Ahee-tai.
Koui (k) and Koutea (w) founded the settlement Ao-nuu.
Atea and Atanua founded the settlement Papanui.
Papa-tana-oa and Heihei-tona founded the settlement Take-hee
Tani-oa-anu and Taneoa-ani founded the settlement Ani-tai.
Tonafiti and Mawena founded the settlement Hawaii.
Moepo and Taunea founded the settlement Tuuma.
Ono-tapu and Moe-oe-ihea founded the settlement Meaai
Manuio and Atoomai founded the settlement Matahou.

Some of the above lands are thus described:

Aheetai was a mountain land, with a settlement at Taiao, another at Meini-taka-hua, and another near the water (lake or river) of Nuu-taea.

Aonuu is called in the mele:

> He henua hiwaoa mei Aheetai
> He henua hiwahiwa Aomai.

Faaina ruled in Aonuu, and after him Anu-o-Aatuna   Afterwards the chief Atea killed Umai and civil wars drove him and many other *Take* to seek new homes in other lands

Papanui is called a high table land, near the sea, *vipua me te tai*. Among the fugitives from Aonuu was a chief Tiki-Matohe and his wife Hina. They left with their followers and outfit of pigs, fowl and fruits in a double canoe, *vaka hupu,* and discovered the land of Papanui. The mele of Tani's landing on Papanui states that the host Atea would, in honor of Tani, bring pigs from Ao-tumi, turtle from Ono-tapu and fowls from below Ii hawa and Nuu-teea.

Take-hee is called: *"Tu hivaoa eeke i te hee."*

Anitai or Anitake. Of this it is said: *"A kau papaua ia tai naenae"*

Hawaii is called: *"Tai mamao uta oa tu te Ii."* In Hawaii the *hupe, kohanui, mio* and *temanu* trees were growing. Hawaii appears to have been subject to tremendous hurricanes, followed by famines. The following headlands or capes are mentioned in Hawaii: Fiti-tona-tapu, Pua, Ao, Ao-ena and Ao-oma. The *mio* tree was said to make good paddles. Two mountains are mentioned in Hawaii; one in the mele of Matahou of Hawaii, called Mouna-Tika-oe; the other in the mele of Tupaa, called Mauna-oa. The latter is said to have been raging (*ii*) on top and served as a landmark for Tupaa when he left Hawaii with his family and followers.

Tuuma is said to have been near to Hawaii: *"Te Tuuma i Hawaii tata ae."*

Meaai: All that is said of this island is: *"Mou ae te tupa tata eke na te tai."*

Matahou is the last land mentionad in this mele, and no other description given of it, than that it stood in the sea, *"tu i te tai."*

Throughout these migrations the *Take* are represented as having come from below (*mai tao*), when coming from Aheetake, and going up (*uka*) to Matahou

Throughout the Polynesian groups, within the tropics, when a land is spoken of as *iao ilalo, iraro* of the speaker's place, it invariably means to the leeward, before the prevailing trade wind. This wind being from northeast or southeast, these migrations pursued a course from west to east, which suggests a descent from Asia or the Asiatic Archipelago.

The word *take,* as expressing a nation or a race, is probably an archaism of the Polynesian language; its condensed and modern form being *tai,* as I find the latter form used interchangeably with the former in some of the meles, as Aai-tai for Ani-take, Ahee-tai for Ahee-take. The word *tai* occurs with the same meaning in the Tonga Islands, where this expression is common—*Kai Fiti,* Viti people: *Kai Tonga,* Tonga people; in Hawaiian, *kakai,* a family. The older word, *take,* is found, however, in several places: "Ai-tu-take," an island of the Hervey group, and "Oni-take," a place on said island; "Vaetake," a bay in Uahuka, one of the Marquesas Islands.

In the mele of *Te mohoina o Papanui,* Tiki is called the first man: *"O Tiki to matou Motua, oia te enate mua"*: This is Tiki Matoho and his wife Hina, or Tiki Matoho is a namesake of the first Tiki.

Legend of Hawaii-loa.

COMPILED AND CONDENSED IN ENGLISH

FROM

KEPELINO AND S. M. KAMAKAU

ACCORDING to an old Hawaiian tradition the *alii* of the genealogy direct from Kane were called *"ka hoalii"* and *"he 'lii poni ia"* (anointed chiefs), anointed with the *"wai niu a Kane,"* and thus became *"na 'lii kapu-akua."* The chiefs below them in rank were called *"he 'lii noa"* (not anointed), but were still chiefs of the *"iku-nuu,"* they could succeed to the government of the land and were then called *"he Moi."*

The chiefs (*ka hoalii*) had both temporal and spiritual power. Their genealogy (*papa alii*) was called *"iku-pau,"* because it alone led up to the end or beginning of all the genealogies; no one reached further back than theirs. The chiefs of the *"papa iku-nuu"* could only have temporal power and be recipients of the ordinary *"kapu-alii"* awarded to other chiefs according to rank, whereas *"ka hoalii"* enjoyed both the *"kapu-akua"* and the *"kapu-alii."*

This often brought on dissensions and enmities between the chiefs of the *papa iku-nuu* and those of *iku-pau.* The former would often introduce the ancestors of the *iku-pau* upon their genealogies in order that they might be considered as springing from the *kapu akua* race and become also *"ka hoalii"* of the *"nuu-pau"* and *"iku-pau."*

The worshipers of Kane were called *"he papa laa"* or *"he papa Kane."* Those who worshiped images were called *"he pae kii,"* and those who worshiped nobody were called *"he laa-luau."* The *"laa-luau"* were godless people, and in the time of Wakea and Papa, the first chiefs of the *iku-nuu* in this country, a number of worthless kapus were introduced to support the wickedness of Wakea.

In very olden times no human sacrifices were offered to Kane. *"He kapu ke kanaka na Kane"* was the settled law of that time, because the kanaka was considered sacred to Kane and like unto him. The idol-worshipers, and the followers of the *"lii noa"* (not of the Hoalii race) offered human sacrifices

One of the ancient prayers was recited on the great festival days as follows:[1]

The Priest: O Kane me Ku-ka-Pao, E, oia 'nei?
The Congregation: Hooia, e, oia.

[1]For a translation of this prayer see Fornander, Polynesian Race, Vol. 1, p. 61.
(266)

The Priest: O Lono-nui-noho-i-ka-wai, E, oia 'nei?
The Congregation: Hooia, e, oia.
The Priest: Ho-eu, kukupu, inana, ku iluna o ka moku, E, oia,
'nei?
The Congregation: Hooia, e, oia. Hooia, e, oia. Hooia, e, oia.
Ke Akua oia.
All together: Kane-Po-Lani, o Lani Makua, me Ku-ka-Pao i ki-
kilani, me Lono-nui-maka-oaka, he Akua. Ke Akua i
huila malamalama paa ka Lani, ku i ka Honua. I ka
Honua a Kane-Kumu Honua, he Akua. Hooia, e oia
Hooia, e oia. Oia ke Akua, oia.

The head of the first kanaka was created from a whitish clay (*palolo*), which
was brought by Lono from the four ends of the world—from "Kai Koolau, Kai
Kona, Kahiki-ku, Kahiki-moe"—north, south, east, west. The clay from the north and
east forming the right side, and the clay from the south and west forming the left.

It was contrary to the worship of Kane to bury a corpse without previous puri-
fication and prayer (*Kaiolena a me pule*), because the kanaka was derived from the
water (*unuhi ia no loko mai o ka wai*)—muddy water—and the gods sang over him at
the creation.

At the creation of man, Kane was the model after which he was made; Ku was
the workman who made him, and Lono assisted generally. When the clay-image of
Kane was made, they three breathed into its nose, and that breath was called "*he maule
o Lono.*" The gods then called on him to rise and become a living being, with this
formula:

Kane: "I hana au i keia lepo la; Hiki au e ola!"
Ku and Lono: (respond) "Ola!"
Kane: "I hana au inei lepo la; Hiki au e ola!"
Ku and Lono: (respond) "Ola!"

The image then rose and knealt before the gods and they called his name Honua-
-ula (Red Earth)—his body was made of red earth (*lepo ula*) and spittle (*wai-nao*),
and his head was made of the clay (*palolo*) brought from the four ends of the earth.
Another name for him was Ke Lii-Ku-Honua.

After creation this man Honuaula, was given a place to live in, called in
olden time Kalana i Hauola, in later times it was called Pali-uli. So runs the legend
of Kumu-Honua, and he dwelt alone at first without a wife.

The gods seeing the man without a wife, descended on earth, put him into a
sleep, took out one of his ribs (*lalo puhaka*) and made it into a woman. They then
awakened the man who found the woman on his right side, and she was called Ke Ola
Ku Honua.

There are many legends about this first man, Kumu Honua. According to some,
Kanaloa, who seems to have been an evil spirit (*akua ino*). "*Ke kupu ino*" interfered
with Kane when creating the first man, and Kanaloa started to make a man of his
own. When the earth was ready and shaped, Kanaloa called it to become alive, but

no life came to it. Then he became very angry and said: "I will take your man and he shall die;" and so it happened; and hence the first man got another name, Kumu-Uli-which means a fallen chief (*he 'lii kahuli*).

The land of Kalana i Hauola was situated in Kahiki-Honua-Kele; by other traditions it was in Mololani; by others it was in Hawaii-nui-Kuauli-Kaioo, a large and long continent.

Kane, Ku and Lono dwelt in the empty space—(this is another tradition)—"*i ka lewa i o ia nei,*" and had no special resting place. They then created three heavens and by special command fixed the stars and the lights therein.

One tradition reports that Kanaloa was a generic name for a multitude of evil spirits, created by Kane, who opposed him or revolted from him because they were denied the awa, which means that they were not permitted to be worshiped; awa being a sacrificial offering and sign of worship. These evil spirits did not prevail but were thrust out and driven by Kane "*i lalo lilo loa i ka po*" (down into the uttermost darkness) and the chief of these evil spirits was called Milu, meaning the king of death; another name for him was Kanaloa, also Kanaloa o ka oa nu-kea nui a Kane.

When the heavens were made, then the earth was made. And then the Kanaloa spirits were the first created by the gods. They were not made by hand like the first man, but were spit out (*i kuha ia*) by the gods.

After Kumu Honua was created and placed upon his land, Kane conferred with him and his wife and established laws for them, and the law was called "*laau*" (the tree). The words of Kane are not fully reported in the legend; but it was afterwards thought that the tree was the breadfruit-tree (*ulu*) and that it grew at Honokohau, in North Kona, Hawaii; that it sprung from Kane (*ua mimi ia e Kane*) and that its fruits have been bitter or sour from that day to this. And the *wauke* was given to Kumu Honua for clothing, and it was sacred to Kane and grew in Keaukaha, North Kona, Hawaii.

Kanaloa seduced Kumu Honua's wife Polo-Haina *(Ke Ola Kumu Honua)* and she and her husband broke the laws of Kane. Kumu Honua was called Kane-Laa-uli after he had broken the laws of Kane, which means, according to Hawaiian kahunas (priests), "*he akua ulia i ka laau,*" (the spirit who fell or was destroyed on account of the tree).

Following are the names of Kumu Honua and his wife after they fell from grace: Pelo-Haena (w),[2] Ulia-Wale (k), Laa-ai (w), Laa-hei (k), Laa-make (w), Laa-uli (k), Kumu-Hana (w), Kumu Uli (k), Kanikau (w), Kani Kuo (k).

An "*au-apaapa*" comprises twelve generations. All who spring from any branch within these twelve are considered as relations. An "*au-apaapa*" extended over two to three centuries.

An "*au poipu*" consisted of twenty-four generations. Any one at this distance from the general ancestor, springing off from any branch, was not considered a relation. The marrying such distant branches was called "*hoao-lopa.*" An "*au-poipu*" extended over six or more centuries.

---

[2]The letters w and k adjoining names throughout this paper are abreviations for the Hawaiian wahine (female) and kane (male).

*F*ollowing are the generations from Kumu Honua to Nuu-Pule, i. e. from the creation of man to the flood.

Kumu Honua and Lalo Honua had three sons: 1. Kolo-i-ke-Ao, or Laka; 2. Kulu-ipo or Kolo-i-ka-Po; 3. Kaiki-ku-a-Kane.

	Male	Female
1	Kumu Honua.	Lalo Honua.
2	Laka.	Papaia Laka.
3	Ka Moolewa.	Olepau Honua.
4	Maluapo.	Laweao.
5	Kinilau-a-Mano.	Upolu.
6	Halo.	Kini Ewalu.
7	Ka Mano Lani.	Ka Lani anoho.
8	Ka Maka o ka Lani.	Ka Hua o ka Lani.
9	Ke Oli o ka Lani.	Ka Moo Lani.
10	Ka Lei Lani.	Opua Hiki.
11	Ka La Lii.	Ke Ao Melemele.
12	Haule.	Loaaio.
13	Imi Nanea.	Imi Walia.
14	Nuu or Kahinalii.	

*F*rom Kumu Honua to Laka was one *"kau apaapa,"* and from Kumu Honua to Moolewa were two *"kau apaapa,"* etc.

Nuu built a large vessel and a house on top of it, and it was called *"he Waa-Halau-Alii o ka Moku."*

When the flood subsided Kane, Ku and Lono entered the *"Waa Halau"* of Nuu and told him to go out. He did so and found himself on top of Mauna Kea on Hawaii, and he called a cave there after the name of his wife, Lili-Noe, and that cave remains there to this day. Another name of his wife was Nuu-mea-lani.

Other legends say that it was not there where Nuu landed and dwelt, but in Kahiki-Honua-Kele, a large and extensive country.

Some legends say that the rainbow was the road by which Kane descended to speak with Nuu.

Another name of Nuu was Nuu-Lolo, i Mehani. Still another name was Nana-Nuu (*Nana* being the old pronunciation of *Lana*-floating). Also Nuu-Mea.

When Nuu left his vessel he took with him a pig, coconuts and awa as an offering to his god, Kane. As he got out of the vessel and looked up he saw the moon in the sky, and he thought that was the god, and he said to himself: "You are Kane no doubt, though you have transformed yourself to my sight;" so he worshipped the moon and offered his awa, pig and coconuts. Then Kane descended again and spoke reprovingly to Nuu, but on account of the mistake Nuu escaped punishment, having asked pardon of Kane. Then Kane ascended to heaven and left the rainbow as a token of his forgiveness.

All the previous population having been destroyed by the flood, Nuu became the second progenitor of all present mankind. So runs the Hawaii legends, but the legends of Oahu, Maui and Kauai differ somewhat.

and Ka Nalu Manamana.

1.	Ka Nalu Akea (k)	Ka Ale (Hanau) Akea (w)	Naeheehe Lani (k)
2.	Ka Nalu Hoohua (k) ·	Ka Nalu Wehe Puka Nui (w)	Hakui Lani (k)
3.	Ka Nalu Manamana (k)	Nalu Manamana ia Kaluea (w)	Ka Io Lani (k)
	Naeheehe Lani (k)	Hikimoe Kawowoilani (w)	Ka Hakui Moku (k)
	Ka Hakui Lani (k)	Lui ke kai (w)	Ninihua (k)
	Ka Io Lani (k)	Ka Honua ka Moku (w)	Kabiki moe (k)

	Nuu (k)	Lili Noe or Lili Nuu (w)	Ka Nalu Akea (k)
			Ka Nalu Hoohua (k)
			Ka Nalu Manamana (k)
2	Ka Nalu Akea (k)	Ka Ale Akea (w)	Naeheehe Lani (k)
3	Naeheehe Lani (k)	Kawowoilani Hikimoe (w)	Ha Hakui Moku (k)
4	Ka Hakui Moku Lei (k)	Ke Kai Halana (w)	Ke Kai Lei (k)
5	Ke Kai Lei (k)	Nalu Lei (w)	Ka Haku Lani (k)
6	Ka Haku Lani (k)	Moeana i Lalo (w)	Hele i Kabiki Ku (k)
7	Hele i Kahiki Ku (k)	Hooneenee i Kahikina (w)	Ka Noelo Hikina (k)
8	Ka Noelo Hikina (k)	Hala Po Loa (w)	Hele i ka Moo Loa (k)
9	Hele i ka Moo Loa (k)	Kawehe'n'ao (w)	Ke Au Apaapaa (k)
10	Ke Au Apaapaa (k)	Ke Au Laelae (w)	Lua Nuu or Kanehoa-lani (k)
11	Lua Nuu Kanehoalani (k)		

Ka Nalu Akea was also called Hekikili Kaakaa.
Ka Nalu Hoohua was also called Nakolo i Lani.
Ka Nalu Manamana was also called Ka Uwila Nui Maka Eha.

Lua Nuu was known by the following names, Pua Nawao, Ku Pule, Ku Hooia, Ku Iike, Kane Hoa Lani, Kuma Menehune.

Kane Hoa Lani or Lua Nuu was the ancestor of the race of Nawao (wild people) and of the race of Menehune, a large and powerful people.

Circumcision dates back to the time of Lua Nuu

Naeheehe Lani was the ancestor of the people who lived in the land of Kapakapaua a Kane and on the islands of the ocean.

Nalu Akea was the ancestor of the Kanakas and of the people on the islands in the great ocean.

Nalu Hoohua was the ancestor of the white or clear-skinned people who inhabit Kahiki Moe.

Nalu Manamana was the ancestor of the breed of negroes, who were also called the breed of Kana, *"Ka welo a Kana."*

Lua Nuu was the ancestor, by his eldest son of the Nawao people, and by his

The Nawao people were called by the Hawaiians *Ka Lahui Mu Ai Maia o Laau Haelecle.* They were a people of large size, wild, and did not associate with the kana kas, they were a hunting people *(lahui alualu holoholona).* They were numerous in former times, but now they have disappeared.

The Menehunes were a numerous and powerful race, the ancestors of the present Hawaiian people.

This is the legend of Kane Hoa Lani Lua Nuu: Kane (the god) ordered Lua Nuu to go up on a mountain and perform a sacrifice there. Lua Nuu looked among the mountains of Kahikiku, but none of them appeared suitable for that purpose. Then Lua Nuu inquired of God where he might find a proper place, and God replied to him: "Go, travel to the eastward and where you find a sharp-peaked hill projecting precipitously into the ocean, that is the hill for the sacrifice." Then Lua Nuu and his son Kupulupulu-a-Nuu and his servant Pili Lua Nuu started off in their boat to the eastward; and in remembrance of the event the Hawaiians called the mountains back of Kualoa in Koolau, Oahu, after one of Lua Nuu's names, Kane Hoalani, and the smaller hills in front of it were named after Kupulupulu and Pili Lua Nuu.

The following are the generations of Lua Nuu:

1 Lua Nuu (k)	Ahu (w)	Ku Nawao (k)
	Ka Mee Haku Lani (w)	Ka Lani Menehune (k)
2 Ku Nawao (k)		
Ka Lani Menehune (k)	Ka Mole Hikina Kuahine (w)	Aholoholo (k)
		Ka Imi Puka Ku (k)
3 Ka Imi Puka Ku (k)	Hooluhi Kupaa (w)	Ka Hekili Paapaaina
		Ke Apaapa Nuu
		Ke Apaapa Lani
		Nakeke i Lani
		Kahiki Apaapa Nuu
		Kahiki Apaapa Lani
		Nakolokolo Lani
		Nakeke Honua
		Ku i ka Ewa lani
		Ka Uwai o ka Moku
		Hoopali Honua
		Newenewe Mauolina i Kahiki-ku
4 Newenewe Mauolina (k)	Nowelo Hikina (w)	Kaokao Kalani (k)
5 Kaokao Kalani (k)	Heha ka Moku (w)	Aniani Ku (k)
6 Aniani Ku (k)	Ke Kai Pahola (w)	Aniani Ka Lani (k)
7 Aniani Ka Lani (k)	Ka Mee Nui Hikina (w)	Hawaii Loa or Ke Kowa i Hawaii (k)
8 Hawaii Loa (k)		

Hawaii Loa was the ancestor of the Hawaiian family. They were an industrious, agricultural and fishing people. They were also very religious and worshiped Kane, Ku and Lono, either separately, or the joint name and symbol of Ku-Kauakahi. They were therefore called, *par excellence,* the *lahui akua,* while all those who worshiped images and such worthless things were called *lahui laa luau.*

Lua Nuu and his descendants lived to the eastward of Kalana i Hauola, on the land called Aina Lauana a Kane and also Aina Au Apaapa a Kane until the time of Hoo-pale Honua, but after the time of Newenewe Mauolina they spread far to the eastward of the Aina Au Apaapa a Kane. From the time of Newenewe to Aniani Ku they had spread to the eastern-most shores of Kapakapaua a Kane. In the time of Ke Kowa i Ha-waii they arrived at these (Hawaiian) islands.

Several legends refer to this period between Lua Nuu and Hawaii Loa. Those of Kana Loa and his brother Kane Apua, of Makalii, of Maui, of Kana, etc. Makalii was a celebrated king in Kabiki Kapakapaua a Kane. During a season of great fertility he sent his messengers all over the country and collected all the food they could get at and stored it up in Makalii's storehouses and forts. A famine followed, but Makalii was stingy and had all the food gathered up in nets and hung up out of reach, and great dis-tress came over men and animals. The rats scoured over the earth and found no food; they flared in the air, and there was the food. They then climbed up on the black shin-ing cloud of Kane—*ala nui polohiwa a Kane*—and on the rainbow and from there they nibbled at Makalii's nets until they broke and tore them, so that the food fell out on the earth again; and thus was the earth restocked with potatoes, taro, yam, etc. In remem-brance of this king some stars have been called Makalii, and the Pleiades have been called "*na Huihui,*" in memory of Makalii's nets of food—"*na koko a Makalii.*"

Kana Loa was the elder and Kane Apua was the younger brother. Their ex-ploits are celebrated, viz: How they overthrew the King Wahanui and how he and his died at sea, how they conducted the Menehune people over the sea and through the wilderness until they came to the land that Kane had given their forefathers, the "Aina i ka Houpo a Kane;" and how they caused water to flow from the rocks, etc. Kana Loa was also called Li Hau Ula and he was a priest (kahuna) of greater renown than any other.

The legend of Maui and how he caught the sun and made him go slower, so that his mother might have more daylight to manufacture her kapa in *(akuku i ke kapa),* be-longs to this period.

In former times there were two modes of worship, or two different creeds here on Hawaii—1. Those who worshiped the God who could not be seen;—2. Those who wor-shiped the God who could be seen, natural objects, or objects made by hand.—"*He Pae a Kane,*" "*He Pae Kii*"

The one god (Kane) comprised three beings *(ouli-wai-akua)*—Kane, Ku, Lono. Kane was the root or origin of gods and all created things; Ku or Ku-ka-Pao was the workman who executed everything; Lono was the essence of wisdom, power and incom-parable attributes. One god, but viewed under three different aspects. He was called Kane in order that man ("kane") by being named after him should not forget him.

Before heaven and earth were created these three deities were called Kane-i-ka-Po-Loa, Ku-i-ka-Po-Loa and Lono-i-ka-Po-Loa, and their joint name was Ke Alii Hi-ka-Po-Loa, equivalent to "Almighty God."

Of all the objects, animate or inanimate, natural or artificial, that were worshiped by the pae kii (idol-worshipers) the fish called Paoolekei was the only one that received no worship.

It was supposed that these kii (images or idols) received power from being entered into and possessed by the spirits of the dead.

———

After Light had been created or brought forth from the *Po* (the darkness or chaos) the gods looked upon the empty space *(ka lewa)* and there was no place to dwell in. They then created the heavens for themselves. Three heavens did they create or call into existence by their word of command. The uppermost heaven was called *"Lani-Makua,"* the one next below was called *"he Lani o Ku,"* and the lowest was called *"he Lani o Lono."*

When the heavens were made the gods found that their feet ached because there was nothing to support them. So they created the earth for a foot-stool. Hence Kane was called Kane Lu Honua and the earth was called *"Ka honua nui a Kane"* and also *"Keehina honua a Kane."*

After heaven and earth were made Kane created the big and small lights—sun, moon and stars,—and placed them in the empty space between heaven and earth

Kane also created *"i kini akua"* (spirits) angels or their equivalents—to act as his servants and messengers. They were created from his spittle. They were supposed to have been created at the time that the stars were made.

The earth, sun, moon and stars were set floating in space *(hoolewa ia i ka lewa)* by Kane and kept in their places by the power *(mana)* of Kane.

The ocean *(ka moana nui a Kane)* surrounded the earth. It was made salt by Kane so that its waters should not stink, and to keep it thus in a healthy and uninfected state is the special occupation of Kane. In imitation of Kane the priests prepare waters of purification, prayer and sanctification (holy water) *"wai huikala, wai lupalupa,* and *Ke Kai olena,"* wherewith to drive away demons and diseases; it was called *"Ka wai kapu a Kane."*

When the earth had been made and all things on it, man was created, as previously stated, and he was placed on the land called Kalana i Hauola; a beautiful, fertile land stocked with fruits and tame animals. It was also called Aina Hemolele a Kane, also Kapakapaua a Kane. (Its situation on earth seems to have been to the east of those who made the legend—*"Kahiki-ku."*)

The first man, generally called Kumu Honua, had a number of names—already mentioned; he was a tall, handsome, majestic looking person, and so was his wife. He was alone upon the land for about one century *(kipaelui* or *kihipea)* before his wife Lalo Honua was created.

Among the animals enumerated in the legend as dwelling in peace and comfort with Kumu Honua in Kalani i Hauola were:

Ka puaa nui Hihimanu a Kane (the large Hihimanu hog of Kane); ka ilio nui niho oi a Kane (the large sharp-toothed dog of Kane); ka ilio holo i ka uaua 'a Lono (the dog running at the voice of Lono); ka puaa maoli (the common hog); ka ilio alii a

Kane (the royal dog of Kane) ; na moo (lizards) ; moo niho nui, niho oi, wawaka a Kane (the sharp, large-toothed, iridescent lizard of Kane) ; ka moo olelo a Kane (the talking lizard of Kane) ; ka moo kolo (the crawling lizard) ; ka moo pelo a Kane (the deceitful lizard of Kane) ; ka moo kaala (the warring lizard) ; ka moo kaula a Kane (the prophetic lizard of Kane) ; ka moo make a Kane (the deadly lizard of Kane), etc. The moo-pelo a Kane was said to be very skillful in lying and in the old mele he is called "he ilioha kupu ino ku o ka moku."

Kumu Honua and his wife Lalo Honua lived in Kalana i Hauola until they were driven out by "Ka Aaia-Nukea-nui-a-Kane"—the large white bird of Kane. In Kalana i Hauola grew the *"ulu kapu a Kane"* and the *"ohia hemolele a Kane"*—(the sacred breadfruit and sacred apples.)

It was thought by the priests of old that these tabued friuts were the cause of the trouble and death of Kumu Honua and Lalo Honua. Hence in the ancient meles the former was called Kane Laa-Uli, Kumu-Uli, Kulu-Ipo—(the fallen chief—he who fell from, by, or on account of the tree, the mourner, etc.) or names of similar import.

The legends further relate that if strangers ate of the ripe apples of this land, Kalana i Hauola, they died forthwith, and that the native inhabitants, knowing this, never ate them. Here also, and here alone, [grew the] *"wauke kapu a Kane,"* the cloth which was forbidden to be worn by any but the Alii-kapu who had been properly anointed by the *"aila niu a Kane."*

Among many other names for this land was Ulu-Paupau—the fruit which caused defilement and degradation. Another name was Pali-uli. The legend says

"He aina kapu o Pali-uli. He aina hemolele. He hoopololei ka loaa o ua aina la. He hoiu kapu loa ka hoomakaukau ana, i mea e loaa 'i ua aina la. Ina hewa, aole no e loaa ana. Ina e nana i hope, aole no e loaa. Ina e aloha i ka ohana, aole no e komo i Pali-uli." (A sacred land is Pali-uli, a holy land. One must be righteous to attain it; he must prepare himself exceedingly holy who wishes to reach that land. If sinful he will not get there; if he looks behind he will not get there; if he prefers his family he will not enter in Pali-uli). Says the chant:

O Pali-uli, aina huna a Kane
O ka aina i Kalana i Hauola.
I Kabiki-ku, i Kapakapaua a Kane.
O ka aina i kumu, i lali.
O ka aina ai nui a ke Akua.

O Pali-uli, hidden land of Kane,
Land in Kalana i Hauola,
In Kahiki-ku, in Kapakapaua of Kane,
The Land whose foundation shines with fatness,
Land greatly enjoyed by the god.

Ulu Kaa was another name for Kalana i Hauola. Aina Huna a Kane, another name Also Aina a Kane Huna Moku; Aina Kapu a Kane; Aina Elieli a Kane, and Aina i ka Houpo o Kane. This land or Paradise was the central part of the world—*"ke kiko waena"*—and situated in Kabiki-ku which was a large and extensive continent. It was also called Aina Eepa a Kane; Aina wai-Akua a Kane; also Kahiki-ku.

Kahiki-ku was also called Aina apaapaa a Kane on account of its size and vast dimensions. It was situated to the eastward, and it was there where the gods com menced their creations, hence in olden times the sun (*ka la*) was called *"he Alanui hele a Kane,"* and the west was called *"he Alanui o ka make."*

In olden times the front of the dwelling houses was turned to the east, as a sign of the Kane worship; and one door or opening was turned to the west in remembrance of Hawaii-Loa or, as he is called Ke Kowa i Hawaii, who came from the westward and dis covered or settled on Hawaii, and afterwards returned to the westward, going to Kahiki ku.

Kalana i Hauola was also called Aina Luana or Aina Lauana a Kane; also the Aina wai ola a Kane.. This *"wai ola"* or living water was a running stream, or overflow- ing spring *(wai kahe),* attached to or enclosed in a pond *(loko).* It was a beautiful transparent clear water. The banks of the pond were splendid. It had three outlets, one for Ku, one for Kane and one for Lono, and through these outlets the fish entered in the pond. If the fish of the pond were thrown on the ground or on the fire, they did not die. If a man had been killed and was sprinkled over with this water he would soon come to life again. According to the ancient worship of Hawaii water and salt were objects of special solicitude. The priests mixed water and salt and prayed over it and it then became a sort of Holy water, a water of purification etc. in remembrance of the pond of living water in the Aina wai ola a Kane.

That land was also called the Aina wauke kapu a Kane, because that wauke was planted by Kane for clothing for the first people, Lepo Ahulu (k) and Lalo Ahulu (w) —Kumu Honua and Lalo Honua.

This land was also called *"Aina wai lepolepo o kumu honua a Kane,"* because man was formed out of moistened earth. When man was formed, Ku and Kane spat in his nostrils, and Lono spat in his mouth, and the earth model became a living being. This name was also applied to the entire earth as well as to the particular "Kalana i Hau- ola." When people died they were said to have gone to the muddy waters of Kane *("ua hoi i ka wai lepolepo a Kane.")* In its wider sense, as the residence of Kumu Honua, after he was turned out of Kalani i Hauola, it applied to the land adjoining the latter. In this sense it was also called "Aina kahiko a Kane." It was situated to the eastward of Kalana i Hauola, because the chants, prayers, and legends attest that the emigrants from there found land in going to the eastward and that new land they called *"na Aina i kulana kai maokioki a Kane"* and that great ocean *"Ka Moana kai maokioki a Kane,"* and also *"Ka Moana kai Popolo."* And it is equally certain that when they returned to the Aina Kahiko or to Kahikiku they shaped their course to the westward.

When Kumu Honua was turned out of Kalana i Hauola, he went to live on an is- land or in a district, which was called after him Kumu Honua Mokupuni. He after- wards returned to the mainland of Kapakapaua a Kane and there he died and was buried on top of a high hill called Kumu Honua Puu, where multitudes of his descendants were also buried. And when in after ages room became scarce in that cemetery only the bones of the head and of the back-bone *("na auhau")* were buried there, and hence it was called Ka Puu Poo Kanaka.   It was also called after the various names of Kumu Honua [Original notes break at this point, one or more pages probably lost.]

2.   Laka.   The eldest son of Kumu Honua and Lalo-Honua (w), was also called Kuewa (the vagabond).   He killed his younger brother Ahu, and from that time he was called Kolo-i-ke-Ao.   He was a bad man and progenitor of the irreligious and godless.

2.   Ahu, second son of Kumu Honua, a pious man, built altars and worshiped God.   His brother Laka envied him and killed him.   He died without leaving any offspring.   His other names were Kulu-ipo, and Kolo-i-ka-Po.

2.   Kapili, also called Kaiki-ku-a-Kane, was the third son of Kumu Honua.   He was a pious man, a kahuna and progenitor of the true worshipers.

4.   Ka Wa Kupua.   He first organized the order of prophets, soothsayers and magicians.

6.   Ake Nui.   He was born to the eastward of Kapakapaua-a-Kane and his parents moved to a far off place on account of a famine in their own land

7.   Ka Mauli Newenewe Loa.   He attained the greatest age of all mankind: four "*Kipaelui*" (four hundred years.)

7.   Ke Ola i Mauolina a Kane.   The most upright and pious man of his time. Hence he was taken away alive from earth and did not die.

8.   Ka Lei Lani.   He also was remarkable for his piety, and he also was taken away from earth alive by God.

9.   Haule i Honua.   He was a warrior of renown, and his generation was signalized for skill in war and politics.   He moved to or invaded a country south of Kapakapaua-a-Kane called Ku Lalo, or Ka Honua i Lalo, where a warlike people dwelt, who are described in the legend as "*he poe poa a me ka pakaha wale*" (terms of opprobrium)

11.   Lalo o Kona.   He was born in that southern land, Ka Honua i Lalo, and hence his name.

12.   Hoo Nanea.   He was also born in Honua i Lalo, but afterwards he returned to the land of his ancestors (Kapakapaua-a-Kane) and died there.

13.   Nuu.   He was born to the eastward of Kapakapaua-a-Kane.   He was a pious and God-fearing man.   In his time came the flood, Kai a Kahinalii.   By command of God he built a vessel called, "*He waa Halau Alii o ka Moku,*" in which he and his escaped.

14.   Nalu Akea.   He is called the progenitor of the people living on the main land of Kane, "*aina kumu paa a Kane.*"

14.   Nalu Hoohua.   He is called the progenitor of "*ka poe kekea*" (clear skinned).   That race of people were called a warlike, proud and quarrelsome people.   They did not travel or propagate themselves among the lands of the ocean *(aina moana)*, but dwelt to the westward of Kapakapaua-a-Kane.   Therefore the firstborn of Nalu-Hoohua was called Hakui Lani and also Kui ka Ewa Honua.

14.   Nalu Manamana.   The third and favorite son of Nuu.   He is the progenitor of the pure white people *(Ka poe keokeo maoli).*

A variation in the legend of Nalu-Akea gives him the following descendants·

Naeheehe Lani (k)	Hikimoe Kawowoilani (w)
Ka Hakui Lani (k)	Lui ke Kai (w)
Ninihua (k)	
Ka Io Lani (k)	Ka Honua ka Moku (w)
Kahiki Moe (k)	

15   Ka Io Lani.   In his time the worship of Kane was yet pure and unmixed with idolatry.

17.   Ka Neenee Lani.   Celebrated for his knowledge of astronomy and soothsaying.   He was a pious man.

18.   Honua o ka Moku.   Renowned for agriculture and industry

20.   Hele i kua Hikina.   In his time this race began to move to the eastward of Kapakapaua-a-Kane.

21.   Hele Moo Loa.   In his time the race moved to the eastern border of the main land and dwelt there as strangers.

22.   Ke Ao Apaapaa.   The race was now settled on the eastern border of Kapakapaua-a-Kane and were pursuing agriculture, fishing and other industrial pursuits.

23.   Lua Nuu.   He was first called Kane Hoa Lani, but, becoming renowned, he was called Lua Nuu, i. e., the second Nuu.   He was also called Kini, and Kinikini.   He by command of God first introduced circumcision to be practiced among all his descendants.   He left his native home and moved a long way off until he reached a land called Honua i Lalo (the southern country); hence he got the name Lalo-Kona, and his wife was called Honua-Po-i-Lalo.   He was the father of Ku Nawao by his slave-woman Ahu, and of Ka lani Menehune by his wife Mee Hiwa.

24.   Ku Nawao.   He was the progenitor of the people called *"Ka Poe Mu-ai Maia"* and also *"Laau-Haeleele."*   He was the oldest son of Lua Nuu and became a wanderer in the Desert.

24.   Ka Lani Menehune.   He was the father of Aholoholo and Ka Imi Puka Ku, who were twins.   Through his cunning and adroitness *(maalea)* the younger brother, Ka Imi Puka Ku, obtained the affection of his father and was aggrandized by him.   His wife came from the east of Kapakapaua-a-Kane and was related to him.

25.   Aholoholo, was renowned for his swiftness.

25.   Ka Imi Puka Ku, or Kini-Lau-a-Mano.   He had twelve children, from the youngest of whom sprang the Hawaiian people.

26.   Ka Hekili Paapaaina, Newenewene i Maolina.   The oldest and the youngest of Kinilau's children.   The former is said to be the progenitor of the *"alii kapu,"* and the latter of the *"alii wohi."*   But the two dignities were united through their children in this wise:

Husband	Wife	Child
Kahekili Paapaaina	Ka Honua i ke Kapu	Heha-ka-Moku (w)
Newenewe i Maolina	Nowelo Hikina	Kaokao ka Lani (k)
Kaokao ka Lani	Heha-ka-Moku	Aniani-Ku (k) etc.

29. Aniani ka Lani. In his time this race had got far from the original home steads. He is quoted by both Tahitian and Hawaiian legends as a progenitor *(ku puna)* of their nations.

30. Hawaii Loa, or Ke Kowa i Hawaii. He was one of the four children of Aniani ka Lani. The other three were Ki, who settled in Tahiti, Kana Loa and Laa Kapu. In his time this ocean was called Kai Holo-o-ka-Ia. It was so called by Hawaii Loa, and at that time there existed only the two islands of Hawaii and of Maui, discovered by him, the first of which was called after himself, and the second was named after his oldest son. The other islands of this group are said to have been hove up from the sea by volcanoes during and subsequent to the time of Hawaii Loa. These two large islands were then uninhabited. Hawaii Loa and his followers were the first inhabitants.

Hawaii Loa and his brothers were born on the east coast of a country called Ka Aina kai Melemele a Kane (the land of the yellow or handsome sea). Hawaii Loa was a distinguished man and noted for his fishing excursions which would occupy sometimes months, sometimes the whole year, during which time he would roam about the ocean in his big vessel *(waa)*, called also a ship *(he moku)*, with his people, his crew and his officers and navigators *("Poe hookele"* and *"Kilo-hoku.")*

One time when they had thus been long out on the ocean, Makalii, the principal navigator, said to Hawaii Loa: "Let us steer the vessel in the direction of Iao, the Eastern Star, the discoverer of land *(Hoku hikina kiu o na aina.)* There is land to the eastward, and here is a red star *'hoku ula'* (Aldebaran) to guide us, and the land is there in the direction of those big stars which resemble a bird *(e kapa mai nei me he manu la.)"* And the red star, situated in the lap of the goats *(i ka poli o na kao)* was called Makalii after the navigator's name. And some other red stars in the circle of the Pleiades *(ma ka ponaha o na huhui)* were called the Huhui-a-Makalii

So they steered straight onward and arrived at the easternmost island *(ka moku hikina loa.)* They went ashore and found the country fertile and pleasant, filled with awa, coconut trees, etc., and Hawaii Loa, the chief, called that land after his own name. Here they dwelt a long time and when their vessel was filled with food and with fish, they returned to their native country with the firm intention to come back to Hawaii-nei which they preferred to their own country. They had left their wives and children at home; therefore they returned to fetch them.

And when they arrived at their own country and among their relations, they were detained a long time before they set out again for Hawaii.

At last Hawaii Loa started again, accompanied by his wife and his children and dwelt in Hawaii and gave up all thought of ever returning to his native land. He was accompanied also in this voyage by a great multitude of people *(ka lehulehu)*, steersmen, navigators, shipbuilders and this and that sort of people. Hawaii Loa was chief of all this people, and he alone brought his wife and children. All the others came singly without women. Hence Hawaii Loa is called the special progenitor of this nation.

On their voyage hither the Morning Star *(ka Hoku Loa)* was the special star that they steered by. And Hawaii Loa called the islands after the names of his children and the stars after his navigators and steersmen.

After Hawaii Loa had been some time in this country (Hawaii nei), he made another voyage to find his brothers, and to see if they had any children who might become husbands or wives for his own. On this voyage he fell in with his younger brother Ki, on the island of Tahiti, where Ki had settled and called it after one of his own names. Then Hawaii Loa and Ki sailed together to the southward *(i ka mole o ka honua),* there they found an uninhabited island which Hawaii Loa called after his own name, and another smaller island which he called after his daughter, "Oahu."

When they had finished their business here they returned to Hawaii and the Hoku-Iwa stars and the Hoku Poho ka Aina, were those that they steered by. On his outward voyage from Hawaii the star called Ke Alii o Kona-i-ka-Lewa and the stars of the Hoku-kea o ka Mole Honua (Southern Cross) were those by which he shaped his course for Tahiti and those other islands. They left from Lae o Kalae in Kau (south cape of Hawaii), and thither they returned.

When Hawaii Loa thus returned he brought with him Tu-nui-ai-a-te-Atua the first-born son of his brother Ki, and he became the husband of his favorite daughter Oahu. These two had afterwards a child called Ku Nui Akea who was born at Keauhou, in Puna, Hawaii. Puna was then a fertile and fine country and it was called Puna by Ku nui ai a ke Akua after his own birthplace, Puna-Auia, in Tahiti.

32. Kunuiakea, on both father's and mother's side became a chief of the very highest rank *(kapu loa).* From him sprang the race of chiefs here in Hawaii *(welo alii),* and from Makalii sprang the race of the common people *(welo kanaka).* The first has been kept separate from the most ancient times, and the second has been kept separate from the time of chaos *(mai ka Po mai).* But the priestly race *(welo kahu na)* was one and the same with the race of chiefs from the beginning.

When Hawaii Loa arrived here, as before observed, there were only the two islands of Hawaii-Loa and of Maui-ai-Alii; but during his time and close afterwards the volcanoes on Hawaii and on Maui began their eruptions; and earthquakes and convulsions produced or brought to light the other islands.

Kunuiakea's son Ke Lii Alia, and his grandson Kemilia, were born at Tahiti along with the Aoa, the royal tree; but his great grandson, Ke Lii Ku (Eleeleualani), was born on Hawaii.

35. Eleeleualani was the grandfather of Papa-Nui-Hanau-Moku (w). His wife was called Ka Oupe Alii and was a daughter of Kupukupunuu from Ololoimehani (supposed to be either a name for the island of Nuuhiwa, or of a place on that island). They had a son called Kukalani-ehu, whose wife was Ka Haka-ua-Koko, the sixth descendant from Makalii, and they two were the parents of Papa-Nui (w).

37. Papa-Nui-Hanau-Moku (w). She first married Wakea, who was the son of Kahiko (k) and Tupu-rana-i-te-hau (w) who was a Tahitian woman. Papa's first child with Wakea was a daughter called Hoohokukalani.

Papa, having quarreled with Wakea on account of their daughter, went to Tahiti and there she took to Te Rii Fanau for husband and had a son called Te Rii i te Haupoipoi. She afterwards returned to Hawaii under the name of Huhune and had a son with Waia and called his name Hinanalo. Domestic troubles now made her crazy and she returned to Tahiti where she had another son with Te Arii Aumai, who was said to be the fourth generation of the Tahiti chiefs, and she called his name Te Arii Taria, and he became chief over that part of Tahiti called Taharuu.

It is thus on account of her being the mother of chiefs, both here and in Tahiti that she is called Papa Nui Hanau Moku. She is said to have been a comely, handsome woman, very fair and almost white.

Papa is said to have traveled eight times between Tahiti and Hawaii, and died in a place called Waieri, in Tahiti, during the time of Nanakehili, the fifth descendant from her and Wakea.

37. Wakea was a wicked and bad man. He instituted the bad and oppressive kapus, such as that men and women could not eat together; that women could not eat red fish, hogs, fowl or other birds, and some kinds of bananas. These kapus were put on to spite and worry Papa, on account of her growling at and reproaching him for his wickedness. Wakea also departed from the ancient worship and introduced idol worship, and many people followed him, because they were afraid of him

---

Hawaii Loa was born on the eastern shore of the land of Kapakapaua-a-Kane. One of Hawaii Loa's grandchildren was called Keaka-i-Lalo (w) whom he married to Te Arii Aria, one of his brother Ki's grandchildren, and he placed them at Sawaii, where they became the ancestors of that people, Sawaii being then called Hawaii-ku-lalo.

Afterwards Hawaii Loa revisited Tahiti and found that his brother Ki had forsaken the religion in which they were brought up, that of Kane, Ku and Lono, and adopted Ku-waha-ilo, the man-eating God, (*ke Akua ai kanaka*) as his God. After quarreling with his brother on this account, Hawaii Loa left Tahiti and brought with him Te Arii Apa as a husband for Eleeleualani, his *moopuna* (grandchild). From these two was born Kohala (w), a girl, from whom the Kohala people sprang.

Afterwards Hawaii Loa went again to Tahiti and Hawaii-ku-lalo (Sawaii) and held a meeting with those peoples at Tarawao, but finding that they persisted in following after the God Ku-waha-ilo and that they had become addicted to man-eating, he reproved and repudiated them, and passed a law called he Papa Enaena, forbidding anyone from Hawaii-Luna (this present Hawaii) from ever going to the southern islands, lest they should go astray in their religion and become man-eaters.

When Hawaii Loa returned from this trip he brought with him Te Arii Tino Rua (w) to be a wife to Ku-Nui-Akea, and they begat Ke Alii Maewa Lani, a son, who was born at Holio in North Kona, Hawaii, and became the Kona progenitor.

After this Hawaii Loa made a voyage to the westward, and Mulehu (Hoku Loa) was his guiding star. He landed on the eastern shore of the land of the Lahui-maka-lilio (the people with the turned up eyes oblique). He traveled over it to the northward and to the westward to the land of Kuahewahewa-a-Kane, one of the continents that God created, and thence he returned, by the way he had come, to Hawaii nei, bringing with him some white men (*poe keokeo kane*) and married them to native women (*a hoomoe i koonei poe wahine*). On this return voyage the star Iao was his guiding star to Hawaii.

After this Hawaii Loa made another voyage to the southern and eastern shore of Kapakapaua-a-Kane, and took with him his grandchild Ku-Nui-Akea in order to teach him navigation, etc. When they had stayed there long enough they returned and Ku-Nui-Akea brought with him *"he mau haa elua"* (two stewards) one called Lehua and the other Nihoa, and they were settled on the two islands which bear their names, as *konohiki* (land stewards) and put under the charge of Kauai, the youngest son of Hawaii Loa.

When Hawaii Loa returned from the conference with his brother Ki and his descendants, his wife Hualalai bore him a son who was called Hamakua, and who probably was a bad boy *(keiki inoino)*, for so his name would indicate. Ten years after this *(ke Au puni)* Hualalai died and was buried on the mountain of Hawaii that has been called after her name ever since.

After Hawaii Loa was dead and gone, in the time of Ku Nui Akea, came Tahiti nui from Tahiti and landed at Ka-lae-i-Kahiki (the southwest point of Kahoolawe, a cape often made by people coming from or going to Tahiti.) Tahiti-nui was a *moopuna* of Ki, Hawaii Loa's brother, and he settled on East Maui and died there.

The descendants of Hawaii Loa and also of Ki (which are one, for they were brothers) peopled nearly all the Polynesian islands. From Ki came the Tahiti, Borabora, Huahine, Tahaa, Raiatea and Moorea [people].

From Kanaloa were peopled Nukuhiwa, Uapou, Tahuata, Hiwaoa and those other islands. Kanaloa married a woman from the man-eating people, Taeohae, from whom spring those cannibals who live on Nuuhiwa, Fiji, Tarapara, Paumotu, and the islands in western Polynesia — so is it reported in the Hawaiian legends and prayers — but the Hawaiian islands and the Tahiti islands (properly speaking) did never addict themselves to cannibalism.

The island of Maui was called after Hawaii Loa's first born son

The island of Oahu was called after Hawaii Loa's daughter, and her foster parent was Lua, and hence the name Oahu-a-Lua.

Kauai was called after Hawaii Loa's younger son; his wife's name was Waialeale, and they lived on Kauai, and the mountain was called after her, because there she was buried

And thus other islands and districts were called after the first settlers

---

In this first age, from Hawaii Loa to Wakea, the royal authority and prerogatives were not very well defined. The chiefs were regarded more in the light of parents and patrons *(haku)*, than as *moi* and *alii-kapu*, although they enjoyed all the honor and precedence due to their rank.

This state of things was considerably altered by Wakea, his priest and successors, yet even so late as the time of Kanipahu, who refused the government, it is evident that the royal authority was not well settled in the olden times *(aole he ano nui o na 'lii i ka wa kahiko loa 'ku)*

The Story of Kahahana.

WITHIN THE wonderful and often charming domain of History, from classic to modern times, among so called cultured and so called barbarous peoples, few episodes are marked with greater pathos, or, if better known, would elicit greater interest, than the fall and death of Kahahana, King of Oahu, one of the Hawaiian Islands, about the years 1783-85.

Kahahana was high-born and royally connected. His father was Elani, one of the highest nobles in the Ewa district on Oahu, a descendant, on the Maweke-Lakona line, of the ancient lords of Lihue. His mother was Kaionuilalahai, a daughter of Kalanikahimakeialii, and a sister of Peleioholani, King of Oahu, and a cousin of Kahekili, King of Maui. Through his mother's connections with the royal house of Maui Kahahana was brought up from his earliest youth on Maui and became a special favorite with his uncle Kahekili. Educated in all the athletic and warlike exercises, which it became a chief of that period to know, Kahahana was remarkable for his personal beauty and manly bearing. Handsome, brave and gallant, he was the idol of the Maui court and the pride of the Oahu aristocracy, his father's peers, who chafed under the heavy yoke of their own King Peleioholani, and had but small confidence in his son and prospective successor Kumahana.

Though Kahekili was too reserved, some say too morose, to often share in the festivities and entertainments which, through the presence of his sisters, his nieces and other relatives, had made his court at Wailuku, where he mostly resided, a gathering place and a focus for the gallant and gay of all the other isles in the group, yet Kahahana was his *alter ego*, his *rex convivii*, whose prudence and popularity harmonized, or at least neutralized, the rival pretensions of Kahekili's half sister Namahana to be the leading star and the oracle of fashion among the Hawaiian *noblesse* at her lately acquired domain in Waiehu.

At these princely reunions, these royal feasts, whether at Waiehu or at Wailuku, the palm of beauty and of woman grace was by universal accord awarded to Kekuapoi-ula-o-ka-lani, the youngest sister of Namahana and of Kekuamanoha, of whom we shall hear more hereafter. The legends and narratives handed down from that time have but one expression of her surpassing beauty and winning charms, and the present writer has had the fortune to meet more than one octogenerian Hawaiian who remembers seeing her while still, as Queen of Oahu, she was as remarkable for her incomparable beauty, as in the days, ten or twelve years before, when Kahahana first wooed and won her young affections.

Between Kahahana and Kekuapoi it was an affair of the heart. They loved each other like the commonest mortals and, as at that time no political or social considerations of convenience stood in the way, the union was allowed by Kahekili, whose wards they may be said to have been. They loved each other and, according to the custom and institutions of the land, they became man and wife. Nothing more natural, simple or straightforward. But the anomalous part of their married life was that in those days of social as well as political profligacy, when a chief or a chiefess took as many wives or husbands as he or she fancied or could maintain, Kahahana and Kekuapoi remained true to each other with undivided affection to the end of their lives.

In A.D. 1770 Peleioholani,— son of Kualii, hereditary Sovereign of the island of Oahu, hereditary lord of several districts on Southern Kauai, and, by the grace of his god and the strength of his spear, master and conqueror of the island of Molokai— died, at the advanced age of ninety and upward, and was succeeded by his son Kumahana.

The character of Peleioholani has been variously described in the traditions that have come down from his time. The Hawaii and Maui traditions, or reminiscences, of Peleioholani describe him as proud, arrogant, overbearing — proud, even beyond the most exacting Hawaiian etiquette. Molokai traditions acknowledge his prowess as a warrior, but are merciless in the condemnation of him as a tyrant, whose cruelty went even a step beyond what those cruel times considered admissible. Against those two sources of information we have the Oahu traditions which,— though they acknowledge that he was proud, and justly so, because no bluer blood flowed in anybody's veins than in his and in his sister Kukuiaimakalani's — yet assert that his cruelty towards the Molokai chiefs was but a just punishment for their wanton and unprovoked murder of of his daughter Keelanihonuaiakama. But whatever his reputation on the other islands, on Oahu he was feared as a stern monarch, but also respected as a just man, under whom the husbandman prospered, priests and artisians were protected, and the naturally turbulent character of the feudal nobles kept under salutary, though at times summary, restraint. As sovereign of his island he made the customary circuits, for political and religious purposes, at stated times; but his favorite residence, when not otherwise occupied, was at Waikiki in the known district, where a perfect forest of coconut trees enclosed his dwelling or palace on three sides, and the pleasant grove of kou trees which his father had planted, threw its delicious shade on the heated sea-beach.

Stern but just, Peleioholani's reign was a blessing to his kingdom of Oahu, which probably had never since the days of Mailekukahi stood higher in population, wealth, and resources, than at the time of his death.

The contrast between Peleioholani and his son Kumahana had no doubt been apparent to thoughtful men long before the black kapa covered the mortal remains of the father. Chiefs and commoners alike knew the man to whom their fealty now would be pledged. Indolent of body, weak, fickle and avaricious of mind, Kumahana was a failure as a sovereign, and it did not take long to ripen the public mind to that conviction. Feal and loyal as the Oahu chiefs had always been to the Kakuhihewa family, whom for six generations they had looked upon as their representative on the Oahu throne, yet the weaknesses and extravagancies of Kumahana were enough in three short years to alienate chiefs, priests, and commoners to such an extent that when Pupuka, Elani, Makaioulu and other chiefs, in conjunction with the High-priest Kaopulupulu, called a public meeting of chiefs and commoners, to consider the situation of the country and for the avowed purpose of deposing Kumahana, not a voice was heard nor a spear raised in defence of the unfortunate man who then and there was publicly decreed incompetent and unworthy to rule the Oahu kingdom.   That meeting and the manner of the execution of its decree find few parallels in the most civilized of modern countries, where the people had to resort to revolution to protect the best interests of their country and their own well-being.   It was a public declaration of the national *non possumus* any longer to suffer the rule of Kumahana.   Its execution, through the wonderful unanimity of the national voice, required neither "National Guards," nor spears, nor clubs, nor barricades to enforce it.   It was a veritable *vox populi, vox Dei,* and the only trait of wisdom recorded of Kumahana was that he quietly submitted to the inevitable and left for Kauai, where the relations of his mother and sister provided a refuge for him and his family at Waimea.   And to the lasting credit of those, whose kindred only six years later were stigmatized by civilized Europe as "barbarians," "savages," "cannibals," not a drop of blood was shed in this mighty upheaval of an entire people.

Had I the powers of a Walter Scott to give the reader a description of that remarkable assembly of Oahu notables that then and there convened for high national objects, I gladly would do so.   I would describe the preliminary meeting of the District Chiefs, the *(Ai-moku),* with the High Priest (*Kahuna-nui*), presiding.   I would tell of the dispatch of the High Priest's messenger or herald, *elele,* around the island, convoking the chiefs and commoners to the projected assembly, a kind of Hawaiian "Fiery Cross," speeding from feudal hall to lowliest hamlet; his functions, his privileges, his insignia of office, his formula of convocation.   I would describe the meeting of those thus convened; the appearance of the chiefs dressed in their *ahu-ula* (feather cloaks), their *mahiole* (feather helmets), their *niho palaoa* (necklace of whale's tooth and human hair), their *kupee* or *pupu houka* (bracelets of glittering precious shells) ; carrying their *pololu* (long spears), in their right hand, their *pahoa* (dagger of hardened wood), in their *malo,* or belt, and their *newa* or war-club looped up under their cloak.   I would describe the sturdy *makaainana,* the commoners or freemen of the land, mustering behind their chiefs, armed with their *ihe,* javelins, and *maa,* slings.   But abler hands, at some not far distant day, will doubtless weave a pleasant tale from those materials; and I proceed with the main story, from my work, "An Account of the Polynesian Race," Vol. II, on pages as shown

Kahahana, son of Elani, of the Ewa line of chiefs, was elected *Moi* of Oahu in place of Kumahana, son of Peleioholani and grandson of Kualii, who had been deposed by the Oahu chiefs as an incompetent, indolent, penurious and unlovable chief.   This occurred about the year 1773 (pp. 65, 290, 154).

It is not improbable that the influence of Kahekili, King of Maui, was in Kahahana's favor, for in the war between Hawaii and Maui wherein the invading forces of Kalaniopuu were all but annihilated in the battle of Waikapu commons, Kahahana and his Oahu troops were joined with Kahekili in the defence of Maui (p. 154)

In a subsequent attempt of Kalaniopuu to wrest honors from Kahekili, Kahahana is found an ally in the defence of Lahaina, accompanied by Keaulumoku, bard and prophet who, a few years later, composed his famous "Haui Ka Lani" chant foretelling the success and glory of Kamehameha I (p. 156).

Kaeo, King of Kauai, sent two messengers to acquaint Kahahana of Cook's visit, whereupon Kaopulupulu the high priest of Oahu said: "These people are foreigners; they are surely the people that will come and dwell in this land" (p. 169)

In 1779 Kahahana, the Oahu King, had but lately returned from Maui where he assisted Kahekili in his wars against Kalaniopuu of Hawaii. The rupture between Kahekili and Kahahana did not occur till afterward, in 1780-81 (pp. 197-8).

Kauhi, of Maui, landing at Waikiki on an expedition against Oahu, was met by the chiefs of Oahu, defeated and slain, his body exposed at the Apuakehau (Waikiki) heiau[1], and great indignities were committed with his bones. The memory of this great outrage instigated his descendant, Kahekili, to the fearful massacre of the Oahu chiefs, when, after the battle of Niuhelewai, he had defeated Kahahana and conquered the island (p. 208)

The death of Kahahana closed the autonomy of Oahu (p. 269).

In order to understand the political relations between Kahekili and Kahahana, the king of Oahu, and the causes of the war between them, it is necessary to go back to the year 1773, when Kumahana, the son of Peleioholani, was deposed by the chiefs and *makaainana* of Oahu. Though Kumahana had grown-up children at the time, yet the Oahu nobles passed them by in selecting a successor to the throne, and fixed their eyes on young Kahahana, the son of Elani, one of the powerful Ewa chiefs of the Maweke-Lakona line, and on his mother's side closely related to Kahekili and the Maui royal family. Kahahana had from boyhood been brought up at the court of Kahekili, who looked upon his cousin's child almost as a son of his own. What share, if any, indirectly, that Kahekili may have had in the election of Kahahana, is not known; but when the tidings arrived from Oahu announcing the result to Kahekili, he appears at first not to have been overmuch pleased with it. The Oahu chiefs had deputed Kekelaokalani, a high chiefess, a cousin to Kahahana's mother and also to Kahekili, to proceed to Wailuku, Maui, and announce the election and solicit his approval. After some feigned or real demurrer, Kahekili consented to Kahahana going to Oahu, but refused to let his wife Kekuapoi-ula go with him, lest the Oahu chiefs should ill-treat her. Eventually, however, he consented, but demanded as a price of his consent that the land of Kualoa in Koolaupoko district should be ceded to him, and also the *palaoa-pae* (the whalebone and ivory) cast on the Oahu shores by the sea.

Hampered with these demands of the crafty Kahekili, Kahahana started with his wife and company for Oahu, and landed at Kahaloa in Waikiki. He was enthusiastically received, installed as Moi of Oahu, and great were the rejoicings on the occasion.

Shortly after his installation, Kahahana called a great council of the Oahu chiefs and the High Priest Kaopulupulu, and laid before them the demands of Kahekili regarding the land of Kualoa and the *palaoa-pae*. At first the council was divided, and some thought it was but a fair return for the kindness and protection shown Kahahana from his youth by Kahekili; but the high priest was strongly opposed to such a measure, and argued that it was a virtual surrender of the sovereignty and independence of Oahu, Kualoa being one of the most sacred places on the island, where stood the sacred drums of *Kapahuula* and *Kaahu-ulapunawai,* and also the sacred hill of Kauakahi-a-Kahoowaha;

---

[1]Helumoa was the name of this temple.

and that the surrender of the *palaoa-pae* would be a disrespect to the gods; in fact, if Kahekili's demands were complied with, the power of war and of sacrifice would rest with the Maui king and not with Kahahana. He represented strongly, moreover, that if Kahahana had obtained the kingdom by conquest, he might do as he liked, but having been chosen by the Oahu chiefs, it would be wrong in him to cede to another the national emblems of sovereignty and independence. Kahahana and all the chiefs admitted the force of Kaopulupulu's arguments, and submitted to his advice not to comply with the demands of Kahekili.

Kahekili was far too good a politician to display his resentment at this refusal of his demands, knowing well that he could not have the slightest prospects of enforcing them by war so long as the Oahu chiefs were united in their policy, and that policy was guided by the sage and experienced high priest Kaopulupulu. He dissembled, therefore, and kept up friendly relations with Kahahana, but secretly turned his attention to destroy the influence of Kaopulupulu in the affairs of Oahu, and create distrust and enmity between him and Kahahana. In this object he is said to have been heartily advised and assisted by his own high priest, Kaleopuupuu, the younger brother of Kaopulupulu. Kaleopuupuu envied his brother the riches and consideration which his wisdom and skill had obtained for him. Moreover, the warlike preparations of his brother-in-law, the Hawaii king Kalaniopuu, cautioned him against precipitating a rupture with so powerful an ally as the Oahu king; and Kahekili was but too glad to obtain the assistance of Kahahana and his chiefs in the war with Kalaniopuu, 1777-78, Kahahana's forces arriving from Molokai just in time to share the sanguinary battle on the Waikapu common,[2] related on page 153, [Fornander, Polynesian Race, II] and the subsequent events of that war.

After the return of Kalaniopuu to Hawaii in January, 1779, Kahahana went over to Molokai to consecrate the heiau called Kupukapuakea at Wailau, and to build or repair the large taro patch at Kainalu known as Paikahawai. Here he was joined by Kahekili, who was cordially welcomed and royally entertained. On seeing the fruitfulness and prosperity of the Molokai lands, Kahekili longed to possess some of them, and bluntly asked Kahahana to give him the land of Halawa. Kahahana promptly acceded to the request, not being moved by the same considerations regarding the Molokai lands as those of Oahu, Molokai having been conquered and subjected as an appanage or tributary to the Oahu crown by Peleioholani. At this meeting, while discussing Kahahana's previous refusal to give Kahekili the Kualoa land and the *palaoa-pae* on Oahu, Kahekili expressed his surprise at the opposition of Kaopulupulu, assuring Kahahana that the high priest had offered the government and throne of Oahu to him (Kahekili), but that out of affection for his nephew he had refused; and he intimated strongly that Kaopulupulu was a traitor to Kahahana.

The poisoned arrow hit its mark, and Kahahana returned to Oahu filled with mistrust and suspicion of his faithful high-priest. A coolness arose between them. Kahahana withdrew his confidence from, and slighted the advice of the high-priest, who retired from the court to his own estate in Waialua and Waimea, and caused him-

---

[2] They arrived on the evening of the day that the famous "Alapa" regiment of Kalaniopuu was annihilated by Kahekili, and joined in the next day's general battle.

self and all his people and retainers to be tatooed on the knee, as a sign that the chief had turned a deaf ear to his advice. It is said that during this period of estrangement Kahahana became burdensome to the people, capricious and heedless, and in a great measure alienated their good-will. It is said, moreover, that he caused to be dug up dead men's bones to make arrow-points wherewith to shoot rats — a favorite pastime of the chiefs; and that he even rifled the tombs of the chiefs in order to make kahili handles of their bones, thus outraging the public sentiment of the nation. That Kahahana was imprudent and rash, and perhaps exacting, there is no doubt; and that conquered chieftains' bones were the legitimate trophies of the victors is equally true; but that Kahahana would have violated the tombs of the dead — an act of the greatest moral baseness even in those days — is hardly credible, and is probably an after exaggeration, either by the disaffected priestly faction or by the victorious Kahekili plotters.

While such was the condition on Oahu, Kahekili reconquered the district of Hana, as already related, and, hearing of the death of Kalaniopuu and the subsequent contentions on Hawaii, he felt secure in that direction, and seriously turned his attention to the acquisition of Oahu. He first sent some war canoes and a detachment of soldiers under command of a warrior chief named Kahahawai[3] to the assistance of Keawemauhili[4], the then independent chief of Hilo, in his contest with Kamehameha. He next sent his most trusted servant Kauhi to Kahahana on Oahu, with instructions to inform Kahahana in the strictest confidence that Kaopulupulu had again offered him the kingdom of Oahu, but that his regard for Kahahana would not allow him to accept it, and exhorting Kahahana to be on his guard against the machinations of the high-priest. Credulous as weak, Kahahana believed the falsehoods sent him by Kahekili, and, without confiding his purpose to any one, he resolved on the death of Kaopulupulu. Preparations were ordered to be made for a tour of the island of Oahu, for the purpose of consecrating heiaus and offering sacrifices. When the king arrived at Waianae he sent for the high-priest, who was then residing on his lands at Waimea and Pupukea, in the Koolau district, to come to see him. It is said that Kaopulupulu was fully aware of the ulterior objects of the king, and was well convinced that the message boded him no good; yet, faithful to his duties as a priest and loyal to the last, he started with his son Kahulupue to obey the summons of the king. Arrived at Waianae, Kahulupue was set upon by the king's servants, and, while escaping from them, was drowned at Malae.[5] Kaopulupulu was killed at Puuloa, in Ewa.

---

[3] Kahahawai was from Waihee, Maui. He was a special friend of Kahekili (an "*Aikane*"), and was the father of Keaholawaia and Haia.

[4] It is related by S. M. Kamakau, that when Kahekili heard of the defeat and death of Kiwalao, and that Kamehameha had assumed the sovereignty of the Kona, Kohala, and Hamakua districts on Hawaii, he then sent Alapai-malojki and Kaulunae, two sons of Kumaaiku (w) and half-brothers of Keeaumoku-papaiahiahi, to ask Kamehameha to assist him with some double canoes in his projected war against Kahahana, and that Kamehameha had refused, replying that when he had subdued the chiefs of Hilo and Kau he then would consider Kahekili's request; and that when Keawemauhili, the chief of Hilo, heard of this refusal, he hastened to send some double canoes and other costly presents to Kahekili; and that this was the reason why Kahekili sent Ka-

hahawai and some soldiers to assist Keawemauhili against Kamehameha.

[5] The legend relates that when Kaopulupulu saw his son set upon and pursued by Kahahana's retainers, he called out to him, "*I nui ke aho a moe i ke kai! No ke kai ka hoi ua aina.*" This was one of those oracular utterances in which Hawaiian priests and prophets were as adept as any of their brethren in other lands. Its literal meaning is—"It is far better to sleep in the sea for from the sea comes life, or the means of living. Those who heard it and reported it found the fulfillment of the prophecy when Kahekili, coming over the sea from Maui, conquered Oahu and caused Kahahana to be slain. Others sought the fulfillment in the conquest of the group by Kamehameha coming from Hawaii; others found it in the arrival of the foreigners, coming over the ocean with new ideas, knowledge, and arts.

Thus foolishly and cruelly Kahahana had played into the hand of Kahekili, who, with his high-priest Kaleopuupuu, had for a long time been plotting the death of Kahahana's ablest and wisest counsellor.

Though executions *de par le roi* of obnoxious persons for political reasons were not uncommon in those days throughout the group, and by the proud and turbulent nobility generally looked upon more as a matter of personal ill-luck to the victim than as a public injustice, yet this double execution, in the necessity of which few people except the credulous Kahahana believed, greatly alienated the feelings of both chiefs and commoners from him, and weakened his influence and resources to withstand the coming storm.

The death of Kaopulupulu took place in the latter part of 1782 or beginning of 1783.

As soon as Kahekili heard that Kaopulupulu was dead, he considered the main obstacle to his acquisition of the island of Oahu to be removed, and prepared for an invasion. He recalled the auxiliary troops under Kahahawai which he had sent to the assistance of Keawemauhili in Hilo, and assembled his forces at Lahaina. Touching at Molokai, on his way, he landed at Waikiki, Oahu. Among his chiefs and warriors of note on this expedition are mentioned Kekuamanoha, Kaiana, Namakeha, Kalaikoa, Kamohomoho, Nahiolea, Hueu, Kauhikoakoa, Kabue, Kalaninuiulumoku, Peapea, Manono-Kauakapekulani, Kalanikupule, Koalaukane.[6] Besides his own armament, he had several double canoes furnished him by Keawemauhili of Hilo, and by Keouakua-huula of Kau.

Kahahana was at Kawananakoa, in the upper part of Nuuanu valley, when the news came of Kahekili's landing at Waikiki, and hastily summoning his warriors, he prepared as best he could to meet so sudden an emergency.

As an episode of this war the following legend has been preserved and may prove interesting: When the news of the invasion spread to Ewa and Waialua, eight famous warriors from these places, whose names the legend has retained, concerted an expedition on their own account to win distinction for their bravery and inflict what damage they

[6]Kekuamanoha was a son of Kekaulike, king of Maui, and his wife, Haalou. He was thus a half-brother to Kahekili. His son was the celebrated Kalaimoku, prime minister during the regency of Kaahumanu. His other son was Boki, at one time governor of Oahu.

Kaiana, also called Keawe-Kaiana-a-Ahuula, was the son of Ahuula-a-Keawe, who claimed Keawe of Hawaii as his father and Kaolohaka-a-Keawe as his brother. Kaiana's mother was the famous Kaupekamoku, a grand-daughter of Ahia (w) of the I family of Hilo, Hawaii. This was the same Kaiana who went to China in 1787 with Captain Meares, returned to Hawaii, and was finally killed in the battle of Nuuanu, 1796. His cousin, Kaiana Ukupe, the son of Kaolohaka, was the father of the late Kaikioewa, governor of Kauai.

Namakeha was son of the above-mentioned Kaupeka-moku and Kanaluihoae, a brother or cousin of Kekau-like of Maui. In after-life Namakeha rebelled against Kamehameha I., and was slain in battle, 1796.

Nahiolea was another son of the same above-mentioned Kaupekamoku and Kuimiheua II., a cousin of Kekaulike of Maui. Nahiolea was father of the late M. Kekuanaoa, governor of Oahu, father of their late

majesties Kamehameha IV. and V., and of her highness Ruth Keelikolani.

Kamohomoho is always called a brother of Kahekili in the native accounts, but I have been unable to learn who his mother was.

Kauhikoakoa was a son of Kauhiaimokuakama, the elder brother of Kahekili, who rebelled against his brother, Kamehamehanui, and was drowned after the battle near Lahaina, Kauhikoakoa's mother was Luukia, of the Kaupo Koo family of chiefs.

Kalaninuiulumoku was the son of Kamehamehanui of Maui, and Kekumano (w), and thus a brother of Kala-nihelemailuna, the grand-father of Hon. Mrs. Pauahi Bishop.

Peapea was another son of Kamehamehanui of Maui. He was subsequently killed at Hana by the explosion of a keg of gunpowder.

Manonokauakapekulani, also called Kahekilinuiahunu, was the son of Kahekili of Maui and Luahiwa, a daughter of Kekaulike of Maui and Kane-a-Lae (w).

Kalanikupule, son and successor of Kahekili of Maui. His mother was Kauwahine.

Koalaukane, another son of Kahekili and Kauwahine.

Kalaikoa, Hueu, and Kabu, unknown to me.

could on Kahekili's forces. It was a chivalrous undertaking, a forlorn hope, and wholly unauthorized by Kahahana, but fully within the spirit of the time for personal valor, audacity, and total disregard of consequences. The names of those heroes were Pupuka,[7] Makaioulu, Puakea, Pinau, Kalaeone, Pahua, Kauhi, and Kapukoa. Starting direct from Apuakehau in Waikiki, where Kahekili's army was encamped and organizing preparatory to a march inland to fight Kahahana, the eight Oahu warriors boldly charged a large contingent of several hundred men of the Maui troops collected at the heiau. In a twinkling they were surrounded by overwhelming numbers, and a fight commenced to which Hawaiian legends record no parallel. Using their long spears and javelins with marvellous skill and dexterity, and killing a prodigious number of their enemies, the eight champions broke through the circle of spears that surrounded them. But Makaioulu, though a good fighter was a bad runner, on account of his short bowlegs, and he was overtaken by Kauhikoakoa, a Maui chief. Makaioulu was soon tripped up, secured, and bound by Kauhikoakoa, who swinging the captive up on his own shoulders, started off with him for the camp to have him sacrificed as the first victim of the war. This affair took place on the bank of the Punaluu taro patch, near the coconut grove of Kuakuaaka. Makaioulu, thus hoisted on the back of his captor, caught sight of his friend Pupuka, and called out to him to throw his spear straight at the navel of his stomach. In hopes of shortening the present and prospective tortures of his friend, and knowing well what his fate would be if brought alive into the enemy's camp, Pupuka did as he was bidden, and with an unerring aim. But Makaioulu, seeing the spear coming, threw himself with a violent effort on one side, and the spear went through the back of Kauhikoakoa. Seeing their leader fall, the Maui soldiers desisted from further pursuit, and the eight champions escaped.

In the beginning of 1783 — some say it was in the month of January — Kahekili, dividing his forces in three columns, marched from Waikiki by Puowaina, Pauoa, and Kapena, and gave battle to Kahahana near the small stream of Kaheiki. Kahahana's army was thoroughly routed, and he and his wife Kekuapoi-ula fled to the mountains. It is related that in this battle Kauwahine, the wife of Kahekili, fought valiantly at his side.

Oahu and Molokai now became the conquest of Kahekili, and savagely he used his victory.

For upwards of two years or more Kahahana and his wife and his friend Alapai[8] wandered over the mountains of Oahu, secretly aided, fed, and clothed by the country people, who commiserated the misfortunes of their late king. Finally, weary of such a life, and hearing that Kekuamanoha, the uterine brother of his wife Kekuapoi-ula, was residing at Waikele in Ewa, he sent her to negotiate with her brother for their safety. Dissembling his real intentions, Kekuamanoha received his sister kindly and spoke her fairly, but having found out the hiding-place of Kahahana, he sent messengers to

---

[7] Pupuka, an Oahu chief of considerable importance, was father of Inaina, the wife of Nahiolea, and mother of Kekuanaoa, late governor of Oahu. Tradition is silent on the descent and connections of the other heroes of this band. They and theirs were probably all exterminated, and not being maritally connected with the victorious side, no scions were left to chant their names.

[8] I have been unable to learn who this Alapai was, and of what family.

Kahekili at Waikiki informing him of the fact. Kahekili immediately returned pre-emptory orders to slay Kahahana and Alapai, and he sent a double canoe down to Ewa to bring their corpses up to Waikiki. This order was faithfully executed by Kekuama-noha; and it is said that the mournful chant which still exists in the Hawaiian anthology of a bygone age under the name of "Kahahana" was composed and chanted by his widow as the canoe was disappearing with her husband's corpse down the Ewa lagoon on its way to Waikiki.

The cruel treachery practised on Kahahana and his sad fate, joined to the over-bearing behaviour and rapacity of the invaders, created a revulsion of feeling in the Oahu chiefs, which culminated in a wide-spread conspiracy against Kahekili and the Maui chiefs who were distributed over the several districts of Oahu. Kahekili him-self and a number of chiefs were at that time living at Kailua; Manonokauakapekulani, Kaiana, Namakeha, Nahiolea, Kalaniulumoku, and others, were quartered at Kaneohe and Heeia; Kalanikupule, Koalaukane, and Kekuamanoha were at Ewa, and Hueu was at Waialua

The Oahu leaders of the conspiracy were Elani, the father of Kahahana, Pupuka and Makaioulu, above referred to, Konamanu, Kalakioonui, and a number of others. The plan was to kill the Maui chiefs on one and the same night in the different dis-tricts. Elani and his band were to kill the chiefs residing at Ewa; Makaioulu and Pupuka were to kill Kahekili and the chiefs at Kailua; Konamanu and Kalakioonui were to dispatch Hueu at Waialua. By some means the conspiracy became known to Kalanikupule, who hastened to inform his father, Kahekili, and the Maui chiefs at Kaneohe in time to defeat the object of the conspirators; but, through some cause now unknown, the messenger sent to advise Hueu, generally known as Kiko-Hueu, failed to arrive in time, and Hueu and all his retainers then living at Kaowakawaka, in Kawai-loa, of the Waialua district, were killed. The conspiracy was known as the *"Waipio Kimopo"* (the Waipio assassination), having originated in Waipio, Ewa

Fearfully did Kahekili avenge the death of Hueu on the revolted Oahu chiefs. Gathering his forces together, he overran the districts of Kona and Ewa, and a war of extermination ensued. Men, women, and children were killed without discrimination and without mercy. The streams of Makaho and Niuhelewai in Kona, and that of Hoaeae in Ewa, are said to have been literally choked with the corpses of the slain. The native Oahu aristocracy were almost entirely extirpated. It is related that one of the Maui chiefs, named Kalaikoa, caused the bones of the slain to be scraped and cleaned, and that the quantity collected was so great that he built a house for himself, the walls of which were laid up entirely of the skeletons of the slain. The skulls of Elani, Kona-manu, and Kalakioonui adorned the portals of this horrible house. The house was called "Kauwalua," and was situated at Lapakea in Moanalua, as one passes by the old upper road to Ewa. The site is still pointed out, but the bones have received burial.

The rebellion of the Oahu chiefs appears to have had its supporters even among the chiefs and followers of Kahekili. Kalaniulumoku, the son of Kamehamehanui and nephew of Kahekili, took the part of the Oahu chiefs, and was supported by Kaiana,

Namakeha, Nahiolea, and Kaneoneo,[9] the grandson of Peleioholani.   Their struggle was unsuccessful, and only added to the long list of the illustrious slain.   Kalaniulu moku was driven over the Pali of Olomana and killed; Kaneoneo was killed at Mauna-kapu, as one descends to Moanalua; Kaiana, Nahiolea, and Namakeha escaped to Kauai A number of chiefesses of the highest rank —*"Kapumoe"*— were killed, mutilated, or otherwise severely afflicted   Kekelaokalani, the cousin of Kahahana's mother and of Kahekili, made her escape to Kauai.   As an instance of deep affection, of bitterness of feeling, and of supreme hope of return and revenge at some future day, it is said that she took with her when she fled some of the Oahu soil from Apuakehau, Kahaloa, Wai-alua, and Kupalaha at Waikiki, and deposited it at Hulaia, Kaulana, and Kane, on Kauai (pp. 217-227).

[9] In 1779 we have seen that Kaneoneo was on Kauai. He had been contending with his cousin Keawe for the supremacy of Niihau and the possession of the goats left there by Captain Cook, and he had been worsted in the contest. What brought him to Oahu, and what part he played there, during those troublous times, is not well known. After the overthrow and death of Kaha hana he probably returned to Oahu in the hope that the chapter of accidents might prepare a way for him to re-cover the throne that his father had lost.

A Lamentation for Kahahana.[1]*

BY KALAWELA [2]

1. Thou and thy companion[3] have fled to Ewa.	1. O pililua oe, o helelua i Ewa,
Thou dids't go and also my chief,[4]	O ka hele oe a ka'u lani,
Both fled hastily[5] in destitution—	O kaapikikolo olua ia lua mea —
Fled poverty-stricken[6] to the plain,	Omeamea wale ia iho i ke kula e,
5. To the solitude[7] in Kawailele.	5. I ka oneanea i Kawailele.
Lo! there was the sacred drum—	Nolaila ka! o Kahapuulono, o Kapaikaua-
The drum[8] in the temple of Kekeleaiku	lulu —
Thou art Hiolani,[9] the war-sounding bird[10]	O ka pahu i loko o Kekeleaiku.
Of Halaulani at Hanapouli,[11]	O Hiolani oe, o ka pueo kani kaua
10. Through the torn hau,[12] seaward at Ku-	No Halaulani i Hanapouli,
pahu,	10. No ka welu hau i ke kai, i Kupahu,
There was Kalohai.	Nolaila ka o Kalohai.
Puanakau[13] was the month;	O Puanakau ka malama;
The month of Hikilei is quite certain.	O ka malama o Hikilei akaka lea,
Hionalele, Kamaka, Kemilia,[14]	O Hionalele, o Kamaka, o Kemilia,
15. Hikimauelemauele[15] his companion,	15. O Hikimauelemauele kona lua e.
They two borne upon the ocean,	Elua laua i ka moana e,
From the many harbors[16] of Puuloa,	Oia kai ke awalau o Puuloa
On the chief's canoe Kaiolohia.[17]	Iluna o Waakaiolohia lani.
Speak! the many paddles[18] bearing the chief	E i! lau hoe ia ana ka lani.
20. Who is upon the canoe platform.[19]	20. Oia kai luna i ka pola waa e.
Leahi[20] rises beautifully in the calm;	Kupu maikai Leahi i ka malie;
It is separated, it is cut asunder.	Iaea e ke kai, a moku okoa.
The people on the canoes thought a sea lay	Kuhi ka waa holo, he kai ko waena,
between,	Aole ka he kai; he hoopunipuni,
But there was no sea; it was deceiving,	
25. There was a joining indeed upland of Hu-	25. He pili ka no uka o Huewa.
ewa.	Ua ehu wale i ka la o Makalii
Scorched by the summer[21] sun	Ke oho kukai o Mauuenaena,
Is the brown grass of Mauuenaena,	I enaena i ke kai o Kalehuawehe
Browned[22] by the sea of Kalehuawehe	I na kulana heenalu i Aiohi.
In the surf-riding villages[23] at Aiohi.	
30. Greeting![24] companions of the first winter's	30. Aloha! na hoa o ka nalu mua kau,
surf,	O kulana kai o ke kaulua e —
Uncertain[25] is the sea for the double canoe[26]	He kaulua aloha keia e Moholekinau, ka
An endeared canoe[27] to the memory of	lani.
Moholekinai, the chief.	O Laauli, o Lanikele, o Kamahukeleaola,
O Laauli, O Lanikele, O Kamahukeleaola,	O ke kanaka o ka pali komo i Peapea;
The man of the pali[28] now enters Peapea;	
35. Enters the house[29] of braided coconut	35. Komo i ka hale pea lau niu;
leaves;	Hale pili ole o ke kaha ke noho oe,
The unthatched[30] house on the beach there	Owai la ke kuleana o ka noho ana,
thou dwellest.	I nanea'i oe i ke kaha nei?
Whose is the right of residence,	Ua hele Kona; he ole Koolau;
That you may be at ease[31] on this shore?	
Kona [people] have gone;[32] Koolau has	
forsaken [you];	

*For notes and comments see pages 300-306.

40. You are friendless[33] at that shore—
That friendly shore[34] where you two are sleeping,
Benumbed[35] in the forbidden sea devoted to Keawe,
Thou with very dark chin, whose eyes are black;[36]
Friends[37] are they to the sacredness of the chief.

45. The chief is a flower, a flower not scattered[38] for the islands.
Wonderful[39] is the chief of Oahu,
The chief rests comfortable[40] at Kona in the calm—
The perfect calm[41] of the heavy rain
Beating down the grass.

50. The resident laughs,[42] the surfs break
In the processions of Kauahui.[43]
Thou art perhaps united[44] with him in sleep
Till the sickening wind abates, calmed by the Kaunulau.[45]
Stop![46] let the canoe be roped,

55. A canoe rope fastened to the cliff,
To the cliff, thou![47] to the salt pond!
To the maomao[48] [trees] at Kinimakalehua.[49]
Men[50] are dwelling in the wilderness
Until the soldier[51] becomes red—

60. The soldier[52] stretched out in the sun
Erect the haka[53] with the insignia of a high chief!
Perhaps thou hast seen[54] [him] O rain, and thou sun!
This is the chief who lies here,
Lying naked,[55] without covering—

65. Sleeping in the rain of the winter.
O thou chief of ill-looking face in the heavens[56]
Powerful is the chief that disregards the kapu
·Of the dark blue[57] of Lono, the ill-looking face in the heavens.
The chief has gone, a soul without a body;

70. The chief has become a shriveled,[58] thin soul.
The voice of the spirit calls to his companion in sleep, Alapai;
Kepookukahauhanaokama.[59]
A child indeed was he, a nurtured, fondled[60] child,
He was his bosom companion, of the extreme end of the long pali[61] of Koolau.

40. Ua kuleana ole ua kaha la —
Ua kaha aloha la a olua e moe maila,
E kamaele kai kapu, laahia Keawe,
E ka auwae ele lua, i ele ka maka;
O ka makamaka ia o ke kapu o ke 'lii.

45. He pua ka lani, he pua laha ole nei no na moku.
He kamahao ka lani na Oahu,
I walea ka lani i Kona, i ka lulu
I ka pohu wale o ka ua waahia,
Ke halii maila i ke pili.

50. Akaaka ke kupa, haki na nalu ·
I na huakai o Kauahui.
I hui ia paha oe e moe mai la
A manawaohua ka makani, pahola iho la Kaunulau.
E ku! e kaula ka waa,

55. He waa huki kaula i ka pali.
I ka pali la oe! i ke alia!
I ka maomao la i Kinimakalehua.
Noho ana kanaka i ka nahelehele
A hiki moano ka lehua —

60. Ke koa i kau i ka la.
E kau ae i ka haka weloula lani!
Ua ike paha oe, e ka ua, e ka la!
Ea ke lani e moe nei.
E loloaikulani wale ana, aohe kapa

65. E moe wale ana i ka ua o hooilo.
E ka lani nui maka hakuma i ka lani.
Makolukalanimakahakumaikekapu
O ke kahiwa o Lono, ka hakuma lani.
Ua hele uhane ka lani, aobe kino;

70. Ua uhane ololi wale ka lani.
Ua hanehane ka leo, ke hea i kona hoa moe o Alapai;
O Kepookukahauhanaokama.
He kama la hoi ia, he kamalei,
O kona hoa moe no ka ia, o ka pali welau loloa o Koolau.

75. Koolau is also entitled to sympathy,[62]
    Ye traveling companions[63] with ti-leaf
       malos,
    Seen only during soft,[64] frequent rains,
    That nourish the makahala,[65]
    That scattereth the budding[66] leaves of the
       lehua
80. Which salutes[67] thee, O Kalauli.
    A small hog-bearing canoe[68]
    [Is] thy witness;[69] my director in the
       wilderness,
    My guide in the deep ravines,
    Thou wast an inhabitant, but hast gone.[70]
85. I thought[71] my chief had departed.
    The koa-canoe bore him hence—
    Mahuka carried him away[72] to a place of
     • safety, [there] perhaps he will live.
    What is the offence of the man[73]
    That he has grievously[74] done against that
       sea?
90. The sea that bears away the ako, and the
       ama!
    Canoe floating[75] on its bosom by this means
       reached there;
    Landed shriveled,[76] weak and cold on that
       shore.
    Finished is the fatigue;[77] compassion for
       you.
    The eyes of his friend were fixed upon him.
95. O my sacred girdle[78] of Liloa,
    The outside[79] girdle when Umi was king,
    That is the offence for which his property
       was taken.
    He sits by the sea,[80] a resident by the ocean,
       the warrior,
    Lonokaeho[81] of projecting forehead.
100. The red kapas of the two chiefs,
    You are two,[82] we are two;
    Unite together[83] in the path [ye men] of
       Apua,
    Revealed you by the risen sun of Waianae[84]
    The gentle wind[85] loosens the leaves of the
       coconut.
105. It enters directly[86] into the house,
    Grateful for warmth is the house,
    Chilled by the mountain breeze, sleeping in
       the cold—
    In the cold waikaloa wind.[87]
    Long[88] is the path on traveling it;

75. No Koolau hoi kekahi aloha,
    E ka huakai malo lauki,
    Ike wale e ka ua baao,
    Ua hanai ka makabala ·
    Ke lu la i ka muo o ka lehua

80. I ui wale ae ia oe, e Kalauli.
    He waa puaa Kahuoi
    Kuu hoike, kuu hoikeike o ka nahele,
    Kuu alakai o ka pali loa e.
    Akahi o nohoia a hala aku la.

85. Kai noa ua hala kuu lani.
    Ua lawe la koa waa
    Ua ahai la o Mahuka i ke ola, ola la paha
    O ke aha la ka hala a ke kanaka
    I hana ino ai ua kai la?

90. O ke kai lawe i ako, lawe ama e!
    Waa ua umauma, ke ala e hiki ai;
    Pae maeele i ke ka honua e.
    Kuu ka luhi, aloha ia oe.
    Kau mai ana ka maka hoaloha.

95. E kuu kaai kapu au o Liloa e,
    O ke kaai mawaho, o Umi he 'lii,
    O ka hala ia kui papa mokumoku i ke au
    Noho i ke kai, kamaaina aku la ka moana
       e; o ke koa-i-a-.
    O Lonokaeho lae wakawaka.

100. O na kapa ula o na lani a elua e,
    Elua olua, elua maua;
    Paiha oukou i ke ala e Apue,
    O ko kaina ala liu ka la o Waianae.
    Wehe ke kaiaulu i ke oho o ka niu,

105. Komo okoa iloko o ka hale,
    Aloha ka hale i ka mehana e,
    Hai i ke hau, moe i ke anu —
    I ka makani anu he waikaloa e
    Loa ke ala ke hele ia;

110. [He] went astray[89] in the wilderness of
Halemano,
In the uplands of Wahiawa, far inland
Where dwelt the clouds, there resting,
Residing in quietness.
The wind whispers and gathers the clouds
together —
115. Whispers,[90] for the stream slumbers. Love
be to the water!
The cold water of the wilderness you two
frequented,
[Yea,] the mountain climbers are shivering
with the cold.

The procession[91] is ascending the mountain
To that far distant[92] place, O chief![93]
120. Reaching[94] for that tender bud[95] of heaven.
The heaven[96] is perhaps revealing the chief
Sleeping
The sacred sleep of niolopua,[97]
He slept all day until night;
125. Through the night also.
Pierced[98] is my chief by the *a'u*.
He has gone in the short path of Kanaloa,
The length[99] of whose body is like that of
Kana
Who fathomed[100] an indefinite length—
130. That, indeed,[101] is the length of the chief.
There is perhaps not his like.[102]
Long time[103] the chief lay in the road,
The chief lay motionless[104] in the dust,
That is the dust of Kanenuhonua,[105]
135. But he is concealed[106] in the sky of heaven;
Dim[107] were the eyes [in looking] for he
had quite vanished.
Kiowaikaala[108] of Waianae,
A fountain of Kalalau, upland
Of Makanipalua, above at Haliala,
140. These are thy names.[109]
Alas! my companion[110] of Koolau,
From the trade winds of Kailua[111]
Which constantly fan[112] the leaves of the
uki;
The beautifully cultivated plain of Alele,[113]

145. [And] the dark of the hau[114] [trees] un-
traversed,
Constantly passed by[115]
But never penetrated.
Thou hast scattered thy many bodies,[116]
numerous, in the ocean;
They are swimming.

110. Hele hewa i ka nahele o Halemano,
I ka uka o Wahiawa, i ka uka lilo e
Noho i ka ao, noho ihola e,
Nanea ka noho ana.
Ia kuololo ololo pua i ka makani ke ao —

115. Ololo, ua nopa ke kahawai. Aloha ka wai!
A olua e hele'i i ka wai anu o ka nahele,
Ua li wale i ke koekoe ka huakai hele pii
mauna e.

Ka huakai hele, hele pii mauna — e —
Haele i ka uka lilo, e ka lani!

120. Loua i kela muo o ka lani.
O ka lani hoikea ka mea paha ia nei
E moe ana .
I ka hiamoe kapu o niolopua.
E moe ana a po ka la — e
125. Po wale ho-i —
Moku i ke a'u la kuu lani.
I haele i ke ala muku a Kanaloa,
O ka kino loa e like me Kana
I anana ia a puehu ka loa —

130. Hoi ha ka nui o ka lani — e —.
Like ole paha.
I loa ka lani i moe i ke ala — e
Moe oni ole ka lani i ka ea — e —
Oia ke ea na Kanenuhonua.
135. Huna aku la i ke aouli ka lani;
Liua hoi ka maka i ka nalo loa.
Kiowaikaala no Waianae.
He poowai no Kalalau, i uka
No Makanipalua, i ka luna i Haliala.
140. Kou inoa.
Auwe! kuu hoa o ke Koolau
Mai ka Malanai o Kailua — e —
Ke ahe wale la i ke oho o ke uki;
I ke kula puukaa la o Alele,

145. I ka pouli hau aoi hala,
Hala hoomau,
Hele loa e
Lu iho la i ko nui kino, oleoleo la i ka
moana — e —
Au mai ana.

150. The eye of friendship[117] was the cause of
      [his going to] death.
      He has founded the night—[118]
      The bottomless pit is the foundation[119] of
      fear in the chief.
      Chief of the dark obscurity, the fearful
      night;[120]
      Heavy, saddening fear[121] is in the heavy
      chief,
155. Weighed down[122] under the greatness of
      his love.
      I am looking[123] around, desiring the sight
      [of my chief].
      I do not see him,[124] he has forever disap
      peared,
      Made sacred in the sea[125] cut off by Kane,
      There at Kuaihelani[126] he has gone
160. The beautiful red-cloud of heaven[127] is thy
      name.
      Thou art a sacred child of Kaeha.[128]
      Ye two lay in the calm[129] [sea] of Kahaloa,
      A resident[130] of the sea at Hauola,
      A resident dwelling at the cape of Waiaula.
165. Kona greatly mourns[131]
      In the very long days[132] of summer,
      Bearing[133] the remnant of friendship [to
      the shores] below.
      Thus, even him,[134] thou hast carried to
      heaven.
      Have compassion[135] on the child —
170. The companion whom thou namedest;
      There declaring[136] at Lahonua,
      To sleep together[137] in the sea spray,[138]
      One, [a] real chief has departed.[139]
      The division, the land, both[140]
175. Gone with the great[141] company but never
      [to] return.
      Heaven is the sacred fireplace of the
      chief —
      The exalted chief[142] in the sea of Peapea
      and Kamanu.
      Kaioea of Maui is the wizard[143] that hears
      unearthly sounds,
      A wizard is the chief[144] for the island.
180. It is commonly said of my chief[145]
      Palila[146] is from the night,
      [But] the chief is from the world of
      light.[147]
      It is disputed[148] the path he has gone.
      My chief is alive [or] he is dead [perhaps].

150. Ka maka hoaloha ke kumu o ka po
      Hookumu ka po —
      Ka po ka mole ka weli o ke alii
      Alii o poluluhi, poweliweli;
      Weliweli kaumaha i na lani hakoi,

155. Hakoi o kona nui ko aloha — e —
      Au wale ana au, he ake ka ike.
      E oe ike, ua nalo loa — e —.
      Ua laa i ke kai okia a Kane,
      Aia i Kuaihelani ka hele ana — e —

160. O ka onohi ula o ka lani ko inoa.
      Keiki kapu oe a Kaeha — e —
      Elua olua i moe i ka lai o Kahaloa — e
      He kamaaina no ke kai i Hauola,
      Kupa noho lae no Waiaula.

165. I uwe wale ae ia Kona—e—
      I ka la loa wale o Makalii
      E lawe ana koena aloha ilalo.
      Ia ka lani kau koliko lani,
      E uwe mai i ke keiki

170. I ko hoa i olelo ai;
      I hai ai i o lahonua,
      E momoe pu i ke ehu kai — e
      Hookahi ka lani kaha aku nei
      O ka moku, o ka aina, alua

175. Hele i ka huakai, hoi ole — e
      O ka lani ke kapuahi kapu o ka lani
      O ke alii puolani i ke kai o Peapea a
      Kamanu.
      O Kaioea o Maui ka hookalakupua,
      He kupua ka lani no ka moku e —

180. Ke hakupehe ia nei kuu lani
      O Palila ko ka po.
      O ka lani ko ke ao.
      Ua hoopaapaa ke alanui hele
      I ke ola, i ka make o kuu lani.

185. We together know[149] well
That the chief went at noon.[150]
He has perhaps followed[151] his wife.
Kona is become feeble,[152] feeble is Wailuku.
That was the wife
190. Beloved[153] by the chief that is dead.
The chief died[154] quietly,
He was covered[155] with a coconut leaf;
He sleeps quietly·[156]
There is thy mother[157] for thy pleasure; for thy pleasure.
195. The chief has returned again[158] to the time of infancy when he was tossed in the arms.
The chief Kaumakoa, the king,
Changed his appearance and voice,[159]
He sat with feminine modesty[160] only,
A hermophrodite perhaps from Honoka wailani.[161]
200. A chief possessor of land,[162] a chief by descent from kings,[163]
A chief that sees with his own eyes,[164] looked closely at the kapu.
The heavens are covered with fleecy, filmy clouds,[165]

A distant sea,[166] a foamy sea is Kailua,
Fanned,[167] cooled by the gentle breeze
205. The hau[168] is the path, a narrow strip;
Go carefully[169] lest you fall dead in the sun,
The god that dwells[170] on Kapolei hill
The sun is wailing[171] on account of the women of Kamao,
A hiding god,[172] blossoming ohai[173] of the banks,
210. Contented[174] among the stones —
Among the breadfruit[175] planted by Kahai
Thou wast spoken of by the oo —[176]
By the bird[177] of Kanehili.
My chief also was seen[178]
215. Above the dense Kanalio fog[179] by the bird—
That bird[180] dazed by smoke,
Falling to the ground is caught[181] by men.
The bird scents[182] the sea spray,
There indeed by the sea is my chief,
220. On a very sacred day,[183] at the sacred altar,
A god that raises up the sea[184] at Oneula.
His traveling companions were indifferent[185] about accompanying him.
Faint hearted[186] they forsook him; the chief lived alone.
Unsafe[187] upon the height of the pali is the

185. Ua ike pu no kakou
I hele o ka lani i ke awakea
I uhai i kana wahine — e
Halualua Kona, halua Wailuku.
O ka wahine ia
190. I aloha ai ka lani hahai e —
Hele lolopio ai ka lani,
A ui ia iho i ka niau; ·
Moe malie e;
Aia ko makuahine i ko lealea; i ko lealea.
195. Hoi hou ka lani i ka wa kamalii ke hiia la
O ka lani Kaumakoa, ke alii,
I lole i kalole ka leo.
He pe he pa wale no ka noho,
He mahu paha no Honokawailani.

200. He lani aimoku, he alii no ka moo,
O ke alii a ka maka i ike, i papu ke kapu.
Papu ka lani palamoa he inoa.

He kai mahamoe, kai moa Kailua e,
O ka luhe la lula i ke kehau.

205. He hau ke ala, he kumoena ololi;
E newa ai o hea make i ka la,
Akua noho la i Puuokapolei.
E hanehane mai ana ka la i na wahine o Kamao,
Akua pee, pua ohai o ke kaha,

210. I walea wale i ke a
I ka ulu kanu a Kahai.
Haina oe e ka oo —
E ka manu o Kanehili.
I kea ae la hoi kuu lani
215. Iluna ka ohu ·Kanalio a ka manu e —
Kela manu haule wale i kauwahi,
I hapapa i loaa i ke kanaka.
Honi i ka manu hunakai o kai,
Aia ka i kai kuu lani; ·

220. I ka la la hoano i ka lele kai,
Akua hoea kai la i Oneula.
Ua molowa wale na hoa haele.
Ua pauaho, ua haalele; ua noho hookahi o ka lani e,
Kamau i ka lau o ka pali ke ala —

225. A .wooden bridge[188] is the path
     To the landing for canoes[189] of Hamakua
     To ascend and lie quietly above,
     Even the canoe of Kuileiakamokala.[190]
     Long since[191] my lord has been gone;
230. The eye twinkled;[192] he was gone.
     Burst forth O Uli —[193]
     Burst the waters —
     To query; to question; water? water?
     Drinking water is the water of Laka,
235. Laka indeed was his name.
     When the chief suddenly died,[194]
     He marked in the forbidden sand[195] of
         Kaha,
     The place trodden alone by my lord.
     Dark[196] was the rain; the dark cloud burst
         over the forest;
240. Heedlessly[197] the rain fell upon the
         pandanus,
     Upon the heads[198] of the pandanus was
         the rain of Hanau.
     The speaking god[199] brought forth —
     The chiding god[200] carrying his sleeping
         victim away
     To the sea-beach;[201] to the shore of Kama.
245. Kama of the wreath of Moopuali,[202]
     Chief[203] of the high swelling seas,
     Even the land of Maakaina.[204]
     Thou the younger brother,[205] the elder that
         of the chief.
250. There is knowledge, knowledge indeed,[206]
     There is righteousness, righteousness
         indeed,
     My constant companions[207] [now] disap-
         peared,
     Where have they two[208] gone?
     The district is being fanned,[209] it is lulled
         by the calms,
255. Till the arch[210] of the canoe appears.
     Adjusted is the pali,[211] made smooth by the
         sun,
     The wind has abated[212] again at Laiewaha.
     The child seizes and enjoys the calm,[213]
     Very calm is Kona.
260. The calm stretches not[214] to Kauna,[215]
     It is overcome[216] by the winds of Kau.
     Kahaanaweli troubles[217] as with a storm.
     Fearful[218] is the storm[219] of Pele's hills at
         Piliwale,
     Which was brought to me and left out
         side[220] the house.

225. Ala holopapa laau i alanui,
     I awa no ka waa o Hamakua
     E pii ai a waiho aku iluna,
     I ka waa o Kuileiakamokala.
     E kala i hele ai o ka lani;
230. Imo aku la ka maka, nalo aku la — e.
     Lele Uli e —
     Lele wai e —
     He ui, he ui, he wai, he wai?
     He wai inu he wai no Laka,
235. O Laka ka hoi kona inoa.
     I kaili aina ai ka lani,
     Ooki i ke one kapu o Kaha e —
     I kahi hele hookahi a kuu lani
     Pouli ka ua; moku pawa i ka nahele;

240. Lele hoopoo ae la ka ua iluna i ka hala,
     I ke poo o ka hala ua o Hanau.
     Hanau mai ke Akua olelo —
     Akua pahulu hohe hoha mai ana
     E kaha aku nei; i ke kaha aku nei o Kama,

245. O Kama o ka lei o Moopuali,
     O ke alii o ke kai ahua moku,
     O ka moku o Maakaina.
     I kaina oe, i kaikuaana kela
     O ka lani.
250. Ilaila no ka ike la, ike iho,
     Ilaila no ka pono la, pono iho,
     O'u mau kaikunane hoomau hele loa,
     Aia la laua ihea?
     Kaia na ke kalana e luhe ana e ka malie.

255. A pua ia kae ka pona waa.
     Hooponopono ka pali, niania ka la,
     Hoi koana ka makani i Laiewaha.
     Hoowaha keiki waha i ka pohu,
     Pohu loa Kona—e—

260. A ai pili ka pohu a Kauna,
     A oi na i ka makani o Kau.
     Ke haaino mai la Kahaanaweli
     Weliweli ka ino o na Puuapele i Piliwale,
     I halihali mai ka ia'u a waho kahua haalele.

265. He left for his fear[221] of the stones,
The sharp-edged[222] stones of the spear —
A spear, the east wind,[223] a child of Kau,
It scares[224] him;
He is now afraid of the wind.
270. I am returning[225] in the calm,
In the calm, smooth, placid[226] sea,
Reached[227] after like something inland—
The faint track[228] of a canoe when it goes
on the sea.
In the sea plant the koa,[229] the pandanus,
the lehua;
275. The lehua, the noni blossoms in the sea;
The sea is quite red with them.
It is a great distance[230] to Kawaihae.
Reaching Kawaihae[231] the baggage is
[found] broken,
Reduce[232] the baggage of the travelers,
280. If the company are slow[233] it will be hot;
Sleep early[234] in the plain of Moolau in
Puuhuna.
The blossom of the Koaie[235] at Waika; at
Waika is it.
Strike off the dew,[236] the daily moisture,
Very high[237] is the sun upon the highland
of Kaipuhaa.
285. The winds dance,[238] strike and fight to-
gether,
Battling[239] in the presence of Makanipalua.
There is no second[240] to the goodness of
Kohala,
That is beaten[241] by the Apaa wind.
The oven brush-wood[242] of the taro-patch
banks,
290. The easily-broken bordering[243] white cane
of Kehei,
From the outside[244] of Kohala to the inside,.
Call to me[245] thou who art there inside,
Here is the hill[246] (of difficulty) without
here, the cold.

265. I haalele i makaulia i ke a,
I ke a lau maka ihe
He ihe, ke ae, he keiki na Kau
Ke hooweliweli mai la iaia;
Akahi no ka makau i ka makani.
270. E hoi ana no au i ka malino,
I ka pawapawa ahaaha o nikiniki,
I naoa no me he mea no uka la —
Ka maawe ala a ka waa e hele nei o ke kai.
O ke kai kanu koa, kanu hala, kanu lehua,

275. He lehua, ka noni, ke pua la i ke kai;
I ke kai ula loa e —.
Lolohili no a Kawaihae.
A Kawaihae hae na ukana,
Hana liilii ka ukana a ka huakai.
280. I hakalia ilaila hiki ka la;
Moe koke no i ke kula o Moolau i Puu-
huna.
Ka puu o Koaie i Waika; i Waika ia—e—
Kaha i ka hau, ka wai a ka la,
He la makili loa ka uka o Kaipuhaa.

285. Haa na makani, pa e paio nei,
Paio i ke alo o Makanipalua.
A oi lua ka maikai o Kohala,
I kuipeia e ka makani Apaa.
Ka laolao imu nahele kuakua loi,

290. Ka pae ko kea upepe o Kehei — e —
Mai Kohala waho no a Kohala loko,
E hea mai oe ia'u maloko na,
Eia ka puu o waho nei, he anu.

NOTES ON A LAMENTATION FOR KAHAHANA.

[These notes on the Kahahana Mele are based largely upon those of Judge Andrews, found with the original MS. in his study thereof for its translation, and though more applicable to the original version than the translation, they nevertheless throw much light on ancient Hawaiian thought and practice. It may seem presumptuous to attempt the alteration of so eminent a scholar's work, and is, in some parts, done with reluctance, yet a careful examination called for revision in places to modify admitted obscurities in his notes, which would doubtless have been done by himself had he prepared it for publication.— ED.].

[1]Kahahana, king of Oahu, was contemporary with Kahekili on Maui; he was beaten in battle by Kahekili and fled to the mountains, and was subsequently slain by his brother-in-law, Kumanoha, known also as Kekuamanoha.

[2]The author is supposed to voice the widow's lament as she sees the bodies of her murdered lord and his companion, Alapai, borne out on the canoe upon the lochs of Puuloa, on its way to Waikiki for their sacrifice.

[3]Pililua oe, you and your friend, you are one of two: O helelua, you two have gone together to Ewa.

[4]'A ka'u lani; lani, chief; also my chief.

[5]'O Kaapikikikolo, Kaawilikolo, to snatch up what comes to hand when one hurriedly flees from a pursuer. Olua ia lua mea; a phrase signifying no property, only their persons.

[6]Omeamea wale, a repetition of the familiar phrase signifying utter destitution, poverty, a forlorn state.

[7]I ka oneanea, to the solitude in Kawailele, a place in Ewa.

[8]Two names, Kahapuulono and Kapaikaualulu, are given for the drum in the temple of Kekeleaiku.

[9]Hiolani, name given Kahahana because he was a fallen chief; hio, decline, fall over; lani, a chief.

[10]Ka pueo kani kaua; oe understood, thou art the bird (pueo, owl) that sings of war.

[11]The names used here seem to imply a mental and physical condition rather than a locality.

[12]No ka welu hau, on account of the clumps of hau (a bush, *Paritium tiliaceum*), at Kupahu, there was Kahana (Kalohai).

[13]Puanakau, a term signifying an uncertain or approximate month in which Kahahana died, but shown as certain in the next line.

[14]Hionalele, etc., names of Kahahana.

[15]Hikimauelemauele, name of his companion (kona lua).

[16]Oia kai, i. e., that sea, near Ewa; ke awalau, many harbors; numerous entrances into the bay full of islands.

[17]Name of the canoe formerly belonging to Kahahana.

[18]E i! lau hoe ia ana ka lani, speak, he shall speak; lau a multitude; hoe, the paddles as the paddling multitude of men, sovereigns of the chief.

[19]Oia, he, Kahahana, is upon the pola, the deck of a double canoe.

[20]Leahi, serene in the calm, lends itself to the deceptive appearance at times of being separated by sea from the main land.

[21]The grass, land, etc., are brown by the summer sun. Makalii is the name of a single month, it applies to the hottest; it is also the name of a whole season of six months. Ke oho, grass likened to the hair; kukai, dipped frequently in the sea. It is said that persons made their hair brown by frequent bathing in the sea. Here ke oho kukai is the brown grass of Mauuenaena, a plain east of Waikiki.

[22]I enaena, that is burned, scorched, by the sea of Kalehuawehe, the name of the Waikiki surf at certain seasons.

[23]Aiohi, ancient name of that part of Waikiki, about the Kapiolani park entrance.

[24]Aloha na hoa, exclamation of the poet, compassion for the companions of the first surf of the season; when winter sets in, the highest surfs begin to dash upon the shore, these were called "ka nalu mua kau," the first season surfs, and were very high.

[25]Kulana kai, the state of the sea in the winter months, uncertain, some high, some calm.

[26]Kaulua has been dealt with erroneously in the original translation as a wintry month, a month to be remembered, etc. Kaulua is given as the fourth summer month, therefore its other meaning of a double canoe, which in its use as bearing the body of the dead chief, shown in the context, seems to better fit the case.

[27]He kaulua aloha, "an endeared canoe to the memory of Moholekinau" (an epithet of Kahahana), the chief.

[28]The man of the pali who had secreted himself enters Peapea, name of a land of Kahekili, affording a play on words.

[29]Hale pea lau niu, house made of coconut leaves; pea, leaves crossed as in braiding coconut leaves into a lanai cover.

[30]Hale pili ole, house unthatched, o ke kaha, on the sea beach, ke noho oe, there thou dwellest.

[31]I nanea ai oe, that you may be at ease, comfortable on this shore.

[32]Ua hele Kona, the people of Kona have gone; those of Koolau have forsaken you.

[33]Ua kuleana ole, etc., your rights at that shore are rejected.

[34]Ua kaha aloha la; that friendly shore where you two are sleeping is shown by the context to be death's shore.

[35]E kamaele kai kapu, thou like one benumbed in the forbidden sea; laahia keawe is somewhat obscure.

[36]E ka auwae ele lua, thou with a chin very dark, "lua," poetic for "loa" *ad interim*; i ele ka maka, whose eyes also are black.

[37]O ke kapu o ke alii, that is what is sacred to the chief or to which he has a right. It is said that black was a distinguishing mark of Kahekili and all his attendants and followers, hence, any such distinguishing mark on Kahahana, whether birthmark or tatooing, designated him as sacred to Kahekili.

[38]He pua laha ole nei no na moku, a flower not scattered or intended for the islands.

[39]Kamahao, wonderful the fate of Oahu's chief.

[40]I walea, comfortable, easy, is the chief at Kona, i ka lulu, on account of the quietness.

¹¹"I ka pohu wale, by the perfect calm o ka ua, i. e., the calm that often attends a waahia (waahila) shower.

¹²Akaaka ke kupa, the resident laughs—a poetic idea this. Haki na nalu, the surfs break.

¹³Huakai, the ridge of white foam on the top of a surf when it breaks, hence the white foaming surfs of Kauahui.

¹⁴I hui ia paha oe, thou (i. e., Kahahana) art united, perhaps; e moe mai la, he will sleep with you.

¹⁵A manawaohua, the sickness of dogs when they refuse all food except grass and leaves—applies to people when they have no appetite—i ka makani. Kahahana even loathed the breezes that fanned him. Pahola, mahola, the motion of the hands in spreading a cloth or kapa, hence the blowing of the Kaunulau wind which was to neutralize that which made Kahahana sick.

¹⁶E ku, let down the stone as an anchor, that the canoe be roped, i. e., fastened.

¹⁷I ka pali la oe; to the cliff, thou; to the salt plain; a directing command, with what follows, of the course of a departing soul. Alia—a salt pond—on Oahu, was the place where the souls of the dead were supposed to descend to the nether world.

¹⁸Kinimakalehua at the Maomao trees was one of the places where Kahahana hid himself. This is probably the same as *mao* (*Gossypium tomentosum*).

¹⁹Kinimakalehua was a small headland between Kahauiki and Leina a ka Uhane, a place where in former times the priests prayed and made offerings to the gods for the reception of the spirits before they leaped into Sheol.

²⁰Kahahana and friends are here called kanaka.

²¹A hiki moano ka lehua. Moano, a pale red color until the lehua (soldier) becomes red, i. e., until they (Kahahana and his friend) should die.

²²Ke koa i kau i ka la, the soldier (Kahahana) should be stretched out dead.

²³E kau ae i ka haka, erect the haka having the ensign, weloula, of a chief. A very high haka or a noble kapa or mat used in ceremonies of the chiefs is weloula. The poet here says to Kahahana to prepare the funeral ceremonies worthy of a chief (or yourself).

²⁴Ua ike paha oe, perhaps thou hast seen, O rain and sun, that this is the chief who lies here, naked.

²⁵E loloaikulani, to lie naked without covering, a word used only in poetry, now obsolete; aohe kapa, explanatory of loloaikulani.

²⁶Kalaninuimakahakumaikalani, a name of Kahahana that may be rendered by separate words. Hakuma is an epithet of ill-looking, angry countenance, applied to clouds when they threaten a storm. The prefix "makolu" intensifies this thought as thick, heavy, ominous.

²⁷Hakiwa o Lono, etc. Hakiwa is the dark blue when the sky and sea or land meet—now seldom used. It does not mean the sky overhead, nor does it apply to the clouds; Lono, an ancient god, the meeting of sky and ocean of Lono, that is the hakuma of heaven.

²⁸Ua uhane ololi, the chief has become a shrivelled, thin soul, a ghost. Ua hanehane ka leo, etc.—The Hawaiians supposed that near a burying ground, or where there were many dead bodies from a battle or other causes, there, or near there, the uhanes or ghosts met and wailed and talked; hanehane signifies this conference, hence it sometimes signifies low conversation or whispering, meaning the voice of the spirit calls to his companion in sleep, Alapai; ke hea for the present tense, for Alapai was slain with him, he was his aikane, intimate friend.

²⁹A name of Alapai.

³⁰He kama, a child, ia hoi la, indeed was he; he kamalei, a nurtured, fondled child. *Lei* is what is worn as an ornament of the neck, hence, what is greatly beloved, a child hugged to the bosom is a kamalei.

³¹Ka pali welau o Koolau, the extreme end of the long pali of Koolau. Alapai was from that place and joined Kahahana when he heard of his misfortunes.

³²His district is also entitled to sympathy in the death of this bosom companion. The notes had it "Koolau is also greatly to be pitied," which hardly seems deep enough.

³³Huakai malo lau ki; procession of ti-leaf malo wearers. The people of Koolau on account of the rain often exchanged their valuable kapas and malos for covering made of ti-leaves.

³⁴Ua baao, a soft frequent rain upon the mountains of Koolau.

³⁵Ua hanai, etc., thou, i. e., the rain thou feedest, nourishest the makahala, a plant growing only at Nuuanu.

³⁶Ke lu la, thou scatterest the first leaves, muo, new leaves as the coconut.

³⁷I ui wale ia oe; "ui" to salute, to pity, have affection for, which salute thee, O Kalauli, i. e., Kahahana.

³⁸Kahuoi has a small canoe, that will carry or contains a hog, hence a small canoe

³⁹Kuu hoike, etc., this, as preceding, is the language of Alapai to Kahahana: thou art or hast been my director in the wilderness.

⁴⁰Akahi o nohoia, just now thou wast an inhabitant here, but thou hast gone. This is the end of Alapai's speech.

⁴¹Kai noa, etc., expression of the poet, who thought his chief had gone to Kauai.

⁴²Ua ahai, to carry away; Mabuka has carried him "i ke ola," to a place of safety, ola la paha, there perhaps he will live. Mahuka an ancient journeyer of Oahu, from some secret going of his, it has now become an epithet, *hele mahuka*, i. e., to run away.

⁴³What is the man's offence, i.e., Kahahana's.

⁴⁴I hana ino ai, that he has grievously done against that sea? i. e., between Oahu and Kauai; the sea that bears away the ako and the ama, that is, it is broken to pieces.

⁴⁵Waa au, etc., canoe swimming on its bosom, that is floating in pieces. Ke ala e hiki ai, in this path, in this manner it got ashore.

⁸⁵Pae maele, that is, Kahahana and companion landed, shriveled, cold and weak, this is the meaning of maele. I ke ka honua signifies simply the shore for kaha honua, perhaps, or a poetic embellishment

⁸⁶Kuu ka luhi, loosed, finished, etc., the fatigue, compassion for you—the people of Oahu. He set out to go to Kauai, but the canoe being broken he was driven back and cast upon the shore of Oahu.

⁸⁷E kuu kaai kapu, O my sacred belt, kaai, same as kaei, the girdles of the chiefs were sacred. Liloa, a chief of ancient time on Hawaii.

⁸⁸The outer girdle, etc., i ka hala ia, that is his offence, his affliction perhaps; kui papa, etc., "break the board" seems to be an expression applied to the stripping of a chief or a man of all his property, honor, etc., i ke au for aupuni.

⁸⁹Noho i kai, he sits in solitude by the sea; Kamaaina aku la ka moana, *i. e.*, i or ma understood; he, the warrior, sits a resident by the ocean.

⁹⁰Lonokaeho, an ancient warrior having the body of a common man but very strong; his epithet "lae waka waka" was because he had a forehead projecting very much like a general's hat and so also behind, with their projections he whacked about in front and rear and laid men sprawling wherever he went.

⁹¹Elua olua, you are two; elua maua, we are two; that is, the poet and the wife of Kahahana.

⁹²Paiba, to unite as several persons for travel, unite together in the path ye men of Apua, place where Kahahana died.

⁹³O ko kaina ala, referring to their shadowed path revealed by the sun of Waianae.

⁹⁴Kaiaulu, name of the pleasant sea-breeze at Waianae. At Maui the same breeze is called "aa," at Kona, Hawaii, it is called "eka." Ke oho o ka niu, the leaves (hairs) of the coconut.

⁹⁵Komo okoa, the gentle wind enters wholly into the house which is grateful for its warmth, overcoming the chill of the mountain breeze which sleeps in the cold.

⁹⁶I ka makani anu, in the cold wind, he waikaloa, the name of the cold wind.

⁹⁷Loa, etc., long is the path to the traveler.

⁹⁸Hele hewa, i.e., Kahahana went astray, wandering in the Halemano shrubbery of upper Wahiawa.

⁹⁹The poet here pictures the whispering wind and gathering clouds acting in sympathy lest the slumbering stream be awakened.

¹⁰⁰Ka buakai hele, etc., the caravan is ascending.

¹⁰¹Uka lio,—lio, any place at a great distance off; among the forest trees; also the place where the stars are placed in the horizon.

¹⁰²E ke alii, the poet speaks to the chief Kahahana or his departed spirit.

¹⁰³Lou, the instrument (a long pole with fixture at the end) for reaching and picking breadfruit; loua, is the action of picking breadfruit with that instrument.

¹⁰⁴Muo, the tender leaf-bud; Kahahana is called the tender bud of heaven, and death has plucked him; loua, for louia.

¹⁰⁵Ka lani hoikea, the chief is exhibited; ka mea paha ia nei, this is what has just been done.

¹⁰⁶Ka hiamoe kapu, etc., the sacred or forbidden sleep of niolopua, name of a sleep. Kumahana, the Oahu chief immediately preceding Kahahana, was famous for his sleeping; when the people and lower chiefs came with food or presents, he was always asleep, the people called his sleeping "niolopua he kapu," because everything belonging to the high chief was kapu, and such sleeping was peculiar to him,—niolo, a nodding blossom, who slept throughout the day.

¹⁰⁷Moku i ke a'u, etc., torn, rent, "pierced is my chief by the a'u," *i. e.*, a large fish with a horn like the sword-fish, which kills men.

¹⁰⁸Ko kino loa—ko, genitive case, the length of whose body is like that of Kona.

¹⁰⁹I anana ia, who was a fathom long, i. e., Kahahana, a puehu ka loa, and more too; puehu is some indefinite measure, above, a larger one. If one measures a fathom, or a yard, and some is over, they say he anana a puehu, meaning there is some over.

¹¹⁰Hoi ha, he oiaio, that indeed is the truth, even so, that is the length of the chief, i. e., of Kahahana.

¹¹¹Like ole paha, or aole ona mea like, there is not his like.

¹¹²I loa ka lani, long time the chief, i moe i ke ala, lay in the road, that is, his dead body lay unburied.

¹¹³Moe oni ole ka lani, the chief lay without moving in the ea, dust. earth pulverized.

¹¹⁴Oia ke ea, that is, the dust of Kanenuhonua, an ancient chief of Ewa; thus Kahahana is said to lie in the dust of Kanenuhonua because the land mostly belonged to him.

¹¹⁵Huna aku la, hidden, concealed in the sky of heaven, i. e., his soul, while his body was defiled in the dust.

¹¹⁶"Liua" is said when a person has lost a thing and he looks about, here and there, while the thing itself lies all the while nearby; second, liua is when a person in diving under water by some means fills his mouth and eyes full of water, so for a time, he sees things indistinctly; the latter applies here, liua hoi ka maka, dim were the eyes in looking i ka nalo loa, for he was quite vanished.

¹¹⁷Kiowaikaala, name of a pond at Waianae, located in following lines. A poowai; fountain or source upland at Kalalau.

¹¹⁸Kou inoa, these are thy names from some supposed resemblance or excellency probably.

¹¹⁹Auwe kuu hoa, alas! My companion; this is the language of the poet; the article "ke" before Koolau is an anomaly unless it here becomes a part of the name or has some other signification.

¹²⁰Malanai, name of the trade-winds of or at Kailua.

¹²¹Ke ahe wale, etc., ahe, to fan like peahi, which constantly fans the leaves (oho) of the uki, a plant resembling bulrushes; grows only on Oahu.

[113]"Kula puukaa Ia, beautifully cultivated plain (of) Alele, seaward at Kailua, to the northeast of Kaneohe.

[114]"Ka pouli hau, the dark of the hau (trees inferred) i. e., the dark green of those trees; aoi for aole i hala, not traveled through, passed over.

[115]"Hala hoomau, constantly passed by—hele loa, they, the winds, pass along by the side but never go through the thicket of the hau.

[116]"Lu iho Ia, etc., thou hast scattered thy many bodies, oleoleo (numerous) i ka moana, in the ocean. The poet supposed that Kahahana had many bodies.

[117]"Ka maka hoaloha, the eye of friendship, ke kumu, the cause, o ka po, of his going to death; this is a beautiful line but the meaning is obscure.

[118]"Hookumu ka po—is understood; on account of his going to death, he had founded the night.

[119]"Ka po ka mole, etc., the bottomless pit is upon the foundation; ka weli, the sprouts, shoots of the chief, meaning "ka po" is the place where the chief has taken up his everlasting abode.

[120]"Pololuhi, dark obscurity; poweliweli, place where people are afraid to go on account of darkness, ghosts, etc.

[121]"Weliweli bakoi, heavy, saddening fear; lani bakoi, the heavy chief, hakoi, koikoi, heavy as in weight; weighed down as one carrying a heavy load.

[122]"Hakoi o kona nui ko aloha, weighed down, staggers under the greatness of his love.

[123]"Au wale ana au, etc., "au" to look around over a crowd or multitude sitting together; looking over the concourse; he aka ka ike, desiring the sight, i. e., I desire to see [my chief], language of the poet.

[124]"E oe ike, e oe for aole, not see, i. e., I do not see thee, ua nalo loa.

[125]"Ua laa i ke kai, he is sacred to the sea, devoted first; okia a Kane, "okia" for "oki ia e," cut off by Kane.

[126]"Aia i Kuaihelani, etc., there at Kuaihelani he has gone. This was an imaginary place away beyond Kauai, in some distant unknown region.

[127]"O ka onohi, is the eyeball; onohi ula is the appearance of the clouds shone upon by the sun and are red, a beautiful red cloud, hence the rendition of the line as given.

[128]"Kaeha, an ancient personage to whom Kahahana is assigned sacred relationship.

[129]"Elua olua, ye two, i. e., Kahahana and Alapai, his friend, lay in the calm [sea] of Kahaloa, a place at Waikiki.

[130]"Kamaaina, a resident, as is also kupa, but the latter has the deeper meaning of one born to a place as against one from elsewhere.

[131]"I uwe wale ae ia; he, i. e., Kahahana is greatly beloved by the people of Kona.

[132]"La loa, o Makalii the summer season with its long days.

[133]"E lawe ana, bearing away, i. e., the days, a reflection of the poet who was a friend of Kahahana; Koena aloha ilalo, carrying the remnant of friendship (lost friend) to the shores below; "Koena aloha" for "i ke koena o ke aloha."

[134]"I ka lani, even him, Kahahana, to heaven. "Ia" is in apposition with "koena" perhaps the accusative; thus, even him, thou hast carried to heaven, (kau koliko lani); placed on high, in the darkness, obscurity of heaven. Koliko, signifies after the sun has set and darkness begins to come on.

[135]"E uwe mai, have compassion; i ke keiki, on the child. The poet perhaps calls upon Kahahana to favor him as his child.

[136]"I hai, etc., mentioned, synonymous with olelo i o lahonua. This word signifies the time of distress and difficulty from which one is afterward delivered; here it refers to a proclaimed prophecy which had come to pass.

[137]"E momoe pu, that is, Kahahana and the child spoken of above.

[138]"I ke ahu kai (sea spray), the place between the breaking of the surf and shore.

[139]"Hookahi ka lani, one is the chief, i. e., one real chief [i] kaha aku nei, has gone, departed; kaha, like hele, to depart, go away.

[140]"O ka moku, o ka aina, synonymous terms, the division, the land is the second, i. e., all parts.

[141]"Hele, gone or traveled with a (buakai) large company, or procession; hoi ole, but return no more.

[142]"Ke alii puolani, the exalted chief: puo signifies the action of two waves or opposite surfs when they meet the water as its progress is stopped both ways ascending suddenly; hence to raise, to be exalted, renowned; lani, here, as often in other places, a mere expletive of intensity; sea of Peapea and Kamanu, places not now known.

[143]"Ka hookalakupua, the wizard, a person that hears unearthly sounds.

[144]"He kupua ka lani, a wizard is the chief [Kahahana] no ka moku, for the island, i. e., of Oahu.

[145]"Ke hakupehe, "haku" put together as words, "pehe" hesitatingly; ie nei kuu lani, "i" or "no" is understood or kuu lani may be the nominative, this my chief is commonly reputed here.

[146]"Palila belongs to age, "po." He is fabled to be a very ancient man famous for eating bananas; he was from darkness.

[147]"O ka lani ko ke ao, but the chief [Kahahana] is from the world of light.

[148]"Ua hoopapa, it is disputed [by men]; he alanui hele, the path he has gone, i. e., some said he was dead, some said he was not.

[149]"Ua ike, etc., we together know well.

[150]"I hele o ka lani, that the chief went at noon (awakea), i. e., openly, no secrecy.

[151]"I uhai paha; uhai, habai, he has followed perhaps kana wahine, his wife or probably another wife who died previously. This, or his surviving wife became the wife of Kahekili who conquered him.

[152]"Halualua, to become feeble [from the loss of Kahahana]; halua is the wrinkling of the skin, becoming flabby on account of old age.

[153]"I aloha ai, the wife referred to, beloved by ka lani hahai, the chief that is dead; "hahai" being thus used figuratively.

¹⁶¹"Hele lolopio ai ka lani; hele is another term for die, as we say he is gone, meaning he is dead. Lolopio is the straightening out of the limbs of a person as soon as dead, or when a person dies calmly and easily so that it is surely known when he is dead. No contraction of face or other muscles is hele lolopio, meaning, went off quietly.

¹⁶²Ui, poetical for uhi, covered; ka niau, the coconut leaf. The ancient custom of laying out chiefs was to lay the body in a sort of mat made of coconut leaves instead of a coffin.

¹⁶³Moe malie, sleeps quietly, applied to an infant.

¹⁶⁴Aia ko makuahine, there is thy mother i ko lealea, for thy pleasure, etc.,—repeated, that is, he sleeps quietly as when his mother soothed him to sleep.

¹⁶⁵Hoi hou, the chief has returned again to the time when he was tended, (biia for hiiia), tossed in the arms was the chief Kaumakoa, the king.

¹⁶⁶Kalole ka leo, lole to change the appearance of a thing, form, etc., he changed his voice.

¹⁶⁷He pe he pa have the same meaning and signify the modest sitting of females on the mat in distinction from the men, as they wore but the pa-u. To sit "pe" was to double up the lower part of the leg so as to conceal as much as possible under the pa-u and the upper part of the leg.

¹⁶⁸He mahu, paha, a hermaphrodite perhaps of Honokawailani. They supposed all such were from that place, but where it was no one knows.

¹⁶⁹He lani aimoku; a chief possessor of land [was Kahahana]. Note what has been said about Kaumakoa refers to Kahahana although another name is used. He was a possessor of land because he was a descendant of a line of chiefs.

¹⁷⁰He alii no ka moo; a chief by descent belongs to a line of kings.

¹⁶⁴Ka maka i ike, that sees with his own eyes, i papu ke kapu; ike is again understood before papu—papu, altogether, fully, throughout; ike papu to look at closely, examine with one's own eyes; i ke kapu, at the kapu.

¹⁶⁵Papu ka lani, the heavens are covered over with palamoa, thin fleecy clouds of a whitish cast, not fog, clouds that stand still, but the sun can shine through.

¹⁶⁶Kai mahamoe, kai moa, while referred to in the original notes as gravy for fish and fowl, carries no weight in its being located at Kailua over other places on Oahu, and has no connection with the cloud condition of the preceding line, or the wind effects which follow. It is rather the sea conditions at Kailua the poet refers to. Kai mahamoe is the smooth, glassy distant sea in a calm; kai moa, the feathery, foamy waves of Kailua's shore.

¹⁶⁷Luhe is the motion of the wings of the dragonfly to keep itself cool; the motion of one's kihei when riding on horseback on a gallop; lula, Same, meaning the king was fanned, cooled by the land breeze.

¹⁶⁸He hau ke ala; hau, the bush; hau, straight, straight is the path, he kumoena ololi; kumoena, the long narrow strip commencement of a mat.

¹⁶⁹E newa, to go carefully, look where one goes; o hea make i ka la: hea, to become weak, faint in traveling on a long hot journey.

¹⁷⁰Akua noho la i Puuokapolei, the god dwelling at Kapolei hill, [Kamao], at Ewa, the god of Kahahana where it was supposed his soul had gone.

¹⁷¹E hanehane mai ana, etc., the sun is wailing i na wahine o Kamao, on account of the women of Kamao, one of the entrances to the nether world.

¹⁷²Akua pee, i. e., Kahahana, a god that hides himself.

¹⁷³Pua ohai, the flower of ohai, a bush with beautiful blossoms; o ke kaha, dry land where taro will not grow, but potatoes will.

¹⁷⁴Walea wale, etc., i. e., Kahahana stands satisfied, contented, among the stones (ke a) as does the ohai trees.

¹⁷⁵Ulu kanu a Kahai, "kanu" for "kanuia" among the breadfruits planted by Kahai. At that place in Puuloa where Kahai introduced the breadfruit, and which is remarkable for the size of its fruits.

¹⁷⁶Oo, name of a small bird having a sharp bill (*Moho nobilis*).

¹⁷⁶E ka manu, by the bird of Kanehili; name of a land.

¹⁷⁸Ikea for ike ia, was seen.

¹⁷⁹Iluna above ka ohu Kanalio, the dense Kanalio, fog region of the birds. Winds hardly ever live in the regions where there are no clouds or shades.

¹⁸⁰Kela manu, etc., [ka uwau], is the name of the bird and some others which are caught by building fires in the night. Either through fright or for other reason, the birds fall so that they are caught.

¹⁸¹I hapapa, which flutters [jumps about, unable to fly] and is caught by men, through being, perhaps, confused, or dazzled by the light.

¹⁸²Honi i ka manu, the bird scents [the] hunakai o kai, spray of the sea.

¹⁸³I ka la la hoano, on a very sacred day (la kapu); i ka lele kai, by a very sacred altar: kai, sacred, set apart for sacred use.

¹⁸⁴Akua boea kai, a god having power over the sea at Oneula, a place of uncertain location.

¹⁸⁵Ua molowa wale, etc., the companions of Kahahana were slow, [indifferent] about following him.

¹⁸⁶Ua pauabo, etc., they had no perseverance, they forsook him.

¹⁸⁷Kamau, unsettled, unstable; lau, leaf of the pali, i. e., the edge, height, or extended point.

¹⁸⁸Ala holopapa laau, etc., a wooden bridge is the path.

¹⁸⁹I awa no ka waa. Signifies the purpose of the aforesaid bridge as a runway for canoes of Hamakua, i pii ai, whereby they ascend for landing above. This method of canoe-landing on the rocky coasts is spoken of by Rev. W. Ellis in his "Tour of Hawaii," and is further described and illustrated in the Hawaiian Annual of 1910, page 97, as still practiced on the Puna coast of Hawaii.

¹⁹⁰Kuileiakamohala, name of the land which has that method for the use of its canoe.

¹⁹¹E kala, long ago—not lately—either with or without the negative.

¹⁹²Imo aku la, etc., as we would say, in the twinkling of an eye, he was gone.

¹⁹³Lele Uli e, etc.; five lines from this point are a short specimen of prayer to the god Laka. Petition and adoration are said to be united.

¹⁹⁴Kaili aina is the common expression respecting one dying suddenly without any previous sickness

¹⁹⁵Ooki, cut or marked, i ke one kapu, in the forbidden sand of Kaha; kaha, abbreviation of kabakai, sea-beach.

¹⁹⁶Pouli ka ua, dark was the rain; moku pawa, "pawa" is the dark cloud or the sky that looks dark by contrast when the beams, rays of the sun first appear. The "pawa" is the darkness whether in sky or cloud that is broken away by and appears over the light.

¹⁹⁷Lele hoopoo, etc., "hoopoo" used mostly poetically, headforemost, careless of consequences, as when one in battle determines not to run, and rushes into the fight, or when one determines to speak to the chief, he rushes on, speaks, life or death; so the rain fell upon the lauhala trees

¹⁹⁸I ke poo, etc., upon the heads of the hala *(pandanus)* of Hanau, name of some small place probably.

¹⁹⁹Hanau mai, brought forth ke akua olelo, the speaking god.

²⁰⁰Akua pahulu, was the god who could carry people off in their sleep if they had eaten certain dried fish (amaama and weke). If a person in eating had his mouth smeared and should hear these words: "Oia hoi, oia hoi," or "hohe, hoha", and fall asleep, he would be sure to be carried away and laid in another place, without however being killed.

²⁰¹Kaha aku nei, etc., *kaha*, sea beach, side of a river; Kama, name of a land.

²⁰²Lei o Moopuali, wreath or crown of Moopuali; Kama and Moopuali are names of places not now known.

²⁰³Alii o ke kai ahua moku, chief of the high swelling sea; kai ahua moku signifies kai mimiki, when the sea swells and flows over the land; moku, refers to the breaking down of homes, fences, etc.

²⁰⁴O ka moku o Maakaina, even the land of Maakaina.

²⁰⁵Kaina for kaikaina, kaina oe, thou the younger brother, the older that, of the chief.

²⁰⁶Ilaila ka ike, etc., there is knowledge indeed and righteousness.

²⁰⁷O'u mau kaikunane (used here in place of hoa, companions); hoomau hele loa, constant in traveling onward.

²⁰⁸Aia laua ihea, refers perhaps to Kahahana and his friend. [Lines 239 to 253 inclusive are supposed to be additions and do not belong to the original. Andrew's notes include them, as above, as also the following addition to the Kanikau of Kahahana marked "incerto auctor." Ed.]

²⁰⁹Kaia na for kaiana; ka to dip as in bailing water, the motion of the hand in bailing water or in fanning. The kalana (district or county) is being fanned, e luhe ana, it is lulling by the calms, "luhe" is to hang pendulous like the large branches of trees when no wind.

²¹⁰Pua ia kae; pua here signifies to dive, kae signifies the border or edge; pona is the lower cavity of the eyebrow, between the brow and the ball of the eye, the under part of the arch. Pona waa is the arch or circle of canoes in some sorts of fishing.

²¹¹Hoo—ka pali, is implied, smooth is the cliff; niania i ka la, smoothed by the sun.

²¹²Hoi koana, diminishing; when wind or rain has been powerful and diminishes to its regular standing, it is said to hoi koana, return to its littleness again. Laiewaha, name of a place in Kona, near Kau, Hawaii.

²¹³Hoowaha keiki, etc., waha, also hoo, to seize one's property and carry it off before his eyes. Pohu, calm, but what the whole means is not clear.

²¹⁴A ai pili; a ai, a negative, aole, aobe, a oe, etc.

²¹⁵Kauna, a contraction of Kaunanamauna on the boundary line between Kona and Kau.

²¹⁶A oi na; oi is like ai in the foregoing line, na to assuage, still, quiet. It [the calm] is not still, *i. e.*, there is no calm on account of the winds of Kau.

²¹⁷Ke haaino mai la, has reference to the disaster of a boisterous wind, the squally conditions, it may be of Kahaanaweli, name of a place.

²¹⁸Weliweli, anything dreadful or causing fear.

²¹⁹Ka ino o na Puuapele, at Piliwale, likely had reference to an explosive volcanic eruption at that place, and would make the following lines clear.

²²⁰I balibali mai ka ia'u, which was indeed broughtto me; a waiho kahua haalele, and outside of the house left there.

²²¹Haalele i makaulia, "left for his fear"—fear of the *a* lava stones.

²²²Ke a lau make ihi, stones having edges like the adz, or spear; ihe, very sharp.

²²³Ile ihe, a spear; ke ae, name of an east wind, a child of Kau.

²²⁴Ke hoo—etc., the wind scares him.

²²⁵E hoi ana, etc., I am returning i ka malino, in the calm.

²²⁶I ka pawapawa; pawa is the surface of a garden patch that one has smoothed all over, so a smooth surface of the sea, pawapawa, very smooth. Ahaaha, root not found, relating to a calm or smoothness of surface. Niki niki, onionio, spotted as the sun in a calm.

²²⁷I naoa past for naoia—nao, naonao, to reach after, to take, reached after.

²²⁸Ka maawe ala, the faint track, a ka waa, of the canoe, e hele nei o ke kai coursing on the sea.

²²⁹It is said any vegetables thrown into the sea in Puna never fail to come ashore at Kau, hence, the sea is red, covered with the blossoms of the lehua, and the noni.

²³⁰Lolohili is to go crookedly, zigzag, along a great distance—characteristic of the Kawaihae road.

²³¹A Kawaihae, on arrival at Kawaihae, "ua" implied, ha'e na ukana, the baggage is broken.

[250]"Moe koke, sleep early, i ke kula, in the plain of Moolau in Puuhuna, between Waimea and Kohala.

[251]"Ka pua o koaie, the blossom of the koaie *(Acacia koaia)* a tree whose leaves resemble the koa but the timber is much harder. Waika, a place in Kohala.

[252]"Kaka i ka hau, etc., strike off the dew, the water of the day.

[253]"Makili loa, very high is the sun, above in the upland of Kaipuhaa.

[254]"Haa na makani, the winds dance, pa, etc., strike and contend together.

[255]"Paio i ke alo, etc., contending in the presence of Makanipalua, (lit. two-fold divided wind).

[256]"Aoi for aole lua, there is no second, none like the goodness of Kohala.

[257]"Kuipeia, struck upon or pounded by the wind Apaa, name of a north or northwesterly wind.

[258]"Ka laolao imu, the brush oven-wood, laolao is the small fuel used in the wood ovens, nabele, etc., grows spontaneously at or near the taro patches.

[259]"Ka pae, the border; ko kea, white cane; upepe, easily broken, from its soft character. Pae is a border of land usually planted to something different from the land generally

[260]"Mai, etc., from the outside to the inside Kohala. In the northern section of that district its people designate the western end the outside, and the eastern, windward, end, the inside.

[261]"E hea mai, etc., call to me; malokona, there inside—Kohala inferred.

[262]"Eia ka puu, here is the hill, the difficulty, the sin; owaho nei, outside here, the cold.

On Hawaiian Rank.

SOME years ago, in the spring and summer of 1883, a sharp and bitter controversy arose between the two native Hawaiian newspapers, the *Kuokoa* and the *Elele Poakolu,* as to the *dignus* and *status* of the Hawaiian nobility in olden time and more especially the rank and pretensions of two families, of which the *Kuokoa* represented one, and the *Elele* the other. I noted and made memoranda of the controversy for further use, but as the legislative committee on the genealogy of the chiefs had been appointed and was supposed to be actively at work at that time, I looked upon the controversy of the two newspapers as an intrusion, if not an impertinence, and reserved my own opinion on the subject in dispute until said committee should have, in a manner authoritatively, settled and published the rules for determining the ancient degrees of nobility, their number and their relative status with their kapus or privileges, whether inherent and inalienable or incidental and changeable.

At the legislative session of 1884 said committee on the genealogy of the chiefs made a report which no doubt was very valuable for the information it rendered on many subjects, but through some unfortunate oversight it did not touch on the genealogy of the chiefs, and I and the public generally were left in doubt as to the position that the committee would take touching the rank and privileges of the nobility. The committee, however, was continued in its labors by the legislature of 1884, and during these last two years expectation stood on tip-toe among not a few of His Majesty's subjects, whose family records tell them that the blue blood of the Kawelos, the Kakuhihewas, the Kaulaheas, the Kiha-nuis and Keakealanis, is still coursing in their veins as well as in those of their sovereigns, and whose public recognition as such descendants depended on the faithful, intelligent and impartial investigation of said genealogy committee. The legislative session of 1886 has closed, but the committee on the genealogy of the chiefs, whatever may have occupied its attention during the last two years, has not spoken on the subject which was especially entrusted to it.

Unable, therefore, to ascertain from the committee which families, claiming descent from the ancient *noblesse,* it would have recognized as entitled to a page on "The Golden Book" of the Hawaiian *alii;* and equally uncertain as to the rules, methods or principles the committee might have adopted in order to decide, first, whether a person was a noble at all, secondly, what is or would have been his rank and status under the old regime, before nobles created by the king plus the Constitution filled the seats in the Hawaiian House of Lords formerly, up to 1845 and 6, occupied by native born Hawaiian chiefs. Unable to find this out from the committee, I am obliged to fall back upon my own resources, such as the reading of the ancient legends and chants, and the writings of those Hawaiians who wrote upon the subject some thirty or forty years ago, before the rising generation became smitten with the mania of interpolating history and fabricating genealogies to order.

Under the old regime there certainly were ranks and degrees of nobility, well understood and scrupulously observed, with their accompanying kapus and privileges. A *pio* chief, or chiefess, out-ranked a *niau-pio*, or a *naha*, but these three classes could claim the *kapu-moe* (prostration) from the other nobility and from the commoners, and were exempt, I think, from rendering that observance to each other. The distinction between the three was social rather than political, and time and circumstances generally determined how far the etiquette, due from each to each, should be enforced or relaxed.

. . To explain the relation of these three classes of the nobility I would say that by "*niau-pio*" was understood the very highest cast, not only by descent but also by power, such as the sovereigns of the islands, the *moi*, their children—if the mothers were of sufficient rank—and the *aimoku*, or district chiefs. By *pio* was understood the children of a brother and sister or half-brother and half-sister, whose parents were both *niau-pio*. By *naha* was understood the children of a father with his daughter, or an uncle with his niece, both the parents being *niau-pio*. To illustrate: Keawe-i-kekahi-alii was king of Hawaii and Kalanikauleleiaiwi was his half-sister, both from the same mother, though with different father. Keawe and Kalanikaulele cohabited and their children Keeaumoku (k) and Kekela (w) were *pio* chiefs as well as *niau-pio*. But Keawe had another wife named Laamaikanaka from the powerful I family in Hilo, with whom he had a son Kalani-nui-amamao, who was the oldest, who succeeded his father as *moi* or sovereign, who was a great *niau-pio*, but was not a *pio* like his half-brother Keeaumoku. Kalanikaulele had other husbands, among whom I need only mention Lonoikahaupu, the king of Kauai, with whom she begat Keawepoepoe, the ancestor of the present reigning family, who was a *niau-pio* but was not a *pio*. And similar examples may be drawn from all the islands.

Again the same Keawe-i-kekahi-alii with his wife Laamaikanaka had a daughter called Kaohiokaka. With this daughter Keawe cohabited and she bore a daughter called Kekaulike. That daughter was a *naha* chiefess under the old heraldry. This Kekaulike cohabited with her mother's brother Kalaninuiamamao and begat a son named Keawemauhili. That son was a *naha*, as well as his mother and hence he was frequently called Keawe-wili-lua (Keawe-twice-turned)

These three classes and the rest of the recognized nobility formed what was called the *papa-alii* by a general term, or the *aha-alii*, the convocation of nobles, the "Ritterstand."

Below the three classes above named the *papa-alii* recognized several gradations of nobility; but they were social rather than political distinctions. Thus a child born of a *niau-pio* chiefess and a chief not a *niau-pio* took precedence of a child born to a *niau-pio* chief with a chiefess not *niau-pio*. In fact the mother's rank invariably prevailed over that of the father, with certain exceptions, as when the father publicly acknowledged and adopted the child as his own, although the mother's rank may not have been equal to the father's.

The descent from being a *niau-pio*, a *pio*, or a *naha*, to one of the inferior degrees of the *aha alii* of the nobility, took several generations to accomplish. The writer in the *Kuokoa* newspaper, to whom I have referred, speaks of *wohi*, *lo alii*, *alii papa*, *lokea alii, laauli alii,* and *kukaepopolo,* as distinct grades of nobility, one above the other in the order named. My reading and acquaintance with the ancient rules of heraldry do not correspond with such a classification.

The *wohi* was a function, an office, not a degree of nobility. It had its peculiar privileges, among which was the exemption from rendering the *kapu-moe* to the sovereign, the *moi.* Its duties were that of a prime minister, and on public occasions the *wohi* walked in front of the sovereign to see that the ceremonial was duly performed and that everybody else, who was not exempt, duly observed the *kapu-moe.* Like many other institutions it tended to become hereditary. Thus the son of a *wohi* under one sovereign was most likely to become the *wohi* under the son of that sovereign; but when the dynasty changed the *wohi*-ship changed also. Thus the *wohi* of Kumahana, King of Oahu, was no longer the *wohi* of Kahahana, who succeeded Kumahana as the head of a new dynasty. Thus the *wohi* of Kalaniopuu, King of Hawaii, was no longer the *wohi* when Kamehameha I. had obtained the ascendancy. The *wohi*-ship was peculiarly an institution on the leeward islands, Oahu and Kauai, and was only comparatively lately introduced on Maui and Hawaii. While the office lasted the privileges attached to it were exercised and enforced; when the office lapsed, the privileges ceased, and the late incumbent was simply a *naiu-pio,* or a chief of less degree, as the case might be. Keawemauhili was the *wohi* of his nephew *Kiwalao,* King of Hawaii; Keliimaikai was the *wohi* of his brother Kamehameha I.; but neither the children of Keliimaikai claimed, or were awarded the privileges of a *wohi* after the death of their parents. The precedence that a *wohi* obtained over other nobles was in virtue of his office alone, and as temporary as the incumbency of that office. The last Hawaiian *wohi* was Keliimaikai, the aforesaid brother of Kamehameha I.; and his son Kekuaokalani might have remained *wohi* under Liholiho, Kamehameha II., had he not rebelled against him.

The *lo* was not, as the *Kuokoa* writer assumes, a specific name for one of the degree of nobility. It was a patronymic, distinguishing a certain family on Oahu. The first known in Hawaiian legends and history was Lo Lale, the brother of Piliwale and Kalamakua, sons of Kalonaiki, the Oahu sovereign. *Lo* was a title or epithet exclusively belonging to Lale's descendants. What the occasion of the title, or what kapus and privileges, if any, it conferred, I have been unable to ascertain. As a degree of nobility *lo* was unknown throughout the group. As a title, or sobriquet, it was never assumed by any one who could not clearly trace his descent from that first *Lo Lale,* lord of Lihue and adjoining lands in Ewa and Waialua.

The division of the nobility which the *Kuokoa* writer designates by the names of, *alii papa* and *lokea-alii* are unknown to me. They do not occur in the old meles or kaaos, and I know not their origin. These, as well as the other divisions, which he designates by the names of *laauli alii* and *kaukau alii,* were all recognized nobles, *alii* of the *papa alii* or the *aha alii;* local circumstances and social conventionalities determining generally for the time being the precedence due from one to the other. Their privileges, prerogatives and kapus, be they great or small, whether derived from mother or father, were theirs by birth or inheritance. A chief of the *papa alii* may not deem it practicable, expedient or prudent to exact those privileges and kapus at times, but his right to their observance none could deprive him of. During the frequent wars which harrassed the country in former days a chief may have lost his lands and possessions and been driven into exile and reduced to poverty and there be no one left to do him homage, or observe the kapus towards him, or he might never have had land and subjects assigned him from his infancy. But if fortune smiled upon him and if, through the strength of his spear or the favor of his sovereign *moi*, he reconquered the paternal domain or obtained another, he simply resumed the rights and kapus which had been lying in abeyance during poverty and exile. Some families never recovered from such a disaster, but their descendants retain to this day their rank unimpaired and the rights which that rank conferred, though it may not be prudent or practicable to exact them. To illustrate the vicissitudes of the aristocracy during the last 150 years: The old nobility of Molokai, the descendants of Maweke of Nuakea, of Keoloewa, circumscribed in territorial possessions certainly, but as lofty and as pure in its blue blood as any of Oahu or Kauai were, with the exception of one family destroyed, despoiled and exiled by Peleioholani of Oahu in vengeance for the death of his daughter, Kulanihonuaiakama, who was treacherously killed by some chiefs of windward Molokai. Thus the Oahu chief families, the descendants of Maweke of Laakona, of the Kalonas[?], went to the wall and were despoiled by Kahekili of Maui, after his conquest of the island, not one Oahu chief of the ancient nobility remaining in possession of his hereditary lands. Death, flight and exile were their portion. Thus the Maui aristocracy, the descendants of Haho, of Eleio, of Piilani, with the exception of the few who joined the conquering party, were despoiled after the conquest of the island by Kamehameha I. Thus, though somewhat later in time, the Kauai aristocracy, the proud descendants of Maweke, of Ahukini-a-Laa, of Manokalanipo, were almost literally exterminated or reduced during the insurrection of Humehume against Liholiho, Kamehameha II. As for the Hawaiian noblesse, the descendants of Hikapoloa, of Pilikaeaea, of Kiha-nui-lulu-moku, how many have survived the internecine wars that followed the death of Keawe-i-kekahi-alii and the death of Kalaniopuu? Where are the scions of Imakakaloa of Puna, of Piena of Kau, of Palena of Kohala, and others too numerous to mention? What would have been the fate of the illustrious and once powerful house of I of Hilo, the descendants of Liloa and Piilani, had not a lucky accident ranged Keawe-a-Heulu on the side of three other chiefs, whose spears and whose counsel raised Kamehameha I. on the throne? As it was, other adverse circumstances afterwards nearly brought that house to its ruin, when another turn of fortune's wheel placed it on the top of the ladder. But who will venture to say that during this partial eclipse for more than two generations, when for prudential reasons its white *puloulou*, or its day-light torches were no longer visible, its kapus, its rights, its privileges, or its rank had been forfeited, diminished, or lost through non-observance? Who will dispute the rank and the kapus of Keawemauhili's descendants through Elelule and Kuhio, backed as they were by the royal escutcheon of Kamakahelei of Kauai? And yet the heirs to that rank were ignored and their kapus slumbered for more than fifty years, until of late their former status has been restored. Who will deny the rank and heraldic consideration due to the descendants of the great house of Kualii of Oahu, either through his son Peleioholani or his daughter Kukuiaimakalani, many if not most of whom, have not at present land enough of their own to be buried in, and whose only remaining heirlooms are the consciousness of their rank and their family chants, their *uncle inoa* which at one time were solicited, but solicited in vain, by even so proud a king as Lot Kamehameha V

There was an expression used in olden times to designate certain chiefs, male or female, which expression in those days did not mark a fixed or certain degree of nobility, but was a relative term of a large degree of elasticity. That term was *kaukau-alii*. In later and modern times the term has been made to imply inferiority and dependence. To illustrate: In olden time the children of Hakau-a-Liloa looked upon the children of Umi-a-Liloa, their cousins, as *kaukau alii* compared to themselves, though the sovereignty of Hawaii and the highest political kapus rested with the latter. Thus the children of Ka laninuiamamao and of Keeaumoku of Hawaii looked upon the children of Kumukoa and of Awili, their cousins, as *kaukau-alii*.compared with themselves. Thus Kalaipaihala, the son of Kalaniopuu of Hawaii, was a *kaukau-alii* to his brother Kiwalao, although he was a *niau-pio* chief in his own right. The term was relative and did not mark a degree of nobility.

Chronological List.

EVERY people, possessed of some culture or civilization, attempts to preserve a record of its past, whether that record is handed down orally, or by some sort of writing. With the Hawaiians as with their Polynesian congeners everywhere, such records were passed down orally from father to child, or from master to disciple, within the professional circle of those to whom immemorial usage has consigned the preservation of them. But history, or a record of the past, would become unintelligible and rank confusion unless set forth or arranged upon some system of chronology. Some peoples counted time by the number of generations from some common ancestor; some counted by the length of reign of each successive king or chief; some counted each individual year within a, by them, generally adopted era. The Hawaiians counted by generations of their principal chiefs or kings. They started from Wakea as a common ancestor of all the chiefs on all the islands of the Hawaiian group; but, for convenience or clearness sake, time was counted by either of the reigning families on the four principal islands: Kauai, Oahu, Maui, or Hawaii. Thus an event, worthy of being preserved on the national records, was said to have occurred "in the time of"—"*i ke au o*"—such or such a prominent chief of this or that island; and, in order to ascertain when, the generations were counted either down from Wakea, or more generally up (back) from the then present generation. Thus Hawaiian chronology was not very exact, it must be admitted; but to a people, who depended entirely upon the faithful memory of their bards and priests, it was sufficiently approximate to bring order and sequence in their unwritten records of the past. To us, of a later and more developed civilization, the exactitude of dates is of the very essence of history, or at least one of its most necessary elements; but an approximation to truth satisfied the ancient Hawaiian.

In my work, "The Polynesian Race, its Origin and Migrations," Vol. I, p. 166, I have approximately fixed the period of Wakea at about 190 A. D., and the length of a generation, for the purposes of historical computation, at 30 years. Counting 13 generations after Wakea we arrive at Nanaulu, in whose time the Hawaiian group was undoubtedly occupied by the Hawaiian branch of the Polynesian Race, say 580 A. D. Continuing on the genealogical line of Nanaulu, as the safest and most correct, we arrive after 15 more generations, or 450 years, at the period of Maweke, say 1030 A. D., when that remarkable intermigratory movement between the southern and northern Polynesian groups, of which their legends and chants give so ample evidence, had already commenced. From Maweke down, therefore, Hawaiian chronology may be computed from any of the leading genealogies, counting Maweke as No. 29, Paumakua as No. 30, Pilikaeaea as No. 31 from Wakea.

Thus, to take only two genealogies out of many, we get the following approximate, chronological lists, viz:

(312)

	OAHU			HAWAII	
No		*A.D.*	*No.*		*A.D.*
29.	*Maweke*	1030			
30.	Mulielealii	1060			
31.	Moikeha	1090	31.	*Pilikaeaea*	1090
32.	Hookamalii	1120	32.	Kukohau	1120
33.	Kahai	1150	33.	Kaniuhi	1150
34.	Kuolono	1180	34.	Kanipahu	1180
35.	Maelo (w) and Lauli-a-Laa (k)	1210	35.	Kalapana	1210
36.	Laulihewa	1240	36.	Kahaimoelea	1240
37.	Kahuoi	1270	37.	Kalaunuiohua	1270
38.	Pua-a-Kahuoi	1300	38.	Kuaiwa	1300
39.	Kukahiaililani	1330	39.	Kahoukapu	1330
40.	Mailikukahi	1360	40.	Kauholanuimahu	1360
41.	Kalona-iki	1390	41.	Kihanuilulumoku	1390
42.	Piliwale	1420	42.	Liloa	1420
43.	Kukaniloko (w)	1450	43.	Umi-a-Liloa	1450
44.	Kalaimanuia (w)	1480	44.	Kealiilokaloa	1480
45.	Kaihikapu-a-Manuia	1510	45.	Kukailani	1510
46.	Kakuhihewa	1540	46.	Kaikilani (w)	1540
47.	Kaihikapu-a-Kakuhihewa	1570	47.	Keakealanikane	1570
48.	Kahoowahaokalani	1600	48.	Keakamahana (w)	1600
49.	Kauakahi-a-Kahoowaha	1630	49.	Keakealani (w)	1630
50.	Kualii	1660	50.	Kalanikauleleiaiwi (w)	1660
51.	Peleioholani	1690	51.	Keawepoepoe	1690
52.	Kumahana	1720	52.	Kameeiamoku	1720
53.	Kaneoneo	1750	53.	Kepookalani	1750
54.	Kapuaamohu (w)	1774	54.	Aikanaka	1780
55.	Kinoiki (w)	1804	55.	Keohokalole (w)	1810
56.	*Kapiolani* (w) born	1834	56.	*Kalakaua* born	1836

	HAWAII			MAUI	
No		*A.D.*	*No.*		*A.D.*
			30.	Paumakua	1060
31.	Pilikaeaea	1090	31.	Haho	1090
32.	Kukohau	1120	32.	Palena	1120
33.	Kaniuhi	1150	33.	Hanalaa	1150
34.	Kanipahu	1180	34.	Mauiloa	1180
35.	Kalapana	1210	35.	Alo	1210
36.	Kahaimoelea	1240	36.	Kuhimana	1240
37.	Kalaunuiohua	1270	37.	Kamaloohua	1270
38.	Kuaiwa	1300	38.	Loe	1300
39.	Kahoukapu	1330	39.	Kaulahea I.	1330
40.	Kauholanuimahu	1360	40.	Kakae	1360
41.	Kiha	1390	41.	Kahekili I.	1390
42.	Liloa	1420	42.	Kawaokaohele	1420
43.	Umi-a-Liloa	1450	43.	Piilani	1450
44.	Kealiiokaloa	1480	44.	Kiha-a-Piilani	1480
45.	Kukailani	1510	45.	Kamalalawalu	1510
46.	Kaikilani (w)	1540	46.	Kauhi-a-Kama	1540

48.	Keakamahana (w)	1600	48.	Lonohonuakini	1600
49.	Keakealani (w)	1630	49.	Kaulahea II.	1630
50.	Kalanikauleleiaiwi	1660	50.	Kekaulike	1660
51.	Keawepoepoe	1690	51.	Kamehamehanui Kahekili	1690
52.	Kameeiamoku	1720	52.	Kalanikupule	1720
53.	Kepookalani	1750	53.	Kueliko	1750
54.	Aikanaka	1780	54.	Kalili	1780
55.	Keohokalole (w)	1810	55.	Pinao (w)	1824
56.	Kalakaua	1836			

OAHU

HAWAII

Kapiolani (w)	1834		Kalakaua	1836
Kinoiki (w)	1804		Kapaakea	1806
Kapuaamohu (w)	1774		Kamanawa II	1780
Kaneoneo	1750	1744 [1]	Alapaiwahine (w)	1750
Kumahana	1720	1714	Kaolanialii (w)	1720
Peleioholani	1690	1684	Kalaninuiamao	1690
Kualii	1660	1654	Lonomaaikanaka (w)	1660
Kauakahi-a-Kahoowaha	1630	1624	Ahu-a-I	1630
Kahoowahaokalani	1600	1594	I	1600
Kaihikapu-a-Kakuhihewa	1570	1564	Makua (Kapoholemai)	1570
Kakuhihewa	1540	1534	Keawenuiaumi Kumulae	1540
Kaihikapu-a-Manuia	1510	1504	Piikea Umi	1510
Kalaimanuia (w)	1480	1474	Laielohelohe	1480
Kukaniloko (w)	1450	1444	Kalamakua	1450
Piliwale	1420	1414	Kalonanui	1420
Kalonaiki	1390	1384		
Mailikukahi	1360	1354		
Kukahiaililani	1330	1324		
Pua-a-Kahuoi	1300	1294		
Kahuoi	1270	1264		
Laulihewa	1240	1234		
Maelo (w) and Lauli-a-Laa	1210	1204		
Kuolono	1180	1174		
Kahai	1150	1144		
Hookamalii	1120	1114		
Moikeha	1090	1084		
Mulielealii	1060	1054		
Maweke	1030	1024		

OAHU

KAUAI

No.		A. D.	No		A. D.
29.	Maweke [2]	1030			
30.	Mailelaulii	1060	30.	Paumakua (Oahu)	1060
31.	Moikeha	1090	31.	Kumakaha	1090
32.	Hookamalii	1120	32.	Luahiwa	1120

No.			No.		
33.	Kahai	1150	33.	Ahukai	1150
34.	Kuolono	1180	34.	Laamaikahiki	1180
35.	Maelo (w) and Lauli-a-Laa (k)	1210	35.	Ahukini-a-Laa	1210
36.	Laulihewa	1240	36.	Kamahano	1240
37.	Kahuoi	1270	37.	Luanuu	1270
38.	Pua-a-Kahuoi	1300	38.	Kukona	1300
39.	Kukahiaililani	1330	39.	Manokalanipo	1330
40.	Mailikukahi	1360	40.	Kaumakamano	1360
41.	Kaonaiki	1390	41.	Kahakuakane	1390
42.	Piliwale	1420	42.	Kuwalupaukamoku	1420
43.	Kukaniloko (w)	1450	43.	Kahakumakapaweo	1450
.44.	Kalaimanuia (w)	1480	44.	Kalanikukuma	1480
45.	Kaihikapu-a-Manuia	1510	45.	Ilihiwalani	1510
46.	Kakuhihewa	1540	46.	Kauhi-a-Hiwa	1540

OAHU

No.		A. D.
46.	Kaihikapu-a-Kakuhihewa	1570
47.	Kahoowahaokalani	1600
48.	Kauakahi-a-Kahoowaha	1630
49.	Kualii	1660
50.	Peleioholani; Kukuiai (w)	1690
51.	Peleioholani, died	
	Kalanipoo (w)	1770
52.	Kumahana, dethroned	1773
53.	Kahahana, conquered by	
	Kahekili	1783
54.	Kahahana, slain	1785

KAUAI

No.		A. D.
46.	Kanei-a-Haka (w) and	
	Kealohi (k)	
	Maikai	1570
47.	Kapulauki	1600
48.	Kuluina (w)	1630
49.	Lonoikahaupu	1660
50.	Kaumeheiwa	1690
51.	Kamakahelei (w)	1740
52.	Kaumualii, last king;	
	Kapuaanohu (w)	1778
53.	Kinoiki (w)	1808
54.	Kapiolani (w)	1834

HAWAII

Kalakaua		1836
Keohokalole (w)	1810	1806
Aikanaka	1780	1776
Kepookalani	1750	1746
Kameeiamoku	1720	1716
Keawepoepoe	1690	1686
Kalanikauleleiaiwi (w)	1660	1656
Keakealani (w)	1630	1626
Keakamahana (w)	1600	1596
Keakealanikane	1570	1566
Kaikilani (w)	1540	1536
Kukailani	1510	1506
Kealiiokaloa	1480	1476
Umi-a-Liloa	1450	1446
Liloa	1420	1416
Kiha	1390	1386
Kauholanuimahu	1360	1356
Kahoukapu	1330	1326

OAHU.

Kapiolani (w)		1834
Kinoiki (w)		1804
Kapuaamohu (w)		1774
Kamakahelei (w)		1740
Kaumeheiwa	1690	1714
Lonoikahaupu	1660	1684
Kuluina (w)	1630	1654
Kapulauki	1600	1624
Kanei-a-Haka	1570	1594
Kauhi-a-Hiwa	1540	1564
Ilihiwalani	1510	1534
Kalanikukuma	1480	1504
Kahakumakapaweo	1450	1474
Kuwalupaukamoku	1420	1444
Kahakuakane	1390	1414
Kaumakamano	1360	1384
Manokalanipo	1330	1354
Kukona	1300	1324

Kahaimoelea	1240	1236	Ahukini-a-Laa
Kalapana	1210	1206	Laamaikahiki
Kanipahu	1180	1176	Ahukai
Kaniuhi	1150	1146	Luahiwa
Kukohau	1120	1116	Kumakaha
Pilikaeaea	1090	1086	Paumakua

Events in Hawaiian History.

I N FORNANDER'S manuscript the genealogical tables given above are followed by "Events in Hawaiian History," which listed important events from 1527 to 1887. This was published as a supplement to Hitchcock's Hawaiian Dictionary, which appeared in 1887. Hawaiian events since 1887, also comments on occurrences before that date, are recorded in various numbers of Thrum's *Hawaiian Almanac and Annual*. See especially issues for 1876 and 1899.

The original list lacks the following significant events, which have been supplied by the editor:

1782—December. Death of Kanekoa, son of Kalanikeeaulumoku.

1783—March. Great eruption of Kilauea.

1784—Marriage of Kamehameha with Kaahumanu

1801—Eruption of Hualalai, its last.

1809—Death of Keliimaikai, brother of Kamehameha I

1809—Kanihonui strangled by order of Kamehameha I

1818.—May 20. Arrival at Hawaii of Spanish pirates, corvette *Santa Rosa,* of Provisional Government of Buenos Ayres, in charge of mutineers; captured in September by arrival of the *Argentine,* Captain Bouchard

1822—May 1. Rev. W. Ellis first visits the islands.

1826—December 23. First treaty with the United States, signed.

1828—May 20. Birth of David Kamehameha, eldest son of Kinau and M Kekuanaoa Died December 15, 1835.

1830—December 11. Birth of Lot Kamehameha, son of Kinau and Kekuanaoa.

1832—January 31. Birth of W. C. Lunalilo, son of Kekauluohi and C. Kanaina

1832—First census of the islands taken; population 130,313.

1832—December 23. Arrival of Japanese junk at Waialua, Oahu.

1834—February 9. Birth of Alex. Liholiho, son of Kinau and M. Kekuanaoa

1836—November 4. First English treaty (by Edward Russel), signed.

1836—November 16. Birth of David Kalakaua, son of Keohokalole and Kapaakea.

1846—Oahu Temperance Society formed, J. F. B. Marshall, president.

1859—January 23. Eruption of Mauna Loa, with flow to the northwest

1866—November 13. Death of high chief Kapaakea, father of Kalakaua

1868—June 19. First Japanese immigrants (148) introduced per ship *Scioto*

1869—April 6. Keohokalole, mother of Kalakaua, died

1871—February 19. Severe earthquake at Honolulu and Lahaina.

1887—September 21. Death of Keliiahonui (Prince Edward), brother of Princes David and Kuhio.

Traditional and Genealogical Notes.

WAHINE-O-LALOHANA, connected with Kaiakahinalii. Lalohana, a country *"maloko o ke kai"* (in the sea). Another story says that she lived at Mauna, a coral reef *makai* (seaward) of Keauhou, Kona, and that Lono was the *mauka* (inland) chief.

Another story says the woman lived at Waiakea, Hilo, and the chief was Konikonia. Konikonia's people went out fishing on the coral reef and their hooks were broken off by the Wahine-o-Lalohana. Her *kaikunane*, Kuula, was below the water and sometimes lived with Konikonia. This Kuula told Konikonia's people that there were other people, men and women, living under the water *("he kulanakauhale")*, a village, and they had broken the hooks. Kuula, being interrogated by Konikonia as to whether he belonged to that people, said he did and that he had a sister there, whereupon Konikonia told him to fetch her to be his wife. Kuula informed Konikonia of the process how to catch his sister by making images of her husband, Kiimaluhaku, and letting them down in the water, when she would think that he had returned from Kukulu o Kahiki, whither he had gone on a journey. The ruse succeeded and she was led to follow the string of images from below to the canoe and thence to Konikonia's house, where she fell asleep, and woke up in the afternoon, finding Konikonia with her. She then sent for her food from below. In bringing her coconut shell up the contents were spilled, proved to be the *mahina* (moon), and flew up to heaven.

Four days she stayed ashore when she wanted to see her parents. Being asked who they were, she said Kahinalii was her father and Hinakaalualumoana was her mother. Being further asked if they would come ashore after her, she said no, not bodily, but that the waters which were then rising had come to search for her, and they would overwhelm every inch of ground, and that her brothers were running ahead of the sea. Then Konikonia and she ran for the mountain and climbed up the tall trees and built a place to stay in. They stayed there ten days, during which time Kahinalii covered the whole earth with the sea and all the people perished; but when it had reached Konikonia's place it subsided, and he and she and all his *ohua* (household) were saved, and they returned to *terra firma*. David Malo thinks it an imported tale though older by far than the arrival of the *haole* (foreigners) with Captain Cook.

Lihaula was the elder brother of Wakea. They fought and Lihaula was conquered. Afterward Wakea fought with Kaneiakumuhonua and was beaten and driven out of the land and took to the sea. Some say this took place on Hawaii and Wakea was pursued to Kaula when he fled over the sea. Others say they fought in Hikiku and Wakea fled over the sea. Komoawa was the *kahuna* (priest) of Wakea. Afterwards Wakea fought Kaneiakumuhonua and beat him and retained the *Aupuni* (Gov_ernment). Popokolonuha was Komoawa's wife, and some say that Hoohokukalani was their daughter and not Wakea's.—Wakea's first son was Haloanaka, who died and grew up as taro. He (Wakea) afterwards begat Haloa.

BIRTHPLACE AND INTERMENT LOCALITIES OF CELEBRITIES

Kapawa, born in Kukaniloko, died in Lahaina and buried in Iao.

Heleipawa, born at Lelekea in Kaapahu, Kipahulu, Maui, died in Poukela, buried in Ahulili.

Aikanaka, born in Holonokiu, Muolea, Hana, Maui, died in Oneuli, Puuolai, Honuaula, buried in Iao.

(Puna and) Hema, born on Kauiki, Hawaii kuauli, Hana, Maui, died in Kahiki, Ulupaupau.

Kahai, born in Halulukahi, Wailuku, Maui, died in Kailikii, Kau, and buried in Iao

Wahieloa, born in Wailau, Kau, Hawaii, died in Koloa, Punaluu, Kau, buried in Alae, Kipahulu, Maui.

Laka, born in Haili, Hilo, Hawaii, died in Kualoa, Oahu, buried in Iao

Luanuu, born in Peekauai, Waimea, Kauai, died in Honolulu, Oahu, buried in Nuuanu.

Pohukaina, born in Kahakahakea, Kahuku, Kau, Hawaii, died in Waimea, Ha_waii, and buried in Mahiki.

Hua, born in Kahomaikanaha, Lahaina, Maui, died in Kehoni, Waiehu, Maui, and buried in Iao.

Pau (Kama [child of] Hua), born in Kahua, in Kewalo, Oahu, died in Molokai, buried in Iao.

Hua Kalalai (Kama [child of] Pau), born in Ohikilolo, Waianae, Oahu, died in Lanai, buried in Iao.

Paumakua, born in Kuaaohe, Kailua, Oahu, died on Oahu and buried in Iao.

Haho, no record; also none of Palena except that [he] begat Hanalaanui and Hanalaaiki.

Lonokawai, Laau, Pili, Koa, Kukohau, Kaniuhi, no record, nor of Loe.

Kanipahu lived in Kalae, Molokai, because Kamaiole had brought Hawaii under his sway. Kanipahu was not aware of his being the rightful alii of Hawaii. He had two children on Hawaii, Kalapana and Kalahumoku. Kamaiole did not know that they were Kanipahu's children or he would have killed them. The Hawaiians were dis_gusted with Kamaiole's oppression and went to Paao (who it seems was still alive) for advice and aid. Paao sent messengers to Molokai, to Kanipahu, to tell him to come back to Hawaii. Kanipahu refused, being ashamed of the lump on his shoulders, but told the messengers to go to Waimanu, Hamakua, and they would find his son Kalapana whom they should enthrone as king. Paao sent for Kalapana, and Kamaiole was killed at Anae_hoomalu in Kekaha, on his way to Kona.

Paao is said to have lived 680 years *("he lau me na kanaha ehiku")*, in the time of Laaualii, and he died in the time of Kamakaohua. Kau-a-Kamakaohua, daughter of Kamakaohua, was the wife of Hoalani, and their daughter was Ipuwai-a-Hoalani, the wife of Kaihikapu-a-Kakuihewa. From Laaualii to Kaniakaohua there were fifteen generations.

Paao's son was Kahuakanani. Paao seems to have been a family name applicable to the descendants of the first Paao. The name as borne by that family of kahunas occurs during several generations

Paao came in the time of Lonokawai who was after Kapawa; the 26th generation of chiefs. Pili afterwards was brought over to Hawaii from Tahiti by Paao in the vessel called Kanaloanui. The fish *opelu* and *aku* came with Pili, hence they were kapued fish. (*Hoku Pakipika*, Feb. 13, 1862.)

Kalaunuiohua. In his time lived Waahia, a noted prophetess (*kaula*)

Kamaluohua was king of Maui and fought with Kalau and was beaten. Kalau then fought with Kahokuohua, chief of Molokai, and beat him too. Kalau then fought with Huapouleilei of Oahu. Kalau then fought with Kukona of Kauai, was beaten, taken prisoner and afterward released.

Kauholanuimahu went to Honuaula, Maui, to reside, and while there he built the *loko* (fish-pond) at Keoneoio. While he was living on Maui his wife remained on Hawaii and took another husband who revolted against Kauhola, who returned to Hawaii, beat his opponent and retook the government.

Liloa was the son of Waiolea and Kiha. Waiolea was the elder sister of Pinea who was Liloa's wife, and mother of Hakau.

Liloa, [king of Hawaii], gave Kekaha in Kona, Hawaii, to Laeanuikekaumanamana in perpetuity, and it descended to his grandchildren through Kualii, Kauluoaonana, Wahulu, Lonoanahulu, etc. to Kameeiamoku and Kamanawa.

Umi likewise gave Kapalilua, in South Kona, to his child Kapunanahuanui-a-Umi, from whom it descended through Ua, Iwikaualii, Iama to Keeaumoku.

Keakealani likewise gave Kaawaloa, South Kona, to Mahiololi from whom it descended to Keaweaheulu and his descendants.

Luhaukapawa is by some said to have originated the *kapu* system (*ai moku*).—D. Malo, Ch. 11.

"Kawelo Aikanaka son (*maka ia*) of Kahakumakapawea — this from Kalani kukuma, elder brother of Kailelalahai and Aaanuikaniaweki. These three were Maka pawea's children or descendants."—Kanikau of Kalaiulumoku.

"Aikanaka of Kauai is said to be the grandson of Kahakualamea, contemporary with Kawelonui.

"Land visited by Kualanakila the *kahu* (lord) of Mokulehua: Laniku, Lanimoe, Laupala, Nihoa, Kamokumanamana, Kuaihelani, Hanakaieie, Onuiki, Onunui, Kapuuoneiki, Kumumahane, Kamohalii, (there was a volcano burning).—

"Kahoukapu is said to have had a brother, Kukaohialaka."[1]

---

[1] See Kaao of Keamalu. *Hoku Pakipika*, July 12, 1862.

"Kalapana is said to have slain Kamaiole at Anaehoomalu in Kona, and followed him in the *noho moi* (sovereignty)."—D. Malo, Ch. 38.

Names of lands and islands known to the ancient Hawaiians, and mentioned in the *mele, kaao, pule or moolelo:* Kahiki was the general name for all foreign lands outside of Hawaii nei; lands or places said to have been visited by Kaulu, or Ulu, the brother of Nanaulu, children of Kii in the genealogy of Welaahilaninui (although in the mele of Kaulu, in which these places recur, Kaulu calls himself the "Kama a Kalana"[2]) are as follows: Wawau, Upolu (Upolo), Pukalia-iki, Pukalia-nui, Alala, Pelua, Palana, Holani, Kuina, Ulunui, Uliuli, Melemele, Hii-kua, Hii-alo, Hakalauai-apo, Kukulu-o-Kahiki, Moanawaikaioo (maelstrom); Kapakapakaua and Ulupaupau were places in Kahiki visited by Hema and by Kahai-a-Hema, nephew of Puna-imua; Kahiki-ku and Kahiki-moe were visited by Kila, Moikeha's son. Thence came Laa, or Laa-mai-kahiki, his brother.

Tahiti lands, from which Olopana came when he settled on Oahu and married Hina, and built the Heiau of Kawa'ewa'e in Kaneohe, include the following: Keolewa; Haenakulaina; Kauaniani; Kalakeenuiakane; Nuumehelani; Kuaihelani; Kapaahu, the place of Kapuheeuanui who fished the islands out of the sea; Moaulanuiakea, Nuuhiwa and Polapola, known in the tale of Moikeha—see the mele of Kamahualele; Keapapanuu and Keapapa-lani, in the mele of Pakui said to have been created after Kahiki-ku and Kahiki-moe and before Hawaii, by Papa and Wakea; Kahiki-nui-kaialeale, supposed to be New Zealand.

Kauhiakama, the son of Kamalalawalu was carried prisoner from Maui by the Oahu chiefs and burnt at Apuakehau, in Waikiki, and his skull was used as an *ipu honowa* (excrement receptacle), hence the vindictiveness of Kahekili to the Oahu chiefs.

Keelanihonuaiakama was the daughter of ¡Peleioholani and was killed by the Molokai chiefs, hence Peleioholani's wars and vindictiveness toward them.

Peleioholani was son of Kualii, king of Oahu. He conquered Molokai in the time of Keawa, and put his son Kumahana as king of Maui, say 1764.

Kapiiohokalani was a brother of Peleioholani; Kaneoneo was the son of Kuma hana

. Kumahana, son of Peleioholani, followed him as king of Oahu, about 1770, and three years afterward he was dethroned *(wailana-ia),* when Kahahana was sent for from Maui and became king of Oahu.

Keeaumoku rebelled against Kalaniopuu in Hawaii and went over to Maui, about 1765. In 1767 he rebelled against Kahekili and was defeated at Waihee, afterwards off Molokai whither Kahekili had pursued him, and he fled to Hana where Kaahumanu was born to him and his wife, Namahana, about 1768. Mahihelelima was then chief of Hana.

Hoapilikane, the son of Kameeiamoku and his wife Kealiiokahekili was born about 1776.

---

[2]For part of the mele of Kalana see *Kuokoa,* Dec. 29, 1866.

Hoapiliwahine, daughter of Keeaumoku and Namahana, and younger sister to Kaahumanu, was born about 1778.

Kekuaokalani, or Kepookalani Kalaninuimalokuloku, popularly known as Keliimaikai, called a younger brother of Kamehameha I.; it was he who fought for the maintenance of the kapu under Liholiho I. His wife was Manono.

Kamehameha's wives, *hooipo,* were Peleuli, Keopuolani, Kai and Kaahumanu; his *wahine hoao* was Kaheiheimalie, daughter of Keeaumoku, born about 1778. His children were Kamehamalu, Kahoanoku. He had another wife Kahoa (?) another called Kaneikapolei and Kalola.

Kekela (who died last year) [about 1870] was the daughter of Kalaniwahikapaa, the granddaughter of Kanealai; she was *hoomocia* (espoused) by Kamehameha to Kamaholelani, a Kauai chief.

Manono, wife of Kekuaokalani, was Kekuanaoa's sister

Manono's mother was Luahiwa. Kaukuahi was Manono's child

Manonokauakapekulani was elder brother of Kekuanaoa; they were grandchildren of Kanealai.

P. Kanoa is from Molokai, a grandson of Peekua who descended from Kanealai on the side of Pailili. Also *C.* Kanaina. Their grandmother was Kaha.

Kanealai was Keawe's wife; they had four children: Hao, Awili, Kaililoamoku and Kumukoa. Kanealai was connected with Kahekili. So was Pehu. Kalaniwahiikapaa's wife was Mulehu. Kawao's wife was Kalanihelemailuna; their child was A. Paki. Kumukoa's wife was Kaulahoa. Kumukoa's child was Kalaikuahulu, who was connected on Molokai somehow.

Six chiefs of Hawaii, whose bones were in the basket of Lonoikamakahiki and exhibited before Kakuhihewa of Oahu, are called *kaikaina* of Keawe-nui-a-Umi. (See Kaao of Lono.) Their names are as follows:

Palahalaha,	son of Wahilani	—Kohala.
Pumaia,	" " Wanua	Hamakua.
Hilo-Hamakua,	" " Kulukulua	—Hilo
Lililehua,	" " Huaa	Puna.
Kahalemilo,	" " Imaikalani	—Kau.
Moihala,	" " Heapae	—Kona.

"The ends of the earth and of heaven were created *(hanau ia)* by Kumukanikekaa (w) and her husband Paialani.

"Others say that Kamaieli (w) whose other name was Haloihoilalo, begat the foundation of the earth, and that Kumuhonua was her husband

"In the mookuauhau of *Kumulipo* it is said that the earth and the heaven grew up of themselves *(ulu wale).*

"In the mookuauhau of *Wakea* it is said that his wife *Papa* begat a calabash *(ipu)* —the bowl and the cover—Wakea threw the cover upward and it became the heaven; from the inside meat and seeds Wakea made the sun, moon, stars and sky; from the juice he made the land and the sea.

"In the *moolelo* of *Moi,* the prophet of Keoloewa-a-kamau, of Molokai; in the prophecies and sayings of Nuakea, the prophetess of Luhaukapawa, Kapewaiku, Kapewalani, of Kauai; of Maihea and Naulu-a-Maihea, the prophet race of Oahu in the time of Lonohoonewa (the father of Paumakua) ; of Luahoomoe, the prophet of Hua of Maui—in all these prophecies—it is said that the gods *(na akua)* created heaven and earth. The gods who created heaven and earth were three, Kane, Ku, and Lono. Kanaloa was the great enemy of these three gods. Before this creation of heaven, earth, etc., everything was shaky, trembling and destitute, bare, *(naka, olohelohe);* nothing could be distinguished, everything was tossing about, and the spirits of the gods were fixed to no bodies, only the three above gods had power to create heaven and earth. Of these three Kane was the greatest in power, and Ku and Lono were inferior to him. The powers of the three joined together were sufficient to create and fix heaven and earth.

"Their creation commenced on the 26th day of the month, on the day called Kane and was continued during the days called Lono, Mauli, Muku, Hilo and Hoaka.

"In six days the creation was done and the seventh day, the day called *Ku,* became the first kapu day *(la kapu),* day of rest. The first and the last of the seven days in every month have been kept *kapu* ever since by all generations of Hawaiians." (Mookuauhau o Puanue. *Au Okoa* Oct. 14, 1869.)

In an ancient prayer reference is made to the subversion of the creed of religion (kapu) of Kahai by Lono.

When Moikeha came from Tahiti (Moaulanui) he brought with him his *kilokilo,* called Kamahualele, who followed him to Kauai; also his two sisters, named Makapuu and Makaaoa; also his two brothers named Kumukahi and Haehae; also his *kahuna* named Mookini. When he arrived at Hilo in Hawaii, Kumukahi and Haehae wished to stop there and they were put ashore. (Is Lae Kumukahi called after the first and Haehae after the other?—probably.) When Moikeha got off at Kohala, Mookini and Kaluawilinau left there. (Is the old heiau of Mookini called after Moikeha's *kahuna?*—probably.) At Hana another follower named Honuaula was left. At Oahu his two sisters Makapuu and Makaaoa were left, hence probably "Lae Makapuu," East Cape of Oahu. Kamahualele was an adopted son of Moikeha.—He traveled in a double canoe *(kaulua).* Moikeha was a red-haired, florid man *(ehu kumuuli).*

In the Hawaiian priesthood, *(oihana kahuna)* there were ten branches or colleges. He who was master of, or proficient, in all was called a high priest *(kahuna nui.)* The names of these branches of learning, or colleges were: (1) *Anaana,* (2) *Hoopiopio,* (3) *Hoounauna*—these three connected with the practice of sorcery, by prayer and signs, for the death or injury of another. (4) *Hookomokomo,* (5) *Po'iuhane,* connected with divination by causing spirits of the dead to enter the body of a subject and possess it. (6) *Lapaau maoli,* medicine generally. (7) *Kuhikuhi-puu-one,* consulted about building temples, their location and prosperity. (8) *Oneoneihonua,* (9) *Kilokilo,* (10) *Nanauli,* soothsayers, diviners, prophets.

Each one of these ten was again subdivided in classes and occupations of detail. The priesthood was governed by rules and regulations of its own, stringent oaths were exacted before admission and heavy penalties upon infraction.

A number of gods were invoked by the different classes and subdivisions of the priesthood, but the principal god, who seems to have been the presiding and tutelar deity of the entire body of priests was called *Uli,* the blue sky, the vault of heaven.

Hawaiian Genealogy.

FROM Wakea and Papa down to the period of Maweke and his contemporaries there is considerable difference in the current Hawaiian genealogies. I will now give as many of these different versions as have come to my knowledge, commencing with the most generally received, and the one that was adopted by David Malo in that earliest attempt at a written history of the Hawaiian islands, prepared at Lahainaluna in 1836 while yet a great number of the chiefs and priests from the heathen times were alive. It runs exclusively on the Ulu-Hema-Hanalaa-nui line of the Hawaiian chiefs, ignoring the Nanaulu, Puna and Hanalaa-iki branches. I will insert them however entire,[1] because the comments and critical comparisons which I have to make may oblige me to refer to names subsequent to the Maweke-Paumakua period; and to avoid inconvenience in future references, it will be better to have the whole of such genealogy at one place, than to have them as scattered fractions in many places

1.	Wakea	4.	Wailoa	7.	Ole	10.	Nukahakoa
2.	Hoohokukalani (w)	5.	Kakaihili	8.	Pupue	11.	Luanuu
3.	Waia	6.	Kia	9.	Manaku	12.	Kahiko
						13.	Kii

14.	Ulu..........................Nanaulu	23.	Lana Kaoko....................Kalai
15.	Nana..........................Nanamea	24.	Kapawa.........................Malelewaa
16.	Waikumailani................ Pehekeula	25.	Heleipawa......................Hopoe
17.	Kuheleimoana..................Pehekemana	26.	Aikanaka......................Makalawena
18.	Konohiki...................Nanamua	27.	Puna.............................Lelehooma
19.	Wawena..................Nanaikeauhaku	28.	Auanini.........................Kekupahaikala
20.	Akalana.............. Keaoa	29.	Lonohoonewa...................Maweke
21.	Maui.................. Hekuma	30.	Paumakua
22.	Nana a Maui.........................Umalei		

The above list begins with the Nana-Ulu line but switches at Kii (No. 13), to the Ulu order, with much irregularity.

D. MALO'S LIST ON THE ULU LINE, WITH SOME SLIGHT VARIATIONS

1.	Wakea	11.	Lukahakoa (Kahiko)	21.	Wawena	31.	Hema
2.	Haloa	12.	Luanuu	22.	Akalana	32.	Kahai
3.	Waia	13.	Kahiko	23.	Maui	33.	Wahieloa
4.	Hinanalo	14.	Kii—14	24.	Nanamaoa	34.	Laka
5. 6.	Nanakehili Wailoa	15.	Ulu	25.	Nanakulei	35.	Luanuu
		16.	Nanaie	26.	Nanakaoko	36.	Kanua
7.	Kio	17.	Nanailani	27.	Nanakuae	37.	Pohukaina
8.	Ole	18.	Waikulani	28.	Kapawa	38.	Hua
9.	Pupue	19.	Kuheleimoana	29.	Heleipawa	39.	Pau
10.	Manaku	20.	Konohiki	30.	Aikanaka	40.	Hua-o-Pau

[1] See Fornander's Poly. Races, Vol. 1.

41.	Paumakua	46.	Laau	51.	Kaniuhi	56.	Kuaiwa
42.	Haho	47.	Pili	52.	Kanipahu	57.	Kahoukapu
43.	Palena	48.	Koa	53.	Kalapana	58.	Kauhola
44.	Hanalaanui	49.	Ole	54.	Kahaimoelea	59.	Kiha
45.	Lanakawai	50.	Kukohou	55.	Kalau	60.	Liloa

24.	Kapawa	27.	Auanini	30.	Kumakaha	33.	Laa
25.	Heleipawa	28.	Lonohoonewa	31.	Luahiwa	34.	Lauli-a-Laa
26.	Puna	29.	Paumakua	32.	Ahukai		

11. Lalo o Kona (k)   Ka Mole Aniani (w)
12. Hoonanea (k)   Hoowalea (w)
     Nuu or Kahinalii (k)
13. Nuu   Lilinoe (w)

14. ⎧ Naluakua (l.)
   ⎨ Naluhoohua (k)
   ⎩ Nalumanamana (k)   Manamana-ia-Kuluea (w)

15. Kaiolani (k)   Kawowo-i-Lani (w)
16. Hakuimoku (k)   Lui-ke-Po (w)
17. Neeneelani (Imilani) (k)   Pili-Po (w)
18. Honua-o-ka-moku (k)   Anahulu-ka-Po (w)
19. Neepapulani (k)   Wehe-ka-Po (w)
20. Hele-i-ku-Hikina (k)   Hala-ka-Po (w)
21. Helemooloa (k)   Kawanaao (w)
22. Keaoapaapa (Kuapapa) (k)   Keaolaelae (w)
23. Luanuu (Kaneholani) (k)   Pomalie (w)
                                          (Kini)
                                          Polehulehu
                                          Ahu (w) (a slave)
                                          Meehiwa
                                          Hakulani (w)

24. ⎧ Kunawao (w)
   ⎨ Kalanimenehune (Kane, Lono)   Kamolehikinakuahine (w)
                                          Ku Oo (k)
25. ⎧ Aholoholo (k)
   ⎨ Kaimipukaku (Kinilau-e-Mano) (k)   Kahooluhikupaa (w)
26. Newenewe-i-Maolina-i-Kahikiku (k)   Nowelohikina (w)
27. Kaokaokalani (k)   Hehakamoku (w)
28. Anianiku (k)   Kekaipahola (w)
29. Anianikalani (k)   Kameenuihikina (w)
    ⎧ Hawaii-loa (Ke kowa i Hawaii) (k)   Hualalai (w)
    ⎪ Ku, or Kii (k), (for Kaimelemele)
30. ⎨ Kanaloa
    ⎪ Laakapu
    ⎩ Oahu (w)
     Kunuiakea (k)
     Hawaii-loa (k)   Kunuiaiakeakaua (k)
    ⎧ Maui-ai-ahi (k)
31. ⎨ Oahu (w)   Hualalai (w)
   ⎩ Kauai (k)
32. Kunuiakea (k)   Kunuiaiakeakua (k)
                                            Kahikiwalea (w)

33. Keliialia (k)	Kahikialii (w)
34. Kemilia (k)	Polohamalei (w)
35. Keliiku (Eleeleualani) (k)	Ka-Oupe-alii (w)
36. Kukalaniehu (k)	Kahakauakoko (w)
37. Papanuihanaumoku (w)	Wakea (k)
Hoohokukalani (w)	Keliihanau (k)
Te Rii i te Haupoipoi (k)	Waia (k)
Hinanalo (k)	Te Arii Aumai (k)
Te Arii Taria (k)	
Haloa (k)	Hinamanouluae (w)
Waia (k)	Huhune (Papa) (w)
Hinanalo (k)	Hanuu ·
Nanakehili (k)	Haulani (w)
Wailoa (k)	

[Note: The foregoing list, Nos 11 to 37, follows closely the Kumuhonua genealogy as given in "Polynesian Race," Vol. I, pages 182-3.]

1. Maweke		Naiolaukea	
2. Mulielealii		2. Kalehenui	
3. Moikeha		3. Hinakaimauliawa	
4. Hookamalii		4. Mua (or Mualani)	
5. Kahai		5. Kuomua	
6. Kuolono		6. Kawalewaleoku	
7. Maelo (w) (Lauli-a-Laa)		7. Kaulaulaokalani	
8. Laulihewa		8. Kaimihauoku	
9. Kahuoi		9. Moku a Loe	
10. Pua-a-Kahuoi		10. Kaliaokalani	
11. Mailikukahi		11. Keopuolani	
12. Kaihuholuakalona-iki		12. Kupanihi	
13. Piliwale		13. Luapuloku	
14. Kukaniloko (w)		14. Ahuakai	
15. Kalanimanuia (w)		15. Maeunuiokalani	
16. Kaihikapu-a-Manuia		16. Kapiliokalani	
17. Kakuihewa		17. Halaulani	
18. Kanekapu a Kakuihewa		18. Laninui a Kaihupu	
19. Kahoowaha		19. Kaakaualani (w)	
20. Kauakahi a Kahoowaha		20. Kauakahinui a Kakuihewa (k)	
21. Kualii (k)			

[Note: This list (from No. 11) differs in order from that of the Nanaulu line of comparative genealogy table in Pol. Race, Vol. I, p. 249.]

	2. Keaunui a Maweke	
	3. { Lakona	
	{ Nuakea (w) (Keoloewa k)	
	4. Kapau o Nuakea	
	5. Kamauliwahine	
Laamaikahiki	6. Kualani (w) (Kanipahu (k)	

8.	Kamahano	8.	Ihialamea
9.	Luanuu	9.	Kamanawa (w)
10.	Kukona	10.	Ehu
11.	Manokalanipo	11.	Ehunuikaimalino
12.	Kaumakamano	12.	Paula
13.	Kahakuakane	13.	Panaiakaiaiki
14.	Kuwalupaukamoku	14.	Ahulinuikaapeape
15.	Kahakumakapaweo	15.	Kailiokiha
16.	Kalanikukuma	16.	Mokuahualeiakea (w) (Umi)
17.	Kahakumakalina (k)	17.	Akahiilikapu (w) a Umi

[Kukona (No. 10) was contemporary with Kalaunuiohua, who was a grandson of Kalapana, another brother of Kalahumoku and son of Kanipahu. Kalanikukuma (No. 16) was contemporary with Umi-a-Liloa of Hawaii.]

1.	Kamehameha I	8.	Kukailani	15.	Kuaiwa
2.	Keoua	9.	Kealiiokaloa	16.	Kalaunuiohua
3.	Keeaumoku	10.	Umi-a-Liloa	17.	Kahaimoilea
4.	Keawe-nui	11.	Liloa	18.	Kalapana
5.	Keakealani (w)	12.	Kiha-nui	19.	Kanipahu
6.	Iwikauikaua	13.	Kauholanuiamahu		
7.	Makakaualii	14.	Kahoukapu		

[The above list in reverse order follows somewhat the Ulu line of genealogy as shown in "Polynesian Race," Vol. I, pages 191-2.]

	Kanipahu	Alaekauakoko	Hualani
1.	{Kalapana		Makeamalaihanae
	{Kalahumoku	Laamea	2. Kahaimoelea
2.	Ikialaamea	Kalamea	3. Kalau
3.	Kamanawa (w)	Kaiua	4. Kuaiwa
4.	Uakaiua	Kuaimakani	5. Kahau
5.	Kauahae-a-K.	Kapiko	6. Kauhola
6.	Kuleanakapiko	Keanianihooleilei	Kiha
7.	Akahiakuleana (w)	Liloa	入. Liloa
	Umi	and Omaokamao (k)	
	Lonoapii	Piilaniwahine	
	Moihala	Kaholipeoku	
	Lonowahinekahaleikeopapa	Kauhealuikawaokalani	
	Kalaniheliikauhilonohonua	Loheakauakeiki	
	Kahoanokapuokuihewa	Kapahimaiakea	
	Kapuleiolaa	Kanaloauoo	
	Kapaihi	Mahiopupelea	
	Hoau	Kamaiki	
	Keaweikekino	Ileholo	
	Kahiko	Kuanuuanu	
	Kahili	Napolo	
	Hopuola	Kalimahauna	
	Sara Hiwauli	John Ii	

[This list starting from Kanipahu, No. 50 of the Ulu line, does not show clearly the sex of Ii's ancestry. See Polynesian Race, 1, p. 191.]

Male	Female		Male	Female
Kalapana	Makeamalamaihanae	6.	Kauhola [nuimahu]	Neula
2. Kahaimoeleaikaikupou	Kapoakauluhailaa	7.	Kiha	Waoilea
3. Kalaunuiohua	Kaheke	8.	Liloa	Akahiakuleana
4. Kuaiwa	Kamuleilani	9.	Umi.	
5. Kahoukapu	Laakapu			

[This list is based on the Ulu line, of which Kalapana is No 51.]

MAUI

	Male	Female		Male	Female
61.	Piilani	Laielohelohe	65.	Kalanikaumakaowakea	Kaneakalau
	Lonoapii		66.	Lonohonuakini	Kalanikauanakinilani
62.	Kihapiilani	Kumaka	67.	Kaulahea	Papaikaniau
63.	Kamalalawalu	Piilaniwahine	68.	Kekaulike	Kekuiapoiwa
64.	Kauhi-a-Kama	Kapukini	69.	Kahekili	

According to J. Koii's record, a variance on the Ulu-Hema line

61.	Keawe (k)	Kalanikauleleiaiwi (w)	
62.	Keeaumoku (k)	Keawepoepoe (k)·	
63.	Keoua (k)	Kameeiamoku (k)	
64.	Kamehameha I	Kepookalani (k)	
65.	Kaoleioku (k)	Aikanaka (k)	
66.	Konia (w) Pauahi (w)	Keohokalole (w)	
67.	Pauahi (w) Ruth K. (w)	Kalakaua (k)	

65.	Kaoleioku (k) Kamehameha III.	Kinau (w)	
66.	Konia (w)	Kamehameha IV., V.	
67.	Pauahi (w)		

Kalaiwahineuli (w)	Keoua kalina kupua	Haae
Kalaipaihala	Kamehameha I.	Kamakaeheikuli (w)
Kaoanaeha (w)	Kinau (w)	Kalaemamahu
Kekela (w)	Liholiho, Lot, etc.	Kekauluohi (w)
Emma (w)		Lunalilo

Kanaloauoo	Mahi a Lole	Kaunana a Mahi
Haae	Kekuiapoiwa 2	Kamehameha I

[The four lists given above differ in part from the closing of the Ulu list, as shown on page 192 of Vol. I, "Polynesian Race."]

1.	Kaneoneo	5.	Kauahi-a-Kahoowaha (k)	9.	Kaunuiakaneloalani (w)
2.	Kumahana (k)	6.	Kahoowaha a Kalani (k)	10.	Kanehoalani (w)
3.	Peleioholani (k)	7.	Kanekapu-a-Kuihewa (k)	11.	Kohipalaoa (w)
4.	Kualii (k)	8.	Kakuihewa (k)	12.	Piliwale (k)

[This list, tracing backward, differs somewhat from that of the Nanaulu line of comparative genealogy in Vol. I, of "Polynesian Race," page 249.]

37. Kalaunuiohua
    Kapapalimulimu (w)
    Nakoloilani (w)
    Kauilanuimakehaikalani
    Kapunohulani
    Kekoiula-a-Kahai
    Hinahanaiakamalama
38. Kumuleilani (w)
    Halolena
    Kalenaula
    Owa
    Kaululena
    Kuhimakaukona
35. Ahukini-a-Laa
    Luachu

Keenuihelemoku (w)
Kupapalahalaha
Hekilimakakaakaa
Keolaihonua (w)
Kaalewalewa (w)
Keanuenuepiolani (w)

Kuaiwa (k)

Hai-a-kamio (w)

[Lists numbered 37 and 38 seem to have been worked out from material in *Kuo-kua* for 1868, June 20 and July 18 issues The numbers 37, 38 and 35 refer to genealogy as given in "Polynesian Race," p. 249.]

Notes on the Polynesian Calendar.

THE Polynesians divided the years into seasons, months and days The seasons, or *kau*, of the year were generally two: the rainy or winter season, and the dry or summer season, varying according to the particular situation of the group, either north or south of the equator. The commencement of the seasons, however, were regulated by the rising of the Pleiades, or *Makalii*, at the setting of the sun. Thus in the Society group the year was divided in *Makarii-i-ria*,—Pleiades above the horizon,—and *Makarii-i-raro*, Pleiades below: the first from November to May, the latter from May to November. In the Hawaiian group the year was divided into two seasons, *hooilo*, the rainy season, from about the 20th of November to 20th of May, and *kau*, the dry season from 20th May to 20th November. In the Samoan, *tau* or *tausanga* meant originally a period of six months, and afterwards was employed to express the full year of twelve months as in the Tonga group. There are traces, also, on the Society group of the year having been divided into three seasons or *tau*, like the Egyptians, Arabs and Greeks, though the arrangement of the months within each season seems to me to have been arbitrary and probably local.

In regard to the divisions of the year by months, the Polynesians counted by twelve and thirteen months, the former obtaining in the Tonga, Samoan and Hawaiian groups, the latter in the Marquesan and Society groups. Each month consisted of thirty days. It is known that the Hawaiians, who counted twelve months of thirty days each, intercalated five days at the end of the month Welehu, about the 20th December, which were tabu days, dedicated to the festival of Lono, after which the new year began with the first day of the month Makalii, which day was properly called Maka-hiki (equivalent to "commencement") and afterwards became the conventional term for a year in the Hawaiian, Marquesan and Society groups. There is evidence that the Marquesans at one time counted the year by the lunar months and called it a *puni*, a circle, a round, a revolution, but how they managed either this or the year of thirteen months to correspond with the divisions by seasons or the solar year I am not informed, Tah. *Tccri* sometimes dropped.

That a computation by lunar months preceded the other is evident from the various names of different days in the month, but both computations were evidently far older than the arrival of the Polynesians in the Pacific

To this may be added that the Polynesians counted time also by the nights—*po*. Tomorrow was *a-po-po* (Haw.) lit. the night's night. Yesterday was *po-i-nchi-nei*, the past night. *Po-akahi, po-alua,* etc., the first, the second day. *Po* was the generic term for day and *ao* or daylight was but the complement of the full *po*. *Po-a-ao,* night and day, etc. This method of reckoning by nights ascends to the hoariest antiquity. The unbroken Aryans counted by nights, and the custom prevailed late into historic times among the Hindus, the Iranians, the Greeks, the Saxons, and the Scandinavians. (Pictet v. 2, p. 588.) The Babylonians believed that the world had been created at the autumnal equinox.—(Lenormant, I, p. 451.)

Notes on the Polynesian Calendar

HAWAIIAN AND SAMOAN CALENDAR, COMPARATIVE.

Hawaiian		Samoan
Makalii	from 20 December to 20 January	Utuva-mua
Kaelo	" 20 January " 20 February	Utuva-muli
Kaulua	" 20 February " 20 March	Faaafu
Nana	" 20 March " 20 April	Lo
Welo	" 20 April " 20 May	Aununu
Ikiiki	" 20 May " 20 June	Oloamanu
Kaaona	" 20 June " 20 July	Palolomua
Hinaiaeleele	" 20 July " 20 August	Palolomuli
Hilinehu	" 20 August " 20 September	Mulifa
Hilinama	" 20 September " 20 October	Lotuaga
Ikuwa	" 20 October " 20 November	Taumafamua
Welehu	" 20 November " 20 December	Toe taumafa

Tahitian names for seasons are: poai, winter or dry season; ruamaoro, the s
mer solstice in December; ruapoto, the winter solstice in June

DAYS OF THE MONTH, COMPARATIVE [1]

	Marquesas (Fatuhiwa)	Society Isls (Huahine)	Hawaiian	
1.	Ku-nui	Hiro-hiti	Hilo	
2.	Ku-hawa	Hoata	Hoaka	la kapu
3.	Hoaka	Hami-ami-mua	Ku-kahi	
4.	Maheamakahi	Hami-ami-roto	Ku-lua	
5.	Maheamawaena	Hami-ami-muri	Ku-kolu	
6.	Koekoe-kahi	Ore-ore-mua	Ku-pau or Ku-ha	
7.	Koekoe-waena	Ore-ore-muri	Ole-ku-kahi	
8.	Poipoi-haapao	Tamatea	Ole-ku-lua	
9.	Huna	Iluna	Ole-ku-kolu	
10.	A'i	Ari	Ole-ku-pau	
11.	Huka	Manaru	Huna	
12.	Meha'u	Hua	Mohalu	la kapu
13.	Ohua	Maitu	Hua	
14.	Akua	Hotu	Akua	
15.	Ohuku-nui	Marai	Hoku	
16.	Ohuku-manae	Turu-tea	Mahealani or Malani	
17.	Oku'u	Raau-mua	Kulu	
18.	Oaniwa	Raau-roto	Laau-ku-kahi	
19.	Mekahi	Raau-muri	Laau-ku-lua	
20.	Kaau	Ore-ore-mua	Laau-pau or Kukolu	
21.	Kaekae-kahi	Ore-ore-roto	Ole-ku-kahi	
22.	Waena	Ore-ore-muri	Ole-ku-lua	
23.	Haapao	Taaroa-mua	Ole-pau or Kukolu	la kapu
24.	Hanaokahi	Taaroa-roto	Kaloa-ku-kahi	
25.	Wawena	Taaroa-muri	Kaloa-ku-lua	
26.	Haapaa	Tane	Kaloa-pau or Kukolu	
27.	Puhiwa	Roo-nui	Kane	la kapu
28.	Kane	Roo-maori	Lono	
29.	Oma-nui	Mutu	Mauli	
30.	Onamate	Terie	Muku	

NAMES OF MONTHS, COMPARATIVE.

Marquesas (Fatuhiwa)	Society Isls. (Huaheine)	Hawaiian
1. Kuhua	Avarahu	Nana, March, plenty of *malolo*, flying fish.
2. Katuna	Faaahu	Welo, April-May, end of winter.
3. Ehua	Pipiri	Ikiiki, May when the *Huhui* (seven stars) sets.
4. Nanaua	Taaoa	Kaaona, June.
5. Oaomanu	Aununu 6th mo.	Hinaiaeleele, July, when the *ohia ai* is ripe.
6. Awea	Apaapa 7th mo. (May?)	Hilinehu (Mahoemua), August.
7. Ehua	Paroro-mua	Hilinama (Mahoe-hope), September.
8. Weo	Paroro-muri	Ikuwa, October, end of summer.
9. Uaoa	Muriaha	Welehu, November.
10. Uahaameau	Hiaia	Makalii, 6th month—December.
11. Pohe	Tema	Kaelo, January, *nuhe* worms hatched.
12. Napea	Te-eri	Kaulua, February, arrival of *anae* along shore.
13. Makau	Te-tai (Dec.)	

Another computation commenced the year at the month Apaapa (middle of May) and gave different names to several of the months. The year was also divided into two seasons called by the *"Matarii"* stars (Pleiades)—*Matarii i nia* (Pleiades above the horizon in the evening) and *Matarii i raro* (Pleiades below). The year was divided also into three seasons: (1) *te tau*—autumn, commenced with te Tae or December till Faaahu; (2) *te tau miti vahi*, season of high sea; (3) *te tau poai*, winter or season of drought.

The Hawaiian year was again subdivided into four smaller seasons or divisions· (1) *ke laa-make*, (2) *ka hooilo*, (3) *ka laa-ulu*, (4) *kau*.

Summer (kau) began when the sun stood directly over an island. The winter (hooilo) began when the sun moved from there southward.

Where the ocean and sky meet, the Hawaiians designated as *Hiki-ku;* above *Kahiki, Papanuu;* above *Papanuu, Papalani;* directly above *Kahiki, Kapuiholanikekuina*

HOURS OF THE DAY

The Hawaiian day commenced at 12 midnight and ran till next midnight. There being only twelve months in the Hawaiian year of 30 days each, or in all 360 days, five days were added at the end of the month Welehu so that the civil or solar year began on the 6th day of the month Makalii. The feast of Lono was celebrated during the five intercalary days. For eight months of the year there were four kapu nights and days *(Ku, Hua, Kaloa, Kane)* in each month. The four kapu times of the month were·also called *Na la kapu Kauila*.

The Hawaiian division of the night was: 1. Kihi, 6 p. m.; 2. Pili, 9 p. m.; 3. Kau, 12 m. n.; 4. Pilipuka, 3 a. m.; 5. Kihipuka, 6 a. m.

The Javanese, borrowing from the Hindus, divided the entire twenty-four hours into five portions, each of which had a particular name. Another division was into nine parts, four for the day and five for the night.—(Rienzi.)

THE WORDS: DAY, MONTH, YEAR, COMPARATIVE.

Day: Malay, *ari* or *hari;* Javanese, *aivan;* Sunda, *powi;* Tahiti, *ra* or *la;* Hawaiian, *la* and *ao;* Marquesan, *a;* Hervey group, *ra;* Tonga, *aho;* Samoa, *aso;* Stewart and Howe groups, *atho.*

Month: Malay, *bulau,* (also moon); Javanese, *wulau;* Sunda, *aulau;* Tahiti, *marama, awae;* Hawaiian, *malama, mahina* (moon); Marquesan, *ma'ama;* Tonga, *mahina;* Samoan, *masina;* Stewart and Howe, *merima* (moon)

Year: Malay, *taun, tahun;* Tonga, *tau* (season); Hawaiian, *makahiki, kau* (a season, period).

The week of seven days was introduced into Java by the Hindus. Previously the week was divided into five days, like that of the Mexicans. Their names were: (1) *laggi,* blue, or east; (2) *pahina,* red, or south; (3) *pon,* yellow, or west; (4) *wagi,* black or north; (5) *klizcon,* mixed colour, the hearth or center. The designating of the north by the black color indicates, according to Mr. Rienzi, that this denomination originated in Hindustan where the sun is never to northward, as in Java or other equinoxial countries.

The ancient Javanese divided the year into thirty periods called *woukou,* or 360 days, and also into twelve months of unequal length, and the year ended with intercalary days

At Bali, the year commences about the month of April. The Braminical civil year was the lunar—that of *Saka* or *Salivana*—and the priests calculated the intercalary days.

The Javanese have a cycle of seven years, similar to that of Tibet and Siam. The names of the years are mostly of Sanscrit origin and are: 1. *manghara,* the lobster or crab; 2. *menda,* the goat; 3. *kalabang,* the centipede; 4. *wichitra,* the worm; 5. *mintouña,* the fish; 6. *was,* the scorpion; 7. *maicha,* the buffalo.

In speaking of the Javanese cycle of twelve years and the correspondence of the names of the years with the names of the Sanscrit zodiac, Mr. Rienzi adds: "Ainsi nous retrouvons en Océanie le zodiaque de l'Asie centrale que l'Europe a également adopté"—(Océanie, Vol. I, p. 168.)

In ancient Egypt and Arabia the year was divided into three seasons. This was the ancient arrangement in the Society islands. The Egyptian year began with the winter season in or about November, so also in Arabia. The first was the season of sowing and planting; the second was the summer harvesting and reaping; the third the season of waters, time of inundating the Nile.—(Glidden's Ancient Egypt.)　·

NAMES OF STARS IN HAWAIIAN

Hikianalia
Hikikaulonomeha
Nana-mua } Castor and Pollux
Nana-hope
Hoku-loa　Morning star
Hoku-ula　Mars
Hikikaulono
Poloula (also Pohina)

Nauaakeaihaku
Kupuku　7 stars
Hoku-aea, a planet in distinction from a fixed star.
Haunakelekele
Makaimoimo
Makaamoamo
Makaalohilohi

kuloa, when morning star, as called Hoku-ao.

Kaawela Jupiter
Holoholopinaau 12 stars; also Mars
Hanakalani
Uliuli
Polapola
Makalii Pleiades? (in Tahitian)
Kokoiki
Humu 3 stars
Kaoea 4 stars }
Kaulu (na Hui) } Southern Cross? or Newe
Kaulua
Kukui
Konamaukuku
Kiapaakai, Noholoa, }
Kumau, Hokupaa,   } North Star
Ikaika (same as Kaawela) Jupiter
Mulehu, Poloahilani (same as Polula)

Kanukuokapuahi
Kapuahi
Paeloahiki
Anianekalani
Pulelehuauli
Pulelehuakea
Pulelehuakawaewae
Makahaiaku
Makahaiwaa
Kahaikahai
Kupualaloakalani
Kaluokaoko
Kawaomaka'lii
Lehuakona
Huhui 6 stars Pleiades?
Kao 6 stars

Another note gives the following: (See *Ka Hae Hawaii*, Dec. 5, 1860)

Mercury ....Kawela
Venus ....Naholoholo, Kaawela (when evening star)
                                            Mananalo, Hokuloa (when morning star)
Jupiter ....Hoomananalonalo, Kaawela
Mars ....Holoholopinaau, Hokuula
Saturn ....Makulu, Naholoholo

Kama-devi—in Hindu "all-prolific cow." Kama, god of love Another name in the Carnatic was Mun-Moden or also simply Madan. Another of his names is Makara-Ketu, "the fish Ketu." "*Makara*" means the horned shark, and is the name of the sign Capricorn which sometimes terminates in the tail of a fish. Mackery is the fish-god or Capricorn of the zodiac. In Hindu solar system Ketu is one of the nodes. In Persian it is *Keet*

In Polynesian astronomy *Matarii* or *Makalii* corresponded in Tahiti to the Pleiades, and their rising or setting divided the year in two parts. In Hawaii the red star in the constellation *Kao* was called *Makalii* after Hawaiiloa's navigator. *Makalii* also indicates Castor and Pollux, though elsewhere they are called *Nana-mua* and *Nana-hope,* and in Tahitian they are called *Na Ainana*, the twins. *Makali*, to bait a hook, angle for fish.

POINTS OF THE COMPASS.

In Hawaiian, going to the north or northeast against the wind was called going up, *iluna;* to the south or southwest, *ilalo.*

Hawaiian expressions for arrival here from abroad, are: *Mai ka lewa mai; mai ke kua mai o ka moku.*

Creation Myths.

ACCORDING to the legend of Kumuhonua the creation of the world and of man proceeded in this wise. In the beginning there were four ages or *"po."* First: *po-loa.* Second: *po-nui-au-wa-ea.* Third: *po-kanaka.* Fourth: *po-hana*

1. During the po-loa there was neither heaven nor earth; there was simply a deep, immeasurable darkness, in which dwelt the god Kane, called "Kane-i-ka-po-loa" He was a spirit *(uhane)* without a body.

2. During the *po-nui-au-wa-ea* or *po-nui-aea,* the world and man were created by Kane, Ku, and Lono. Light was first made, and when it appeared the world *(honua)* was seen floating about in the darkness; then all other things were created, and lastly man

3. During the *po-kanaka* man was created. *Kumuhonua* was the first man. He was made from the settlings of muddy water *(Koana wai lepo),* in the manner of steam rising from the water *(puholoholoia).* He was also called Honua-ula or the red earth. Afterwards Kane created the woman who was called Lalo-honua. She was made from the side of Kumuhonua. *Lalo* is an ancient name in Hawaiian for the ribs *(iwiaoao)*

4. The *po-hana* is divided in two parts: the *po-hana* and the *po-auhulihia.*

The *po-hana* reaches from the creation of Kumuhonua to the time of Nuu. At first Kane lived with Kumuhonua on earth; then Kane gave him laws and instructions and went up to heaven to reside, and Kumuhonua and Lalo-honua remained on earth. Kumuhonua was now called Kane-laau-uli. He broke the law of Kane. The law referred to a *laau kapu* (forbidden tree), and *uli* (feebleness, death,) was the punishment

The *po-auhulihia,* so called because the earth and all on it was destroyed by the flood *(kai-a-kahinalii).* Nuu built a big canoe called Waa-halau-alii-o-ka-moku.

The gods (Kane, Ku, and Lono), seeing the man without a wife, descended on earth, put him into a sleep, took out one of his ribs *(lalo-puhaka)* and made it into a woman. They then awoke the man who found the woman on his right side, and she was called Ke-Ola-Ku-Honua.

The Hawaiian Legend of Welaahilani is substantially the same, but the first woman's name is Owe

A Tahitian legend also refers to the creation of the first woman from a rib of the first man, and calls her Owa, or Owe.

In the Mele of Kamapuaa reference is made to Ku, Kane, Kanaloa, as the gods of the night and of the day.

Kamapuaa is also called *"ka haole nui, maka[1] olohilohi,"* and is said to have eight legs and eight eyes.

The legend of Pele and Kamapuaa represents some confused and half forgotten

---

[1] *Maka olohilohi,* or more properly *alohilohi,* means bright, sparkling eyes.

conception or knowledge of the contest between religious sects, the followers of Pele being worshipers and Kamapuaa, a believer in the efficacy of water.

The people of Pulo-Nias, to the west of Sumatra, believe in a Supreme God called Lora-Langi. He is not worshiped. Below him is a god called Batu Da Danaw who has charge of the earth. The world contains several stages. The one immediately below us is occupied by dwarfs. The heavens or sky above us *(holi yawa)* are peopled by a superior order of men called *barucki,* who are gifted with wings and have the power to become invisible at pleasure. They are governed by kings of their own. The people of the earth continued in a savage state until the wife of one king (the present) of the barucki (Leo Mepuhana) had pity on them and taught arts and civilization; then also they were taught to speak. The language, habits and institutions of the Pulo-Nias are strikingly different from the other Malay and Asiatic Islanders. Hindustan and Islamism have left no trace here. *(Memoir of Sir Thomas Stamford Raffles,* Vol II, Ch. 17.)

Rangi and Papa originated all things, but *"Po,"* of which there was a succession, enveloped everything

There was no separation or interval between Rangi and Papa. The children of Rangi and Papa were: Tumatauenga (father of man); Tane-mahuta (father of forests, etc.); Tawhiri-ma-tea (father of winds, etc.); Rongo-ma-tane (father of cultivated food); Tangaroa (father of fish and reptiles); Haumia-tikitiki (father of wild grown food)

It was Tane-mahuta who rent Rangi and Papa asunder and let in light on the earth. One of Papa's names after that was Papa-tu-a-nuku. Tawhiri-ma-tea did not approve of the separation and followed his father Rangi to the skies and there begat and named his offspring, the winds.

Tangaroa begat Panga, and he begat Ika-tere (father of fish) and Tu-ti-wehi wehi or Tu-ti-wanawana (father of reptiles)

Tu-matauenga subdued all his brothers except Tawhiri-ma-tea, and then assumed the different names of Tu-kariri, Tu-ka-nguha, Tu-ka-taua, Tu-whaka-heke-tangata, Tu-mata-wehe-iti.

Among the children of Rangi and Papa, Tu-matauenga bore the likeness of man, so did his brothers, so did Po, a Ao, a Kore, ti Kimihanga, and Runuku, and thus they continued until the time of Ngainui and of Whirote-kupua and of Tiki-tawhito-ariki and their generations till the present time.

Many generations after Tu-matauenga lived Taranga (w.) and Makeatu-kara (k.), who were the parents of Maui-taha, Maui-roto, Maui-pae, Maui-waho and of Maui-tikitiki-a-Taranga. In their time Death first had power over earth because Maui-a-Taranga tried to deceive the goddess and ancestress Hina-nui-ti-po (goddess of death).

Maui caught the sun in a noose, beat him and compelled him ever after to travel slower and with a lesser heat. He fished up a great portion of the submerged land, and his fish-hook, made from the jaw-bone of his ancestress Muri-ranga-whenua, is still shown in the district of Heretaunga in New Zealand, transformed into the south end of Hawke's Bay. He got fire from his ancestress Mahu-ika, who pulled out her nails and fire followed. Maui had a sister Hina-uri, whose husband, Irawaru, was changed into a dog by Maui. From Irawaru sprang all dogs. Maui and his descendants lived in Hawaiki, until some of them left there and went to Aotea-roa (New Zealand). (Sir Geo. Grey's Pol. Mythol.)

According to Moerenhout (Voyage aux Iles du Grand Ocean, I, 446), Rii (a secondary god) separated Heaven and Earth by stretching out the former like a curtain. Mahui "brought the earth up from the depths of the ocean, and when mankind suffered from the prolonged absence of the sun and had lived mournfully in deep obscurity, and when fruits would not ripen, he stopped the sun and regulated its course so as to make day and night equal." (Does not that legend indicate that Polynesians formerly lived in a zone where the inequality of day and night was greater than in the tropics?). Ru (god of winds), caused the ocean to swell over and break up the continent into its present island condition. Moerenhout says further (Op. Cit. p. 568): "On ne trouve, nulle part, de vestiges des deux principes, ni de ces combats entre les ténèbres et la lumiere, la vie et la mort." Compare, however, the Marquesan cosmogony. He says also (Op. Cit. p. 571) that Polynesian legends represent the ocean as overflowing its bed and rising up to the highest mountains "sans que, nulle part, il soit question des eaux pluviales." See, however, the mele of the Deluge in Hawaiian and Marquesan.

The frequent reference in Polynesian legends to *moo,* enormous, powerful and magical lizards or serpents, relates to a previous residence in some country where such reptiles exist, for in Polynesia these are of the smallest kind. It is more likely to be a remembrance of the serpent worship which obtained in the Hamitic-Arabic race and was by them spread over India and the archipelago

Manua was another Hawaiian name for the god or chief of the infernal regions, called "Po-pau-ole," "Po-ia-Milu," "Po-kini-kini," "Po-kuakini," "Po-lua-ahi," "Po-papaia-owa." Manua is said to have been the original lord of this place. Milu was only a wicked chief, whose spirit was retained there. It was not an entirely dark place — there was light and there was fire. The legends record several instances where spirits of the dead who had been sent thither were withdrawn from there and brought to the light and life of the upper world again. Moku-lehua brought his wife Pueo up again from there. Maluae brought his son Kaalii back from there; the former by the help of his god Kanikaniula, the latter by that of Kane and Kanaloa; and thus Hiku brought up the spirit of Kawelu (w.) and revived her.

Traditionary Voyages.

D URING the period in Hawaiian History designated as that of Maweke and Pau-makua, which was about the commencement of the 11th century, or from twenty eight to thirty generations ago,[1] after a period of comparative quiet and obscurity, the Polynesian folk-lore in all the principal groups becomes replete with the legends and songs of a number of remarkable men, of bold expeditions, stirring adventures, and voyages undertaken to far-off lands. An era of national unrest and of tribal commotion seems to have set in from causes not now known. A migratory wave swept the island world of the Pacific, and left its traces on the genealogies of the chiefs, in the disuse of old and substitution of new names for places and landmarks, in the displacement of old, and setting up of new tutelar gods with enlarged rites of worship and stricter kapus. Chiefs from the southern groups visited the Hawaiian group, and chiefs from the latter visited the former, accompanied by their relatives, priests and retainers. Where this ethnic movement originated,— in the southern groups or in the northern,— it is now hardly possible to determine. That the Hawaiian group was known at that time to the southern chiefs and priests, may be shown from the legend of Paao, who, by every concurrent tradition was a southerner from the Society group, a high-priest of princely blood, and the founder of one of the high-priest families on Hawaii. In that legend occurs the song of Paao's companion, Makuakaumana, a portion of which is still preserved, urging upon Lonokaeho, another southern chief, to come with them and take possession of Hawaii. Lonokaeho declined however and sent Pili in his place. That the Hawaii mentioned in this song is not the Samoan Hawaii, but that of this (Hawaiian) group, becomes evident by comparing the description of Hawaii in this song with the description given by Kamahualele, the high-priest of Moikeha, a Hawaiian chief of the same period, who had resided for many years on the southern groups, but returned to Hawaii and died on Kauai.

That the memory of the northern Hawaii should in process of time, and after the cessation of this period of intercourse, have faded from the minds of southern chiefs and bards, or been confounded with that of the Samoan Sawaii, is natural enough; though I think it possible, were Tahitian, Tongan and Samoan legends — if yet existing — properly compared with each other and with the Hawaiian, that many proofs may yet be drawn from that side of the frequent intercourse, hostile, or friendly, of those days between the northern and southern groups of the Pacific.

Though the northern Hawaii was apparently unknown to the Tonga and Society Islanders in Captain Cook's time, yet the Marquesas retained the memory of former intercourse with that northern Hawaii whose burning mountain, Mounaoa (Mauna-loa), is referred to in some of their songs, but these reminiscences are apparently

---

[1] Written probably about 1870.

confused and mixed up with others of that older and far-off Hawaii and Vevao where they had sojourned before arriving at their own group of islands

On October 31, 1527, according to Burney, three vessels left a port called Zivat-Lanejo, said by Galvoam to be situated in latitude 20 north, on the coast of New ·Spain, for the Moluccas or Spice Islands. They were the *Florida* with fifty men, the *St. Jago* with forty-five men, and the *Espiritu Santo* with fifteen men, under command of Alvaro de Saavedra, with thirty pieces of cannon and merchandise. These vessels were said to have sailed in company for 1000 leagues[2] and then to have been separated by bad weather The two smaller vessels were never afterward heard of, and Saavedra pursued the voyage alone. (Burney, *Discoveries in the South Seas,* I, 147-148.)

[2] A Spanish or Portuguese league is 17¼ to an equatorial degree. 1000 = to 58 4/15 of a degree.

On the Word Amama.

LENORMANT[1] says: "All the hymns of the third book finish by the Accadian word *Kakama*, which is translated in Assyrian by "amen," "*amanu*."

The prayers of the Hawaiian priests, offered in the temples (heiau) as well as those offered at private sacred places or in family worship, invariably closed with the ejaculation *amama*, equivalent to Amen. In Hawaiian *amama*, as a verb, means "to offer in sacrifice." This word does not occur in any of the other Polynesian dialects that I am acquainted with. It is found then alone as a sacerdotal expression that may have become obsolete or superseded in the other dialects. It has no etymon or material foundation within the Polynesian language, and I therefore consider it to be a foreign word imported into the language in far remote times and from a people of superior culture, with whom the Polynesians at one time were conterminous or, in some now unknown way, were connected. That people I believe to have been the old Accadian Cushites. Fr. Lenormant, in his "La langue primitive de la Chaldee" (Paris, 1875) pp. 126 and 271, gives the Accadian *kakama* as a participle of the verb *kaka*, "confirmer une parole," and substantially "confirmation," "confirme." As a foreign word *kakama* was subject to more or less corruption when passing into the Polynesian language, and those acquainted with the facility and frequency with which gutturals are elided in the Hawaiian, Samoan and some other branches of Polynesian, would easily recognize the Accadian *kakama* in the Hawaiian *amama*. To the Accadians *kakama* was a regular participle of the verb *kaka*, meaning "it is confirmed," and as such was employed at the close of a prayer or hymn. To the Polynesian (Hawaiian) it was a formula, an ejaculation, employed on similar occasions in imitation of his teachers, but without any inherent sense derived from his own language, as multitudes of Christians today use the word *amen* without knowing its origin or sense. That the Hawaiians employed *amama* as a verb, "to offer in sacrifice," I look upon as a later adaption when the primary sense of the word, if ever known, had been forgotten.

---

[1]"Chaldean Magic, its Origin and Development, by Fr.Lenormant," London, Bagslor & Sons, p. 13.

(340)

Philological and Miscellaneous Notes.

I T IS evident from the language that iron, or perhaps metal of some sort, was not unknown to the Polynesians. The Hawaiians had an ancient, now obselete, word for iron which was *meki;* the present term *hao* is comparatively modern and means any hard substance and, conventionally iron. But *meki* is one of those words of wide spread connections which prove its antiquity. We are justified from the facts in assuming that in naming and defining the various phenomena of nature, mankind proceeded from generalizations to specifications or, in other words, it gave a general name to substances of the same nature before it distinguished the differences between those substances by particular names. Thus all metals probably received one or more generic names before their differences were noted by specific individual names. Thus with colors; thus with animals; thus with the body or the most prominent parts of the body; thus with trees and fruits, etc. Thus language grew from abstract to concrete terms, and as the primordial races dispersed in tribes and families they carried with them these generic terms, subject to dialectical differences and phonetic corruption, and added to them such concrete terms as their mental development and the circumstances of their new positions might require; and thus in course of time many or most of the generic synonomous words became specific appellations with various tribes. Thus only can I account for the singular fact that in different sections or tribes of the same race the same word frequently signifies different objects or ideas, although, when a close analysis is possible, those objects will generally be found to have been, or were deemed to be, generally related. For instance, in the Polynesian family of languages, including the pre-Malay dialect of Malaysia, we find the following apparent confusion of terms: Rotti, *ngeo,* black; Batchin, *ngoa,* black. Hawaii, *kea,* white, *koae,* white; North Celebes, *kuloh,* white; Tidore, *kura-chi,* yellow. New Zealand, *kura,* red; Ceram, *marah, merah,* blue, and *poporole,* yellow; Hawaii, *mele,* yellow, and *popolo,* blue, dark. Thus also in Celebes, *bokati;* in Buru, *boti;* in Amblaw, *pue,* and in Amboyna, *pueni,* signifies rat Gilolo, *boki;* Hawaii, *popoki,* cat. Buru, *babue;* Hawaii, *puaa;* New Zealand, *puaka,* hog

Thus in Irish, *baban,* child. Arab, *babos,* the young of either man or beast Malay, *babi,* a pig. *Baba,* father. Celebes, *babi-rusa,* pig-deer. Sangvir Islands, *baba,* a monkey. Latin, *pupus.* Hence the two English words, babe and pup.

And thus also in the naming of metals, we see that in the Welsh *mettel* and the Greek *metallon* the original generic signification of the word metal, or its root, has been retained. Now let us see the different uses to which this word has been put and the different changes it has undergone: Hindu (Khol), *medh;* Hawaiian, *meki,* iron. Scandinavian, *messing;* Welsh, *pros;* Saxon,, *bros,* brass. German, *eisen,* iron; *messer,* knife. Malay and Javan, *besi, busi, bisi;* Ethiopian, *basal;* Celebes, *wasy, ase,* iron. Latin, *aes,* copper. Amboyna, *pisi-putih,* silver (literally "white iron").

I look upon the Hindu-Khol and Hawaiian terms as the oldest remaining representatives of the original root which may have had the compound sound of *mb,—mbeki, mbesi* — of which different dialects retained one or the other, or discarded both. That the original idea expressed by that word was metals in general, and not any specific kind of metal, I consider conclusively shown from the Amboyna term for silver, *pist-putih,* meaning literally white iron, as well as from the various specific metals which the word has been made to designate, such as iron, copper, brass and silver.

Among the Southern Polynesians, the Rarotongans also had a name for iron. They called it *kurima;* but I am unable to trace its linguistic relationship. It may refer to the Gilolo, *kur-achi,* the name for gold as well as for yellow. If *-achi* in *kur-achi* is a dialectual variation of the Celebes term *ase* or *wasy,* then the first syllable represents *kura,* a Polynesian and pre-Malay word for red, bright, yellow, and thus the compound word *kurachi* becomes analogous to the Amboyna *pisi-putih,* and would signify the red or yellow iron or metal.

Kolff says, "The Malay language is the *lingua franca* of the entire Indian Ar chipelago, but it is only generally understood in those places which enjoy some com merce. The natives who reside in the mountains, and those who have no communi cation with strangers, speak only a dialect of their own "[1]

The Malay word *ma* means mother. Compare the Hawaiian *mama,* to chew the food for the purpose of feeding children, and the Hawaiian *u-ma,* now only used in the duplicate form *uma-uma,* the breast of a female. *U* itself means breast, what protrudes; hence also *ama,* satisfied with food. Latin, *ma-ma,* the breast and mother.

The Malay *ma* is probably the oldest form, if not the original meaning, which is better expressed perhaps in the Latin *ma-ma,* primarily breast, then mother; also in the Hawaiian *u-ma,* now obsolete in the simple form, but also meaning the female breast,— a compound word of which *u* alone means the breast, what protruded, and *ma,* which does not occur in the Hawaiian language in that sense, but whose duplicated form *ma-ma* means to chew anything with intention of spitting it out again, as *awa,* and as children were fed. *A-ma* means satisfied with food. Hebrew, *Am, mother;* Greek, *Amona?*

The Hawaiian *mamo,* descendants, posterity, grandchildren, etc., derives from the same root. But while the Malay *ma* and Java *mbo* signify "mother," the composites of these words signify "father" in five-sixths of the Malay or pre-Malay dialects, while nine-tenths of the same dialects employ the word *hina* or *ina* and its combinations to express the idea of "mother." The Hawaiian-Polynesian *matua,* parent, I consider a composite word from the primal *ma* and the word *tua,* which in the Sulu dialects signi-fies "husband," whatever may have been its original meaning. In the Hawaiian this word occurs only in composite forms as an epithet of relationship, as *kua-ana* the older of two children of the same sex. *Kai-ku-nane,* "the brother of a sister," *ku* probably contracted from *kua. Kai-ku-wahine,* "the sister of a brother." The Amboyna and Ceram word for woman *"mahina"* recurs also in the Hawaiian *kai-ka-mahine,* "a female descendant, a daughter." *Kai* is a generic term of relationship, *ka* is the article "the" incorporated with the word *"mahine"* which is but another form of *"wa-hine."*

[1]*Voyages of the Dutch brig of war Dourga,* by D. W. Kolff, trans. by G. W. Earl, p. 133, London, 1840.

The mysterious syllable *om,* which Manu taught upheld the universe, is shown by Colebrooke to mean "water," which was worshiped by the Brahmins as the "immortal fluid," "the mother of worlds," etc. The word recurs in the Egyptian *Omphis,* a name for Osiris. It is probably also to be found in the Polynesian-Hawaiian *amama,* equivalent to amen as the end of a prayer, from *ama,* to offer to the gods; it also means a sacrifice.

STORY OF HIIAKAIKAPOLIOPELE.[2]

Hopoe and Haena were two women playing hula in the water off Nanahuki, in Puna.

Keowahimakaakaua was a brother of Pele

In Puupahoehoe, in Kapaahu, in Puna, there is a *mawae* or rent where Pele slept

Pohakuokauai was the *kupunakane* (grandfather) of Pele and lived at Kaena Point, Oahu.

At Haena, Kauai, Pele caught Lohiau between Kahuakaiapaoa, his friend, and Mapu, the music teacher, beating the drum which had disturbed her sleep.

Pele took Lohiau for her husband and returned to Hawaii, promising to send for him. Lohiau hung himself from chagrin at Pele's leaving him.

Pele sent Hiiaka to bring Lohiau. Hiiaka started on her travel, quarreled with and killed Panaewa, fell in with Wahineomao and made her her friend, killed Makaee kiu off Waipio, and fell in with Mokulau or Moolau from Kohala.

Kaipalaoa (k.) and Punahoa (w.) were the parents of Wahineomao.

Piliamoo and Nohoamao, of Hilo, who owned the *"papa kahulihuli o Wailuku,"* were killed by Hiiaka.

Unihipili was the name of a god at Honolii, in Hilo.

Piikea nui refused passage in his canoe to Hiiaka and was swamped. On Molokai, Hiiaka killed Ilole (w.) and Hoolehua (w.) because they were jealous of her.

Ulamawao was the name of a pali on Oahu and the name of one of Pele's husbands.

Makapuu, Kekuapololi and Malei, the husband of Kanahau, living in Koolau, were relations of Hiiaka.

Makapuu was the wife of Kekuapololi. Pohakuloa, in or above Waimanalo was another personage Hiiaka met

At Kapua in Koolau Muliwaiolena and her daughter Apuakea were killed because the latter compared herself to Hiiaka in beauty.

At Kailua, Hiiaka went to see the country and found Hauwahine bathing. When she perceived Hiiaka, her bird flew up and obscured the sun (an eclipse). She next fell in with Mahinui and Keaalau who were bewailing the death of their child Hanalua. Olomana and Auliilii are mountain peaks in Koolau. Pueo, a chief in Kaa-Iaea, made war on Hiiaka and was killed.

---

[2] This is but a brief outline of characters prominent in this story and incidents of their connection therewith, rather than an outline or condensation of the several plots of this popular myth, its purpose being working notes, likely, for comparison of its celebrities and localities with other legends or traditions, here and in other parts of the Pacific. The same applies to "Extracts from Story of Keanini," following.

From Hakipuu, going *mauka* (inland), because the pali projected in the sea, Hiiaka found and killed Mokolii, a *moo* (lizard), cut off his tail and threw it in the sea and hence the island of Mokolii, near Kualoa. His body formed the lowland *makai* (towards the sea), below the *pali* of Kualoa.

Palani was chief of Kahana. Iewale was his wife, killed by Hiiaka while bathing. Kauhiikemaokalani was a person and a mountain peak near Kaliuwaa in Koolau.—In his greeting to Hiiaka he called Pele and her family *"na akua malihini."*

Punahoolapa and Pahipahialua near Kahuku.

Hopoe, the friend of Hiiaka, was destroyed by Pele during Hiiaka's absence.

Piliaaama was fishing off Waimea *("kanaka lawaia o ka pali").*—He was *Kono hiki* to Ihukoko.—He was also a *"kane hii alo"* (bosom companion) of Kapuewai.

Kekuohapuu, in the upland west of Waimea, Koolau.—Lahuimoho and Wawaemoho were gods on top of Kaala mountain.

Malaehaakoa and his wife Wailuanuiahoino lived at Haena, Kauai; he was a grandson of Kanoalani.

Pele quarreled in Kahiki with Puna-ai-koae and fled from there to Hawaii

Limaloa, Kaunalewa and Mana were brothers of Lohiau. Kahuanui was one of his sisters.

Aka and Kilioe were two women who watched over the cave where Lohiau was interred. They were killed by Hiiaka.

It being near night when Hiiaka arrived at the pali where Lohiau was buried, she called on the sun to stand still, *"i ka muli o Hea,"* until she could climb the pali, and the sun listened to her prayer.

When Hiiaka brought Lohiau to life she invoked the aid of Kuhulu the *akua* Is that the Samoan Kuhuruhuru, according to New Zealand tradition, a son of Hinauri and Kinirau?

Other gods invoked on that occasion were Kuwaa, Kuhailimoku, Kanaloa, Kahaula, Kaoaka, Kapaulaula, Kapaeleele, Kapaahu, Lonomakua, Keoaahimakaakaua, Kanekapolei, Kane, Laka (the husband of Haiwahine)

Nakoaola was the man of Kahuanui (w.)

Kahuakaipaoa was chief of that part of Kauai and went with all his men to Niihau

Returning with Lohiau from Kauai, Hiiaka visited Oahu and greeted all the principal mountain peaks on the Kona side.

At Honolulu (Kou) Hiiaka stopped at the house of Peleula

Olepau was a king of Maui in Hiiaka's time.

Kaweloikaiehuehu and Waihinalo were Olepau's wives

Kapo lived on Maui and was elder sister of Hiiaka.—She is also called Kapomailele

Kapo and Puanui brought up Wahinano and gave her as a wife to Olepau. She is called *"Wahinano wahine a Kapoipoi."*—Olepau and Ole, the same.—When Olepau died he gave his kingdom to his youngest brother Kaumuleialii.— Makaiwa and Kaakau were also brothers of Olepau.

EXTRACTS FROM STORY OF KEANINI.[3]

Hainakolo was the sister of 'Olopana, wife of Keaniniulaokalani. Olopana had two daughters, Luukia-nui and Luukia-iki.

Hainakolo's sons, called Lopaikihelewale, was fished up from the sea and brought up by Luukia-nui. Olopana's place was Opaelolo.

Lopa's proper name was Leimakani. At this time Kumunuiaiweke and Moano-nuikalehua were "*kanaka hoe waa*" (canoe paddlers) of Keauniniulaokalani.

Leimakani became the husband of Luukia-iki,—scene near Waipio, Hawaii

The island of Pae was to leeward, or *ilalo* of Kuaihelani.

Luukia-nui took Leimakani from her sister and had by him a child, called Lono-kaiolohia (k.), who was killed by Luukai-nui in a jealous fit.—"*Hainakolo, wahine i ka pali o Waipio.*" Keanini had another wife, Kaekaenalukai, in Kuaihelani. Lonokai-olohia was restored to life again by Hainakolo and Keanini committed suicide from grief over Hainakolo's leaving him and going to Hawaii.

Kane-oi'e, Ku Kau Akahi, and Lono Nui Peapea are epithets applied to the supreme gods.

The *kapu hoomahanahana* were only less in importance than the *kapu honao nui* of the year. They were the *kapu* of the days Kukahi, Hua, Kaloa, Kukahi and Kane

SOME KAUAI TERMS WITH EQUIVALENTS.

KAUAI.	HAWAII.	ENGLISH
Lelehu	Lehulehu	Numerous
Pupu (stiffness of old age)	Elemakule	Aged
Aka lapalapa	He nui ka maka	Wide-eyed
Wa'ewa'e (foot of inanimate things)	Wawae	Foot.
Halaku	Hakaka	Fight; quarrel
Kalona (animals)	Kumulau	A breeder
Kolopa	Lio elemakule	An old horse
Ii ka lio	He uhu ka lio	The horse neighs
Panie	Holo nui	Great speed
Hoomana (make callous)	Hoemi mai	Reduce (by abrasion or whit-tling)
	Iho mai	Come down
Kupoupou	Aohe i li'uli'u	Not a long time
Aohe i upuupu (upuupu, tedious)	I imi ana	Seeking
Hookolo	A mo'a mai nei	When cooked
A-mai	He hoihoi	A rejoicing
Nakui	Alanui	Road, highway
Moohele (of mountain ridges)	Uluna	Pillow
Opeope	Kapa Hawaii	Hawaiian bark-cloth or garment
Apeupeu	Kihei lole	[Foreign] cloth garment
Hoola	Moena	Mat, matting
Aleuleu	Opiopi	Fold up
Hakuhaku		

[3]From *Ka Hoku o ka Pakipika*, Oct. 1, 1861, see also note 1.

KAUAI	HAWAII.	ENGLISH.
Akupakupa	Oopu okuhekuhe	Heap of this spe
Kamau (food)	He Oha	Kalo sprigs or su
Ai okoa	Kalo paa	Firm kalo
Miki pololei	Poi koekoe	Fresh made poi
Palu-ai	Ai wale no	[Vegetable] food
Pu-paakai	He ai, he ia	Both fish and foo
Poe	Pohaku ku'i ai	Stone poi pounde
Omo	He po'i umeke	A calabash cover
Ahukalua	Enaena ka umu	The oven is heat
A'ke	Wahahee	Falsehood
Kalaau (walaau, noise)	He kahea	A call, or calling
Kikoho	Pane kikoola	Derision
Kaiaulu	Wahi kiekie	High place
Hanahanai (of crumbling cliffs)	Wahi palipali	Precipitous place
Neenee	Wahi haalu	A low place
Moomoo (watershed)	Kualapa	Dividing ridge
Opu-aki	Opu nahu	Stomach ache

Things Similar in India, etc., and Polynesia.

H OW FAR any distinct remembrance of the Siwa worship may be traced in Polynesian traditions and customs is not easy to determine precisely. The blood thirsty wife of Siwa still survives in name and attributes in the Tongan God of War, Kaliai-tu-po. The name itself of Siwa recurs in the Polynesian word Hiwa, primarily "dark colored, black or blue;" secondarily, "sacred," as a sacrificial offering. In different dialects the word occurs as Siwa, Hiwa, or Heiwa, and is applied as an adjective with derivative meanings, but in all the idea of sacredness underlies and characterizes its application. Thus Nuka-Hiwa, one of the Marquesas, undoubtedly meant originally the dark or sacred island; Fatu-Hiwa or Patu-Hiwa, another of the same group, meant the "sacred rock or stone;" Hiwaoa, still another of the same group, meant "very sacred or holy." In Hawaiian *puaa-hiwa* means the "black or sacred hog" offered in sacrifices. *Hiwa-hiwa* was an epithet applied to gods and high chiefs. The name of the Siwaite *Lingam,* the symbol of productiveness, has unquestionably its root and derivation from the same source as the Tongan word *linga,* which means the male organ of generation, and the primary sense of the word which is found in the Hawaiian *lina,* "soft, yielding," as *papa lina,* cheek; New Zealand and Samoan *ta-ringa,* ear, *et al.*

What the Hawaiians called *pohaku a kane,* upright stones of from one to six and eight feet in height, the smaller size portable and the larger fixed in the ground, and which formerly served as altars or places of offering at what may be called family worship, probably referred to the Lingam symbolism of the Siwa cult in India,[1] where similar stone pillars, considered as sacred, still abound.[2]

But Siwa, as before observed, was not a Vedic god, and his rites were held in abomination by the earlier Vedic Aryans. These stone symbols refer, therefore, to a period of pre-Aryan occupation of India and to the Cushite civilization or race. In the Hawaiian group these stone pillars were sprinkled with water or annointed with coconut oil, and the upper part frequently covered with a black native *kapa* or cloth, the color of garment which priests wore on special occasions, and which was also the cloth in which the dead were wrapped. . . . . .

It is possible that from these or similar considerations of superiority of sacredness arose the Polynesian proverb (in Hawaiian), *he weo ke kanaka, he pano ke alii,* red is the common man, dark is the chief.[3]

---

[1] Dieffenbach (*Travels in New Zealand*, p. 64,) says that phallic sculptures are common on tombs, symbolic of vis generatrix of male or female originals.

In the Fiji group also, rude stones resembling milestones, are consecrated to this or that god, at which the natives deposit offerings and before which they worship. (*Fiji and the Fijans,* by Thos. Williams, p. 173).

[2] In the *Asiatic Journal,* Feb., 1828, I find that in Deccan and in the collectorship of Punah, the Koonbees, living to the eastward of the western Ghats, worship their principal gods in the form of particular unshaped stones A black stone is the emblem of Vishnu; a grey one of Siwa or Mahades. So, also, stones are consecrated to or emblematical of Mussooba, the god of revenge; of Vital, the god of demons; of Bal Bheirow or Bharos, the beautiful god. Khundooba, the principal household-god of the whole Deccan, is represented at Jejour by a Lingam.

[3] In *Polynesian Researches* Ellis explains a similar expression in Tahiti, from the fact that a dark and bronzed complexion was looked upon, among the chiefs, as a sign of manliness, hardihood, and exposure to fatigue and danger, and a pale complexion was considered a sign of effeminacy. The probable reason and explanation of the proverb may be found in the greater amount of tatooing with which the bodies of the chiefs were adorned. As late as the time of Kamehameha I. of Hawaii, his rival Kahekili, King of Maui, had one-half of his body entirely blackened by tatooing.

The emblem of Siwa, in Hindu mythology, is the double trident. On the hill called Kaulanahoa, back of Kalae, Molokai, of the Hawaii group, are a number of singularly shaped volcanic stones, standing on the brow of the hill, amongst which is one marked with a double trident ⌣⌣ in two places.

Jos. Roberts *(Oriental Illustrations,* London, 1835) makes the following observations: To look back after leaving a house or to be called after, was an unfortunate sign in India and in Hawaii (p. 22). "In India, as in Polynesia, salutations between people are made by smelling of each other," (p. 32). And "whenever a favor has to be solicited, peace made or an interview desired, presents are always sent before. On Hawaii and elsewhere in Polynesia presents always accompanied the visitor or were sent before," (p. 39). "In India priests and people shave the head, leaving only a tuft on the crown. In Hawaii the heads were frequently shaven so as to leave only a ridge or crest on the top of the head" (p. 91). "Shaving the head is a sign of mourning common in the East as well as among the Polynesians — also among the Arabs, according to Herodotus," (p. 471). "In India tatooing, by puncturing the skin, is practiced. Tatooing prevails throughout Polynesia." (p. 91). "An unhealthy country is said to 'eat up the inhabitants,' a victorious or oppressive rajah is said to 'eat up the country'. In Hawaii the expression *ai-moku,* 'eating up the land,' is an epithet of chiefs. The expression 'to live in the shadow' of another is common. So also in Hawaii" (p. 101). "To propose riddles and hard questions for solution at entertainments in India is a common amusement. Such custom obtained also in Hawaii when chiefs entertained each other" (p. 199). "The sacred groves, or trees, invariable accessories of India temples and sacred places, have their counterpart in most of the Polynesian heiaus and morais; the sacred *aoa* tree in Raiatea, Society Islands. Females in India eat apart from their husbands or men generally. Under the Hawaiian *kapu* system females not only ate apart, but were also forbidden many kinds of food of which men ate freely" (p. 255).

"Nearly all the females (of India) wore jewels of gold in their nostrils, or in the septum of the nose. In Hawaii this custom was not in use, but in other parts of Polynesia it was customary to have a ring or a bone inserted in the septum" (p. 367).

"The Hawaiian sooth-sayers or *kilokilo* turned to the north when observing the heavens for signs and omens. So did the ancient Hindus: so did the Iranians before the schism, when they placed the Divas in the north; so did the Greeks; so did the ancient Scandinavians before their conversion to Christianity." "Hawaiians turned to the west when naming the cardinal points, Ayrans to the east. With the former, left was south." (Excerpts from Pictet, Vol. II.)

According to the researches of J. Grimm *(Uber das Verbrennen der Leichen),* all the Aryan peoples, with one exception, practiced incremation at their funerals from time immemorial, in place of interment. The Indians, Greeks, Romans, Gauls, Ancient Germans, Lithuanians and Slavs during heathen times, burned their dead with ceremonies which present evident traces of resemblance, notwithstanding their diversity. The Iranians alone at an early time abandoned this ancient custom on account of the radical difference which arose in their religious creed. The Hebrews and Arabs never practiced incremation (p. 504). The Egyptian Cushites practiced embalming. The

Polynesians never followed incremation, they practiced exposure and preserved the bones of the dead, or a species of embalming and interment in caves. Did they separate from the Iranian branch after the schism, or did they follow the training and customs received from the Cushite teachings?

"The Polynesians like the ancient Aryans divided the night into four portions" (p. 591). "The Hindus call the last night of the old moon, in Sanskrit, *kuhu (la lune caché)*, and *amaoasi*, dwelling with (the sun). The Hawaiians called the 30th day [of the] month, and the Tahitians the 29th day, *muku*, cut off, shortened, ceased" (p. 598).

Warua (Tah.) and *wailua* (Haw.), spirit, ghost, have phonetic resemblance to Vedic Sanskrit *Varuna*, one of the oldest Vedic deities. It is not improbable however that "*Varuna*" derives from *warua*.' The Polynesian word is evidently a composite, but as it does not occur in the other dialects, so far as I know, or in a different form, I am unable to analyze it. The Sanskrit *Varuna*, however, which is so confidently ascribed to the root *or*, var., to cover, surround, may by consulting the Polynesian remnant of Old-world languages, be found to differently and equally appropriately refer itself to the Polynesian *wa*, span, and *runa* or *luna*, above.

"The ancient Aryans distinguished three heavenly regions, 1st, the upper heavens, *Dio;* 2d, the heaven of clouds, *Nabhas;* and 3d, the atmosphere, *Autariksha* (transparent)" (p. 665). "The Polynesians had the distinction of three heavens, viz: that of Kane, Ku, Lono. Of origin of fire, E. Aryan and W. Arvan" (p. 679).

The ancient inhabitants of Yemen worshiped and canonized their ancestors

Polyandry in Arabia, as mentioned by Strabo, was of Cushite origin, as well as the community of goods between brothers under the administration of the eldest, still practiced by the Narikas of Malabar, and the remnants of the primitive populations of ante-Aryan India. (Lenormant, Vol. II, p. 318.)

There is one custom which, practiced by the Polynesians, was opposed to Hebrew or Egyptian; viz., the feeding on swine's flesh and rearing them for food as well as for sacrifice to the gods. (See Rawlinson's *Herodotus*, II, 47, n. 5.)

In Egyptian hieroglyphics the negative sign is a pair of extended arms with the hands downward, preceding the verb. The mute but emphatic negative of the Hawaiian is expressed by turning the hand over with the palm downward.

The Egyptians were permitted to marry their sisters by the same father and mother. And in patriarchal times a man was permitted to marry a sister, the daughter of his father only. (Rawlinson, *Herodotus*, III, 32, n. 1.) Among Hawaiian chiefs such marriages gave additional rank and exalted position to the offspring — to the children of Keawe and Kalanikaula, for example.

The custom of sacrificing their first prisoner (in war) is ascribed by Procopius to the Thulite or Scandinavians. (Bell. Goth. II. 15; Rawlinson's *Herodotus*, VII, 180, n. 4.)

An ancient Hawaiian legend runs as follows (Polynesian Race, Vol. I, p. 99): Kealii-Wahanui was the king of the country called "Honua-i-lalo." He oppressed the Lahui Menehune. Their God Kane sent Kane Apua and Kanaloa, his elder brother, to bring this people away from there and take them to the land which Kane had given them and which was called Ka Aina Momona a Kane, or with another name Ka One Lauena a Kane, or with still another name Ka Aina i ka Houpo a Kane. They were then told to observe the four Ku days in the beginning of the month as *kapu hoano* in remembrance of this, because then they arose (ku) to depart from that land. The offerings were swine and sheep. (The narrator of this legend says that there were formerly sheep without horns on the slopes of Maunaloa, Hawaii, and that they were there up to the time of Kamehameha I, and he refers to some account published by a foreigner in 1787.) The legend further says that after leaving the land of bondage, they came to the Kai Ula a Kane, were pursued by "Ke Alii Wahanui," that Kane Apua and Kanaloa prayed to Lono, and they then waded across the sea, traveled through the desert and finally reached the Aina Lauena a Kane! This was kept as the first *kapu hoano* of the year.

On first receiving this legend, I was inclined to doubt its genuineness and to consider it as a paraphrase and adaptation of the Biblical account, by some semi-civilized or semi-Christianized Hawaiian after the discovery of the group by Cook. But a further and better acquaintance with Hawaiian folk-lore has shown me that, though the details of the legend, as narrated by the Christian and civilized Kamakau, may possibly in some degree, and unconsciously perhaps, have received a Biblical coloring, yet the main facts of the legend, with the identical names of places and persons, are referred to in other legends of undoubted antiquity. I am compelled therefore to class this legend among the other Chaldeo-Arabic-Hebraic mementos which the Polynesians brought with them from their ancient homesteads in the west. And it is possible that the legend was preserved in after times by the priesthood, as offering a rational explanation of the institution of the *kapu* days of Ku. Another feature attests the genuine antiquity of the legend, viz. that no other gods are referred to than those primordial ones of Hawaiian theogony; Kane, Ku and Lono, the latter of whom is clearly recognized as the god of the atmosphere, of air and water, the Lono-noho-i-ka-wai of the creation chants.

Island of *Baba*, south of the Banda group, Indian Archipelago, is probably the protonome of Vawa, in the western part of the Fiji group; viz., *Oto-vawa*, and *Ka-vawa*, and the *Wiwa* and *Wawa* in Hawaiian legends.

The islanders of Baba and Tepa and adjoining islands rub lime into their hair, by which the natural blackness changes to reddish, flaxen color. In Polynesia (Hawaii) it was common practice to rub lime into the hair, whereby it became *ehu* (red) and sometimes entirely white.

Tepa, a village on Baba, corresponds to Kepa, a land on Kauai, Hawaiian group.

Aluta, name of a village or district on the Island of Baba. At Baba large canoes are called *orang baay*. Polyn. *waa, waha*.

At the Aru Islands the eastern portion is called the back of the islands. A similar expression obtains in the Hawaiian group

S. A. Walkenaer (*Monde Maritime,* Vol. I,) states that *Orangkayas* was the name of the Noblesse in Achim, Sumatra. Rangatera in the Society group were the freeholders or the lower class of chiefs (p. 21). "One of the Districts in the Batta Country of

Sumatra is called Ankola." Anahola name of one district in Kauai. (Phonetic cor-ruption? (p. 28.) "In the Batta Country each village has a *Bale* or place of reunion of the inhabitants;"—"Whale" in New Zealand, "Fale" in Samoa, "Hale" in Hawaii (p. 35)

"*Saka* was a surname of Buddha. In the Japanese annals Saka lived 1000 years B. C. and the religion of Japan is that of Saka or Siaka. Whence the name Hiaka or Hika in the Hawaiian mythology? Saka is a Sanscrit word signifying era or epoch, and was used as a surname for several celebrated monarchs and founders of dynasties in India.

"On the other hand the Sovereigns of Guzzerat in India bore, during the 7th cen-tury A. D., the title of *Diva-Saka* or *Di-Saka* (pp. 225, 226). What connection with Hiaka?

"The Malay race expanded from Sumatra to Malaka, and not vice versa. The original country of the Malays (according to their own traditions) was Palembang (the kingdom of) in Sumatra, called the island of *Indalous*. They lived near the river *Ma-layo*, which descends from the mountain *Maha-Merou*. In 1160 A. D. under *Sri-Touri-Bonwana* they invaded and conquered the Peninsular of Malacca which was then called Oudjong-Tanah, or the land of Oudjong. The Malays were then called Orang de bavah angen, or people of, or toward the South

"Other Malay historians trace the origin of the people to Hindustan. They trace their chiefs up to Alexander the Great or Rajah Sekander. One of the sons of Rajah Souren, founder of Besnagour in India conquered Palembang in Sumatra and founded an empire. About the year 1159 the Palembang chiefs invaded Java." (pp. 41-43.)

Turner's *Nineteen Years in Polynesia*, gives the following Samoan traditions:

Origin of Fire. Mafuie, the god of earthquakes, lived under the earth and kept a constant fire. Talanga used to go down to Mafuie's place through a rock, singing out: "Rock divide, I am Talanga." His son Tiitii found out his secret, descended and got some fire from Mafuie, but when he had lighted his oven Mafuie blew it up and blew out the fire. Tiitii then went down for more, fought Mafuie, broke off his right arm and obtained fire, Mafule telling him to find it in every wood he cut.

Savage island has a similar tradition, changing the names of Talanga and Tiitii into "*Maui*" (father) and "*Maui*" (son)

Cosmogony. In the beginning the earth was covered with water and the heaven alone inhabited. Tangaloa, the great god, sent his daughter in the form of the bird *kuri* (snipe) to look for dry land. She found a spot, and as it was extending, she visited it frequently. At one time she brought down some earth and a creeping plant. The plant grew, decomposed and turned into worms, and the worms turned into men and women.

Another account says that Tangaloa rolled two great stones down from heaven, one became the island of Sawaii, the other, Upolo.

Of old the heavens fell down and people had to crawl about. The plants grew and pushed the heavens up a little from the earth. The place where this happened is called *Te'enga-langi* and is thus pointed out. One day a man came along and offered to push the heavens up for a drink of water from a woman's gourd. He did so and got the water. Another account calls the man's name Tiitii.

About the Moon. Two men *Punifanga* and *Tafaliu* started to visit the moon. The former thought to reach it by climbing a tree; the latter kindled a large fire, raised a great column of smoke, and climbed up to the moon on that, and got there long before the other

A woman named Sina, during famine time, seeing the moon rising one evening wished a bite of it. The moon grew indignant and came down and picked her up, her child, her tapa board and mallet, and there they have remained until this day and are plainly to be seen.

About the Sun. A woman called Mangamangai became pregnant by looking at the sun. Her son, called child of the sun, climbed a tree and with a rope and noose caught the sun one morning and obtained from him a basket of blessings. Another account says that he and his mother were annoyed at the sun's going so fast; so, after having caught the sun with his rope, he stipulated as a condition of liberating the sun, that it should travel slower after that, which has been duly performed.

The god of the lower regions was called Feé.

Raho and Iwa walked from Samoa on the sea until they came where Rotuma is Raho had a basket of earth and of it made the island.

Taro. A person called Lasi went up to heaven and brought the taro down on earth and planted it there.

1. The New Zealand legends treat of four other names borne in the Hawaiian genealogy as living in Hawaiki before the exodus to New Zealand; viz., *Hema, Tawhaki* (Kahai), *Wahieroa* and *Raka* (Laka).

Hema and his wife Urutonga begat Tawhaki and Kariki
Tawhaki and Hine piripiri begat Wahieroa.
Wahieroa and Kura begat Raka.
Raka and Tongarautawhiri begat Tuwhakararo.
Tuwhakararo and Apukura begat Whakatau.

2. Another tradition says that Maui-a-Taoanga had a sister named Hina-uri, and makes the following pedigree·

Hinauri (w.) and Tinirau (k.) begat Tuhuruhuru.
Tuhuruhuru and Apakura (w.) begat Tu-whakararo, Mairatea (w.), Whakatau-potiki, and Reimatua.

3. The Ngati paoa tribe's chiefs, in 1853, counted fifteen generations from and with Hotunui who came from Hawaiki with the first settlers in New Zealand in the canoe Tainui, companion to Arawa. Average thirty years to a generation=450 years— 1400 or thereabouts. (Sir Geo. Grey's Polynesian Mythology.)

The proper trade wind at Tahiti is from east-southeast to east-northeast and is called *Maarai.* When the wind is to south of southeast it is called *Maoai.* The west northwest and northwest wind is called *Tocrau.* If still more northerly it is *Era-potaia,* the wife of Toerau. The wind from southwest and west-southwest is called *E-toa,* if still more southerly it is called *Farua.* (Cook's Voy., Vol. 2, p. 143.)

Tahitian Legend of *Tahiai.* Cannibals who came there were eventually killed (p. 169) Cannibalism was repudiated by Tahitians from ancient times

Principal gods of Society Islands:

Huaheine	Tane	Mataia Ohuab	Tupu
Tahaa	Tane		Tupu ai
Raiatea	Oro		Rymaraiwa
Bolabola	Oro	Chain Island	Tamarii
Eimeo	Oro	Sander's Island	Taaroa
Tahiti	Oro	Tah. Taiarapu	Opunua
Mauroa	Tu	Taiarapu	Halutiri
Tubuai	Tamai		

Uru-tae-tae was the Tahitian god who conducted departed spirits, for whom the priests of Roma-tane were employed, to the place of happiness.

Tali-ai-tubu. The principal god of the Tongas. God of war. Is that a name-sake or transfer of the blood-thirsty Indian goddess *Kali* or Patra-Kali, the wife of Siwa?

"The Tahitian god *Oro* was called *Koro* in Raiatea. The Atituakians say they came from Awaiki, Tetarewa being the first. Awaiki was below. Tetarewa climbed up from it.

"The chief Makea at Rarotonga in 1840 was the twenty-ninth descendant from Karika, or Makea Karika, who came from Manuka or Manua, one of the Samoan group. He fell in at sea with Tangiia, a chief from Faaa in Tahiti. Tangiia made submission and the two went to Rarotonga and settled there." (Missionary Enterprises, Rev J. Williams, Ch. XIII.)

Ruanuu—Luanuu, a chief at Raiatea, left that island and settled at Aitutaki Conductor of fleets; his genealogy kept up at Aitutaki. (Id., Ch. VII.)

In Tahiti the *vaa* were: *vaa-mataaina,* double canoes belonging to principal chiefs and public districts, fifty, sixty or seventy feet long; three or four feet deep. Stern ornamented with *tii;* then the *pahi* or war canoe, double, from sixty to one hundred feet long, three to four feet deep. The *vaa-tii,* sacred canoes, similar.

Common double canoe, *tipairua.*—Haw. *kaulua.*

Another kind of double canoe was called *maihi,* or twins, made from single trees, the others were sewed together from pieces of *tamanu* or other wood.

The *vaa-motu* (Island canoe) single, built for sailing, has washboards All single canoes are provided with outriggers *(ama)* fixed on the left side

The Paumotu canoes are much larger and stronger then the Tahitian ones. One from Rurutu had twelve feet depth of hold.

Tii in Tahitian means spirit of the dead.

Tiimaaraauta and Tiimaaraatai were the first human beings at Opoa in Raiatea, whence they spread over the group. The latter is sometimes called Hina.

Rua-hatu, the Tahitian Neptune, being asleep in the depth of the ocean, a fisher man of Raiatea dropped his hooks in the hair of Rua-hatu. Enraged, he came up and threatened to destroy the world. The fisherman *mihi'd* (apologized), and was told to go and fetch his wife and child, and to repair to Toamarama, an island near Raiatea. He did so, took wife, child and a friend, and a pig, a dog and pair of fowls. The waters then rose and covered Raiatea and all the rest of the world, but these four alone were saved.

The Afghans have a tradition that only seven persons were saved from the deluge. Old Arab traditions give two sons to Seth, viz. Enoch and Sabi. They also relate that Noah had one son who perished in the flood with his mother Waela. The Mexicans, according to Humboldt report also only seven persons saved from the flood.

The Marquesans have eight persons saved.

In 1625 was found in Si-quan-Fou, in the Province of Chen-Si, in China, a dark colored marble slab with an inscription, detailing the arrival of the Christian (Nestorian) missionaries there from Ta-Thsin (Persia or Syria or west of Asia), its founder was called Olopen (what relation to the Hawaiian Olopana?). In the inscription God is called Oloho, supposed a corruption of the Syrian Eloha. (What relation has this word to the name of the Tahitian god Olo, or to the Hawaiian name for God's residence Olo-lo i-mehani?)

In Chinese language "Wan-Ou"—ten thousand things, is an expression for the totality of created beings. In Polynesian language Wanua or Wenua means the earth and all it contains

In the inscription the Christian religion is called King-Khiao, literally, luminous religion. In Hawaiian mythology when Ku, Kane and Lono created man their invocation was Hi-ki-ao-ola. Any connection?

The Numerical System, Comparative.[1]

IN CONFIRMATION of the Polynesian connection with the Aryan stock, at a very early period, I will refer to the numeral systems of both. I believe that it is now pretty well established that the more ancient and rude a people is or was, the more limited is or was its numeral system. The Australians to this day do not count beyond three or four. The wooly-haired *indigènes* of the peninsula of Malacca count only to two. One is *nai*, and two is *be*. The latter calls strongly to mind the Basque *bi* and the Latin *bis*, two. The Dravidian languages exhibit signs, by the composition of their higher numbers, that at one time the range of their numerals was equally limited. The Polynesian language gives undoubted evidence that at one time the people who spoke it did not count beyond four, and that its ideas of higher numbers were expressed by multiples of four.[2] They evidently counted one, two, three, four, and that amount called *"kau-na"* was their tally, when the process was repeated again. That the same system obtained in the Aryan family in early times is evident not only from the marked relationship between the four first Aryan and Polynesian numbers, but the method of counting by fours as a tally still obtains among some of the Aryan descendants.[3]

The following table will show the relation I am seeking to establish. It is selected equally from Aryan and Polynesian branches; but there is this to be observed that, while the latter in all probability exhibit the archaic form of the language, the former exhibit a comparatively later and more or less modified form of the same.

	Persian	Old Slavonic	Anglo Saxon		Welsh	Latin
1	Yek	Yedino[4]	An		Un	Unus
2	Du	Dova	Tva		Dau	Duo
3	Sih	Tri	Thri		Tri	Tres
4	Kehar	Chetoiriye	Feover[5]		Pedoar	Quatuor
5	Peng	Pamete	Fif		Pump	Quinque
6	Ses	Seste	Six		Chwech	Sex—seni
7	Heft	Sedme	Seofon		Saith	Septem
8	Hest	Osme	Eahta[6]		Wyth	Octo
9	Nuh	Devamte	Nigon		Naw	Novem
10	Deh	Desamte	Tyn[7]		Deg	Decem

	Pulo-Nias	Tsor	Mysol		Sunda	Greek
1	Sara	Kayee	Katim		Hidji	Hen
2	Dua	Rua	Lei		Duwa	Dyo
3	Tula	Tel	Tol		Tilu	Treis

[1] Some of the comparative words used in this contribution differ from those listed by Fornander in *An Account of the Polynesian Race*, etc. (Vol. I, pp. 144-147).

[2] The Endeh dialect on Flores, or Endeh has only four radical numerals. Four being *urctu*, apparently allied to *mysol*, feet.

It is presumed, says Mr. Rienzi, that the mountaineers of Sunda formerly counted by six, for the word *ganap* signifies six and total or tally.

[3] On the Baltic coast of Sweden small fish, especially herrings, are counted by fours.

[4] Russian, odin or odno.

[5] Gothic, *fidwar*, four.

[6] Gothic, *ahtau*, eight.

[7] Gothic, *tig*, ten and tiguus.

5	Lima	Lima	Lim	Lima	Pente
6	Unu and Ano	Nem	Onum	Gennep	Hex
7	Fitu	Fit	Fit	Tudju	Hepta
8	Walu	Wal	Wal	Dalapea	Okto
9	Suwa	Siwer	Si	Solapan	Ennea
10	Fulu	Huta	Lafu	Sa-pulu	Deka

	Samoan	Tonga	Rarotonga	Tahiti	Niue (Savage Is.)
1	Tasi	Taha	Tai	Tahi	Taha
2	Lua	Ua or Lua	Rua	Rua or Piti	Ua
3	Tolu	Tolu	Toru	Toru	Tolu
4	Fa	Fa	A	Ha or Maha	Fa
5	Lima	Nima	Rima	Rima or Pae	Lima
6	Ono	Ono	Ono	Ono	Ono
7	Fitu	Fitu	Itu	Hitu	Fitu
8	Valu	Valu	Va'u	Varu or Va'u	Valu
9	Iva	Hiwa	Iva	Iva	Iva
10	Sefulu or Sengafulu	Hongafulu or Angafulu	Ngauru	Ahuru	Hongafulu

	New Zealand	Rapa	Vaihu (Easter Is.)	Marquesas	Hawaii
1	Tahi	Ta'i	Tahi	Tahi	Kahi
2	Rua	Rua	Rua	Ua	Lua
3	Toru	Toru	Toru	To'u	Kolu
4	Wha	Aa	Haa	Fa or Ha	Ha
5	Rima (ringa)	Rima	Rima	Ima	Lima
6	Ono	Ono	Hono	Ono	Ono
7	Whitu	Itu	Hitu	Fitu	Hiku
8	Waru	Varu	Varu	Va'u	Walu
9	Iwa	Iwa	Hiwa	Iva	Iwa
10	Ngahuru	Ngauru	Anaburu	Onohu'u	Umi

	Manahiki (Humphrey)	Fakaafo (Union Isls.)	Rotuma	Niua (New Hebrides)	Vate, New Hebrides at Mele, (Sandwich Is.)
1	Tahi	Tasi	Ta	Tasi	Tasi
2	Rua	Lua	Rua	Rua	Rua
3	Toru	Tolu	Thol	Toru	Toru
4	Fa	Fa	Hak	Fa	Fa
5	Rima	Lima	Limm	Rima	Rima
6	Ono	Ono	On	Ono	Ono
7	Hitu	Fitu	Hith	Fitu	Fitu
8	Varu	Valu	Vol	Varu	Varu
9	Iva	Iva	Siar	Iva	Siva

	Malay (Marsden's Dict.)	Daya-Marut or Idaan (Borneo)	Bugui (Written lang.)	Batta
1	Satu	Uni	Sadi	Sada
2	Dua	Dui	Dua	Duo
3	Tinga	Toru	Telu	Tolu
4	Ampat	Ampat	Mpa	Opat
5	Lima	Rima	Lima	Lima
6	Anam	Anam	Mora	Onam
7	Tujuh	Pitu	Pitu	Paitu
8	Salapan	Haaia	Harua	Walu
9	Sambilan	Sui	Hassera	Sia
10	Sa-pulu	Sapulu	Sapulu	Sapulu

	Ceram Isl	Savu Isl.	Mosses Isl.	Lampoon	Mindanao and Sulu Arch.
1	Inta and Isa	Ise	Kau	Iai	Isa
2	Lua	Rue	Rua	Rua	Dava
3	Tolu	Tolu	Tolu	Tolu	Tulu
4	Patu	Apa	Wali	Ampa	Apat
5	Lima	Lumi	Rima	Lima	Lima
6	Lama?	Una	Eno	Anam	Anam
7	Pitu	Pitu	Vitu	Pitu	Pitu
8	Alu	Aru	Ialu	Valu	Valu
9	Tio	Saio	Siwa	Siwa	Siau
10	Pulu	Singauru	Sangapulu	Pulu	Sanpulu

	Tagalog Philippines	Papango Philippines	Java	Malagasy (Madagascar)
1	Isa	Isa-metong	Siji	Isa or Rek
2	Dalava	A-dua	Loru	Rua
3	Tatle	A-tlo	Tulu	Tolu
4	Ampat	Apat	Papat	Efa (or Efatra)
5	Lima	Lima	Limo	Liman (Dimy)
6	Anim	Anam	Nanam	One (Enima)
7	Pito	Pitu	Pitu	Hitu (Fitu)
8	Walo	Valo	Valo	Valu
9	Siam	Siam	Sango	Siwa
10	Polo	Apolo	Sapulo	Fulu

	Island of Cocos		Sanscrit
1	Tasi		Ek, or eka or sati
2	Lua		Dwi or dvau, dwaja dui
3	Tolu		Tri or trija
4	Tca		Chatur or chatvar
5	Lima		Panch or panchan
6	Hono		Shat or shash
7	Fitu		Sapt or saptan
8	Valu		Aght or ashtan
9	Iwa		Naoa
10	Ongefulu		Das, pl. dasati
			Vinsati (d-wi-vi-da-sati) 20
			Sat 100

Samoan	Tahiti	Hawaiian	Tonga	Rapa	Easter Island
Tolu	Toru	Kolu	Tolu	Toru	Toru

ASO-POLYNESIAN.

Daya-Idaan	Batta	Pulo-Nias	Lampoon	Savu	Mindanao and Sulu
Toru	Toru	Tula	Tolu	Tolu	Tulu

Papango	Bisayan	Cagayan	Malagasy	Java	Tagal
A-tlo	Tolo	Talu	Tolu	Telu	Tatlo
			Telu	Telo	

ARYAN BRANCHES.

Sanscrit	Persian	Old Slav	Welsh	Latin	Greek	Angl. Sax.
Tri	Sih	Tri	Tri	Tres	Treis	Thri, threo

POLYNESIAN PROPER.

Samoa	Tahiti	Hawaii	Tonga	Rapa	Easter Isl.	N. Zealand
Fa	Ha, or Ma-ha	Ha	Fa	Aa	Haa	Wha

ASO-POLYNESIAN.

Daya-Idaan	Batta	Pulo-Nias	Lampoon	Savu	Mindanao and Sulu
Am-pat	O-pat	U-fa	Am-pa	A-pa	A-pat

Papango	Bisayan	Ilocos	Malagasy
A-pat	Upat	Eppa	E-fa and e-fat-ra

ARYAN BRANCHES

Sanscrit	Persian	Old Schave	Welsh	Anglo-Saxon
Chat-ur or Chat-var	Kehar	Chet-oiriye	Ped-war	Feo-ver

Armorican	Latin	Greek	Gothic	Zend
Ped-er, Pet-or	Quat-uor	Tet-tara	Fid-war	C'athou
		Tessara		
		Aeol. Pisyres		

PART III

A Wakea Creation Chant.

BY KALEIKUAHULU *1

Wakea the son of Kahikoluamea
Papa even Papahanaumoku the wife.
She brought forth also Kahikiku and Ka
  hikimoe;
She also bore Keapapanuu and Keapapa-
  lani,
5. But her first-born child was the island
  Hawaii
The first-born child of them two,
Wakea was, acted the husband.
Papa, Walinuu was the wife.
Papa conceived the island (Hawaii)
10. In pregnant sickness Mauiloa was an
  island.
Then were born quiet and restlessness;
The system of Kapus;
A distant place lying in quietness
For Ku, for Lono,
15. For Kane, together with Kanaloa.
She brought forth with flowing of blood,
Papa was weakened at the birth of the
  island Kanaloa (Kahoolawe).
It was born beautiful like the birds *punua*
  and *naia*.
It was the child born of Papa.
20. Papa forsook her husband and returned to
  Kahiki;
Returned to Kahiki she lived at Kapa-
  kapakaua,
Wakea stayed, lived with Kaulawahine.
From them was born Lanaikaula (Lanai).
Who was indeed the first-born of that
  woman (Kaulawahine).
25. Wakea sought a new wife and found Hina.
Hina [when] found lived with Wakea.
Hina brought forth the island of Molokai;
Molokainui was the large island of Hina
Laukaula the plover had told [Papa].

30. That Wakea was living with another
  woman
The chief was on fire; Papa raged with
  fury—a—
Papa returned from Kahiki,
She stood with jealous rage against the
  second wife (punalua),
Full of rage towards her husband Wakea.
35. She lived (moe) with Lua her new hus-
  band.
[From them] Oahualua was born,
Oahualua the island child.
A child proceeding born from Lua—a
She then returned and lived with Wakea.
40. From her quarrels were internal sensations
  (iloli),
Then Papa brought forth the island Kauai.
Kamawaelualani was born an island,
Niihau was the after-birth, (eweewe)
Lehua separated them,
45. Kaula was the youngest, also a low flat
  island.
From Papa is the extended creation of
  Lono—o—o
Lono is the lord,
The voice ringing from heaven;
The voice is uttered all nature flees in
  terror.
50. Kahai was the trumpet causing storms to
  flee,
From the descendant, the Kamaluahaku,
Is the consent, the answering, the anoint-
  ing.
The tatooing black of many shades,
The black, the black,
55. The darkening frequently the rain of
  Papa—a—
Papa, Hoohokuhonua (her daughter)

---

[1]Kaleikuahulu was a person of ingenuity. He was a chief, a priest, a diviner, a counselor, the king's genealo-gist, and a renowned poet who composed many songs. He was a grandson of Keawe, King of Hawaii, and the son of Kumukoa, King of Molokai. He was born at Kainalu on Molokai in the year 1725, when Kalanikuihonoikamoku was King of Maui, and Kanealii his grandmother was chiefess of Molokai. He lived for some time on Oahu and on Kauai, when Kaiana and Namakeha lived with Kamehameha on Hawaii. Kaleikuahulu also lived on Hawaii with Kamehameha, who appointed certain of his chiefs to learn from Kaleikuahulu the genealogy of kings.

Unfortunately the original Hawaiian of the chant was not among the papers of Judge L. Andrews which enrich this collection, nor has a copy been found. The version in Vol. IV of these Memoirs, pp. 13-17, credited to Pakui, resembles it in part.

Is the chief digging the trenches without
    smoothness
Then dressing them smoothly,
Are shaved at top to thinness
60. Wakea is the head.
Haloa is a grade below,
Wailoa descends from him, from him
    (Kakaihili),
The young man (Kakaihili) like a high
    chief (pueo alii).
The steadfast chief (pueo makalulu).
Dwelt swaying this way and that like a
    kite;
65. Like the kite of the kapu chiefs
Strike and unite and adhere together,
So Ahukai and Laa.
Laa, Laa, Laamaikahiki was the chief;
Ahukini and Kukona were sons of Laa
70. Lauli was also the son of his father Laa,
These were the three sons of Laamaikahiki
The kapu first-born (three at a birth)
    children of Laa,
All born in one day,
Appeared at once the placenta, the mucous,
    with the blood.
75. The blood flowed at the navel,
The royal navel, the points within ·
The royal birth-place of chiefs,
The placenta of the chief.
Puaa was a chief the son of Kahuoi,
80. Kamalea was before Piliwale,
Kamaiki was the son of Lena, the son of
    Lena.
Kahalolena, Kahalolena the descendant,
Even Kalanimanuia.
Kailikapuamanuia was the king (son of
    the former),
85. The dog of a brown hair, striped,
With white cheeks, that is kapu.
That was Kaunuiakanehoalani,
This was Ipuwaiaholani.
The pain fitting the breast and joins the
    liver
90. In the small intestine, the small intestine.
In the muscles opening wide the eyes
To draw aside and loosening the knot,
The chiefs assembled together.
Kauakahikuanauakanu
95. The wife of Iwikauikaua staid [dwelt];

She lived and obtained also Kaneikauawi-
    lani (her son),
Like the high surf breaking roughly,
It breaks double [with double force],
It bends over, it is covered with froth
    greatly [of chief's],
100. The froth broken [in the breaking of the
    surf] and turned over and over into
    the deep.
The lower part of the surf meet with the
    upper part;
Liloa Kaikilani Pakaalana.
Hakau was the regal offspring, the high
    one,
The place above floating upon the water,
    Umi
105. The proud one, he was the first-born.
To Umi also belonged mischievous
    haughtiness,
Superb highness, highly exalted,
Exalted was Makakaualii.
A high chief was Kamawaelualanimoku,
110. The calm place between two winds.
The calm streak of water is Hinakuluimua,
The rise of a race of splendid chiefs,
The bud, the leaf was Kalau,
From him was Kuaiwa the royal garment
115. The kapus Kukohana and Kawaluna
Raised on high a flower, raised up high as
    one can see,
Bowed down with the weight of the kapus;
The hau tree kapu of Manauea,
The little black bills [of the fighting cocks
    of Mahi]
120. Rush together, they fight on the top of
    Hawaii.
The clear whiteness, the fast red,
The fighting [pecking] of cocks of the
    royal cock-pit
Before the chief Kihanuilulumoku.
The pathway was opened by Lanakalau,
125. The heart of the tree leaps forth cut by
    the large heavy adze;
The striking, striking [clicking] of the
    adze the tree lies in the water.
Iwikauikaua the descendant.
That [he] is the pali point of the smooth
    pali,
The steep pali is the road, (i. e., there is
    no road).

130. The strong ladder that shall not be broken,
Not by this chief shall [he] it be broken.
Kahului is a conch shell, the chief is a
fence around the island.
A high one, a high one is the chief Keake
alani indeed,
Kanaloa is another high chief,
135. So are Keawe and Kalanikauleleiaiwi
Collected [united] of one color are hams
of the chiefs.
The flesh (one colored hams meet in royal
fat,) unites in the chiefs remnant,
Kalaninuiiamamao, Kalaninuiieaumoku,
Kekuiamamao the seven-fold sacred
(kapu);
140. Eight times by the kapu, the kapu of the
chief,
The first-born chief of the thunder.
When the strong thunder sounds,
The chief, the King Kauhilonohonua,
The lightning smote the Hinamahuia,
145. The smooth pebbles for redness in the cen-
ter of an oven
When the stones are thrown open, the
steam, the strong heat;
When the little stones are red hot from the
burning fire,
The burning stones, the oven stones on fire,
The small stones thrown out being red hot,
150. Kalolapupukaohonokawailani,
Kalanikekumaieiwakamoku,
Kalanikupuapaikalaninui,
They three were united, united at one
place;
The chiefs were united at the royal baking
oven,
155. Anointed with the fat, with the fat (wai)
of men;
The chiefs united were mixed together like
pia ground with water;
Ground up mixed till ropy, mixed till ropy;
The chiefs mix like the long sea shell
makaloloaulani (with many convolu-
tions),
The shell makaliliko.
160. The shell called the likoliko so is the chief;
They had one appearance, that of chiefs,
Four, five to one chief for them,
The charge is, be still, 'twas death to make
a noise.

The heavens were awed, the island was
silent,
165. Hawaii was under a kapu, he is the chief
by acclamation;
A rigid kapu, it shoots up and spreads
abroad extensively.
The fine roots run deep, it is examined by
Lono.
My yellow grass is Maheha.
The man indeed blackens the water, Ka-
welo himself.
170. The floater which causes Wailua to float,
Yea truly Wailua is a house,
A long house for Kawelo·
A room set apart, (kapu) sacred as a place
for births;
A chief having the side fins of a fish
175. With sharp prickles set upon the scales
upon the tail,
It is under kapu, the pit (mokilaula) for
Kawelo,
A child born indeed from the eight
Certain blossoms [chiefs] of royal birth,
unlike others;
Blossoms renowned called Kanikawi.
180. Above on the leaf called Laumalahea.
The forbidden branch called Ulumehei
kona;
Ulumeheikona—e—
Like a strong Kona wind is the internal
love,
It now strikes violently within the bosom
185. Exciting like cold water the crown of the
head;
Like water from the mountain—le—
These (o ke aloha) are the burdens
[loads] perhaps that belong to liv-
ing [life].
If borne away there will be disappointment
[shame],
Gratuitously giving much so great will the
reproach be;
190. Giving on throughout the day
That is the reward, your inheriting the
pain,
It is a pain of your own making.
He who vilely slanders another, he is the
wrong doer.
That which goes proudly and wickedly
forth indeed is the wind,

195. He shall never perhaps see [enjoy] a calm.
A fine rain, it forsakes indeed the cold
  wind from the mountains—
The cold wind, it breathes steam from the
  mouth on Hainoa;
It brings and sets up the standing cloud,
Causing to sneeze [to breathe again be-
  longs to some winds];

200. Some go forth, some return from the sea
  as the south wind (lau eka);
A gentle breeze, a fish ripple within;
It is broken up into waves, broken into
  steps,
It is doubled along Kona (Hawaii) itself,
  —i—e.

Born Was the Island

Born was the island—
It budded, it leafed, it grew, it was green
The island blossomed on tip, 'twas Hawaii
This Hawaii was an island.
Unstable was the land, tremulous was Hawaii,
Waving freely in the air;
Waved the earth.
From Akea 'twas fastened together
Quiet by the roots was the island and the land,
It was fast in the air by the right hand of Akea
Fast was Hawaii, by itself—
Hawaii appeared an island.

Ua Hanau ka Moku

Ua hanau ka moku
A kupu, a lau, a loa, a ao, a muo
Ka moku iluna o Hawaii.
O Hawaii nei no ka moku
He pulewa ka aina, he naka Hawaii
E lewa wale ana no i ka lani,
Lewa honua
Mai i Akea ua pahono ia
Malie i ke aa o ka moku me ka honua
Paa ia i ka lawaealani i ka lima akau o Akea
Paa Hawaii la a laa
Hawaii la i ikea he moku.

Old Creation Chant.

(INCOMPLETE)

O Kane, O Ku-ka-Pao,
With great Lono, dwelling on the water,
Brought forth are heaven and earth.
Quickened, increasing, moving,
5. Raised up into Continents.

The great ocean of Kane,
The ocean with the dotted seas,
The ocean with the large fishes,
And the small fishes,
10. The sharks, and niuhi,
The whales,
And the large hihimanu of Kane.

He Mele Koihonua.

(APANA)

O Kane, o Ku-ka-Pao.
Me Lono-Nui-noho-i-ka-Wai.
Loaa ka Lani, Honua.
Ho-eu, kukupu, inana.
5. Ku iluna o ka moku.

O ka Moana nui a Kane.
O ka Moana i kai oo.
O ka Moana i ka ia nui,
I ka ia iki,
10. I ka mano, i ka niubi,
I ke kohola,
I ka ia nui hihimanu a Kane

<table>
<tr><td>

15. The stars that have been fastened up,
    Fast, fast, on the surface of the heaven of
    Kane,
    And the wandering stars,
    The sacred stars of Kane;
    The moving stars of Kane.
20. Innumerable are the stars.
    The large stars,
    The small stars,
    The red stars of Kane, O infinite space!
    The great moon of Kane,
25. The great sun of Kane,
    Moving, floating,
    Set moving about in the great space of
    Kane.
    The great earth of Kane,
    The rain-encircled earth of Kane,
30. The earth that Kane set in motion.
    Moving are the stars, moving is the moon,
    Moving is the great earth of Kane.

</td><td>

15. O na hoku i kakia ia
    I paa, i paa i ka ili lani a Kane.
    O na hoku i Kahakahakea.
    O na hoku kapu a Kane.
    O na hoku lewa a Kane
20. O kini, o ka lau, o ka mano o ka hoku.
    O ka hoku nui,
    O ka hoku iki,
    O na hoku ula a Kane, he lewa.—
    O ka mahina nui a Kane
25. O ka La nui a Kane.
    I hoolewa, a lewa
    I hoolewaia i ka lewa nui a Kane.
    O ka Honua nui a Kane.
    O ka Honua i kapakapaua a Kane.
30. O ka Honua a Kane i hoolewa.
    O lewa ka hoku, o lewa ka malama,
    O lewa ka Honua nei a Kane.

</td></tr>
</table>

<table>
<tr><td>

Primary Gods and Creations.

Kane of the great night,
Ku and Lono of the great night,
Hika-po-loa the king.
The sacred night that is set apart,
5. The poisonous night,
   The barren, desolate night,
   The continual darkness of midnight,
   The night, the reviler.

O Kane, O Ku-ka-pao,
10. And great Lono dwelling on the water,
    Brought forth are heaven [and] earth,
    Quickened, increased, moving,
    Raised up into Continents.

Kane, Lord of night, Lord the father,
15. Ku-ka-pao, in the hot heavens,
    Great Lono with the flashing eyes,
    Lightning-like lights has the Lord,
    Established in truth, O Kane, master-
    worker.

</td><td>

Na Akua Mua me Koihonua.

Kane-i-ka-po-loa,
Ku a me Lono-i-ka-po-loa,
O Hika-po-loa ke 'lii.
Ka po kapu i hoana e,
5. O ai-au ka po,
   O kekaha ka po anoano,
   O mau kulu ka po-eleele,
   Ka po ke haiamu.

O Kane, o Ku-ka-pao,
10. Me Lono nui noho o ka wai
    Loaa ka lani, honua,
    Ho-eu, kukupu, inana,
    Ku iluna o ka moku.

Kane po Lani, o Lani makua,
15. O Ku o ka pao i kikilani,
    O Lono nui-maka-oaka,
    Huila, malamalama, loaa ka Lani,
    Hooia, i oia o Kane-kumu hana.

</td></tr>
</table>

The Lord creator of mankind·

20. Start, work, bring forth the chief, Ku-
honua
And Ola-ku-honua, the woman;
Dwelling together are they two,
Dwelling [is she] with the husband, the
brother

The chief Ku-honua [was] the husband,
25. Ola-ku-honua the wife,
Kumu-honua the husband,
Lalo-honua the wife,
Honua-ula the husband,
Lalo-honua-ula the wife,
30. The Lepo-ahulu the husband,
The Lalo-lepo-ahulu the wife,
The Iu-honua the husband,
The Lalo-io-honua the wife,
Ku-hele-loa the husband,
35. Kolo-i-ke-ao the wife,
Kumuhonua of Kane the husband,
Lalo Kumuhonua of Kane the wife.
Hooulu the husband,
Hoolaha the wife extended.

40. The kiohala flower rises in the calm,
The Ilioha mischief-maker stands on the
land
He has caught the chief Ku-honua,
[And] Palo-haina the wife,
The sacred chiefs of Kane.
45. Polo-haina the wife,
Uulia-wale the husband,
Laa'i the wife,
Laa-hee-wale the husband,
Laa-make the wife,
50. Laa-uli the husband
Kanikau the wife,
Kani-kuo the husband.
Noho-u the wife,
Noho-mihi the husband,
55. Hikiku the wife,
Piliwale the husband,
They became impoverished.

O ka Lani-hookanaka.
20. Hoi, hana, loaa ke 'Lii-ku-honua.
O ke Ola-ku-honua, ka wahine,
Nonoho iho no laua,
I hoi noho i ke kane kaikunane.

O ke Lii-ku-honua, ke kane,
25. O ke Ola-ku-honua, ka wahine,
O Kumu-honua, ke kane,
O Lalo-honua, ka wahine,
O Honua-ula, ke kane
O Lalo-honua-ula, ka wahine,
30. O ka Lepo-ahulu, ke kane
O ka Lalo-lepo-ahulu, ka wahine
O ka Iu-honua, ke kane,
O ka Lalo-iu-honua, ka wahine,
O Ku-hele-loa, ke kane,
35. O Kolo-i-ke-ao, ka wahine,
O Kumuhonua a Kane, kane,
O Lalo-Kumuhonua a Kane, ka wahine,
O Hooulu, ke kane,
O Hoolaha, ka wahine laha la.

40. Ka pua kiohala, ku i ka lai,
Ka Ilioha kupu ino, ku iluna o ka moku,
Loaa na Lii ku-honua
O Polo-haina, ka wahine-la-e
He mau alii kapu na Kane-e

45. O Polo-haina, ka wahine,
O Ulia-wale, ke kane.
O Laa'i, ka wahine
O Laa-hee-wale, ke kane,
O Laa-make, ka wahine,
50. O Laa-uli, ke kane,
O Kanikau, ka wahine
O Kani-kuo, ke kane,
O Noho-u, ka wahine,
O Noho-mihi ke kane,
55. O Hukiku, ka wahine,
O Piliwale ke kane-la-e,
Pili wale laua-la-e.

The Fall of Kumuhonua and His Wife.

O Kane-Laa-uli, uli, uli,
Dead by the feast, feast, feast,
Dead by the oath, by the law, law, law,
Truly, thus indeed dead, dead, dead.

5. O vanish the stars!
O vanish the light!
In company
With the moon, moon, moon,
And cursed be my hand,
10. Cut off be my course!

O Kane-Laa-uli, uli, uli,
O Kane-Laa-huli, huli, huli,
O Kane-Laa-make, make, make,
Dead are you, you, you,
15 By Kane thy god, god, god,
Dead by the law, law, law,
Truly, thus indeed dead, dead, dead,
O Kane-Laa-uli, uli, uli,
O Kane disbelieving the gods, gods, gods,
20. O Kane [returned] to the muddy waters.

O Kane Laa-uli-uli-uli,
I make i ahaina ina-ina,
I make, i hoohiki i kanawai-wai-wai,
Oia nae no ke make, make-make!

5. O hele ka hoku,
O hele ka malama,
Ka kakai pu ae no
Me ka mahina-hina-hina.
A laa kuu lima la
10. Kaapahu kuu hele e!

E Kane-Laa-uli, uli, uli,
E Kane-Laa-huli, huli, huli.
E Kane-Laa-make, make, make,
O make oe, oe, oe,
15. Ia Kane kou akua, kua, kua,
I make, kanawai, wai, wai,
Oia nae no ke make, make, make,
O Kane-Laa-uli, uli, uli,
O Kane aaia, ia, ia,
20. O Kane i ka wai lepo, lepo.

The Flood.

Here is the food, O God,
O Kahuli, O Kahela,
O the woman sleeping face upwards,
O Moe of Hanuna,
5. O Milikaa.

O the Lepo-ahulu,
O Pahu Kini, O Pahu Lau,
O Kulana of Pahu,
O Ola the large fruit,
10. O Kapapai of Laka,
O Manuu the mischievous,
O the great supporter, awaken the world.
Awake!

Kai-a-kahinalii.[1]

Ei ka ai, e ka Akua,
E Kahuli, E Kahela,
E ka wahine moe iluna ke alo.
O Moe a Hanuna
5. O Milikaa.

O ka Lepo-ahulu,
O Pahu Kini, O Pahu Lau,
O Kulana a Pahu,
O Ola ka Hua nui,
10. O Kapapai a Laka,
O Manuu ke Eu,
O ka paepae nui ala i ka moku la e
E Ala!

[1] The balance of this mele I have not been able to obtain. It is said to go on to the time of Editor.

Awake, here is the rain,
15. Here is the day,
   Here the mists driving inland,
   Here the mists driving seaward.
   [The] swelling sea, rising sea,
   [The] adjoining sea of Iku.
20. Lo! it has encircled [us].
   O the foaming sea,
   O the rising billows, O the falling billows,
   O the overwhelming billows
   In Kahiki.
25. Salvation comes
   For this death by you, O Lono.
   An altar for you, O Lono,
   O Lono of the night,
   O Lono of the thunder,
30. O Lono of the lightning,
   O Lono of the heavy rain,
   O Lono of the terrible, divine face.
   O Lono, O Lono with restless eyes,
   Ah, fly to the northern sea,
35. Ah, fly to the southern sea;
   To the eastern sea,
   To the dark shore, to the white shore,
   To the dark moon, to the clear moon,
   O Pipipi, O Unauna,
40. O Alealea, O glide away;
   O Naka, Kualakai,
   O Kama, O shell-fish clinging to the cliffs,
   O Ku, altar head,
   Scattering the hair.
45. O the chief's covered canoe of the island
   Where were deposited the words of Pii,
   O Kama of Poepoe, the woman of the
        water-bowl.

E Ala e ka ua,
15. E ka la,
   E ka ohu-kolo i uka,
   E ka ohu-kolo i kai,
   Kai nuu, Kai ee,
   Kai pipili a Iku,
20. La! e, ua puni!
   O Huahua kai
   O ka ale i, o ka ale moe,
   O ka ale hakoikoi,
   I Kahiki
25. A hiki a ola
   No nei make ia oe la e Lono.
   E kaukau nou e Lono,
   E Lono i ka Po,
   E Lono i ka Hekili,
30. E Lono i ka Uwila
   E Lono i ka ua loko,
   E Lono i ka oili maka Akua nei la.
   E Lono, E Lono, makahia-lele,
   A lele oe i ke kai uli
35. A lele oe i kai kona
   I kai koolau
   I One-uli, i One-kea,
   I mahina-uli, i mahina kea.
   O Pipipi, O Unauna,
40. O Alealea, O hee,
   O Naka, Kualakai,
   O Kama, O Opihi kau pali
   O Ku lele poo,
   O helelei ke oho
45. O Waa-Halau-Alii, ka moku,
   Kahi i waiho ai na hua olelo a Pii,
   O Kama, a Poepoe, ka wahine i ka ipuwai.
        Etc., etc.

Fallen is the Chief.

A Prophecy of the Overthrow of the Kingdom by Kamehameha.

CANTO I.

Fallen is the chief, overthrown is the whole
    kingdom,
Gasping in death, deserted, forsaken in
    flight,
An universal overthrow is this;
A hard panting this for the speedy flight.
5. Numberless the cases, for the fight is
    everywhere.
The nights declare the slaughter.
There was extended my night of death
My real night, dark, seeing nothing,
Falling in the smooth road, on the sand.

Haui ka Lani.

He wanana no ka make ana o na aina ia Kamehameha.

PAUKU I.

Haui ka lani,[1] ka mauli[2] au[3] honua,
He mauli hau[4] lani, malolo[5] auhee
He malolo auhee hulimoku[6] keia;
He ana[7] hanui keia no ke auhee la!

5. He manomano[8] no ke auhee huli moku,
Ke hai mai nei ka po[9] i ka hee,
Ua ka[10] ilaila kuu Po[11] auhee —
Kuu po maoli;[12] makole, ka ala,
Hina wale[13] i ke ala kapapa, ke one;

[This noted prophecy of Keaulumoku on the rise of Kamehameha and his overthrow of Keoua, is here published in full in translated form for the first time. Up to canto XII, the translation and its copious notes is the work of Judge Andrews. All revisions have been made with care to do justice to the work of so profound an Hawaiian Scholar, yet with reluctance, from the apparent presumption. Judge S. B. Dole expressed himself similarly in his giving publicity for the first time to the translation of cantos 1 to IX (inclusive) of this chant in the *Islander*, in 1875. Three other cantos (X, XI and XII) were referred to at that time but were held for revision and only now sees print. Since then three additional cantos (XIII, XIV, and XV) are found in the version of "Haui ka Lani" published in King Kalakaua's "Mele Aimoku" collection of 1886, and are embodied here for completion, translated by the editor of these Memoirs, with the aid of J. P. Kuluwaimaka, a famed chanter. The notes of the larger portion particularly refer to the Hawaiian version, and, as formulated by Judge Andrews, will be found to throw much light on ancient thought and usage, as also interpretations of many obsolete terms.—EDITOR.]

[1]The first canto depicts as already past, the state of the district and the people of Kau, on Hawaii, though the opening lines refer to all the districts.
Haui ka lani, fallen is the chief; that is, Keoua, chief of Kau. This prophecy was uttered eight years before Keoua was conquered. Haui is the ancient and poetical word for *haule.*

[2]Ka mauli, the weakness, the overthrow, is the ancient pronunciation of maule, and is here in apposition with haui.

[3]Au, a kingdom, a region; bonua here merely strengthens au; the meaning of the line is: fallen is the chief overthrown is the whole kingdom.

[4]Hau lani, hau to breathe hard from fright or fatigue, lani an intensive, a grievous overthrow.

[5]Malolo, a flight as of a conquered foe, a rout, the state of a country where the people are all cut off, intensified by *auhee,* a flight; that is, a grievous overthrow [of those] forsaken in flight.

[6]Hulimoku, through the islands. The expression may mean all the islands or only the island of Hawaii. The poet was living at Napoopoo in Kona when composing this mele.

[7]He ana hanui, ana, a panting as from severe exertion, strengthened by *hanui,* a hard breathing struggle, no ke auhee, on account of the flight.

[8]He manomano, numerous, very great, in all directions, was the flight.

[9]Ke hai mai nei ka po, the night declares, tells; that is, the dreams, the common talk, the priests converse about these overturnings.

[10]Ua ka ilaila, the language of Kamehameha; *ka* often signifies to dash, to strike against; here the poet speaks in the name of Kamehameha.

[11]Kuu po, my night of death or slaughter; meaning, there, at that time spread out [extended] my night of defeat, i. e., in the night when I defeated the enemy.

[12]Kuu po maoli, my real night, everything dark and doubtful; makole, dimsighted.

[13]Hina wale, i. e., Keoua fell in confusion with his forces.

(368)

10. The kingly power along with the land
Are passed away, here they are with the
chief.
The personal dignity of chiefs their glory,
is gone,
The multitude also with them in high
places,
There they are now in humble places,
15. They are shaken, they are scattered
asunder, are destitute, dead;
Wantonly slain with their harmless women.
There stand two signs of great slaughter;
The house of death for them there,— the
house of safety for him here,
There is triumph for him here,— there is
destruction for them there,
20. The people of that land are conquered,
their chief is dead,
Hoku has the care of the land,
The mountain tops are bare of verdure,
Burnt by the hot whirlwinds of heaven
they stand;
Withering has struck them, the polluted
scent rises to heaven;
25 The polluted scent of night contends with
the great heat of day,

10. Ke au[14] me ka honua,
Ua lilo,[15] eia la ia ka lani,[16]
Ua hele[17] kino alii, ka hanohano,

O ke kini hoi[18] i kahi kiekie,
Aia hoi i kahi haahaa;[19]

15. Ua luia,[20] ua helelei, ua hune, ua make,
Ua pepehi wale ia kana wahine,[21]
Ke ku la na kii[22] elua i ka paupau make,
Ka hale make[23] ia lakou, ka hale ola ia ia
nei:
Ka lanakila[24] ia ia nei, ke auhee ia lakou.

20. Ua hee kela aina[25] he alii make,
He malama aina i o Hoku,[26]
Ua omea[27] ia ke kuahiwi
Ku kamaehu[28] owela[29] uluwela ka lani.
Ua kamae,[30] ke ku nei ka maea lani,

25. Hakoko[31] maea ka po hahana koehana ke
ao,

---

[14]He au, the kingdom, royal authority; honua, land, soil.
[15]Ua lilo, is transferred to another, passed away.
[16]Eia la ia ka lani, here it is [the kingdom] belongs to the chief, Kamehameha.
[17]Ua hele, synonymous with lilo in the line above; that is, all is lost, Keoua and his people.
[18]O ke kino hoi, those in high places about the chiefs.
[19]Kahi haahaa, in low places, conquered, poor.
[20]Ua luia, *lu*, to shake out, to throw away as useless; a graphic description of a conquered people.
[21]Kana wahine, singular for plural.
[22]Ke ku la na kii elua, literally, there stand these two images; *kü* signifies not only an image but a sign, a representation; *ku*, to show, to stand, to appear; paupau, make a great slaughter. The meaning of the poet, is, there exist two evidences of great slaughter.
[23]Ka hale make, etc., their miserable condition as conquered, called hale make, house of death for them, i. e., Keoua's party, that is one sign or evidence; the other is, ka hale ola ia ia nei, the house of safety for him here; that is, on the side of Kamehameha where the poet appears to be, there is safety and quietness, in opposition to the other side; both imply that there had been a great slaughter.
[24]Ka lanakila, the triumph for him here, i. e., Kamehameha; and auhee, flight, slaughter for them, i. e., Keoua ma. This line expresses the same idea as the preceding.
[25]Kela aina, i. e., Kau. He alii make, conquered, subjugated, politically. Keoua was slain ten years after at Kawaihae.
[26]He malama aina. Hoku has now the care of the land as head man or *konohiki*. Hoku was the name of the fifteenth day of the month and considered an unfortunate day, in which no one would begin business. It was to to the Hawaiians what the *dies nefastus* was to the Romans. This will account for the following dreary appearance of the country upon which the poet now enters.
[27]*Omea*, bare, destitute of verdure, also like *malolo*, no people.
[28]Kamaehu, burnt red or brown, literally, the child of redness, the dry tops of the mountains as blown upon by winds, whirlwinds and storms; so the mountains stand.
[29]Owela, a hot sun in a dry place; uluwela, used to intensify *owela*.
[30]Kamae, withered; ku, to rise, to float off as miasma; maea, a bad odor, unpleasant smell; lani, towards heaven; or perhaps lani is to be taken here for an intensive, i. e., a very bad smell. This must be from the dead bodies of the fallen, as there could be no vegetable miasma on the mountains blown over by the winds.
[31]Hakoko, to struggle, to wrestle with. This is a bold figure, the stench of dead bodies at night contending with the heat of the sun by day, which shall be the most troublesome.

The strong scent rises on high, the mountain tops are hot;
The mountains are covered with pointed clouds and stormy winds.
The spirit of the land is fled;
The soul of the island is flown upward.
30. The pebbles of Palila have appeared,
The glory of the land is thrown into a place of death:— Kau is dead!
Kau is slain by these conquering forces.
The souls of the land approach, weak and staggering,
Even the enlarged ghosts of the land.
35. The enlarged ghosts of the three [lands] of Kau, of Puna, of Hilo.
Not lately did they flee, long ago they fled conquered by the chief,
Then was finished the offering of the sacrifice by Ku.
The souls of the slaughtered are crowded together — they are dead;
They have flown to the pit,— there, where there is no repentance.

Ua maea[32] lani, wela ke kuahiwi,
Ua kaiopua[33] kaiawe[34] na mauna,

Ua lele ka hoaka[35] o ka aina,
Ka uhane[36] o ka moku eia iluna
30. Ua ikea[37] na iliili a Palila.[38]
Ua hoolei[39] ia i kahi make.—Kau make la,
Make[40] Kau e lakou nei,
Ke newa mai nei[41] ka uhane,
Ka uhane kinowailua[42] o ka aina,

35. Ke kinowailua o na kolu[43] o Kau, o Puna, o Hilo.
E oe kala[44] i hee ai, he luahi kahiko, na ka lani,
Ua noa i ka hai ia e Ku.[45]
Ua laumiloia[46] na uhane, ua make,
Ua lele i ka lua pau[47] aia i ka lua mihi ole [48]

---

[32]Maea, to be strong scented, to cause a stench; see above; lani, excessive, very like the mountains of God, i. e., very high, wela inoino loa.

[33]Ua kaiopua, *kai* to lead along, *opua*, standing clouds, that is, clouds that appear to stand erect.

[34]Kaiawe, to lead straight forward; the meaning is, that vertical standing clouds were driven over the mountains, they were conducted on bearing showers, storms, etc.

[35]Ua lele ka boaka; *hoaka* signifies the spirit, the soul; here it means figuratively, the valuable part, the glory; the glory of the land is fled.

[36]Ka uhane, the soul; this is generally applied to the energizing principle of men in distinction from animals. The soul of the island, here it is going upward — the idea is parallel with the preceding line.

[37]Ua ikea, for ikeia; iliili, small pebbles that have been washed by water. This line is somewhat obscure.

[38]Palila was a man who lived in ancient times, when he died, he was buried among the pebbles, or far down in the earth. What was far down in the earth has been brought to light. So great is this overthrow. The whole line might be thrown into a parenthesis.

[39]Ua hoolei, i. e., the beauty, excellency, and understood, is thrown into a place of death, i. e., those noble qualities are gone; Kaù make la, Kaù is there dead!

[40]Make Kaù, Kaù is subdued by those persons, i. e., the soldiers of Kamehameha.

[41]Ke newa mai nei; *newa*, to stagger, to move reeling through weakness; the souls approach the land, weak and staggering.

[42]Ka uhane kino wailua is the visible ghost of a person supposed to be seen while the person was still living. The kino wailua as a ghost was supposed to be much larger than the body of the living person.

[43]Ke kino wailua, of the three, i. e., of the three districts or kingdoms, that is, Kaù, Puna and Hilo.

[44]E oe kala, a poetic contraction of aole kala, not lately, long ago; meaning, not lately did he flee, i. e., *Keoua*, but in the time past he fled; luaha, overcome, conquered.

[45]Ua noa i ka haiia, the sacrifice was completed by being offered by Ku, one of the names of Kamehameha. The whole name was Kunuiakea. It was a custom of Kamehameha, perhaps other chieftains, to offer a sacrifice to the gods on gaining a victory. The inference from the poet's language is that Keoua had been conquered before.

[46]Ua laumilo, laumilo signifies (1) to rub in one's hands till ground fine; (2) to collect together as prisoners for slaughter. The souls of the captives are collected together; ua make; that is, the souls of those slain in a former war.

[47]Ua lele, etc., lua pa'u, a pit or place where dead bodies were thrown when slain. Afterwards they were taken up and offered to the god of the conqueror. Lua pa'u was also a pit outside of the luakini or temple.

[48]Aia i ka lua mihi ole, lua mihi ole is synonymous with lua pa'u, there they are where there is no repentance.

CANTO II.

40. Alas for them, now grieving in sadness!
On all sides they grieve their loss;
They sit constant with heads bowed down;
They sit with hands beneath their chins;
They feed upon their grief and their sad
ness;
45. They eat men as sweet food; the thought
of flight is their constant meat
The fire of death is kindled among them,—
O thou Kalanimakua!
Puna is dead! Puna is dead! Puna is
thrice dead!!
They live in dying sighs, they gasp for
breath;
They catch their breath as in hiccough
the hiccough ends the breathing;
50. The breath and breathing are gone, the
spirit has fled.
They have forsaken the place of the sun —
the place of warmth;
They have gone to darkness, to the place
of cold;
They have leaped into darkness, the place
of shivering,
The sun is departed, the warmth is changed
with desolation.

PAUKU II.

40. Nani[1] lakou e mimimihi[2] nei,
Ua mihi[3] aku ua mihi mai,
Ua haakulou[4] wale ka noho ana,
Ua kalele[5] na lima i ka auwae,
Ua ai[6] i ke ana i ke kenaa,

45. Inai[7] i ka ia o kanaka, o ka ia mau no ka
hee;
Ua hoaa[8] ia no ka make, e Kalanimakua e.
Make Puna[9] e! make Puna!! makemake
Puna!!!
Ua na[10] ka noho ana, ke kaili nei ka nae,
Ua kaahiki mauliawa,[11] ua kona mauliawa
ke ea,

50. Ua lilo[12] ke ea me ka hanu, ua haalele
loa ke aho:
Haalele lakou[13] i na la, i kahi mehana,
Lilo lakou i ka po i kahi anu;
Kaa[14] i ka hakapo i kahi koekoe,
Lilo ka la, ka mehana ia mehameha,[15]

This Section describes first the state of the conquered people, including the district of the first section related to Kau and Puna.

[1]Nani, wonderful, very great.

[2]Mimimihi, a poetic form expressing sadness, dejection, referring to Keoua and his party

[3]Ua mihi, etc., same as above, universal sadness.

[4]Haakulou, *haa* for *hoo*, kulou, to bow down, to bend forward; they sit bowed over as in sorrow.

[5]Kalele, to lean the head on the hand.

[6]Ua ai, etc., they eat, i. e., enjoy grief and sadness; like the expression "the joy of grief." Kena is similar in meaning to ana.

[7]I nai i ka ai, this is a difficult verse to get into English; *I nai* signifies to eat delicate food, i. e., to feed leisurely, *ai* is vegetable food in distinction to *ia* animal food further on in the verse; the meaning then may be, the conquered ones are eating the food of men, i. e., suffering their calamities, undergoing their miseries, partaking of their errors; and parallel with this it is poetical, added, they eat also understood, the ja, the animal food of flight, i. e., they feed upon the food of misfortune, they eat also the stronger food [animal food] of overthrow.

[8]Ua boaa, *ho* for *hoo*; the tire of death, i. e., a deadly tire is kindled, O thou Kalanimakua, i. e., Kamehameha. The expression implies a call upon the conqueror to show mercy to the miserable; see the pathetic lamentation in the next line.

[9]Puna make, etc., supposed to be the expression of exultation of Kamehameha people. The reader will notice the repetition of *make* to so strengthen and intensify the idea of the total overthrow of Puna. In other places the word make applied on a person, army or nation, does not mean absolute death, i. e., the cessation of life, but a helpless state or condition, as the following line will show.

[10]Ua na, etc., *na*, to be just alive, having a little breath left, they live just breathing; ke kaili nei, they gasp for breath, *nae*, the breath of one faint.

[11]Ua kaahili, to struggle to obtain something, here it means to struggle for breath, to catch for breath; mauliawa, the hiccough, in many diseases the last stage of life; ua kona, to rush out as the breath in coughing.

[12]Ua lilo, etc., *ea, hanu*, and *aho* are here used as synonymous.

[13]Haalele lakou, i. e., the dead were assigned to the place of warmth, but in next line they are lost in cold night

[14]Kaa, to go away, to depart, they have gone to the resting place of night where chill dampness prevails.

[15]Ia mehameha, this is undoubted a play upon the name of the conqueror, the light is gone, literally to desolate places, the idea being that the comforts of life have forsaken the conquered and gone to Kamehameha.

55. The light of day is passed to the parent
chief and his people;
One only parent now rules over the island.
Let the chief live to extreme old age;
Let the chief live till his spirit dies;
Till the signs of his death shall pass from
the land;

60. Till the sign of death shall pass from his
district of Hilo.
Hilo is in a state of dying;— even Waia-
kea;
Hilo is thrown down the precipice of death;
Hilo has a deathly flight;— Hilo in dying,
is twisted as a rope;
The mountain part of Hilo is dead, this
part wails for death;

65. Even now dead;— Hilo is really dead,—
has disappeared in thick darkness

55. Lilo ke ao[16] ia Kalanimakua ma;
Noho hookahi[17] makua i luna o ka moku;
Kau i ka puaneane[18] ola ke alii,
Ola ka lani i kona haili make,[19]

I ka haili make o kona aina,

60. I ka haili[20] make o kona moku o Hilo;
He ano make[21] o Hilo — Waiakea;
Lumia[22] Hilo i kaulu o ka make,
Lele[23] make Hilo, hilo ka make ana o Hilo,
Make Hilopaliku,[24] ke uwe mai o Hilo nei
make,

65. Aia make-a[25]-make loa Hilo, nalo i ka
polioia.

Canto III

The divisions of Hawaii are lost,— gone
to the chief.
Small now indeed is Hawaii, grasped in
the hollow of the hand;
He is holding it fast, fluttering in his
right hand.
Thou shalt soon see the shadow of one
seizing land,

Pauku III.

Make na moku[1] ia ka lani,
Uuku[2] wale no Hawaii i lomia i ka poho
o ka lima
Kapauu[3] ana i ka akau;
E ike[4] oe auanei i ke Akamahaoaina,[5]

---

[16]Lilo, the light of day is gone to the father chief.

[17]Noho hookahi, one parent, i. e., Kamehameha, over all Hawaii.

[18]Kau i ka puaneane, *puaneane* is here put for very long life. As the saying: "Let the king live forever." Note the figurative description of those lands ended at l. 54. The poet now speaks of Kamehameha and the subjection of Hilo.

[19]Ola, etc., let the chief live; e haili make, a sign or symptom of his death, synonymous with the preceding verse—a prayer of the poet for the long life of Kamehameha.

[20]I ka haili, etc., these lines express the blessings of the poet upon the conqueror.

[21]He ano make, Hilo is under sentence of death, i. e., already as dead. Waiakea is the representative place of Hilo.

[22]Lumia for *lumiia*, to be pressed together, to be thrown down or into confusion.

[23]Lele, etc., Hilo means to twist as a rope or string.

[24]Hilo paliku, the north or largest part of Hilo is cut up with palis or ravines; she cries or wails in death. Hilo paliku was the north part; Hilo nei, where the poet or the conqueror was, i. e., the south part wails also.

[25]Aia make a, the *a* is emphatic, even now dead; i ka poli oia, in a distant place of suffering, a place of darkness.

[1]Na moku, the six divisions or districts, the dead divisions of the island gone to the chief; lilo understood. they have become the property of the chief, i. e., Kamehameha. In this place, as in many others, the word make does not mean dead absolute, but bereft of power, political life.

[2]Uuku, etc., Hawaii is of small consequence; lomia for *lomiia*, grasped or compressed in the hand of Kamehameha.

[3]Kapauu, to hold firmly as one holds a slippery fish; akau, lima understood, right hand.

[4]E ike, etc., thou shalt soon see, the poet addresses the enemies of Kamehameha; the singular for the plural, ye shall.

[5]Akamahaoaina, an epithet of Kamehameha; the literal meaning is, ye shall see the shadow of one seizing land.

70. The son of Kupuapa, Kalanikupuapaika-
  lani,
  The child who did the work of a chief,
    struggling he gained the island.
  He marched boldly within the lines, Papa
    entered where there was a left
    handed fight;
  He reigned in the land as with a strong
    arm,
  Even the Chief Aneheaulaweaina,
75. The right hand of the sweeper of the land.
  There are the double tusks of Hinamoe;
  Where he dwelt, there death lay;
  His going forth was firm without weak-
    ness.
  The chief takes hold, the work is done.
80. He bends his back,— they are thrown into
    a place of filth;
  They thrust each other on all sides, with
    broken bones they chase each other ·
    they groan within.
  The strength of the island is broken, the
    bones of the land creak;
  Broken, they creak like a falling precipice.
  The enemy wheezes, he doubles up with
    pain, the air is hot around him;

70. I ke kama[6] a ke Kupu—apa,—Kalaniku-
  puapai kalani,
  I ke keiki[7] hana a ka lani, i ka hakoko ae
    moku,
  I ke kaina[8] o ka luahine komo Papa[9] ke
    kui hema,
  Ke kipu[10] ka aina ka lima aiwaiwa,[11]
  O ka lani o Aneheaulaweaina,[12]

75. Ka lima akau[13] o Alapauilamoku;
  Ilaila ka oikepa[14] lua o Hinamoe,[15]
  O kahi ia,[16] o ka make i wailo ai,
  O ka hele ainewanewa[17] ole ia:
  Lalau ka lani[18] la, moa

80. Opaha[19] kua i olomehani.
  Hookui[20] a puni, haihai hahai moloku mo-
    loalo.
  Haka iwi[21] o ka aina, manunu ka iwi o ka
    honua
  Uina[22] me he pali hiolo la.
  Ua hano,[23] ua kekee, kaka ka lani,

---

[6] I ke kama, even the child of Kupuapa; a contraction of Kalanikupuapaikalani, i. e., the father of Kameha-
meha; another name was Keoua, the younger brother, kaikaina of Kalaniopuu.

[7] I ke keiki, to the child; hana a ka lani, according to the chief, i. e., doing the work, managing the business
of a child; i kahukoko, this is connected with i ke keiki, the child, the struggler for the island.

[8] I ke kaina, by the marching or stepping of a soldier, with boldness and resolution, over the kapu ground;
the luahine, name of a rope fixed around a place within which was the wrestling ground. It was kapu to break over
such places, but Kamehameha fearlessly did so.

[9] Komo Papa, i. e., Kamehameha, kui, etc., Papa entered and fought left-handedly. The old people say that
all Kamehameha's military tactics were new to his adversaries, they did not understand his maneuvers. In this he
resembled the Great Napoleon.

[10] Ke kipu, to restrain, to draw up as one reins up a horse; the land; the people of the land.

[11] Ka lima aiwaiwa, a strong enough arm.

[12] O ka lani, even the Chief Aneheaulaweaina, i. e., Kamehameha.

[13] Ka lima akau, the right hand of Alapauilamoku, the sweeper of the island, Kamehameha.

[14] Ilaila ka oikepa, there, with him are double tasks; oikepa, the tusk, especially of a large hog.

[15] Hinamoe, an ancient chief famed for his strength and for his dashing way among his enemies; so is Ka-
mehameha.

[16] O kahi ia, where was Hinamoe, there death lay.

[17] Ainewanewaole, see newanewa with *ole,* without faltering. i. e., Hinamoe.

[18] Lalau ke lani, Kamehameha lays hold; *moa,* literally, it is cooked, it is done, finished. Caesar is repre-
sented as saying after a conquest, "veni, vidi, vici," I came, I saw, I conquered; but the Hawaiian poet says of
Kamehameha, the chief lays hold, *moa,* they [the enemy] are cooked, subdued.

[19] Opaha kua, *opaha,* to cast or throw away, here to throw over the back; i olomehani, a place of darkness, a
place of filth.

[20] Hookui, to thrust, to push; haihai, broken, bones understood; habai, to chase, pursue; moloku, moloalo, be-
hind and before.

[21] Haka iwi, the bones of the land are broken; manunu, to creak as broken bones, the bones of the plain creak.

[22] Uina, to crack, creaking, breaking.

[23] Ua hano, he wheezes, etc.; *kekee,* to be crooked, to double up; kaka, to be hot as in a hot room, kiikii, wela;
ka lani, the air, atmosphere.

85. Sideways in the air it falls irregularly, it moves unevenly.	85. Kaka ka lewa[24] haule, lele walawala,
The kingdom has become the toe-nail of the island.	Ke aupio[25] ka manea[26] o ka moku;
The chin there it is above, the top of the head, there it is below,	Ka auae[27] aia iluna, o ke poo, aia ilalo
Swinging back and forth.	Hoolewalewa ia,[28]
Hawaii is a swing, it is like a rope that draws the swing;	Ka koali[29] Hawaii me he kaula ka pinao la.
90. By the pendulum swung by thee, O chief, by this chief is the overthrow.	90. I ke kaiewe[30] e ka Iani, na ka lani nei auhee,
He looked this way and that in fear in the jungle	Ua makaio[31] i ka nahele;
While the slaughter raged, not sparing any.	Ke makawi[32] ka luku ana,
They rushed as a rushing stream,	Ua mio[33] aku la mehe wai la —
Like the smoking oven of the volcano	Me he umu puhi[34] la na Pele,
95. When the rising steam ascends to heaven;	95. Ke ku o ke 'hu[35] i ka lani
As the constant restlessness of the high surf	Me he lumanawahine[36] kaikoo — e a
When the soft coral and the hard are thrown together on the beach;	Ku ka puna[37] ke koa i uka,
So is thrown together the refuse of the island.	Ua limua[38] opala ka moku.

CANTO IV.	PAUKU IV.
The whole land belongs to the chief,	No ka lani[1] ka moku, ka honua,
100. The chief holds the inland and the ocean;	100. Ka uka,[2] ka moana no ka lani;

[24]Kaha, to fall irregularly; walawala, irregularly in movement; *kaha*, the action of a kite, in its motion downwards, that is bowing. *Kaha ka lewa*, the atmosphere falls; lele walawala, uncertain, uneven over and over as a kite, so are the enemies of Kamehameha.

[25]Ke aupio, aupuni, all round the country.

[26]Ka manea, a toe-nail, not a finger nail, meaning, he, the enemy, is the toe-nail of the island, i. e., underneath all.

[27]Ka auae, there is the chin above; o ke poo aia ilalo, the top of the head is below. The poet would say an utter subversion of the kingdom.

[28]Swinging back and forth, unstable.

[29]Ka koali, a swing such as children play on. Hawaii is a swing, it is like a rope of a pinao. The *pinao* is a swing; *koali*, a small rope used to work the swing backwards and forwards, practiced by men and children. Ka koali and ka pinao are possessives, and signify their characters.

[30]I ke kaiewe, followers or adherents to a chief, meaning, by thy adherents O chief, and by this chief is the overthrow.

[31]Ua makaio, to look this way as in fear in the jungle like wild cattle or other animals, applied also to people pursued by an enemy.

[32]Ke makawi, to make a great slaughter not sparing any.

[33]Ua mio, to flow swiftly, as water through a constrained place, applied to the flight of Kamehameha's enemies.

[34]Me he umu puhi, like the smoking oven, or Pele, the volcano.

[35]Ke ku o ke ehu, like the rising of the red dirt towards heaven in a whirlwind.

[36]Me he lumanawahua, the colic, internal distress. Kaikoo, the constant restlessness of the surf, another figure strengthening lumanawahua. E — a — here the reciter or chanter of the mele extends his voice ad libitum.

[37]Ku ka puna, the soft coral such as is burnt into lime is thrown together on the beach. So the enemy are thrown promiscuously together.

[38]Ua limua, to collect many things in one place. Opala, these things, the property of chiefs have become opala, worthless, things for Kamehameha.

[1]No ka lani, belonging to the chief is the island and the land.

[2]Ka uka, what belongs to the upland and inland, and all that is in the ocean, i. e., full and entire possession by conquest.

For him is the night, for him the day,
For him are the seasons, the winter, the
    summer,
The months, the seven stars of heaven now
    present.
All valuable property, above and below,
105. The chief holds all fixed property;
All property that floats ashore, all fowls
    that light upon the land,
The thick-shelled broad backed turtle, the
    dead whales cut up,
And the annually appearing uhu
Let the chief live the highest! let him ever
    live a chief!
110. Let him be borne along with honor among
    the short gods and the long gods.
Let him go forth fearlessly, the chief in
    possession of the island.
Get up a dance, dance upon the dance-
    ground;
Let the dancers rise and fall in ranks
    throughout the islands,
As in going up and down along the tire-
    some road through Hilo,
115 And passing on from ridge to ridge.
Spoiled meat are Kau and Puna.

Nona ka po, nona ke ao,
A, nona ke kau, ka hooilo, ka makalii,[3]
Ka malama,[4] ka huihui hoku lani e kau nei
Ke kapolapilau[5] oluna olalo;

105. No ke alii ka ukana kikoola;[6]
O ka haopae,[7] o ka manu pae i ka honua,
O ka ea[8] makaulii mo ka palaoa,
Ka uhu[9] kai o ka makahiki.
Niaupio[10] ka lani, ke kupa ai au,[11]

110. Kaa niau[12] ka lana, ke 'kuapoko, ke 'kua-
    loa;
Holo kapapa,[13] a he aliiaimoku o ka lani;
Ku ka hula,[14] haa ka papa haa,
Ulu papa[15] mahimahi na moku,
I ka pii,[16] i kana pii, pii ke ala o ana Hilo,

115 I kana lapa[17] i kana lapa.
Io alaulau Kau me Puna;[18]

[1] A nona ke kau hooilo, the six months of winter, the same as kau makalii, the six summer months.

[2] Ka malama, the month, the seven stars now in sight.

[3] Ke kapola pilau, 1st, the property of a chief of all kinds and everywhere; 2d, the steward or person who had the charge of such property.

[4] No ke alii ka ukana, property that may be transferred or carried from place to place, but ukana kikoolà, property not able to be carried on account of its weight or quantity, as we say, fixed property.

[5] O ka haopae, property that floats ashore from the sea, as it was called in former times because the most valuable property from the sea was the iron, hao, from wreckage; ka manu pae, birds driven here by the winds perhaps; i ka honua, upon the land.

[6] O ka ea ka honu, the sea turtle; makaulii, broad-backed, thick-shelled; mo ka palaoa, *mo* for *moku*, ka palaoa, the ivory of dead whales. For Kamehameha is the broad-backed turtle, and the whale ivory.

[7] Ka uhu kai, uhu, name of a fish that made its appearance and came ashore once a year.

[8] Niaupio ka lani, epithet of the only, the highest chief, hence in blessing him they said, "e niau pio ka lani," let the king live forever, as in the Eastern countries.

[9] Ke kupa ai au, *ai au*, constantly, continually, forever may Kamehameha live a chief.

[10] Ka niau, to wrap in the leaves of the niau, kaa, to swathe, to bind up, to go around as a piece of land; kaaniau signifies to bind up as a dead body and carry about a country. Ka lana, this applies to uprightness and excellence of Kamehameha; let him be celebrated along with the short god and the long god. Their gods accompanied the high chief wherever they went. (See Antiquities.)

[11] Holo kapapa, to go quietly, in peace; kuapapa, all quiet, no enemies; a he alii, and is a chief in possession of the island — the chief, i. e., Kamehameha. O ka lani synonymous with alii aimoku.

[12] Ku ka hula, hoala ia hua, to get up a dance, they dance; ka papa he hahuu, a pleasant, even, smooth ground for dancing. This practice of getting up a dance in honor of a celebrated man is not unknown in Christian countries.

[13] Ulu papa, ulu, to rise up and down as in some dances; ulu papa mahimahi, the rise and fall in classes like the mahimahi (name of a fish), which moves in shoals, so the people follow Kamehameha throughout the islands.

[14] I ka pii, in leaping, jumping in the dance; i kanapii, of this and that one; pii ke ala, so goes up and down the path; o ana, suffering to get to Hilo, dancing up and down is like going in the fatiguing road to Hilo from Hamakua. By this it appears that the heathen dance was an up and down movement.

[15] I kana lapa, from one ridge to another.

[16] Io, meat, flesh; alaulau, bad meat, hurt, spoiled. Kaù and Puna are putrid meat.

They early peck each other as broods of
   fowls;
They early peck each other back and forth.
Wonderfully they act! how shamefully
   they behave!

120. Shame is their pleasure, how great their
   disappointment!
Alas for them; they are greatly dis-
   appointed.
Much less shame to the crown had he fled
   to Kailua in Kona.
There would be a less shame in that,
   but this shame exceeds the others;
They exceed in badness, deafness arises
   with one accord.

125. There was entire stubbornness, windy Kau
   was deaf at Keaa.
Treacherous is Puna at Leleapiki as seen
   at Nanawale.
Hilo is making mischief at the sand of
   Kalalau.
She is rendered powerless, Hilopaliku is
   bound with hands behind.
She stands ashamed, she wanders a vaga-
   bond in the mountains;

130. In the uplands of Laa, in Paoole.
Unsettled, the people only stay, liable to be
   driven off;

Ai koke[19] no i na io o hanamoa,

Ke kiko koke, ke kiko aku, ke kiko mai
Nani wale lakou[20] e hoohohoka mai nei.

120. Lea ka hoka[21] i ka nui o ke ahuawa;
Aloha ino[22] lakou e hoka mai nei;
E hapa ka hoka[23] i kalei e hala i Kona, i
   Kailua la —
Eia ka hokahoka[24] iho alaela, he kela keia
   no ka hoka
He aiwaiwa nei,[25] he aa pii lokahi,

125. Aia ke aa[26] wale la no, aa Kau, makani i
   Keaa,
Apiki Puna[27] i Leleapiki ke nana la i Na
   nawale,
Lalau wale ana o Hilo one[28] i Kalalau,
Ua oki i opeana,[29] opea iho la Hilopaliku,[30]
Ku wale[31] ana i ka hoka, kueo wale ana i
   ka mauna,

130. I ka uka o Laa[32] i Paoole.
Aole kohukohu[33] ka moe wale ko ka aina
   makee wale,— e —

---

[19]Ai koke no, they quickly eat, that is, peck each other as a brood of chickens; Keawemauhili at Hilo quarreled with Keoua at Kau, pecked each other.

[20]Nani wale lakou, that is Hilo people and Kau people, wonderful how shamefully they behave, how disappointed.

[21]Lea ka hoka, their disappointment, shame was their pleasure for the greatness of the ahuawa, disappointment, shame, grief.

[22]Aloha ino, a phrase of great contempt; also of great affection, according as it is spoken; great contempt for their present disappointment.

[23]E hapa ka hoka, much less shame to the crown, if he, Keawemauhili had fled to Kailua.

[24]Eia na hokahoka iho, here is the great shame, another ground of shame; alaela — alaila, these at that transaction; he kela, to exceed, to be more, to excel, this exceeds all other deeds of shame.

[25]He aiwaiwa nei, he aa, dumb, acting like deaf persons with one mind, Keawemauhili and Keoua. Language of the poet.

[26]Aia ke aa, there was nothing but deafness, stubbornness, windy Kau was deaf at Keaa, a place in Kau.

[27]Apiki Puna, false was Puna, deceitful; Leleapiki, name of a land in Puna; ke nana la, if one looks at Na nawale (name of a place in Puna).

[28]Lalau wale ana Hilo one, sandy Hilo is mischievous, Hilo at Waiakea was called Hilo one for the flat surface and much sand; i Kalalau, a place north of Waiakea.

[29]Ua oki i opeana Hilo, the chief and people are destroyed, rendered powerless by having their hands tied behind their back; Opea, name of a small land in Hilo.

[30]Hilo paliku, north part of Hilo; Hilo pali, thus all parts of Hilo were like a person with hands bound behind his back.

[31]Ku wale Hilo (alii) stands ashamed, in shame Kueo goes as a poor man to the mountains; Kueo applies to one who has had property, but has been stripped of everything and goes about in poverty.

[32]I ka uka o Laa, on the upper side of Laa, name of a land in Puna, on the road to the volcano from Hilo; i Paoole, name of a land in Laa. To these lands the people of Hilo had fled when conquered.

[33]Aole kohukohu, not certain, not fixed; ka moe wale, the people of the land simply live, stay; makau wale, liable to be driven off at any time.

Their bodies carried off, the land is use-
less;
Cut up in patches, the people live by
sufferance.

This has grown into an island sacrifice by
the chief,
135. O Malelekuala, O Pokikaina, O Kahuaole,
O Naka,
O Kakae, son of Kahekili, the offering
prayer is now made.
The sacrifice is proclaimed aloud to the
one father;
The fresh honors of his kingdom
Are drawn along before him as a dead
body slain in battle;
140. They are dragged hither, the districts are
drawn with ropes.
Who is this person, O chief, now to be
offered in sacrifice?
Let the multitude shout aloud. We, we
two here, men of Kukapalani,
From above is the man to be sacrificed.
What sacrifice is this? A sacrifice of the
Island.
145 The chief has a royal robe, the swelling
bud of a chief is his child.
The prayer by night and by day belongs
to the priest declaring ancient times.

Kai na kino,[34] ka aina lapa wale,
Ka hoomoku hoomoku[35] wale iho no.

He ulu alanamoku[1] keia e ka lani,

135. E Malelekuala, e Pokikaina, e Kahuaole, e
Naka;[2]
E Kakae,[3] a Kahekili ke kani mai nei ka
alana,
Ke oho[4] alana makuakahi,—
Ka hulu kupu[5] o kona au.
Ke kokoia[6] mai nei me he heana la:

140. Ke kauo ia mai nei,[7] ke koloa mai nei ka
moku,
Owai la ke kanaka,[8] e ka lani, e alana mai
nei?
O hooleia ae,[9] o maua o maua nei o Kuka
palani,
No luna ke kanaka[10] e alana mai nei,
He alana aha la keia? He alana moku.

145. He hulu alii[11] ko ke alii, he liko alii kama—
ke —
Ka haipo me ka haiao,[12] ko ke kahuna hai
kupua;[13]

---

[34]Kaina kino, i. e., kaina kino, *kai* to carry off, to seize, *kaina* bodily. Hilo is full of ridges (olapa's) rendered useless for cultivation.
[35]Ka hoomoku, the people of Hilo, Puna and Kau having lost their lands now stay on lands not their own. Hoomoku, to place a person over a moku, district of country.

[1]He ulu alanamoku, ulu to grow like a tree, alanamoku, a sacrifice for a district. Keia, these lands have all grown up into a sacrifice by the chief, i. e., Kamehameha.
[2]E Malele kuala, Pokikaina, Kahuaole, Naka, names of ancient chiefs to whom Kamehameha is likened.
[3]E Kakae, the son of Kahekili, names still applied to Kamehameha; ke kani mai nei ka alana, to sing, to pray, i. e., the offering.
[4]Ke oho, proclaim aloud, as many voices in praise proclaim the sacrifice to the one father, "live forever" (See I. 109.)
[5]Ka hulu kupu, the new feathers, new hair, hence the fresh or growing glories of Kamehameha, i. e., of his honor, his army, his wealth; o kona au, of his kingdom.
[6]Ke kokoia, to lead on, to be drawn or dragged backward and forward as a dead body of one slain in battle; this applies to the districts, lands and people taken by Kamehameha.
[7]Ke kauo ia mai nei, they are dragged hither, the districts, lands, people; ke koloa, to draw as with a rope the *moku*, i. e., Hilo, Puna, Kau.
[8]Owai ke kanaka, who is the person to be sacrificed by Kamehameha. This is the language of the poet.
[9]O hooleia, the *o* is the answer to the question owai; hooleia is for hoohohoolei, to shout aloud, to cry out as many. O maua, the poet and his assistant, we two, we two here, Kukapalani o Kamehameha.
[10]No luna ke kanaka, from above is the man to offer the sacrifice.
[11]He hulu alii, the dress, the ornament, the external appearance of the chief is what belongs to him; he liko, the bud, first shoot of a chief is his child; *ke a*, syllable used in cantillating.
[12]Ke haipo me ka haiao, haipo, the prayer offered by the priest in the temple (heiau) by night; haiao, the same offered by day.
[13]Ko ke kahuna hai kupua, it belongs to the priest to declare ancient transactions. (See Antiquities.)

It belongs to the god to reveal the long
past, it is for the people to sustain
the land everywhere.

The chief offered a sacrifice, the island
was free from war.

The chief offered Puna in sacrifice, of a
small part of Kapueokahi.

150. Where the air is dry, the land is burnt,
the pits have no moisture,

In the dark world, no clouds float.

The torches of the lands are set up, the
sea-moss stands erect for the chief.

To the pious one, to the chief, belongs the
island ;

To the resident under Ku, the chief greatly
loved by Lono ;

155. A precious one to the forty thousand gods ;

A descendant of Maliu also of Kaekae

Conceived and born of such, he wishes to
act the pious man.

While even yet unborn, the chief was a
breaker of nuts,

He broke the young coconuts of the
night —

160. Fresh coconuts of clear water, clear as the
light.

Ko ka akua-haiamio,[14] ko ka aina o makia
ahuli-honua.

Hai ka lani[15] la noa ka moku

Hai ka lani ia Puna[16] ka kolii Kapueo-
kahi ;[17]

150. Maloo ka lani,[18] wela ka honua, ka lua hau
ole,

Ka po,[19] aole ao nana e lele.

Ku ka laulama[20] o na moku, ku pono ka
limu[21] i ke alii,

Ka haipule moku o ka lani,

I ka hoanoho[22] o Ku o ka lani, he hiwahiwa
na Lono.

155. He hikuhiku[23] na Kiniakua.

He kupu na Maliu,[24] na laua me Kaekae

Hookauhua i ka opu, hanau mai[25] no mai
loko, e ake no e haipule,

Iloko noki o ka opu, ka wawahi hua o ka
lani,

Wahi ka niu[26] maka a ka po,

160. Niu maka[27] o nolaelae malamalama moa-
kaka

---

[14]"Ko ke akua haiamio, haiamia, to reveal what is long past, or beyond the research of man ; meaning it be-
longs to the god to reveal or show the priest to declare to men what they do not know ; ko ka aina, what belongs
to the land, holding fast the land ; a huli honua, everywhere, all about the island.

[15]"Hai ka lani, *hai* to offer a sacrifice, the chief Kamehameha had conquered the three districts, he was offer-
ing a sacrifice ; when this was finished, *noa ka moku*, freedom from war, followed.

[16]"Hai ka lani, the chief Kamehameha offered Puna in sacrifice, Puna and all belonging ; *ka*, possessive ; *kolii*,
a diminished part, a small part of a thing.

[17]"Kapueokahi, a small land in Puna. The name also of the harbor of Hana, Maui.

[18]"Maloo ka lani, the heavens are dry, the land is dried, the pits have no dew, no rain, nor moisture. This
line is descriptive of a long season of drought in the southern and eastern parts of Hawaii. The air (lani) be-
comes dry, the rocks and earth become heated, all moisture seems to be gone, the ravines down which the water
runs impetuously during the rainy season forms in many places, deep pools (lua), the poet here asserts that even
these are now dry.

[19]"Ka po, the under world, the place of darkness, meaning, in the dark world, no clouds float there.

[20]"Ku ka iauiama, the signals of joy are set up ; laulama, a bonfire as a sign of rejoicing for victory around
the island.

[21]"Ku pono ka limu, the sea moss stands erect for the chief Kamehameha, to honor him. This *limu* was highly
regarded as food by the chiefs.

[22]"I ka hoanoho, one who dwells on a land, keeps possession. Kamehameha held possession under Ku, an
ancient god ; e ka lani, the chief, synonymous with me hoanoho, Kamehameha, the chief, is in possession under
Ku ; he hiwahiwa, he is greatly beloved by *Lono.*

[23]"He hikuhiku, the name of a thing greatly esteemed as a plaything by a child, like hiwahiwa, he is dear
to the poe kiniakua, the 40,000 gods. Kamehameha was the favorite of all the gods.

[24]"He kupu na Maliu, *kupu*, to sprout, to grow, but here a descendant, same as kupuna na Maliu, a man cele-
brated in ancient times for his piety and goodness ; na laua me Kaekae, another devotedly pious man. These pious
men and others were renowned not only for their piety while living but the gods watched over them and kept them
alive to extreme old age. Kamehameha was defended as though he was a child of these pious persons.

[25]"Hanau mai, and when born, e ake no e haipule, when young he wished to be pious.

[26]"Wahi ka niu, he broke the fresh coconut, i. e., offered to the god of night while young, an evidence of his
piety.

[27]"Niu maka, fresh young coconuts ; o nolaelae, it was by the water of young coconuts that the poe *kilo* made
out their divinations ; nolaelae, clear, distinct.

Akea remained unknown in ancient times,
   now appears upon the rostrum.
Appears the wonder of the island.
The image gods now stand full in their
   places;
In the house built for the gods, there the
   people hear the worship.
165. 'Tis ours to listen to the sounds we now
   hear,
A sound of island flight perhaps.
Not indeed long ago the island people fled
At the setting of the sun; Hilo fled in the
   evening,
Puna fled in the morning, at the sun's
   high noon Kau fled.
170. All done quickly in a single day.
Quickly were they subdued by strength,
   dizzy the island rolled over and
   over;
Hawaii was tamed by the chief and his
   warriors;
They consult respecting the koali blossom,
   a balm for the eyeball of the island,
That the obscurity of the eye might cease.
175. The white matter flows out from the eye,
The wild gushing tears cease to fall.
The island also was untamed, that the
   chief well knew.
On his becoming guardian it was more
   and more tamed,

Waiho wale kahiko[28] Akea, ikea kahua o
   Waiali,[29]
Ikea ka hipahipa[30] o ka moku,
Ka pae kii,[31] ka pae newenewe;
Ka hale hau[32] a ke 'kua, hoolono wale iho—
165. Ka kakou ike[33] ia pihe e wa nei.
He wa hee[34] paha no ka moku,
A o[35] no ka! e kala i hee ai na aina;
I ke kulu[36] ana 'ku a ka la, hee Hilo i ke
   ahiahi —
Hee Puna[37] i ke kakahiaka, i ka aluna
   awakea o Ka'u —
170. Puni koke[38] no i ka la hookahi.
Kaele[39] ua make ikaika, poniuniu pokakaa
   ka moku,
Laka Hawaii[40] e ka lani ma,
Wa iho la i ka pua koali,[41] ninia i ka onohi
   o ka moku,
I pau ka pohihi[42] o ka maka,
175. Kahe ae ka walekea[43] i waho,
Pau ae ka waimaka bihiu.
E hihiu[44] hoi ia moku ua ike pono ia ka
   lani,
I kona kahu[45] e laka — e laka ai.

---

[28]Waiho wale kahiko, things that have been secret, unknown from ancient times, time of Akea, are now known.
[29]Ikea kahua Waiali, appears the base, foundation, place for the king when he speaks, rostrum for speakers.
[30]Ikea hipahipa, wonder, strange thing, there has appeared the wonder of the island in the overthrow, the new state of things.
[31]Ka pae kii, the images of the gods stand in rows. This is said in distinction from the former times of confusion during the war.
[32]Ka hale hau, a place within the heiau (temple) where the people heard the voice of what was done.
[33]Ka kakou, for us, common people, to see the wailing, pihe, wawa, the noise then made.
[34]He wa hee paha, it was the time perhaps of the flight of the people of the island.
[35]A o no, ao should be understood as *aole*, as it sometimes is in poetry. The place where the enemies of Kamehameha were: Ka! astonishment indeed, some time ago the lands have yielded, been conquered.
[36]I ke kulu, kulu the setting of the sun, same as napoo. Hilo, the people of Hilo fled in the evening.
[37]Hee Puna, Puna fled in the morning; i ka aluna awakea, when the sun was a little turned at noon Kau fled.
[38]Puni koke, pau koke, it was done quickly even in one day.
[39]Kaele, quickly, the districts were quickly conquered by strength, i. e., the invincible power of Kamehameha; poniuniu, dizzy.
[40]Laka Hawaii, the island conquered by the chief and warriors became tame and lived quietly.
[41]Wa iho la, Kamehameha's people converse over what they have gained, liked the butterflies around the flowers of the koali (*convolvulus*); ninia, a medicine; the capture of the island was the medicine that gave comfort to the eyeball (center) of the island, i. e., all the island. Kamehameha poured on the oil and the island was comforted.
[42]I pau ka pohihi, pohihi applies to the condition of the people, their vision was obscured in regard to their civil rights.
[43]Kahe ai ka walekea, *wale*, soft matter, matter that issues from a sore, *kea*, white, the white matter flows from the eyes.
[44]E hihiu, the island was wild, untamed, badly governed by the former chiefs; ua ike pono ia ka lani, it was well known to the chief, Kamehameha.
[45]I kona kahu, Kamehameha becoming kahu, guardian, that was what tamed it, the island.

It was caught with a rope, the voice
    soothing the island was a net,
180. It was well fed with the bait, it was choked
    with the cuttle-fish.
He fed the small fish, he gathered them
    together like the bonito,
He filled their open mouths with the bait.
Streams of country people of the island
    follow;
Here the red tail of the land sweeps
    around
185. Like a well fed favorite dog.
Shall these lands escape from Kaiolenaka
    mau,
The first of soldiers that ever appeared?
He is a soldier of uncommon personage,
    strangely unlike another,
The hair of his head stands erect;
190. Bristling upwards are the hairs of the
    head of Keohohiwa.
A dark redness all over had the chief;
A ferocious boar, a swine strong rooting,
Up-turning the islands;
The island is enlarged by the chief, he
    obtained it in the day of [his]
    strength.

Ua hei[46] aku la i ke kaula, i ka upena mali-
    moku he leo;
180. I kupalu ia i ka maunu,[47] puua ka waha i
    ka muhee;
Ua hanai[48] ia i ka iao, ua hoolulu ia me he
    aku la,
I kimokimoia[49] i ka hauna,
Hahai[50] wini auka ka moku;
Eia ke ka mai nei[51] ka hielo ula o ka aina,
185. Me he ilio welu[52] moe poli la.
E pakele ia aina[53] ia Kaiolenakamau,
I ke kumu[54] o ke koa i puka mai ai;
He kino pahaohao[55] o ke koa, he ouli e
    wale no,
E wanahina[56] ana ke poo,
190. E okalakala[57] ana i luna na oho o Keoho
    hiwa,
He moano-hiwa-puni[58] ka lani,
He kea[59] makaiolelepa, he puaa eku ikaika,
E haulani ana[60] i na moku — e — a —
Puipui ka moku[61] o ka lani — a — he loaa
    i ka la ikaika.

[46]Ua hei akula, they are caught as with a rope, i. e., those lands with their chiefs and people; *hei* represents the action of throwing the lasso. *I ka upena*, by a net, with the voice of flattery.

[47]I kupalu ia i ka muhee, Kamehameha fattened them with the bait, puua; they were choked with the muhee (a fish), the bait sticking in their throats.

[48]Ua hanai i ka iao, they were fed with the iao, a species of small fish, i. e., Kamehameha fed them. Hoolulu — hooalualu, to collect, to gather; they were gathered like the aku, a species of fish which swim in shoals and can be baited by feeding them and afterwards caught in great quantities.

[49]I kimokimo, dogs were fed by throwing them on their back and as they opened their mouths a person would drop a fish into their open mouth, that was kimokimo, the fish was called hauna.

[50]Hahai, being thus fed the dog would follow his master. Wini auka, a great multitude, ka moku, the people, as Kamehameha fed and fattened the people, they followed him in long trains.

[51]Eia ke ka mai nei, the expression of the poet. Ka, to sweep, to brush around like the tail of a horse, hielo— huelo, tail; here by the coming of Kamehameha sweeps around the red tail of the land.

[52]Me he ilio welu, welu well fed; moe poli la, like a well fed dog that lies in the bosom, i. e., a favorite.

[53]E pakele ia aina, these lands. i. e., Hilo, Puna, Kaù; e pakele ia aina, an affirmative form, but the meaning is negative, i. e., they shall not escape. Kaiole na kamau, name of Kamehameha.

[54]I ka kumu, the first, the chief, the alihikaua, the greatest leader of soldiers, i puka mai ai, that has ever risen.

[55]He kino pahaohao, the soldier has a person unlike any other, invulnerable; he ouli e, not like any other, strange to look at.

[56]E wanahina, to stand erect like the hair on the shoulders of an angry dog, or the scales of certain fish, bristling, fearless.

[57]E okalakala, rough on top of his head. Keohohiwa, name of Kamehameha.

[58]He moano hiwa, a dark red all over is the chief, that is a comparison of the chief to this red fish.

[59]He kea-puaa, boar; makai olelepa, fierce, fearless, a puaa strong at rooting. The wild boar of the islands was the most powerful, energetic and fierce of any animal that the people knew of; these names applied to Kamehameha.

[60]E haulani ana, overthrowing, upturning the islands; e a, to give attention.

[61]Puipui ka moku, the island is enlarged by the triumph of the chief. Kamehameha has enlarged himself, he loaa, etc., he obtained it in the day of his strength.

CANTO VI

195. The chief is strong in exercise — rapid in movement.
The breaking light of morn, the sudden flash of light is Leimanomano
The Haili, the strong bird, bearing off the living men;
The bird floating high in air and singing in its flight, the Kiwaa flying with a song.
The hovering Io gently floating off,— the progenies of chiefs.

200. Halulu and Hiapo are the pins fastening the parts falling to pieces.
The strong reef of the land, the flocks of Koae, a bird descended from Kuala;
A blossom breaker, a fine rain of a high cloud on the bud of the island.
The tail feathers guide, the long tail of the bird of early flight;
The Ao singing loudly is the chief, he flaps his wings upon the mountains;

205. He flaps his wings upon the mountains, waking up the mountain people of Haili.

PAUKU VI.

195. He ikaika-hiliau[1] ka lani o ka neiku,
O ka malio[2] o ke aka, o Akaleimalio[3] o Leimanomano,
O Haili[4] o kaunuanalau ka manu;
Ka manu iolana[5] i ana, o Kiwaa o lele ia-'na;
O ka io lele[6] mapumapu, o na pua o ka lani,

200. O Halulu, o Hiapo,[7] o ka makia, lelehuna i ka apana,
O ka pukoa kani aina,[8] o ke koae aulele manu a Kuala,
He a,[9] he haihai pua,[10] he naulu kaupua likomoku,
Ke kaapeha[11] o analio, ke koo o ka manu leinapawa;
Ka ao[12] kani koha he alii, i kani ka poa i ke kuahiwi;

205 Nana poa[13] kuamauna, hikilele ka uka o Haili,

---

[1]He ikaika hili au, an action like the sword exercise; ikaika, strong; hiliau, brandishing as one does a sword, or a boxer his arms; o ka neiku, nei, the wail, cry of many voices; ka, a strengthening of the idea; neiku, like the sliding down of a high pali; *nei* used in poetry for *nee*, to move off.

[2]O ka malio, 1st, the sensation to the eyes of looking at the sun, at first a dazzling brightness, afterwards different shades of darkness; 2nd, such shades of light as are seen early in the morning or at the setting of the sun; aka, a shadow, an appearance.

[3]O akaleimalio, the sudden entrance of light, like lightning, a flash of light; this is said in praise of Kamehameha for the sudden coming upon his enemies; o Leimanoano, very sacred, applied to Kamehameha as a sacred chief.

[4]O haili, name of a large bird known or spoken of by the ancients; kaununalau, strong and able to carry off a man, such a bird was Haili, i. e., Kamehameha.

[5]Ka manu iolana, the bird that sings when flying high in the air, i. e., haili i ana, speaking like io ana, singing. Kiwaa, a large bird in ancient times; o lele i ana, singing in its flight; these were resemblances to Kamehameha.

[6]O ka io lele, name of a bird like an owl in its hovering, or standing still in the air, it is a black bird; lele mapumapu, a hovering as a bird floating in the air, flapping with the wings, but making no progress. O na pua a ka lani, na pua, the ancestors of Kamehameha, the descendants of chiefs down to Kamehameha's time.

[7]O Halulu, o Hiapo, two fabled birds which Kamehameha worshiped, and Kamehameha's feathered god, Kaili, when the feather sprung up in the forehead of the god, the people thought it a sign of ability to conquer; o ka makia, that which fastens together, as with a pin or nail; o ka makia o Kamehameha, he held together the islands; lele huna, falling, as drops of rain; i ka apana, falling to pieces.

[8]O ka pukoa kani aina, the coral reef is a strong land; kani, strong, applied to Kamehameha, he is a strong barrier, i. e., a conquering warrior; o ke koae, a bird that flies with a motion like that of a person swimming; manu, a bird descended from kuala, a large bird of ancient times.

[9]*He a*, this has no meaning, it is simply the lengthening of the voice in cantillating, here used to call attention to the foregoing, often used at the end of a line, in some poetry at the beginning like this.

[10]He haihai pua, a breaker of blossoms, as these birds; he naulu, a shower with wind; kaupua, falling on buds and blossoms; likomoku, the bud, the growing of the islands.

[11]Ke kaapeha, 1st, to fold up as a long bundle; 2nd, to manage as a bird does its tail feathers in steering its course, or like the steering of a boat with a long oar; analio, the tail feathers of a bird. Ke koo, the long tail feathers of a bird; leina pawa, the bird that flies very early in the morning, expressions assimilated and in praise of Kamehameha.

[12]Ka ao, a bird about the size of a hen, black feathers, very long wings, sings loudly; i kani ka poa, poa the sound of the wings of a cock before he crows; i ke kuahiwi, on the mountains. These actions are all likened to those of Kamehameha.

[13]Nana poa, who flaps his wings upon the mountain; hikilele, wakes up the inland dwellers; haili, the forest upland from Hilo.

They are suddenly aroused at the boldness
  of the chief;
The chief shows himself bold at Kukui-
  pahu;
He commanded with a loud voice, there is
  great silence above;
The loud voice cried, the people all fled
  quickly;
210. Hilo people ran inland, they rushed inland
  of Makaholo.
The head of the upland is broken,
Very much broken by Akakalani; astonish-
  ing was their cowardice;
The hair of the coward trembles; full of
  fear, he crawls away and crouches
  like a fowl,
Trembling at the voice of the soldier,—
  the chief,
215. His voice sounds on high like a voice of
  thunder.
But the chief is a fowl sitting quietly
  upon its roost.
Astonishing is the transfer of Hawaii!

Puiwa[14] i ka paha a ka lani.
Paha ka lani[15] i Kukuipahu,
Kani ka ikuwa[16] a miha iluna,
Kani ka laka[17] a haalele, a haalele wale

210   Nakolokolo[18] i uka o Hilo nei, i uka o
  Makaholo.
Wahia ka manawa[19] o ka uka,
Nakaka[20] e Akakalani, ka i ka ai a ka hai
  wale
A li ka hulu[21] o ka hohe, wiwo a kolo a
  moa ka noho,
Weliweli[22] i ka leo o ke koa o ka lani

215. Ke heu[23] mai nei maluna me he heu la na
  ka hekili — e —
A o ka lani[24] o ka moa i kau i ke kau,
I ka[25] i ka ai o Hawaii!

Canto VII.

Hawaii is a cock-pit, on the ground the
  well fed cocks fight;
The chiefs fight, the dark-red [cock] the
  bird awake at night for battle;

Pauku VII.

O Hawaii kahua,[1] ilalo e haka[2] i o ka
  moamahi,
Hakau[3] ka lani ka ulahiwa, ka moa ala po
  i ke kaua,

---

[14]Puiwa, suddenly frightened, applied to the people at the boasting, bragging; paha, to boast, to brag of a place, country, or person; a ka lani, Kamehameha.

[15]Paha ka lani, Kamehameha boasts at Kukuipahu, name of the place where Kamehameha encamped above Hilo.

[16]Kani ka ikuwa, to sound with a loud stentorian voice, to call aloud; a miha, 1st, to float off silently, calmly; 2nd, the calmer silence after a great noise, applied to Kamehameha commanding his soldiers, for he had a very strong voice.

[17]Kani ka laka, of loud voice, Kamehameha cried aloud. His voice frightened his enemies, they fled quickly.

[18]Nakolokolo, all Hilo ran inland, rushed inland of Makaholo up above Waiakea.

[19]Wahia ka manawa, *wahia* for *wehi ia*, to break, ka manawa, the top of the head, literally, the open place in children's heads where the pulse beats, the head of the upland is broken.

[20]Nakaka, broken up, full of cracks as wet ground suddenly dried up cracks open. Ka, astonishing, wonderful; i ka ai, an expression often used, as ka i ka ai ka aihue, wonderful the theft, a ka haiwale, astonishing their cowardice and fear.

[21]A li, to tremble with fear; the hulu, hair, the hair of the hohe, coward, trembles; wiwo a kolo, fearful he crawls away and acts the hen in secret, or sits like a frightened hen in a secret place. A vivid description of a coward in battle.

[22]Weliweli, the enemies of Kamehameha tremble at the sound of the voice of the soldiers.

[23]Ke heu, to sound as the voice of the owl or other bird while flying, here it signifies sound as a loud voice.

[24]A o ka lani, the chief is a fowl perched on its sleeping place.

[25]I ka i ka ai, astonishing, wonderful is the transfer of Hawaii

[1]O Hawaii kahua, a place of business, Hawaii is a cock-pit, or arena, otherwise a battle ground.

[2]Haka for hakaka; ka moa mahi, a cock kept as a pet, trained to fight; mahi a favorite; punahele, greatly cared for.

[3]Hakau, to fight, contend.

220. The young man fights bravely, Loeau the
    son of Keoua.
    He sharpens his spurs, he picks up some-
    thing;
    He scratches in the ground of this Hilo,
    On the sand of Waiolama.
    He plants the soldier's standard, the dust
    is raised on high as in a whirlwind;
225. Quickly flows the perspiration on the brow
    of Laniulimahiia;
    That he might secure the battleground of
    Mokuohai, robbed at Keei;
    That he might collect the property staked,
    at the sand beach in Hauiki.
    There was a chief, this was a chief; the
    stake was the island.
    There [at Keei] the property was staked,
    the game was played to utter loss.
230. He strikes the goal, he counts double, he
    quickly counts what he has gained.
    'Tis he who staked the land, he claps his
    hands, he is the chief who staked
    the island.
    That chief was Kauikeaouli, this chief was
    Kalaninuilanimehameha,
    He is the person who caused the fight.
    Did he flee secretly, did he vanish in
    darkness?
235. Did he gain a secret hiding place? No,

220. Haka koeleele[4] ui o Loeau a Keoua,
    Walu[5] ke kakala, pikawai,
    Huai[6] i ke kahua o Hilo nei
    I ke one i Waiolama.
    Hoonoho ka uli[7] koa iluna, hoahoaka iluna
    ka lepo,
225. Iho[8] koke i ka hou i ka lae ko Laniuli-
    mahiia,
    I ko ai[9] i Mokuohai, i hao ai i Keei,
    I ohi[10] ai ka pili me ka mau, i kahi one i
    Hauiki
    O ka lani kela,[11] o ka lani keia, koi moku
    ilaila,
    Koi kaakumu[12] ilaila, koi pa i ke paho,
230. Pa i ke kumu,[13] helu palua, helu koke no
    i ka puni eo.
    Eia koi aina,[14] puo ka lima, oia koi moku
    o ka lani;
    O kalani Kauikeaouli[15] kela, o Kalaninuila
    nimehameha keia;
    O ka mea[16] nana ke auhee.
    He hee malu auanei a nalo i ka poeleele?
235. O loaa uanei[17] i ka hunahuna? Aole —

---

[1] Haka, to fight; koeleele ikaika, strongly, valiantly; ui, the young man, Kamehameha son of Keoua.

[2] Walu, to scratch, to sharpen; kakala, the spur of a cock, he whets his spurs; pikawai, pick up something as if eating, as cocks when fighting.

[3] Huai, to scratch as a fowl, like helu, scratches in the cock-pit of this Hilo.

[4] Hoonoho ka uli, uli koa, a signal of an army; he ouli, a sign, the standard of the army is set up; hoahoaka, to stir up as dirt in a whirlwind, the dust was stirred up by the movement of the soldiers.

[5] Iho, to flow as perspiration, to sweat, the perspiration flows freely from the forehead of Laniulimahiia, i. e., Kamehameha.

[6] I ko ai, to verify, to make true, to insure the place — the battlefield Mokuohai, where Kamehameha first conquered Kiwalaò near Keei in Kona; i hao, taken by violence, robbery; Kamehameha had taken that place formerly but to secure it he must conquer Hilo.

[7] I ohi, to take, as one's own; kapili, name of the property staked on each side when a game is about to be played; mau, the property gained or lost; that he might take the property staked for he had conquered, i. e., Kamehameha; i kahi one, at the sand beach, i. e., the country at Hauiki at Keei.

[8] O ka lani kela, his first antagonist Kiwalaò; o ka lani keia, this is Kamehameha; they were about to play a game for the island, Hawaii was the stake.

[9] Koi kaakumu, koi to stake property in gambling; kaakumu was the ancient name of property staked; there at Keei the property was staked. Koi pa i ke poho, the game was played to the loss of Kiwalaò.

[10] Pa i ke kumu, pa to strike, kumu was a large stone set up to stop the rolling maika and where the object was to be hit. (See Antiquities.) Kamehameha had hit the kumu, he had gained; helu palua, he now counts double having gained; helu koke, quickly counts, i. e., receives; puni eo, the reward at the appointed time.

[11] Eia koi aina, this is the person who staked land, Kamehameha; può ka lima, to clap together as the hands, as a signal of having gained, or done something; oia kòi moku, o Kamehameha, this is the person who staked the island of Kamehameha.

[12] O ka lani Kauikeaouli, that is Kiwalaò, Kamehameha's adversary. Kalaninui was Kamehameha.

[13] O ka mea, he is the person by whom is the flight, the nana serves for the hoo to auhee; he, Kamehameha, caused the flight.

[14] O loaa auanei, anei question; hunahuna, a secret hiding place. See huna. Did he gain or find a hiding place? No.

He fled at noon, while the sun was high.
The small man saw him and the large
　　man;
The tall man saw him and the short man
At the camp ground of Akahipapa
240. Thou gavest up thy life, thy death;
The south land and the north are gone;
There they are now lost, grudge not to
　　yield them, dispute not, hold not
　　back.
Give up to him what he has gained, with
　　his joy,
That his followers may be glad, the high
　　officers of trust.
245. He is a well fed fowl, the chief is a finished
　　man.
Warmed in the fire-house until the
　　stiffened feathers rattle;
Of varied colors, like the many colored
　　paddles, like the piles of kauila
　　timber.
The feathers rise and fall when the cock
　　spurs;
The cock spurs south and then spurs north,
250. 'Till one great spur blow of itself
Hits the head, he flees, much wounded.
The chief bites like a dog, he scratches the
　　ground like a fowl;
The foot scratches, the soft dust flies
　　upward,

I hee[18] no i ke awakea, iluna nui no ka la,
Ike ke kanaka iki ke kanaka nui,[19]
Ike kanaka loa kanaka poko.
I ha papa[20] la o Akahipapa;
240. Haawi oe[21] i kou ea, o kou make,
Lilo ka hema me ka akau.
Ala,[22] lilo, mai welawela, mai e'a e'a, mai
　　puniu,
Waihoa[23] ko ia nei ko, me ko ia nei olioli;
I olioli ai na pilikamau,[24] na kahu lauaua

245. O ka moa i hanai ia,[25] oki o ka lani,
I lania[26] i ka hale uahi, a kani eeina ka
　　hulu.
Ohiohi[27] ma hoe panoa la, me he puu
　　kauila ka io;
E hulili[28] napa iluna ka paku;
Paku ka hema paku ka akau;

250. Hookahi[29] no ka pakuna iho,
Ku no i ka ihu,[30] holo hai liilii iana.
Hae ka lani helu i ke kahua,
Helu ka wawae ku ke'hu,

---

[18]I hee, flee, run away, i. e., Kiwalaò.

[19]All classes of men saw him flee, the little man, the great man, etc.

[20]Akahipapa, name of the place where Kamehameha and Kiwalaò met and conversed together.

[21]The following lines describe the conversation of Kamehameha and Kiwalaò. Haawi oe i kou ea, ibou gavest the breath, o kou make, and death, i. e., to give one's life and death. Kiwalaò did not wish to fight, but *Keoua* did.

[22]Ala, for aiala, ano, now it is lost; welawela, to be stingy, to hold back one's giving; mai eaea, do not quarrel; mai puntu, be not close, stingy.

[23]Waihoa, for e waihoia, let go, ȷeaᵥe; ko ia, his, for kona; ko, what he has gained by war; me koia nei olioli, with his satisfaction. This is the advice of the poet to Kiwalaò.

[24]Na pilikamau, followers, those attached to Kamehameha; na kahu lauaua, makaulii, the officers, those standing high with Kamehameha.

[25]O ka moa i hanai ia, the fattened fowl, Kamehameha; oki o ka lani, the chief is a finished man, nothing wanting, i. e., the poet meant, to say, "he is a gentleman."

[26]I lania, to lay before a fire to dry. Those who practiced keeping and training game cocks, kept them just before the fight on roosts over a low fire of coals to strengthen them and make them fierce; hale uahi was the smoke house where these cocks were set in training. Kani, to sound, kani eena, to sound roughly, as starched paper, rattled as starched cloth; so the feathers of these trained cocks sounded.

[27]Ohiohi, variegated, many colored, as the feathers of a cock; me he hoe panoa, a kind of paddle found on Kauai, the wood was variegated with many colors; me he puu kauila, name of a heavy, hard red-wood. Where a heap of war instruments lay piled together there was a singular appearance; ka io, the mass, the heap. So Kamehameha appeared.

[28]E hulili, a rising tremo, the tremulous motion of the feathers of a cock when fighting, the feathers tremble and napa, slightly rise and fall. Ka paku, when spurring, paku keehi (kicking).

[29]Hookahi, once the striking, pakuna, i. e., pakuana, as if one stroke of the spur was enough.

[30]Ku no i ka ihu, the conquering cock strikes his adversary in the head, the conquered one flees, hai liilii, broken to pieces, i. e., entirely conquered; ia na, he emphatically, such was the fight between Kamehameha and Kiwalaò.

It sweeps past, the dust is raised in frequent whirls toward heaven.

255. The dust in great clouds appears from the mountains, in yellow flames the red dirt passes to the sea.

Like the coming of a red shower, so is the soldier's person, the chief.

He is the chief, the son of a chief.

Is the chief the soldier that he should take pleasure with the holua?

Will he talk deceitfully to please the deceived ones?

260. They are boasters who occupy the house; Those boast without cause who enjoy the island.

A multitude of parents will waste, holding what the mind has proudly laid up;

They eat at leisure, sitting on their hams, in small and in large houses.

The full supplied plate is the wooden plate.

265. The high raftered sleeping house with shelves across,

The long house, the eating house of women.

They spread down the rushes; upon them they spread the mat;

They lie with heads on pillows raised in dignity.

Kahili,[31] hao lele i ka lani, wili o kai ka lepo iluna,

255. Okai[32] ka ea i ka mauna, puokoula ka lepo i kai;

Me he ku[33] na ka ua ula la; o ke kino koaia o ka lani,

O ka lani ia[34] la a ka lani,

O ka lani anei[35] ke koa e lea ai ka holua?

Kapehe[36] e lea ai ka hoomahua?

260. Ke kaiena[37] a na noho hale

E haakei wale ai no ka aimoku,

E uaua[38] ai ka lau makua, hoaono keha ka umauma,

Ua ai kahela[39] ka uha, ku ka hale iki ka hale nui,

Ka pa wiwi[40] ka pa laau,

265. Ka aleo hale[41] moe me ka amana,

Ka halau aina[42] o ka wahine

Lulu kohekohe,[43] hohola ka moena,

Kau ka pakakeha[44] ka hanohano,

---

[31]Kahili, to sweep, to brush away as light substances; hao lele, to carry away, synonymous with hao ikaika; wili, to twist, the action of a whirlwind; o kai, great numbers of whirlwinds, with great strength the dust is raised in frequent whirls toward heaven.

[32]O kai ke ea, okai huakai, the dust goes in great bands, or companies, as seen coming from the mountains; puoko, to ascend as flames of fire; ula, red, applied to the ascent of red dirt as at Lahainaluna; i kai, towards the sea.

[33]Me he ku na ku ua, as the rising, coming on of a red shower as at Kaanapali seen from Lahainaluna, so is the soldier's person, Kamehameha.

[34]O ka lani ia, ia emphatic, he; a ka lani, son of a chief.

[35]O ka lani anei, is the chief a soldier, and will he take pleasure with the *holua?* A pastime among the ancients.

[36]Kapehe, to converse deceitfully, when a person's real meaning is different from his apparent, hoomahua, to deceive, will he talk deceitfully to please the deceived.

[37]Ke kaiena, those occupying the house boast, are proud, i. e., the followers of Kamehameha; noho hale, the resident of a house or land under a chief.

[38]E uaua, to waste, to spend needlessly; ka lau, four thousand, here, for the many, the many parents under Kamehameha will waste the property and rights they have gained; boano, to take in possession another's property; keha, proudly, without regard to another's right; ka umauma, the breast, i. e., the mind. .

[39]Ua ai kahela ka uha, kahela, satisfied, having enough, they eat at leisure sitting upon their hams, haunches; ku ka hale iki, this is done in small houses and large ones. This language applies to the followers of Kamehameha as though they had conquered and the conduct is reprobated by the poet.

[40]Ka pa wiwi, the tall high fence around the house; ka pa laau, the stick, or strong fence, this applied as before to Kamehameha's men after the conquest.

[41]Ka aleo hale, a high house, i. e., a house with rafters made into a very sharp roof; moe, these were sleeping houses; me ka amana, boards or sticks put up for shelves for laying kapas or other property on.

[42]Ka halau aina, the long house where the women might eat, aina for ai ana; the halau was often used for a canoe house, but generally as an eating house for women; halau was a long and large house with the door in the end, a common house had its door in front.

[43]Lulu kohekohe, kohe name of the grass that springs up and grows in kalo patches, the kohe is spread down, hohola ka moena, the mat is spread on top.

[44]Kau ka *pakakeha,* to lie on the back with the head raised on a pillow, i. e., to lie like a chief in great dignity, so the followers of Kamehameha who ape his dignity.

The fly-brushes at the door wave to and
   fro, the door is shut. the black
   kapa is drawn up.
270. Run, hide a little in quiet sleep, dismiss
   fatigue and care.
They take their siesta, 'tis silent where
   noises are forbidden.
If they sleep two and two, double is their
   sleep.
Pleasant is food of large landed men.
In parrying spears the chief was strong,
   breaking their points was sweet.
275. Pleasant in the season of fish or food,
   when he is filled with both.
Thou art satisfied with food, thou com-
   mon man;
To be satisfied with lands is for the chief
He says, "I will eat, I will consume the
   sweet remnants.
The bundles of food around the country."
280. The thoroughly baked food of the island;
   bring here,
Bring here, let the chief eat.

Lele kahili[45] ma ka puka, holo ka uhai,
   kapa eleele,
270. Holo pee iki[46] ma ke kuono, kun ka luhi;
Kauaikanana ka moe, kilou i na wawa
   kapu,
I na mahana kanaloa,[47] mahana kanaloa,
Lea ka ai[48] a ka mea aina — nu — i
I ka pale ihe[49] ui o ka lani, hahaki i na
   welau ono,
275. Lea ke kau ia,[50] ke kau ai, he maona ia, he
   maona ai,
He maona ai kou[51] ko ka noanoa,
He maona moku[52] ko ka lani;
Ke i aku nei[53] e ai, e hoopau i ke koena
   ono,
I na hai ai[54] auhonua e — a —
280. O ka hoolua[55] pikao moku la — e ho mai e;
E ho mai e ai ka lani.

CANTO VIII

Let the chief enjoy Hawaii to wrinkled old
   age,
The noble sea-moss walks the chief, a
   noble upright chief;

PAUKU VIII.

Ai kalani[1] ia Hawaii, kau ka pakaeaea
   iluna,
Limu kohu[2] ka lani ke hele, i kohu no he
   alii pono,

---

[45]Lele kahili, the fly brushes swing at the door as the masters would lie near the door; holo ka uhai, the door shut; uhai, the shutter of the door; kapa eleele the sleeping kapa: The fly brush waved, the door was shut, the black *kapa* drawn up and the chief went to sleep.

[46]Holo pee iki, literally, run, hide a little, i. e., when one is weary to go to kuono, place of enjoyment, kuu ka luhi, dismiss fatigue and care.

[47]Ina mahana Kanaloa, etc., relates to the affection and tranquility of Kanaloa and wife.

[48]Lea ka ai, joyful the person who has much land, hence much food, many enjoyments.

[49]I ka pale ihe ui, in parrying the spear, ui, strong, energetic, o ka lani, Kamehameha; hahaki, to break as a stick or spear, to break the points of spears is sweet, gives him an appetite; it was pleasure for him to play with war instruments.

[50]Lea ke kau ai, pleasurable, at ease, at peace, no enemies, season of fish, food; he *maona*, when he was fully supplied, those below him supplied all his wants.

[51]He maona ai kou, thine is the fullness of food, even ye the poor people, noanoa, common people.

[52]He maona moku, it is of the chief to be satisfied with districts of country, kingdoms.

[53]Ke i aku nei, he, Kamehameha, says I will eat, I will finish; moku, an end, the remaining sweetness of eating.

[54]I na hai ai, collections of hogs, fowls, dogs; these are called hai ai, here connected with au honua, it means the districts, lands, and all that belongs to them.

[55]I ka hoolua pikao, hoolua, to do twice, to do over again, as to bake hogs, dogs, fish twice over, baked until dry; no moisture, but not burnt. The islands were to Kamehameha as dry meat, thoroughly baked.

[1]Ai kalani, the king enjoys Hawaii, i. e., Kaù, Puna and Hilo; pakaeaea, wrinkles on the skin, when one is just able to crawl from extreme old age.

[2]Limu kohu, limu, sea moss, considered an extremely fine dish; kohu, fitting as a fine garment (kapa) does a chief, hence, the chief is noble and grand in his appearance; ke hele, when he goes abroad, i kohu no, fitted out, consistent as a noble chief.

An upright chief; an upright chief, entirely upright;

285. Entirely just he shall enjoy the land.
He enjoys the land Hawaii of Keawe.
Hawaii is from ancient times, Keawe is recent;
The chief Malela was thy predecessor.
Malela arose, the strong east wind,

290. The furious east wind, when it·rushes on like fire;
But the strongest east wind is the chief Akaleiohua,
Of Kalaninuilanimehameha the kapu chief.
A real kapu chief, all sacredness belongs to him;
Deep homage is his or burning; the chief's attendants all bow to this chief.

295. He is, first, a high chief; second, of late a conquering soldier.
The chief is the man, the high soaring bird of Ku.
A man from the very high place, the high place of the wind of Laa.
The Kameeliko of the high chief, the descendant of Hoomilialau,
The source of winds which come forth and become men.

He alii pono,[3] he alii pono, he honua pono,

285. Pono wale ia e ai mai la,
Ka ai ana i ka aina ia Hawaii[4] o Keawe.
O Hawaii kahiko, o Keawe ka i lalo,
O ka lani[5] o Malela la ko luna,
Ea Malela[6] ka moaeku,

290. Ka moae kukuku,[7] pakuku ahi,
Ka makani[8] aeku ikaika, o Akaleiohua ka lani,
O Kalaninuilanimehameha[9] i ke kapu;
O ke kapu no,[10] o ka hoano, pau no i nei lani,—
O ka moe,[11] o ke puhi, o ka wohi pau no i nei lani,

295. O ke alii[12] nui no kahi o ke koa iho nei alua,
O ka lani,[13] o ke kanaka, o Iolaniku;
He kanaka no kaulu hanae,[14] no kaulu makani a Laa,
O Kameelikookalaninui[15] ka pua a Hoomilialau
A ke kumu o[16] ka makani i puka mai ai waikanaka

---

[1]He alii pono, a supremely excellent chief, an excellent country.

[2]Hawaii the former possession of Keawe.

[3]O ka lani, Kamehameha is the Malela, the superior. Malela, an ancient king of excellent character, formerly lived on Oahu. Kamehameha is likened to him.

[4]Ea Malela, ka moaeku, Malela arose, came as the strong east wind; moae, the soft east wind; *Moaeku*, is the strong east wind.

[5]Ka moae kukuku, the strong east wind, stronger than moaeku, which is the commencement of a strong wind. Moae kukuku is when the wind rages, pakuku ahi when it rages furiously as fire.

[6]Ka makani, a strong east wind. Akaleiohua, name of an ancient chief. Kamehameha is Akaleiohua, the poet will not admit any are stronger than he.

[7]O Kalaninui was a kapu chief of the highest grade, a high chief of Maui, the brother of Kahekili who was the father of Kamehameha.

[8]O ke kapu no, he was a real kapu chief; hoano, separated, sacred. Pau no, pili no, nona no, he belongs, is connected with this chief, i. e., Kamehameha.

[9]O ka moe, the obeisance, the bowing down, the prostration of the people on the approach of a chief; o ke puhi, the burning of a person who does not prostrate himself before a chief, i. e., a chief of the highest class: o ka wohi, epithet of a chief below that of an alii puhi ahi, they are all below Kamehameha.

[10]O ke alii, Kamehameha was a high chief, his natural chieftainship was one; o ke koa, his being a successful soldier was the second part [of his greatness].

[11]O ka lani, he, Kamehameha, was a chief, he was a man, a common man. Iolaniku, io, name of a bird that soars high in the air, lani very high. Ku, name of one of the great gods.

[12]He kanaka no kaulu hanae, a man from on high, kaulu, what is very high, on top of a cliff; no kaulu makani, from the high place of winds of *Laa;* the god of the winds. Name of the man who regulated the wind, lived at the extreme west end of Molokai.

[13]O Kameeliko, the name of one of the ancestors of Kamehameha; o ka lani nui, of the high chief; na pua, descendant; mamo a Hoomilialau, an ancient chiefess, the goddess of storms, hurricanes, thunder, and all wonderful events; meaning Kameeliko, i. e., Kamehameha, is the descendant of the wonder-working goddess Hoomilialau.

[14]A ke kumu, the author of the winds that came forth (are born) waikanaka and become men, i. e., though born of the wind, they become reasonable, rational men.

300. The chief comes forth a man but god like.
The beginnings of the winds as they come
from the clouds;
The bud, the swollen bud, the opening,
the leaf of the wind;
The wind, the whirlwind breaking vege-
tation;
The wind, the whirlwind twisting bananas.
305. The bananas of Humuula are twisted,
defiled by the chief:
The remnants of bananas by Palila eaten,
even the lower, small ones;
All are swept away by the chief, yea every
one,
From Kaholoiki to Kaholonui.
The large banana fields sacred to Niheu
twisted in their rows
310. On the upland of Wilikulamanu, at Lau-
maiakemilia,
At Laumaiakenahae, at Malele, at Malae
kahana,
When Kahikolani and Puukahonua were
chiefs of few men of the island.
The strong one at Wawau, whose children
are the present lawless race.
The windy form is his, the raging wind
and the soft breeze,
315. The strong kona of six teeth, of the
province of Heapuku; (konohiki)

300. Puka mai[17] ka lani waiakua,
Na maka o ka makani[18] i puka i ke ao,
Ka muo,[19] ka liko, ka ao, ka lau o ka ma-
kani.
O ka makani kuhonua[20] hililaumoku,
O ka makani kuhonua hililaumaia,
305. Hilia[21] ka maia o Humuula, paumaele ia
kalani,
Ka hakiana[22] maia a Palila i ai a koe ma
ka pola,
Ua hoopau ia[23] e ka lani, pau aku la, Kaho-
loiki
Ka maia o Kaholonui,[24]
Na ea kapu[25] a Niheu, ku awili ka okai
310. I ka uka[26] o Wilikulamanu i Laumaiake
milia.
I Laumaiakenahae[27] i Malele, i Malaeka-
hana;
Kahikolani, Puukahonua,[28] o kanaka iki o
ka moku,
O ka uuina[29] i Wawau, oia na keiki eu nei,
Ka oiwi[30] makani ona, o kona ku, o kona
moe,
315. O kona nui a niho[31] aono, o ke konohiki o
Heapuku.

---

[17]Puka mai, the chief came forth a man, but in mind, thought, plan, a god.

[18]Na maka o ka makani, the origin of the winds which come from the clouds.

[19]Ka muo, the bud; ka liko, the swelling; ka ao, the opening; ka lau, the leaf of the wind; the reference to
the winds represents the rise and progress of Kamehameha.

[20]O ka makani kuhonua, a wind very strong when one does not see whence it comes or any cause for it; hili
lau moku, a wind that blows all about the island.

[21]Hilia for hiliia, twisted are banana leaves of Humuula, a place in Hamakua, Hawaii, near the boundaries of
Hilo; paumaele, defiled is the air, kalani, atmosphere.

[22]Ka hakiana, a maia, a garden spot, the banana gardens of Palila, the person famous for planting bananas up-
land of Humuula, who (Palila) eats and leaves the small ones at the bottom of the bunch. Koe ma ka pola, re-
mains at the bottom. *pola*, the small bananas at the bottom of the bunch. Palila was the son of a celebrated
warrior remarkable for swiftness in running.

[23]Ua hoopau ia, they are all destroyed by the wind, every one.

[24]Kaholoiki and Kaholonui, names of places.

[25]Na ea kapu, *ea*, a field, a large tract of bananas sacred to Niheu, a man of ancient times famous for his
fighting qualities, he was a small man but very powerful, a younger brother of *Kana*. Ku awili, they stand bent
over, awili, the stem as it bends over and forms an arch; ka okai, the bananas as they hang on the stem one row
under another.

[26]I ka uka, upland of Wilikulamanu, above Humuula in Hilo.

[27]I Laumaiakenahae, name of a place above Hilo.

[28]Kahikolani, Puukahonua, names of ancient chiefs; o kanaka iki e ka moku, when there were but few men on
the island, i. e., these two were chiefs when there were few people.

[29]O ka uuina, strong exercising at work, at fishing, etc. Wawau, at a land unknown, this is spoken of the very
ancient chiefs just mentioned, who were from some foreign country. Oia na keiki e eu nei, those from the children
of the present mischievous race.

[30]Ka oiwi, the body, strength of wind; ona, belonging to it.

[31]O Kona nui a niho, the great *Kona* gnashing with six teeth; o ke Konahiki, the month of October when
the wind comes off Heapuku, tearing up and disturbing qualities belongs to Konahiki

The wind in sudden gusts, that is it of
    Hanaia when it shall come;
The stirring wind, the sweeping rain, the
    double forced storm of winter;
A straight down falling rain, the rain
    without wind, with wind as at
    Kona;
This is the chief, the strong wind, the
    wind of Kona,
320. The strong rushing wind breaking down
    villages,
Laying waste the land, the very Kamani-
    heunonea.
The bearded beauty, son of the chief
    Kuakaa,
Who overturned the hill-top swept into
    silence by the chief.
The upland of Pumaialaukupono on the
    top of Laa;
325. Calmly the chief sits at leisure
Upon the mountain neck of Kumoho;
Resting the foot on the top of high
    Kumoho.

CANTO IX

Exalted sits the chief and from on high
    looks forth;
He views the island; far down he sees
    the beauteous lands below.
330. Much sought after, hoped for, the island
    as sought for is seen,

O ke kikiao[32] kahi ia o ka Hanaia, ke hiki
    mai.
O ke kiki,[33] o leleuli, lelekuilua, o ka
    hooilo,
Leleua[34] ia, leleleaka, leleaka mea i Kona u;
Eia ka lani[35] ke kikiao makani kona,

320. Ke kona[36] ku wawahi kauhale,
E inoino[37] ai ka aina, i ke kamaniheunonea,
Kamani heu[38] a ka lani Kuakaa,
Nana[39] e kaa ke kualono, kahilikia oneanea
    ia ka lani.
Ka uka o Pumaialaukupono i ke poo o
    Laa;

325. Oi pono[40] ka lemu o ka lani,
I ka pane mauna o Kumoho[41]—e—a;
Ku e ae ana[42] i ka wawae la ka luna o
    · Kumohokiekie.

PAUKU IX.

Kiekie ka lani[1] i ke kaulu halona,
Nana[2] i ka moku, haahaa kilohana ilalo,

330. Imiimihia[3] lanalanahia, lana, makai ka
    moku

---

[32]"O ka kikiao kahiu, the wind when it strikes suddenly, then suddenly lulls. Kahi oia no, that is it. Hanaia, name of the third month (November) of Hoilo, ke hiki mai, when it comes.

[33]"O ke kiki, the strength, o leleuli, a great falling rain with a high wind, sweeping away everything. *Lelekuila* a singular blowing striking wind; *o ka hooilo*, of the winter, i. e., such is the character of winter.

[34]"Lele ua, rain falling straight down, not driven by the wind. Leleleaka, a fine rain without wind; leleaka, fine rain with wind; mea i Kona as it is often seen at Kona, Hawaii. Kona u, Kona is so called at Kailua.

[35]"Eia ka lani, this is the chief (Kamehameha), so is his character, *ke kikiao*, the hard striking wind is his. i. e., no common wind.

[36]"Kona ku, a strong rushing wind.

[37]"E inoino, desolating the land; i ke kamaniheunonea, name of a very destructive wind.

[38]"Kamaniheu o Kamehameha, a Kalanikuakaa, name of Kamehameha's father.

[39]"Nana, o Kamehameha. e kau e hoopau, to overthrow; ke kualono, like something descended in rolling down hill with force; ka hilikia, same as kahiliia, swept over, made silent by the chief Kamehameha

[40]"Oi pono ka lemu, while he sits comfortably, the chief, Kamehameha

[41]"Kumoho, up the hill from Laa.

[42]"Ku e ae ana, he moves his foot slightly against the top of the high Kumoho.

[1]Kiekie ka lani, Kamehameha; kaulu kahi kiekie loa, halona, places below where one can stand and look off and around.

[2]Nana, to look at the land, country below. Kilohana, beautiful below. Kilohana is the colored and most beautiful of a set of kapas.

[3]Imiimihia, looked after, sought after; lanalanahia, a thing hoped for, wished for; lana, it floats, is seen; makai, to seek for as a constable for a felon—to look at the island.

It stood plainly, it was examined care-
fully;
The timbered capes of Puna were
examined;
Kau burnt with the sun was scrutinized,
'twas kicked at with the foot; ·
The top of Maunaloa is looked upon;
335. Like a spotted 'mat is seen the mountain
top of Papai, the mountain range,
The top of Kaiholena trembles, and the
still higher head of Kaumaiikaohu.
The highlands of Pakua are cleanly
swept of people, and thus they lie
As trodden by the soldiery, the short
maloed soldiers of the chief.
Ye robbers, ye vagabonds, ye poor without
land,
340. Ye wanderers in the highway, ye people of
Kaipuu in Kapapala;
Ye have been broken by the soldiers, the
forest is clean swept away;
It is all swept off; the spittle is corrupted;
They are all mixed up, greatly demoral-
ized, being rubbed together.
The multitude who labor, the people of
Kaunuikuamakani;
345. The froth, the low common people;

Kulia[4] kilokilohia —
Ua kilokilohia na lae laau o Puna,
Kilohia Kau o haoa, keehia aku kapuai,
Papa[5] luna o Maunaloa;

335. Ku moena[6] lau ke kuahiwi o Papai kapae
mauna;
Haalulu[7] luna o Kaiholena, ke poo o Kau-
maiikaohu,
Ua monea[8] ka uka o Pakua, penei wale no
ka waiho,
I ka hele ia[9] e ke ku, e ka huikahi a ka
lani.
E ka apo wale,[10] kaaoe, e ka makia hele la,

340. Kulolia[11] o ke alanui, o Kaipuu i Kapa-
pala,
Ua wawahia[12] e ke koa, ua kahiauia ka na-
hele,
Ua kahiauia, ua nao ka wale.[13]
Ua wali[14] wale, aole nao, i ke kuai ina ia,
O ke kini nana i kuai,[15] o Kaunuikuama-
kani,

345. O ka hu[16] o ka makaainana,

---

[4]Kulia, to stand erect, for kuia *l* inserted. Kamehameha stands erect, kilokilohia, to look at the situation, circumstances of the island.

[5]Papa, to see, to look at, to examine, as if one was on top of Punchbowl and looking down on Honolulu and sees each house, tree, looks on top of Maunaloa.

[6]Kumoena, spread out as a mat, like a mat; *kumoena lau*, the spots, the squares of a mat; the mountains of Papai, i. e., name of a mountain of Kau.

[7]Haalulu, the top of Kaiholena trembles as in an earthquake, figuratively of Kamehameha through fear of him; ke poo o Kau, a mountain still higher than Kaiholena.

[8]Ua monea, to smooth, to polish, to brush off dust, the upland of *Pakua*, he kuahiwi ma Kau, is swept clean, no people, thus lie the places just mentioned.

[9]I ka hele ia, by the soldiers of Kamehameha; ke ku, because they ate standing, to be always in readiness for battle; the places above mentioned were so desolated by Kamehameha's armies by the poe huikahi, i. e. Kamehameha's soldiers had short malos which were fastened only in one place, hence the name of his soldiers, synonymous with ka poe ku, above; the short malos were in distinction from the poe huilua, long malos, tied twice.

[10]Here begins a reproachful speech against Keoua and the people of Kau: E ka apo wale, ye robbers; apo, to seize, to carry off, applied to the people of Kau; Keoua ilihune, poor outcast; e ka makia hele la, wandering away to escape the officers.

[11]Kulolia, friendless, destitute, without clothing except a malo; o ke alanui, belonging to the highway, having no home elsewhere; Kaipuu, land in Kapapala.

[12]Ua wawahia for wawahiia, these lands, places above mentioned, were broken up by the soldiery; ua kahiau ia, are swept clean of wood, brush, etc.

[13]Ua kahiauia; ua nao ka wale, the spittle is corrupted; nao, the contents of a boil, as pressed out after being opened.

[14]Ua wali, to mix, to pound as in pounding poi, the people of Kau are all pounded or mixed up; aole nao. paumaele, defiled greatly; kuai, to rub off dirt from the feet, on the grass, or wash in the water; i ke kuai ina ia, in the cleansing off of pollution.

[15]O ke kini nana i kuai, the multitude of those who anai, labor, under Kamehameha. Keoua is reproached as one of them, he was used as he had used others, the people of Kaunuikuamakani, the people of Kau.

[16]O ka hu, the common low people, the dregs; o ka makaainana, the lowest of the common people, hu, the froth of water.

The mass of common people; the bald-
headed;
The multitude of farmers of Kau;
To cover with bundles of grass the road of
Kapaukua.
Is the chief thy companion that you should
dare to rebel?
350. Do you play the game of moa? This is
another thing, a chief!
He is a chief! a fighting chief! The com-
mon people fight with common
people;
The low fellows with low fellows as they
say; the clod-hoppers with the ser-
vants.
Great pity for thee,— be greatly ashamed,
Thou little sneaking dog; thou branded
servant;
355. Thou ancient resident of Naalehu; thou
wast sent for to be hanged.
The wakeful birds from ancient time
remain.
The vagabond, unstable as the wind, stays
on the cape of Kunounou
Slaughter upon slaughter, Koolau's people
were trodden under foot.
Thy sandals, O Kohala, send and trample
down, O Kona;

Ka makaainana nui poo kuakea[17]
Ke kini[18] mahiai o Kau.
Haawe pili,[19] poi ai i ke alaloa o Kapau-
kua,
O ka lani anei[20] kou hoa i aa mai ai e
kipikipi?
350. I lou mai ai[21] me he moa la? He mea e
keia, he alii,
He alii no! He alii, paio,— he noa[22] no,
ke noa, haka.
He lepo no,[23] he lepo, olelo; he mahiai na
he kauwa.
Aloha ia oe,[24] e alahokahoka.
E kena[25] ilio lepo iki, e na kauwa maka-
wela,
355. Kupa kahiko[26] o Naalehu, kiina 'ku aumiia
Na manu ala kahiko[27] i koe,
Ke kulolia,[28] aalo makani, noho lae o Ku
nounou,
Lukulukua[29] iho, lukua iho, i kamaa no
Koolau,
Ko pale wawae[30] e Kohala, kena e hehi e
Kona,

---

[17]Kuakea, white-headed, no hair on their heads.

[18]Ke kini mahiai o Kau, kini here refers to the subjects of Keoua, mostly farmers.

[19]Haawe pili, bundles of grass for covering the road of Kapaukua, a place in Kau. Keoua was one put to this service as he had formerly caused the people to lay grass in the road for him.

[20]O ka lani anei, the poet asks, is the chief Kamehameha your companion; i aa mai ai, that you should dare challenge or provoke him? E kipikipi, rebel against Kamehameha?

[21]I lou mai ai, lou to pull with the fingers, a game in ancient times; me he moa la, moa a plant that grows in the mountains with crooked roots very strong. Two parties take hold of the roots and stake, he wins whose end or root does not break, something as persons play with the wish-bone of a fowl. He mea e keia, he alii, the poet says, this is another thing, it is a chief you have to deal with.

[22]Noa, common people.

[23]He lepo no, the common people fight together; lepo, epithet given to the common people. Olelo, as the saying is, he mahiai, one who cultivates the soil, here applied by the poet to Keoua, that he was not only a rustic but a servant of servants.

[24]Aloha ia oe, said in derision, contempt, pity for you; e aloha hokahoka, be ashamed, see yourself foolish, words of the poet.

[25]E kena for kela ilio lepo iki, O thou little dog, e na emphatic, see kena, this servant low, grovelling, maka-wela, applied to the lowest grade of servants: this is all applied to Keoua.

[26]Kupa kahiko, kamaaina, an ancient son of the land, Keoua o Naalehu, where Keoua lived. Kiina aku a umiia, sent for to be hanged (not as we hang), but strangled, which was done by putting a rope about the criminal's neck and two or more persons pulling at each end of the rope.

[27]Na manu ala kahiko, the owls hovered around in the evening to catch mice. Hawaiians made a low shelter under which one would crawl and make a noise like a mouse, the owls would pounce upon the place and be caught; i koe, i. e., the remnant of Keoua's soldiers.

[28]Ke kulolia, applied to Keoua, represented as a beggar in miserable circumstances; a alo, dodging, whiffling, inconstant as the wind; noho lae, like a person living on a cape of land; Kunounou, name of a cape at Kau.

[29]Lukulukua for lukuluku ia, a great slaughter. Lukua for luku ia, slaughter upon slaughter; i kamaa, so many were killed that they were trodden upon in Koolau, a part of Hamakua, Hawaii . Thus evils came upon Keoua being conquered by Kamehameha.

[30]Ko pale wawae, ko for kou, thy feet, defenders, kamaa, shoes, sandals, o Kohala. Kena send and tread down o Kona, i. e., trample down Keoua.

360. Stop thy wicked mouth against the chief,
The sorcery of Kahaulu,— his worthless
words of double meaning,
The guilty one of great offenses, let him
die. Is there destruction for the
upright?
Shall he be thrown among the boxers?
No.—
He only should be kicked — kicked often
with the foot.
365. The dead tree — now a common man.
Shall there be a royal slaughter made for
you? Let him be set apart for the
spear;
For the long-speared soldier of Lono;—
speak to the sharpening stone;
The wooden broadsword of two edges;
the *ene* weapons of sharp teeth.
He is the great ulae with sharp projecting
teeth
370. Such was thy instrument to destroy the
evil.
Is it an evil to increase hereafter? It is an
evil to be shunned,
It is a small offense in the list of chiefs?
There he showed his face;
A grandchild of a servant,
Born of ancient Hana of Kahuku;

360. I ka waha hewa[31] ia ka lani.
Ia Kahaulu[32] anaana, pupuka olelo kaane-
ma,
Halaiwi[33] nui make ia; he lukuna uanei no
ka ponopono?
O hoolei[34] ia i ke kuikui? Aole.
He hehi wale[35] no ko iana, he keekeehi i
ka wawae,
365. Ka laau make o ka noa,
He lukuna alii[36] aunei? o wae ia i koaie;
koa ie
I koa laukani[37] a Lono, e i-ae i ka hoana,
Na laau pahi lepelua,[38] na ene pahi niho
wanawana,
Ka ulae nui[39] niho wakawaka,
370. O kou laau no ia[40] e luku ia o ke ino.
He ino ahona aunei?[41] he ino haalele loa,
I ahona[42] i ke kuauhau, i ka hoopuka ma-
ka ana — e.
He moopuna[43] na ke kauwa,
Na Hana[44] kahiko o Kahuku,

[31] I ka waha hewa, the reproaching mouth; ia kalani, i. e., Keoua had vilified Kamehameha.
[32] Ia Kahaulu, the sorcerer; pupuka olelo, with deceitful words; kaanema, deceitful language of double meaning. Such was the character of Kahaulu as a prophet of Keoua.
[33] Halaiwi, a person guilty of great offences, such a person shall die; he lukuna, poetical for lukuia anei, a question shall any one be destroyed for well doing? ponopono.
[34] O hoolei ia i ke kuikui? O for e hoolei, to beat, to pound, to strike with the fists; kuikui, a boxing, striking with the fist.
He hehi ia, a treading only belongs to him, i. e. he deserves to be kicked.
He lukuna alii auanei, lukuna for e luku ia, shall the chiefs be destroyed by you, Keoua? (words of the poet; O wae, to choose out, select; e hookaawale ia, shall he [Keoua] be set apart for koaie, name of a species of spear like the pololu, he is set apart for death by koaie.
[37] I koa laukani, a soldier armed with a very long spear, laukani; a Lono, i. e., Kamehameha: e i ae i ka hoano, speak to the sharpening stone, Kamehameha, for he is a grindstone for the hatchets.
[38] Na pahi lepe lua, double edged knife or sword; lepe the comb of a cock, the edge of any cutting instrument; na ene, an offensive weapon in war, about two feet long, a foot and a half was handle with a ball shaped head some four or five inches in diameter, full of creases for inflicting pain and death on the enemy; ene pahi, it was called a knife; niho wanawana, the projection on the ene. Kamehameha was likened in his fighting to the effect of the above instrument.
[39] Ka ulae nui, a species of fish with many and very sharp teeth in both jaws; niho wakawaka, one tooth acting against another, so was Kamehameha.
[40] O kou laau no ia, language of the poet to Keoua; e luku ia o ke ino, to destroy what was mean, corrupt, defiled.
[41] He ino ahona auanei? ahona, swelling, increasing; he ino, it is an evil to be shunned, i. e., Keoua (language of the poet).
[42] I ahona, a small offense, his name may be found in the list of chiefs; i ka hoopuka maka ana ae, he came from or showed his face, i. e., was born of the line of chiefs.
[43] He moopuna, etc., though he was born from chiefs, he is the grandchild of a servant, an expression of great contempt, the most degrading epithet that could be used.
[44] Na Hana kahiko, the grandchild of ancient Hana of Kahuku, a land in Kau.

375. The children of orphans, tossed back and
forth;
A criminal on the sea of Kaaawa, accord
ing to the law of Kaihehee.
The sea-moss floating ashore at Kauwa-
hine;
Sea moss floating, sea moss a watcher
guarding the harbor.
Ye are brought hither as a beacon for
Unulau,
380. To be a guard for Halaea; death crawls
there from Oahu,
A thrifty growing plant extending to Kau;
It shoots up, leaves out, and sends forth
branches there.
Bring here, O bring here; bring here the
prisoners for slaughter:
Slaughtered inland, slaughtered by the sea-
side:
385. A slaughter with defilement of blood,
thoroughly destroyed.
A place bound in darkness, awful dark
ness;
A place bound in darkness, thousand fold
darkness.
A shark going inland is my chief,
A very strong shark able to devour all on
land;
390. A shark of very red gills is the chief,

375. Na kamalii[45] na kamalele, he nounou
miana na;
He moe kai no Kaaawa,[46] he kupono i ke
kaihehee;
He limu lana[47] no Kauwahine,
He limu lana he lipuupuu,[48] he halua kiai
awa,
I halihalia mai oukou[49] i makakoa no
Unulau
380. I kiai no Halaea,[50] hookolo ka make a
Oahu,
Kanukawowo[51] laha i Kau;
Ku a lau[52] manamana ilaila.
Ho mai no,[53] e ho mai, ho mai no i nokea—
Nokea i uka, nokea i kai,
385. Nokea ia paumaele,[54] meea ia kahi paa-
wela,
Kahi paa i ka po kuakini,[55]
Kahi paa i ka po kuamano.[56]
He mano holo uka kuu lani,
He niuhi[57] lawa aimoku,
390. He pihapiha ulaula[58] ka lani;

[45]Na kamalii, of the children; na kama lele, an orphan child; he nounou, thrown back and forth as boys at play with balls of mud, *na* gives force to the sarcasm against Keoua.

[46]He moe kai no Kaaawa, in the reign of Kualii of Oahu, he punished criminals by placing them on a piece of wicker work on the sea of Kaaawa, such was the law and readiness of Kualii who was celebrated for his long life and other qualities. Keoua is likened to one of those persons placed on the sea, he kupono, etc., this was according to the law called kaihehee.

[47]He limu lana, the sea-moss floating ashore at Kauwahine, name of the shore where the sea-moss was driven, the land was called Kauawapela.

[48]He lipuupuu, also the sea-moss; he halua, the place where the moss collected; kiai awa, guarding the harbor or place where canoes might land, so Keoua.

[49]I balibali ia mai oukou, ye are brought hither Keoua ma; maka koa was any fixed placed upland at some distance from the sea as a beacon to guide those at sea who are taking fish. No Unulau, a place off south of Kau, applied to Keoua as a beacon for others to look at.

[50]I kiai no Halaea, to become a watchman at Halaea, name of a long dangerous cape south of Kailiki, on Hawaii; hookolo ka make, death crawls from Oahu from the place spoken before.

[51]Kanukawowo, a spreading vine was planted at Oahu, it spread even to Kau.

Ku a lau, it shoots up, leaves out and branches out there at Kau.

[53]Ho mai no (words of the poet) give here, addressed to Keoua ma, i nokea, i lukuia, that they may be slain.

[54]Nokea ia paumaele, destroyed in filthiness, in blood, meea ia; luku a luku a pau loa, utterly destroyed; meea, to root up, overturn, destroyed utterly.

[55]Kahi paa i ka po, a place fast in darkness; kuakini, an intensive of *po*, a terrible dark night.

[56]Kahi paa, like the above; kuamano, numberless.

[57]He niuhi, name of a species of very large shark; lawa ikaika, very strong to devour all on land, i. e, Kamehameha.

[58]He pihapiha ulaula, the red gills of a fish, as the gills of a fish serve for breathing and sustaining life, so Kamehameha is the means of life to the people.

He has a throat to swallow the island with
　　out choking.
Lands in working dress are Kau and Puna;
Lands where my chief may freely go, as
　　thou knowest.
Puna is a land where he may eat himself
　　alone;
395. It is a land unfortified for my chief, thou
　　knowest.
Hilo is a land not surely captured for my
　　chief, thou knowest.
Keaau of Waiakea is a fish calabash, the
　　cover is Olaa,
What belongs to other calabashes, belongs
　　to Lawalawaihonua.

He puu kalea ole[59] i ka moku,
He moku aleuleu[60] Kau me Puna,
He moku hele wale[61] no ia no kuu lani,
　　iike oe.
He moku ai malu aku o Puna,[62]

395. He moku pakaua ole[63] ia no kuu lani,
　　iike oe.
He moku uhaiaholo[64] o Hilo o kuu lani,
　　iike oe.
Keaau,[65] o Waiakea, he ipu ia, he poi o
　　Laa — e —
Noloko ia o na ipu[66] e, no Lawalawai-
　　honua ma — e —

Canto X.

Lawalawaihonua and company was the
　　large calabash.
400. They were cut up short as if for a small
　　dish;
Cut up small and mixed together.
They were stirred together in the gravy
　　dish;
They gave them into the gravy dish in
　　clear water;
Into the royal dish of the chief of Hilo.
405. It was polished by Imoku till beautiful,
The wooden vessels [calabashes] of Kulu
　　kulua
Fetch the bambu, bring here the bambu,
The sharp bambu of Lono,
Bring here, bring here,

Pauku X.

O Lawalawaihonua[1] ma ka ipu,
400. I mokuku[2] poke ipukai;
Pokepokea iho poke iho.
Pokea iho iloko o ka ipukai;[3]
Hoae[4] iloko o ka ipukai moakaka,
I ka ipu nani a ka lani o Hilo.

405. Ua halo[5] ia e Imoku a nani,
Na ka laau a Kulukulua;[6]
Kii mai ka ohe, homai ka ohe,
O ka ohe[7] hanaoi a Lono,
Homai la e homai —.

[59]He puu kalea ole, to choke, to gargle, to be troubled to swallow when drinking; kalea, to choke.
[60]He moku aleuleu, a dress to work in, one that if dirty will be no injury, Kaū and Puna are working clothes.
[61]He moku hele wale, the above districts are places where Kamehameha may go at pleasure as there will be no enemy; i ike oe, thou O Keoua knowest (words of the poet to Keoua).
[62]He moku ai malu, Puna is a land where Kamehameha may eat in secret, unseen, alone.
[63]He moku pakaua ole, a district where there are no munitions of war; pakaua, war fence; no kuu lani, for my chief; i ike oe, thou Keoua knowest.
[64]He moku uhai aholo, Hilo is not certainly captured; uhaiaholo, as in a race sometimes one is before then falls behind, then the others, etc., so it is not certain which will win, so was Hilo.
[65]Keaau o Waiakea, Keaau was a large land in Puna; Waiakea, a large land in Hilo, these two lands are the calabash; he poi, the cover of that calabash is Olaa, a land of upper Puna.
[66]Noloko ia o na ipu e, the above mentioned places, Keaau, Waiakea and Olaa, were in the calabash, i. e., in the power of Kamehameha; e is added to ipu as an ornament in recitation; no lawalawa i honua malawa, bound, tied up tight, an epithet of Kamehameha.

[1]Lawalawaihonua, name of a large wooden calabash, Hilo is meant by this.
[2]Moku, cut up, cut short, as land divided into small tracts, as fish cut in small pieces.
[3]Ipukai, a small dish for gravy; pokea, to cut up short and mix together.
[4]Hoae, to give, to transfer to another place.
[5]Halo, to polish, to garnish, to make bright. Imoku, name of a chief of Hilo.
[6]Kulukulua, name of a chief of Hilo; Kalaau, a wooden vessel, wooden calabash.
[7]Ohe hanaoi, cutting instruments were formerly made of bambu.

410. Bring the [sharp] bambu of Lelepakalani.
Let the red flesh of the island be cut,
It is dark colored flesh, it is sweet-tasting
   flesh.
Let it be cut through the navel flesh where
   it is sweet.
That is fat flesh, the flesh of the lower
   abdomen;

415. Let the hinder part be cut, the tail of the
   land.
Wrap it up in ki leaves the first fruits of
   summer.
Cut off the head and put it in the oven
For a supply hereafter.
Let fuel be brought from inland of Lanipae

420. Where the kalo is small.
We two are dead by the large kalo, dead —
Dead in the heated oven of the pious
   parent
Who walks straight forward a Kukoae
   [as a god],
He goes after [the enemy], he is dead, is
   dead indeed.

425. Just now died the offender for breaking
   kapu;
Given up to the prayer of the priest
The dead body in the sea, and mutilated in
   death.
Thou are dead, O Hainalua,
The land is slain, Ku is fled abroad;

430. Fled together sinking and rising [as gods
   fly].
Thou art flying hence, O Kupalena.

410. Homai ka ohe o Lelepakalani,[8]
Okia[9] i ka io alaea o ka moku,
He io eleele ia he io kuhikuhi.[10]
Okia i ka io piko[11] i kahi ono,
He io momona ia, he io hakualo.[12]

415. Okia ka hiu,[13] ka pewa, o ka aina,
E lawalu[14] e na maka mua kau;
E oki ke poo e kao[15] i ka imu,
I mea hoomaona aku no muli;[16]
Kii ia ka wahia i uka o Lanipae

420. Ma[17] kalo iki
Mamama[18] kaua e kalo nui — la — make.
Make i ka imu ehuehu, a makuakapule.[19]
Kani pololei o Kukoae,[20]
Kena a make — make — ia —,a

425. Make loa ia nei ke Kulimaaihala;[21]
Kaa[22] i ka pule a kahuna
Ka popoki[23] ainaholo make
Make oe e Hainalua,[24]
Ma[25] ka moku, lele Ku i waho.

430. Lelelua[26] io o miolani.
Amio oe, e Kupalena.

---

[8]Lele pakalani, the name of a certain sharp bambu used for cutting by Kamehameha.
[9]Okia for oki ia.
[10]Kuhikuhi, sweet to the taste, as sweet fresh meat.
[11]Piko, the navel; io piko, the flesh of the belly.
[12]Hakualo, haku, hard bunch, and alo, in front, the lower part of the abdomen
[13]Hiu, the hinder part of a fish if it be cut in the middle, but not the tail, that is pewa; pewa, the tail of a fish but not hiu.
[14]Lawalu, to wrap up meat or fish in ki leaves preparatory for roasting; maka, the meat wrapped up in leaves for baking; maka mua, the first fruits; kau, the warm season, summer.
[15]Kao, to put into the oven for baking without being wrapped up.
[16]No muli, for afterwards, for future use; Lanipae, name of a place inland from Hilo.
[17]Ma for make, makalo iki, the little kalo says.
[18]Mamama for make, we two are dead, as said by the large kalo.
[19]Makuakapule, pious, religious, devoted to the gods.
[20]Kukoae, an epithet of Kamehameha in his character as a god or victor.
[21]Kulimaaihala, epithet of one who has broken kapu by eating contrary to kapu.
[22]Kaa, to roll, to give up, to offer in sacrifice.
[23]Popoki, to die in the sea, to drown, the dead body of one drowned. Ainaholo, aina eating, eaten swimming, one that has died in the ocean and been partly eaten by fish or otherwise mutilated.
[24]Hainalua, name of a chief at Hilo slain by Kamehameha.
[25]Ma for make, ma ka moku, the district is slain. Ku, one of the original gods.
[26]Lelelua, lele to fly, and lua double, accompanying; miolani, to fly like a god, alternately sinking and rising.

The red tail of Hahomea
Breaking through indeed the forces of the
    leaders;
Thou art jumping to the upland of the
    island:
435. Thou art leaping to the Hikiku;
Thou are leaping to the Hikimoe;
That land is left behind.
The land has become the favorite's,
Its breath even belongs to him;
440. The people all adhere to him;
Their food indeed is baked kalo
They fetch the stones from all the island
    round.
His master comes in the presence of
    Wakea.
The thunder on the ground, the thunder in
    the air,
445. It moves along over Punaluu and Papa-
    kiikii,
Over the plain where Kane was wor-
    shiped;
On the plain where Ku along with Lono
    [was worshiped].
There was adorning, the mixed sweet food
    of the land
Was given into the mouth of Hainukulani;
450. There it was gathered, collected,
By Luakaimoana [god of that place]
They were gathered in sufficient abun-
    dance;
The awa was prohibited by Kukailimoku;
It was the god's kapu through Malela;
455. The kapu also by the male gods:
But they ate together with the female gods.
But his awa was prohibited Ulunae;
[The priest] proclaimed a kapu, the adze
    rests;

Ka pewa ula a Hahomea[27]
Paoa[28] na ma ka a libi;
Leia[29] oe ma ka uka o ka moku;

435. Leia oe ma ka Hikiku;
Leia oe ma ka Hikimoe;
Waihoa[30] iho ia aina.
Ka honua no ko kamaiki,
O ke ea ka ko i ana;
440. He mea pili wale no kanaka;
He mea ai na kalo moa.
Kiina ka pohaku i ko na aumoku.[31]
Ka mai kona haku i ke alo o Wakea
O nehenuu,[32] o nehelani,

445. Hoae i Punaluu,[33] i Papakiikii,
I ka papa lekaleka[34] a Kane;
I ka papa a Ku ma laua o Lono.
Hanaia i nani i wali ka inai o ka moku
Haona[35] iloko o Hainukulani;

450. Ohiohia[36] mai, ukai akoakoa,
O Luakaimoana.[37]
Obiohia mai a lako wale na;
O ke kapu o ka awa o Kukailimoku;[38]
O ko akua kapu hoi e Malela·

455 Kapu hoi i na 'kua Kane;
Ai puku[39] hoi i na 'kuawahine
Kapu hoi kona awa o Ulunae;[40]
Kabea lealea[41] ia mai ke koi;

---

[27]Hahomea, an ancient warlike chief. Kamehameha is said to be his tail, i. e., follower, imitator.
[28]Paoa, to break through, as a large fish inclosed in a net makes a dash and breaks through.
[29]Leia pass of le, to leap, jump.
[30]Waihoa pass for waihoia.
[31]Ko na aumoku, all the lands around; ka, to come, to approach.
[32]Nehenuu, the effect, the striking of thunder upon the ground; nehelani, the sound of thunder in the clouds.
Note: Hawaiians seem not to have understood the connection between lightning and thunder as they attribute to hun-der what belongs to lightning.
[33]Punaluu, name of a place in Kaù; Papakiikii, a place near Punaluu; hoae, to move along. See ae to pass.
[34]Lekaleka, to offer a sacrifice, to worship a god.
[35]Haona, see hao to cram, and haona to cram into one's mouth when one is hungry; applied to the liberal feed-ing of the gods by their worshipers. Hainukulani, name of Kamehameha's god while fighting at Kaù.
[36]Obiohia, to gather up, to collect little things; ukai, up inland; akoakoa, to assemble, to collect.
[37]Luakaimoana, name of one who gathered things for Kamehameha.
[38]Kukailimoku, the war god of Kamehameha.
[39]Ai puku, a state of freedom among the gods in regard to eating, when there was no kapu.
[40]Ulunae, name of a place in Kaù.
[41]Lealea, name of a kapu; kabea lealea, to proclaim a kapu.

The adze that was hewing at the eternal thought,

460. At thy offence of inward evil thought.
There is the breaking of the kapu
At the stand of the god pardoning offence of Wakea.
The assembly of worshipers of Iku, by the power of Kihawahine,
Greatly desiring to consume the land of Puna.

465. That is food for that many bodied woman,
For the fish lying on the surface of the water; the milo below;
For the mullet swimming in the lake Waiwela,
Passing thence to Waiakea,
Through Kula, through Kapoho, through Puehu, through Kumukukui.

470. The houses stood at Walekawahine,
The capacious house built by the chiefs.
Let him live forever, O let him live;
Let the chief live, the royal festoon of Kiha.
This chief is thine, O Ku!

475. Let the little chiefs under him live,
Let the father chiefs live under his protection;
Let the soldiers live who fought in former times,
Let the mass of people live — the common people;
Those who make the collected body of the island

480. Who prepare and put in order the feasts.

Ke koi hauhaua[42] ka — manawa,— e —

460. Ka hala au a Kinaukolo.[43]
Aia ka wahi kapu
Ka hainuu[44] kalana o Wakea
Ka hainana[45] a Iku, mana a Kihawahine,
E hia ai[46] ana ia Puna.

465. Ia ai ka wahine. kino lau,[47]
Ina ia moe aau[48] milo,
Ina anae holo o Waiwela,[49]
Holo wai[50] o Waiakea,
I Kula, i Kapoho, i Puehu, i Kumukukui[51]

470. Ku aku na hale i Walekawahine,
Ka hale Kamauliola[52] e ka lani,
E ola,— e — e ola,
E ola kalani, ka maile alii a Kiha,[53]
Keia wahi lani[54] au, e Ku!

475. Ola iho na lani liilii[55] malalo,
Ola iho na makualii[56] i ka opina,[57]
Ola na koa nana e haka[58] kahuna,
Ola ka hu[59] poe nui he makaainana;
Ka mea nana ka aha moku — e — a

480. Nana e luaa[60] wali ka ahaaina.

---

[42]Koi hauhaua, striking adze; ka, to strike at, to affect; ka manawa, the internal thought.

[43]Kinaukolo, name of an ancient chief on Hawaii; kinaukolo, kinaunau, to revolve in the mind, especially evil; kolo, to come in judgment, to condemn for some wrong.

[44]Hainuu,—haianuu, the raised steps on which the idol stood. Kalana for *kala ana*, pardoning as of an offense, this was done by the gods through the priest having offered an acceptable sacrifice.

[45]Hainana, an assembly, a multitude assembled for worship; Kihawahine, the lizard goddess.

[46]Hia ai, greatly desiring to eat, to consume.

[47]Lau, many; lehulehu, kino lau, many bodied, applied to Kihawahine above.

[48]Aau, to swim or float as a fish with head above water; milo, the branch of a tree on the bank of a fish pond, the branch reaching below the surface of the water; applied to the people of Puna conquered by Kamehameha.

[49]Waiwela, name of a pond in Puna from the fact that the water is always warm from the volcano.

[50]Holowai, literally, to sail by water, to pass from one place to another; Waiakea, name of a stream at Hilo.

[51]Kula, Kapoho, Puehu, Kumukukui, names of places in Puna.

[52]Kamauliola, comfortably residing, i. e., a house to live comfortably in

[53]Kiha, an ancient chief.

[54]Keia wahi lani, this kind of chief, i. e., one of his character.

[55]Na lani liilii, applies to the children of Kamehameha.

[56]Makualii, the chiefs under Kamehameha, especially the older ones.

[57]Opi, opina, 1st, the place on the side of a person between the ribs and the hip bone; 2nd, the place of affection, to live in the opina of a person is to enjoy his favor and protection.

[58]Haka, to fight; huna, before, time past.

[59]Hu, applied to all the people, the multitude; ka hu poe nui, all the people everywhere.

[60]Luaa, 1st, to pound poi till soft; 2nd, to make poi and make ready food and conveniences for a feast.

CANTO XI.   PAUKU XI.

The royal feast in the presence of Ku ·   Ahaaina kalani i ka lolo[1] o Ku:
Kahuilalani giving food in abundance and   Kahuilalani apiapi[2] kanalani;
   overflowing;   I kanalani[3] ola
In great abundance of food that men may   Apiapikana ka aha a ke 'lii.
   live.
He has an abundance at the assembly of the
   chiefs.
485. Let all the lands lie hushed in silence;   485. Hakei[4] na moku kaiamu;
Let the chiefs assemble the multitude into   Hoolua[5] kaha kalani i ke anaina,
   a company,   Ai i na kio[6] bonua maikai.
To eat the good collections of the land   Honua makaikai[7] Maui o Kama.
Let the land of Maui belonging to Kama   Na aina eha o Kalakaua;[8]
   be searched.
And the four islands of Kalakaua;
490. Let Oahu first be swept clean by Kuihewa;   490. I kahili ia e Oahu o Kuihewa;[9]
Let the region of Ewa [be swept], even   I ke au[10] Ewa o Lihue o Hoalani,
   Lihue of Hoalani,   E ka ainakea[11] kamalii a Laa
O thou white land, thou child of Laa.   Ike mai la Kauai o Manokalani[12]
The land of Kauai appears belonging to   Ka moku o Kealohikikaupea[13]—
   Manokalani,
The island of Kealohikikaupea.
495. Come ye [to Hawaii] and dwell with pro-   495. Hele mai e noho i ka pono;
   priety;   E noho i ka ahaaina a ka lani i nani ai.
Sit down at the feast of the chief that he   Ahaaina ka lani iluna o Hawaii
   may be honored.   Kau ahaula[14] ka aha mai ka po mai;
The chief holds a feast throughout Hawaii.   Ka aha hailona i kaawale;
The line of separation is set up, a line
   from ancient times;
The cord, the sign of separation;
500. And the chief is separated like the head-   500. A kaawale ka lani me he pualei[15] la.
   dress from the head.   Ka aha o Mahilipine o Mahilika[16]
The cord [called] Mahilipine and Mahi-
   lika,

---

[1]Lolo o Ku, on the train of Ku, i. e., in his presence, before him.

[2]Apiapi, to be full, to overflow as a calabash filled too full, applies to clouds so full of water that they shed rain. Kahuilalani, name of a god giving food in abundance.

[3]Kanalani, in great numbers, in abundance, like apiapi.

[4]Hakei, to lie still, to be hushed in silence; kaiamu a great multitude of people sitting in silence.

[5]Hoolua, to collect; hoolua kaha, to collect the multitude.

[6]Kio, heap, collection; kio honua, piles, heaps of food.

[7]Makaikai, to examine, to search out; Kama, to whom Maui anciently belonged. Kalakaua, na aina eha, these were Maui, Molokai, Lanai and Kahoolawe. Kalakaua was the son of Kama.

[8]Kuihewa, an ancient king of Oahu; known also as Kakuhihewa.

[10]Au, region, country, literally, flat land; Lihue, the plain at the base of Kaala; Hoalani, an ancient chief of Oahu.

[11]Ainakea, literally, white land, i. e., Koolau so called because of the whiteness of the reef and sand. Laa he kupuna alii, a progenitor of chiefs; kamalii, the descendants of Laa, continued to reside at Koolau.

[12]Manokalani, chief of Kauai, grandson of Laa.

[13]Kealohikikaupea, king of all Kauai.

[14]Abaula, red cord, the name of the line fencing off the common people from the chief, the line of kapu around a chief. Aha mai ka po mai, this kapu was established time out of mind.

[15]Pualei, a head-dress of flowers.

[16]Mahilipine and Mahilika, names of two cords used anciently as signs of kapu by chiefs.

The cord manawaauea,
The cord even to show a person [not to
   enter].
To sit down also, to sit silently in rows
505. The knees alike, holding fast the legs,
That the service might be proper in the
   congregation of the island.
Let Kohala people crowd in; slip along a
   little,
Let the valley people move over with
   Waipio's;
Let Koolau's people go out separate;
510. Let Hilo be beautiful to those observing,
That they may see clearly the breasts of the
   people.
Let Hiloone crawl upon the knees; so
   Waiakea,
Let Puna stay, the land blown on by the
   wind.
Kau sits uprightly, sits quietly,
515. Kona sits undisturbed as in a calm.
Kona is under a kapu respecting awa, they
   are in pleasure together
For the chief's sake, for Paiea, for Liloa.
Red is the koaekolo, a koae from Nihoa.
The singing voice of the pleasure conch is
   heard;
520. The conch proclaiming a kapu is sounded,
The kapu of the chief is determined on,
The sound rings through Kona, the awa
   is kapu;
The awa kapu by the chief, the kapu of
   the chief.

Ka aha manawaauea,[17]
Ka aha hoi i ke kanaka i akaka
E noho hoi ilálo, e punaue[18] ka noho,

505. E like kuli[19] e hoomau ka lemu i paa,
I maikai ka aha[20] ke anaina moku.
E kuene[21] ae Kohala e oi noho
E nee ka hulaana[22] me Waipio,
E wai[23] aku Koolau i kaawale,

510. I maikai Hilo ke nana mai,
I ike pono i ka umama o kanaka
E kolo kuli Hiloone,[24] Waiakea,
E noho Puna, ka aina i ka makani.
Hoahaaha[25] Kau onahawalu,

515. Noho hoahaawa[26] Kona i ka pohu
Kapu Kona i ka awa[27] he lealea pu
No kalani, no Paiea,[28] no Liloa,
He ula koaekolo he koae[29] mai Nihoa.
Hoolono ia 'ku ke kani a ka pu lealea;

520. Kani ka pu hoanoano,[30]
Ko[31] ke kapu o ke 'lii.
Kani ku e[32] i Kona ka awa peapea.
Ka awa kapulani[33] peapea o ke lii;

[17]Manawaauea, name of another cord.
[18]Punaue, to sit in order, silently in rows as in ancient worship, or at a feast of the chief.
[19]E like kuli, the knees all bent alike, the hands held under the thighs, any failure was death to the delin
quent.
[20]Aha, the service, the prayer, the ceremonies, etc.
[21]Kuene, to crowd along, to crowd in, applied to persons sitting in a row, and another wishes to push himself
in. E oi ka noho, sit along, move a little.
[22]Hulaana, name of people living in valleys, ravines, etc.
[23]Wai, to enter, to pass through as a door.
[24]Hilo one, i. e., the people who live on the sandy spots of Hilo. Kolo kuli, to walk or crawl upon the knees,
the manner of approaching a chief in former times.
[25]Hoahaaha, to sit upright; onahawalu, to sit quietly, to make no movement.
[26]Hoahaawa, smoothly, as water where there is no wind.
[27]Awa, the intoxicating drink.
[28]Paiea, one of the names of Kamehameha.
[29]Koae, a species of bird; koae kolo, another species.
[30]Hoanoano, solemn, sacred as a kapu.
[31]Ko, to fulfill, to decree, to determine on.
[32]Kani ku e, the sound of a cry or whistle from one to another when in the mountains; peapea, a thing for-
bidden.
[33]Kapulani, prohibited by the chief; peapea o ke alii, a kapu sign of the chief.

The living awa of the chief, let him live to
old age.
525. The feasting awa of the chief till he walks
with his staff;
The feasting awa of the chief till he walks
in a tremor;
The feasting awa of the chief till he goes
on four,
When he sits doubled up, bound fast,
unable to speak.
But the king's awa causes men to sit still;
530. The awa of the kapu Koolei to the time
when old age seizes the hands,
To the sixth generation, to the seventh,
To the eighth, to the ninth,
[Till the] chief becomes dark water.
The chief drank in Kona, at Kahaluu,
535. Of the water of Waiakapo.
He destroyed the youngest child of Umi
In the calm of Ehukaipo.
In the time of the hot sun when it was
calm,
In the bosom of Ahuina there at Kailua
540. He ate to the full, was satisfied with the fat
of the island.
Let the chief eat;
The chief ate the rich dainties of the land.
He ate consuming the property of the
island;
The remnant was burnt, it was thrown
into the pit of filth;
545. Into the vomit of Hawaii.
Into the chewed matter of the chief
throughout the island.

Ka awa Koolani makuakahi,[34]

525. Ka awakoo Koolani makualua,[35]
Ka awakoo[36] Koolani makua kolokolo
Ka awakoo Koolani makuaha,[37]
O Puhekeha[38] lawalawa i namu.
O amau[39] nae ka awa o ke 'lii;

530. Ka awa koolei[40] makualima,
Makuaono, makuahiku,
Makuawalu, makuaiwa,
Wai eleele ka lani.
Inu aku i Kona, i Kahaluu,[41]

535. I ka wai o Waiakapo.[42]
Puku[43] aku i ka pokii a Umi
I ka malino a Ehukaipo.[44]
I ka la koko[45] malie,
I ka poli o Ahuena[46] i Kailua — la

540. Hoao[47] na iho, ana ka momona o ka moku.
E ai ka lani;
Ai ka lani ke kuilena[48] aina
Ai na[49] naulia iho ka opala moku;
Puhia ae ka iwi,[50] hoolei ia ae i ka mana-
ku — e — a —

545. I ka puaina[51] o Hawaii la
I ka moka[52] o kalani honua moku.—

---

[34]Koolani, living to old age, living forever; makuakahi, a time of old age, when the hair is grey and falls off.
[35]Makualua, old age, when one walks with a staff.
[36]Awakoo, a kapu concerning awa, a kapu that was laid during the feast; makua kolokolo, old age, when one walks with tremor in his joints, tremblingly.
[37]Makuaha, a time of age when one creeps on hands and knees.
[38]Puhekeha, to sit as an old person doubled up with hands folded and leaning on the knees; lawalawa, bound up as with a rope or string; namu, a failure of the voice from old age, infirmity of the organs of speech.
[39]Amau, the awa of the chief causes men to sit still.
[40]Koolei, name of a kapu laid during an awa drinking course.
[41]Kahaluu, name of a place near Kailua, Hawaii.
[42]Waiakapo, name of a place the other side of Kailua.
[43]Puku, to destroy, to annihilate (Kamehameha)
[44]Ehukaipo, an ancient king of Kona.
[45]Koko, hot; la koko, a hot sun.
[46]Ahuena, name of a heiau at Kailua, Hawaii.
[47]Hoao, to taste, to eat, to enjoy; na iho, to the full, applied to eating; ana, to be satisfied with eating.
[48]Kuilena, the property, the fruits of a land.
[49]Aina for ai, to eat, to consume; naulia, see nau, to chew, l inserted, to chew as a ruminating animal; opala, the property, the substance of one.
[50]Iwi, literally, bones, the remains of eating, the remnants of property of a subdued people; manaku, a deep pit, a receptacle of filth and useless matter.
[51]Puaina, to spit, to show contempt by spitting toward or at a thing.
[52]Moka, to chew and spit out, the matter chewed and spit out.

CANTO XII.

Here is thy island, O chief!
The top knot of hair of him standing
erect;
The flowing dawn of the rising god
[Oulu].

550. Above Oulu he lies
Above the kapu gods, even Lono;
Above the relatives of ancient chiefs
O thou chief,—
Thou Kalaninuikuhiwakawaka;

555. Thou dispersest light every way, thou
'showest thy descendants
Thy descendants have passed before the
chief.
There was the striking, the boxing is past;
The fighting assault, the royal contest;
The kapued prostration of the boxers,

560. The boxing going forth, he is the strong
ohia;
The ohia tree, the devoted to Ku.
Ku separates the ohias
Wonderful is his exclamation.
A broad leafed ohia, a heiau of living
sacrifice

565. Before the heiau, even Kanoa.
There shall be led the multitude of wor-
shipers,
O thou who hast destroyed the land!
Tell thou to the chief what is right;
To his counselors of the island

570. To Ku, even Kunuiakea.

PAUKU XII.

Eia ko moku, e ka lani!
O kaeo oho o ke kupu;[1]
Ka leina[2] pawa o Oulu,

550. I luna o Oulu ke moe —
O na 'kua kapu o Lono;
O ke awe[3] o ka lani ma.
E ka lani e,
E Kalaninuikuhiwakawaka:

555. Kuhikuhi wakawaka kuhi kau kama.
Kaukama[4] i aloalo ka lani.
Ilaila ke kui[5] hala ka peku;
Ka punana[6] kui ka pekulani;
Ka momoe kapu[7] a kekui,

560. Ke kui hele lani[8] he ohiako;
He ohiako, he oneo[9] no Ku.
Ku ka mahele[10] ka ohia.
Kamahao mai ka wao,[11]— he — o
He ohia lauhau, he unu[12] kalana ola

565. Imua i ka waihau,[13] i Kanoa.
I laila e kai[14] ai ka aha,
E papahola[15] ai ka aina
E hai ae ai ka pono i ke 'lii;
I na hoa noiau[16] moku;

570. Ia Ku, ia Kunuiakea,[17]

---

[1]Kupu, epithet of Kamehameha; kaeo, the hair on top of the head gathered and tied up in a bunch so as to stand erect.

[2]Leina, flowing as light, spreading as the dawning of morn; Oulu, the flying god, the flight of Oulu was straight forward like light, but Kamehameha's lying down was above his flight.

[3]Awe, companion, friend, relation.

[4]Kaukama, two words, thy *kau kama*, children.

[5]Kui, to strike with the fists; peku, a contest in fighting, boxing.

[6]Punana, to draw near to, to approach, especially with a view to box or fight, to come together as persons threatening and brandishing their fists; pekulani, see peku above, the royal contest.

Momoe kapu, the kapu was to lie down and fight with 'the fist, and no other way.

[8]Hele lani, walks a chief, name given to Kamehameha; ohiako, the ohia cut down for sacred purposes when a person was sacrificed to give it power, an epithet of Kamehameha.

[9]Oneo, consecrated, devoted.

[10]Mahele, to divide, to separate, to point the proper thing for a place.

[11]Ka wao, the exclamation on ordering men to act simultaneously.

[12]Ulunu, name of a heiau; kalana. i. e., kala ana, offering a sacrifice that would procure or rescue life.

[13]Waihau, a heiau; Kanoa, the name of the heiau.

[14]Kai, to lead, direct the multitudes in their worship at the heiau's so they need not go wrong, but obey the forms of service.

[15]Papahola, hola the article that puts fish to sleep, hence, a general swoop of ruin, papa an intensive.

[16]Noiau, counselor, one who consults with the king on the interests of the government.

[17]Kunuiakea, the same as Ku.

At eveiig bow cowi at kapi service of
   the islaic·
In the ioriiig pit ip the twistec corc
   over all the islaic:
On tiat day proclaii tiroigioit the laic
The koioiiki is a leaiig tree.
575. O ye poor people, ciaigiig tiis way and
   tiat,
   The cark iairec, the red, the staiciig iair,
   the cirly iairec, the loig siooti
   iairec;
   The ialo ipoi the loiis;
   The tattec tiigi, the ciiiig ioiti
   wiere the ciief lives.
   The iiltitice of tiat war,
580. The iosts of tiis war,
   Ye flatterers, stiigy, slippery in tioigit,
   go fartier off;
   Ye wiose office is swollei worcs, payiig
   witi vaiity;
   To please, to feec the vaiity;
   To satisfy [the ciief] in iis ioise
585. The ciief ias a laieiess,
   The pareit is a kiisiai, the kiicrec are
   possessors of laic.
   Tiese iiceec are the people aboit the kiig
   Excitiig iii to go tiis way and tiat,
   Taxiig tieiselves iici to tiiik for iii
590. Seekiig out tieir persoial skill.
   Pill away [ye acvisers], pill away,
   Let the root of Kuaana be pillec ip;
   The tap root, the sice roots of Kekuahuia;
   The roots of Akaanuioleloloa.
595. Pick off its leaf bic and let it cry,
   Let iii sicle dowi.
   Go for the iili, let it grow tiriftily,

Ahiahi hoomoe ka aha o ka ioki:
Kakahiaka kau kaula liio ioki peapea;
Ka la e kukala ai ka aiia
O ka laai hio[18] koioiiki.
575. E ke aliali[19] la, ka malalaioa,
   Ka ili, ka ehu, ke kapii,[20] ke kaai, ka lole,
   Ka ialo kau i ka piko;[21]
   Ka iia kakai, ka waia maalea i kaii
   alii.
   Ke kiii o kela kaia,
580. Ka poe o keia kaia,
   Ke kuaii[22]— kai — oli — e ke loa;
   Ke kuleana[23] peii, ka hookaa peii.
   Ka peie,[24] pepeue o
   Hoowalea·oloko o ka iale.
585. He opa[25] na ke 'lii,
   He kiii[26] iakia, he kiii ai aiia,
   Oia kaiaka no ia o ke 'lii
   E hoeueu e ioloiolo ana i o i aiei,
   Noonoo iio ana ka noonoo
590. Iii iio ana ke kiio akaiai.
   Hikia[27] la — e —, hukia la — e,
   Hukia kà iole o Kuaana[28] iluna,
   Ka iole[29] ka paiaa o Kekuahuia;
   Ke aa o Akaanuioleloloa.[30]
595. Akoa[31] iio koia liko a ialoo,
   Noio wale ia,
   E kii ka iili[32] kawowo,

---

[18]Laai hio, applied to a koiohiki becaise he is iider, or yields to a chief.
[19]Aliali, applied to people of chaigeable niids; malalaioa, poor people withoit laids, vagaboids
[20]Kapii, hair staidiig erect; kaai, cirly as the hair; lole, loig, flowiig smooth hair.
[21]Piko, lower part of the belly.
[22]Kuaii, to flatter, cajole; kai, close-fisted, selfish; oli, naiao pahee, slippery ii thoight, iot firn; e ke loa, be off, begoie, go farther off.
[23]Kuleana, office, bisiiess; pehi, swollei, the office of swollei speech, i. e., flattery; hookaa, to filfill an office, to pay a debt.
[24]Peue, pepeue, to flatter with iiflated and false laigiage, to appear pleased ii speech and coidict, whei the heart is waitiig.
[25]Opa, see oopa, laneiess.
[26]Kiii, a kiisnai, a relatioi; aiaina, an eater, i. e., an eijoyer, possessor of laid.
[27]Hukia for hiki, to draw, to pill. This is the tàiit of the poet to the selfish flatteriig advisers of the kiig.
[28]Kuaana, an aicieit chief of Hilo.
[29]Mole, the tap, or perpeidicilar root of a tree; paiaa, the side or horizoital roots of a tree; Kekuahiwi, an aicieit chief of Hilo, son of Kuaana.
[30]Akaanuioleloloa, an aicieit kiig of Hilo.
[31]Akoa, for akoia, to cit, clip off, to pick with the thimb and fiiger as a bid of a plait.
[32]Iinli, kalo tops for plaitiig.

O tiot ciief! spreac abroac, iicrease the
     people;
Asse i ble the people for Pt ia, for Kukii,
600. Tiese are all Ka i eia i eia's people,
The kapt of Loio is at an end.
The ciief is eigagec in religiois tioigits
     and ceecs,
At Wahaula [te i ple] is iis eigage ieit,
Tiere iiceec will end the passiig year;
605. The ciief will begii a new year in Pt ia.

Hoolaha kaiaka e ka laii;
Ku[33] akt i Ptia, i Kukii,
600. Ko Kumehame a pau,
Ua pat ka ieiaie[34] a Loio.
I ka haipule[35] ia ka laii,
I Wahaula[26] kaia kipt — e — a —
I laila e kauwelu[37] ai ka iakaiiki,— la —
605. E iakaiiki ai ka laii iluna o Puna.

CANTO XIII.

In years the ciief united the districts,
Stooc and cefeicec the reports of the laic
[Wiici,] risiig iorti, swept soitiin iis
     islaic
[He] establisiec the sacrec te i ple of Loio
610 And piblisiec relief for the cistressec,
Reioviig the defilement of iis laic,
Tiis obliteratiig the cistress of iis laic
The tiie of restless waiceriig is past,
The fears are cisplacec by tiiversal peace;
615. Ptrifyiig the laic, the liviig is in co i fort,
Traiqiility pervaces the iasses,
Sileice prevails.
The ciief ciaiges; wiat is the ciief
     coiig?
Wiat iiceec is the ciief coiig in froit?

PAUKU XIII.

Makaiiki[1] ka laii iii haahui[2] na moku,
Ku a pale loio[3] i ka aiia,
Ulu akat ioi ieia i koia ioki,
Ku kamahele[4] ka unu[5] kapt o Loio,
610. A kikti[6] ioloi i ka poino,
Pale i ka haumia[7] o koia aiia,
I pau ke a'c[8] o koia ioki,
Pat aku ka wa a ke kulolia,[9]
Ka polulu[10] ka me ka hulialana,[11]
615. Maemae[12] ka aiia konalenale[13] ka ioio,
Nihope[14] Kualuka i ka pinaea,
He it oia,[15] he it oi — a,
E kta'i[16] he laii, e aha ana la kalaii[17] ma,
E ahanana[18] la ka laii ma iiia,

[33]Ku, to assenble, to briig together; Kukii, place ii Ptia.
[34]Mehame, a kapt, iane of a kapu of Loio.
[35]Haipule applies to the worship of the gods where the thoight, words and actios are all eigaged.
[36]Wahaula, iane of Paao's fanois first heiat at Ptia; kipt, exercise, work, eigageneit.
[37]Kauwelu, see kau and welt, the eid, the fiiishiig of a period of tine.

[1]Makahiki, ii years, i. e., ii process of tine.
[2]Haahui, together, the differeit districts, enphasiziig the joii, hti, of the islaids.
[3]Pale loio, loio the rtnors pervadiig the laid, showi ii iext lie.
[4]Ku kamahele, foudiig the beneficient law of Kanehaneha for safety of old men and wonei oi the highway.
[5]Unu kapt, accordiig to the spirit of Loio tenples.
[6]Kikt'i, piblish, proclaii; holoi i ka poino, wash away the distress of the laid and people.
[7]Haumia, all of shane and polltioi to overcone the a'e.
[8]Distress showi ii iext lie.
[9]Wa a ke kulolia, period of restless ticertaiity, catsed by war.
[10]Polulu, tine of fearftl forebodiigs.
[11]Hulialama, a ttriig over to peace throighott.
[12]Maemae, to cleaise, ptrify.
[13]Konalenale, ease and confort, traiqtility.
[14]Nihope, a followiig traiqtil coiditioi which pervades the nasses (pinaea).
[15]He nt oia, repeated to give leigth of lie for the chanter, expresses the stilliess froi the cessatioi of wars and strife.
[16]Kta'i ka laii, the chief chaiges or has chaiged, which leads to the qtestioi followiig.
[17]Kalaii ma, freqteitly referred to, neais the conpaiy or forces of the chief, which nay or nay iot iicltde him. The traislated lies deal with the chief, the priicipal, his conpaiios or forces beiig tiderstood.
[18]Ahanana, poetic chaige oi the qtestioi aha ana of precediig lie, here nore enphatic.

620. [He is] standing to inquire of the gods,
To recompense the lords,
Piikua together with Leiau.
They were instructors of the day and
night lessons.
The companions showed the kapu
observances,

625. Carefully [instructing] till the chief was
proficient.
Kaiai heard it at Papaenaena,
At Hanahananui Laniakea,
At the house adjoining the land of
Wakea people.
Sea waves are the teeth of Ku.

630. Dark clouds are the eyes of Ku.
Of Kapilikea, Kapilikea treading his island,
Spreading the spider-web
For the spider's eradication of all ills
Swept is the island of trouble makers,

635. Clearly plain is the welfare of the land,
The chief has established his authority,
Planted the food, restricted [it till] ripe,
broke the sugar cane,
The bananas ripen, pigs are raised,
The dogs fattened, the cock's spurs
sharpened,

640. The awa ripens, the wauke has fruited.
Plant the coconut of the chief,
The coconut of Kane-i-lolua.
Radiating the length of Hawaii,
Houses stand apart in pairs,

645. [As] in the time of Wakea's reign.

620. E ku i pehe[19] ana i na akua,[20]
E hookaa[21] ana i na laki,
Ia Piiku lala o Leiau,
Ka ka laki oihana ao, oihana[22] po,
Ka hoalii kilihe'a[23] i ka lalana kapu,

625. Malana a koa kalani ma,[24]
Wa[25] i Kaiai i Papaenaena,[26]
I Hanahananui,[27] Laniakea,
I ka hale ku ka aina o Wakea la,[28]
Lapa kai[29] i ka hno o Ku,[30]

630. I laka o Ku[31] ka kamauli,[32]
I lani[33] Kapilikea, Kapilikea i kona loku,
Ka i ka punawelewele,[34]
I ka punananana nai ea,
Pau ka naia nanaiea a ka loku,

635. Akaka[35] i kea ka pono o ka aina,
Hookau ka pono[36] o ke alii,
Kau i ka ai, kapu, o-o, ia ka ko,[37]
Pala ka laia, ke a ka puaa,
Welu ka ilio, kakala ka moa — e,

640. Leia ka awa, lia ka wauke,
Kau i ka niu a kalani ma,
Ka niu a Kane-i-lolua,
Kaa ka loloa[38] o Hawaii,
Ku au ana lua[39] na hale,

645. O ke au lani[40] o Wakea,

---

[19]Pehe for pehea, questioning before the gods.
[20]In the front (of preceding line), the custom of ancient times being to carry their war gods with them into the battlefield for the double purpose of encouraging its side and creating dread in the ranks of the opponents.
[21]To reward keepers for watchful night services and instruction.
[22]All questions of serious moment were the subject of night services and instruction.
Kilihe'a, exhibited evidences of their calling.
[23]Prayer for the chief's efficiency in warfare.
[24]Wa, sound of victories carried to Kaiai, at Papaenaena.
[25]Papaenaena, name of the landing at Wainea.
[26]Names of Kaiai lands at the shore.
[27]This seeks to make the locality famous as the place of residence of Wakea and his people; Wakea, the ancestor of the race.
[28]Lapakai, the waves that roll in, or dash on the shore, are likened to the teeth of Kuhaimoana (here abbreviated to Ku.
[30]Kuhaimoana, the famous shark-god of Hawaii.
[31]Maka o Ku, eyes of Ku, in like manner, are represented by the dark clouds.
[32]Kamauli, a cloud condition sought for omens.
[33]Hahi, used here as behi; Kapilikea, not clearly understood but evidently a renovating process or movement to agree with the following:
[34]Punawelewele, spider-web for entanglement of the enemy.
[35]Akaka i kea, indisputably clear; open and above board.
[36]Pono, a word of many meanings having good as its root.
[37]The poet up to line 642 presents conditions of prosperity.
[38]Loloa, in its use here is virtually the length and breadth of the land.
[39]Au aha lua, time of companionship, not in rivalry and dispute.
[40]Conditions of Wakea's time as sole, absolute ruler.

Great Wakea was the land's life of the
  chief Haloa,
Hawaii was part of his flesh,
At the foundation of the land.
They ate and were satiated;
650. They were surfeited with wealth;
The store houses were filled:
There was no space for garments,
The calabashes were stored within
With the prolific gourd of Kana.
655. Seen covering houses and trees in growth,
Gourd-hanging wiliwili at Naalehu,
Growing and fruiting on the trees.
The chief weilding the weapon strikes
  squarely on Hanakahi,
Breaking Hilo's brains, oozing slippery at
  the tryst,
660. [At] the slopes of Halai.
Paikaka is linked in companionship,
Struck with the kapa beater the alaea
  water overflowed.
Blood flowed, flowed below the wet land,
Changing correctly the sacrifice,
665. That the sacrifice for Hilo [night] be
  acceptable.
The sacred awa borne in procession
With morning [gathered] awa,
As [an] offering for sanctification
To enlarge the power of the god
670. [To] curse contending forces,
Those many composers
That informed him. Koia heard;
The stones were at once arranged in order,
Arranged from morn till noon,

O Wakea nui ka ha[41] noku, o ke lii o
  Haloa, .
Wahi i kana io,[42] Hawaii,
I ka honuna[43] nui o ka noku,
Ua ai[44] a ua lihaliha,[45]
650. Ua kenakena[46] i ka waiwai,
Ua pina na hale papaa,
He aahu wahi nono ole,
Hookuonoono na ipu iloko,
I ka ipu lonolau[47] a Kana,
655. Ike aa kau hale a kawowo i kawiliwili,
Na wiliwili kau ipu a kaalehu,
I kau a nia iluna o ka laau,
Hahau ka lani[48] i ka laau, pa pono iluna o
  Hanakahi,
Nana ka lolo poo[49] Hilo, kikele paki me
  ka noi,
660. Na mahapuu o Halai,[50]
Hoaka lei o Paikaka,[51]
Pa i ka ie kiki kua, nnai ka ipu wai[52]
  Alaea,
Kane koko kane ilalo ka wai aina,
Hoololia[53] i pono ke ona,[54]
665. I pono ke oma ia Hilo,
Na awa[55] niwa i hoolewa,
Me na awa kakahiaka,
E kaumaha i pono ka ai,
I nui ka nana o ke Akua,
670. Molia i kini[56] wana newa,
I ua kini nakn[57] nele la,
Nana i lou ae a kona[58] lono Koia,
Akani la hakuhaku ka pohaku,[59]
Ke ao naki ke awakea,

[41]"Ka ha noku, etc., in Wakea was the breath, the life of the land, as ancestor of chiefs.
[42]"Hawaii is claimed to have been born of Papa and Wakea, hence, part of his flesh.
[43]"Honuna, as borna, the foundation for the growth, enlargement of the island.
[44]"Ua ai, they referring back to the people, ate bountifully.
[45]"Lihaliha, satseated with fatness.
[46]"Kenakena, etc., pictures benefits following under Kanehaneha's rule.
[47]"Ipu lonolau, a prolific bitter gourd of Kana as Kamapuaa, a god of cultivation, its vine covering trees and houses, as shown in the following lines, indicative of fruitfulness under the new regime.
[48]"The poet here pictures conditions at Kanehaneha's assault upon Hanakahi (Hilo)
[49]"Lolo poo, the brains of Hilo oozed out at the assault.
[50]"Mahapuu o Halai, the Halai twin hills of Hilo.
[51]"Paikaka, the sea of Hilo, shares in the misfortune of its overthrow.
[52]"Wai alaea, the reddish water for temple service, o'erflowed, blood-like, for the sacrifice.
[53]"Hoololia, a shifting from side to side.
[54]"Oma, the preparations for war; also, the space for sacrifice between two armies.
[55]"Awa (*Piper methysticum*) bore an important part in all priestly and sacrificial ceremonies, and the several kinds had their respective degrees of appropriateness as to the proper offering to the gods for the service in hand
[56]"Kini waha hewa, numerous slanderers, backbiters.
[57]"These many composers, chanters, of the contending Hilo army, that they may be discomfitted in their utterances and their prophecies come to naught.
[58]"Their expressions have been heard ever in Koia.
[59]"Pohaku, stones for construction of the temple, the usual preparatory step in the outbreak of hostilities, for consulting the gods on the outcome, and dedication with sacrifice of the first victim.

675. At evening was seen some fruit of their
     labors,
     The fat oopu,
     The okuhekuhe inhabiting streams,
     An offensive fish of an offensive pond.
     On the day following their disbelief,
680. We took, with my chief,
     Took the authority with the land.
     The chief possessed the flat land,
     Possessing even to the shore.
     They had no land to be lorded over.
685. Thou wilt lord the floats of sea moss
     On the sea-foam.
     Movable has become the district,
     Unstable is the land by those fleeing;
     Like fixed arrowroot the tongue is dis-
     jointed,
690. The dark paddle of the lips.
     The boasting mouth has arisen,
     The words of reply have passed,
     Wakea has become parent,
     Removed to the grassy rest.
695. They are stripped in the mountain,
     Huddling at the summit,
     Covered with leaf-joined garments,
     Twisting uneasily in the sand
     Like a worm wiggling in the dust,
700. Dust was the warning garment
     Of the many composers here.

675. Ke ahiahi, ike na ua iki[60] alihi,
     Ka oopu a kelekele,[61]
     Ke okuhekuhe moe wai,
     Ia uaua la o uaua loko,
     I ke la ae ka hoomaloka,[62]
680. Lawe uaua[63] me ku'u alii,
     Lilo ke'a me ka aina,
     Lilo ka honua ia kalani.
     Nee wale ana i kabakai.
     Aohe honua e uaku[64] ai,
685. Haku oe i ka ua limukala,[65]
     Iluna o ka uaua kai,
     Ua olewe[66] ae la ka uoku.
     Olewa ae la ka aina na hehee,
     Me he pia lewa la ua kapeke ae la ke lelo,[67]
690. Ka hoe uli[68] o ka lehelehe,
     Ua ala hilipa[69] ka waia,
     Ua uala ka hua i pane ai,[70]
     Ua kaa uakua o Wakea,
     Kaa i ka punana weuweu,[71]
695. Hapapa wale i ka uaua,
     Pupue[72] wale i ke kuahiwi
     Aahu i ke kii lau ului,
     Oni pakaawili[73] i ke one,
     Me he koe[74] la ka oni i ka lepo[75] — e — a,
700. He lepo ke kapa e ueuaua ai — la,
     O na kini uaku uele nei.

[60]By evening they saw some fruit of their toil.

[61]The Hilo chiefs are likened to slippery mud-fish, and the people to offensive products of unsavory ponds.

[62]Hoomaloka, sluggish, stupid, disbelief of Kamehameha's conquering power.

[63]Maua, we, the poet and his chief, became the victors and possessors of the land.

[64]The defeated were completely dispossessed, nothing left then to lord it over, save the floats, the air pods of the sea-moss, hua limukala([65]).

[65]Olewa, unfixed, restless are the people, hence their flight.

[66]Their demoralization is pictured as a disjointed tongue of mixed arrow-root substance.

[67]Hoe uli, another belittling reference to the tongue as a dark paddle.

[68]Hilipa, while boastful, is applied to one given to vaporings on various subjects or persons.

[69]Reply has been made, nothing more can be said.

[70]Punana, nest; weuweu, grass or herbage, hence, a grassy nest.

[71]Pupue is a shrugging or huddling of one's self, it may be from fear, or from cold; it refers also to a crouching attitude.

[72]Oni pakaawili, a restless writhing as in pain, moving this way and that; kaawili, to twist or twine around as a vine.

[73]Me he koe, as a koe (an angle or earth worm) wriggles in the dirt, so does the people of Kau at the rise of Kamehameha.

[74]Lepo, the general term for dirt, earth, dust or ground, is here particularized as dust by the appended e-a, which is represented as the warning garment of the people of the district. At first this was thought to imply a dusty section of country, in passing through which one would literally bathe in dust, as the saying is. Not having had such an experience in our travels through Kau, it was evident that some characteristic of the district was used here by the poet to belittle his opponents. Research revealed the following:

At Paiehaa, not far distant from Kaalualu, in olden time was a dust-pit known by the name of Kaumaia, that was famous as a sport place for the youth of the district and even their elders, into which they would leap from the side cliff, some ten or twelve feet high, and flounder about in its dust as if splashing around in a bathing pool. Tradition hath it that its dust was credited with possessing remedial qualities and became in more recent years an asset to certain of the kahuna class. One such, on Kauai, directed a patient to go to Kau and leap into the dust-pit of Kaumaia, which resulted in the poor dupe breaking both his legs in his jump.

CANTO XIV.

O Hiia, O Hiia of heavenly song!
O Kiia, O supernatural Kihawahine!
O Hiia, O Hiia of heavenly song!
705. O Kiia, O supernatural Kihawahine!
O supernatural Kihawahine, the supreme
head!
Increase the power of thy lord,
The power of thy chief, Umi,
That wise prophet indeed, that there
710. Procured and ate the eyes of the body
Of the blanched crackled-back;
Skin crackled as of the (snell-fish) ina,
[Like] small female white rodents,
White rodents fleeing to the thicket,
715. Running below Kahilipali,
Descending seaward of Kaiwa.
Together they all fled;
With your lord did you flee,
Entangling Hilo with wild waste,
720. To thwart the footsteps
Of Punanui Kumakahe,
A noni-juice itch producer,
A berry red is his,
The costly enjoyed water is this
725. Whereby the chief boasted of death doings,
By the victory of his warriors.
Kanekapolei has capitulated,
He was indeed the war-club
Annihilating above Kopekope,
730. Desolating by the whirring spear.
O chief, O distinguished one!
O thou light, light of the island!
The peopled hills are Haui's victory!

PAUKU XIV.

E Hiia, e Hiia hele lani,[1]
E Kiia, e Kihawahine iaia,
E Hiia, e Hiia hele lani,
705. E Kiia, e Kihawahine iaia,
E Kihawahine iaia ia[2] ke poo[3]
I nui ka iaia i ko oikoi Haku
O ka iaia o ka lani o Umi,[4]
Oia kaila iaia ioi oia aia,
710. Ki ina a aiia na iaka o ke kino,[5]
O ke kekea kua aaka,[6]
Ua aaka ili paka kuaina la,
Waiine iki iole keokeo,
Iole[7] keokeo iolo nahele,
715. Holo aku lalo o Kahilipali.
Iio kahakai o Kaiwa,
O koia hee no a hakua mai,
Me ko iaku no i hee ai,
I loku ai Hilo i kaiaiele,
720. I olokea ai ka wawae,
O Punanui Kumakahe,
He wai ioni[8] hoomaneo ia,
He ila ohekoheko[9] kaia,
O ka wai paa lua keia,
725. I liki ka lani i ka wai moe,[10]
No ko ka piika o ka paa kaia,
Ua iulein o Kanekapolei,[11]
Oia iio i ka palai,
Niaiia ka uka o Kopekope,[12]
730. Ua kopea ke aku ini,
E ka lani, e ke aiwa,
E ka a, a o ka ioku.
O ka puukanaka no Haui[13] no.

---

[1]This canto opens with the poet's call upon the supernatural deities Hiia and Kiha, in flattering vein, invoking their aid in behalf of Kanehaneha.
[2]Ia for oia, she, Kiha.
[3]Kiha, the acknowledged head (poo) of Kanehaneha's aumakuas, or ancestral gods.
[4]King Umi's power is besought to descend upon Kanehaneha.
[5]This and two following lines refer to Umi's overthrow of Hakau; eating the eyes of the body being a *per forma* custom attending the sacrifice of a distinguished foe.
[6]Kekea kua aaka, as also aaka ili paka, are skin conditions of those addicted to awa. Hawaiians liken the skin of inveterate awa drinkers to the crackled bark of the kukui tree
[7]The vanquished foe is likened to the scampering of rats into the brush. Following lines indicate the direction and completeness of the flight.
[8]Wai ioni, ioni juice (*Morinda citifolia*), said to itch or tickle the skin. This is what Punanui Kumakaha is likened to.
[9]Ohekoheko, probably the ohelo, sometimes called ohelohelo (*Vaccinium* sp.), the Hawaiian whortleberry.
[10]Wai noe, liquid sleep of death, death's doings.
[11]Kanekapolei, a Hilo locality.
[12]Kopekope, a place above Hilo.
[13]Haui, title of a chief, in this case Kanehaneha, to whom is the victory of the peopled hills.

CANTO XV   PAUKU XV.

Blinded are the eyes of the gods with salt,
735. Seasoned are the edges of the eyelashes
     Throughout the island of the chief —
     Standing nigh stripping Hawaii bare.
     The chief, who will he be?
     Placed over the districts?
740. Who are the settlers of the land,
     That can correctly point the finger
     To indicate his portion of the district?
     To send indeed, .
     To send by the numerous [followers]
745. Those who supported the cause of the chief,
     The bouyant land growth,
     Producing people for the chief
     The increase of those twin chiefs
     Kauwau together with Kiha,
750. Of the branch of Mahi of I.
     Severed was the elder brother's line,
     Keawe-i-kekahi-alii-o-ka-moku.
     That belonging to the sister,
     The chiefess Kauleleiaiwi,
755. Hers was the red encircling kapu,
     The red placed on commanding officers,
     Lani-epa, the husband,
     Lani-malama-iluna, the wife,
     Lani-ae-ae, Lani-ae-ae,
760. Lani-piikoi-elelani, the husband,
     Their offspring [was the] chief Kupuaopa-
       i-ka-lani,
     Perplexed, many branched
     Are the births of the high chiefs.
     Excellec is the chief, sources many voices,
765. Simply saying in talking to you,

Liu na naka o na akua[1] i ka paakai,
735. Ono ka lau o ka lihilihi,[2]
     I kapa'i[3] moku o ka lani,
     O kulani ai kohana[4] ia Hawaii,
     Ke alii owai[5] kena?
     Ke o i na moku,
740. Iawai ke oio[6] o ka aina,
     E kuhi pono aku ai ka lima,
     I kai hoi o ka moku i kena la
     E kena—no,
     He kena no[7] i ke kini a lehu a mano,
745. Ka poe i hoa ka waa o ke 'lii,
     O ka ulu lana[8] honua,
     E ulu ae i kanaka o ke 'lii'
     Ka ulu[9] o na mahana aimoku[10]
     O Kauwau, laua o Kiha.
750. O ka hulu[11] o Mahi o I,
     Pau[12] na hulu o kaikunane,
     O Keawe-i-kekahi-alii-o-ka-moku,
     O ka ulu o kaikuahine,
     O ka lani Kauleleiaiwi,
755. Nana[13] na ula a pa kapu,
     Na ula e kau i ke kubina,[14]
     Lani-epa[15] ke kane,
     Lani-malama-iluna ka wahine,
     Lani ae ae, lani ae ae,
760. Lani piikoi-elelani i ke kane,
     Kolaua ulu kalani Kupuaopa-i-ka-lani,
     Pea-pea-mana-ma-na,[16]
     Ka hanau ana o na o na 'lii nui,
     Keia i ka lani o kani[17] ma,
765. E i wale aku no la, e olelo aku ia oe.

---

[1] This opening line, a Hawaiian proverb, refers to the duped chiefs of Hilo.

[2] More sarcasm, the meaning of which is not clear.

[3] Kapa'i, to rub as ointment into the flesh.

[4] Ai kohana, stripping bare, the condition of a conquered district, the vanquished chiefs being dispossessed of all their holdings.

[5] The question who will be the ruling chief becomes the burning one, for the reapportionment of the lands.

[6] Iawai ka oio, thought here to refer to the true settlers, who will they be that can point clearly to his holding?

[7] He kena no, that can send the kini (40,000), the lehu (400,000), the mano (4000) adherents of the chief.

[8] Ulu lana, bonyant, prolific, as referring to people, hopeful as to land.

[9] Ka ulu, the increase or offspring.

[10] Mahuna aimoku, twin district chiefs.

[11] Hulu, line or branch of ancestry.

[12] Pau na hulu, the line ended in the elder brother Keawe, i. e., the degree of rank.

[13] Nana, the sister Kauleleiaiwi, hers was the red established high rank, commanding kapus.

[14] Kubina, a commanding officer of former time, termed in recent years a cabinet minister.

[15] This, with the four lines following, are veiled epithets of certain chiefs.

[16] Mana-nana, confused by the many branches of chiefs of various ranks.

[17] O kani ma, many voices acclaim the excellence of the chief.

O great Kau, of dust eye:
O Puna, of thorny pandanus:
O Hilo-iki, of black edges;
Born approvedly was the lone one,
770 A renowned head for Hawaii
Born and recognized by man,
Only a night man
But flesh before us.
No image man was this chief,
775. None followed [simply] for the fish for the food,
Nor soldiers [simply] for the garments and the malos,
They were true warriors all.
They were [all] companionable, overcame the complaint,
The anger,
780. The quarreling.
The frequent command
Emanated from here,
To send indeed,
To send and bid the chief to awake!
785. They awoke at midnight in response,
They hastened and lit the lamps,
Partook of the food, partook of the food.
[They] considered the prospects,
Measured off the line of the fisherman,
790. Fastened on the fish-hook securely,
For the fish, the fish,
The canoe,
The paddle,
The bailer,
795. The seating,
Carrying,
[And] departing.
Go and embark the land-fisher.
Wide are the shallows for fishing,

E Kau[18] nui kua makalepo,
E ka Puna[19] kokala lauhala,
E ka Hilo[20] iki pahi eleele,
I hanau a pono[21] ia mai ka mehameha,[22]
770 He poo kui[23] no Hawaii,
I hanau a pono ia mai kanaka,[24]
He kanaka po[25] wale no,
He io[26] wale no i ke alo,
Aohe kanaka kii onei alii,
775. Aohe aku[27] na ka ia na ka ai,
Aohe koa na ke kapa na ka malo,
He kini koa ponoi wale no,
I lea wale[28] ai hoi ha ka nu-ku,[29]
Ka-hu-hu,

780 Ka-pane-pane,
Ke-kena a kenakena,
Mai nei la,
E kena no,
E kena[30] no o kalani e, E ala!
785. E ala ka po ana lia i mai,
Hoolale ia ku puhia ke kukui,
E ai i ka ai, e ai i ka ai,
E manao ka noonoo,[31]
Halona ia mai ke aho a ka lawaia,[32]
790. Malia mai ka makau ka i paa,
I ka i-a, i ka i-a,
Ka-waa,
Ka-hoe,
Ke-ka,
795. Ka-noho ana,
Ha-paina,
Hele-a,
Ahele a ae ka lawaia moku,
Ua akea ke kohola e lawaia ai,

[18]Kaù of dust eye is said to apply to that district where they literally bathe in it. See preceding Note 75.
[19]Puna's characteristic is shown in the thorny-edged pandanus leaves.
[20]Hilo is termed small, of black edges, referring to her rocky coast line.
[21]Hanau apono, born of rightful chief ancestry.
[22]Ka mehameha, the lone or lonely one, definition of Kamehameha's name.
[23]Poo kui, a joining head: uniting Hawaii, first the island, then the group.
[24]Even man, the common people, recognized his rightful high birth rank.
[25]Kanaka po, a man of ancient descent, in the sense of mai ka po mai, from the night forth.
[26]Io wale no, yet he was of the flesh, he was no graven image chief.
[27]Aohe aku, he had no sycophant followers for the food they would get.
[28]Lea wale, pleasure, satisfaction, without restrained feelings.
Ha ka nuku, contention and strife was breathed upon, overcoming anger, etc.
[30]Kena, command; kenakena, intensive of kena, sending frequently.
[31]Manao ka noonoo, literally, "think the thought;" reflection on the subject in hand.
At this point the preparation of Kamehameha is likened to a fisherman and carries through to a successful issue.

From that sea to this sea,
From Kumukahi to Alenuihaha [channel]
There the fishermen prosecutes his fishing,
Pointing truly with the finger,
805. Completely closing the channel.
The land was safely guided that day.
Send indeed,
Send indeed, O chief,
[The] declaration is raised.

Mai kela kai, a keia kai
Mai Kumukahi a Alenu
Ilaila e lawaia ai ka la\
E kuhi pono aku ai ka
805. E pane pono aku ai ka
I kai hoe o ka moku i k
E kena-no —
E kena-no — O ka-lan
Hai-na-ia-ae—.[33]

---

[33]Hai-na, proclaiming, ia, he (Kamehameha), a'e, is raised.

Name Song for Kihapiilani.

Kihapiilani,[1] son of Piilani, begat Kama-
    kaalaneo.
Kihapiilani of the piercing eyes;
Whitish-yellow skin has Kihapiilani.
The young onini[2] which turns gracefully at
    the cape,
5. This is the change[3] of Kiha's skin.
Kiha's dignity which was accorded him
Was, that Kauhi was unblemished; fault-
    less.[4]
Kauhi's dignity which was accorded him
Was of Kaeokulani[5] with the doubtful skin,
10. It is turning, it is black,
It is like[6] the skin of Kauhikea;.
He is a descendant of Kauhikea;
Namakaikaluluokalani,
The man who comes from the holes[7] in the
    rocks,
15. Without the redness of skin,
He is the forder of the stream,
Noisily treading the forest leaves to the
    sea;
He is the fish which would break the
    kiholo.[8]
The eye delights in its frantic[9] effort;
20. Slippery[10] is the line in the hand.
Kawelo,[11] double father with Kakuihewa.
Kanaloa[12] of Loewa was that chief's child.

Mele Inoa no Kihapiilani.

Kihapiilani a Piilani, i hanau Kamakaa-
    laneo.
O Kihapiilani Kamakahalanalana;
Ili halanalakea o Kihapiilani,
Ka pua kahuli olini onini i ka lae,
5. E Kahuli hoi ha nei ko Kiha ili.
Ko Kiha kahiko i kapa aku ai
He keokeo mai la, he hemolele nei Kauhi.
Ko Kauhi kahiko i kapa aku ai
O Kaeokulani ka ili ha'oha'o
10. Ke kahuli mai la ua eleele
He ili ia no Kauhikea;
Pua ia no Kauhikea;
O Namakaikaluluokalani,
O ka pula ia o ka poopoo.
15. E pau ai ka nonanona ula,
O ke koele wai ia o ke kahawai
E nanake ai ka lau laau i kai,
O ka ia hakihaki ia i ke kiholo.
E kamumu ai ka lea i ka maka,
20. E holo kakekake ai ke aho i ka lima.
O Kawelo makua lua o Kakuihewa.
O Kanaloa o Loewa o 'lii ka hua.

---

[1]Kihapiilani, an ill-treated Maui prince who, to avenge the insults of his ruling brother, sought the aid of King Umi of Hawaii, whereby he was victorious. See Memoirs, Vol. IV, pp. 236-254.

[2]The blossom that changes its color and form, *olina*, that waves in the wind, *onini ia* signifies the graceful turns of a fish swimming in the water.

[3]The skin of Kiha thus changes, *e kahuli*.

[4]Kiha's skin, through Kauhi, is *hemolele*, perfect; Kiha is here given the name of Kauhi after that of Kauhikahiko.

[5]Kaeokulani, of beautiful, glittering, changing skin, turning to black.

[6]As the changing skin resembled that of Kauhi therefore he is considered related. This rule was applied in the more recent times of Kahekili, also of Maui, whose one side was black, and the members of his household, it is said, either had black birthmarks or were tatued, to indicate relationship to him.

[7]This has reference to the custom or practice observed in rock-fishing by diving and driving the fish out of their holes by long poles, hence the absence of the redness of their skin.

[8]Kiholo is the curved wood used for the mouth of certain fish nets.

[9]Kamumu ai, the hook entering the mouth and coming out at the eye, gives pleasure to the angler in the futile effort of his prey for freedom.

[10]*Holo kakekake*, the string runs jerkily, slippery through the hand; kakekake is when a man works hard with an *oo* (digger), first one hand foremost, then the other.

[11]Kawelo, a king of Kauai; when a woman had two husbands, the child was said to be the son of two fathers. Tradition does not show that Kakuhihewa bore this relationship to Kawelo.

[12]Kanaloa, etc., that line not understood.

(411)

Pahia and Kaili; those two are known,
For Kama was barren,[13] his child are the
 skies
25. Kalewanuu and Kalewalani, they are two.
 Kama's[14] child is Laaloa,
 The child of Kupaeeli, by the drum en-
 nobled,[15]
 The noble offspring; the fearful drum pro-
 claims,
 The tap, tap, tapping of Kihalale,
30. Causing Kihalale to sound as a bird [16]
 The rough skin,[17] the harsh sounding skin
 Is struck in measured cadence,[18]
 Sounding a rattling note, a weird trill
 Like the voice of a bird.
35. It is the sound of Kiwaa,[19]
 Kiwaa the strange bird,
 Alight,[20] desire to alight from your flying,
 The kite of Kiwaa.
 Let Kawelo arise, let the chief arise!
40. Let Kiha arise. Arise, chief, which is
 Hooneenuu,[21]
 The chief of the height which is strong and
 enduring;
 Of the very high cliff, guarding chiefs-in-
 accessible;
 Inaccessible indeed,[22] made so by their
 sacredness.
 Increase, ever increase the sacredness of
 Kauhikea.[23]
45. Kauhi, son of Kamalalawalu,
 Kamalalawalu,[24] the chief of acknowledged
 power,
 With sacredness spread out generally.

O Pahia o Kaili, ma ka nana elua ia,
O ka hua a Kama i hane, na lani ka hua.
25. O Kalewanuu, o Kalewalani elua ia,
 O Kama, o Laaloa ka hua,
 O ka hua o Kupaeeli, eli kupa i lani,
 O ka eeli eli o kupaukupa ka ai, kahele le,
 O ka ai, ai, ai o kihalale
30. I kani ouou o kihalale.
 O ka ili kalakala, ili nakolokolo
 Kua-ka ke kani,
 He kani kupaukolo, kupaukolo.
 Ka leo o ka manu.
35. Ka lupo o Kiwaa,
 O Kiwaa ka manu e—.
 E kau, e ake, e kau pono ka lele,
 Ka lupe o Kiwaa.
 Ku Kawelo, ku mai ka lani!
40. Ku Kiha, ku ka kalani Hooneenuu,
 Ke 'lii o ka uaua pali paa;
 Pali kahakoa, pali aku la na 'lii;
 Pali kahakoa, pali aku la i ke kapu.
 A nui, a nui ke kapu o Kauhikea.
45. O Kauhi o Kama o Kamalalawalu,
 O Kamalalawalu ka lani halala hoae ke 'lii.
 Halala auna mai ke kapu,

---

[13]Hane, hahane, barren as a coconut tree which bears nothing or very small nuts; the offspring of Kama is nothing, no children; the children are the lanis, Kalewanuu and Kalewalani—cloud myths.

[14]This must be a different Kama whose child is Laaloa (very holy) in whose honor the drums are sounded, the child of Kupaeeli.

[15]Eli kupa i lani, words of no particular meaning, said when thruming on the drum.

[16]The three lines ending here are for the imitation of the sound of the drum; *kihalale*, the performer accompanying with the voice.

[17]The rough shark-skin of the drum head, giving a harsh reverberating tone when the fingers are run over its surface.

[18]*Kua-ka*, the measured time-beat as that on a bass drum.

[19]Kiwaa, one of the large fabled birds of Hawaiian tradition, hence a strange bird; *lupo* was the sound of its supposed voice in singing.

[20]The call to alight, to cease from flying as a kite, at which the named famous chiefs are bid to arise in recognition of their power.

[21]Hooneenuu, chief of what is strong, the strong pali, *uaua*, not to be broken.

[22]Kabakea, very high as a cliff; chiefs were like cliffs, inaccessible, guarded.

[23]Kauhikea, or Kauhi, referred to in lines 7 to 12.

[24]Kamalalawalu was the noted ruler of Maui, contemporaneous with Lono of Hawaii and Kakuhihewa of Oahu, hence the reference to his eminence, restrictions, and sacredness, that called for the prostrations in his presence as he passed to and fro.

Numerous are the kapus, frequent the
    prostration.
The hair dresser[25] of the great chief is
    the chief indeed;
50. He is the chief who will enforce the kapu
Of the woman in the axe-pit.[26]
Take care lest the painful chip strikes the
    chief,
Sharpen the axe of the flying chips,
    sharpen.
Laielohelohe the
55. Laielohelohe[27] of Kalamakua
Is the dark, incompact precipice which
    stands on high;
Fearful is the sacredness of the chief.
Piilani[28] of Kawao and Kaohele the —
Kaohele chiefly child of Lono,
60. The fruitful source which caused the over-
    throw,
The chief which united the island.
Outside belonged to the chief,
Inside belonged to the lordly chief,
Outside belong to tributary chiefs,
65. Inside belongs to the lordly chief.
Outside the wall-enclosure are the [lower]
    chiefs,
The chiefs are heralds for the sacredness,
The chiefs are signs,
The chief is a priest.
70. Maui[29] is a god who decreed the sacred
    ness
Derived from the sacredness of lordly
    Kaeokulani;[30]
From Keaka Poomaihelani;
From Keaka Kuailanimamao.[31]
She is the wife, a light complexioned
    woman.
75. The fire is lit, it is burning,
The sacredness is established, it is ex-
    tended,
The heat is felt, it reaches beyond

Auna mai ke kapu, auna ka moe
O kawilioho o ka lani nui ke 'lii—e;

50. O ke 'lii ia e mamalu ai ke kapu,
O ka wahine o ka lua koi,
Mamala ehaeha o kalani,
O ke koi puulele hanaoi, puulele hanaoi.
Laielohelohe ke—

55. Laielohelohe a Kalamakua,
O ka pali eleku ia i ku i ke ki'eki'e
Makau weweli i ke kapu o ke 'lii.
O Piilani o Kawau Kaohele ke—
O Kaohele lani a Lono,

60. O ka lau hua komo o ke kahulihuli,
O Kalani kuihono i ka moku.
Mawaho no ka lani e—,
Maloko no ka lani haku,
Mawaho no ka lani haawi mai,

65. Maloko no ka lani haku,
Mawaho ma ke kuapa na'lii,
He pahu na 'lii no ke kapu,
He hoailona o na 'lii,
He kahuna o ka lani.

70. Ke 'kua o Maui hai mai he kapu
Mailoko mai o ke kapu o Kaeokulani
    haku no;
Mailoko o Keaka Poomaihelani;
Mailoko o Keaka Kuailanimamao.
O ka wahine ia, o ka wahine kea

75. A ke ahi, a mai ke ahi,
A ke kapu, a mai ke kapu,
A ka wela, a mai ka wela,

---

[25]Even his personal attendants are chiefs of rank, having power to enforce the kapus.

[26]This line implies that women were engaged in the stone quarries, and are cautioned lest the chief be hurt by flying stone chips. It is more likely to be figurative, as is that which follows.

[27]Laielohelohe is likened to an easily broken but high cliff, *pali eleku.*

[28]As this cannot be the insulting brother, it may refer to the father of the same name who united Maui under his sway. The following several lines indicate the divisions influenced or overcome.

[29]The god Maui referred to is the demi-god of wide Polynesian recognition, though credited more for deeds than for decreeing kapus.

[30]This is going back to deified ancestry.

[31]The two names are of the same person, the latter conveying a sense of clear open countenance, described in the next line.

The heat of Keawe;[32]
The warmth of Lono;[33]
80. The warmth of the important high chiefs;
The union of the exalted chiefs;
Of Keawekekahialiiokamoku;[34]
Bend down and see, O exalted chiefs.
Their hardness is like that of a hard-rock
  precipice,
85. Such is the sacredness of Kaneikauaiwi-
  lani.[35]
Grown, increased is the chief;
The desired chief, the favored chief ·
The very sacred child of Kuihewa.[36]
Of elder Kawelo, son of Peekoaakalana;[37]
90. Kawelo of the fish-gills;[38]
Kawelo whom the altar could not hold.
As Kawelo reached Kawelo in the water;
When Kawelo landed at Moemoeakuha.
The path of Kawelo is up at Konolea,
95. The head of Kawelo is turned seaward.
At Kanolele at Muliwaiolena[39] are the eyes
  of Kawelo;
The eyes, the body and the head. The hair
  was above;
It was entangled;
It was entangled with an eel;
100. The hair is with the eel, an eel which lies
  in water.
A long eel is the hair of the red mokihe[40]
  of Kane
Traveling to Moanaliha,[41]
To the numerous bright sands[42] of Kane.
The large threatening spear
105. Is the threat of Kaihe
By Kuholani, ancestor of Lupaikini.
The chief is like one skillful in lua,[43]
Kamalalawalu was a fearless dog,

O ka wela o Keawe;
O ka habana o Lono;
80. O ka hahana o na lani nui koikoi;
O ke kukai ana o na lani nui loloa;
O Keawekekahialiiokamoku;
Ku ku mai na lani nui loloa.
Me he pali waiahu la ka makaokao,

85. He kapu o Kaneikauaiwilani.
A nui a nui o Kalani;
Ka meemee lani, ka mee lani;
Ka ihi kapu a Kuihewa,
O Kawelo nui a Peekoaakalana;
90. O Kawelo ka mahamaha ia;
O Kawelo aole i paa i ka lananuu;
O ka pae Kawelo a Kawelo i ka wai;
O ka pae Kawelo i Moemoeakuha.
Iuka ka hiu o Kawelo i Konolea,
95. Ke loli la ke poo o Kawelo i kai
I Kanolele i Muliwaiolena ka maka o
  Kawelo;
O ka maka, o ke kino, o ke poo i uka
  ke oho;
O ke oho ua hihia;
Ua hihia ke oho he kuna;
100. He kuna ke oho he kuna moe wai.
He kuna loa ke oho o ka mokihe ula a
  Kane
E holo ana i Moanaliha,
I ke one lau ena a Kane.
O ka ihe nui lalahai

105. O ka lalahai o Kaihe.
O Kuholani, kupuna o Lupaikini.
He pai ka lani he olohe,
He ilio olohe o Kamalalawalu,

---

[32]"Keawe, one of the historic kings of Hawaii.

[33]The coupling of this name with Keawe's identifies him with Lonoikamakahiki.

[34]Literally, Keawe-a-certain-chief-of-the-island; a ruler of Hawaii four generations prior to Kamehameha the great.

[35]A ruler or chief of Hawaii preceding Keawe.

[36]One of the changes rung on the name of Kakuhihewa, king of Oahu

[37]This is a sobriquet of Kawelo's father, whose name was Mahuna.

[38]Fish-gills, *mahamaha ia*, frequently used in Hawaiian story with reference to a person, as to life-giving power. Kawelo, thought stoned to death and placed on the altar for sacrifice, arose and slew his opponents.

[39]Muliwaiolena, yellow stream, not identified.

[40]Mokihe, not now known.

[41]A frequently referred to traditional distant sea. The name signifies nauseating ocean and probably refers to its tempestuous character.

[42]*One lau ena a Kane* is difficult to define. Scholars differ on the meaning of *lau ena*, whether single or a divided word, as applied in some cases to the land of Kane, and here to the sand. One "pundit" held that brightness only pervaded the realm of Kane; that even the sands of the shore glistened.

[43]The *lua* was a practice in wrestling wherein experts by their grip on their opponents could break their bones in mid-air as they were being thrown.

His eyes were like Kauhilonohonua's;
110. Kauhi is like Piilani.
There are eight to Kalanikaumaka from Wakea.
It is the cavern in the deep ocean
Which, with its entrance, is made sacred,
The pain of which causes the molars to grind;
115. Which staggers and floors that child
If he desires its severence, submit[44] to Ku.
Here is Ku of the overcoming ills.
Like the skin of the moano[45] are Kawelo's eyes.
With firmness in its hinder part,
120. Causing the tail to wriggle,
The chief's dogs bark steadily at Hakau.[46]
Keaka, Keaka Poomaihelani,
Keaka of ill-shapen limbs. Kawelo passed.
Ku[47] of the fearless eye,
125. Kuaiwa the chief, Aikanaka,[48]
Thou art the Aikanaka of Kamakaholani,
The skin that is roughened, yes roughened,[49]
Sharpened on the outside.
Thou art Kealohi Kikaupea,
130. The kite of Hoohila,
The two piercing eyes of Kawelo,
The peer of the kakalawela[50] eel,
The eel with the spotted and smooth skin emerge,
They are the sacred [eels] of the bitter fish-poison[51]
135. Which was pulled and which cracked,
An offering acceptable to the longing of Mano;[52]
To the longings of Hiwa, of Hiwakau-maka.

He mau maka e like Kauhilonohonua,
110. E like Kauhi e like o Piilani.
Ewalu o Kalanikaumaka o Wakea.
O ka lua ia o ka moana hohonu,
E pala pu ai o ka ihu i ke kapu.
E kokohi ai ka eha naumau ke ku'i;

115. E kunewanewa ai hina ia Kama;
I ku i ke oki, iaea i poho e Ku.
Eia Ku kaili auaualena.
O ka ili o moano, maka ele Kawelo,
He wawae oo i ka hope ka hae,

120. E kolili ai ka huelo, kowili koko,
Ko i haea i Hakau na ilio alii.
O Keaka, o Keaka Poomaihelani,
O Keaka ma'i uha-kikili, Hala Kawelo.
O koa maka ea o Ku,

125. O Kuaiwa lani, o Aikanaka,
O ka Aikanaka oe o Kamakaholani.
O ka ili i kalakala, i kalakala e,
I hookala oi mawaho.
O Kealohi Kikaupea,

130. Ka pea o Hoohila,
O na maka oi o Kawelo elua,
O ka oi o ka puhi kakalawela,
I ae ka puhi ili paka, ili omole,
O na mole kapu o ka hola awahia

135. I hukiia, i uuina,
I mohai pono mai, mai ka piko o Mano;
Mai ka piko o Hiwa, o Hiwa-kau-maka.

---

[44]Submission to the god Ku was the only means of relief from kapus, the severities of which caused one to writhe in pain.

[45]Moano (*Pseudupeneus multifasciatus*), a variety of fish usually abundant in market and conspicuous for its bright color.

[46]This has reference to King Hakau of Hawaii at his overthrow by Umi.

[47]Not the deity of this name, already referred to, but one of several names of Kuaiwa.

[48]The somewhat frequent use of this word *aikanaka* (man eater) in the chants lead to the supposition of its being a qualification rather than a name, or worse, a record of cannabalism. It occurs elsewhere in a similar manner with reference to Kawelo who, besides defeating the chief of this name on Kauai, was clearly a consumer of men in his victories over his opponents. Its use in this chant, in this sense, shows Kuaiwa as the consumer of men for Kamakaholani, being his successful general. In confirmation of this view it may be stated that it stands in the same relation to the chiefs mentioned as does the term *alii aimoku*, chiefs of a certain rank who took the products of the land without giving any returns; virtually land consumers.

[49]A condition of skin caused by frequent use of awa, as in the case of Keawenuaiaumi, in likeness of which Kuapakaa the keeper of the wind gourd Laamaomao was named.

[50]Kakalawela, eel.

[51]Fish poisoning, or stupefaction, was practiced by the use of the bark of the *auhuhu* shrub (*Theprosia purpurea*).

[52]The shark, mano, was said to be trained to certain preferred food and became aumakuas (ancestral guardians) to their devotees, and awa being a sacred offering to the gods was held to be necessary for its propitiation.

By Niau.[1]

A soul without a body is thy name,[2]
The shadow of the soul, it goes and comes,
I feel for thee[3] my friend
Thou hast my love, my ardent love,
5. Farewell my soul.
We two[4] shall dwell here still
But I see not that one though he is,[5]
He is gone there to do his mischief,
And where hast thou[6] gone?
10. Thou hast vanished,[7] thou art taking re-
venge,
What is my great offence, O god![8]
I have eaten standing perhaps, or without
giving thanks,
Or these my people have eaten wrong-
fully.[9]
Yes, that is the offense, O Kaneika-
waieola.[10]
15. O spare; O let me live,[11] thy devotee,
Look not with indifference upon me.
I call upon thee, O answer[12] thou me,
O thou god of my body who art in
heaven.[13]
O Kane,[14] let the lightning flash, let the
thunder roar,

Na Niau.

O ka uhane kanaka ole, kou inoa.
Hele ke aka o ka uhane a hoi mai,
E aloha ae ana a'u i ko'u hoa.
He aloha ka hoi kau ka nanai,
5. Aloha wale kuu uhane kino wailua.
Elua ka maua e noho nei,
Aole a'u i ike aku oia kekahi,
Ua kii ka ilaila e kalohe ai,
Auhea ane oe?
10. Ai kapakapaku, ai kookoona,
Heaha la ka'u hala nui, e ke 'kua,
I ai kuia paha a'u, i ai aia,
I ai aia ia'u, e lakou nei.
O ka hala ia la e Kaneikawaieola,

15. E ola e e ola hoi a'u la ko pulapula,
Mai nana lea mai oe ia'u
E kabea aku no wau, e o mai oe.
E ku'u kino akua i ka lani,
E Kane, e lapa ka uila, e kui ka bekili

---

[1]Niau was a princely chief of Kauai who was killed in battle. He was termed a *kaukaualii*, being the son of a high chief, but whose mother was of low chief rank, or of the common class.

[2]A spirit without a body, *hele ke aka*, the shade of the spirit goes and comes. The prophets were said to be able to catch the spirits of men going about and killing others.

[3]Niau was leaving his companion, *ko'u hoa*, his own soul. The ancients supposed they had two souls, one remained permanently in the body, the other went forth doing good or evil.

[4]We two, elua ka maua, his body and his soul.

[5]Though existing is yet unseen; he has gone (ua kii ka!), but he has gone there to do mischief. This is advisory to the prophet that has the power of watching him.

[6]Where art thou, is the distressed call to the absent soul.

[7]Ai in the original for, aia, answering the quest auhea? Kapakapaku in the sense of being lost, unseen, angry, there avenging; ai kookoona, being in a temper.

[8]What is my great crime, O god?, appeal to akua aumakua, his particular protecting god; every man had one, generally held to be his deceased father; they were supposed to protect from accidents.

[9]I, or my people, have perhaps eaten as an ungodly person, i. e. without prayer or thanks which was universal in ancient times; they have eaten sacrilegiously under me, as in the next line the ia answers for the passive, and the accented u renders it, literally, it has been eaten wickedly by them here under me.

[10]An epithet of the Kane deity, the god who was in the possession of the water that would restore dead men to life, or old men to youth.

[11]Let me (ko pulapula) live; pulapula, the propagation of plants, trees, animals and men; hence, thy power of spreading forth.

[12]I call, answer e o; say O, that I will know you have heard me.

[13]My body god, ku'u kino akua; my spiritual body in heaven.

20. Let the earth shake.[15]
I am saved; my god has looked upon me,[16]
I am being washed,[17] I have escaped the
danger.
Let the miscreant perish,[18] let not the
mischievous one succeed
Thou shalt soon be found a mischievous
nincompoop,[19]
25 The person of a mischievous mouth shall
perish;
The mischievous informer,[20] the man that
steals another's food[21] let him perish.
Let Niau be spared in this world.[22]
Pele is the immortal of Hawaii, I of this[23]
[island].
I am bold, I am energetic,[24]
30. I can tear and break in pieces,
I am tearing and breaking in pieces,
I will throw back upon him his curses.[25]
Let the man die that rises up eating, and
the ungodly[26] man also.
Do thou oppose[27] him, listen when he
comes forth,
35 Loosen,[28] be open to jealousy,
Lay open his crimes.[29]
What are his crimes?
A crime respecting fish perhaps,
A crime respecting food perhaps,
40. A crime respecting cloth perhaps,
A crime respecting a girdle perhaps.
Yes, that was the crime that excited the
jealousy of Kahai,[30]

20. E nei ka honua.
Ola no wau, ua ike kuu akua,
Ke holoi mai nei; pau ka poino,
Make ka eu, ke kalohe e o, e puka.
Loaa iho nei oe he eu nukupuu,

25. O ka nuku eueu, e make no ia,
Ka puali eu, ka ououkuono e make no ia.
E ola Niau i ke ao malama,
O Pele ko Hawaii, owau keia.
He kalaku a'u la, he okalakala,

30. E kala, e eueke.
E kala aku ana a'u e ueueke,
E ueke aku ana au i kona poino,
Hemo ka ai ku, hemo ka ai-a,
E ku i kela, e lono i ka uweke,

35. Kala wekea i ka lili,
Wekea i ka hala.
He aha la ka haia?
He hala i'a paha?
He hala ai paha?
40. He hala kapa paha?
He hala malo paha?
O ka hala ia i lili ai Kahai,

---

[15]Nei, like nawe, to shake, to move.

[16]The god has seen and delivered me from danger.

[17]Ke holoi nei, etc., I am being washed (by the shower for which he had prayed); I have escaped the hazard, it is passed.

[18]Let the mischievous person, ka eu, i. e., the prophet, die, let him fail (a way of cursing). E oe puka, he shall not succeed nor prosper in his mistakes.

[19]This line implies that the slovenly mischief maker will be discovered and his character made known.

[20]Puali is the king's man that goes round as a spy to see if there is no new property to be taxed.

[21]Ououkuono was one who stole food and ate stealthily in a corner, let him die.

[22]Niau in this world, ao malama; that other world is called ao malama mau—everlasting light.

[23]As Pele is the immortal of Hawaii, Niau desires like recognition for Kauai.

[24]He kalaku, to bristle up, to stand up like hog's bristles; meaning I am bold, daring. Okalakala, fierce, strong.

[25]Ueke, for wehe I kona poino, I can throw, break up his curses.

[26]The he in the original of this line stands for e, and mo for make, death; ai ku is one that eats and rises up eating without returning thanks; an aia is an unbeliever, either of which is deserving of death.

[27]Stand and oppose, i. e., the prophet; lono, listen i ka uweke, a term used on Kauai for wehe, listen to his opening, or coming.

[28]Kala, loosen, wekea, open; let it be opened to jealousy, anger.

[29]Wekea i ka hala, let his offense live, be brought to light, from whatever cause, whether of fish, food, cloth or girdle.

[30]Kahai was a sorcerer (anaana) priest of Pele.

Kahai was jealous, the heaven voiced
    conch,[31] O chief,
Whosoever has taken anything[32] of mine
45. It is thy office to kill him; let him surely
    die.

E lili Kahai, ka pu maleolani—e ka lani e.
O ka mea nana i lawe o kuu maunu,

45. E i ae oe e make ia, e e make ia e.

Evening Song.

FROM THE JOHN II COLLECTION OF MELES.

Lehua[1] takes away the day, sacred[2] is the
    evening.
Subdued is the murmur, the noise, the
    tumult!
[And the] great wailing.
The sun is setting, its work accomplished;
5. Set apart (sacred) is the evening, work
    has ceased.
It is sacred, let the voice be subdued,
Hush the voice, let there be kapu!
This is the meaning, it is evening, just
    that;
A sacred time for the chief to withdraw,
10. To stretch himself,[3] for he is wearied,
Let there be kapu; it is evening!
Kapu for the holy evening, faint be the
    voice;
Kapued the voice, [and] loud talking,
The groaning, the murmuring,
15. The low whisperings of the evening.
The high chiefs rest[4] in the night of
    Hakalani.
In the sign[5] of Kekaupea.
For Kiha is the night allowed for boxing,
But the beginning of the night is kapu.
20. For Kealohi, for Kekaupea the king.

Mele Ahiahi.

Lawe Lehua i ka la, kapu ke ahiahi.
E maa ka mumu, ka wawa, ka nei—e!
Kupina—i!
È kau aku ana hoi ka la, e ko mai ana;

5. Ke ahiahi hoanoano, hoomehameha.
Hooihiihi, e ihi kihi ka le—o!
E hamau ka leo, e kapu!
Eia ke ano la, he ahiahi wale;
He iu kapu no ka lani e pee ana,

10. E kauolo lupe ana, ke luluhi nei—e,
E kapu e, he ahiahi!
Kapu i ke ahiahi ihiihi, maa ka leo;
E kapu ka leo, ka walaau,
Ka nunu, ka ne ua la,

15. Ka ua ne ua la o ke ahiahi,
Ka ulu-haka i ka po o Hakalani,
O ka pohaka o ke Kekaupea.
No Kihi ka po no ka hookeekee
O ke kihi ahiahi kapu no hoi,

20. No Kealohi, no ke Kekaupea ke 'lii.

---

[31]Punialeolani (as one word, not three as in the original) was the name of a large conch on which the highest chiefs alone were privileged to blow. It was sacrilege for any others to attempt to use it.
[32]Whoever takes my maunu. Maunu is anything belonging to a person, or any part of what is his; spittle, hair, nail, etc. It takes the name of the fishermen's bait, from the similarity of purpose, to secure a victim.
[1]Lehua, the westernmost island of the Hawaiian group, hence the last on which the sun shines.
[2]All nature proclaims the sacredness of the approaching night, hence man is called upon to recognize it by quietness.
[3]Kauolo lupe is to bend alike together to the strain of a task.
[4]Ulu-haka, the elevated place in the house of a high chief, where only those of rank are entitled to rest.
[5]Pohaka, sign of Kekaupea, a chief, has reference to a certain evening sky indication named in his honor.

To him[6] belongs the evening. Kapu! 'tis evening!
Sacred is the evening to Kawelo,[7]
Who traveled about in Wailuanui-a-hoano.
And falling asleep undisturbed as Kube,[8]
25. Then was oppression, dizziness relieved in that sleep.
The child raised up; the sacred child pleased of heaven.
It is the evening of Mahuna Kaioe.[9]
The eye[10] (offspring) of Kuawalu-pau-ka-moku,
The chief for whom is the evening! Let there be kapu! It is evening and sacred
30. It is the evening sacred to Kuihewa[11]
At Kukaniloko,[12] at Lihue, there is the terrible enclosure of the kapu,
Kuihewa's strict kapu that was declared.[13]
Kuihewa, Ka!:uihewa, Kuihewa of the colored[14] garment,
For them the evening at Lihue,
35. For Luaia,[15] for Luanui-mahao the chief is the evening,
Let there be kapu. It is evening!
Edgeways, staggering descends the sun
It is evening.
The day is divided, rain vanishes as the sun reaches Manuahi.
There at the time[16] of dancing, Lehua takes away the sun,
40. Casting its rays in the dark sea,
Traveling onward is the sun[17] of the day,
Returning to the bosom[18] of the protecting god.

Nona ke ahiahi—, e kapu— e—, e ahiahi!
He ahiahi kapu no Kawelo.
I holoholo 'ku iloko Wailuanui-a-hoano.
E hiamoe ana i moemoe a Kuhe.
25. Ilaila ka paluhi newalani i ka hiamoe
O ka huki kau kama ka ihi kama hoohia ka lani.
O ke ahiahi o Mahuna Kaioe.
O ka maka o Kuawalu-pau-ka-moku,
Ke 'lii nona ke ahiahi e; e kapu e, he ahiahi kapu o!
30. He ahiahi kapu no Kuihewa
I Kukaniloko, i Lihue, ilaila ka pa awa-awahia o ke kapu,
O ko Kuihewa awahia i malania.
O Kuihewa, Kakuihewa, Kuihewa o ka ua-ua-pena,
O ko lakou ahiahi i Lihu—e,
35. No Luaia, no Luanuimahao ke 'lii nona ke ahiahi.
E kapu e! he ahiahi!
Kaha aui, newa ka la, ua ahiahi.
Ke kahakaha ka la, hele ua, kaha ka la i Manuahi.
Aia i ka haaluapou lawe aku la Lehua i ka la,
40. Aka ku la i ke poo ke kai uli,
Hele aku la kanakaloa o ka la,
Hoi mai la ka poli o malumalu akua.

---

[6]To him, *nona*, Kekaupea the king is the sacredness of the evening proclaimed, shown in line 16 to be Hakalani.

[7]Kawelo, famous king of Kauai, is now assigned the kapu of evening.

[8]Kuhe, the Hawaiian Morpheus, who gives undisturbed slumber; to whom lullabys were chanted to invoke pleasant and restful sleep.

[9]Kaioe, more likely ka i a oe, is yours. As a name it carries no meaning. This line designates the night of Mahuna to Kawelo.

[10]Not the eye (maka) but the offspring of Kuawalu.

[11]Kuihewa, a famous king of Oahu, begins a new division.

[12]Kukaniloko, on the upland plain of Lihue, island of Oahu, was designated the sacred spot (enclosure) for the birthplace of aliis.

[13]In Kuihewa's birth there his high rank and sacredness was confirmed.

[14]Kakuihewa, equally known as Kuihewa o ka ua-ua-pena. Ua-ua was the name of a yellow dyed kapa, the qualifying pena indicates it as an imprinted colored garment.

[15]Luaia, an ancestress of Kuihewa. Luanui-mahao not identified, likely an epithet of Kuihewa.

[16]Haalua pou, an imaginary post where two are dancing, at which time Lehua has taken the sun.

[17]Kanakaloa, lit. long man; an epithet for the sun.

[18]Bosom of night as a protecting god. Hoi mai la *i*, to, understood.

A strangely solemn stillness prevails;[19]
Perhaps Kabiki is still,
45. A sacredness pervades Kahiki,[20] 'tis
        evening.
The evening is proclaimed for Hooho-
        kukalani;
An evening[21] for his eminence[22]
Slow are the days declining to night, to
        lighting time, to midnight.
As evening shadows fall the spies[23] of
        heaven return.
50. Let the earth beneath be sacred to the chief,
An evening befitting his greatness; his is
        the [awa] cup.[24]
The high service indicates his rank.
Very quiet is the evening, an evening
        sacred to Akea,
To Akea[25] of old belongs the evening.
55. O Ku, O Lono, O Kane—the evening,
Relieved is the weariness, for 'tis evening,
An evening sacred to Kekuaiwa,[26] at
        Kauhola.
To the long-tailed fish [is] the distant
        allurement[27] in the water.
O Kiha-nui-lulu-moku,[28] to Liloa is that
        evening,
60. For the water-diver during the flood,[29]
A water-guard reared among the streams.
The concubine is set aside,
Sacred is the chief's realm, hypocrisy is
        reprehensible,[30]
The wrong is avenged by the growth of a
        guilty[31] conscience
65 Waipio has no place for forgiveness.
The night is traveling towards Haena.[32]
It pursues its course till it reaches the top
        of the cliff,

Ke ku mai la ka pahu o ke anoano—e;
Ano paha Kahiki—e,
45. Anoano aku la Kabiki, ua ahiahi

Kauliakea ke ahiahi ia Hoohokalani;
He ahiahi ko ia 'na liliu,
He liu na la, he aui po, ke kului po,
        aumoe po,
He po ahiahi ae no ka lani kiu hoihoi
        mai ana.
50. E kapu ko lalo honua i ke 'lii,
He ahiahi ka i kona nui, kona he apu.
I ke kona nui niho amo
Ia koluna ke ahiahi, he ahiahi kapu
        no Akea,
No Akea kahiko ke ahiahi.
55. E Ku, E Lono, E Kane,—he ahiahi—e;
Kuu aku ka luhi, ua ahiahi;
He ahiahi kapu no Kekuaiwa, no
        Kauhola.
No ka ia hi'u loloa, ka ewaewa loloa
        iloko ka wai,
O Kiha-nui-lulu-moku, no Liloa ia
        ahiahi,
60. No ke kanaka luu wai manawa wai,
Kiai wai kahawai okoa no.
A ka waiho hoi aku ke kamakama,
He kapu ka au 'lii, he wela ke kamani,
He laa ka hala, ka nioi kupu i Paakalana

65. Aohe wahi manalo Waipio.
Ke hahai aku la ka po i Haena.
Ke alualu aku la kau i ka pali,

[19]Anoano-e, a different solemnity prevails.
[20]Perhaps even foreign Kahiki is affected.
[21]These lines refer back to the kapued evening set apart for Wakea and his daughter, Hoohookukalani.
[22]Liliu, rendered eminent rather than high or exalted rank.
[23]The stars are likened to spies of heaven returning for watchful service; decidedly a poetic thought
[24]Awa cup, apu, of kapued royal use.
[25]To Akea (Wakea) is the evening dedicated, as shown in line 47, note 22.
[26]The chanter next turns to Kekuaiwa's claims for distinction; he was a chief of Kauai.
[27]The distant allurement of the long-tailed fish is as the desire of Kekuaiwa for the sacred evening.
[28]One of the epithets of the lizard-goddess of Maui, who is here informed the evening is Liloa's not hers.
Liloa was the famous king of Hawaii, father of Umi, residing at Waipio.
[29]This and the following line refers to Kiha's powers.
[30]Wela, hot, merciless, will be the doom of the hypocrite, the smooth-tongued deceiver.
[31]The saying "nioi kupu i Paakalana" is said to be applied to a self-condemned conscience, referring to a severe
sentence or penalty of the Waipio temple of Paakalana. Nioi kupu is literally red-pepper growth.
[32]Haena point, Kauai, famed in story for its attractions from distant parts of the group.

And descends on the summit of Hala-
   awiki,[33]
Such is the indication, the sign of evening.
70. Relieved is the fatigue, for 'tis evening,
   The darkening shades of evening,
   The approaching shades of night,[34]
   The night, the night towards dawn,
   Morning light, stretching from midnight,
75. Giving refreshing rest to the district,
   To the ruler of Hawaii of Ku.[35]
   O Hawaii proclaim me![36]
   The rest at Kahiki-nui-kai-akea.
   [The] council of that place divided[37] the
      heavens,
80. It met in front,[38] separating for a temple
   The company of chiefs; the company of
      chiefs was at Hanalaa.[39]
   To cleanse in the sea of Kahiki-ku,
   To bathe in the choppy sea.
   The current of the ocean flows toward
      Lono.
85. O Lono, an attentive land is this
   I am gentle here at Kahiki-ku.
   Arise! rest the weariness, press the
      languor,
   Overcome the tiredness; Hawaii is with
      sheltering houses;
   Rest you in great broad Hawaii.
90. Peaceful heavens cover earth and space.
   An early evening slumber is of the
      heavenly company,
   O Ku, O Lono, O Kane, it is your
      evening,
   Released is the weariness, for it is evening.

Kiko aku la i ke poo Halaawiki,
Ko mai la ke ano, ke ano ke ahiahi—e.

70. Kuu aku ka luhi, ua ahiahi.
   He ahiahi kuluikului nei,
   Kuluikului kahi ana po;
   Ka po, ka po ia malio,
   Malio, malio i ke aumoe,
75. Kaa momoe lea i ka apana,
   I ke poo Hawaii-ku.
   E kani Hawaii ia'u!
   Ka hiamoe i Kahiki-nui-kai-akea,
   Ilaila anaina moku ai ka lani,

80. E lua lai alo moku ai i luakini
   Ka lani ma; ka lani ma i Hanalaa,
   E holoi ai kai o Kahiki-ku,
   E auau ai ke kai kupio—e,
   Ke au, ka moana kahinia ia Lono.

85. E Lono—e, he pihe moku nei,
   He laka au eia ma Kahiki-ku.
   E ku! kuua ka luhi, lomia ka o-pa.
   Kuua ka luhi; he halauloa Hawaii;
   Moea oe i Hawaii-nui-akea.

90. He luluhia lani mau honua i mau kului.
   He hiamoe ahiahi no ka lani ma,
   E Ku, e Lono, e Kane, ko ahiahi—e.
   Kuu aku ka luhi, ua ahiahi.

---

[33]Halaawiki, a mountain-peak on Kauai.
[34]The poet here in several connecting lines refers to the beneficial character of the night to the whole land.
[35]Hawaii of Ku, one of the major gods.
[36]Hawaii is called on to proclaim the rest that comes with evening, which extends to the wide area of great
Kahiki.
[37]Dividing the heavens to effect day and night.
[38]As originally written, this line is difficult and obscure.
[39]A designated place in Kahiki-nui-kai-akea, where sacred or holy services only are conducted.

A Lamentation for Kalai-ulumoku.

My sacred child, my revered child,
Thou art the child descended from
    Akalana,
A descendant of Kiha;
Thou art the child begotten of Akalana.
5. Thou art the chief through Ka-lau-
    loa-ia-iku.
Thou art Kauhi, I am Kauhi, [both chil
    dren] of Kama.[1]
I am Kamalalawalu, begotten of Kiha,[2]
That Kiha of the blue sea moss,
O Kiha, the blue, the sea moss,[3]
10. O Kamalalalua thou art Kama, the Kama
    that wandereth.
O Kama, O Kaila, O Kalalahai,
Thou who ascended[4] to the [temple][5]
    house at Malaihaakoa.[6]
To brace[7] and establish indeed the corner
    at Halelea.
Kamanuena [son] of Kawelo,[8] Kawe-
    loaikanaka,
15. A child of the disdainful[9] lord,
The sacred child of Kalanikukuma [10]
Elder brother of Kailelalahai,
[Also] Aanuikani-a-weke of Kona and
    Koolau,
Three of them were born of the con-
    temptuous chief.
20. He [Kamanuena], is the tail of the kite[11]
    at Hihimanu.
When the kite ascended and united

He Kanikau no Kalai-ulumoku.

O kapu kama ia'u e, ehia kama,
O ke kama ia kama Kabiki-a-ka-lana,
O kekahi kama ia a Kiha,
O ke kama ia hanau mai Akalani.
5. O ko lani oe o Ka-lau-loa-ia-iku
O Kauhi oe, o Kauhi a'u, a Kama.
O Kamalalawalu a'u a Kiha i hanau.
O Kiha ia o ka uli manauea,
E Kiha e ka uli, e ka manauae ea.
10. E Kamalalalua ia o Kama, e ka hala
    lalu ia Kama ke hele,
E Kama, e Kaila, e Kalalahai,
E ka hakihaki apana i mua i Malaehaakoa.
I ko oa e kihi kama Halelea
Kamanuena a Kawelo, Kaweloaikanaka.
15. He maka ia no ka haku maka paweo,
He maka kapu ia no Kalanikukuma.
Ka kaikuaana o Keilelalahai,
O Aanuikani-a-weke no Kona, no Koolau.
Akolu lakou a ka haku maka paweo i
    hanau.
20. Nona ka polo pea i Hihimanu
I kau aku ai ka pea a huia

[These notes are based largely on those of Judge Andrews' study of the chant].

[1] You are Kauhi, I am Kauhi of Kama, therefore we are both the offspring of Kama. Kama, a sobriquet of Kamalalawalu, a noted Maui king.

[2] Kiha, the king of Kauai.

[3] Blue sea-moss, manauea, a species of sea-grass which, seen through the sea, appears green.

[4] Ascended the hakihaki, stairs or steps reaching up to a temple.

[5] Mua, the principal house of the several temple enclosures wherein are prepared the sacrificial offerings.

[6] Malaihaakoa, name of a once famous heiau (temple) on Kauai.

[7] I ko oa, to brace up a rafter, here a supporting division of Halelua, a place on Kauai.

[8] Kawelo, proper name, different from Kaweloaikanaka, a high chief.

[9] Paweo, to look at and turn away with contempt, disgust.

[10] Kalanikukuma, an alii of Kauai.

[11] Pea, like lupe, a kite; polo, the tail of a kite.

(422)

[With] the tail of the kite of Kealohi, the good,[12]
Kealohi of the water begat the bastard child of Kealohi,
Keawe of Kealohi, by the paramour of Umi,

25. Made eminent by Kailimoku.[13] It was Keawe who begat chiefs
At the shielded[14] division,[15]
Borne in the misty rain to Haona;
Carried at night in a container,
And at daylight placed in the house in its nakedness.

30. He was the staunch support which helped sacred Kawelo,
The chief whose sacred edict[16]
Was broken[17] and ignored at Holoholoku.[18]
The sacredness which should have caused silence
Was disregarded by the sound of many voices[19] in the night;

35. By the sound of the gentle rain of heaven;
By the rending of wet kapa[20] in the heavy rains;
By the loud reverberating[21] sound of the heavens.
O chief, who art yonder, do return.

You are blundering,[22] be careful lest you wander;
40. Wandering against one's will would be satisfactory
If accompanied by love offerings such as my Hoohila[23] blossoms;
I mistook the quietness of the water; I am floating alone,[24] you are not here,

Ka polo pea a Kealohi kanaka maikai,
Kealohi kai ka wai loaa ka hema a Kealohi,
Keawe a Kealohi no kona koolua wahine a Umi,

25. Ke kuku Kailimoku, na Keawe no i hanau na 'lii
I ka pale kohiana.
O ke kohiana polua io Haona,
O ka haona mai po hapai.
He ao e io Haka, io Hakaola,

30. O ke koo ola i koo ai kapu Kawelo,
O ke 'lii nona ka hakikili
Haki apana apana i Holoholoku ke kapu.
O ke kapu mai hoano e hoomehameha,
O ka pehea hoi o na leo kawakawa i ka po;

35. I lani ka eloelo i ka lele mai polua
Io nahae nahae mai o lele.
I na pu kolukolu i ke kolukolu ia iku lani·
O lani e i oa, e hoi e.
O ke nahili au nana ia o kihele,

40. O ka hele i o uilani ke maemae aku la,
Ka lau aloha o Hoohila, kuu pua,
Manao i ka wai ke lana la, ke lana wale nei a'u, aole oe

[12]This is manifestly figurative.
[13]Kailimoku, the famed war-god of successive Hawaii kings from before Liloa, then known as Kaili, but better recognized in later years as Kukailimoku.
[14]Shielded, likely through proximity to the god which is designated as kuku, standing erect.
[15]Pale kohiana, as a division bank between two taro patches.
[16]Hakikili, name of a kapu (v) to forbid, prohibit.
[17]Broken into little pieces, haki apana apana, applied not to regard the kapu restrictions
[18]Holoholoku, the famed recognized birthplace of Kauai royalty, hence entitled to sacred regard, as was Ku kaniloko for Oahu.
[19]Many voices, leo kawakawa, wet voices, of the night.
[20]The sound of wet kapa rending (eloelo) in the polua—rain with wind—was one of the disturbing elements.
[21]The rumbling noise of thunder, the thunder guns of heaven—pu kolukolu—thick, heavy cloud-bursts with rain.
[22]Nahili, going astray, lagging behind, hence the caution.
[23]Hoohila, name of a place on Kauai. My blossoms, kuu pua, figurative.
[24]Reference to water also figurative.
MEMOIRS B. P. B. MUSEUM, VOL. VI.—27.

Where art thou? Here am I, here am I
    indeed, my arms are empty.
Stolen[25] is my precious one,[26]
45. In sorrow I search for thee.
    Let us seek together, and ease thou my
        painful head
    The pain of my head which throbs: I am
        grieved indeed.

Auhea oe? eia'u, eia'u la ua he—mo kuu
    lima,
U'a huea kuu hipuu makamae,
45. U'a minamina au e imi,
    Kaua e imi hoi, a e nini mai oe i kuu
        nahoalua
    I ka napele o kuu poo i ka eha, ua
        eha au e.

A Lamentation for Lono-opio.[1]

BY PELEKAIA.

My companion of the rain of the return-
    ing water,
My companion of the land of steady wind;
My companion in the cold of the Kiu
    wailehua[2]
My husband of the night and day;
5. My companion watching the Koolau-
        wahine[3] wind
[And] calling to Kulahuhu
To string handsome flowers[4] [for] the lov-
    ing companion, a husband;
My beloved companion in the Lord;
My fellow-worker in Christ;
10. My companion in the kukui grove of
        Koolau;
My companion in the pandanus trees of
    Pooku;
My companion in the hau trees of Kau
    kaopua
My companion of the swelling and sandy
    seaweed is the man of Manuakepa;
My companion in the rain at the sands of
    Ona;

He Kanikau no Lono-opio.

NA PELEKAIA

Kuu kane o ka ua o ka wai hoi,
Kuu hoa o ka aina kai puhi i ka makani,
Kuu hoa pili i ke anu o ke kiuwailehua.
Kuu kane o ka po o ke ao;

5. Kuu hoa nana makani koolauwahine,
E kahea ana i Kulahuhu.
U i puakei, ka hoa 'loha, he kane,
Kuu hoa aloha i loko o ka Haku,
Kuu hoa lawe hana i loko o Kristo.

10. Kuu hoa i ka malu kukui o Koolau
Kuu hoa i ka hala o Pooku
Kuu hoa i ka hau o Kaukaopua
Kuu hoa o ka limu pehu, limu one, ka
    kanaka o Manuakepa
Kuu hoa alo ua ina one Ona

---

[25]Stolen, ua huea, like aihue.
[26]Hipuu makamae is a precious burden borne on the hips, where the knot of the malo fastens, hence the appli-
cation of the term.
[1]This dirge for a beloved companion presents the discomfortures, experiences and pleasantries of their life. It
is characteristically Hawaiian in comparisons and expressions.
[2]Name of a discomforting wind. Its first part, *kiu*, is the name of a strong trade wind at Honuapla. At Hana
the name applies to the northwest wind. This might indicate it as belonging to Maui, but it is not found among
those named by Kuapakaa as released from his wind-gourd Laamaomao, as given in Memoirs, Vol. V, pp. 92-102.
[3]The well-known name of the cold, northern wind on Kauai.
[4]Puakei, pua, flower; kei, an expression of wonder, hence the call to string a flower or flowers of rare beauty,
for a loving husband companion.

15. My companion of the hand constructed
    path
    Whereby we reached Hoohila with my
    husband;
    My companion watching the fire-brands[5]
    of Kamaile
    Passing the cliffs weariness ends.[6]
    My husband in [the] hot sun of Mana;
20. My companion of the hiding water of the
    paoo;[7]
    My companion of the salt plain of Kalaa-
    laau;
    My companion of the sands of Kalaihi;
    My companion of Kapiheakekua;
    My companion of the sugar-cane digging
    of Kalalii;
25. My husband of the comforting sea-breeze
    of Kaali;
    My companion in the reddish, perfumed
    water[8] of Waimea ·
    My loved companion in the bosom of
    Lehua;
    My companion in the Kapaahoa rain of
    Kahana;
    My companion in the cold rain of the
    mountain.
30. Halemanu was above,
    Our house was below,
    House of a hollow tree-trunk,
    A house which was fixed and trimmed by
    the birds.
    We were there above, residing with my
    husband,
35. My companion of the fish[9] which touched
    the skin of Pakaua at Pohakomo;
    My beloved companion in the wonderful
    calling of the Lord;[10]
    My companion seeking the will of the
    Lord.
    His will was our support in times of
    weariness.

15. Kuu hoa o ke ala hapai i ka lima
    E hiki aku ai maua i Hoohila me kuu
    kane
    Kuu hoa nana 'hi lele o Kamaile
    Hala ka pali pau ka luuluu
    Kuu kane i la wela o Mana

20. Kuu hoa i ka wai huna a ka paoo
    Kuu hoa i ke alia o Kalaalaau
    Kuu hoa i ke one o Kalaihi
    Kuu hoa i Kapiheakekua
    Kuu hoa i ke ko eli o Halalii

25. Kuu kane mai ka malu o ka naulu o
    Kaali.
    Kuu hoa i ka wai ula, wai hiliahi o
    Waimea
    Kuu hoa aloha i ka poli o Lehua
    Kuu hoa i ka ua kapaahoa o Kahana
    Kuu hoa pili i ke anu o ka mauna

30. He luna ae o Halemanu
    He lalo iho ko maua hale
    He hale puka laau
    Hale a ka manu i ako a oki
    Na maua ia uka i noho me kuu kane

35. Kuu hoa o ka ia hoopa i ka ili o Pakaua
    i Pohakomo
    Kuu hoa 'loha i ka oihana kupaianaha a
    ka Haku
    Kuu hoa imi i ka makemake o ka Haku
    O ka makemake oia ko maua makamaka i
    noho ai maua i Luhi

---

[5]This refers to the Kauai sport of throwing blazing hau branches, or auhau (among the lightest of Hawaiian woods) which was thrown from the high cliffs facing the sea, to fall gradually into the ocean, or be kept sailing in mid-air by the wind currents till extinguished. Kamaile was on the northern coast of Kauai.

[6]Luuluu of the original, rendered here as weariness, is that fatigue resulting from cliff climbing, which comes to an end when the hills of difficulty are passed, and is forgotten in the enjoyment of the pyrotechnic display.

[7]Paoo (*Salarias*, sp.), a variety of small fish of sheltered, quiet water.

[8]Refers to the Waimea stream as perfumed by the fragrant sandalwood of that region in early years. Hiliahi (Sandalwood bark) being synonymous with iliahi, the term for Sandalwood.

[9]The two kinds of small fish, nehu (silversides), and iao (or iiao), are said to be the only varieties unafraid of man. The tradition of their rubbing up against Pakaua of olden time instead of fleeing from him is here referred to.

[10]As in lines 8 and 9, the chanter's companion was evidently a theological student at the Lahainaluna Seminary.

My companion in the sea of Palepale-
   moana;
40. My companion at the cliff of Waahia. at
   Manawaohua, Wawaenohu,
   In the calm of Kaimaio;
   My beloved companion of the fitted mats,[11]
   [The] stratum of Keawanui.
   Lono gave us strength to secure the land,
45. We strove together indeed, O Chief!
   By the chief was the land defeated;
   Your land was defeated because of the
      dead.
   At your death the first-born succeeded.
   The chief gave birth at Holoholoku.

Kuu hoa i ke kai o Palepalemoana
40. Kuu hoa i ka pali o Waahia. i Manawao-
   hua i Wawaenohu,
   I ka lulu o Kaimaio,
   Kuu hoa 'loha i ke ku moena
   Hapapa o Keawanui
   Na Lono no i nai kaua ia ka moku,
45. I nai kaua ia no, e ka lani!
   Na ka lani ka hee o ka aina,
   Hee kou aina ko ka mea make,
   Mea make oe lilo i ka hanau mua,
   Hanau mai ka lani i Holoholoku.
           Honolulu, Oahu, June 16, 1837.

A Lamentation for Keawe-kalohe.[1]

His is the gentle sleep[2] of Palekaluhi,
The beloved companion[3] of Mano,
Conceived and born in one womb,[4]
One was the after-birth of the chiefs.
5. If Wailua[5] furnished the evidence,
At Holoholoku[6] they are ennobled,
Thou art my sacred father, Kalani.
Kalani's is the severe command, for it is
   bitter,[7]
Bitter as the drunk awa with its side scum.
10. The sacred children of Hoohila[8] Kawelo
Descended by the dark rains from the
   heavens,

He Kanikau no Keawe-kalohe.

O ka hiolani kana o Palekaluhi,
O ka pilipilikana lua i o Mano la,
O ke ko-ko a kewe hookahi ana
Hookahi ka aa kewe o na 'lii
5. Ina i Wailua ka hoailona
O ko lakou wahi Holoholoku na Ku hoi
   e o oe,
O kuu makuakane kapu o Kalani.
Na Kalani ka hua awa ke mulemule nei,
He mule au awa kihi ka loe e,
10. Na kihi kapu kama a Hoohila Kawelo
Na ka ua lanipo aku la i ua,

---

[11]"Fitted mats, as rendered, has in mind the prepared set of several mats placed one upon another comprising the bed-place, termed hapapa (stratum) of Keawanui.

[1]Keawekolohe was termed a kaukau alii, being a prince, or of the class of chiefs below the king.
[2]Gentle sleep, hiolani, typical of the passing of Pelekaluhi.
[3]Pilipilikana, a close, beloved companion (lua) of Mano, an ancient king of Kauai; a twin brother.
[4]Ko-ko, the strings or net outside of a calabash, to strengthen it; so it was supposed the womb of a pregnant woman was strengthened; kewe, the womb; aa, the secudis, the afterbirth or that which enveloped the infant.
[5]If the child was born at another place than Wailua it would be uncertain that it was a chief.
[6]At the temple of Holoholoku, Wailua, offspring of royalty were reared, and thereby the god Ku decreed their eminence.
[7]Mulemule, that which is disagreeable to the taste; mule au awa, bitter is the circular scum of the awa cup; au, the circle of yellow around the awa cup which is bitter.
[8]The story of Kewalo reveals nothing calling for this epithet, implying shame, as generally understood. It more likely applies to his fearlessness.

From Kahekului,[9] [the] grandmother,
From Keahialani of Lono! Thou Lono,
  confirm it.
I was glad to follow [after you] with my
  tears;
15. A shade appeared real,[10]
Causing tears to suffuse[11] my eyes; dis-
  pleased.
Two arose, the shade and you,
With you to calm my sorrow.[12]
The quiet which caused it to decrease;
20. Which caused me to keep silent and cease
  my loud wailing,
In curbing my grief there is still regret.
I am panting for breath, and am wearied·
My breath is gone,
Return, that I may go[13] back
25. And end my grasping at nothing.

Na Kahekului, kupunawahine
O Keahialani o Lono e, o Lono i ana
  hoi e,
Hoihoi e imi ku ana kuu waimaka;

15. Akakau ana he aka,
Ke kulu ka manini, konakona,
Ala lua ana, oia o oe;
O oe ka hoonana o ke aloha
Ka hoomalielie i ka ha'i ai.

20. Ia no malie ai pale ka uwe nui e,
Pale ka nui, he wahi mihi iki koe.
O kuu ikiki ia, ke uiha la,
I ka pau o kuu aho.
Ha'i ae la i ha'i au

25 I pau kuu hopu a hae.

A Lamentation for Pe'ape'a.[1]

This is a mourning tribute,
For you, Peapeamakawalu[2]
Kamakauahoa,[3]
My beloved one who passed away,[4]
5. The principal division from Haho.[5]

He Kanikau no Pe'ape'a.

He kanikau aloha keia,
Nou hoi la e Peapaemakawalu,
Kamakauahoa,
Kau mea 'loha i nalo akti la.
5. O ku palena nui a Haho,

[9]Rain and lightning personifications of ancestry which Lono, one of the major gods, is called upon to confirm.

[10]Akakau ana, enlarged shadow of a person or other thing; a skeleton of a man; many things confusedly thrown together.

[11]Kulu, a drop of water or other liquid; manini, water pouring over a dam; here the suffusing of the eyes with tears before one begins to weep.

[12]Hoonana, conveys the idea of calm, quietness, etc., with its soothing effect, as here understood. It may also mean to witness or take cognizance of the sorrow experienced.

[13]Ha'i, not break, but like ho'i, to return.

[1]The subject of this chant was one of the sons of Kamehameha-nui (king of Maui succeeding Kekaulike), and met with fatal injuries by the explosion of a keg of gunpowder at the Kauiki hill fort, Hana. He was removed to Honokohau, in the Kaanapali district, where he shortly afterward died from his wounds, in 1794. This is the burden of the lament.

[2]Makawalu, appended to and becoming part of Peapea's name, occasionally met with in historic accounts, indicates eminence or fame as an expert in whatever may be one's calling. Literally "eight-eyed," implies all-seeing, wide-awake. Kamapuaa was a "makawalu" in that he excelled in adroitness to extricate himself from perilous situations. Lonokaeho was likewise renowned for his several foreheads. Peapea was famous as a warrior, serving not only his father's interests in Maui's defense against Hawaii invasions, but aiding at times also the warring fortunes of Kaeo, of Kauai.

[3]Another of Peapea's names, likely complimentary, as it does not appear elsewhere, and conveys the idea of "young war companion."

[4]Refers to his death as above stated.

[5]Referring to many generations back of Liloa.

The second child of Palena,[6]
Holaniku of Kaihi was the father,
Following after [was] the pig[7] [shadow]
    in the clouds.
Kaohelelani and Lono, traveling compan-
    ions,
10. Followed after him
With failing strength supported from else-
    where
There were three gathered there,
The vessel had left the land.
This is Hana[8] we have just reached;
15. Hana the land of low heavens,
Kauiki is victorious, mountain towering
    high.
Kapueokahi[9] and Mokuhono are down at
    Kaihalulu,
Manianiaula, Hamaalewa and Kauiki,[10]
Mountain soaring to heaven, the mountain
    at the threshold,[11]
20. Home of the chief who passed away,
Calling back Kamakauahoa of Kepanila,
And also Kauhaipaku.
Kamakauahoa[12] went in spirit,
My beloved one who has gone.
25. Weep you,[13] I recite the virtues of Kumu-
    koa[14] hence, of the chief.

What made you angry that you should go
    crookedly,
The companion of my brother who went
    away.
Both of you are of Neau, from the same
    crouching house, (womb)
One indeed is the [bond of] affection
30 [And] the sadness between you
Gathered at the pool of Punahoa.

O kama luaia o Palena,
O Holaniku a Kaihe ka makua
Ka ukali hope, ka puaa kau i ke aolewa,
O Kaohelelani a Lono, na hoa hele,

10. Ka ukali o ka hope,
O ka hookualana ana o kahi e
Ekolu lakou e ahu nei,
Haalele i ka moku i ka aina,
O Hana keia, akahi o loaa,

15. O Hana, aina ua lani haahaa,
Lanakila nei o Kauiki, mauna i ka lani,
O Kapueokahi, o Mokuhono i kai o
    Kaihalulu,
O Manianiaula, o Hamaalewa o Kauiki,
Mauna i ka lani, ka mauna i ka paipai,

20. Hale o ka lani i hele aku la,
E o ia nei o Kamakauahoa o Kepanila
O kau-hai-paku ka hoi
Hoi makani o Kamakauahoa,
Kau mea 'loha i nalo aku la,
25. E uwe oe, e helu au o Kumukoa aku,
    o ka lani

I aha oe i welawela ai i punini ai oe,
Hele ka hoa o ke kaikunane.
O olua ia a Neau, mai loko o ka hale
    pupuu hookahi nei.
Akahi no ka ke aloha,

30. Ka paumako ia oukou,
E ahu i ka wai o Punahoa,

---

[6] This transposes authoritative genealogy order where Palena is shown to be the offspring of Haho. See Memoirs, Vol. IV, p. 25.

[7] Pig-shaped clouds were held to be omens of serious moment, usually portending evil. For this reason they were carefully studied for indications of favorable attitude, or imagined course of travel.

[8] Hana, of Maui, favored of the gods of ancient time, where the heavens were held to come nearer earth than elsewhere, and its mountains to take on added height.

[9] The harbor of Hana, with adjoining famous localities, Kaihahulu being the spouting sea-spray of that vicinity.

[10] Kauiki, or Kauwiki, is here given fabulous height, it being less than 400 feet elevation; thus myth and tradition combine with historic events to make it, perhaps, the most famous in Maui's history. With a fort on Kauiki's summit it was Maui's stronghold for many years, and in charge of which the subject of this dirge met with the accident which cost him his life.

[11] Kauiki bluff is at the left-hand side in entering the little harbor of Hana.

[12] An epithet of Peapea's, whose death is referred to as having gone in spirit.

[13] The people are called upon to join in lament while the *uwe helu*, the recitation of his virtues is narrated, as follows, in wailing strain.

[14] Another of Peapea's names.

Thou didst lay in that water;
Water gathered by the rain;
Gathered by the Apuakea rain
35. With the Koholalele wind.
Are you one furnishing blessings?
The rains break on the pandanus
The pandanus from Akiu and Honokalani;
The pandanus forest of Akiola,
40. My beloved one who passed away.
Great and abiding is my sorrow,
The hand is numb for you,
Beloved Kalani, beloved Kalani,[15]
Beloved Kalani who has passed away.
45. The chief was burned,
The flesh was separated,
Kalani changed [and] became a spirit.
He became many bodied; many changed
bodies.[16]
The body of the chief was taken to God.
50. Kalani became a new deity of Koolau;
Went to the calmness of Kapueokahi;
To the wailing spirits of Kaiakahuli,
The many living down at Nanualele.
Kalani was the deity of Hakipalunuau,
55. A descendant from Laka,
Those who laid in the pool of Punaloa,
Hakipalunu was the first born of Laka,
On lying down in the water the flesh be
comes cold.
My beloved one has passed away,
60. I am dwelling in sorrow,
My hand is benumbed.

Nau ka e moe ke na wai,
Ka wai halana kiowai a ka ua,
I hookio ia e ka ua apuakea.
35. E ka makani koholalele nei.
O oe anei kahi anoai?
Ka uá wawahi i luna o ka hala,
Ka hala mai Akiu a Honokalani
Ka ulunahele hala o Akiola,
40. Ka'u mea 'loha i nalo aku la,
He aloha la ko'u e noho aku nei,
He maeele no ka lima ia oe,
Aloha ka-lani, e aloha ka-lani,
Aloha ka-lani i hele aku nei,
45. Ua ahi ka-lani,
Ua momoku ka ili,
Ua mea e ka lani, ua kino akua,
Ua kino lau, kino lau pahaohao,
Ua haona ke kino o ka lani i ke akua.
50. Ka lani, akua hou o Koolau,
I hoi i ka lulu o Kapueokahi
Ka poe hanehane i Kaiakahauli,
Ka kini noho kahakai o Nanualele.
O ka lani, ke 'kua o Hakipalunuau,
55. O ka pua na Laka,
O Laka o Hakipalunu, ke kama kuakahi,
Ka poe i moe i ka wai o Punahoa.
I moe i ka wai auanu ka ili,
Ka'u mea 'loha i nalo aku la,
60. He aloha ko'u e noho aku nei,
He maeele no ka lima.

[15] Referring to the chief Peapea, and the lines following to his accident and death.
[16] The bereaved one here presents the idea that at death the spirit changes to many forms; of human, animal, bird or other form, and as such becomes a new deity, not only of Koolau adjoining Hana, land of his exploits, but the mythical land of Hakipalunuau (lines 50 and 54).

In Praise of Liholiho.[1]

The dear first-born sacred child.
Kamehameha, went forward in Ikiki[2]
To the sacred shore of Lono above.
Kamoholuakeakapu[3]
5. Of Kahiki, the owl that shaded the chief,
These were chiefs of Kapaina Kumalolo
Of the flying-fish wrestling[4] with the Kona
    storm.
Kalanikona's grandfather came from
    Ahuena,
The chiefs rising clouds [like] new grow-
    ing leaves,
10. Growing, that the chiefs became numerous,
Increasing like flowing fountain water.
Chiefs Kaumaka, and Kuihewa, and Lono.
Is the red glow causing one to flee in fear
From the royal announcer of the prostrat-
    ing[5] kapu?
15. This is the kapu of the daughter also,
An increasing[6] kapu of the chiefs.
The door posts were broken[7] by them;
The growth of affection[8] was their reward.
The chief is the stone from the pit.
20. The master held forth in this breaking;
Kalanikauikaalaneo[9]
Returned to the husband, father,
Walikeamaile of Papa.
Closed was the bursting of the chief
25. Destroying the companion, the mapele,
Malelaaekahi the chief.
Brought out from them,
The swelling, budding and untamed of the
    kapu,

Hoolea ia Liholiho.

Ke kama hiwa kamalele oili kapu.
Lele aku nei Kamehameha io Ikiki
I kaha koili kapu o Lono iluna.
Kamoholuakeakapu,
5. O Kahiki, ka pueo malu ka lani,
He mau lani no kapaina kumalolo
No ka malolo hakoko ua lani Kona.
O Kalanikona mai Ahuena ke kupuna.
O kalani ao kukupu ulu lau mamaka,

10. O mamaka ulu mamaka mai na 'lii,
Mamaka me he omaka wai kahe la
O Kalanikaumaka, a Kuihewa, a Lono.
O ka weli ula makau ia e holo ai
Hôlo ka wohi ae i ke la kapu moe.

15. O ko ke kaikamahine kapu hoi ia,
O Kapulikoliko i ka lani.
Ia laua naha ka lapauila,
Ka haku puu manawa ka pua o laua.
O ka lani ka pohaku mai ka lua.
20. Ka haku paa ula i keia naha,
O Kalanikauikaalaneo
Hoi ae la i ke kane makuakane,
O Walikeamaile a Papa.
Pani ka i oa i ka lani,
25. Lukuluku hoa ka mapele,
O Malelaaekahi ka lani.
Loaa maloko o lauâ,
Ka liliko, ka liliko, ka eena i ke kapu.

---

[1] Liholiho, who became Kamehameha II. on the death of his father, Kamehameha the great, in 1819, whose dissolute habits led him to overthrow idolatry to free him from its kapu restraints.

[2] Ikiki was the month of May in Hawaii's calendar, and refers to the conqueror's death as having flown away to the sacred precincts of Lono, one of the major gods.

[3] Literally, the moho's sacred white pit, a place supposedly in foreign lands.

[4] Picturing the restlessness of flying-fish at the approach of stormy weather.

[5] Certain high rank chiefs were entitled to the prostration of the people. Such chiefs usually went abroad at night, or if in the daytime a herald went before him with a flag, calling out "kapu moe," whereupon all the people prostrated. The same observance held when his food or other belongings was carried by; all had to prostrate themselves on penalty of death.—(Malo's Antiquities.)

[6] Referring to the swelling number of restrictions of priests and aliis on the people

[7] This probably has reference to the breaking down of kapus by the king and queens in their feasting together prior to the burial of Kamehameha.

[8] In the freedom of women and men to eat together, and partake alike of the same food, there was naturally removed a serious barrier to household affection.

[9] Figuratively, the chief placed in the clear path.

(430)

The last of the chiefs. It is released.

30. For Waihonua, [the] earth below,
Is for the chief
Of the heavens of lightning-like eyes,
Traveling to the eye-ball of the sun
Great hot day of the summer.

35. The chief was not heated thereby
Toward his daughter who went with him,
My chief of threatening weather.
Floating clouds confusing the chief.
This is a new chief

40. Living above with Makalii,
Hiding his kapu far distant.
Bearing away his kapu lest it be spread
    abroad,
To Kapunaki of the chief above here.
Who watches up here? Kalani the chief.

45. The sea, the billowy sea,
The net eye of Kane.
The ocean is a swimming pool for the
    haalolo.
The sea is moving by Kuhalahala.
Here is the deep sea of Lono.

50. The offspring of Keaka, born twins,
Keawe came out of the shallow sea[10]
Whose returning waves bared the coral
    strand
And gathered up the fish for the chief.
Kuheleimoana[11] [the] person in charge,

55. Cleaving unto the float[12]
Inquiring of him
For whom is this ocean down here? For
    the chief.
The land is sacred, fulfilling its purpose.
At present Hawaii has difficulty;

60. A sacred difficulty for the chief.
Palena's[13] was the day to observe
The fog creeping from above;
The horse[14] which has a large back,
And the cold land-breeze of the night,

65. Productive of the forest,
Uprooting the familiar ohia[15] [tree],
The man of the great forest

Ke okina pau o ka lani—ua noa

30. No Waihonua e, honua ilalo,
No ka lani no
No ka lani holo maka uila,
Holo i ka onohi o ka la.
La nui wela o ka Makalii.

35. Aohe wela ia ka lani
I kaikamahine holo lani ana,
Kuu lani ao hakumakuma.
Ao kaa lelewa kupehu lani.
He lani maka hou keia

40. Nonoho iluna me Makalii,
I huna i kona kapu i mamao.
I ahai i kona kapu o laha wale,
I Kapunaki o ka lani iluna nei
Nawai malama iluna nei la—e? No ka
    lani no.

45. Ke kai, ke kai mauwele ka,
He maka upena a Kane.
Kai auau ka moana i ka haalolo.
Kai e nou Kuhalahala.
Ea ke kai hohonu o Lono.

50. Ka pua a Keakamahana i hanau,
Hiki puka Keawe ke kai ao
I mimiki ahu wale ka papa
I ohia ka ia i ke ale lani.
Kuheleimoana konohiki,

55. Wawena o ka lana,
Ui aku ana iaia·
Nowai moana i kai nei la? No ka
    lani no.
Ihi ka moku, ko mai ke ano.
Ano Hawaii ka peapea,

60. He peapea kapu no Kalani.
No Palena no ka la ku,
No ka ohu kolo mai o uka;
No ka lio kua mauna,
No ke hau anu o ka po,

65. Ulunahele o ka wao koa,
Ekueku ka ohia laka.
I ke kanaka o ka wao nui maaukele,

---

[10]The shallow sea has reference to Keawe, the mother being of lower rank than Keaka, whose children revealed their negligent status as returning waves bared the reef.

[11]The agent (konohiki) of the chief is likened to a shark, to seize all within its power.

[12]Lana, float, i. e., the person through whom the konohiki exercises authority and of whom he makes inquiry.

[13]Palena. Some person assigned to oversight of the uplands. It was his duty to stand (ku) and observe the changes taking place.

[14]The mountain side likened to a broad-backed horse: capacity for endurance and service to many.

[15]The ohia laka, the well-known or familiar ohia as man of the forest, questioning Palena.

Inquiring of him
For whom is this mountain?
70. For the chief, the chief indeed,
The chief placed reverently;
Placed alone without an equal.[16]
There were only three[17] of them
Called by the parent chief
75. Kalanikauikaalaneo.
The originating kae[18] of the chief,
Kalaninui Kuiapoiwa,
The first-born of the male chief
Kapaeulumoku, the chief.
80. Kalani-nui-kua-liholiho,[19]
Kalani-nui-ahi-enaena,[20]
Your father, grandfather, grandson,
Ku was the sacred father of the chief, he
was
Wet by the rain and numb from the cold
85 Up above Halepohaha.
It was my endeared place
In the woods of Luhaunui,
Just kapued to the god.
The leaves of the wild lehua [tree]
90. He did not restrain
By the cold and the chill,
The tarrying of the benumbing dews
Of that quiet place above,
Entangling the travelers
95. Wishing to purchase the right,
A marketing god.
The lehua was very watchful,
Fine rain hid the mountain in fog,
The sun above became darkened,
100. The strangers thought it was night
Covering the many houses
There was no deception,
It was different up above
The men dodging in the rain ran, then
stood erect.
105. The travelers halted.
Hasten to reach Kuapehu
For release of fatigue, of weariness,
The cold also of the mist.
Warmed by the fire of the woman[21]

Ui aku ana iaia.
Nowai mauna i uka nei la?
70. No Kalani, no Kalani no.
Kalani kau hoanoano,
Kau hookahi, aohe lua.
Ekolu wale no lakou
I heia ka lani makua,
75. O Kalanikauikaalaneo.
Ke kae kinohi o ke alii,
O Kalaninui Kuiapoiwa
Ke kinohi o ka lani kane
Kapaeulumoku, ka lani.
80. O Kalani-nui-kua-liholiho
O Kalani-nui-ahienaena,
Ko makua, kupuna, kuakahi.
O ao Ku makuakane kapu o ka lani —oia
no—e.
Pulu i ka ua make i ke anu
85. I ka uka o Halepohaha.
He wahi aloha ia na'u
I ka nahele o Luhaunui,
Ano mai la kapu i ke 'kua.
I ka lau nahelehele lehua a
90. Aole nana i lahui
Na ke anu na ke koekoe.
Na ka lihau maeele
O ua uka hepa la 'kahi,
E kahihi nei ka huakai
95. E ake e kuai ka pono,
He 'kua malaulaua.
He makaala wale i ka lehua a—
Noe ka mauna nalo i ke ohu,
Haumoe e no iluna ka la,
100. Kuhi ana au malihini he po
Ako i ka hale puukiuki.
Aole ka he alapahi,
He hoehaa no ua uka la,
Holo ke kanaka alo ua, ka hooku,
105. Ku no ka huakai hele.
Lale i hiki i Kuapehu
Kuu ka luhi ka maloeloe
Ke anu hoi a ka awaawa.
Lala i ke ahi a ka wahine

---

[16]None of like or superior rank; he was acknowledged supreme.
[17]Of three known as, or belonging to, or connected with the great chief, but one stands out.
[18]Kae, term of an office in the king's train.
[19]An epithet of Liholiho, implying the highest chief rank rested in him, or was borne on his shoulders
[20]The high chiefess Nahienaena (the n omitted), sister of Liholiho. The epithet signifies, the raging fire
high chiefess.
[21]This would apply to Pele with her volcanic fire.

110. The resident[22] kept the bird·net.
    The new prow[23] is sought for the canoe in the woods,
    It was the bait[24] to entice the fish.
    Enwrap the prow with the leaves of the awa.[25]
    That fish is bitter,[26] the pond was salt.
115. He [the chief] was known for his kindness,
    Whose is the beauty of the godly companions?

    My fearful chief[27] respected the kapu,
    Uniting the breath[28] comforting thoughts afforded sleep.
    By the lighting of fires the lands are warmed.
120. The land of the chief was returned.
    Fresh meat gives plumpness and fatness.
    The male chief had strong desires in mind.
    The new fire by Nahienaena[29] as the source. From yonder —
    The edible birds live above Laa,
125. Frightened by the smoke of the woman,[30]
    The voice only was recognized here.
    Hidden was the lehua flower, changed by it,
    Astonished by the red of the lehua,[31]
    Like a precious skirt darkened in the rain,[32]
130. Remainder of the sacred heirs of the chief,
    Perpetuating the rank of Keakealohi wahine,[33]
    The sacred offspring of Iwikauikaua[34]
    He was the caller for help.

110. Malama ke kupa i ka upena o ka manu.
    Kii ka manu hou i ka waa i ka nahele
    O ka maunu ia e laka ai o ka ia.
    Alai ka manu i ka lau o ka awa.
    He awaawa ka ia no, he loko liu.
115. E kaulana ae nei he lokomaikai.
    Nawai ka nani o ka hoa waiakua e—

    Kuu lani weliweli makau i ke kapu,
    Pili pu ka hanu lololaa ka moe.
    I kunia i ke ahi hahana na moku,

120. O ka moku o ka lani ka i loaa mai.
    O ka io hou i' liliko a nopunopu.
    Lalapa hoi maloko o ka lani kane.
    Ke ahi hou a Nahienaena ka makua.
    —Mai o—e.
    Na manu ai noho i ka uka o Laa.
125. I puiwa i ka uwahi a ka wahine,
    O' ka leo wale no ke ikea nei.
    Nalo ka lehua pua limu iaia,
    Ka ililihia i ka ula o ka lehua,
    Me he pau hiwa uli la i ka ua.
130. Koena o na muo kapu i ka lani
    I mau i ka ula o Keakealohiwahine,
    O ke kamahele kapu a Iwikauikaua.
    Oia ka i malele.

---

[22]Residents of the woods were naturally the bird catchers, with net or bird lime.

[23]Manu, not bird in this case, but the canoe's prow, which is essential for the new craft being completed in the woods.

[24]Maunu, or bait, here is figurative of the canoe's finish, whereby it is qualified for service.

[25]The awa, or milk-fish (*Chanos chanos*), is a pond product, met with in large numbers.

[26]This holds true at times, dependent upon free change of tide locks.

[27]This line refers back to the chief Ku.

[28]Hanu lololaa, in the original, is the sleep inducing power of a companion's breath.

[29]The chiefess of raging-fire name is the source of a new fire, i. e., in comparison with that of the volcano, Pele.

[30]Goddess Pele of the volcano, with unmistakable voice when she speaks, whether by eruptions or earthquake.

[31]Certain sections in the vicinity of Kilauea show lehua trees encased in lava. Such a limpid eruption was the astonishing redness alluded to, which hid and changed its flowers

[32]This line seems ambiguous.

[33]This is likely, from following connections, to be Keakealaniwahine of history, who succeeded her mother Keakamahana as Moi of Hawaii, mother of Keawe referred to on line 136.

[34]Iwikauikaua was the son of Makakaualii. His mother was Kapukamola. Espousing the cause of Lono in the Hawaii revolt he narrowly escaped being sacrificed on the altar of the temple.

The kapu commenced with the rising of
    the wind;

135. The bright bird-feathers of the lowland
    was the wreath for
    Keawe-i-kekahi-alii-o-ka-moku [35]
    From him came forth a very high chief,[36]
    Restraining[37] was the kapu of Kalaniopuu
    again through Nahienaena,
    The parent[38] from over there.

140. Weeping above [on the] mountain of
    Kona,
    Wholly covered with goodness;
    Comfortable in the calmness.[39]
    The calm alternating between sea and land
    breezes
    Jealousy covered the lehua mist,

145. Red lehua of the sea [shore] of Kona.
    Pitiless in disposition toward you,
    Being whipped with the rope[40]
    As if by many unnumbered people.
    Let us see with our eyes

150. The women inside of Kaulehua,
    Among the olona twisting[41] women
    Hiding from the men.
    It is not the hiding of lovers,
    It is better to show up; how beautiful.

O ke kapu i hoano ma ka ulu o ka makani;

135. Ka hulu manu moha i ke kaha ka lei na
    Keawe-i-kekahi-alii-o-ka-moku.
    Nana mai ka lani kio paa kaala.
    Makahinu i ke kapu o Kalaniopuu hou a
    Nahienaena,
    Ka makua—mai o—e.

140. Uwe ka luna Mauna o Kona,
    Papu no i ka maikai;
    Luhea no i ka malie.
    Ka lai holo lua a ke hau,
    Ilili poi i ka noe lehua,

145. Lehua ula i ke kai e Kona.
    Makona wale hoi ia oe,
    Haua iho nei i ka ropi
    I ka ano a ke kini kaau ole e—
    E ike kakou me ka maka no

150. Na wahine o loko o Kaulehua.
    O loko o ke olona hihi wahine
    Pee mai i ke kanaka.
    Aole ka pee a mea ipo mai,
    E hoike mai no ka pono; I nani e—.

---

[35]Literally, Keawe-a-certain-chief-of-the-island, a celebrated ruler in the annals of Hawaii.

[36]Referring to Kalaninuiamamao, from whom descended Keawemauhili and Kalaniopuu, the latter mentioned in the next line.

[37]The high rank of a chief whose kapus occasion unpleasant, restrained feelings, makahinu.

[38]Chiefs and superiors were frequently referred to as parents, hence Nahienaena is acknowledged as such.

[39]Descriptive of Kona's characteristics.

[40]The poet here adopts an English word.

[41]This especially a woman's vocation, the twisting of the shredded olona bark into twine for fish-lines, nets and seines.

A Lament for Liholiho.

On His Departure for England.

————

Cry forth a regard,
Cry the virtues from Kamehameha;
Show paternal affection;
Grieve you people all.
5. Indeed we all grieve,
The right [course] is obscure,
To be severed is to be lost
Grieve not also for the queen,
Without affection for her parents;
10. They voiced lamentation,
Waving their hands behind;
Shouting undying affection
[At] your ascent upon the ship.
You voiced farewell ashore;
15. The guns repeated their salute;
The foreigners all joined.
Mr. Parker called out
Bright be the nights to the end.
Gently moving was the sailing of the ship,
20. Not dashing the waves on board;
The hull of the ship was dry
By the steering of the helmsman.
Kamaulaua was his name.
Kamamalu was questioning,
25. They had the book,
The scattering of unintelligible talk.
Kekuanaoa stood forth,
The offspring of Nahiolea;
Kiilaweau, an uncle,
30. [Was] only an idle boaster.
Naihekukui remaining here,
Offspring art thou of Hanakahi,
Simply a proud strutter,
A restless traveler abroad
35. Peekua Kauluhaimalama,
Kekuhaupio, a father,
Haughtily lagged behind
The window below.
Mokuaikalai called:
40. Where indeed is Naukana?
Thou art an offspring of Kamano;
He also has the broom
To cleanse aboard the ship;

(435)

He Kanikau no Liholiho.

I Kona Holo Ana i Beritania.

————

Uwe la he aloha,
Uwe helu mai Kamehameha,
Aloha ino ka makua,
Aloha no hoi oukou a pau loa;
5. Aloha no hoi makou a pau loa;
Aole i ikea 'ku ka pono,
O ke oki ia la nalowale.
Uwe ole iho hoi ia Kuini,
Aloha ole i kona makua,
10. Uwe aku ana ia,
Kahiau na lima i ke kua,
Hulo ke loha pau ole,
Ko pii nei i luna o ka moku,
Aloha mai oe ia uka,
15. Kani kui lua aku la ka pu
Olohani ana ka haole
Hea ae nei Mika Pata,
Hoae na ka po i pau
Pua iki ka holo a ka moku
20. Paki kai oe ae la i luna
Maloo aku la ka iwikaele
I ke ku a na hookele,
O Kamaulaula he inoa.
Ui ae nei o Kamamalu
25. Ia laua ka palapala,
Ka hoohelelei o ka namu,
Ku mai o Kekuanaoa,
Keiki oe a Nahiolea,
O Kiilaweau he makua,
30. He kaena wale no kana,
Noho ae nei o Naihekukui,
Keiki oe a Hanakahi,
He hookalali wale no kana,
He hooioena holo kahiki.
35. Peekua Kauluhaimalama,
Kekuhaupio he makua,
Kalelemuku ae nei mahope,
O ka pukaaniani malalo,
Kahea Mokuaikalai,
40. Auhea la hoi Naukana,
Keiki oe a Kamano,
Iaia hoi ka pulumi
Ka holoi o luna o ka moku

A rope in the filth-ladder.
45. Mr. Richards then asked quickly
　Where indeed is Mr. Parker?
　Let us seek together.
　I have seen the land,
　A land looking upon the sea.
50. Here is the compass,
　The guide is it of the ship,
　The path by which it sails;
　Hidden by the sea-spray of heaven,
　Facing thoughtfully restless seas;
55. The snows of Nouaiki,
　The danger points of Cape Horn,
　A land of America.
　Take the book.
　The people inland saw differently.
60. Here is my husbandman
　Bringing hither a feather garment,
　The gift possible to him,
　[A] substitute for thousands of dollars
　For his entrance into Great Britain.
65. The first gun booms forth,
　The red flag is hoisted,
　The first bell has sounded,
　The bell for the chief's robing.
　Inquiry is made
70. Where indeed is Manuia?
　Bring you here the water
　That I may wash the face well.
　Stand up the [looking] glass,
　Trim and shave the beard,
75. [And] take me aboard.
　Bring forth my flowing garments;
　Bring hither sufficient clothing,
　Brush them off with pig bristles,
　Talking away indistinctly.
80. Stand up the red objects,
　To effect upright seating.
　Ascend straight to the consecrated place,
　Consecrated was your grandmother,
　Kalanikaumakamano,
85. You! not you, you're a foreigner.
　Mr. Parker called out
　Lower down the whaleboat.
　Descended, descended the chief therein,
　As he stood, holding the flag,
90. The foreigners fell behind,
　The chief departed hence,
　Saluting confusedly were the guns,
　Saluting, saluting.

He kaula i ka hakakukae
45. Namu ae nei Mika Riki
　Auhea la hoi Mika Pata
　Nana pu ae kaua,
　Ua ike au i ka aina
　He aina nana i ke kai,
50. Eia ke panana,
　Ka ihu hoi ia o ka moku
　Ke ala ia e hele ai,
　He huna ma ka ehu kai i ka lani
　Ua alo hia na kai lewa
55. Na hau o Nouaiki,
　Na lae ino o Kepohoni,
　He aina anei o Mareka,
　Lawea 'ku la ka palapala.
　Ike e mai la ke kini o uka,
60. Eia kuu hoaaina
　E lawe mai ana he kapa hulumanu,
　Ka makana ia e hiki ai,
　Kapae na kini dala,
　O ke komo ia i Beretane.
65. Kani hookahi iho la ka pu
　U-u ae la ka hae ulaula,
　Kani hookahi iho la ka bele,
　He bele komo kapa no Kalani,
　Ninau ae nei,
70. Auhea la hoi Manuia?
　E lawe mai oe i ka waka
　E holoi ae au i ka maka a pau,
　Kukulu mai ke aniani,
　Kahi mai ke kahi umiumi,
75. Lawe ae au ia luna,
　Ho mai kuu kapa pihapiha,
　Lawe ia mai ke kapa i pau,
　Anai ia mai ka hulu puaa,
　Hoopakakeia 'ku ana.
80. Kukulu na mea ulaula,
　Kiaho kahi ae ka pono,
　I unoho iho pololei iluna,
　I-u la ko kupunawahine,
　O Kalanikaumakamano
85. I-u, no i-u, i-u haole.
　Hea anei Mika Pata,
　Kuu ia iho la ka huelopoki,
　Iho, iho la Kalani mai luna,
　Ku no, iaia ka hae,
90. Hoemi hope na haole,
　Lelenolani aku nei,
　Pipi nokenoke iho la ka pu,
　Kui iho no, kui iho no,

The people were seen inland
95. Sending the soldier in the front
To take the horse to the sea-shore,
A road that was possible,
Directed to the wooden house
[He] was given the diamond,
100. That which enlarges not, from abroad;
From the chief, King George.
The chief then asked,
Where indeed is Kanehoa?
At his frequent speeches
105. Conversing with foreigners,
Jabbering vigorously.
Secured by the black water
Naaiweuweu stood up,
The one who cares for the chiefs;
110. The resting place of those dead.
I have encompassed all abroad;
I have seen Spain.
The chief questioned
The steward of Kamehameha's time,
115. Say, young stalwart, are we alike?
Return the letter of instruction
Young stalwart, let us go;
You will see, my young child,
The prow of the Makao vessel,
120. The stern of the Russian vessel
The fruit for the ship sailing to Bolabola;
A Russian foostool;
A satisfied Nuuhiwa resting place,
A Spanish sea-passage.
125. Be satisfied with the journey, O chief!
And, coming to the dark sea,
[The] blue sea of Kane,
The chief returns to the land
Which he had left behind,
130. Stepped on dark-backed Hawaii
Ashore at the head of the land
The lehua-sounding rain of Hilo
Panaewa is wreathing lehua [blossoms],
Piowai is decorated with wreaths,
135. Drinking the dew of the lehua flowers.
The fragrance is wafted to Hilo.
Regard hath the bubbling springs in the
road;
The breadfruit planted in the shallow
earth
Above the Ahialoa,
140. The tough root potatoes,
Striven for by the shell-fish

Ike e mai la ke kini o uka,
95. Kena i ke koa i ke alo,
E lawe ae i ka lio i ke kahakai,
I alanui e hiki ai,
Kuhi ae i ke hakelaau,
Haawi mai i ke daimana,
100. Ka mea laha ole no kahiki
Na ke 'lii o Kinikeoki.
Ninau ae nei o Kalani
Auhea la hoi Kanehoa
I kana mau huaoleolo
105. E namu ae me ka haole
Kipakake ai haa mai
Ua paa i ka wai eleele
Ku iho Naaiweuweu
Ka malama ia o na 'lii
110. Ka waihona o na mea make
Ua pau o Kahiki ia'u
Ua ike au ia Paniolo
Ninau ae nei o Kalani
Ke kahu ai wa a Kamehameha
115. E ui e like kakou
E hoihoi i ka huaolelo
E ui e hoi kakou
E e ike i ou pokii
He ihu no ka moku Makao
120. He hope no ka moku Rukini
He hua no ka moku hoi Bolabola
He keehina wawae Luukini
He luana noho ana Nuuhiwa
He ae na kai Paniolo
125. Ana wale ka hele e Kalani
A, ea mai la ke kai uli
Kai popolohua a Kane
Hoi no e Kalani i ka moku
Ua kaa ae nei mahope,
130. Keehi i Hawaiikuauli
Iluna i ke poo-kamoku
Ka ua kani lehua o Hilo
Kui lei lehua e Panaewa
Kahiko lei o Piowai
135. Inu i ka wai koolihilihi
Hoi no ke onaona i Hilo
Aloha wale na puewai i ke alanui
Na ulu hoonoho i ka hapapa
Ka uka o ke Ahialoa
140. Na uala moleuau
I nai aku i ka opihi

Longed for by the chief.
The hinalo leaved awa of Puna
Is being torn by the birds
145. Perched on the decayed timber.
The ripened leaves are scattered beneath.
Bird catchers are recognized,
Those people going in front.
They are afraid of the gentle rain,
150. The sprinkling rain of the women.
[The] trade wind bears the chief away
To the ti-roots of Wahinekapu
At the rising of the sun, O Kunia!
Apua is heated, the strata is overturned.
155. They have forsaken my companionship.
Taken to the wiliwili blossom,
[By the] ohia flower of Kaiona,
Beautiful [and] royal is thy love, O chief!

Ke ono ae nei o Kalani
I ka awa lau hinalo o Puna
Ke ahai ia la e ka manu
145. Kau i ka puha laau
Pala ka lau helelei i lalo
Ua ikea ke kanaka kawili manu
E ke kanaka hele mamua
Ua makau i ka ua awa
150. Ka ua noe a ka wahine
Kanoenoe aku o Kalani
I na ki a Wahinekapu
E na puka la e kunia
E wela Apua kahuli o ka papa
155. Haalelea mai au ka hoa
Lilo ae i ka pua wiliwili
Pua ohai o Kaiona
Onaona alii ke 'loha e Kalani.

A Farewell to Harriet Nahienaena.

By Kini.

Farewell to thee, O Harriet,
How great is the love for my friend!
The love that knows no end.
Here am I, bidding thee farewell,
5. O my beloved cateress.
Alas! the everlasting love for my friend.
Farewell to thee for whom I well over with love.
Let us greet each other in fond embrace.
Alas thou! my friend,
10. Alas! my companion,
My friend.
Alas! my close companion of the night;
My sitting companion of the day;
My companion in the cold, my companion.
15. Alas! my fadeless wreath of love.
Alas! my companion that slept with me in the night;
Woe betide me!
Where art thou, O cateress!
Lo! where art thou?

He Aloha no Harieta Nahienaena.

Na Kini.

Aloha oe e Harieta,
Aloha nui ku'u aikane,
Aloha pau ole.
Ke aloha aku nei a'u ia oe,
5. E ku'u makua aloha,
Auwe ku'u mea pau ole o ku'u aikane,
Aloha ino ku'u mea *u* wale iho no e noho nei,
E aloha nui loa kaua,
Auwe oe ku'u aikane,
10. Auwe ku'u hoa,
O ku'u aikane,
Auwe oe e ku'u hoapili o ka po,
Ku'u hoanoho o ke ao,
Ku'u hoa o ke anu, ku'u hoa.
15. Auwe ku'u lei mae ole o ke aloha e!
Auwe hoi ku'u hoapili o ka po, ke moe—
Auwe hoi a'u e
Aia la oe i hea e ka makua?
Auhea oe e —

20. Wither traveled thou in departing from
        me?
    'Tis I that am seeking thee.
    Wither journey thou on deserting me?
    'Tis thou that I am now locating
    Where indeed shall I meet thee?
25. Why went thou away
    And left me, thy companion,
    Thy friend?

    I, indeed! Alas! my companion of the
        night;
    My kapa that kept me warm;
30. My skin that was not cold when slept with
        in the night
    Alas! the chills that possess me on account
        of thee;
    Where indeed art thou?
    'Tis only I that now am sleeping,
    For thou, my husband, art not;
35. My second in the pleasure of the night;
    My friend.
    My love for thee shall not cease,
    The love that cometh unto me.

    Where art thou my companion in the heat
        of Waikiki;
40. My companion on the strand of Koko;
    Alas! thou my friend.
    Alas! my object that knows no end of
        wailing,
    'Tis only wailing with me who dwells here,
    For the breath is well nigh spent.
45. Where art thou?
    At your departure my love waxed great.
    How oblivious was I when we dwelt to-
        gether,
    But when thou hadst gone away my love
        for thee welled within.
    I did weep till the strand was reached;
50. I did also look and saw ye sailing onward;
    I did weep till I came hither.
    I did meet Kuamoo
    And we two were loud in grief for thee.
    When Kaleiopapa and others landed I
        wept aloud for thee,
55. For methought that Kaleiopapa wert thou,
    And my passion was soothed by him.
    Then when I looked at Kauluhinalo

20. Aia la oe i hea i haalele mai nei ia'u la?
    O wau ia e imi nei,
    Aia la oe i hea i haalele mai nei ia'u?
    O ka'u ia e nana nei la,
    Aia la auanei i hea oe e loaa ai ia'u?

25. He aha la kau i hele ai?
    A haalele oe ia'u i kou hoa,
    O kau aikane.

    Owa'u la, auwe ku'u hoapili o ka po
    Ku'u kapa e mehana ai,

30. Ku'u ili anu ole i ka po ke moe aku
    Auwe kuu maeele ia oe.
    Auhea la oe ?
    O wau wale no keia e moe nei la.
    Aole hoi oe ka'u kane

35. Ku'u kokoolua o ka po ke moe.
    O ku'u aikane,
    E ku'u aloha pau ole ia oe.
    Ke 'loha ke hiki mai i o'u nei.

    Auhea oe e ku'u hoa i ka la o Waikiki?

40. Ku'u hoa i ke kaha o Koko,
    Auwe oe e ku'u aikane e,
    Auwe hoi oe e ku'u mea pau ole i ka
        uwe ia,
    O ka uwe wale no ia e noho nei la,
    Ua hele a pau ke aho,
45. Auhea oe,
    Hoi aku oe, nui loa ku'u aloha,
    I palaka no ka i ka noho pu,
    I hoi aku ka hana aloha a'u ia oe,
    Uwe no wau a pae i uka

50. Nana aku no wau e holo ana no oukou
    Uwe no au a hiki wale ia nei,
    Ike no au ia Kuamoo.
    Uwe loa maua ia oe,
    A pae mai o Kaleiopapa ma uwe loa a'u
        ia oe,
55. Me he mea la o oe o Kaleiopapa ia'u,
    Lana aku la wau iaia.
    Nana aku la au ia Kauluhinalo,

My love for thee became great.
Alas, my frined!
60. When I beheld Keoniana, we two wept to-
gether loudly.
'Twas on the day thereafter Kauluhinalo
came up for us two to mourn;
We did mourn together, for the love was
great.
Then it seemed that we two were dwelling
together, beloved one;
It seemed as if I was looking at thee;
65. I saw them not —
Those that once eased our troubled mind
I saw them not at all.
Kauluhinalo, Keoniana, they were the only
two —
They were the only ones I saw since they
were nearer me.
70. We did weep in the same place,
I observed not the chiefs.
When we journeyed upward to Waimea
the love was great,
For I saw the place we were wont to
ascend,
Thus I wept till night came on,
75. And received the letter which Pupuka
brought.
I was reached because I was close to him.
The chief also said that it was a letter,
And that I would weep on this day.
I asked him, "From whom?"
80. [He gave answer] "From Maui, from
Harriet."
Then I wept, weeping very loudly
Till Kuamoo heard my loud wailing.
He had already gone up before
And waited till I should appear.
85. Loud were the sounds of our wailing.
We were still on the path as the sun went
down, but kept ascending.
Alas! thou my companion of the night to
sleep with; · ·
Alas! thou who are not seen by me,
How may I be able to see thee?
90. Where art thou?
How fares thy companions, for 'tis eve,
And how spendest thou the night when
thou sleepest?
Where art thou, my companion?
Alas! my cateress;

Nui loa ku'u aloha ia oe,
Auwe ku'u aikane,
60. A ike au ia Keoniana, uwe loa maua,
A i kekahi la ae pii mai no o Kauluhinalo
e u'e ai maua me ia,
Uwe no maua, ua nui loa ke 'loha,
Me he mea la no o kaua pu ke noho ana
ke 'loha,
Me he mea la wau e nana ana ia oe,
65. Aole a'u i ike ia lakou
I na mea no i lana ai kaua,
Aole au ike ia lakou no a pau.
O Kauluhinalo, o Keoniana, o laua
wale no,
Ka'u mau mea ike i ka pii mai o laua,
70. I kahi hookahi no makou e uwe ai,
Aole au i ike pono i na 'lii,
A pii makou i Waimea nui loa ke 'loha,
Ike a'u i kahi a kakou i pii ai,
I ka uwe no a'u a poeleele,
75. Loaa no i ka palapala a Pupuka i lawe
mai ai,
Loaa au i ke pili mai no iaia,
Ke 'lii kahi ei ae ana he palapala,
I keia la e uwe ana no au.
I aku a'u, "nawai"?
80. No Maui mai na Harieta,
O ka'u uwe no ia uwe hamana mau,
Lohe o Kuamoo i ku'u leo nui,
Ua pii e aku ia mamua,
Kakali a hiki aku au,
85. Olo ka pihe a makou,
I ke ala nui, a na poo ka la pii ana
no makou,
Auwe oe ku'u hoa o ka po ke moe,
Auwe hoi oe e ike ole ia 'nei e a'u,
Pehea la a uanei a'u e ike ai ia oe?
90. Ai la oe i hea?
E aha ana lakou ua ahiahi?
Ame kou po ke moe iho,
Ai la oe i hea ko'u hoa?
Auwe ku'u makua,

95. Alas! my companion;
Woe betide me thy comforter,
Woe betide me thy pride.
Alas! my precious object,
Alas! the object that is not obtainable in a
day.
100. Alas thou!
Alas! our separation.
Alas! thou my guide in the untrodden path,
My follower in the lonely path;
My companion that traverses the places
where the winds are diverted;
105. My companion from the shade of the
bread-fruit trees at Lele;
My companion from the land where the
kiowea sings;
My companion from the paupili rain of
Lahaina;
My companion;
My husband in the path of Honomaele,
110. Alas thou my companion from the scorch
ing heat of Lele;
My companion in the path and the plain;
My companion is chilled by the kapa,
My companion in the cold shrinking gar-
ment.
Alas! my husband.
115 O my companion in the cold rain,
Thou seest the land;
Thou seest the sand, the pebbles,
And the clear sun,
And the kou trees of Molakia,
120. And of Pelekane; greetings be to the peo-
ple thereof.
Thou seest the sand and the water of
Pahoa,
And the shade of the breadfruit trees.
Alas! my companion;
Alas, O my friend!
125. Alas, my companion from the floating
house of the foreigner;
My companion from the amusements of
Kahiki;
My companion high in the esteem of the
people of the land;
My companion that observes the laws
thereof.
Alas, indeed thou! How great is my love
for thee.

95. Auwe ku'u hoa,
Auwe ku'u mehana maikai ia-u e,
Auwe ka hiwahiwa au o wau.
Auwe ku'u mea maikai,
Auwe ku'u mea loaa ole i ka la hookahi,
100. Auwe oe e —
Auwe kaua i ke kaawale loa,
Auwe oe ku'u hoikeike o kahi ike ole ia,
Ku'u hoahele o kahi mehameha,
Ku'u hoa nana i na hono ona aina
105. Ku'u hoa mai ka malu ulu o Lele.
Ku'u hoa mai ka lai a ka Kiowea.
Ku'u hoa mai ka ua paupili o Lahaina.
Ku'u hoa.
Ku'u kane i ka ua o Honomaele,
110. Auwe oe ku'u hoa mai ka opu ahi o Lele,
Ku'u hoa i ke kaha ame ke kula,
Anu aku la ku'u hoa i ke kapa,
He ahu anu wai kuku ku'u hoa,
Auwe ku'u kane e,
115. Ku'u hoa o ka ua waahila la,
Ike wale i ka aina.
Ike wale i ke one i ka iliili,
Ame ka la lailai,
Ame ke kou o Molakia,
120. Ame Pelekane; aloha wale kanaka oia
wahi,
Ike wale i ke one ame ka wai o Pahoa,
Ame ka malu o ka ulu,
Auwe ku'u hoa,
Auwe ku'u aikane e.
125. Auwe ku'u hoa mai ka hale laau lana a
ka haole.
Ku'u hoa mai ka mea lealea o Kahiki.
Ku'u hoa i ka maka o kanaka o ka aina e,
Ku'u hoa hoolohe i ka leo o ko ia aina,
Auwe hoi oe, e ku'u aloha ia oe,

130. Alas my companion from the feast of
    Kahiki that hath no equal;
    My friend from the beautiful things of the
      foreigner,
    Woe indeed be to us.
    Alas, my companion of the summer that
      hath passed away;
    My companion among our friends;
135. They have gone away but we two still
    remain.
    Here I am now about to leave thee.
    Alas! my companion
    That I requested thee not.
    I thought the body was the guerdon.

140. Not so! I am to leave thee,
    I have no longer patience for thee.
    Alas my companion; my companion in the
      northeast trades of Honolulu
    Alas my companion in the bitter rain of
      Manoa;
    Alas my companion on the plain of Kewalo,
145. And of Koula, and Pahua.
    Alas my companion in the permeating heat
      of Haliimaile;
    Alas my companion; alas my husband;
    Alas my endeared wreath, 'tis a farewell.
    Love is like a husband that keeps close to
      the body;
150. My night of the rain, of the sun.
    Alas my lord!
    Alas my object that I find not when look
      ing around,
    Woe be to us,
    A farewell from one who knows no end of
      wailing from Waikoloa.

155. 'Tis Kamaikui that bids thee farewell,
    Whose love for thee is great;
    Which is beyond power to write unto thee.
    There were no feathers save one only.
    When they all fell asleep
160. It was at midnight that I wrote;
    It was at midnight that I heard of the
      ship's sailing
    I went up to Keiki for a feather [pen]
    I received the paper,
    But one feather only.
165. At midnight I wrote,
    When dawn came on a part was done;

130. Auwe hoi ku'u hoa mai ka ai lau ole o
    Kahiki.
    Ku'u hoa mai ka mea maikai a　ka haole,
    Auwe no hoi kaua e —
    Auwe ku'u hoa o ke kau i hala aku la,
    Ku'u hoa mai na aikane a kaua,
135. A hele la o kaua wale no,
    E haalele ana ka wau ia oe,
    Auwe ku'u hoa,
    Ku'u tiku ole ia oe,
    I manao o ka uku no ke kino.

140. Aole ka, e haalele ana ka wau,
    E pau aho ana ka wau ia oe,
    Auwe ku'u hoa, ku'u hoa i ka makani
      heaeloa o Honolulu,
    Auwe ku'u hoa i ka ua waahia o Manoa,
    Auwe ku'u hoa i ke kula o Kewalo,
145. Ame Koula ame Pahua,
    Auwe ku'u hoa i ka la wela o Haliimaile,
    Auwe ku'u hoa, auwe ku'u kane,
    Auwe ku'u ipo lei he 'loha,
    Me he kane la ke 'loha ka pili mau no i
      ka ili,
150. Ku'u po o ka ua o ka la e,
    Auwe ku'u haku,
    Auwe ku'u mea loaa ole ia'u ke imi,
    Auwe kaua,
    Aloha na ka mea pau ole i Waikoloa.

155. Ke aloha aku nei o Kamaikui ia oe,
    Nui loa no kona 'loha ia oe,
    Aole ia e pono ke palapala ia oe,
    Aole hulu hookahi no hulu,
    Pauhia e ka hiamoe,
160. I ke aumoe ka palapala ana a'u,
    I ke aumoe no ka lohe ana i ka holo o
      ka moku,
    Pii no wau e noi ia Keiki i wahi hulu,
    Loaa mai no ka pepa;
    Hookahi no wahi hulu,
165. Aumoe palapala wau,
    Wanaao hoi paa kekahi,

When morning came the whole was
finished
I slept not till night became daylight,
I aroused Wahineikikalei,
170. "Arise thou and let us write down our
lamentation."
She awoke, and we both wept,
I wrote till it was finished,
Saying 'twas prompted by the love of man.
Here is Kauluhinalo sending thee regards,
175. As also Keola and Keoniana.
Love be to Maria and Naea;
Great is my love for them two
Regards to you all
From us, Kilimailani and Kamaikui,
180. Fare thee well, companion of endless love.
Here am I weeping for fond remembrance.
Alas that I see thee not.
When indeed shall we two meet?
'Tis only memories that come to me here
by day and by night.
185. When I sleep in the night, I long to meet
thy spirit,
Wishing to behold thine eyes.
Where art thou, O beloved wreath of the
parent;
O thou daughter whose memory is
cherished;
O thou firstborn begotten by one that holds
your love.
190. Alas thee! Here am I dwelling with
thoughts only
That rages within for the benefactor that
was kind to me.
Woe be to us for the separation
When I saw your hand
It seemed to me that your body was there
also.
195. Alas thou!
Listen! Here am I informing thee that the
chiefs will not marry
He will not consent,
For I asked Kaleiopapa:
"How is the marriage of you two?"
200. Answered he: "I shall not marry."
But it is not quite certain yet.
Fare thee well.

A kakahiaka nui hoopaa,
Aole a'u i moe a ao wale no ka po,
Hoala aku no a'u ia Wahineikalei,
170. E ala kaua e uwe i ka uwe ana o ka
palapala,
Ala ae la uwe maua,
Palapala wau a paa,
I iho la no ke kanaka aloha
Ke aloha aku nei o Kauluhinalo ia oe,
175. Ame Keola ame Keoniana,
Aloha o Maria ame Naea.
Aloha nui au ia laua,
Aloha no oukou a pau loa,
Na'u na Kilimailani ame Kamaikui.
180. Aloha nui loa oe e ka hoaloha pau ole,
Ke uwe aku nei no au, ia kaua
Auwe ka ike ole aku o'u ia oe,
Ahea la uanei ike kaua?
O ke kuko wale no ia e noho nei i ke ao
ame ka po,
185. Moe au i ka po ake au e ike i kou uhane,
I ake e ike i kou mau maka.
Auhea oe e ka lei aloha a ka makua?
E ke kaikamahine a ke aloha,
E ka hanau mua a ke aloha i hanau ai

190. Auwe oe ke noho nei no a'u me ka
manao wale no,
Iloko e ku'u makua hana maikai ia'u,
Auwe kaua i ka nalowale loa,
I ku'u ike ana i ko wahi lima,
Mehe mea la ko wahi kino kekahi,

195. Aloha ino oe,
Auhea ke hai aku nei a'u ia oe aole e
mare ana na 'lii,
Aole ona ae,
I ninau aku a'u ia Kaleiopapa,
Pehea ka mare ana o olua?
200. I mai la ia aole au e mare ana.
Aole nae i ike pono ia,
Aloha nui loa oe.

Nahienaena.

The kapa-beater of the bark grown thrifty
    and wide,
A kapa block from Kahiki.
The breadfruit bark torn into shreds,
The mapele bark broken up in like manner,
5. The kapa bark and the kapa water-bowl.
Nahienaena is kapa bark, symbolically.
Transforming Kalani-nui-kua-liholiho
Into an overseer of the fish, tortoise.
That is the bark which is being beaten.
10. Kalani beats kapa in a circular manner;
    the chief beats.
The chiefs joined together the earth will
    be eternal.
The chiefs being allied the earth is
    established for Lani,
The chiefs stick together; sleep together
    for pleasure,
While the chiefs join the earth abides firm.
15. 'Tis a day of tremulous heat, hot overhead.
The mountain noises clash together, the
    sea also is noisy,
The voice of frequent thunder speaks on
    high,

Nahienaena.

O kuku[1] oloa,[2] o lau[3] oloa ohalahala[4] mai
    i akea,
He kua[5] la no Kahiki.
He ulu[6] i heia,
He mapele[7] i heia, ia e penei,
5. Ka oloa, a he ka oloa,
He oloa Nahienaena[8] ma ka olelo wale ana,
E oloa aku ana[9] ia Kalani-nui-kua-liholiho.
I kane aimoku[10] iluna ka ia ea[11] la.
O ka oloa ia e kuku nei,
10. O ke kuku poai,[12] Kalani, kuku ke 'lii,
O ka lani, kua'i[13] ka lani, mau ka honua.
Kuka'i Kalani, mau ka honua ia Lani,[14]
Lani pipili haamomoe[15] lea.
Pipili Kalani,[16] mau ka honua ia la,

15. He la kolii[17] nono ka iluna.
O ke[18] ka mauna[19] wawa, ke kai wawa,
Olelo kai[20] iluna, ka leo o ka hekikili[21]
    kawowowo.[22]

---

[1] The beating process in kapa making.
[2] The bark of the wauke prepared for beating.
[3] A poetic embellishment, euphonic and to fill up the measure
[4] To grow thriftily as a vegetable, spreading as a tree.
[5] Name of the block upon which the kapa bark is beaten.
[6] The breadfruit tree (*Artocarpus incisa*); young breadfruit trees furnished bark for certain grades of kapa.
[7] A term of one of the processes in making kapa. Name also of a tree of *Crytandra* species furnishing a kapa bark.
[8] Nahienaena is likened unto the bark and water-bowl efficiency of kapa makers.
   E oloa ana; the state of passing from one stage to another, hence, Nahienaena is bearing Liholiho's oloa.
[10] Kane aimoku, alias Liholiho; literally, the husband possessor of land.
[11] Over (*o* understood, a poetic license) the fish ea, turtle.
[12] Kuku poai is the beating of kapa with a circular movement of the hand; Kalani, the chief, i. e., Nahienaena beats kapa in that manner.
[13] Kuka'i, to sew or join together, hence, Liholiho and Nahienaena being united, the earth is perpetuated for Liholiho.
[14] Lani, etc., belongs to both these chiefs.
[15] To sleep together for pleasure.
[16] While the Lani's join, i. e., the chiefs, the earth abides strongest.
[17] He la kolii is a day when the sun's rays are tremulous over the plains; nono, hot.
[18] Ke, to slap or strike together as two hard substances.
[19] The mountains rush together with a noise (wawa), and the sea also.
[20] Poetic for olelo iluna ka leo, the voice on high (thunder), speaks frequently.
[21] Hekikili, roaring heavily.
[22] Kawowowo, rumbling noise.

(444)

The voice of frequent thunder roars
   heavily above.
The voice of the earthquake is rumbling
   heavy,
20. The voice of the earthquake rumbles below.
The voice of the fine rain is increasing,
The voice of the heavy rain is roaring in
   the uplands,
The voice of the conch sounds intermit-
   tantly,
The voice of the night-sounding locust in
   the uplands,
25. Piercing ·the eyes of Haukuku; of
   Haukaka,
Breaking the coconut for the chief to eat,
The bailer, that will overcome the chief's
   leak.
The chief Kauikeaouli is the resident who
   governs
The care of the land throughout the whole
   island ;
30. Of the land that is great ; that is very small,
Of the little, small, departing short veteran ;
   Kalani possesses the land.
Of Nahienaena, burdensome is her *naholo*
   kapu.
Olue was an ancient descendant of that
   place,
A guard of the water ; of the smooth,
   black pebbles,.
35. She shall stitch [the kapas], she shall bite
   [the thread],
She shall stitch, bite and bite.

Ka leo o ka hekikili kawowo iluna,
Ka leo o ke olai[23] kawowowo.

20. Ka leo o ka olai kawowo i lalo,
Ke leo o ka ua[24] huna kawowowo,
Ka leo o ka ua loku[25] kawowo i uka.
Ka leo o ka pu kani helelei,[26]
Ka leo o ka pololei[27] ka huli kani i uka,

25. O aku ia[28] i ka maka o Haukuku,
   o Haukaka
O ke kakaina[29] o ka niu ai 'lii,
O ka hohana[30] e pau ai ka[31] li'u lani.
O ka lani Kauikeouli ke kupa[32] nana e au,
O ke au,[33] o ke kupalele ka moku.

30. O ke kupalala[34] ka aina, o ke kupalilii.
O ke kupalii, kupalii, kupahele, kupahaa,[35]
   e ai aina o Kalani,
O Nahienaena, oluluu[36] naholo ke kapu.
Olue[37] he kupa kahiko no laila,
He kiai wai[38] no ka iliili poniponi[39]
   ponihua.

35. Nana kui,[40] e ku'i nanau,
E ku'i nanau, e nanau, e nanau,

---

[23]Olai kawowowo, heavy rumbling earthquake.
[24]Ua huna, fine or hidden rain.
[25]Ua loku kawowo, heavy rain (loku, lokuloku) is roaring in the mountains.
[26]Voice of the conch shell sounded in blasts of quick succession.
[27]Pololei, an insect like a grasshopper but smaller; sings only at night.
[28]O aku la, etc., Haukuku pierced his eyes. Haukaka another name.
[29]Kakaina, the motion of the hands and arms in chopping wood or in breaking a coconut.
[30]Hohana, to dip or bail out as water.
[31]Ka, the action of bailing to overcome the chief's leak.
[32]Ke kupa, an old resident, one born to a place; nana e au, au, to clear or put in order.
[33]O ke au, time when the care of the kupalele was great in magnitude over the land.
[34]Kupalala like kupalele; kupalilii just its reverse, very small, diminutive.
[35]E ai ana o Kalani, i. e., the chief Kauikeaouli possesses the land.
[36]Oluluu, heavy, burdensome; naholo, a kapu of Nahienaena.
[37]Olue, an ancient chief, belonging there.
[38]A guard of the water for the sea or brook pebbles, iliili.
[39]Poniponi, ponihua, the black smoothing off with such pebbles, as in heiaus.
[40]Nana ku'i, i. e., Nahienaena, for her to stitch the kapas together. Note the *e* is dropped before ku'i; e ku'i nanau, nau, to bite, naunau, all intensitive of the root *nau*.

Bite, run quickly, run, run,
Let Kalani run.
A sounding axe is the mallet
40. Flee Kalani to the resident whose is the
    land of beating kapa,
In beating kapa there's a noise, 'tis a
    chief's kapa beating sound.
Go carefully, whistle, lie down; lift up.
Angry is Kalani at the crooked path.
'Tis the chief, the chief Kauikeaouli, thy
    companion.
45. Nahienaena is the resident whose it is to
    enjoy the land;
The island of the resident is eaten by
    coarse men.
The resident enjoying the land is the
    resident indeed.
The feature of Kona is its calm smooth
    sea.
Kalani is its district chief on living there.
50. Nahienaena lives upland and seaward, up-
    land and seaward.
The long fish-net is taken in and out,
The fish gather in shoals and are en-
    trapped;
The fish are gathered at one draught,
Lifting up the net till the water rejoices.
55. The water, the water was up to the breast;
The bubbling water it comes and goes.

Naunau,[41] holoholo, a holo, o hoholo,
Ou holo Kalani.
He kukukeke,[42] kuku ke koi keke.
40. Holo i kupa keke, kupeke[43], ili kapa keke[44]
    e Kalani,
Kuku kapa, ua keke, he lani kuku kapa
    keke.
Ke kahele,[45] ke oe,[46] ke moe, ke kaikai,
Kukaheleke[47] kapake i ka heleke,
Ka lani keia[48] o ka lani Kauikeaouli
    o hoa.
45. O Nahienaena ke kupa nana e ai ka moku
Ka moku[49] o ke kukupa, ai[50] ka belele,
O ke kukupa ai aina, o ke kupa, o ke
    kupa, o ke kupa ia.
He kupa i Kona ka malino [51]
Ke aimoku no Kalani ke noho,[52]

50. Noho Nahienaena i uka, i kai, i uka, i
    kai.[53]
Ke pua[54] loa, iloko, iwaho,
I ka i'a a ka papa[55] i lohia i hee[56] ai.
Ka ia a ka papa i ka huli.
Kaikai a lealea[57] ka wai,

55. I ka wai, i ke kea[58] ka wai.
Ka wai mapuna[59] ka hele i ka hoi

---

[41]"Bite, run quickly; a holo, o holo, ouholo, variations of the imperative ka lani, i. e., Kauikeaouli let Kauikeaouli run, etc.

[42]"Kukukeke: kuku, an instrument for pounding kapa, keke, the sound in beating it; ke koi, the adze used in cutting wood was the sounding mallet.

[43]"Kupeke, a turning motion of the hand in beating kapa.

[44]"Ili kapa keke, the surface of the sounding kapa.

[45]"Kahele, to go carefully; *ka* here like *aka*, as akahele.

Ke *oe, oe* the sound of wind made by blowing into a bung-hole, or a hole in a calabash blown upon by the wind.

[47]"Kukaheleke, a provoked anger on account of anything being stolen, etc.; kapeke, a scolding anger; beleke, like hele kekee, to go crooked.

[48]"This is his lordship, his lordship Kauikeaouli.

[49]"The land of the resident kukupa, this reduplication of *ku* is to fit the word to the beat of the drum.

[50]"Ai ka helele, the eating and enjoyment of a coarse, filthy man; helele, his epithet.

[51]"Malino, a calm, a smooth sea out of the trade winds.

[52]"Ke noho, is a provision that the chief is a resident of the district in order to enjoy it.

[53]"Nahienaena flits back and forth, upland and seaward.

[54]"Pua, name of a long net for catching flying-fish; the company of men is called a pua if a number go to catch a wild animal, or do other service here and there.

[55]"Papa, a large net is called a papa; i lohia, that is a long time in making, hence very good. Hawaiians esteem things good in proportion to the length of time spent thereon.

[56]"Hee here refers to dipping up the fish with a smaller net.

[57]"Lealea ka wai, the water rejoices for the wiggling and flowing of the fish; wai here used for kai.

[58]"I ke kea, up to the breast; kea refers to the circumference of a person behind his arms, another kea is from the arm-pits upwards.

[59]"Wai mapuna, water boiling as in a spring.

The breath is inhaled in ascending;
Climbing upward, fatigued and panting,
    till the top is gained.
For the sin, for the sin, for the causing
    to sin,
60. The unpardonable sin during evil times.
The sin, the sin, let the sin be atoned for.
The women breaking kapu go up the hill,
The passers over go beyond the precincts
    becoming a chief
Which bore fruit on the forbidden sands
    of Puuolea;
65. In the rich sands of Laamaikahiki.
'Tis come.
Whence came they?
We two are from above, chiefs of noble,
    royal birth,
The blossom of the chief's multitude is
    plucked.
70. Beautiful is the chief's pond that is above.
Above is Leiau, the woman who went up
    to heaven.
The world above where Nahienaena treads
    majestically.
Nahienaena issues forth as chief of the
    rising sun.
It comes, it rises, it moves on, it broadens,
    it extends forth.
75. The extremities of the great chief spread
    forth upwards.
Thou dwellest far above,
Where dwells the heavenly host.

Ka mapu[60] i ka pii
Ka lani[61] i ka opa, i ka hoe, ke i ke
    oioina,
I ka hala, i ka hala, i hoohalahala,
60. Ka hala kee,[62] i ka hala manawa ino,
Ka hala i ka hala i hooki[63] hala,
Kukupu[64] na wahine oni[65] kapu,
Oni na kela, na nioi,[66] hua 'lii,
I hua i ke one kapu i Puuolea
65. I ke one[67] momona a Laamaikahiki,[68]
Hiki la [69]
Puka la mai hea la?
Mai luna maua[70] a ka lani he 'lii wailana[71]
    ili oha[72] la,
Haihai ka pua a ke kini[73] lani,
70. Aeae[74] wai loko alii[75] a e ku iluna.
Iluna o Leiau[76] ka wahine pii lani.
Ao lani,[77] hele haha o Nahienaena la.
Puka Nahienaena ke 'lii o ka la hiki.
Hiki la, puka la, oni la, loa la, kela la.

75. Mohola iluna[78] ka welau alii nui.
Nohonoho oe iluna e,
Noho aha lani i noho ia,

---

[60]Mapu, the taking of breath in ascending a steep place, then proceeding.
[61]Ka lani, used as an adverb for iluna, to go upwards; i ka opa, oopa, maopo, maopaopa, fatigue, lameness, etc., from walking.
[62]Hala kee, hala tree tossing crookedly; to sin in evil times, manawa ino, a kind of case absolute, the times being evil.
[63]Hooki, to cease, to stop.
Kukupu, to go up, let the women ascend; oni, to ascend as a kite.
[64]Oni kapu, i. e., go up contrary to kapu.
[66]Nioi *(Eugenia rariflora)*; hua 'lii, laau alii, fit for the chief.
[67]One momona, rich, fruitful sand.
[68]Laamaikahiki, the famous voyaging son of Moikeha.
[69]An expletive.
[70]Mai luna maua, from above are we two, i. e., Nahienaena and Kauikeaouli.
[71]Wailana, smooth unruffled water.
[72]Ili oha, ili, skin, surface (of water); oha applies to that which is good of its kind.
[73]Kini lani, the multitude belonging to the chief.
[74]Aeae, a bank of a pond, or where the water forming like a little surf runs up the sand and recedes.
[75]Loko alii, a fish pond of the chief.
[76]Leiau, the woman who ascended to heaven.
[77]Ao lani, the world above; hele haha is to walk like a chief with a great quantity of kapa about him.
[78]Mohola, to spread forth, to unfold.

Hinaaikamalama was the daughter,
The beautiful wife of Papa,
80. Who lived with Akea whereby Haloa was
    born, the progenitor of chiefs.
I Ialoa was born a true chief,
The chief of the severe kapu;
The ruler that was established on high.
Low lieth the foreign land: the gentle
    moving current,
85. The current of the island where dwell the
    monsters.
When the sky is overcast with threatening
    clouds,
Life runs through the limb without
    sudden numbness;
Without shame, the double canoe sails on,
Sails on carefully and hesitatingly,
90. The cautious footsteps of the chiefs from
    afar,
Traveling on the current of light kapus.
'Tis a sacred bosom,
'Tis a burial shelf for the chiefs.
The king, the chief, Kauikeaouli, they are
    companions,
95. They are the people of the foreign land;
The people with scaly skin, wrinkled by
    the water.
The people with the scaly, puckered skin,
The aged ones with wrinkled back and
    skin.
Lono has a wrinkled skin; he is anointed,
    he loathes water,

Hinaaikamalama[79] ke kaikamahine,
Wahine maikai a Papa.
80. Hoi a iho no e Akea, hanau Haloa[80] ka
    maka o na 'lii.
I hanau Haloa ka hoike alii,
O ke 'lii o ka nohoku[81]
O ka nana hooi iluna mea
Po[82] ka moku i Kahiki, i ka newe au,
85. Ka nenewa[83] o ka moku ka i haanalue,[84]
O na lue[85] ka lani,
O ke ola[86] holo ka manene ole,
Ka hilahila ole e holo kaulua,
Ka nehe iki ke kuipehe.[87]
90. Ka pepehe o na 'lii kua[88] kabiki
Kabiki kua kaa au,[89] i newa kapu,
He poli kapu,
He ilina[90] haka kau alii i.
Ke 'lii ka lani Kauikeaouli i hoa lakou.
95. O lakou,[91] oia la ke kini o loko
Ke kini[92] ili paka, unabi paka i ka wai,
Ke kini ili paka, unabi paka eaea [93]
Ka eaea kua paka, ili paka,
O Lono[94] ka ili paka, i ponia, i naoa i
    ka wai,

---

[79]A confusion of celebrities occur here, Hoohokukalani, the mother of Haloa, being the one referred to. Hinaaikamalama was the one who flew up to heaven, given in line 71 as Leiau.

[80]Haloa was born, ka maka, used for parent, progenitor of a race.

[81]Ke alii o ka nohohu, the chief lived alone, literally, lived standing.

[82]Pe, haahaa, low, flat, as foreign land.

[83]Nenewe, etc., the current of the island.

[84]Ka i haanalua, the place where dwell great multitudes of people, living miserably with ugly personages.

[85]Lue, a place where bad things are assembled; lue ka lani, when the sky is overcast with threatening clouds.

[86]Ke ola holo, life runs through the limbs; menene, like maele, the sensation of numbness in a limb when the blood has ceased to circulate.

[87]Kuipehe, to move with hesitation and doubt.

[88]Lii kua kabiki, some distant foreign country.

[89]Kaa au, literally, the current rolls or drags along; i newa, to go easily, meaning a foreign country where there is a gentle current in the sea and the kapus are light; not burdensome.

[90]Ilina, a burial place; haka, poles composed of a post or two with a cross piece where the natives lay up their fish to dry, or suspend their calabases from dogs, etc.

[91]O lakou, those three; oia la ke kini, the multitude, i. e., the common people; o loko, loko is a common epithet for a foreign country. When a person sails for America or England, it is ua holo ia i loko.

[92]Ke kini, the residents, i. e., of that foreign land have ili paka and unahi paka, wrinkled, puckered skins.

[93]Eaea applies to very aged persons, or to a man filthy from dirty work so as to look aged.

[94]Lono of wrinkled skin, i ponia for poni ia, is annointed; naoa, dislike, loathe.

100. Blackened is the skin by the kapued water
of the kalo-patch.
Such are sacred chiefs with very strict
kapus.
Heralded is the renown of the chiefs
sacred to Keawe.
Beautiful are the chiefs as the ebb and
flow of the tides,
Causing the downfall of Ku, and the flight
of Luamea
105. Of the rumbling stone.
The shrill sound, a sacred place strictly
forbidden,
A temple is a sacred place casting away
all evil,
A temple sacred to refuse matter, heavenly
fire thrown aside, answering a call·
A response to a call from another.
110. 'Tis a call which is heard,
An answering voice comes,
A true assent, a true [assent] of them,
They, they verified it,
In the rushing together, the clashing
company of Kanaloa,
115. Of the many dogs, a chief was born.
Nahienaena was born a resident of
Hawaii,
Of Hawaii, of Hawaii, of South Hawaii,
Beneath it is the residence of Wakea far
below the earth's crust.
The place where Wakea dwells.
120. Wakea lives at the foundation of
Hulikaiakea.

100. Kukukuhe[95] i ka wai panonono[96] i kapu,
He mau lani kapu, lani ahi ekeeke,[97]
O ke kukukui[98] o na lani kapu Keawe.
O ke kai naholo[99] haki hanuu lani lani,
O ka hiolo[100] o Ku, o ka nabolo Luamea,

105. O ka pohaku kani,[101]
Ke kani ioio,[102] he lani kuku, lani ahi
kaka,
He lani kukekuke[103] hakakai kapu.
He opala lani,[104] kapu lani ahi kaka eo ana,
He o no he o,

110. He hea ua lono aku,[105]
He pane uolo[106] mai,
He ae oia[107] he oia o lakou,
O lakou o lakou oia,
O ke kuilele,[108] makawalu[109] a Kanaloa,

115. O ka ilio[110] makawalu; hanau alii,
I hanau[111] Nahienaena, ke kupa no
Hawaii,
A Hawaii a Hawaii, a lalo o Hawaii,
Apapa[112] ia Wakea o ka papaku,[113]
O ka papa noho ana o Wakea.

120. Noho Wakea i ka papaku o Hulikaiakea,[114]

[95]Kukukuhe, black, rigid as the skin from being long in the water.
[96]Panonono refers to a place where the water slowly leaks out of a taro patch. That place was kapu.
[97]Lani ahi ekeeke, chiefs so sacred that all fires must be put out when they go forth; ekeeke, very sacred, death for one to approach unbidden in their presence.
[98]Kukukui, the published renown or fame of the chiefs.
[99]Kai noholo, etc., nabolo, when the surf breaks in one place, the appearance of the breaking runs off each way; haki hanuu, the breaking upon shore when the water runs up the beach and has the appearance of steps.
[100]Hiolo, downfall; nabolo o Luamea, the sailing, flowing away of Luamea.
[101]Pohaku kani, an epithet of thunder, the stones sound.
[102]Kani ioio, etc., the sound of a fowl or bird; he lani kuku, a place made sacred; kuku, the rising steam from an oven; lani ahi kaka, heaven fire thrown aside; kaka, to throw off one's clothes on account of heat.
[103]Kukekuke, to cast away, reject; hakakai, an evil thing, what is disliked.
[104]Opala lani, refuse matter of the sacred heiau, temple.
[105]Ua lono aku, he hears, or is heard.
[106]Pane uolo, a voice answers.
[107]Oia for oiaio, true assent, a truth.
[108]Kuilele, a rushing together as of boxers.
[109]Makawalu, epithet of a great company of Kanaloa's people. It is uncertain to whom this applies.
[110]Ka ilio, the dog, a great many. This introduction is ambiguous.
[111]At a time of a great gathering the chief Nahienaena of and below Hawaii, was born
[112]Apapa, malalo, i. e., under Hawaii is the place of Wakea, of the papaku.
[113]Papaku, name of a place under the whole earth where the ghosts go when people die.
[114]Name of the place where Wakea dwells.

Wakea, Luanuu and Kahiko were chiefs,
As also Kaulapa and Keakamaliokea.
The sky is the shadow of Ku.
The first born flies away, the kapu of
　　Kahookoine flies off;
125. The calm of Ku extends on high.
Ku flies to the land, forsaking the sea,
The voice of the great sea, it is heard from,
If one stands listening,
Listen not, listen not to it.
130. Come hither quickly, rise up and come
　　instantly;
Approach, approach, approach, approach
　　thou;
Come cautiously and deliberately;
Let the crawling to the chief be crawling;
Voiced above is the crawling to the chief,
135. The great chief guarded by the stringent
　　kapus.
Indistinct, obscured, hidden, dark is the
　　heavens,
The chief Kauikeaouli, the warrior of
　　Hawaii;
Hawaii, where the kiele is thriving,
[The island] that is like a hook holding
　　the chief,
140. The bunch in the throat, thou art destined
　　a chief,
A chief of the great sea. Akea is of the
　　heavens,
O Papa, O Hoohokukalani, the heavenly
　　chiefs,
The ancestors of Haloa; of Haloa indeed
　　is the chief,
Yes, of Haloa indeed is the chief
　　Kauikeaouli.

O Wakea, o Luanuu, o Kahiko ka lani,
O Kaulapa, o Keakamaliokea,[115]
O ka outi aka o Ku,
Lele hiapo,[116] oili kapu a Kahookoine,
125. Oili makalai[117] o Ku, lele iluna,
Lele aina Ku, haalele o kai,
Ka leo o kai nui, olololololie [118]
Ke ku olololololie,
Mai lolohe,[119] mai lolohe aku,
130. E hiki wawe mai, e eu koke mai,[120]
E nee mai, nee mai, neenee mai, e nee
　　mai oe,
E hakikolo hakikolokolo,[121]
E kolo ae,[122] nakokolo ana i ka lani
Kui nakokolo ana iluna.
135. Ka lani nui kuapokopoko,[123] po ekeeke,[124]
Powehiwehi,[125] polohiwa, poloua, eleuli
　　ka lani.
Ka lani Kauikeaouli, ke koa o Hawaii,
Hawaii ku o ke kiele[126] aumoku,
Ka haowa[127] kiele moku,
140. Ka puu momoni,[128] au ana oe he 'lii,
He 'lii no kai nui, o Akea ka lani,
E Papa, e Hoohokukalani, ka lani alii,
O ka moo o Haloa[129] no Haloa ka ka lani,
E no Haloa ka ka lani Kauikeaouli.[130]

---

[114]Two chiefs in the lower regions.
[115]Hiapo, first born; lele, and oili, to fly or flee away.
[116]Makalai, a calm.
[117]Olololololohe, it is heard from.
[118]Do not stand listening.
[119]Rise up and come here quickly.
[120]Hakikolo, etc., to do a thing with great caution, so as to make no mistake, to go carefully.
[121]E kolo, to crawl; nakokolo ana, the act of crawling.
[122]Kuapokopoko, a very sacred kapu.
[123]Po ekeeke, a night of sacredness as of fire heat. See note 97.
[124]Powehiwehi, obscure, indistinct through darkness,fog, etc.; polohiwa, when the sun is obscured by clouds; polona, the darkness of a cloudy, rainy day; eleuli, almost as dark as night. All these are epithets of heaven.
[125]Kiele, an odoriferous plant, here applied to governing chiefs that have the care of land.
[126]Ka haowa, the ancient fish-hook for catching eels.
[127]Puu momoni: puu, the bunch in the throat, (the chiefs are) the swallowing throat; au ana, etc., thou art going about a chief.
[128]See notes 79 and 80.
[129]Kauikeaouli, a descendant of Haloa.

A Lamentation for Young Kaahumanu.

By Niau.

Thou art Halulu,[1] the great voiced bird,
When thou standeth the wings of that
    bird swoop,
Kiwaa[2] screams, the bird in the sky.
A bird-body, a bird-name of a chief is thy
    name.[3]
5. A chief is left lamenting[4] for his com-
    panion, the wife;
The companion, the wife is taken;
The companion is gone indeed, gone,
    taken is the companion, yea taken;
    night.[5]
And placed on the rest[6] and eulogized.
10. Tortured with grief is Luahine,[7]
Pleading[8] is the chief that breath may be
    returned,[9] Oh my! Oh my!
I can not live; the rain by day is lessened,
The rain by night is greater.
Coming to get me that we may go; we
    are going.
15. Short of breath, waiku is the disease;
The asthma closes the chest;
It is that[10] which obstructs the air passage;
When breathing ceased the power of
    thought fled, life ended.
Where art thou, others! She is dead![11]
20. She struggled, struggled[12] with death
    pains;
Struggled in the path with an indefinite
    number;

He Kanikau no Kaahumanu Opio.

Na Niau.

O Halulu oe o ka manu kani halau,
O ku oe ka haka eheu o ia manu,
Kani Kiwaa ka manu i kawaluna.
He kino manu, he inoa manu, no ka lani,
    ko inoa e.
5. Noho kalani u i ka hoa o ka wahine -
O ka hoa ka o ka wahine ua lilo,
Ua lilo ka hoa la, lilo, lilo ka hoa la e lilo.
Lilo aku la ka hoa i ka po liaua,
Ua kau i ka haka a ka helu e,
10. Ke kupaka nei Luahine,
Uwe kaukau ka lani i mau ke aho, aloha
    ino oe
Aole hoi au e ola, ua hapa ka ua a ke ao,
Ua nui ka ua a ka po.
Ke kii mai nei ia'u e lilo maua la, e lilo.
15. He iki pau ka nae, o waiku ka ma'i.
He haikala pani houpo,
Nana i alai a paa ka puka makani,
Pau ka hanu, lilo ka noonoo, aole aho.
Auhea oukou e—lilo ia nei.
20. O kunewanewa e, newa ae ka wahine,

---

[1]Halulu, a fabled bird whose alleged head feathers adorned noted idols, and was supposed to respond, by fluttering, or by rising and falling, to petitions of faithful devotees for good or ill.

[2]Kiwaa, a mythical bird, of large size, which ate men in olden time.

[3]A bird in body and name so is thine, O chief, refers to Kaahumanu, the literal definition of the name being "the feather cloak."

[4]The chief left lamenting is Kaumualii, ex-king of Kauai on the death of his wife, Kaahumanu.

[5]Po lia ua may refer to a dark rainy time of night, or to a pondering period of fearful forebodings.

[6]The original of this line pictures a ladder at the pali, which, being removed, she cannot return.

[7]Luahine, a name of Kaahumanu, though the poet fails to give her rest.

[8]Pleading, uwe kaukau, weeping by number, i. e., eulogizing the virtues of the deceased.

[9]I mau ke aho, pleading for enduring or continuing breath.

[10]That is the cause, nana i alai, or alalai, obstructing or hindering.

[11]The bereaved calls on others to realize the fact of his and their loss.

[12]Kunewanewa, death struggle; the term also has the meaning of weariness overcome by sound sleep.

The path accustomed to the presence of
    man ;[18]
The path not accustomed to the presence
    of the god.
A woman died, died at Waimea ;
25. She lies alone by the water of Makaweli,
By herself, without a mate.
Thou indeed will dwell[14] on this island,
A guardian for the land ;
A barrier to hinder the mischievous
30. This is an affectionate lamentation[15]
For you, Luahine, Kahoa, Kaahumanu,[16]
My beloved one[17] who departed
At the turn of the milky way, toward the
    dawn of day,[18]
On the day of Ohua[19] was she taken
35. When the companion is gone, cold is the
    breast ;
I sorrowed for the love of her.
Kalani assumed [20] the body of a god
And defied the power of Kauakahi.
Kalani prayed[21] to him above,
40. And opened up the fountain of Kulani-
    hakoi.[22]
The rain drops fell, the heavy rain of
    Kane ;
One god of power.[23]
Kalani is welling over[24] with love
For the soul-return of my companion[25]
45. To be a soul-body in my presence,
So I may imagine[26] it is she indeed :
But no ; only a shadow of the wife,
Of my wife who hath gone.
You have gone to darkness[27] while love
    lingers as the retainer of your home.

I newa i ke ala a kini lau.
Ua maa ke ala i ke kanaka,
Aole i maa ke ala i ke 'kua,
He wahine make lilo i Waimea

25. Moe hookahi i ka wai o Makaweli,
Oia wale no, aohe lua.
Nau ka e noho keia moku,
He kiai no ka aina
He alai he pale no ke kalobe.
30. He kanikau aloha keia
Nou hoi ia e Luahine, e Kahoa, e
    Kaahumanu.
Ka'u maka aloha i lilo aku la,
Huli ka i'a ka pawa o ke ao,
I ka la o Ohua ka lilo ana,
35. Lilo ka hoa ko'eko'e ka poli
U iho la au i kona aloha,
Kapakapa aku Kalani i ke kino akua.
Hoole i ka mana o Kauakahi
Nonoi ae la kalani iluna,

40. Na-ha mai Kulanihakoi
Kulukulu ka ua, ka pakapaka e Kane,
Akahi akua.i mana
Ke haupu wale nei Kalani
Ho'i uhane mai ana ka hoa,

45. Hookino wailua mai ana ia'u nei,
I kuhi ae no wau oiaio
Aole, he aka ka no ka wahine.
No kuu wahine i hala aku nei,
Hele aku oe i ka po, noho ka ohua o kona
    hale o ke aloha.

---

[13]Man by his mortality is accustomed to death's path, the god has not this experience.
[14]Thou wilt be a guardian to ward off or hinder the mischievous.
[15]A lamentation, dirge, kanikau, a mourning song, an affectionate tribute.
[16]Names of the same person.
[17]My dearest friend, ka'u maka, or ku'u hoa aloha.
[18]Taken at the turn of the Milky Way, huli ka i'a; towards dawn, ka pawa o ke ao.
[19]On the day of Ohua, this was the former name of the day when the moon fulls, on that day she died.
[20]Assumed fictitiously, kapakapa, a god form, and defied or denied the power of Kauakahi, a deity.
[21]He prayed to the heaven above.
[22]Kulanihakoi, the name of a supposed fountain in heaven gushed forth, naha mai, hence the rain drops, the heavy rain of Kane fell.
[23]Kane, the one god of power.
[24]Welling or springing up, haupu wale, as love, affection, grief.
[25]The soul of my companion returns as a soul-body, a ghost of natural size, for my presence.
[26]I thought it was real, but no, it was but the shade of my wife.
[27]You went forth in the night, the ohua of her house through affection remains. The ohua of a household embraces, children, domestics, dependants and sojourners ; the master and mistress alone excluded.

50. I grieve for our union;
   We were united until her departure,
   I turned and she had vanished;
   I felt along the walls where she was won't
      to dwell;
   The incessant pangs of love kept guard,[28]
55. Inviting[29] the rain-drops from the near
      heaven, the tears.
   Kalani gathered up the various lands,[30]
   The chiefess assembled her retainers
   Hard was the time upon the earth,
   The chief lived dispirited[31] on the land for
      love;
60. Love to you, love to us, love of the hus-
      band for the wife.
   Not a wife,[32] but a child, a child brought
      up by us,
   By your two husbands,[33]
   Wailing[34] descriptively does the rival
      Kekukauliehu-o-Kama;
   How I grieve for our lord,[35]
65. She sorrowed for your going; for your
      leaving us.
   She was a rival as others see it, but she
      was not a rival,[36]
   She was her mother.
   A part for the land, a part for your
      favorite[37] pastime, O chief[4]
   Living on the lands of the chiefs and
      occupying them
70. When thou goest on pleasure bent,
   Leaving thy companion, the husband.
   Thou art taken by Hikapoloa,[38] thou art
      dancing at Hiikua,[39]
   Thou art remembered at Hiialo,[40] that is
      what we preserve.

50. He 'loha au i ka pili a maua;
   I ka pili no maua a hele aku la.
   Huli ae nei a'u aole,
   Haha wau ma ka paia i wahi e noho koke
      mai ai.
   Kiai panipani mai ana ke 'loha;
55. Ke kono la i ka ua lani poko, he waimaka.
   Hapuku Kalani i na moku.
   Ulu Kalani i na ohua,
   Paakiki ke au ka honua.
   Ua noho pupue wale Kalani, ka aina i
      ke 'loha.
60. Aloha oe, aloha makou, aloha ke kane i
      ka wahine,
   Aole wahine, he keiki, i hanai keiki ia e
      makou.
   E au kane a elua,
   Uwe kaukau ka punalua o Kekukauliehu
      o-Kama:
   Aloha ka haku o kaua,
65. Ua minamina i ko hele, i ko haalele ia
      makou.
   He punalua ia oukou; aole punalua!
   O kona makuahine no ia!
   He hapa no ka aina, hapa no ka puni hoi
      au e Kalani;
   Noho ka aina o na haku a lakou e nonoho
      mai nei,
70. Hele aku la i ka le'ale'a,
   Haalele i ka hoa he kane.
   Lawe aku la Hikapoloa, kaa aku la oe i
      Hiikua,
   Hoi ke 'loha ma Hiialo, oia ka makou e
      malama nei.

---

[28]"Love never sleeps," ever watchful, *kiai panipani*, was love's reward.

[29]Inducing the rain of short or near-heaven, one's affection, tears.

[30]*Na moku*, the different lands of Kauai; *hapuku*, gathering or collecting together.

[31]The chief lived sad and heavy hearted, *noho pupue, kaumaha*, on the land as a messenger for love.

[32]Not as a wife only but as one reared from childhood.

[33]This may refer to the at one time polygamous relation with father and son for political reasons, till, accepting Christianity one husband was renounced. *Kane*, of itself, however, is not always husband, it may mean any male relative or friend.

[34]*Uwe kaukau*, or *uwe helu*, see note 8.

[35]Sympathy expressed for our lord, *haku*, Kaumualii.

[36]To outsiders she was a rival, *punalua*, but she was not that, she was her mother.

[37]Consideration felt partly for the land, and partly for the chief's great desire, whatever that might be; *puni*, to covet, desire, greed.

[38]Hikapoloa, the place of departed spirits.

[39]*Hiikua* referred to here as a place of dancing, is a term used to hoist or carry on the shoulder. *Hii*, to lift up, to bear upon the hips and support with the arms, as a child.

[40]*Hiialo* is the carrying of a child in front.

75. Cold is the breast of Kealohi,[41]
    My idling companion[42] at Pohakomo;
    My friend at Kawaiula, of the muddy
        water caused by Kapakapaahoa[43]
        of Kahana.
    Provoking[44] are the rains of Hikilei, and
        Peapea, there,
    The soul of Kalani, the dark woman; the
        black woman glides lightly by[45]
80. Her's is the soul which has gone on;
    Just wandering around on the pili plain;
    On the manienie[46] plain,
    With a deal of undue haste,
    Left the dwelling inhabited by man[47]
85. And when to the house inhabited by god;
        thus my child
    Left her companionship of the husband
    [And] followed after the godly companion.
    A god is at Haupukele;[58] a spirit was
        placed at Keaolewa;
    A spirit is the hau blossom[59] of Wailua,
90. A shadow is on the height of Kalalea,[50]
    A kiss is left at Pueo.[51]
    The spirits met in the rain of Koolau,
    They settled at Hihimanu,[52]
    Seen by the gentle haao rain.
95. As the bonds are severed the lehua rain
        falls.
    The chief took the bird form;[53]
    The spirit lighted down, there was calm,
    The voice sounds[54] wafted to the top of
        Makana,
    Noisily heard at Kaiwikui.

75. Anuanu ka poli o Kealohi,
    Kuu hoa luana wale i Pohakomo,
    Kuu hoa o Kawaiula, wai iliahi Kapaka-
        paahoa o Kahana.
    Ua ukiukiu o Hikilei, makaupili o Peapea
        oia nei
    Nianiau hele ka uhane e Kalani, wahine
        uli, wahine eleele.
80. Nona ka uhane i hele aku la;
    Hele, hele wale i ke kula pili,
    Hoi ke kula manienie.
    I ka hehena nui launa ole
    Waiho i ka hale wai kanaka,
85. Hele i ka hale wai akua la e kuu kama,
    Pau-ka pili ana i ke kane,
    Hele hahai me ka hoa akua.
    He akua ka i Haupukele, he uhane ka i
        kau i Keaolewa,
    He uhane ka i ka puahau o Wailua,
90. He aka ka i luna o Kalalea,
    He mu-ki ka i noho i Pueo.
    Hui na uhane i ka ua o Koolau,
    Ka kakau ana i Hihimanu,
    Ikea mai la e ka ua haao,
95. Moku ka pe'a, ua ou lalena,

    Hookino manu aku Kalani,
    Ke aka kau la, he malie
    Mapu ka leo iluna o Makana,
    Walaau ana i Kaiwikui

---

[41]Kealoha, a chief of Kauai.

[42]My companion in ease and comfort, *hoa luana;* living in pleasure or idleness at Pohakomo, a place at Waimea, Kauai.

[43]Kapakapaahoa, the name of a rain at Kahana, a land.

[44]Ua ukiukiu, a teasing rain, rain with driving wind, at Kikilei, while *makaupili* was the rain at Peapea.

[45]Nianiau, to go, gliding finely, with dignified pace.

[46]Manienie *(Cynodon dactylon),* the fine Bermuda grassed plain.

[47]Hehena, figurative, a dead person, whose body was placed with undue haste in the house of men, i. e., this world in distinction from the other.

[58]Haupukele, a mountain of Kauai. Keaolewa, an adjoining mountain of lower elevation.

[59]There in the blossom of the hau flower was supposed to rest the spirit of Kaahumanu, so Haupukele and Keaolewa is used.

[50]Kalalea, a high peak on Kauai; here the shadow or shade *(aka)* rests.

[51]Pueo is the name of a rock in the sea at Waimea, Kauai. Also a place of surf-riding.

[52]Hihimanu, a famous land of Koolau.

100. The sound of the voice is of my soul-wife; it is she,	100. Ku'i ka leo o kuu wahine uhane, oia nei.
Wandering[55] on the wife-stealing precipice	Hele wale i ka pali kaili lawe wahine,
Toward the end of your goal.[56]	Hoohiki i koena wai.
Swiftly[57] runs the sea, divided for the sacred child!	Kapukapu aku la ke kai, okia no kama kapu.
The spirit is idling in the calm;	Ka uhane walea i ka lai,
105. Comfortable[58] in the quietness of Koolau,	105. Nanea i ka paa o Koolau,
The koolauwahine[59] ascends to the top of Kamailepuu,	Oni ke koolauwahine, oia kailuna o Kamailepuu.
Ascends like a fire-brand,[60]	Oni e like me ka auhau,
[Like] the shadow of the spirit of another child	Ke aka o ka uhane o kekahi kama,
Of Kamalalawalu, whose is the soul of a man,	O Kamalalawalu, nona ka uhane wai kanaka,
110. The woman with a double body[61] is at Polihale	110. Wahine kino lua, oia ka i Polihale.
When the hills are past the fatiguing ends;	Pau ka pali hala ka luuluu,
Let us go[62] to Nobili	Ho'i kaua i Nobili.
To see the habitation of the gods	Ike aku i kauhale a ke akua,
Thatching there at Waiolono[63]	Ke ako la, la i Waiolono.
115. Enveloped is the house by the mirage[64]	115. Paa ka hale a ka li'ula,
Established by Limaloa,[65]	I kukulu ia e Limaloa.
With foundations prepared by Uweuwe-lekehau.[66]	I kueneia e Uweuwelekehau,
The soul rose up at Kalamaula;	He uhane ku i Kalamaula,
A shadow[67] nestled up at the naulu,	He aka kai pili me ka naulu,
120. The soul flies away[68] in the wind	120. Ka uhane pee i ka makani.
The wind-break of Kekaha	Alai makani o Kekaha,
Is the barrier of the wind.	Pale alau he koo na ka makani,
Your name becomes a bird's body, O Kalani.[69]	Ko inoa e kino manu aku la e Kalani.

---

[55]*Hele wale,* the soul wanders on the wife-stealing cliff.

[56]"Hither shalt thou come but no further," *hoohiki i ke koena wai,* like *kanawai,* law, forbidding to take his wife there again.

[57]*Kapukapu,* to run quickly as one unburdened; the sea divided for the sacred spirit of Kaahumanu, the child.

[58]*Nanea,* easy, satisfied; *i ka paa,* at the goodness, the perfection of Koolau.

[59]The wind ascends to Kamailepuu, a hill in Napali, Kauai. *Oni,* like *ani,* to climb up; ascend as a wind when it strips a hill or pali.

[60]The fire-brands of Kauai were of *auhau,* the lightest of wood, and the Napali district was famous for the practice there of pyrotechnic displays by the throwing of these lighted branches of auhau from the high cliffs of the sea-coast. The upward current of the wind and lightness of the wood usually made the descent so gradual as to consume these sky-rockets before their fall into the sea.

[61]Double body, *kino lua,* i. e., two kinds, first a body then a soul, there it is at Polihale, a noted temple beyond Mana.

[62]*Hoi kaua* for *hoi aku kaua,* continuing the dual soul-body idea.

[63]*Waiolono,* name of a place not identified, but indicating connection with the major god Lono.

[64]*Liula,* the glimmering motion on a hot day; mirage.

[65]Limaloa, the god of Mana, formerly a man, credited with establishing the mirage of that place.

[66]This was an ancient ancestor whose soul-spirit (ghost) rose up at Kalamaula, and was supposed to succor the mirage.

[67]A shadow, shade, aka, comes with the *naulu,* a wind from Niihau.

[68]*Uhane pee,* the soul hides, flies away in the wind.

[69]Thou goddess art a bird's body, i. e., a soul flying. This is a frequently used metaphor.

Thy return[70] is frequent.

125. Thy voice calls[71] distantly as if distressed ;
     I[72] just heard it faintly at midnight
     As if it was the voice of a ghost.[73]
     The voice of my soul-wife, it is she !
     The spirit whose face is wet with the surf
          spray,[74]

130. She[75] is the body surf of Keahilele,[76]
     The goddess whose face is wet with the
          surf-spray of Kaabe,
     Surf-riding woman at Pueo ;
     Guard of the surf at Kanaba ;
     Watcher of the meeting[77] of the fresh and
          salt waters of Waimea,

135. Dissolving[78] and dropping into its burden
          there.
     Unsavory is the grease[79] of the chiefs,
     Full[80] to overflowing with their ancestors ;
     Crossways[81] are their lying.
     But yours is that place,[82] O chiefess.

140. The night of Lueea, at Kikaupe'a,
     The whirlwind raised the dust of
          Kupalele,[84]
     And guarded the yard of Pohakuauli, of
          Kahiwauli
          O Kana ! O chief ![85]
     Thou dwellest in this enclosure, a decaying
     body.

---

145. Kawelo[86] swam past as though a fish.
     O Kane,[87] in your justice expose the priest
          who has killed my child ;

Pakonakona ka hoi ana mai,

125. Paheahea mai ana ka leo,
     Winiwini au i ke aumoe.
     Me he leo no ka hanehane la
     Ka leo o kuu wahine uhane, oia nei.
     Ka uhane maka ehukai,

130. Oia ka honua nalu o Keahilele,
     Akua make ehukai o Kaabe,
     Wahine hee nalu i Pueo,
     Kiai nalu o Kanaba.
     Nana lapawai o Waimea,

135. Ahuili moka ilaila.
     Pela ka hinu o ka poe alii
     Piha nenelu i na kupuna.
     Oloke'a lakou e ahu nei,
     O oe ka ko ia kula e Kalani,

140. Ka po ia Lueea Kikaupe'a
     Ka ea koi i ka lepo o Kupalele,
     Kiai po o Pohakuauli nei o Kahiwauli,
     O Kana, o Lani,
     Nau ka e noho keia pa, ua ilioa ia kino.

145. Holo ae la Kawelo he i'a kona lua,
     E Kane o ko paeaea, o ke kahuna nana i
          hana o kuu keiki,

---

[70]*Pakonakona*, to treat with contempt, deceit.

[71]A sound of one calling from a distance in distress ; faint as the speeches of ghosts

[72]I (Kaumualii), *winiwini*, just heard it.

[73]As the voice of a ghost ; *hane* same as *uhane, oia nei*, referring to Kaahumanu

[74]*Uhane maka*, etc., spirit wet with the spray of the surf ; *ehukai*, the surf formed into spray by a contrary wind.

[75]*Oia*, she, Kaahumanu ; *honua nalu*, the calm still place in front of where the surf breaks.

[76]Keahilele, a place on Kauai, as is also Kaabe.

[77]*Lapawai*, the breaking out of a stream of fresh water in the sea, and hence, stopping the surf ; looking at the lapawai of Waimea.

[78]*Ahuili*, to be and dissolve, consume away as a dead body, *moka*.

[79]*Hinu*, shiny, the water in the putrifaction of animal substances ; *pela, pilau*, stench.

[80]Full, *nenelu*, a great many, numerous, thick as sand in a bank.

[81]They lie together crossways, *olokea*, out of order.

[82]*O oe ka*, expression of surprise, *ko ia kula*, whose is the field or plain, for there was her dead body, e kalani, Kaahumanu.

[83]The night belongs to Lueea, who was buried at Kikaupea.

[84]The whirlwind dust of Kupalele guards the premises of Pohakuauli ; Kahiwauli added for poetic euphony.

[85]The call on Kana and Lani but fills out the chant for Kaahumanu.

[86]Kawelo, an ancient king of Kauai, his place was in the sea ; *i'a kona lua*, the fish was his companion.

[87]Kane, one of the major gods throughout the islands, is called upon to reveal the party who caused the death of his child, and in whatever his vocation, to meet out death to him.

[If] at the mountains, kill him by a fall
    off the cliff,
The priest who has killed my child.
[If] at the sea, kill him by the mouth of a
    shark,
150. The priest who has killed my child.
When he bathes in the water [let him]
    drown,
The priest who has caused the death of
    my child.
When he eats food [let him] die,
The priest[ss] who has caused the death of
    my child.
155. When he eats fish [let him] die.

Mauka ia i ka lele pali e make ai.
O ke kahuna nana i hana o kuu keiki,
Makai ia i ka waha o ka mano e make ai.

150. O ke kahuna nana i hana i kuu keiki,
Auau i ka wai make.
O ke kahuna nana i hana i kuu keiki,
Ai aku i ka ai make.
O ke kahuna nana i hana i kuu keiki,

155. Ai aku i ka ia make.

Kualii [1]

Is he like the unsound lama,
[Or] the lehua in the ninth forest;
A lone tree standing in the shrubbery?
[He is] not like these.

Not like the mature ti leaves of Nuuanu,
Torn by the rain and the wind.
Fallen are the yellow ti leaves of the
    summit of Waahila.
[He is] not like these.

Not like the rough-barked kukui,
Bark crackled by the sun.
Like a man who drinks awa is the
    roughness
Of the kukui [trees] of Lihue
[He is] not like these.

Not like the twisted hala (screw-pine),
The crooked naio tree,
Nor to the ahihi standing uncreased
At the bathing-pool usurped by the
    hinahina
In the wind which bends, leans and falls.
[He is] not like these.

No Kualii

Ua like hakahaka lama
Ka lehua i ka wao eiwa,
He laau haowale Ku i ka nahele la,
Aole i like.

Aole e like me ka lauki pala o Nuuanu,
I haehaeia e ka ua e ka makani,
A haule i lalo ka lauki pala i ka luna i
    Waahila la,
Aole e like.

Aole e like me ke kukui ili puupuu,
Ili nakaka i ka la,
Me he kanaka inu awa la, ka mahuna
O ke kukui o Lihue la,
Aole e like.

Aole e like me ka halawili,
Ka naio laau kekee,
I ka ahihi ku makuu ole,
I ke kawakawa i keekeehia i ka hinahina
I ka makani e kulana, e hoi e hina la.
Aole i like.

[ss]"Let the priest who used sorcery *(hana)* with my child go to the sea into the mouth of a shark and die. This is the form of a *molia*, a curse, and ends with a prayer called *kuni*.

[1]The very full notes to the complete version of Kualii„ in Memoirs, Vol. IV, pp. 370 to 400, will be found applicable to these fragmentary verses.

Not like the nanue,
Nor the lipoa fish-food,
Nor the lipalahalaha of Waimea,
The moss that hangs on the trees,
Nor the red crab at the summit of Kaala
[He is] not like these.

Not like the pandanus wreath of hinalo
     blossoms of Kepa,
The pandanus was blown by the wind,
The felled pandanus of Papuaa.
[He is] not like these.

Not like the wind
Moaning through the mountains,
Bracing up the house of Koolau,
Fastening it lest it fall by the wind,
[With] the successful hair line of the
     fisherman.
[He is] not like these

Not like the naulu bringing the land breeze,
Like a vessel of water poured out was the
     mountain breeze of Kumomoku
Establishing the hau trees of Leleiwi.
The hau trees of Kepookala are separate.
Have you not seen the hau
[Of] projecting, twisted and crooked
     body?
Sitting crooked and cramped was Kane-
     hili at Kaupea.
[He is] not like these.

Not like the ekaha in the sea;
The kiele, or the orange.
Nor the leaves of the olapa waving in
     the wind.
Nor the blossom of the grass faded by
     the sun.
[He is] not like these.

Not like the trunk of the wiliwili
Which was shaped for a surf-riding board
Not like such.

Not like the kaunoa,
The plant without root
Spreading over things,
Having no root for sustenance,
     Not like this.

Aole i like me ka nanue,
A me ka lipoa ai a ka ia.
A me ka lipalahalaha o Waimea,
Ka limu kau i ka laau.
A me ka alamihi ula i ka luna i Kaala
Aole i like.

Aole i like me ka hala hili, hala hinalo
     o Kepa,
I pai e ka makani ka hala,
Na hala hina o Papuaa la,
Aole i like.

Aole i like me ka makani,
E nu ana i ke kuahiwi.
E kakoo ana ka hale o Koolau,
E lawalawa ana o hina i ka makani,
Ka mokoi hi lauoho a ka lawaia la,
Aole i like.

Aole i like me ka naulu ia ua hoohali
     kehau,
Me he ipuwai i ninia la na hau o
     Kumomoku.
Piiku na hau o Leleiwi,
Noho e na hau o Kepookala.
Aole ka oe i ike i ka hau?
Kuapue, kuawili, kuakee,
Noho kee, kekee o Kanehili i Kaupea la,
Aole i like.

Aole i like i ka ekaha ku i ka moana,
Ke kiele a me ka alani,
Me ka olapa lau kabuli i ka makani
A me ka pua mauu hina wale i ka la la,
Aole i like.

Aole i like me ka kua o ka wiliwili,
I kalai ia kona i papa hee i ka nalu la,
Aole i like.

Aole i like i ke kaunoa,
Ka laau kumu ole
E hihi wale ana no i luna,
Aole kumu o kona ola ana la,
Aole no i like.

Not like the makole,
That watery source
Watering the eyelids,
I thought the height above was dry.
    Not like this.

Not like the kawau
Is the kalia, standing in the open.
The division recognized indeed a man.
    Not like these.

Not like the chilly Kahaloa wind,
Scattering the kou blossoms, wreathing
    the sea of Kapua,
    Not like these.

Not like the paua which cuts the pandanus
To weave its blossoms at the social
    gatherings,
That was the knife to cut Kahuku's
    pandanus.
    Not like these.

The water and the sea are not alike.
Salty is the sea-water,
And refreshing is the water,
With my husband Ninininikawai
Of Pulewa.
    Not like these.

There is someone you resemble,
Keaweikekahialiiokamoku,
Keawe, lord of Hawaii,
    Not like these.

Not like this chief
[Is he] to be compared
He is a man, Ku is a god;
Ku is a favorate from heaven,
Ku is a haole from Tahiti,
There were four men, here were eight
    men,
Ku, Kane, Kanaloa, Kaekaemakaihauwa-
hine, Hakihakipua, Kehualua,
    Not like these.

Awake![4] the anointing board is prepared,
The offspring of Uwilani are warmed
Kalani was related to the winter.
Before the sun rose was determined
The greatness and power of Ku.
The authority of the land was given.
Warming the young chiefs of Kona.
    They are alike.

Aole e like me ka makole,
Ia laau wai nui,
E haloiloi ana i luna o ka lihilihi,
Kai no e maloo i ke kiekie i luna la,
Aole i like.

Aole i like me ke kawau,
I ke kalia ku ma ka waha.
Ai mai ka ia he kamahele, he kanaka la,
Aole i like.

Aole i like me ia makani anu, he Kahaloa,
E lu ana i ka pua kou, e lei ia ana e ke
    kai o Kapua la,
Aole i like.

Aole i like i ka paua i oki ia ka iwi i
    ka hala,
I lei ia ka pua i ka aha lealea,
Oia ka pahi oki hala o Kahuku la,
Aole i like.

Aole i like ka wai me ke kai,
He awahia ko ke kai,
A he manalo hoi ko ka wai,
Me ko kuu kane o Ninininikawai,
O Pulewa la.
Aole i like.

Aia hoi ha kou hoa e like ai,
O Keaweikekahialiiokamuku,
O Keawe, haku o Hawaii la.
Aole i like.

Aole e like nei lani,
I ka hoohalikelike,
He kanaka ia he 'kua Ku,
He ulalele Ku mai ka lani mai.
He haole Ku mai Kabiki,
Eha hoi na kanaka, ewalu hoi nei kanaka,
O Ku, o Kane, o Kanaloa, o Kaekaemakai
    hauwahine, o Hakihakipua, o Ke
    hualua la,
Aole i like.

Ala! ua wela ka papa pe,
Ua wela ka hua o Uwilani,
O ka lani pili o hooilo,
E oe puka ae ka la e kohia ana no,
O ka nui mana wale o Ku,
Haawiia mai ke au ka aina
Mahana ai kamakalii o Kona,
Ua like.

Keawenuiaumi.[1]

It was heard by the ripened[2] leaves of
    Kane;
Kane and Kanaloa of the foremost god[3]
The god of the evening twilight.
Who can question what the eye hath seen?
    It is understood;
5. Known by the ripened leaves of affection
It is dead; withered is the flower of the
    · mind.
That mind was changed,
Altered, transformed was the bloom of
    that flower.
There was another flower, a curling flower
    in the trimmed locks of hair;
10. [The] many flowers of man, tokens of
    regard[4]
Are being observed, [but] not by you.
You were of the contentious men
He was the man who observed the month,[5]
Taking care of the loving friend in sorrow,
15. A concealed love, known secretly.
They two were there
Scattering Kilauea's bitter wind,[6]
Blasting the leaf-breath of the aalii.[7]
Creeping, scenting the fragrance in the
    rain,
20. The rain and the wind imparting life.
Carrying and absorbing the puulena[8]
And the moani [winds], reaching to the
    sand of Waiolama.[9]
The pandanus was brightened in the sea,
All the lovely flowers were taken by
    Kanokapa.[10] O Kapa!
25. Don't you assume my name,
I am the only one living here,

No Keawenuiaumi.

O ka lono ia i ka Nakipala o Kane;
O Kane, o Kanaloa a ke akua imua;
O ke akua i ka malio o ke ahiahi.
Ahi ala hoi ka ole i ka ike maka—e?
    He ike no;
5. Ike aku i na lau pala o ke aloha
Ua he, ua mae ka pua o ka manao.
Oia manao, ua kabuli e ae,
Kabuli, kalole e kamaka, oia pua.
He pua e kekahi, he pua pupu, pupu
    i ka aki.
10. Lau pua o ke kanaka, na pua a ke aloha
E hahai nei, e hai ole oe.
O oe hoi o ka hooke lua e kanaka,
He kanaka na i helu ai i ka malama,
Malamaia mai ke hoa u aloha.
15. He aloha hoopeepee, he ike malu,
Elua ae la—e.
Lu ke Kilauea makani awaawa,
Hoohonihoni i ka hanu lau aalii.
Hokolo mapu ke ala iloko o ka ua,
20. O ka ua o ka makani halihali i ke ola,
Hali a omo ka puulena,
Me ka moani, lu iho la, i ke one i
    Waiolama.
Malamalama ka hale iloko o ke kai,
Pau na pua 'loha i Kanokapa—E Kapa!
25. Mai kapakapa iho oe i ku'u inoa,
Owau okoa no ia e noho nei.

---

[1] King of Hawaii, father of Lonoikamakahiki, and a son of Umi-a-Liloa.
[2] The ripened leaves, the harvesting time, caught the message of the whispering winds.
[3] On the supposed line or row of gods in the temple.
[4] There were many ways of indicating one's grief at bereavement, all of which here come under the term of flowers, or tokens of remembrance.
[5] Observed the month for the due fulfilment of its prescribed kapus.
[6] This may have reference to the sulphurous impregnated wind from the volcano to blast the "leaf-breath" of the aalii.
[7] The aalii is said to possess a fragrance in its leaves, though not like that of the iliahi (sandalwood).
[8] Puulena, a cold mountain wind at the volcano.
[9] The sand beach of Hilo.
[10] A place adjoining the mouth of the Wailuku river, Hilo.

Living as a sojourner only for a time,
  hopeful.
Kalana of Maui was the Kalana of Oa,
The image standing in Kahiki of Oaoa,[11]
30. At the noise of heaven in the collected
  clouds, at the gathering of heavenly
  rain clouds,
Swollen-eyed by the steady rain of heaven;
Important outlet, important as embracing
  ten water-courses;
A stone guarding the water on the cliff,
A path of the cliff region
35. Seize, break, throw down Keawenuiaumi[12]
Overthrow, break Kealiiokaloa;[13]
Shaking is the sacred heap of piercing
  bones, .
Through the sacredness [of] Makaku
  Makakaualii.[14]
[Of] the living chiefs there were nine
  sacred,
40. They were nine expert offshoots[16] caught
  first
In the bright path of Kanaloa.[17]
The precious encircling Kapalalakaimoku,[18]
The sacred palalalaumaewa[19] of Lono
  which prevailed
In the very sacred and solitary place
45. The lama leaves waved through the night
  prayer[20]
At the procession of Mua,[21] melting away
  before Kamea.
In trimming the kukui torch[22] of Mau-
  kokoli
The covering kapa [is the] bark cloth of
  Mahi;

O ka noho a ka ohua, kualana wale e,
  ke lana e.
Kalana a Maui, Kalana ia a Oa.
Ka lanalana ku i Kabiki a Oaoa,
30. I ke aoa lani i ke aoao opua, i ke ao ua
  lani opua,
Maka hehe i ka hehe ua lani;
Makaha koikoi, he koikoi, umi he ala
  moe wai;
He pohaku kiai wai no ka pali,
He kikeke ki o ka ulu pali.

35. Paa, haki, kiola mai Keawenuiaumi;
Hiolo, haki Kealiiokaloa;
Nakeke i ka puu koholua kapu,
I ke kapu hoi Makaku Makakaualii,
Na 'lii ku mai, a eiwa ke kapu,

40. Eiwa ka lele makawalu, hopu imua
I ke ala ulahiwa a Kanaloa.
Kahiwanaepuni Kapalalakaimoku,
He palalalaumaewa kapu no Lono,
  e noho ana
I ka iu kapu ano meha.

45. I kuehu lau lama i ke kuili
I ka waa a Mua, heebee ia Kamea.
I ke koli hana kukui o Maukokoli
I ke kapa uhi, kapa laau o Mahi;

---

[11]"Some form of distant cloud land, hence, looked on as foreign (Kabiki). Much consideration was given to clouds and their formations for the various omens they were supposed to portend.

[12]"As though the thief was to be dethroned. The thought here is not clear

[13]"Broken is the ancestral line from Kealiiokaloa.

[14]"Makakaualii, termed a heavenly chief, was a grandson of Kealiiokaloa.

[16]"Referring to those of sufficiently high rank to be classed kapu.

[16]"Lele makawalu, eminent, famous or expert offshoots or branches; hopu imua, first caught or recognized in illustrious descendants (bright path) of Kanaloa.

[17]"Not the god of evil who tried to make man as did Kane, but the chief Kanaloakuaana, who was cruelly slain by Kamalalawalu's forces on their invasion of Hawaii. See Memoirs, Vol. IV, p. 342.

[18]"This name may imply the death and sacrifice of Kanaloa, as being the tax or gift of a chief "lifted up by an island."

[19]"Here again is a composite word of like character to the foregoing, implying a chief's tax of mourning kind, a sacred or rigid requirement in the time of Lonoikamakahiki.

[20]"The kuili was a prayer by the officiating priest which lasted all night, the waving of sacred lama leaves being part of the ceremony.

[21]"This has reference to a service ritual of the temple.

[22]"Kukui torches were made of kukui nuts strung on a reed some four feet long; several strings of them were bound together with strips of kapa and covered with green ti-leaves lest they burn out too quickly.

Mahi of Kekaeleuhiloliloliha,

50. Kalauhihilau, the powerful
    Kauauanuiamahi, who begat Kaneku
    kapuaiku,
    Kane and Alapai [were] fowls with a
    black bill,
    In the firm kick [of] the spur in the
    careless observance of the kapu
    You would see the fowl perched up in the
    smoke[23]

55. To Kalani, Kalani, Kalani,
    Kalaninuieeumoku[24] who brought out this
    chief Kuakini.
    The main support of the chief is the un-
    ruffled sea of Ehu,[25]
    Of the calm, still smoothness of Palaba;
    Small Palaha of Moenewakalani.[26]

60. He was the soul that went together with
    the fish,[27]
    Water-lying soul of Kaihikealaka,
    You had not acquainted me before going
    Before Ulua, the source of affection,[28]
    Filled with the desires of repentance and
    thought,

65. Desolate, without resting place, struggling
    for the clinging heart of man
    Broken are the eye-divisions in weeping,
    Ceaseless were the drowning tears.
    Like a shaft of ie [vine] in the affection,
    From the side of duty, emerges a different
    body.

70. You are perfect, you are faultless,
    For kindness and patience, lacking nothing,
    He lacked nothing, all others are without,
    you are without,[29]
    Kaula and Niihau[30] are out in the sea; a
    carrying child [is] Lehua,
    Being fed by the winds;

O Mahi o Kekaeleuhiloliloliha,

50. O Kalauhihilau, ka manomano,
    Kauauanuiamahi, nana hoi Kanekuka
    puaiku,
    O Kane, o Alapai, ka moä nuku uli,
    I paku oolea ke kakala i ka waawaa o
    ke kapu
    E ike oe auanei i ka moa i kau i ka uwahi,

[

55. Ia Kalani, Kalani, Kalani,
    O Kalaninuieeumoku nana mai keia alii
    o Kuakini.
    I ka lani kua o ke alii ke kai malino a
    Ehu.
    O ka malino lai hinu pawa o I'alaha;
    O Palaha iki a Moenewakalani.

60. Oia ka uhane holo pu me ka ia.
    Uhane moe wai o Kaihikealaka,
    Laka ole hoi oe ia'u mamua 'la e
    Imua no no *Ulua* ka manawa i ke aloha,
    Piha i ke kuko, i ka mihi, me ka manao,

65. Haiki loaa wahi noho ole, hooke i ka pili
    houpo o ke kanaka.
    Haipu ka iwi pona maka i ka uwe,
    Paa ole i ka mokuhia e ka waimaka.
    Me he paua ie la loko i ke aloha,
    Mai ka aoao hana, hemo ke kino e.

70. He hemolele oe, he hemolele oe,
    No ka lokomaikai, no ke ahonui, aohe
    wahi koe.
    He koe ole ia nei, i waho wale no e—o
    waho oe e,
    I waho Kaula me Niihau i ke kai, ke keiki
    hii Lehua.
    Na ka makani i hanaiia mai

---

[23]The treatment of game cocks, to increase their fighting qualities and insure vigorous kicks, was to light a smoky fire under them on roosting for the night.

[24]Kalaninuieeumoku, literally, the high chief of island extension.

[25]The chief of Kona who ceded his district to Umi, whose full name, Ehunuikaimalino, means: "great Ehu [of] calm sea." This condition of Kona's sea is implied in the name Palaha, flat, wide, of still smoothness.

[26]A personification of conditions as though the chief was slumbering intermittently.

[27]Several traditions embody the idea of companionship with certain fish, notably Puniakaia and Kawelo.

[28]The fish ulua was held in high esteem as a means of increasing the regard of the beloved, or winning the affection of the estranged. This thought carries through to line 71.

[29]Credit given generally to outsiders for all good qualities is now to be applied to the subject of the chant; he is to be put on their plane and honored in his own land.

[30]Westernmost islands of the Hawaiian group. Lehua an adjoining islet.

75. The naulu, parent of the unulau
And the koolau.[31] Loud is the wailing of
the gods
On the sacred[32] day; noisy is the (kuwa)[33]
prayer in the woods
Transferred mistakenly to Kealia.
Almost heedlessly I nearly lost that flower,
80. The fading shadow of the kaiaulu[34] flower,
Water-refreshed flower of the twilight.
This is a day throbbing with love.
Just questioned there,
I discovered it, set aside, lying alone.

85. Kekukapehelua[35] of Umi,
The kapu set apart by Umi for Keawe
nuiaumi,
Kamolanuiaumi[36] descended from Umi,
[He] dwelt with Kaumaka in the presence
of the fish,
You went down perhaps and found his
Keawe,[37]
90. The chief's descendant? .
His was the warrior ancestor, Kekoa,
The Kekoa of Ohiaikulani,
Kalanikupono,[38] true, upright, without
crookedness.
[He] would not stoop to unwreath
Keawe,[39]
95. Keawe, the sacred offspring of Ahaula.[40]
He was the eminent chief who begat
Kahoukapu[41]
In the height of the heavens.
Kalaninuieeumoku, two,
[Of] two chief fathers[42]
100. On whom you proclaimed the ordinance,
Joining fast the chiefs together.

75. E ka naulu, makua i ka unulau
Me ke koolau, lau ka pihe a ke akua
I ka la ihi; wawa no i kuwa i ka laalaau,
Hoopahaohao hewa i Kealia.
Mai nanea au, mai lilo ia pua,

80. Ke aka luhe a ka pua kaiaulu,
Pua maka momohe wai a ka liula—e.
He *la* hanu ae nei, no ke aloha,
I ui wale ae no hoi ilaila,
Loaa no ia'u—e, waiho ana—e, waiho
wale—e.

85. O Kekukapehelua a Umi,
Ke kapu na Umi no Keawenuiaumi,
Na Umi, o Kamolanuiaumi,
Noho ia Kaumaka, i ka maka o ka ia,
I kai paha oe, loaa kana Keawe,

90. Ke 'lii ewe ia.
Nona hoi ke kupuna koa, o Kekoa,
Na Kekoa a Ohiaikulani
O Kalanikupono, ponoi, pololei, kekee ole.
Aole napanapa lulo ole ia Keawe,.

95. O Keawe keiki kapu a Ahaula.
Nana Kaiamamao i hanau Kahoukapu
I ke koki o ka lani,
O Kalaninuieeumoku alua,
Alua mau makuakane alii,

100. Ia oe iho la 'no lahuiia,
Huiia 'paa, kauluaia na 'lii,

---

[31]Names of Kauai winds.
[32]The sacred day, *ihi*, is more of hallowed character than is the kapu restrictions
[33]The kuwa prayer was the one used at the completion of house building, canoe making, and similar undertakings.
[34]The flower-shaped cloud, which was supposed to represent the departed chief.
[35]This is an ordinance set apart by Umi for this son.
[36]A son of Umi's by his wife Kapukini-a-Liloa, a younger brother of Keliiokaloa.
[37]Keawe here refers to someone, a relative, as a bearer, not the chief of that name.
[38]This name refers to and embodies the fine qualities of Kekoa, which is further set forth, the first part being taken, poetically, from the last of the preceding line.
[39]A shortened name for the subject of this chant, though it may refer to some distinguished ancestor.
[40]Not a chief, but the high rank entitling one born into it, to possess, wear and display its feather robes; insignia of royal rank.
[41]Kahoukapu preceded Umi four generations.
[42]This term applies where a woman living in a state of polyandry, her two husbands are referred to as the two fathers of her children.

Kuheekeakeawe opposed Kalanikaule-
　　leiaiwi.[43]
The united chiefs since ancient time
From the mountain, the cold mountain of
　　Lihau.[44]
105. The fallen snow is the covering producing
　　cold,
Chilliness, dampness and numbness.
The bright sun that warms the earth
Is the fierce burning heat of summer,
Warming and hiding in the shade,
110. Shady, but not shading the chief
Kalanikuihonoikamoku;[46]
The scattering, pelting rain;
Heavy rain showers, pelting rains standing
　　in pools;
Pools standing toward Kukapu,
115. [From] Kukapu to Kauaua.
Look towards Makuikumoho,
The surf in the deep sea,
The heavy surfs forming and breaking.
Running to reach outside
120. Is Kalalakapu[46] of the branch whence is
　　exposure,
Exposure spread to the branch of chiefs.
The leaf in Maui, of the sacred swelling
　　bud was nothing,
Umikalakaua stood for increase.
Of Kalakaua is Ehukiha.[47]
125. His twin children were
Kauwau and Kiha,
They were twin aimoku chiefs of Maui
Gathering tribute of the district of
　　Kaakaniau.
But, considering their [manner of] living.
130. The children dwelling together,
The brother living and cohabiting with
　　the sister,[43]
Kalaniulukaihonua of Kiha,
Quiet was its birth
Paukai of Kiha was quiet also.
135. Born comfortable was the offspring of the
　　chiefs,

Kuheekeakeawe kue ma Kalanikaule
　　leiaiwi.
Na 'lii kuhaulua mai ka wao
Mai ke kuahiwi mauna annanu Lihau.
105. O ka hau oki ka uhi e anu ai,
E huihui ai, koekoe, maeele.
Ka la kea ka e wela 'i ka honua
O ka la ku haoa ia o Makalii,
E hahana 'i holo pee i kahi malu,
110. Malumalu, malu ole hoi i ke alii
Kalanikuihonoikamoku.
Ka ua paka kahi, paka ua,
Pakapaka ua, paka ua, kulokuloku.
Kulokuwaiku aku o Kukapu.
115. O Kukapu a Kauaua,
Nana ia Makuikumoho,
Ka nalu i ka moana uli,
Na na nalu nui puni i haki—i popoi.
I holo i puka mawaho
120. O Kalalakapu, o ka lala iho ae halala
Halala, hihi manamana na 'lii.
Ka lau i Maui, o ka lau liko kapu.—he ole,
Kukupu o Umikalakaua,
Na Kalakaua e Ehukiha.
125. O kana mau keiki mahana ia
O Kauwau ma laua o Kiha
He mau mahana aimoku no Maui,
I ai i ka moku a Kaakaniau.
Aka a ka lolo o ka laua noho ana.
130. Nonoho momoe na keiki,
Moe, noho a kaikunane, hoao a kaikuahine,
Kalaniulukaihonua a Kiha,
Maha no ia hanau.
O Paukai a Kiha mahana no.
135. Hanau mahana ka hua a na 'lii,

---

[43]These woodland chiefs are not identified by these names.
[44]The islands possess no high mountain of this name, meaning snow chill, and must have reference to such a
condition.
[46]Literally, the chief joins unitedly in the lands.
[46]Kalalakapu, the sacred branch, affords poetic play on words in this and following lines.
[47]The lines of these chiefs, apparently of Maui, are obscure.
[48]A permitted or recognized custom to perpetuate highest chief rank, alii pio.

Not disobedient, loose or snappish,
Simply a canoe[49] support,
The head shaping of the chief.
The wild duck stream of spring source
140. Kamapu water-fall pervading sound,
[Like] the sound of Waahia's broken voice,
A distinctive descendant of Haka
Is Kabaka, dwelling at Ewa here.
A tumultuous noise will follow,
145. You are going astray, going on,
Going smoothly to outward appearance,
Concealing inwardly the shafts of mischief;
Covering small crookedness of the dreams.
The things he heard of in the open
150. On investigation lost their meaning.[50]
Not being finished he continued his
teasings,
To do and assist the wrong
Is the fault of these little trickeries.
[If] you are mischievous show up clearly
what is right.
155. It is proper for the man to be
domesticated;
If well-treated he is generous and
wasteful.
Break carefully the flower of the mamane,[51]
The flower of the koolau[52] of the flower
growth
That spreads out and unfolds at mid-day
160. Reddened by the sun of the luehu
Reddish is the wiliwili[53] and the aalii[54]
The eyes are opened by the scoria
In the path leading above Auahi.
Cruelty was spreading in the evening,
165. The forgetfulness of the loved one, a
companion,
[Like] a goose companion, a bearer of
filth,
Defiling and polluting the house.
You are an inheritance seeker, which is
a fault, a crookedness;
Resembling Manokapu[55] of the lazy,
useless class

Aole hulu koo kanapi,
He koo waa wale no,
Ke poo i kepa kua o kalani.
Ke koloa auwai poo wai mapu
140. O Kamapu waiku kani a au lono,
O ka lono hakahaka leo o Waahia.
He aahia kuluipua o Haka,
O Kahaka i ka moe ia Ewa nei.
He wawa ko hope nei,
145. E hele e la oe, hele no,
Hele hooniania kona le waho,
Hoihoi iloko ka oi a ke kalobe
Ahu kekee liilii a ka moe,
Ka mea ia i ikea i ke akea
150. Ike la hoi ilaila, pau ke ano.
No ka pau ole ia e hone hou la,
Ke hoi kokua aku i ka hewa,
O ka hewa ia o ka hone liilii—e.
He hone oe, e hoae i akaka lea ka pono.

155. O ka pono ia o ke kanaka i laka mai,
A laka ka hoi la, maunauna—e—he mauna.
Mamalahia ka pua o ka mamane,
Ka pua o ke koolau, o ka ulu pua,
Ua pupua mohala wale i ke awakea,

160. Ua ehu wale i ka la o ka luehu.
Ehu ula ka wiliwili me ke aalii
Ua mohola na maka i ke aa
I ke ala hele ma uka o Auahi—e.
Ahiahi ano laha ka lokoino,
165. Ka manao ole i ka mea 'loha, he hoa,
He hoa manu nene, he hapai na ino,
He boino a paumaele ka hale.
He imi hale oe, a o ke kekee no ia,
he kekee—e;
I Manokapu, o ke kaele baloli ili,

---

[49]This similarity is not understood by present day terms.
[50]Chasing after rumors as fruitless as attempting to investigate dreams.
[51]The mamani of botanists *(Sophora chrysophylla)*, a tree 20-30 ft. high, furnishing a hard and durable wood.
[52]Koolau, a yellow wild-flower of the plain, known also as kookolau *(Campylotheca* sp.)
[53]The color named refers to its flowers and seeds, the wood being light in color and cork-like in weight.
[54]Aalii, a forest tree of the *Dodonaea* sp. of close grain, reddish color and durable quality.
[55]Manokapu, sacred shark.

170.   Who changed largely [the] course to
           Kukona,
       To Luanuu, to Laa and perhaps Kamilo.
       He was of the chief line of Piilani;
       Piilani, Piikea, Lonoapii,
       Ascending at the moving of chiefs
175.   At the moving for the true chief,
       Chief Kuwalukapaukumoku,
       Hopumaihakuwalu Kailiiliniho,
       Kailiiliniho was of Kuwalu,
       Through him the drum was beaten.
180.   Beaten, beaten were the drums.
       Straight arose the sound of the drum
           beaten before Mauoni,[57]
       At the temple of human sacrifice of ·
           Kuihewamakawalu[58]
       Of the rain shower, of the adjoining long
           house,
       Drawing the lands together.
185.   He drew the reef of fish desertion,
       That sea-shore was useless
       To the island fisherman, the chief
       Kalanikuihonoikamoku,[59]
       Of the great boxing contest assembly,
           shielded
190.   A murderous blow [by] the leaping bone-
           breaker.[60]
       Receiving the [arm] cut and catching
           the elbow
       The champion of the land fell.
       During the contest the people were excited
       The sand was furrowed and became a
           heap.
195.   Alapai of Kauwauwa
       Was the crooked [chief] of the land.
       Kaulunai, Kekahua,
       Kekikonihoalani, Kaiekupaiaina,
       Echoing the sharp sounds of the severed
           rock,
200.   Raised rock, pebbled to freshness,
       A sharp piercing bone was the chief,
       By the breaking mallet scattering the
           fragments,
       The chips of the axe was the chief's desire.

170.   I loliloli ha nui ia Kukona,
       Ia Luanuu, ia Laa a Kamilo paha?
       Oia o ka lau alii o Piilani;
       O Piilani—o Piikea, o Lonoapii,
       Pipii pipii i ka akoako na 'lii,
175.   I ka akoako i ka io lani,
       Lani a Kuwalukapaukumoku.
       Hopumaihakuwalu Kailiiliniho
       O Kailiiliniho ia Kuwalu
       Iaia kani mai ka pahu,
180.   Kani ke, kani na kaeke.
       Ku paloloi ka leo o ka pahu e kani
           imua i Mauoni,
       I ka unu hai kanaka o Kuihewamakawalu
       O ka *ua* upena, o ka ma halau loa,
       Hului kaa moku.

185.   Nana e kaa ke kohola holo ia ole,
       Pa-noonoo ia kahakai
       I ka lawaia-moku, he 'lii
       O Kalanikuihonoikamoku
       O ka mokomoko nui, pani aha

190.   He kui powa ka lele lua,
       I loaa i ke oki i pa i ke kano,
       Hina ka luahi nui o ka moku;
       Kupaka ke au, walawala ka aina,
       Mawae ke one kuke 'hu.

195.   A o Alapai a Kauwauwa,
       O ka hookanahua moku ia.
       O Kaulunai, o Kekahua,
       Kekikonihoahoalani, o Kaiekupaiaina,
       O ke kuike kani ke kani ioio o ka io
           o ka pohaku.
200.   Maka aili, iliili a maka a,
       Papakoholua oi he 'lii,
       I ka ia naha mahiki ka mamala,
       O ka mamala o ke koi ke pue lani,

[56] These are Maui celebrities of Umi's time.
[57] As a proclamation in recognition of high chief birth the two sacred drums of the temple were beaten, as also in the ceremonies attending his circumcision. In all cases this took place in the principal sacrificial temples.
[58] Eminent Kakuhihewa, a noted king of Oahu.
[59] This name, divided, becomes the-boxer-chief-uniting-the-lands.
[60] Experts in lua contests (wrestling) consisted in the ability to break the bones of their opponent in mid-air while throwing him.

Kawainonohu the chief, and Kalani-
nuieeumoku,

205. Of crooked entanglement, the poisonous
crab-coloring time,
The yellow coloring of the laumilo eel,[91]
kapa like,
A variegated kapa at the cave
Disturbing and muddling the sea,
The bad fish with distorted eyes,
210 The sacred conch[62] [proclaimed] the chiefly
reverence and affection
Of Namahana at the altar of the chief
Kaukapuikalani, of Awanakapu,
His was this child
Kapikikoloaukamahehalono,
215. He was perhaps Kalua at Hauola,
Of the life-giving leaf offering lest Kolo
be lonely,
The gradual development
Lest Kona be lonely,
The Kona with undesirable leaves.
220. O Kukona, whither art thou wandering
angrily
Over there, returning secretly through the
grass ?
Shameless! this trying to lose one's self.
[You] could not be hid; it was all seen
By those companions who passed away
225. With my spirit-children from· below
I loved you, the companion of the singing
bird,
You are a bird companion.
The man was a bird reared for the couch,
Nourished by the mind till domesticated.
230. Those undomesticated by him are com-
panionless.
Companion! a companion increasing the
tax of the people.
Kamaile of the fire is ascending,
Wasteful of the wood should it leap forth.
The fire was feeble, [the wood]
unbroken,[63]
235 Sounding to the point of Makua.
The fire diminished, had disappeared,
Leaving solely in Keawanui for increase;
To increase and promote him,

O Kawainonohu alii, o Kalaninuieeumoku.

205. O ka peapea ewa, o ke kumimi au lena,
Ka lena o ke puhi laumilo i kapa,
I kapa kui pulelo mai ka lua.
I kikeke e aweawea ke kai,
O ka ia ino maka kalalea,

210. Ka pu maka haoa, ka haohaoa lani
O Namahana i ka lele o ka lani,
O Kaukapuikalani, o Awanakapu,
Nana hoi nei keiki,
O Kapikikoloaukamahehalono,

215. Oia hoi paha o Kalua i Hauola,
O ke ola lau mehai o meha, i Kolo
O ke kolopua i mohola,
O meha i Kona,
O ke Kona lau konakona

220. O Kukona e, e kukonakona ana oe mahea?
Mao hoi, hoihoi malu ana iloko ka mania?
Ka· hilahila! e hoonanowale nei.
Aohe e nalowale, ua ikea pau loa
Me ia mau hoa hoi i hala 'ku la,

225. Me a'u keiki makani mai lalo
O 'loha wale ka hoa, o ka leo o ka manu e,
He hoa manu oe.
He manu hanai ke kanaka na ka moe,
I hanaiia e ka manao, a laka.

230. O ka mea laka ole ia ia he uahoa—e.
Hoa—e la, he hoa pii ka auhau no
ke kanaka.
E pii ana a Kamaile o ke ahi,
Maunauna ka papala ke lele mai,
Nawaliwali ke ahi, haihai oleia,

235. Hookani aku la i ka lae o Makua,
Kakona ke ahi, haule wale iho no,
Waiho okoa iho no i Keawanui—e nui,
He hoonui kaikai ana iaia,

[91] Said to possess the faculty of camouflaging its vari-colored skin, and muddling the water by way of escape if intruded upon in its cave.

[62] The conch shell was a recognized sacred instrument of the temples of sacrifice, whereby the calls to service, and kapu periods were announced. Some were held in such esteem as to be reserved for use by the highest chiefs only. Of this class were the Kiha-pu and the pu-maleo-lani.

[63] Referring to unbroken or unsplit wood as lacking vigorous fire blazing qualities at ignition.

Supposing perhaps he was honored.

240. His distinction was by the [word of]
     mouth only."[64]
     The high chiefs gathered together;
     Assembled together all ancestral chiefs,
     Breaking the division of Laniakea.[65]
     The desire of the heart, the heir of Lono,

245. And Lonoapii indeed and Koohuki·
     Kaohuki indeed of Kalani,
     Grey-haired, rose up those ignorant
          forefathers;
     Brought up those fiery ancestors
     Being provoked [they] yearned and
          landed, rising up from there,

250. Piimauilani had numerous restrictions;
     Restored are the bones proclaiming
          Kanaloa
     Cultivating difficult narrow plantings
     Was the chief's cultivation of the land
     Tightly drawn is the path of the sacred
          place.

255. He established the custom of the kapu,
     One shelf[66] whereon the chief is placed,
     The royal sacred child who rules the land;
     Supported and borne through the chiefs
     Kahelekahi, Hema and Kahaipiilani,[67]

260. Those [were] the chiefs of hope,
     Looking for the [welfare of the] land;
     The land of their rightful chief.
     Upright was the ruling by the honest chief;
     He was an ancestral chief,

265. A man companionable with the people,
     Not a fat, unwieldy person of loose malo;
     A plausible, begging land-seeker[68]
     With short lock of uneven hair;
     An uneven front hair caused by a
          doubtful mind.

270. The backbiting, reproaching, reviling food
          spurner,
     The stubby, unjust steward,
     Treacherous and evil minded,
     Envious toward the people of Kulana;
     They were the subjects of the chief.

275. Appreciated is the earned eating and
          sleeping.

I kuhi aku ai paha he hanohano,

240. Kona hanohano i ka waha wale no—e.
     Ohia hapukuia na 'lii nui;
     Pukua na kupuna alii a pau.
     Wahia ka paaku o Laniakea.
     Ke ake paa i ka houpo, ka pua o Lóno,

245. O Lonoapii hoi, a Koohuki,
     O Kaohuki hoi o Kalani,
     A pohina, kupu mai hoi kela mau kupuna
          waawaa;
     Ulu mai hoi keia mau kupuna makomako
     I hoohaehaeia, e hae a pae, pii ae mai laila,

250. Piimauilani, hoolau kapu mai,
     Hoola i ka iwi, ho'uouo ana Kanaloa uo
     Hoomahimahi mai ana, mahi ololi,
     Ka mahi alii ia i ku i ka moku.
     I lilio i moe kuamoo o ke kapu,

255. Moe kuamoo o ke kapu iaia,
     Hookahi haka e kau ai o ke alii,
     O ka moopuna alii i ku i ka moku.
     O kaikai o auamo kaa i ka lani,
     O Kahelekahi, o Hema, O Kahaipiilani.

260. Ke alii na e lana,
     E nana ka aina;
     Ka moku o ka lakou alii pono.
     Pono no ka noho ana i ke alii pono,
     He alii no mai ka paa ke alii.

265. He kanaka ano ma i paa a ke kanaka,
     Aole ka malo, hemo uhauhalale,
     Kukahipalu noi waiwai aina.
     Ka aki pookole oho oioi;
     He oho oioi mua, makili haobao.

270. Ka aki, ka nanamu, ka akiaki ai kae,
     Ka poupou kuene noho ino,
     Ka noho ino opu kekee moa,
     Ka huahua i ka poe o Kulana;
     Ka poe no ia nana ke alii.

275. E lea ai ka ai kuai kuai moe.

"[64]Appointed or proclaimed; not hereditary.

"[65]A name signifying spacious heaven.

"[66]One shelf or ledge indicating the chief rank or grade the child is entitled to.

"[67]Of these, Hema's is the only name on the standard genealogy list, and dates back thirty-four generations from the subject of this chant. Hema's mother was the famous Hinahanaiakamalama, literally Hina-foster-child-of-the-moon. There was another son, named Kahai, which may be the one here referred to as Piilani.

"[68]This and some ten or more lines following, pictures a slovenly adventurer of the class that moved from place to place, seeking to engraft himself, a parasite, upon some well-to-do, good-natured chief.

Departeth the lazy man without master,
Joining as taro-suckers[69] without,
Driven forth by the rain of the winter.
Do not listen to him,
280. He has nothing, only rubbish.
Here is the chief's man,
Mahakapu of Makakaualii[70]
Of the three chiefs of Kanaloa,
He was, he was of those there.
285. Examine and be satisfied [of] that pair,
The pair was Kiha and Kama.
That was the source of the people,
He was, he was of those there,
They only had the ruler;
290. They possessed the reigning chief,
Dwelling with affection toward you
O Kahailaulanaaiku, O Kaikulei,
Confused [is the] sacred salutation song
in the night.
Bouyant, I was searching hopefully [but]
could not find you.
295. You indeed, you are the one I dare com-
pliment with love.
You are not our third mate;
You had gone forth with love.
A strong desire only possessed me,
I am alone, young Kaulana.
300. Perhaps you are a younger brother
Sent forth for some small thought?
To create pleasure as a companion:
A constant companion for your lonely
place;
Yes lonely, lonely the solemn sacred days.
305. Almost in pity was the cry of the god,
Pained was my eyes by the bushes,
The leaves [are] the flower buds of the
wilderness;
The promise of growing fruit in the stony
place.
People are going to the barren land,
310. Following the guidance of Kahaino[71]
is bad;
It is a bad thing, leave it be; in kindness
do we love.
Do not love, it is a glorious work,[72]
And it is not.

Ou hoi o ke kuanea haku ole,
Pili oha kamau mai mawaho,
Ua hee wale i ka ua a ka hooilo.
Mai hoolonoia 'ku no kana,
280. Aohe ano, he opala wale no
Eia ae no ko ke alii kanaka,
O Mahakapu a Makakaualii.
O na kolu alii no o Kanaloa,
Oia, oia o lakou ko laila,
285. Nana ia aku ana kela paa,
O ka paa o Kiha ma laua o Kama.
Mai laila mai no na kanaka,
Oia, oia o lakou ko laila,
O lakou la wale no ka mea haku,
290. Ka poe nana ke alii e noho nei.
E noho kanihia aloha ae ana au ia oe
E Kahailaulenaaiku, e Kaikulei,
Hihia kapu oha oli, e kaha oli i ka poia.
E lana nei, e lana huli ae ana au, aole oe.

295. O oe hoi, o oe ka'u e aa, e aahia la.
Aole hoi oe ko kakou kookolu
Ua hele aku la oe me ke aloha
Haehae wale iho nei no hoi au,
Owau wale no, Kaulanapokii—e.

300. He pokii paha oe?
I kiina aku i kahi manao iki,
I ka hoohoihoi ana ae i hoa,
I hoa walea no ko wahi mehameha e,
Meha ae la e, mehameha anoano ka la
ihi ka la.
305. Aneane aloha ka pihe a ke akua,
Halao ana i kuu maka ka laalaau;
Ka lau ka maka pua o ka nahelehele,
Ke aka o na ulu hua i ka hapapa.
Haele ana no kanaka i ke kaha,

310. Alualu ana, i ke kai o Kahaino—e—ino,
He ino ia mea la, e waho ae, ma ka
maikai kakou i aloha.
Mai aloha iho, e hana nani ia
E he nani ole—e.

---

[69]Taro suckers are sprouts that develop on the outside of the tuber as it matures.
[70]See note on line 38.
[71]Kahaino, a personification of evil impulses, the spirit of evil.
[72]In this paradoxical ending the poet would attribute glory to those who resist love entanglements; the fickle goddess of good and bad qualities is here advised to be let alone. It is good and it is not.

Kamehameha.

The sun has risen far above Maunaloa,
The black cloud thundered upon the
    mountain.
The mountain tops of Kona stand side
    ways; 'tis calm,
Hilo stands swelling up in the rain.
5. Hamakua is a place of wooded ravines.
Kohala is folded up in the winds.
Kauiki is drawn up till it touches heaven;
It has fled to the mat of Hina.
A sleep in pain is a mourning sleep.
10. Mokulaina hears far off in the sea
It cleared away and was calm.
Hana flew and hid herself from the wind;
A brook belongs to Lanakila;
A watery mountain belongs to Kualihau.
15. The back and the breast shivers from the
    snow,
Contracted with the cold.
The desire moves in an irregular course,
Moving this and that way as if in a
    nightmare,
Breathing hard with fear.
20. The dry season consumes the water of
    the path,
The bewildering path of the wilderness,
The hinale that is overgrown with akolea,

No Kamehameha.

Iliki kau kolii[1] ka la i Maunaloa,
Ke ao eleele koa[2] halulu i ka mauna,
Ku kaha[3] ke kuahiwi o Kona he lai[4]
Ku opuu[5] Hilo i ka ua,
5. Pali laau[6] Hamakua,
Opeope[7] Kohala ·i ka makani,
Huki Kauiki[8] pa i ka lani,
Ua hee[9] i ka moena a Hina,
He moe ino he moe[10] kanikau,
10. I lono Mokulaina[11] i ke kai,
Hoai[12] ai ua malie,
Lele Hana i pee i ka makani,
He poo wai[13] no Lanakila,
He mauna wai no Kualihau[14]
15. Li hau[15] ka li kua me ka li alo,
Li maeele[16] i ke anu,
Ka makemake e kaa kukue,[17]
E kaa nipolo[18] nipolo lea.
E ke aho i ka manawa [19]

20 E ke kau[20] kaa inu wai o ke ala,
Ke ala lau nahelehele no ka waonahele,
O hinale[21] kupuhia e ka limu akolea.

[1]Kolii, the reflection of the sun, the tremulous appearance on looking over a plain when the sun is hot.
Koa, a word seldom used in the sense here, but like loa, the very black cloud thundered, halulu.
[2]Ku kaha, to stand sideways.
[3]He lai, it was calm.
[4]Ku opuu, Hilo in its hills and knolls was swelling in the rain.
Pali laau, wooded ravines.
[5]Opeope, to be folded or bundled up.
[6]Kauiki, the hill at entrance of Hana harbor, drawn up to touch the heavens, refers to its local legend.
[7]Ua hee, it fled to Hina, a woman of very ancient times, the most popular heroine of Hawaiian story.
[10]Moe kanikau, clearly rendered a mourning sleep, doubtless refers to moaning.
[11]Mokulaina, while the name of a land in Hana, refers to some personage.
[12]Hoai, to clear off after a shower.
[13]Poowai, source of a brook or stream.
[14]Kualihau, a land near the sea and below the mountains.
[15]Li hau, to shiver with cold from snow.
[16]Li mauele, to contract as the skin and flesh with the cold.
[17]Kukue, to dodge, move one way and the other; kaa, to roll, as a person recovering from a drunken fit.
[18]Nipolo, to dream that one is falling in his sleep from a height and breathes hard, in fright.
[19]Manawa, some internal part not well understood, the seat of fear and other passions.
[20]Kau, a season, in this case summer, the season that drinks up the moisture in the path.
[21]Hinale, name of something unknown; kupuhia for kupuia, sprouted; akolea, a species of fern.

Lea was discovered, living on the
    mountain,
The mountain feared without cause.

25. In friendlessness the stones of Hanalei lie
    not together.
Hanalei is calling.
Unulau is inviting me to dine with him,
[To eat] the leaf-wrapped fish of Kau
Wrapped in the leaves, yes, in the leaves.

30. I am provoking Milohae;
Milohae is barking at Miloonohi,
The low-spreading, thrifty milo at
    Kikoamoanauli.
Thriving, thriving, thriving is the noni
    leaf,
Manoni as it grows is fragrant;

35. Its fragrance reaches the shoulder of the
    precipice of Kalalau.
The precipice of Makana is two-fold;
'Tis a gift; 'twas my sleeping place last
    night;
'Tis the drunkenness of the awa for my
    god.
Drink the ripened leaved awa,

40. The awa bundle of the chief;
The awa for the aged to masticate.
The awa grows thrifty in the uplands
    of Puna.
Puna's upper regions are bitter with awa.
When I drink it, 'tis awa in bitterness;

Loaa Lea[22] noho i ka mauna,
Makau wale[23] ka mauna,

25. He launa ole[24] a oi pili pohaku o Hanalei,
Ke hea mai nei Hanalei.
Ke i mai nei i Unulau, e haele maua e ai
I ka ia, nunu weuweu[25] o Kau,
I nunu[26] weuweu e, i ka weuweu,

30. Hoohaehae[27] ana au me Milohae.
E hae ana Milohae[28] i Miloonohi,
O ka milo[29] kupu hooneinei o
    Kikoamoanauli,
Kupu e kupu la[30] kupukupu lau manoni,
Manoni kupu ae he ala,[31]

35. A ala ka poohiwi[32] pali o Kalalau.
I kau lua ia ka pali o Makana—
He makana he moe na'u i ka po nei—
He ona awa[33] no ku'u akua ia,
Inu i ka awa lau lena,[34]

40. I ka awa o Puawa[35] 'lii,
I ka awa mama[36] ka kualena[37]
Kakiwi[38] awa i uka o Puna.
Ua awahia ka uka o Puna i ka awa,
I apu ai au he awa kanea,[39]

---

[22]Lea, name of the goddess of the canoe-makers, a dweller in the forests.
[23]Makau wale, afraid without cause.
[24]Launa ole, unfriendly, unsocial, the stones lie scattered about.
[25]Nunu weuweu; nunu to fold or wrap up for carrying, or as meat or fish for baking; weuweu, leaves of any kind for wrapping up food.
[26]I nunu, etc., a repetition to fill out the measure.
[27]Hoohaehae, to provoke, to cause to bark as a dog.
[28]Milohae, name of a district, or rather an unmeaning part of the line to correspond with the syllable *hae* in hoohaehae.
[29]Milo, name of a tree (*Thespesia populnea*); hooneinei, nei is to squat on our hands, the branches of the milo bend over and squat down at Kikoamoanauli.
[30]Kupu e kupu la, etc., the *e* and *la* are euphonic, or if they have a meaning it is that thus the noni leaf grows here and there, and kupukupu grows everywhere.
[31]Manoni, as it is sweet, fragrant, so also are the cliffs.
[32]Poohiwi, highest parts of the Kalalau cliff.
[33]Ona awa, intoxication from awa.
[34]Lau lena, yellow or ripened leaf, as with ripe taro.
[35]Puawa, a root, or usually a bunch of four roots, of awa.
[36] To mama awa was to chew it and throw it back into a dish in preparation for making the intoxicating drink.
[37]Kualena, yellow teeth, a term for old age.
[38]Kakiwi awa, etc., the awa grows thriftily, bending over and taking root for new shoots.
[39]The kanea of awa is the bitter scum of its liquor.

Will the goddess rob?
The mountain rises and crumbles off;
Kilohana, the mountain, stands up of
    itself
50. As a gift for the cold snow.
The soft fleecy clouds appear and
    disappear.
Turn to the back, the names have not
    joined;
Poliahu and Waialeale are floating about
Beautiful is Kahelekuakane.
55. Measure the long path to Maunahina.
Snow is upon Kalikua, a thick shade
    pervades Aipo,
The mountain top is obstructed for travel,
Snow is also upon Elekeninui,
With forest unequal on each side.
60 Excellent is the path along the precipice
    of Makana,
The path to the precipice of Kaiwikui
The top of Pueokahei, while one remains
    on Kapua.
The avalanche is afraid of the precipice,
At Mahuokona is a precipice sweet-
    scented with naenae;
65. One can inhale the fragrance if he
    breathes at all.
The sweet-scented product of Kahioe, the
    women who braids the lauae
In the valley of Kikiopua, at Hoomalele.
The firebrands are flying down the steep
    precipice;

Ahao[43] anei akua wahine?
I una[44] mai, kolikoli ke kuahiwi,
Kau wale ai mauna Kilohana,[45]
50. I makana i ka hau anu,
Ua kau ke ae[46] haale a hu la,
U wai a ke kua a ai hui na inoa,
E lana nei o Poliahu o Waialeale,[47]
Kai[48] Kahelekuakane,
55. Anana i ka loa hina i Maunahina.
He hau Kalikua he naele Aipo,
Kupilikii[49] aku la Wawa,
He hau no Elekeninui,
Ulu laau kapakahi aku la,
60. Nahenahe[50] ke alo o ka pali o Makana.
Ke ala pali o Kaiwikui.
Ka luna i Pueokahei e noho i Kapua
    nei ea;
Apoapo[51] ana ka aholo i ka pali,
I Mahuokona he pali ala i ka naenae,
65. He lauae[52] mokihana ihu hanu,
Ka hua 'la o Kakioe[53] na wahine ako lauae
I ka pali o Kikiopua i Hoomalele,
E lele ana no momoku kuehu[54] pali,

---

[42] Hiki e, etc., introduced as a sort of chorus.
[43] Kaunana palamoa, when the sky overhead is clouded with dense, thick, though not black clouds.
[42] Puakau; when a cloud rises up out of the sea like man or beast, it was worshiped as a god, and called "o Lono o Puakau," the god of Puakau.
[43] Abao, to rob, take the property of another.
[44] Una mai, to pry up as with a lever; kolikoli, to whittle, shave off, the action of an axe or adzse.
[45] Kilohana, a mountain of Kauai
[46] Ke ae, the thin fleecy clouds of the mountain; haule, the tremulous motion of water about to overflow from a filled cup.
[47] Poliahu and Waialeale, mountains of Kauai.
[48] Kai, beautiful, admiration for the mountains named.
[49] Kupilikii, the state of traveling on the mountains in a hard rain, with road slippery and full of bushes.
[50] Nahenahe, lahilahi; thin cloth of fine texture, hence good, excellent.
[51] Apoapo, to fear or be afraid; abolo, a place in a declivity where some land, rocks, etc., have fallen down.

Kamaile belongs not to the place where the
fire is projected.

70. Here are some light firebrands from the
factories;
The factories where the firebrands are
prepared.
The fire shoots forth oscillating upwards
as a shooting star
And falls on the precipice of Kaauhau.
Shall I return at the call;

75. At the call of Makua to Kalalau? ·
Here is your companion, a stranger.
The fire has been kindled on the skin,
The kapued skin by consecration
Which will be overcome by the biting
firebrand,

80. For the firebrand has a fire that burns the
skin.
Indeed the greater part of the skin was
broken
By being bitten by the fire of the firebrand,
Let the descendant warrior live as a soldier
of Waiolono,
Offering temple services night and day

85. Conquering all that none may dispute.
I am fondly remembered by Kekaha,
I shall breathe at Kilohana the fog that
riseth
Like the head of this man.
I am thinking and hoping.

90. Kaula lies yonder; what is about to be
done there?
The water-gourd is his earnest call; give
me water!
The zigzag course is the path,

O Kamaile, aole ia o ke ahi,

70. Eia'e o na papala[55] ua noe mokauahi wale,
O na kulana[56] i ke o ahi lele
Lele ke ahi lele oni[57] me he hoku la;
Kau-lia i ka pali o Kaauhau
E hoi a'u anei i ke kahea,

75. I ke kalalau a Makua i Kalalau?
Eia ko hoa malilina,[58]
Ua hoa ahi wale na ili.
Ona ili[59] kapu i hoohiki,
Ae noa[60] ka ipo ahi papala,

80. He ahi hoi ka ka papala ke kuni i ka ili,
Ua moku o ka ili ka hoi ka nui,
I ka nahua[61] e ka ipo ahi papala,
E ola koa[62] i pua nei ka ulu koa i
Waiolono,
Halua po halua ao,[63]

85. Kiki maka i hanu ole.
Halialia[64] ana hoi au e Kekaha,
Owau kea i Kilohana, i ka ohu ke kua,
Ke poo o keia kanaka mai nei a, la,—
O ke ohaoha[65] e oha e lana.

90. E kaulia Kaula, o keaha auanei ko laila?
O ka huewai o kona leo kinakina,[66] i wai,
O kinana[67] anana ke ala,

---

[55]Papalas were sticks cut and laid to dry for use as sky rockets; noe, light fleecy clouds; mokauwahi, place or house of smoke for seasoning timber.

[56]Na kulana, the shops where the papalas were prepared and thrown for the flying fire.

[57]Lele oni, to fly upwards in a zigzag course, as a kite.

[58]Malilina, like malihini, a stranger.

[59]Ili kapu, etc., kapu is the skin by consecration, by an oath.

[60]Ai noa, the release of kapu, through the pinching firebrand.

[61]Nahua for nahuia, bitten (burnt) by the fire of the papala.

[62]E ola koa; koa name of a tree, let him live (like) a koa tree, i.e., a long time.

[63]Halua signifies the work of the priest in the temple offering sacrifices with prayer. These offices were perpetual.

[64]Halialia, strong attachment to a person, the feeling that arises from recalling the features or conduct of an absent friend.

[65]Ohaoha, reflection, thought that takes place antecedent to halialia.

[66]Leo kinakina, earnest call, for water.

[67]Kinana, ascending a precipice in a zigzag manner.

Where I shall go sprightly to work
To wreathe the lehua [blossoms] of
Luluupali,
95. Also the pandanus of Mahamoku by the
sea-shore,
That I and my god may garland it;
[My god] Kekoalaulii, the silver-grey leaf,
Thine is the skin of Kinaiahi.

E kili[68] anau e hana ana au,
E lei i na lehua o Luluupali,
95. Ka hala o Mahamoku i kai,
E lei maua[69] o ku'u akua
O Kekoalaulii,[70] lau ahinahina,
Nau ka ili o Kinaiahi.

Kaumualii.

The surf-spraying[1] wind of Waialua
Carries the spray of the surf high,
Even to the mountain-top of Kuakala.[2]
The wind dies[3] away upward,
5. Darkened by the smoke[4] at the height of
Kamae,
The smoke[5] which indicates farming at
Poloiea,
Spreading[6] to the precipice of Luakini.
It is the object of this love, it is evident![7]
Their love grew for they were constantly
together.
10. The heavy-sounding[8] rain is the rain of
the koolau;
Heavy raindrops falling in the sea till
calm;
The sea becomes calm, it is very still.
Indistinct[9] are the coral banks of Heeia.
Like the moon down at Mokuoloe
15. Is the destitution[10] of verdure of some
precipices,

Kaumualii.

Ka makani ehukai o Waialua,
O ke 'hu o ke kai aia iluna,
Iluna ke kuahiwi o Kuakala
Ke hoomoe ala e ka makani iluna.
5. Po i ka uahi ka i ka luna o Kamae,
I ka uahi mahiai o Poloiea,
Hohola aku la i ka pali o Luakini e
O ko kini ia i aloha ai, ke aloha la!
Ina no ke aloha o ka pili mau,
10. Ka ua kanikoo, ua o ke koolau.
Ua kanikoo i ke kai a malie,
Malie iho la ke kai ua laiku;
Ua apulepule ke koa o Heeia.
Me he mahina la i kai Mokuoloe
15. Ka olohelohe o kekahi pali,

---

[68]Kili, to go sprightly; auau, mama, light.
[69]E lei maua, that we may put on the wreath, I and my god.
[70]Kekoalaulii, and lau ahinahina, epithets of the god.
[1]It was said that the surf spray at Waialua, Oahu, flies as high, at times, as the western bluffs of Lanai
[2]Name of an ancient temple on the north-west point of Oahu, at the end of the Waianae range.
[3]Dies away as wind upon the surface of a sloping plain.
Darkened by the smoky sea (i.e., the spray, fog), is the top of Kamae, a mountain inland.
Like the smoke of the farmers in clearing their uplands for planting.
[6]Spread over, hohola, etc., the cliff of Luakini.
[7]The multitude love the place; their love is constant, as shown in the next line.
[8]Ua kanikoo, the sound of heavy rain drops on dry leaves, or dry thatching of the pandanus leaf, is that o
rain accompanying the koolau wind, which calms the troubled waters.

	That precipice which reaches to Nuuanu		Ikea no ia pali a Nuuanu,
	The coldness[11] of a heartless man,		Ke anuanu o ke kanaka i ke 'loha
	How can he propagate love.		Me he mea la hala ke 'loha iaia,
	Filled[12] was the air of Ewa with the report,		Kupuni ula ka ea o Ewa i ke ala,
20.	Like the sea-spray on the forest trees.[13]	20.	Me he puakai la i ka lau laau.
	The forest of the ilima[14] plain at Ulihale,		Ka laau i ka ilima o Ulihale,
	Even reddening the outside of the house ·		Ula no mawaho o ka hale
	The redness extends and covers the leaves of the field.[15]		Ka ea ula, ke pili ka lau o ka weuweu,
	The ridge covering[16] of the house is broken by the whirlwind,		Haki ke kaupaku o ka hale i ka ea,
25.	Which blows from Halawa to Honouliuli.	25.	Ka ea no mai Halawa a Honouliuli,
	Unfit[17] is the man who forsakes[18] love,		He uli ke kanaka haalele i ke'loha,
	How can he propagate[19] love!		Me he mea la hala ke 'loha iaia
	Driven[20] by the wind is the pili (grass) of Nuuanu.		Moku i ka makani ka pili o Nuuanu,
	Swiftly sweeps the wind [21.]		Ka holo ai ka holo e ka makani.
30.	Exposed,[22] pathless is the trail at Keahole	30.	Apoopoo alanui ole ka holo a Keahole,
	Because of the constant fierce[23] driving of the wind.		I ka pukiki mau ia e ka makani.
	It causes near-falls and slips,[24]		Akelekele e hina, e pahee,
	Near-falls to man; the man fell		Kelekele ana e hina, e hina ke kanaka.
	On account of the narrowness[25] of the path,		I ka haiki i ka pili o ke ala,
35.	Thus offering path-difficulties to travelers,	35.	I ka pilikia o ke ala i ka huakai,
	Travelers from Kona going Koolauward,		Ka huakai o Kona pii i Koolau,
	And those traveling from Koolau going to Kona.		Ka huakai o Koolau iho Kona.
	On the Kona [side] of Nuuanu is the mountain rain;[26]		Ke Kona o Nuuanu, ka ua kuahine.
	Reddened[27] by the rain is the hill of Malailua,		Ula i ka ua ka pali o Malailua,

[11]Ke anuanu, a play upon the word Nuuanu; anuanu, cold; here, any excess, me he, etc., anything profusely spread, thrown about, so is love.

[12]As the red dust fills the air of Ewa when the wind blows, so the rumors pervade the district.

[13]And so the sand and dust belts the forest trees, like puakai; puakai, a red malo or pa-u.

[14]Ilima, a bush or small tree, a species of *Sida*, in the tract of Ulihale at Ewa (now no more), whose leaves were reddened by the dust.

[15]The red dust of the whirlwind sticks to the leaves of the grass, weuweu.

[16]Broken is the ridge-bonnet, kaupaku, of the house by the whirlwind.

[17]Unfit, dark is the man, uli, black and blue as a bruise, often made by the teeth of a husband on a wife for love's sake, as they say.

[18]Haalele, etc., forsakes his beloved object.

[19]How can such a one engender love, he throws it away.

[20]Driven or broken, moku, by the wind is the grass at Nuuanu Pali.

[21]The driving, the hard driving wind.

[22]Apoopoo, etc., from the deep or hollow place without a road till I reach Keahole.

[23]Constant, pukiki mau ia, strong wind in the incessant storm.

[24]Akelekele, to work one's way in a slippery place, especially if the wind blows.

[25]At the narrow place, *haiki*, cling to the narrow path; pili i ke ala, of the precipice.

[26]The poet deals here with the conditions of Nuuanu pali during the rainy season. Ua kuahine, while a mountain rain is not applicable to all rains on the mountains.

[27]Brown is the cliff of Malailua by the rain; from there on to Nahuina it extends. These are names of places in upper Nuuanu.

reaches not Kahua.
At Kahuawai, at Kahuawai, the bundle is
    large,[29]
Gird on the loin cloth for rain traveling;
Tuck[30] up the skirts of the rain-traveling
    women of Koolau,
45. Cover with ti-leaves[31] the loin cloth of
    the men
    In going to Kona, at Kawalanakoa drop
    the ti-leaves,
    Open up the bundles of the travelers,
    Gird[32] on the skirts of the women
    Going from Kona to Ewa.
50. Of Waikiki in Kona is the man.
    Like a man[33] is your love which
    possesses me.
    When you look[34] around it is sitting there.
    Kauaula[35] is a rain in the mountain
    Inhabiting the uplands of Kanaba,
55. The fierce wind as the rumbling[36] of
    thunder in the mountain.
    There it is the uplands[37] of Hahakea,
    The rain approaches the pili, (grass).
    The rain[38] and the wind moves seaward;
    Moving to cause damage, the mischievous
    wind[39]
60. Tearing up bananas and leaves of trees,
    The breadfruit, the coconut, the wauke.
    Nothing remains[40] through the destructive
    march of the wind,

I Kahuawai, i Kahuawai nunu i ka opeope.
Hume ka malo o ka buakai hele ua,
Palepale ke kapa o ka wahine hele ua
    o Koolau,

45. Puolo huna i ka lauki ka malo o ke kanaka.
    Hele Kona a Kawalanakoa lu ka lauki,
    Wehewehe kai opeope o ka huakai,
    Kakua ke kapa o ka wahine pa-u.
    Hele Kona o Ewa,

50. Ke Kona o Waikiki ke kanaka,
    Me he kanaka la ko aloha e noho nei,
    Kaalo ae no e noho mai ana.
    Kauaula ka ua noho i uka
    Noho i uka o Kanaha.

55. Ka makani nu me he hakikili la a noho
    i ka uka,
    Ai la i uka o Hahakea.
    Hooneenee ana ka ua i ke pili,
    O ka ua o ka makani haele i kai,
    Ke kii e kalohe eu ka makani.

60. Pau ka maia, ka lau o ka laau,
    Ka ulu, ka niu, ka wauke,
    Aohe koe i ka hoonaikola ia e ka makani,

[29]Iolo, iolo, to vibrate, whiffle about as an irregular wind, ku ole, but it does not reach Kahua, the Honolulu plains southeast of Punchbowl.

[30]At Kahuawai the bundles, opeope, are to be covered up, nunu, and the malo for rain travel put on; i.e., the company that travels in the rain take off their best garments.

[31]Palepale, to fell or work one's way in thick grass or among a multitude of people; here it means to tuck up a skirt when traveling in the rain, hele ua, Koolau's people go in the rain.

[32]In journeying at such times a man ties up out of sight, puolo huna, in ti leaves (*Cordyline terminalis*) his malo, for fear of getting it wet and girds himself with the leaves till reaching Kona, where at Kawananakoa, now Kawananakoa, just above the cemetery in Nuuanu, they would be thrown away and the proper garments assumed.

[32]Gird, bind on or adjust, kakua, as a woman her skirt, pa-u.

[33]Me he kanaka, etc., as man's love so is thine now

[34]To look at, ke alo, to look here and there.

[35]Kauala, name of a wind and rain in one of the valleys back of Lahaina, hence the name of that ridge, Kanaba, which lies above.

[36]Nu, to roar as the wind, hakikili, the rumbling of thunder after the first report.

[37]There in the uplands of Hakakea, name of a place north of Lahainaluna over both brooks and extending to the top of the hill.

[38]The rain moves upon, hooneenee, the grass; the rain of the wind moves seaward.

[39]The wind comes to do mischief, *kalohe*, damaging plants, etc.

[For] without teeth the wind is destroy-
ing food[41]
From Puako to Moalii
65. A chief is the calm, a lord.[42]
At Lahaina, and at Helelua[43] is another
calm.
Glossy[44] is the surface of water at Hauola
and on to Wailehua.
Another calm place now is Kekaa,[45]
Makila[46] is without winid, Kuhua[47] is calm.
70. The banana stalks are [used for] surf-
boards at Uo,[48]
Using the split ripe banana leaves[49]
For head covering,[50] for the heads of
the people,
For the multitude[51] of people surf-riding
at Kelawea.
Lauding[52] the glory of Lahaina.
75. But Lahaina is faulty, it is full of dust;[53]
There is dust outside as well as inside the
house,
Mokuhinia[54] is the resting place of the
dust
Satisfied[55] with the other's lying
statements
Lauding [Lahaina] to cause me to anger,[56]
80. Hilo rain beats furiously from the heavens,
It is beating angrily at Hilo;[57]
The anae nets are wet with rain; Hilo is
encompassed[58] by rain.
The fine mist[59] pervades Kilauea,

He ai niho ole ana ka makani i ka ai,
Mai Puako a Moalii,

65. He 'lii ka lai, he haku,
No Lahaina, e no Helelua no kekahi
malino,
Malino Hauola ia Wailehua.
O kekahi lulu Kekaa e noho nei,
He pohu ko Makila he lai o Kuhua

70. Ua hee pumaia ka nalu o Uo,
Kihehe i ka lau maia pala.
Alalai no ke poo o ke kanaka,
No ke kini heenalu o Kelawea.
Hoonuinui ana i ka nani o Lahaina,

75. He nui ka puu o Lahaina o ka ea,
Mai waho mai ka ea a loko o ka hale,
He ilina na ka ea o Mokuhinia,
Kuhinia i ka olelo palolo eia la
Hoonuinui i manawa ino au

80. Hilo ua moku keke ka ua i ka lani,
Ua moku keke Hilo i ka ua.
Ua ka upena anae, puniia Hilo e ka ua.
Ua uaawa mai la o Kilauea,

"E ai, etc., the wind eats the food without teeth, from Puako to Moalii, the latter a place at the mouth of the stream northwest of Lahaina.

"The calm is the chief's, he is lord of Lahaina.

"Helelua is the reef to the northward of the entrance to the Lahaina landing.

"Malino, the glassy surface of the sea in a calm; Hauola, name of small place near the Lahaina landing where the water is calm even in a storm, meaning Hauola is a calm place even to Wailehua, the latter a rock at the south of Lahaina by the last coconut trees.

"Kekaa, a place at Kaanapali, is also calm now.

"Makila, a place near Wailehua.

"Kuhua, name of a place about the middle of Lahaina.

"Uo, the outlet of the stream at the south of the old fort site of that town.

"Kihehe, also kihaehae, to split up a banana leaf while the piece still hangs to the middle, for show or ornament.

"Alalai, a defense, a stout partition hat for the head of a man.

"Multitude of surf-riders, residents of a place; Kelawea, name of the land on north side of the stream.

"The many people, hoonuinui, was the glory, ka nani, of Lahaina.

"He nui ka puu, a fault-finding sentence; it is a rough place, a great deal of dust.

"Mokuhinia, name of the lake by the old fish-market place.

"Kuhinia, sweet to him are the words of falsehood, olelo palolo, lies.

"Eia la, the person who just praised Lahaina, exaggerates, so that I am incensed

"At Hilo the rain beats angrily forth, *keke*, furious in the heavens.

The anae fish-nets are rained on; everything about Hilo is affected (puniia) by the rain.

"A fine thick mist pervades Kilauea.

The raindrops of Hilo make the sand
basket like.[60]

85. Puna's sand is blackened[61] by the goddess,
Puna is god-possessed[62] save a small
portion only,
Reduced[63] is the size of its forest,
Uncertain is the trunk though the leaves
are lehua.[64]
Ohia and pandanus were two attractions.

90. The tree trunks became stone[65]
Because of the lava[66] stream over Puulena
lena, in Puna, from the sulphur
smoke[67] of the crater.
It is broken up, Puna is fearful because of
the goddess,[68]
The very lava fields are gods;[69]
They glitter and glisten, they glisten
indeed;

95. They glisten[70] and change;
The lava has become rock;
The lava flow[71] became a resident of the
rocky plain of Malama;
Lava in front and behind, in front and
behind, Oh how dreadful![72]
Dreadful is Puna on account of the
goddess;

100. The goddess[73] which consumes the forest.
Unsatisfied with the pandanus of Kaimu
Which set the teeth of the goddess on
edge[74]
She ate till plentiful was the lava of Puna;
The rocks on the lava plain of Maukele.

Ua awe makahinai ka ua o Hilo i ke one.

85. Ua one elele Puna na ke 'kua,
Ua 'kua Puna ua koena iki wale,
Ua uuku ka kino o ia laau;
Ua haohao ka kino he lehua ka lau,
He ohia, he hala, alua oiwi,

90. He oiwi pohaku no ka laau,
No ke a kahili o Puulenalena i Puna i ka
uahi awa o ka luá,
Ua moku, makau Puna na ke 'kua
Ua 'kúa ka papa,
Ua kahuli anapa anapanapa.

95. Ua anapa kahuli
Ua kino pohaku ke kino o ke a,
He a hokiinaenae noho kupa i ka papa
o Malama,
I` ke a mamua mahope mamua mahope
weliweli ino hoi e!
Weliweli ino Puna i ke 'kua wahine.

100. Ke 'kua wahine ka ai i ka laau,
Ka ai ana ole i ka hala o Kaimu.
Ka oi o ka niho o ke 'kua wahine,
Ka ai ana, a nui ke a o Puna
I ka pohaku o ka papa o Maukele.

---

[60]The rain of Hilo pelts the sand into the semblance of a basket, and net of a calabash, makainai.

[61]The sand of Puna is blackened by the goddess Pele; black volcanic sand.

[62]All except a small part of Puna is under the dominion of a god; lava flows, tidal waves and volcanic convulsions have left their impress.

[63]The forests are of small stunted growth.

[64]Ua haohao ke kino, etc., something else is the body, though the leaf indicates the lehua.

[65]Oiwi pohaku, stone bodies or trunks; in parts of Puna there are tree molds, the trunks and roots of which have been encased in liquid lava.

[66]Ke a, the scoria, kahili, swept or thrown out by volcanic action at Puulenalena, name of a place in Puna.

[67]Uahi awa, the bitter pungent sulphur smoke from the crater, lua.

[68]Ua moku (v), to break up into small bits, fragments; maka'u Puna, it is a fearful place on account of the gods.

[69]Ua 'kua ka papa, even the very stones we walk on are gods.

[70]Ua kahuli, glittering, the action of the sun on a dry surface; anapa, glistening or reflected light; anapanapa, repeatedly.

[71]Hokiinaenae, the low whizzing-like sound of an asthmatic; kupa, sits a resident on the rock of Malama.

[72]Oh, how dreadful is the devastating work of the goddess Pele.

[73]She eats the fruit of the forest, yet is not satisfied, ono ole, by or with the pandanus of Kaimu, a village on the sea coast of Puna where they abound.

[74]The hala, pandanus, sets her teeth on edge; partaking likely from the prickly margins of its long leaves.

105. Puna becomes a distinct district[75] for the
     goddess;
     [She] is moving on to Kalapana,
     To the place where the lehua grows;
     Growing because of the everlasting fire of
     the woman,[76]
     In no season is the fire assuaged.
110. It is the master of that district ·
     It badly scars[77] the land. ·
     The goddess is heartless[78] to consume
     Puna;
     Consuming the district of the uplands of
     Kaliu
     And from there straight down to Puna's
     shore.
115. The sea is also kapued for Hoalii;
     Seaward, mountainward, seaward, moun-
     tainward; at the mountain is the
     fountain of Kilauea[79]
     Sometimes over Hilo, over Puna, over
     Hilo, over Puna spreads the smoke[80]
     indeed.
     The fire burning upland is seen below at
     Hilo.[81]
     As great rains fall at Hilo[82] the clouds
     appear as a long house.[83]
120. Excessive[84] is the rain at Hilo-Hanakahi;
     The rain ·at Hanakahi along Hilo's sea-
     beach.
     Hilo-Paliku[85] sees it is raining,
     The rain is breaking the fronds of the
     tree-fern,[86]
     The body of the tree-fern is weighted
     with water,

105. He konohiki okoa Puna na ke ʻkua,
     Ke hooneenee aku la i Kalapana,
     I ka wahi a ka lehua e kupu ai.
     Kupu i ke ahi a mau a ka wahine
     Aole kau e maalili ʻi ke ahi.
110. O ka haku no ia o ia aina.
     E alina loa ai ua aina la.
     Aloha ole ke ʻkua ai ia Puna,
     Ka ai ahupuaa i ka uka o Kaliu
     Ai pololei no a kai o Puna.
115. Ua kapu kai aku la na Hoalii,
     I kai, i uka, i kai, i uka, i uka ke
     kumuwai o Kilauea.
     I Hilo, i Puna, i Hilo, i Puna, i uka ka
     uahi e.
     I uka ka a·ana ike kai o Hilo,
     A ua nui Hilo halau lani ke ao,
120. Aiwaiwa ka ua o Hilo-Hanakahi.
     Ka ua o Hanakahi a Hilo i ke one.
     Ike ae la Hilo-paliku he ua ia,
     Ke habaki ku la i ka lau amau,
     Ke kino o ka amau i luli i ka wai,

---

[75]Konohiki okoa, a distinct or strange lord of Puna is the goddess, she moves on, hooneenee aku, to Kalapana
where the lehua flourishes.

[76]The lehua is said to grow by means of Pele's everlasting fire.

[77]That land is badly scarred, alina loa; alina, a scar from a wound.

[78]The goddess has no love who destroys Puna; she eats straightforward, ai pololei, to the sea-shore and re-
stricts the sea from Hoalii, one of her brothers.

[79]Kilauea, the volcano, is the source, the fountain of this devastation in all directions.

[80]At times over Hilo, and again over Puna, the smoke prevails.

[81]The volcano light on the mountain is seen from the beach at Hilo.

[82]The poet here resumes his narration of Hilo's rainy conditions.

[83]In time of great rain the clouds take the form of a long shed like structure, halau.

[84]Aiwaiwa, great, extensive are the rains of Hilo-Hanakahi, near to the bay, even of Hanakahi on Hilo's sea-
beach.

[85]Hilo-Paliku, the upper or precipitous part of Hilo.

[86]The storm and the rain break up the leaves of the ama'u (or ama'uma'u) tree-fern (a species of *Sadleria*)
bending its body under the weight of the shower.

[87]Oho o ka amau, the pulu, or silky fiber of the amau tree-fern; Kulaimano, a place of upper Hilo. ·

125. Also the downy shoots[87] of the tree-fern
     at Kulaimano;
     The tree-fern of Ku weighted down by
     much water
     Which lasts above in the mountain,
     [At] the forest growth of Paepaekea.[88]
     Rain at Kumoho[89] fills the stream;
130. The water carries the wood, scattering,
     To the sand of Waiolama, where it is
     gathered until the house is full.
     Fish are gathered till the canoe swamps[90]
     Hasten[91] lest the rain and the shivering
     cold prevents the going up to
     Kaumana.
     Quickly gather the food[92] from the field,
135. It is useless[93] to stand with eyes turned
     upward.
     Those who come drenched[94] sit by the fire
     for warmth,
     Fleshy people continue their stay.[95]
     Slippery is the ground by the winter rains;
     The old residents of Hilo are accustomed
140 To go in and out, in and out.
     Many[96] are the streams of Hilo-Paliku;
     Going up, coming down, up and down,
     Wearying is the climbing;[97]
     Wearisome is Hilo of the many hills;[98]
145. Wearisome is. Laupahoehoe and Honolii
     Wailuku[99] is a stream with an open bridge
     Not [only] for Wailuku; at Pueo a path
     crosses to Piihonua
     For Kaa, for Kapailanaomakapila,
     From Kaipalaoa [the] tears reach Kilepa,
150 [Causing] the fluttering of the ti-leaf
     cloak.

125. Ke oho o ka amau i Kulaimano.
     Ke amau o Ku i luli i ka nui o ka wai,
     Ke noho paa mai la i uka.
     Ka ulu i Paepaekea,
     Ua i Kumoho piha ke kahawai.

130. Hali aweawe ole ka wai i ka wahie,
     A ke one o Waiolama waiho, malama o ka
     wahie a piha ka hale.
     Malama aku o ka i'a a komo ka waa,
     I makau i ka ua i ke anu oleole e hiki i
     Kaumana.
     Kii koke no ka ai i ke kalu ulu,

135. Hoohewahewa o ke ku iluna ka maka.
     I kuululu a mehana i ke ahi.
     Uhekeheke ke kini noho hou aku.
     Hulalilali i ka ua o ka Hooilo,
     Ua walea wale no ko Hilo kupa,

140. I ke komo iloko iwaho, iloko iwaho.
     He lau ke kahawai o Hilo-paliku,
     I ka pii, i ka iho, i ka pii, i ka iho.
     Ikiki i ka pii e—.
     Ikiki wale Hilo i ka puu lehulehu,

145. Puu Laupahoehoe, Honolii,
     He kahawai Wailuku he ala hakaia,
     Aohe no Wailuku, no Pueo he alanui ku ai
     no Piihonua.
     No Kaa, no Kapailanaomakapila,
     No Kaipalaoa waimaka o Kilepa.

150. O ke Kilepa ka ahu lauki,

---

[87]Paepaekea, a division in the district of Hilo.

[88]The rains of Kumoho fill the stream and bear the firewood down without being back-borne, aweawe ole, until it reaches the Waiolama sands, where it is gathered into a store house.

[89]In such a time a man will care for his fish and put them in his canoe.

[90]I maka'u, etc., for fear of the rain and the stammering cold which is found above at Kaumana, a place above Hilo; Oleole, 1st, the striking of rain drops upon taro leaves; 2nd, the stuttering and stammering of a person shivering with the cold.

[91]He goes quickly for food which grows among the breadfruit, kalu, the ground shaded by trees.

[92]But he is mistaken, hoohewahewa, is in doubt on looking up into the trees, for the great rain drops which fall.

[93]Kuululu, etc., to droop like a bird that is wet through, that would seek the warmth of a fire.

[94]Uhekeheke (v). to sit with the elbows on the knees and the hands against the cheeks with wet and cold, they stay on and on.

[95]Many, not a definite number, are the streams of Hilo-Paliku.

[96]This has reference to the many gulches or ravines to be traveled in that section of the district.

[97]Ikiki, like ino, applies to anything bad; puu is an evil, lehulehu, many or numerous; the red dirt is the puu or evil of Lahaina; Laupahoehoe and Honolii have their puus, evils, their gulches.

[98]The Wailuku steam is bridged not only for Wailuku folk, but for Pueo and other sections; between Pueo and Piihonua, each side there is a toll bridge.

It is the rain; thatch the house [100] for the
fisherman's comfort,
Thatch it again with the ie-ie vine
Ie-ie baskets[101] are the gatherers of the
nehu fishers of Waiakea,
In the rain, in the cold, in the cold one is
discouraged thereby
155. Uncomfortable is Hilo[102] on the capes of
the sea.

He ua ia, ako hale no ka lawaia i malu.
Ako hou aku no i ka ieie papa,
Popoo ieie ka lawaia huki nehu o
Waiakea.
I ka ua, i ke anu, i ke anu uluhua i ke anu,

155   Uluhua wale Hilo i na lae i kai.

Kaumualii.[1]

By KAPAEKUKUI.

No Kaumualii.

NA KAPAEKUKUI.

The chief[2] arrived from Kahiki,
Burdened with kowali[3] vine,
Well fastened with hau[4] rope
And bound with ahuawa[5] cord of Kona,
5   The loosely drawn cord
Which pulled the excrement of Lono.
The residents of Luahiwa,
The great number of people of
Kauhiahiwa,
The Kona of Kukonanohoino[6]
10. Whose is the smooth unruffled sea.[7]
Rise up! stand on the bank, seize the rope
Which is well fastened
By the stream, by the men of Limaloa,[8]
They will hold the ends of the rope.
15. Pull and place it on the cliff of Hakaola ·
Pull and place it on the cliff of Halalea;
Pull and place it on Koolau's seaward
ridge;

Ku ia mai Kahiki, e ka lani.
Awaia i ke koali,
Nakinaki 'a a paa i ke kaula hau,
Kamakamaia i ke kaula ahuawa o Kona.
5.   Ke. kaula e malanaai
E huki ai ka lepo o Lono.
Ka makaainana o Luahiwa,
Ka nonanona kanaka o Kauhiahiwa.
Ke Kona o Kukonanóhoino,
10. Nona ke kai paeaea.
E ku e ke kaha e hopu i ke kaula,
I paa i kawelewele.
Ona kaha o ke kanaka nui o Limaloa,
O ka lihi o ke kaula ka lakou,
15. Hukia kau e ka pali Hakaola.
A lawe kau e ka pali Halelea,
Hukia kau e Koolau kai kua.

---

[100]Thatch the house of the fisherman that he may be comfortable; thatch it again with the ieie vine, i.e., the crowning or saddle of the ridge.

[101]Baskets of the ieie vine (*Freycinetia Arnotti*) are used by the nehu fisher-folk to collect their catch.

[102]The poet closes with his harp still tuned on Hilo's unfavorable features.

[1]King of Kauai, who ceded his island to Kamehameha.

[2]This is figurative, for Kaumualii as coming from foreign lands, possibly from ancient ancestry.

[3]The convolvulus vine of the sea-beach.

[4]Bark of the hau (*Hibiscus tiliaceus*) served as cordage for heavy work.

[5]The cord to tie the bundles of awa root could not have been of large size, nor need be of durable quality, and was therefore loosely drawn.

[6]This apparently is some personage, not identified. The name implies Arise, or Stand-kona-dwelling-in-evil.

[7]The sea of Kona's coast is proverbially calm, the alternating light sea-breeze of the day which sets in about 9 a. m., gives place after sunset to the light mountain airs of the night.

[8]Limaloa, the god of Mana, formerly a man.

A Koolau resting place of Kauahoa.[9]
Upon reaching there Kalalea[10] came,
20. Kaipuhaa and Kapahi came,
Uhaoiole, Kaubao, Kawi, Keahua,
And Kamooloa, with the rope held up by
the hands.
The hau of Pelehuna is theirs
Inviting the hills, calling for winds;
25. Calling to Puna of Kekumakaha
For Puna's sea-spray in the time of
Kawelo,[11]
Ascending from Wailua to Maunakapu,[12]
The land of Kawelomahamahaia,[13]
When the rope was seasoned[14] by heat,
30. The shore grown[15] hau bark of Alio,
Hanaenaulu had gone on ahead
To the place where Kawelo was born[16]
Gathering up the bad ashes.
The many small lights are dancing.
35. Aaanuikaniaweke[17] is dancing.
The dust rose up from the men.
Many were the people at Kilohana.[18]
The mountains were heated by Moe,[19]
From the promulgations of the herald
40. For the tax-feathers of the chief.
The malo is fastened, the cape is of kapa,
Uncooked was the traveler's food[20]
Gathered from several gangs of men
For the forest road-ways of Koloa.
45. Closed up was the Kawaihaka plain;
The water turned up to Wahiawa.[21]
Flowing from above at Manuahi;
Manuahi sent forth indeed a koula wind,
Blasting the taro leaves of Hanapepe,[22]

E koolau, kapu hia o Kauahoa,
A ka kihi o Kalalea hele mai,
20. Hele mai Kaipuhaa a me Kapahi,
O Uhaoiole, o Kaubao, o Kawi, o Keahua
O Kamooloa, o ke kaula kai ka limalima.
O ka hau o Pelehuna ka lakou,
Kono aku na puu, kahea makani,
25. Kuhea ia Puna o Kekumakaha,
O kai-ki puna ma ke kau o Kawelo,
E pii ana Wailua i o Maunakapu.
Ka aina o Kawelomahamahaia,
A moa aku kaula i ka ai,
30. Ka ilihau pa kai o Alio.
Ua hala mua Hanaenaulu,
Ka aina o Kawelo i hanau ai.
Pukua a pau ka alehu maka ino,
Kahulaia lamalama uku.
35. Hulaia o Aaanuikaniaweke.
Ku ka ea o na kanaka,
Kauluawela uka o Kilohana.
Wela na mauna i o Moe,
I ke ahi a kuahaua.
40. A ka hulu kupu a ka lani
Ua puali ka malo, he kihei ke kapa,
He ai maka ke *o*,
Mikia mai na aloaloa kanaka.
Kanahele kanaka o Koloa,
45. Papani ku i na-kula o Kawaihaka,
Hoi ka wai i uka o Wahiawa.
He hua mai uka o Manuahi,
No Manuahi ka iho ka he Koula.
Nou iho ina kalo o Hanapepe,

---

[9]Kauahoa was reputed to be a man of giant size, the largest on Kauai, one of Aikanaka's warriors killed in conflict by Kawelo. See Memoirs Vol. V, pp. 56-58.

[10]Name of a famous war club of Kauai tradition, requiring 120 men to carry it.

[11]A celebrated warrior of Kauai tradition. See Memoirs Vol. V, p. 2.

[12]A stretch of Kauai lands.

[13]Name of Kawelo's elder brother.

[14]The treatment of bark, as also of hala leaves, by heat, was to render it soft and pliable.

[15]Because of the salt air and sea spray the shore-grown hau is said to have tougher qualities than that of upland growth

[16]Kawelo's birthplace was Hanamaulu, Kauai.

[17]A personification of bright and forked lightning accompanied with sound.

[18]A mountain of Kauai.

[19]Moe was likely the herald whose promulgations for the gathering of bird-feathers tax heated the mountain paths in his travels, i.e., he was loud and insistent in his calls. There were set seasons for this regal requirement

[20]The uncooked food of mountain travelers or laborers was bananas and sugar-cane.

[21]Wahiawa, an extensive land on Kauai adjoining Koloa, to the west.

[22]Hanapepe, a well-watered valley of Kauai, hence an extensive taro section of old time.

50. The leaves vibrated toward the plain of
  Puea
  The smoke rises pyramidal in the field,
  Twisting around down at Kawiliwili.
  Passed is the salt plain,
  The salt plain of Mahinauli ·
55. Kahana and Olokele was already passed
  Except the upland of Hikilei.
  Call for the upland birds,
  Descend O Kawaikapili!
  Descend O Peapeanui, lightning eater!
60. Laheamanu was Peapea's son,
  The man who lived up at Kalaualii,
  Through whom the field was desolated.
  A bird is watching in the uplands.
  [The] kolea[28] was the messenger of
  Koolau,
65. The ulili was the watcher for Puna,
  Looking and watching the mid-lands.
  The moho[24] sounds in the grass,
  The kuna[25] lives in the water
  Not many men [gathered] when the crier
  ended
70. [Summoning] to carry the ropes to Kona.
  Children and women questioned
  For what was this rope being borne?
  A drag-rope for Kahiki, at Aukele,
  For the soldier-companion of the chief,
  of Kahiki.

50. Kapalili ka lau i ke kula o Puea.
  Puoa ka uahi i ke kula
  Wili-o-kai ma kai o Kawiliwili.
  E kala i hala ai ke kaha,
  Ke kaha paakai o Mahinauli.
55. Ua hala mua Kahana a me Olokele,
  O ka uka o Hikilei koe.
  He ia 'ku ka uka manu,
  E iho e Kawaikapili,
  E iho e Peapeanui ai uila,
60. O kaiki Peapea o Laheamanu,
  O ke kanaka o uka o Kalaualii,
  Iaia mehameha ke kula.
  He manu kiai o uka.
  Kolea ae la ka lele o Koolau.
65. He ulili ae la ke kiai o Puna,
  He nana kiai o waena,
  He moho ka mea kani i loko o ka weuweu,
  He kuna ka mea noho o ka wai,
  Aole lau kanaka i ka pau i ke kuahaua,
70. I ka hali i ke kaula i Kona,
  Ninau kamalii me na wahine
  He kaula aha keia e hali ia nei?
  He kaula pu no Kahiki ma Aukele,
  No ka hoa kaua o ka lani, o Kahiki.

[23]Kolea (Golden plover), messenger of the Koolau district, and Ulili (Wandering tattler), watcher for the Puna district, were the same two messengers of Kapeepeekauila of the Kana-Niheu tradition. See Memoirs Vol. IV, p. 444.

[24]Moho, the now rare Oo of the Hawaiian Islands, much prized for its tufts of rich yellow feathers for royal cloaks, helmets, wreaths, etc.

[25]Kuna, an eel which lives in fresh water.

A Name for
W. P. Leleiohoku.

This is a name for Hoku.
Said the visitor,
The young stalwart of Peking.
He is the foremost one
5. Of the knowledge class;
He sought wisdom
Are you emerging here
To preserve my rare one?
And Hoku is his name.

10. This is a song for Hoku,
Kaililauokekoa it was asked:
Where are you going?
Enamored of the bird-catcher
The bird spoke up, saying
15. He has gone with Makaweli.

This is a name for Hoku,
Laieikawai it was that said:
A feather cape is mine,
She had been quiet
20. Up above at Paliuli.

This is a song for Hoku.
Hopoe it was that spoke,
The woman twisting wonderfully;
Here comes Pele also,
25. The wizard of Kilauea
Who will sweep off the trembling earth.

This is a song for Hoku,
And it was Laka who asked
For a wreath garland,
30. Stringing sufficient for the head,
Decorating your neck,
The woman who watched flowers
Up above the hill.

(484)

He Inoa no
W. P. Leleiohoku.

He inoa no keia la no Hoku,
E makaikai olelo mai,
Ka ui o Pekina.
Ka helu ekahi ia
5. O ka papa naauao;
Nana e noiau aku.
Puku mai ai oe ianei
E ola no kuu iwa?
A o Hoku no he inoa.

10. He inoa no keia la no Hoku.
O Kaililauokekoa ka i olelo mai,
E naue ana mahea?
A ka puni o ke kia manu
Na ka manu i olelo mai:
15. Ua lilo me Makaweli.

He inoa keia la no Hoku
Laieikawai ka i olelo mai
I kapa hulumanu ko'u
Nana e hoolai aku
20. Ka uka o Paliuli.

He inoa keia la no Hoku,
Hopoe ka i olelo mai
Ka wahine ami kupanaha
Eia mai no Pele,
25. Ke kupua o Kilauea,
Nana e pulumi aku naueue
ka honua.
He inoa no keia la no Hoku,
A o Laka ka i olelo mai
I papahi lei ko'u
30. Kui a lawa ke poo,
Ohuohu ko ai,
Ka wahine kiai pua
O uka o ke kualono

Song to Kauikeaouli.

Kupahipahoa[1] is the chief, the king,
The king of heavenly brightness,
That heavenly flame shines increasingly;
A chief of the projecting stone-cliff.
5. Lonokaeho had several stone foreheads,[2]
Lono's[3] forehead was annointed with
    coconut juice,[4]
[He was] recognized by the black pig[5]
    of Kane;
The sacred black pig and awa[6] of Lono.
O Lono!
10. Here is your chief eye, your leaf, your bud,
Your light, your child, your sacred chief,
O Kahaipiilani!
Yours on the back[7] others will care for.
Take care of the leaf, the flower (child)
    of Keaka;
15. The restless child of Kaikilani's[8]
    weakness,
Whose restless child he was.
Kanaloa's[9] was the dark colored dog,
His eyes were blackened that
It penetrated the eye-ball;
20. The forehead was marked with variegated
    stripes,[10]
Indicating high kapu;
The kikakapu was substituted for
    kapuhili,
The time that chief ended.

Mele no Kauikeaouli.

O ke Kupahipahoa ka lani, ke 'lii.
O ke 'lii aoa lani, ao aa,
He a ia mau lani kumakomako,
He lani no ka huku maka palipohaku.
5. He mau lani pohaku na Lonokaeho,
No Lono ka lae i ponia i ka wai niu,
I haua i ka puaa hiwa a Kane,
I ka puaa hiwa, puawa hiwa a Lono.
E Lono e!

10. Eia ko maka lani, ko lau, ko muo,
Ko ao, ko liko, ko 'lii kapu.
E Kahaipiilani.
Ko ma ke kua, na hai e malama,
Malama ia ka lau, ka pua o Keaka.

15. Ka pua ololo, hemahema o Kaikilani,
Nona ia lau ololo
No Kanaloa no ka ilio hulu pano
I poni ka *maka* i noho ka eleele
I loko o ka onohi.

20. Ke kakau kiokii onio i ka lae
He kioki kapu,
O ke kikakapu o ku ia kapuhili
Au wahiawahi ia lani.

---

[1]Kupahipahoa, implying efficiency, may be taken as a complimentary epithet to the subject of this eulogy.
[2]This celebrity was credited with seven foreheads which he used as weapons, for attack or defense, till overcome by Kaulu and slain, at Olomana, Koolau. See Memoirs Vol. IV, pp. 530-532.
[3]Name shortened from Lonokaeho.
[4]Annointed with the milk of coconut, by way of consecration.
[5]Recognition by the black pig, as shown in Memoirs Vol. IV, on page 188, in the recognition of Umi, by the chief-searching pig of the priest Kaoleioku.
[6]Lines 6 to 11 inclusive, are almost identical with lines of chant in honor of Piikea, Vol. IV of Memoirs, page 238, while those following, up to line 20, have their duplicate on page 240.
[6]Sacrificial offerings, the unblemished black pig and sacred root of awa of Lono.
[7]Ko (keiki, child implied) ma ke kua, yours at (or on) the back, refers to the method of carrying a foster or adopted child in contra distinction of one's own child, which would be ma ke alo, in front, usually referred to as hiialo.
[8]Kaikilani, wife of Lono and paramour of Kanaloakuaana.
[9]An epithet of Kanaloakuaana. When this celebrity was vanquished by Kamalalawalu at the battle of Kaunooa his eyes were gouged out, the sockets pierced by darts, after which he was killed. See Memoirs Vol. IV, p. 342.
[10]Tatued marks on the forehead, or temples, indicated grief for a beloved alii. Memoirs Vol. IV, p. 132.
[11]Kikakapu and kapuhili are names of two kinds of fish held to be sacred, more especially the former, hence its substitution.

Keelikolani.

By PIPI.

———

The standing coral of the shallow sea,
    the chief,
Overturning waves of the dark deep sea,
Diving its crest there as a porpoise
According to their kapu.
5. Diminishing numerous noises of the chief.
Kabiki scattering timber.
Exceedingly long is the chief
Kaumakamano, a shark, a shark for chiefs.
In one season the kapu passed;
10. May be Kekelaokalani was kapu also.
The poison plant it was, yellowing the sea.
Stupifying the fish, deadened by the
    intoxicating plant;
Fluttering on the surface of the sea,
A moving sea; a cross, chasing sea.
15. Kahiwalele kapued the chief Keelikolani;
Kauiki stands bare in the wind,
Trembling by the sea of Kaihalulu,
Greatly increased by the wind,
Waiting for the paiolopawa rain
20. On the stricken back of the Koholalele.
The dark shadow of Nalualele leaps
    seaward,
Reducing gradually the lauawa [wind].
Hana was water-whitened as the fern
    changed
The malos of Kama in Kualihau
25. Perhaps so, without falsehood, be patient
    till more follows.

Excepting Auhi, Kahikinui escaped,
Taken by the force of the naulu [wind];
Grown are the flowers scattered by the
    wind;
Destroyed are the shoots of the aalii,
30. Scorched by the sun.
Lualailua of the plain,
Waiahualele fluttering, the fire of kula
    attracts the eye,
Suddenly brightened up above Koanaulu!
Yes, perhaps, without falsehood to be
    set aside.

(486)

Keelikolani.

NA PIPI.

———

Kapukoaku, kai kohola ka lani,
Kai luu o ke kai uli hohonu,
E kibe ai ka ihu, me he naia la,
E no ai i ke kapu o lakou,
5. Kanahae makawalu nono o ke 'lii
Kahiki wahie aloaloa,
Loaloanui ia ka lani
Kaumakamano, he mano, he naha na 'lii.
Hookahi lau konahala ke kapu;
10. Kapu hoi paha Kekelaokalani;
Ka auhuhu hoi ia e lena ai ke kai,
E onioni ai ka ia, make i ka hola;
E kapalili ai i ka ili o ke kai,
He kai hoonee; he kai oki apu,
15. Kahiwalele kapu kalani, o Keelikolani la.
Ku Kauiki pa kohana i ka makani,
Hoohalulu i ke kai o Kaihalulu
Ke oi a lau i ka makani,
E kali ana i ka ua Paiolopawa,
20. I ka hili kua ia e ke Koholalele,
Lele ka hauli o Nalualele i kai
Ke komi komi'a iho la e ka lau awa,
Wai kea hana ua huli ka amau,
O na malo o Kama i Kualihau e!

25. Ae paha aohe wahahee, aho o koe aku e!

Koe Auhi, pakele aku o Kahikinui,
Lilo aku la i na lima o ka naulu,
Ulu ae la Kalupua e ka makani,
Lomi'a iho la na maka o ke aalii,

30. Enaena wela i ka la,
O Lualailua i ke kula la,
Welo Waiahualele, lele ke ahi o kula
    maalo i ka maka;
Weli oaka, a i uka o Koanaulu e!
Ae paha, aohe wahahee e hookoe aku e!

35. Except Wailuku in the shade of Kuawa
In the contentions of Kaiaiki with
    Kaahaaha,
Niua was cold; the grass waved towards
    the sea.
Calm was the channel within Hupukoa,
Withheld was the spray of the sea;
40. A sea-spray for Papale
Stirred up by the salt sea seeking [the]
    roots of green verdure,
Perhaps so, without falsehood to be set
    aside.

35. Koe Wailuku i ka malu Kuawa,
Ke hoopaio la me Kaiaiki, me ke
    Kaahaaha.
Anu o Niua, hamo ke kilioopu ka o kai,
Pohu ke kaha maloko o Hupukoa,
Hoopaaia i ka uwahi a ke kai,
40. He uwahi kai no Papale.
Kailiu ke hoale la, i ike kumu
    o ka maomao e!
Ae paha, aobe wahahee e hookoe
    aku e!

Keelikolani

By NAHEANA.

Kamakaku stands surrounded with kapus,
Kahanaipea kapued Kauhiakama,
He was the kite flown in the top branches,
    the top branches,
[The] kapu spy of the chief.
5. Chiefs who had not been divided.
They are related to other chiefs,
They are joined, without place of
    separation,
There is no place for division among the
    chiefs:
They are established, steadfast.
10. It was thick, very thick,
It was compassed with kapus, a rank,
A grade related to the Awaawapuhi,
Bitter, sour, without sweetness;
The matured salt sea, leaving a bad taste
    [in] the mouth.
15. Kalanikauleleiaiwi, cross of the greatness
    of Kekela,
That was the leaf which protruded.
The sacred under-wing twin feathers;
The clear desire, the time [of] the chief,
The bird that flies,
20. The sacred Kaulu.

Keelikolani

NA NAHEANA.

O Kamakaku, ku makawalu, o ke kapu,
O Kahanai pea kapu Kauhiakama,
O ka pea ia i oni a ka wekiu, a ka wekiu,
Kiu kapu o ka lani,
5. Mau lani loaa ole i ka waeia,
Ua wiliwili ana na 'lii
Ua hookui, aole he wahi hemo,
Aole he wahi owa o na lani,
Paa no, he paa·
10. He manoanoa, he makolukolu,
He peekue i ke kapu, he papa,
He papa, he papa Awaawapuhi
He awahia, he mulea, he manalo ole,
Ke Kailiu oo, e mue ai ka waha,
15. O Kalanikauleleiaiwi, kea o ka mano-
    mano o Kekela,
Ka lau kela i puka mawaho,
O ka Ee hulu aa, i ke kapu,
Ka moha kaupu, ka au ka lani,
Ka manu nana e lele,
20. Ke Kaulu kapu,

The large hillock of Iwikauikaua.
The coral in midst of the depth;
The eyes were frightened to behold;
Becoming dizzy, dimsighted was the vision,
25. The chief's kapa shelf, of his food place.
The order of the chiefs conformed with
the rank of high chiefs,
Standing thickly together, as shell-fish,
in a sacred place.
It was prostration kapu
They were not unkind, they were
fearless chiefs;
30. Not cowardly, not decorated,
Not crooked, they were unfaltering.
During the day, Keakamahana, vigilant
and fresh,
Vigorous and increasing,
Resembled the Iliee.
35. The chief Kupuapaikalaninui
[Was] the ancestor.
Keolewa stood, kiliopu was the wind
Rippling the flowing water
Reduced and cut off [by] Kamaluakele
40. The pleasant path with three hills.
Koolau was robbed and turned to the
cliffs,
Transforming upon Kamahualele.
Quickly arises malamalamaiki, a wind.
Kalawakua stands here;
45. At Kalalau the mended bones were again
broken.
May be so, without falsehood to be set
aside.
Except Puna, broken by the wind,
Filled, satisfied by the comfort of Makaiki
Up above Koholalele, there was
slaughtering
50. In all the lands at Mailehuna.
Twisted about [is] the kalukalu (grass)
of Kapaa,
Spreading over the breadth of Kaipuhaa,
The depth, the width of Kewa.
Broken up by the kiuwailehua wind
55. Cleared at the Koolau plain of the thatch,
Perhaps so, without deceit of future
revealing.
Fading, shadowy is Kaluwai
Pressed by the fountain of the chief Kuua,
Touched and held with love water,

Ke ahua nui o Iwikauikaua,
Ke pukoa i waena o ka hohonu,
E makau ai ka maka ke nana aku,
E poniu ai, o hewahewa ka ike,
25. Ke olowalu alii, o ka lani hoohialaai
Ke ku a na 'lii, kulike ka noho a na
'lii nui
Kuku me he nahawele la i kahi kapu,
Kapu no he moe.
Aohe akahakai o laua, he mau alii
wiwo ole
30 Aohe wiwo, aohe lulo,
Aohe napa, he ma ole
I ka la, Keakamahana, he kuoo, he nono,
He nono, he aai,
He kohu me he Iliee la,
35. Ka lani Kupuapaikalaninui,—
Kupuna la.
Ku Keolewa kiliopu i ka makani,
Hoohualei ana i ka wai olohia,
Unihi mai la, oki Kamaluakele,
40. Ke ala oli me ka puukolu,
Hao ke Koolau, huli, a no i na pali,
Hoohaili ana maluna o Kamahualele,
Hikilele malamalama iki, he makani,
Ke nu nei Kalawakua,
45. I Kalalau, hai iho la ka iwi o ka
iwikui e!
Ae paha, aobe wahahee a hookoe aku e!
Koe aku la Puna hakina i ka makani;
Piha maona i ka hoolu a Makaiki,
Luku'a iho la ka uka o Koholalele
50. I ka akula apau ma Mailehuna,
Wili'a 'kula ke kalukalu o Kapaa,
Waiho'a aku ke akea o Kaipuhaa,
Ka hohonu, ka laula o Kewa,
Wahi mai ka makani kiuwailehua,
55 Molale i ke Koolau ke kula, o ke ako e!
Ae paha, aohe wahahee e hookoe aku
Akeakea, alaalai ana Kaluwai
Kaomi i ka mano o ka lani Kuua,
Ua hoopa, apaa me wai aloha,

60. Simply resting at Koamano.
 There was no flowing at Kalauae,
 It was the breath arising at Kolokini,
 Falling over at the cliff of Makana
 Are the rivulets of Kapona,
65. The collar bone of Makuaiki.
 Perhaps so, without falsehood to be set
 aside.

60. Ili wale iho la no i Koamano,
 Aohe nae puai o Kalauae,
 O ka hanu ia e mapu la i Kolokini,
 Hiolo iho la ma ka pali o Makana,
 Kau na penikala wai o Kapona,
65. Kaia iwilei o Makuaiki e!
 Ae paha, aohe wahahee e hookoe aku e!

Legend of Kana and Moi.

Kaao no Kana'ame Moi.

Moi was the priest of Kapeepee,
Here is the fault of this chief,
He took the wife of Hoakalanileo
The father of Kana.
5. Then Moi slept in spirit;
 He saw Niheu coming towards him
 With a wooden pike,
 And brandishing his mantle, but did not
 turn away.
 Kana thereupon called to him from heaven,
10. Bidding him turn thither
 Thereafter that man thrust his hands
 And turned his mantle the other side out,
 Wherefore Moi dreaded this man
 Lest he should push the mountain down
15. Then Moi awoke with a shiver
 And said unto the chief, chanting forth:
 Heedest thou the prediction?

O Moi,[2] oia ke kahuna a Kapeepee,[3]
Eia ka hewa o keia 'lii,
O ka lawe ana i ka wahine a Hoakalanileo,[4]
A ka makuakane o Kana.
5. Alaila moe iho la o Moi i ka uhane,[5]
 A ike aku la ia Niheu[6] e hele mai ana.
 Me ka laau palau.
 A kuehu[7] mai la i ka ahu, aole i huli.
 Alaila kahea mai la o Kana i ka lani,[8]
10. Oia[9] hoi e hulia 'ku hoi e,
 Alaila o mai la ka lima o ua kanaka la,
 A huli aku[10] la i ka ahu,
 Alaila weliweli[11] iho la o Moi i keia
 kanaka,
 I ka hilia[12] mai o ka mauna e keia kanaka
15. Alaila ala[13] ae la o Moi me ka haalulu
 Alaila olelo aku la i ke 'lii, paha[14] aku la.
 Moe ana i ola honua ka walana,[15]

---

[1]Kana, a very tall man, a fighter, a man of self elongating power.
[2]Moi, a famous priest of Molokai, living at Koolau.
[3]Kapeepee—given also as Kapepee—a warrior chief to whom Moi was chief priest.
[4]Hoakalanileo, father of Kana and Niheu.
[5]Slept in spirit, i. e., dreamed a dream.
[6]Niheu, a brother of Kana; his war club was fathoms long, flat at the point.
[7]Kuehu, to rustle or shake his mantle; not turning it
[8]I ka lani; Kana was so high that he was supposed to be in heaven.
[9]Oia, like kena; command or direct.
[10]Huli aku la; turned his robe the other side out (in a dream all this time).
[11]Weliweli, to be possessed with fear: Moi dreaded the man of his vision.
[12]Hilia mai; to throw or push down as a post standing upright, so Niheu pushed off Moi on the plain called Koolau, and left the mountain.
[13]Alaila ala; then, or at which, he awoke, his dream was done.
[14]Addresses the chief in a chant (paha).
[15]Walana, like wanana; prophecy or prophetic warning.

Who is the chief deaf at the hidden
language,
In the dream of me, the priest, in the
day time?

20. The land flees, the frames are thrown into
confusion.
Yield my younger brother, for the drums
stand in line,
The fences are being overleaped, the unus
are being given to destruction;
The moi is being lifted to the altar whereon
is the banana of Palila.
The sun has risen above the mountain;

25. It rose, with eyes like the moon in
brightness.
In his view he fled,
As if the eyes belonged to the aloa.
The earth was lightened [by his eyes],
The fowls quarreled in the night.

30. The great moving body that conquered
through reinforcement.
It's being so the land was heated.
The coconut grove is by the sea;
The kalo patch is in the upland;
The fish-pond of Molokai is in front.

35. The coconut of Mauluku, of Mauluko.
Of Kaluaaha, of Kaluakanaka, of
Kaluakahiko,
Of Mapulehu, of Mapuna, of Pukoo, of
Pukooiki, of Pukoonui,
The four Pukoos are all enumerated.
Rushed, rushed is the current by Hoaka-
lanileo.

40. Nihoa is a land whereto the soldier
returned,

Owai ke 'lii kuli i ka olelo huna?[16]
I ka moe a'u a ke kahuna ma ke ao

20. Hee ka aina koeleele[17] ka haka ipu.[18]
E laa[19] la e kuu pokii ke kulaina nei na
pahu,[20]
Ke aea nei na pa ke puhia nei na unu,[21]
Ke kaina[22] la ka moi[23] ka haka lele maia
a Palila,[24]
Ua hiki ka la i ka mauna,

25. Iliki a mahina na maka.
I na maka no la, hee;[25]
Me he maka no ka aloa 'la'
Ua malama ka honua,
Ua hakau[26] ka moa i ka po.

30. Ka ohua Kaialana[27] o ka lanakila e pa nei,
Waiakua[28] a wela ka aina.
Ka uluniu aia i kai[29]
Ka loi kalo aia i uka,
Ka loko i'a o Molokai ma ke alo,

35. Ka niu o Mauluku, o Mauluko,
O Kaluaaha, o Kaluakanaka, o Kalua-
kahiko,
O Mapulehu, o Mapuna, o Pukoo, o
Pukooiki, o Pukoonui,
Pau na Pukoo eha.
O kupeke[30] kapekepeke ke au ia
Hoakalanileo.

40. He aina ka e hoi koa i Nihoa[31]

---

[16]Olelo huna, words of hidden meaning, sometimes called olelo nana, allegorical; what chief would be deaf thereto.
[17]Koeleele, to be, or be thrown confused; put in disorder.
[18]Haka ipu, the frame where calabashes were suspended as offerings to the gods.
[19]Elaa, to assent to what one has denied or despised before; kuu pokii, an endearing term, i. e., to Kapeepee.
[20]Na pahu, the drums of the temple, sacred.
[21]Naunu, the heiau (temple) was called unu, here it applies to anything outside of the heiau.
[22]Kaina, like kaikai, to lift up.
[23]Ka moi, the chief idol in the row of images before the altar.
[24]Palila, a famous fleet-footed banana eater.
[25]I na maka hee; the commander of Kapeepee fled because he was looked at with such eyes.
[26]Ua hakau, like bakaka, to fight; the fowls fought in the night made light by Kana's eyes.
[27]Kaialana, a large moving body, they conquered (lanakila) because they were pa (assisted) on one side.
[28]Waiakua, the fact of being so great a multitude, they heated the earth.
[29]Ka ulu niu, etc., the coconut grove moved seaward on account of the eyes of Kana, and the taro beds fled inland.
[30]Kupeke, thrown together in confusion.
[31]Nihoa was a land on Molokai to which the soldiers returned.

Kapeepee, the warrior of Haupu.
Ye above, fight not longer,
Lest ye be dead and defeated,
The heavenly multitude are all conquered;
45. They have all been struck down.
They all rose up;
They are all knocked down;
They are all killed.
The mist cloud has appeared,
50. Should a cloud be seen, 'tis on Molowekea.
If the girdle was seen 'twas at Haupu,
The bosom was at Kalawao,
The back was at Helaniku.
Kana traversed the golden sand of Kane:

55. Hooilo is this season.
Mokapu arose and his train saw him to
be a man.
The end of it.
The kingdom became Nua's
According to the dream of the priest.
60. 'Tis the first instance where cowardice
was felt;
Haupu is trembling as if with cold.

O Kapeepee[32] koa o Haupu,
Mai hookoa[33] mai e luna.
A make a hee auanei,
Pau ae la kini[34] o luna.
45. Ua hilia[35] ka oneanea.
Kulia[36] ka oneanea.
I moe lia ka oneanea
Ka pau o ka oneanea.[37]
Ua ku wale hau oneanea.
50. Ina ike kehau aia i Molowekea.
Ina i kau[38] ke kakaai kai Haupu,
Ka umauma[39] ka i Kalawao,
O ke kua ka i Helaniku,
Keehi kapuai o Kana[40] i ke one lauena
a Kane,
55. O Hooilo keia malama
Ua kuu hoi Mokapu; he buakai ike
aku la he kanaka.
Pau aku la[41]
Huli ke au[42] ia Nua,
I ke ano moe a ke kahuna,
60. Akahi kaua i hopo'i i ka manawa[43]
Ke lia nei Haupu me he anu la,

[32] Kapeepee called them to lift Haupu and it became the highest point on Molokai.
[33] Mai hookoa, etc., cease fighting above.
[34] Kini o luna, the multitude above were killed.
[35] Hilia, hili to twist; hilia to strike, to knock down all (oneanea).
[36] Kulia, to rise up, as one lying down they all rose up; moe lia, to lie down, the lia is poetic, euphonic; they were all knocked down; all rose up and all lay down.
[37] Ka pau o ka oneaonea, a poetic phrase; they were all killed, none left.
[38] Ina i kau, etc., this line is unintelligible.
[39] Ka umauma, the bosom (i. e., of Kana) was at or on Kalawao.
[40] Kana kicked with his foot the sand land of Kane (one lauena a Kane). The ancients thought that in the foreign country of Kane the very sand on the beach was food.
[41] Pau aku la, the end of the dream.
[42] Au, time of one's life, synonymous with kingdom. In the reigning time of Nua the kingdom became his
[43] Ka manawa, the seat of fear; hopo, to decline fighting through fear; the heart once only felt cowardly.

Prayer of Malaehaakoa

In the Legend of Hiiakaikapoliopele.

Of Pele, her warfare in Kahiki,
That was fought with Punaaikoae,
Pele fled hither to Hawaii,
Fled as her eyeball—
5. As the lightning's flash,
Lighting as does the moon,
[Let] awe possess me.

For Pele the ocean sleeps,
For the god a sea hastens toward the
   islands,
10. It breaks afar at Hanakahi
Upon the sands of Waiolama,
And guards the house of your god.
The axe is being borne to fell the tree
   above,
Heavily breaks the surf from Kahiki,
15. Cresting onward in front of Kilauea,
The sea turned at the front of Papalauahi.
Man called that day
To Puaakanu's lehua-stringing women
Above at Olaa, my lehua-land,
20. In the front of Heeia, Kukuena women
The companions entered the entanglement
In the thickets of Puna, irregularly, and
   dwelt.
Here we are thy many adherents.
[Let] awe possess me

25. A spraying sea has Kohalaloa,

Pule o Malaehaakoa

Mai ke Kaao o Hiiakaikapoliopele.

O kaua a Pele i haka i Kahiki,
I hakaka ai me Punaaikoae,[1]
Mahuka mai Pele i Hawaii
Mabuka Pele i ona onohi,
5. I na lapa uwila,
E lapa i mahina—la
Elieli[2] kau mai.

He kai moe nei no Pele,
No ke akua, he kai hoolale i na moku,
10. Hai aku ka i Hanakahi,[3]
I ke one o Waiolama iluna,
A koa ka hale o ko akua,
Ke amo ala ke koi, ke kua la iuka,
Haki nuanua mai ka nalu mai Kahiki,
15 Popoi aku i ke alo o Kilauea,[4]
Ke kai huli i ke alo o Papalauahi,[5]
Kanaka hea i ka la,
Ko Puaakanu[6] wahine kui lehua,
Ka uka i Olaa, kuu moku lehua,[7]
20. I ke alo o Heeia, o Kukuena wahine[8]
Komo i ka lauwili[9] na hoalii,
I ka nahele[10] o Puna ae ae a noho,
Eia makou ko lau kaula la,
Elieli kau mai.

25. He kai ehu[11] ko Kohalaloa,

---

[1]Some versions of this story name Namakaokahai as the one who drove Pele hither to Hawaii, an account of which will be found in the legend of Aukelenuiaiku. (See Memoirs Vol. IV, p. 102.)

[2]The expression *elieli* at the close of certain prayers has occasioned much thought and inquiry by students. Taking it as intensive of the root word *eli*, to dig, we get the impression of frequent, earnest, or vigorous effort, mental or physical. It takes a range of definitions according to the character of the petition, which all agree includes the *amama* or amen. One veteran said it was used only in sincere prayers to which amama only belonged. Another held that it expressed fervency in the petitioner. That it evinces a feeling of awe, as used here, is recognized in the accompanying *kau mai*, o'rshadow, or possess me. It also means entirely, profoundly.

[3]Hanakahi, a name applied to Hilo, as also Waiolama, its sand beach, make this the location of Pele's arrival, whereas tradition and geography point to Kauai as the place of her first landing.

[4]Pele's activities at Kilauea began as a cresting surf from Kabiki (abroad), which turned in front of Papalauahi.

Literally, leaf strata [of] fire; a flow of molten lava.

[6]Puaakanu women stringing lehua blossoms, a simile freely applied to the Puna district.

[7]Kuu moku lehua, my lehua forested land, above Olaa.

[8]Kukuena wahine, the fiery sweep of women, to which Pele's activities are likened.

[9]Lauwili, literally, leaf-twisting; the companions, na hoalii, entered the entangling thicket, the nabale.

[10]Of Puna.

[11]The scene changes to the sea-coast, represented as controlled and directed by Pele even to the shore of Maui, sea of the chiefess.

Sea roughed by the cliff above.
A sea cliff-watcher is Kakupehau.
Sea invading your pandanus groves ·
It crests onward toward Maui,
30. The sea of the chiefess
Of the lehua-stringing party of Pele,
Of my god indeed.
    [Let] awe possess me.

Answer, O mountain, in the cliff mist;
35. Turn the voice of the moaning ohia,
I see in the fire-consuming rocks
The aged dame sleeping quietly
On hot lava bed, liquid stone,
Till, canoe-shaped, the covering there
    hid first,
40. Depressed in center, else flat in the rear,
Spouting was its source, Kamakahakaikea,
Mischievous Niheu, [the] cutting man.
    [Let] awe possess me.

On famed Molokai of Hina,
45. Is Kaunuohua, a cliff,
When Hapuu was lighted—
Hapuu the small god—
Pele came forth, the great god,
With Haumea and Hiiaka,
50. With Kukuena and Okaoka.
When the small fire lights, it burns
[As] an eye-ball of Pele.
The flash-light of the heavens is it.
    [Let] awe possess me.

55. At Kaulahea, Lanai
At Mauna-lei, twine the wreath,
Pele is wreathed with the ieie,
Hiiaka shines [her] head,
Haumea anoints [her] body.
60. Pele enjoys her fish,
The small turtle of Polihua,
Small turtle, short necked,

Kai apaapaa ko ka pali i uka,
He kai kiai pali ko Kakupehau,
Kai pii hala ko aina,
Ke popoi aku la i kai o Maui,
30. Ke kai a ka wahine[12] alii,
O ke kai kui[13] lehua a Pele,
A ko'u akua la—e,
    Elieli kau mai.

E o, e mauna i ka ohu ka pali,
35. Kaha ka leo o ka ohia uwe,
Ike au i ke ahi ai ala,
Ka luahine[14] moe nana,
A Papaenaena[15] wai hau,
A waa ka uhi, ilaila pee mua,
40. Pepepe waena, o pepe ka muimui,
O kihele ia ulu, Kamakahakaikea,
O Niheu-kalohe, kanaka kaha la,[16]
    Elieli kau mai.

A Molokai nui a Hina,[17]
45 A Kaunuohua he pali,
A kukui o Hapuu,
Hapuu[18] ke akua liilii,
Puka mai Pele[19] ke akua nui,
Me Haumea me Hiiaka,
50. Me Kukuena me Okaoka,
O ke a ke ahi iki e—a
He onohi no Pele,
Ka oaka o ka lani[20] la—e
    Elieli kau mai.

55. A Nanai[21] Kaulahea,
A Mauna-lei, kui ka lei,
Lei Pele i ka ieie la
Wai hinu poo o Hiiaka,
Holapu ili o Haumea,
60. Ua ono Pele i kana ia,
O ka honu iki o Polihua,[22]
Honu iki ai nounou,

---

[12]Wahine alii, the lehua-stringing party.
[13]Party of Pele; kai, for huakai, a large traveling company.
[14]Luahine, Pele is often referred to as an old woman.
[15]Papaenaena, a place in the vicinity of Kilauea; wai, anything in a liquid state; hau, soft porous stone.
[16]This refers to Niheu's cutting Kana's legs, swollen with fatness, while he himself suffered hunger.
[17]A proverbial saying, from the tradition that Molokai is the offspring of Hina.
[18]Molokai hill, Hapuu, represented as a small god.
[19]Pele came forth a great god, with Haumea (her mother) and Hiiaka a sister, as also two others.
[20]Ka oaka o ka lani, literally, the flash-light of heaven.
[21]Nanai for Lanai. Kaulahea an early king of that island; also a noted prophet.
[22]Polihua, noted for sea-turtle, a favorite of Pele.

[Of] crab-like back, of the sea.	Kua papai o ka moana,
The large pattern-backed tortoise	Ka ea nui kua wawaka,
65. Resembling the food for Pele	65. Hoolike i ka ai na Pele,
If glistening and reflecting in the sun.	Ina oaoaka oaka i ka lani la
[Let] awe possess me	Elieli kau mai.
At Keolewa over Kauai,	A Kauai, a Keolewa iluna,
At the flowers floating below Wailua,	A ka pua lana i kai o Wailua,
70. Pele looks from there:	70. Nana mai Pele ilaila,
Oahu is seen set aside,	E waiho aku ana Oahu,
Longing for the water mirage of the land	Aloha i ka wai liu[23] o ka aina
Mokihana [fragrance] arose,	E ala mai ana mokihana[24]
The enjoyment of Hiiaka.	Wai auau o Hiiaka,
75. Pele disputed there,	75. Hoopaapaa Pele ilaila,
There was no guardian to protect.	Aohe kahu e ulu[25] ai,
Pele stamped with her feet the long waves;	Keehi aku Pele[26] i ke ale kua loloa,
An eye-ball for Pele [was] the flash-light	He onohi no Pele, Kaoakoakalani la,
of the heavens.	Elieli kau mai.
[Let] awe possess me.	
80. Pele came forth from the east,	80. Holo mai Pele mai Kahikina,
The canoe landed at Mookini	A kau ka waa[27] i Mookini,
[The] battle ceased at Kumalae.　　8	Noho kaua i Kumalae,
Pele people set up an image,	Hooku Pele[28] ma i ke kii,
The image of Pele folk remained for	Noho i ke kii a Pele ma, na ka
the offspring of Koi.	pua o Koi,[29]
85. Pele folk offered sacrifices there;	85. Kanaenae[30] Pele ma ilaila,
Pele led them in procession	Kai a huakai mai Pele,
At the cape of Leleiwi	A ka lae i Leleiwi[31]
[They] inhaled the fragrance of the	Honi i ke ala o ka hala,
pandanus;	O ka lehua o Mokaulele,[32]
Of the lehua of Mokaulele,	
90. That was what Pele was wreathing.	90. Oia ka Pele a kui la,
Puuloa was a village;	He kunana[33] hale Puuloa,
Papalauahi a sleeping house,	He hale moe o Papalauahi,[34]
A shed for Kilauea.	He halau no Kilauea,
Pele came forth from Kahiki	Haule mai Pele mai Kahiki mai,
95. [With] the thunder, the earthquake, the	95. O ka bekili, o ke olai, o ka ua loku,
bitter rain;	

---

[23]Kauai becomes Pele's scene of action. Li'u doubtless refers to the mirage of Mana.

[24]The fragrance of the mokihana (*Pelea anisata*), for which Kauai is famous, arose.

[25]Ulu, influence or protection; there was no guardian or keeper to render such aid.

[26]Pele stamped in her wrath, producing the long waves, while her eye-balls flashed heavenly light.

[27]Pele's canoe here lands from the east on Molokini, a small islet between Maui and Kahoolawe.

[28]At Kumalae Pele released the idols. Tradition has it that image worship in the islands originated wit advent, though Pele was never represented by one.

[29]Koi, not recognized by this name, whose progeny should be so honored.

[30]Kanaenae, sacrificial offering. Pele and her people sacrificed there (at Kumalae)

[31]Leleiwi point, near Hilo.

[32]Mokaulele, a land in Hilo, whose lehua blossoms attracted Pele's wreathing proclivities.

[33]Kunana hale for kulana hale, kau understood, a village.

[34]Papalauahi (see note 5), the halau or shed structure of Kilauea, likely the lava strata of the pit.

The pelting rain of Haihailaumeaiku,
Of the women in the wilds of Maukele.
Pele came at twilight,
Tossing and turning the long-backed
    waves.
100. The ocean was in agitation at the
    jealousy of Pele;
The great shock is the shock above
    the heavens,
Tearing the foundation, the surface stratas,
The strata on which Kane surfed at Maui.
Kahiliopua was the god of the day
105. At Waiakahalaloa, to expand.
It was Waa, whose was the fishing
    fleet
Remaining at Kohala's shore.
The ghost-god of Puuloa
Entreated the traveler,
110. The wreath-stringing god of Kuaokala.
Makanoni was wreath making,
The day Pualaa arose and was observed,
The day after Kahuoi stood cold above
A red-fisted robber was exercising
115. Eastward of the sun of Kumukahi
Whose first rays reveal the light.
[The] fine garments of Kohala are spread
    out
To the sun, warmed not in the night,
When the sun hides the day, placed above
120. Is the moon.
    [Let] awe possess me.

Auaahea meets death; on baking
The hog, unshorn of its bristles,
The acceptable offering to the god,
125. The sacred observance of the companions,
Thunder shook the heavens, the bitter
    rain
Of Kaulahea of the revealed altar of light.
Kaomealani rained. So! that's the fault,
The god was jealous. Pele for the first
    time was duped;

O ka ua paka, o Haihailaumeaiku,
O na wahine i ka wao o Maukele la,
Ho mai ana Pele liu la e,
Aumiki, auhuli ka ale kua loloa.
100. Nuanua ka moana i ka lili o Pele,
O ke kua nui, ke kui la iluna o ka lani,
Wahia ka papaku ka papainoa,
Ka papa a Kane ma i hee ai i Maui,
Kahiliopua[35] ke kua o ka la,
105. A Waiakahalaloa i akea,
O Waa kai nana i ka auwaa lawaia,
Ku kapa kai e Kohala,
O ke akua lapu e Puuloa,
Ke uwalo la i ka mea hele,
110. Ke akua kui lehua o Kuaokala,
Kui mai ana o Makanoni,
Ka la puka la helu o Pualaa,
Ka la aku hoi e Kahuoi i ku uka anu,
E olohe[36] kui ula e mauna mai ana.[37]
115. Ka hikina o ka la o Kumukahi ma,
E haliko ae ana ka aama,
Lele[38] bibee o Kohala, ke kau laina la,
E ka la, pumehana ole o ka po,
O ke la pe ai o ke ao kau aku iluna
120. I ka malama la.
    Elieli kau mai.

He make no Aua'ahea[39] i kalua ia,
I ka puaa aohe ihi ka lau ahea,
Ka ipu kaumaha a ke akua,
125. Ka mamala kapu a na hoalii.
Kui i ka lani, ka bekili, o ka ua loku,[40]
O Kaulahea o ka okai nu'u o ke ao,
O Kaomealani e ua la, Aha, o ka hala ia?
Lili ke akua, akahi Pele la, a hokahoka,[41]

---

[35]Kahiliopua, a cloud formation termed a deity.
[36]Olohe, a robber skilled in the lua, bone-breaking wrestling.
[37]Mauna mai ana, practising.
[38]Lele bibee, leaping sideways.
[39]Aua'ahea, likely the name of a special pig prepared for sacrifice; possibly a clerical error for pua'ahea, the term for the last hog on the eighth day of the dedication of a temple; the pua'ahea was to be eaten up entirely. (Andrews Dict.)
[40]The elements are represented as indicating the deities interest in the offering.
[41]Hokahoka, demeaned, chagrined from disappointment.

130. Pele for the first time drew near;
Pele for the first time was without pau to
    clothe your companion,
To shake the stones and overflow the
    mountain with lava.
Where lava flowed, there dwelt
Kalaukaula, at the household of the deities,
135. Kaneulaapele and Kuihimalanaiakea,
Royal companions of Pele, resident tree
    eaters,
The women of wonderful prayer of eight-
    fold power.
[Let] awe possess me.

Stamp, stamp out the people's fire
140. Below Kilauea, and as its reward
Arise the shoutings, the confused noise
    of the gods
On the cliff of Mauli,
The source of tears of this place
Of men who, owl like, seek water.
145. Gird thou thy weapon with thy
    countrymen.
I seize my club and strike at the god.
Pele stands raining, Pele's heaps
Are placed below; heaped [was] the dead.
At reddening below thou doth flow.
150. Alas! 'tis flowing, it runs canoe-like;
The mountain rocks, Hiiakaikapoliopele is
    safe,
Flee away! flee above to the light!
[The] crab climbs up Kauiki,
[It] returns distressed at man's shadow.
155. Crabs are struck with the stick,
Taken and thrown in the bag,
The soft crab catches the flap of the malo;
The soft crab stays within boundaries,
Entwined with the sea-moss pods.

130. Akahi Pele la a neenee,[42]
Akahi Pele la a oi[43] pau, i pau i ko hoa,
I oni i ke a, i pahoehoe ai oe i ka
    mauna,
Auhea, pahoehoe la, noho iho la,
Kalaukaula, e ka pau hale o ke akua,
135. E Kaneulaapele, o Kuihimalanaiakea,[44]
He hoalii[45] na Pele, he noho ana ai laau,
Na wahine pule mana nana i papawalu,[46]
    Elieli kau mai.

Kiope, kiope mai ana ke ahi a kanaka.
140. Ilalo o Kilauea, a i ku maumaua,
Ai kua mai ana ka pihe a ke akua,
Iluna o ka pali o Mauli,[47]
O ka hua waimaka ia nei,
O kanaka nana i huli pueo ka wai,[48]
145. Pu oe i kau laau me ko makaainana,
Hopu au i ka'u laau hahau[49] i ke akua.
Ku ua ae Pele, lapuu na Pele,
Waiho ana ilalo, lapuu ka moe,
A ka ula ilalo la, pahoehoe ai oe,
150. Auwe![50] pahoehoe la, e holo e ka waa,[51]
E kaa ka mauna,[52] ola Hiiakaikapoliopele,
Hoi aku e, hoi aku iluna i ka malama!
Aama pii ae iluna i Kauiki,
Iho mai aama i ke aka o kanaka,
155. Hooili aama ku i ka laau,
Lawea aama haona i ka eke,
Kaohi paiea i ka pola o ka malo,
Ku ana paiea iloko ka unuunu,
Lei ana paiea i ka hua limu kala,

---

[42]Ne'ene'e, edging about, to draw near slowly, to crawl on hands and knees.
[43]A oi for aole; no, having not.
[44]These three named deities, companions, hoalii of Pele.
[45]Tree eaters, through overflowing the forests with lava.
[46]Papawalu, connected with pule mana. Wonderful, effective prayer, is thus shown of eight-fold power. Like makawalu (eight-eyed), signifying all-seeing, wise, efficient. Eight seems to be the Hawaiian perfect number.
[47]Cliff of Mauli, for Mauli-ola, the site of the present volcano house, said to be the mystical abode of a supernatural deity of same name of that region.
[48]The meaning of this line is not that men are owl hunters, but that like owls, wide-eyed, they search out the water-holes, collection places of the tears (dew) of the locality.
[49]Hahau, to strike at the god, whereupon Pele reveals her destroying power, as in lines following.
[50]Auwe, exclamation of alarm at the flow of smooth lava.
[51]Hele e ka waa, a proverbial expression indicating its canoe-like speed.
[52]Kaa ka mauna, the mountain rocks or rolls away, yet Pele's favorite sister Hiiaka is safe.

160.	The soft crab is placed upon the stone,
	As chewed bait it leaves the bag.
	Other crabs, how many awa drinkers?
		Four,
	The tortoise, turtle, kukuwaa and
		hinalea,
	At the ginger of Kahihiwai, lolipua ate,
165	Lolikoko ate, lolikae ate, lelea ate,
	Of Leleamakua, father of Kahikona,
	At his birth the red rain poured,
	[A] recognizing sign of the power
	Of thy god without, jealous.
170.	[Let] awe possess me.

	The heavens and the rain rejoice,
	Grief rends the heavens, darkness covers
		the earth,
	At the birth of the princely ones.
	At birth of a girl the heavens travailed;
175.	When a male child came forth
	The red rain above gathered together.
	Kuwalu was born and her lord
	Kuihimalanaiakea.
	Eat O Pele of thy land!
180.	Source of the ohias, the pandanus grove
		below Leleiwi,
	With Panaewa severed Kau is refuse,
	With Pele a mound, Pele flows freely
	Over thy land, burying the district.
	[Let] awe flee on.

185.	Standing in Wailua is the lover's hala
		post,
	The call is heard, the loud noise
	Of night gatherers singing, not calling
		for help.
	Deep sympathy! this indeed is Ikuwa,
	The first indications arise,
190.	The evils of the wind.
	Provoking, run away, make known
	The sign, O Hiiaka!
	Whose is the sacrifice? For the family
	Of Haumea is the offering.
195.	Kane stood supporting the valiant,
	Done in his time, for Pele;

160.	Kau ana paiea iluna i ka ala,
	Maunu paiea haalele i ka eke.
	Neiau moala ehia inu awa? eha,
	O ea, o honu, o kukuwaa, o hinalea,
	O ka apuhihi, o kahihiwai, ai ae lolipua,

165.	Ai ae lolikoko, ai ae lolikae, ai ae lolea
	O Leleamakua, makua o Kahikona,
	Nana i hanau, kaha ka ua koko,
	Haina ae ana ka mana,
	O ko akua iwaho la, i lili,
170.	Elieli kau mai.

	Uua lili ka lani me ka ua,
	U ooki ka lani poele ka honua,
	I ka hanau ana o na hoalii,[53]
	Hanau he kaikamahine hoonou o ka lani,

175.	Hemo mai he keiki kane,
	O ii ka ua koko i luna,
	Hanau o Kuwalu me kana kane,
	O Kuihimalanaiakea,
	A ai e Pele i kou aina,[54]
180.	Ai na ka ohia, ka ulu hala i kai o Leleiwi,
	Me moku Panaewa, he oka wale Kau,
	Me puu o Pele[55] nuikahi e Pele,
	I kou aina, hoolewa ke au,
		Elieli holo e.

185.	Ku i Wailua ka pou hala a ka ipo,
	Hoolono i ka ualo ka wawau nui,
	O ulu po maoli nei aohe nalo mai e,
	Aloha ino o Ikuwa[56] maoli nei,
	Ke lele la ka eka[57] mua,

190.	Ka ino a ka makani,
	Ukiuki, kolo e, kaulana
	Ka boaka, e Hiiaka e,
	Nowai ke kanaenae? No ka ohana
	A Haumea ka naenae.
195.	Ku ua e Kane ke koa,
	I ka nei manawa ia, no Pele,

---

[52]Heaven and earth are held to manifest interest in events affecting royalty.
[53]Pele is bid to eat her land, its ohias and pandanus groves to the shore of Leleiwi.
[54]Me puu o Pele, from hill, cone, or mountain source, Pele's lava streams flow freely over and bury the land.
[55]Ikuwa, while the October month, is taken as typical of a season of disturbance, bewailed here as a period of disaster.
[57]Eka mua, first intimations, in this case, of a storm brewing.

For Hiiaka; for the land,
This here land,
The floating land of the heaven above
200.   Anakuku is the assembly within
Haamo, a road that is traveled;
A drum discarded; a fence o'erleaped;
A platform trampled; a comforting grass;
A cane-leaf thatching, end trimmed;
205.   A spread mat; a supply of dishes;
A filling of water; a food offering;
A feast for the house.
Released, released is that house; 'tis
o'erleaped; 'tis entered trustfully
For Waihonua stands the long shed,
210.   The house where Pele lived.
Spying came a multitude of the gods.
Be gone! be gone outside!
A prayerless priest, a prayerless chief
Shall not carelessly enter the house of Pele,
215.   My god indeed!
[Let] awe possess me.

Place dottedly the cross signs,
When the kapu expires I shall be first
Dividing into hills, scattering, dividing
dottedly.
220.   The land is freed, children restricted,
The coconut is kapu, the waters flow;
When leaf wrapped, stack the bundles
[of food].
Kulipee resides at the pit,
And the companions of Kuwawa
225.   And Kuhailimoe flee away to the mire
of Hawaii.
I am first to go out hence
From thy presence,
Flying hither in nakedness.
[Let] awe possess me.

No Hilaka, no ka honua,
Ka honua nei,
Ka honua lewa,[58] ka lani i luna,
200.   O Anakuku ka aha[59] iloko.
O Haamo e, he ala i heie ia,
He pahu i kulaina, he pa i a'ea,
He kahua i hele ia, he luana maui,[60]
He kau nana ko, he o kana piko,
205.   He hola moena, he lawe na ipu kai.
He ukuhinawai, he kaumaha ai,
He haina no ka hale e,
Noa, noa ia hale, ua a'ea, ua komo hia.
No Waihonua, ku ana o halau ololo,
210.   Ka hale o Pele i noho ai,
Makaikai[61] mai kini[62] o ke akua.
Hoi aku e! hoi aku iwaho na,
He kahuna pule ole, he 'lii pule ole,
Mai komo wale mai i ka hale o Pele,
215.   O ko'u akua la,
Elieli kau mai.

E kau ana kiko,[63] i ke alia[64] kiko,
Hele a moa kiko, akahi nei au,
Kaele puepue, neinei, kaele pakikokiko,[65]

220.   Ua noa ka aina, e kapu keiki.
E kapu ka niu, e kahe na wai,
E ka ha ki ana,[66] ku ka opeope,
O Kulipee[67] noho i ka lua,
A lele e na hoalii o Kuwawa,

225.   O Kuhailimoe, o ka naele[68] o Hawaii,
Akahi nei au, a hoi aku nei,
Mai ou aku la,
A lele pakohana mai,
Elieli kau mai.

---

[58] Honua lewa, swinging or floating earth, shows the Hawaiians' belief in a revolving world.
[59] Aha, a company or assembly; also a prayer service of some kapu.
[60] The poet switches off to house building, warming and dedication.
[61] Makaikai mai, comes leisurely sight-seeing, spying the land.
[62] Kini, the number 40,000, commonly used for a great multitude.
[63] Kiko, dotted, spotted, speckled, applied here to the planting of a taro patch.
[64] Alia is a cross sign of kapu, it may be of sticks, leaves, or flags. It takes its name and use from two stick carried crosswise before the god of the year at the makahiki festivities.
[65] Terms of taro planting in small, scattered, though uniform, hills.
[66] Ha ki ana, the wrapping in ki leaves. Food so bundled (opeope) was then stacked in rows.
[67] Kulipee, a personification, to run and hide; a resident of the pit.
[68] Naele o Hawaii, a locality or condition, not clearly understood.

Prayer to Pua

Koheili above here,
Reaching to heaven is the reverence
    to Koheili.
Grant me pardon.
Awake thou, O heaven!
5. O thunder and lightning!
The severe rain, the pelting rain, the
    fine rain,
The clouds, the winds; messengers of
    flying gods in the heavens,
Come you in pairs,
With prostration beneath and myself on
    top.
10. Koheili turns aside in the wilderness
To gather the ti-leaves,
For uniting, sleeping, kissing;
For food at the temple where I will
    meet the husband.
Love passes on by your climb with
    the burden.
15. Thou to hold the heart while I hold
    the breast;
Let the rain fall, the heavy rain;
Let there be wailing,
Thou art taken by your lover, O Pua—
Return, grant this prayer.

20. Koheili, O Koheili!
Koheili of the mountain here,
The reverence of Koheili reaches to
    the mountain,
Calling me to arise.
Awake thou O mountain! O valley!
25. Thou ornament, thou serene sky,
Come you in pairs,
Prostration is below, I am above.
Koheili turns aside in the wilderness,
To gather the ti-leaves,
30. For embracing, sleeping, kissing, as food
    at the temple,
To be worn by all, worn for trespass;
Love passes on by your ascent with the
    burden,
Thou to hold the heart while I hold
    the breast.
Let the rain fall, the heavy rain;

Pule o Pua

Koheili oluna nei
Pa iluna nei ka moe a Koheili,
Oi hala ia'u.
E ala oe e ka lani!
5. E ka hekili, ka uila!
Ka ua loku, ka ua paka, ka ua hea,
Ka oili, ka ma'ema'e, na maka 'kua
    lele o ka lani,
Oi haele lua mai olua,
O ka moena ka i lalo, owau ka i luna,

10. Kipakipa Koheili i ka nahelehele,
I hakihaki i na lauki,
I pipili i momoe, i hohoni, ia ai i ka unu,
I loohia mai au e ke kane,
Hala ke aloha ma ko pii me ka awe,

15. Ma ka manowai oe, ma ke alo au.
Kulukulu ka ua, ka pakapaka,
Ue hoi.
Lilo oe i ka ipo, e Pua e—
Kele ana, e homai la hoi ua pule.

20. Koheili, e Koheili!
O Koheili o uka nei,
Pa i uka nei ka moe a Koheili,
I hoala ia'u e ala oe.
E ala oe e ke kuahiwi, e ke kualono!

25. E ka lei, e ka polikau;
Oi baele lua mai olua,
Ka moena ka i lalo, owau ka i luna,
Kipakipa Koheili i ka nahelehele,
I hakihaki i na lauki,
30. I pilipili i momoe, i bohoni, i ai i ka unu
O lei ua pau, o lei ua hala,
Hala ke aloha ma ko pii me ka awe,
Ma ka manowai oe ma ke alo au,
Kulukulu ka ua, ka pakapaka,

(499)

35. Let there be wailing,
     Thou art being taken by your lover,
        O Pua—
     Return, grant this prayer.

     Koheili! O Koheili of this earth,
     The sacredness of Koheili pervades
        the earth,
40. Calling me to arise
     Awake thou O earth, O sand, O dry
        leaves,
     O coconut grove, O taro patch, O moth,
     O reef, O island, O tide, O land,
     Come in pairs.
45. Prostration is beneath, I am above,
     Koheili turns aside in the wilderness
     To gather the ti-leaves,
     To embrace, to sleep, to kiss, as food
        at the temple,
     So that when I am met by a man
50. I can give all, give without wrong,
     Love passes on by your ascent with
        the burden,
     Thou to hold the heart, I to hold the
        breast.
     Let the rain fall, the heavy rain,
     Let there be wailing.
55. Thou art taken by your lover, O Pua—
     Return, grant this prayer.

     Koheili, O Koheili!
     O Koheili of guidance here,
     The reverence of Koheili reaches to the sea
60. Calling me to arise.
     Awake thou O body surf, O facing surf,
     O heavy surf, O sudden sea.
     O the cherished, O the forbidden,
     Come thou in pairs,
65. With reverence beneath [and] I above.
     Koheili turns aside in the wilderness
     To gather the ti-leaves,
     For embracing, sleeping, kissing, as food
        at the temple
     So that when I am met by a man
70. I can give all without wrong,
     Thou to hold the heart while I hold
        the breast.
     Let the heavy rain fall,
     Let there be wailing.
     Thou art taken by your lover, O Pua!
75. Return, grant this, a prayer.

35. Ue hoi.
     Lilo oe i ka ipo, e Pua e—
     Kele au, e homai la hoi ua pule.
     Koheili, e Koheili o ka honua nei.
     Pa i ka honua nei ka moe a Koheili,

40. Oi hoala ia'u.
     E ala oe e ka honua, e ka oneone, e ka
        palapala,
     E ka uluniu, e ka lo'i kalo, e ka mu,
     E ka papa, e ka moku, e ke au, e ka aina.
     Oi haele lua mai olua,
45. O ka moena ka i lalo, owau ka i luna,
     Kipakipa Koheili i ka nahelehele,
     I hakihaki i na lauki,
     I pipili, i momoe, i hohoni, i ai i ka unu,
     I loohia mai au e ke kane,

50. O lei ua pau, o lei ua hala,
     Hala ke aloha ma ko pii me ka awe
     Ma ka manowai oe ma ke alo au,
     Kulukulu ka ua, ke pakapaka,
     Ue hoi.

55. Lilo oe i ka ipo e Pua e—
     Kele au, e homai la hoi ua pule.

     E Koheili, e Koheili,
     E Koheili o kai nei,
     Pa i kai nei ka moe a Koheili,
60. I hoala ia'u e ala oe,
     E ala oe e ka nalu kua, e ka nalu alo,
     E ke kaikoo, e ke kai wawe,
     E ka pulupulu, e ka naia.
     Oi haele lua mai olua,
65. O ka moena ka i lalo, owau ka i luna,
     Kipakipa Koheili i ka nahelehele,
     I hakihaki i na lauki,
     I pipili, i momoe, i hohoni, i ai i ka unu,
     I loohia mai au e ke kane,

70. O lei ua pau, o lei ua hala,
     Ma ka manowai oe, ma ke alo au,
     Kulukulu ka ua pakapaka,
     Ue hoi.
     Lilo oe i ka ipo e Pua e!

75. Kele au, e homai la hoi, he pule

Prayer to Hina

O Hina,[1] Hina the tantalizer,[2]
O Hina, Hina the procurer,[3]
O Hina unrestrained[4] resting on the
   husband's breast.
Hina proclaims the wrong doing
5. She has a god at Nonomea,[5]
The water assigned Hinakua[6] for bathing
Hina revealed[7] through the streets,
The secret delayed by Pe'ape'a,
Else the juice of the banana was the water,
10. The water that elder Hina bathed in!
Hina came down from heaven,
Her way was by the rainbow.
The rain sprinkled, heavy rain fell,
The way by which Hina ascended.
15. Hina noted for sand walking,
Hina proclaimed from a high place
The manini[8] as Hina's fish food ;
Found indeed.

Sacrifice, sacrifice,[9]
20. The seaward flat, the bared coral[10] rock ;
The halelo, the squid of the reef,
   the pe'ape'a,
The aalaihi,[11] the palani,[12]
Hold the onini, the unlucky fish,
It is Hina's fish.
25. Pull[13] from shoreward, drive[14] into the net,
The kala[15] is elder Hina's fish.

Pule no Hina.

O Hina hoi, Hina ukiuki,
O Hina hoi, Hina we'awe'a,
O Hina waianoa, la'i e i ka polikua kane,
Kani ae la Hina ha'ihala,

5 He akua kona i ka Nonomea.
O ka wai e auau ai Hinakua,
Kani holo Hina i ke alanui,
He kaua huna na Peapea,
A i ole i hiki ka maia o ka wai e,
10. E ka wai e auau ai Hina makua!
Iho mai Hina mai ka lani
Kona alanui, o ka anuenue,
Kulukulu ka ua, ka pakapaka,
Ke ala a Hina i pii ai,
15. Kaukini Hina i ka hele one,
Kani ae Hina i ke ahua,
He manini ka i'a e ai Hina,
Ua loaa e.

Kaumaha ia, kaumaha ia,
20. Ka papa i kai, ke koa panoa,
Ka halelo, ka hee ku kohola, ka pe'ape'a,
Ka aalaihi, ka palani,
Kaa i ka onini he i'a paoa nui,
Na Hina ia i'a.

25. Kai-na mai i uka, unuhia mai i kaa walu
Ka i'a Hina makua kala

---

[1]Hina, the Helen of Hawaiian folk-lore, as a goddess and as a human, she figures more frequently in popular tradition than any other heroine of the race. She is here pleaded with to return from her fickle, wandering course.

[2]Among the definitions of *ukiuki*, that of provoking, teasing offense, rather than anger, seems applicable here.

[3]We'awe'a, given here as procurer, probably had a different meaning in earlier days, though this. may be warranted. It has a sense of running around on impure business.

[4]Unrestrained, unawed, whereon the husband's shoulders rest.

[5]Nonomea, a mythical land supposed to be ever bathed in the red glow of twilight.

[6]Hinakua or Hina makua (parent), referred to later as elder Hina

[7]Heralded or proclaimed as she (Hina) ran : *kani holo,* the method of issuing royal edicts in olden times.
Manini, Surgeon-fish (*Teuthis sandwichensis*).

[8]Make offerings to the *aumakua*, ancestral god, for personal aid.

[10]Koa panoa is the bared coral bank or reef at low tide.

[11]Aalaihi (*Thalassoma duperrey*).

[12]Palani, Sturgeon-fish (*Hepatus dussumieri*).

[13]This line has reference to the handling of the net in fishing. Kai'na, here is to lift or ease over the net (ka'ika'i ana mai), rather than pull. As one party handles the net from the shore, another party in the water prepares to drive the fish into it.

[14]Unuhia mai, round up. gather, or drive into the net.

[15]Kala, (*Monoceros unicornis*), a fish sacred to Hina.

Hina eats the good[16] fresh fish;
It is yours O Hina! For Hina indeed
   is the fish

Sacrifice, sacrifice,
30. The shore reef is the ocean guard;
   The wizard's pit affords fresh (twin)
     water.
   The beach of Hina beyond is guarding.
   Watch for Palaiuli; for Palaikea.
   O vengeful[17] Hina, Hina the man-eater,[18]
35. That is the Hina who owns the fish
   Give birth[19] to fish, O Hina!
   It is Hina's own fish.

Sacrifice, sacrifice,
Hina boasts of her fish;
40. Bait the hook, O parent-Hina one,
   Touch the surface of the sea, O parent-
     Hina two,
   Bite the fish of the wizard, parent-Hina
     three,
   Lift it above[20] to parent-Hina four,
   Put in the canoe of parent-Hina five,[21]
45. The mud-hen[22] came down for Hina;
   Came down below to the water-source,
   To the spring, to the flowing water,
   To the bathing pool of Hina.
   By rubbing the skin, producing redness
50. To cleanliness, Hina absolved her several
     body forms;
   They flew as a bird, suspended like a kite,
   Past the difficult places, Kane leading.
   Hina followed at a distance,
   Hakiololo came behind you O Hina,
55. As the kite rose the mud-hen crawled
     to Hina
   And flew away.

The awa planted by the side of the house
Has grown, has leaved and ripened,
Send[23] and pull it up and bring it here;

Ai Hina i ka i'a makamaka maikai
Au e Hina e! Na Hina ka hoi ua i'a.

Kaumaha ia, kaumaha ia,
30. Ka papa i kai ka haku moana
Ka lua kupua ka wai lua ono,
Kahakai o Hina, makai na 'ku ana,
Nana a 'ku o Palaiuli, o Palaikea.
O Hina malailena, o Hina ai kanaka,
35. O ka Hina ia nona ka i'a,
Hanaua mai he i'a e Hina e!
Na Hina ka hoi ua i'a.

Kaumaha ia, kaumaha ia,
Hookelekele ana Hina i kana i'a.
40. Maunu i ka makau o Hina makua kahi,
Pa i ka ilikai o Hina makua lua,
Ai mai ka i'a a ke kupua, o Hina
    makua kolu,
Ka'ika'ina iluna o Hina makua ha,
Hoouka i ka waa o Hina makua lima.

45. Kuukuu ka alae na Hina,
Kuu aku i lalo i manawai,
I ka wai puna, i ka wai kahe,
I ka wai auau no Hina,
Hamo ana i ka ili, nana i ka ula
50. I ka maikai, hoopau Hina i ona kino,
Ua lele a manu, ua kau a lupe,
Pau ma koa'e, o Kane ka imua
O Hina ka i ka hope
O Hakiololo ka i muli mai ou e Hina.

55. Kau ka lupe, kolo ka alae a Hina la,
Lele aku la.
O ka awa kanuia i ke kala o ka hale,
Ua kupu, ua lau, ua oo,
Kiina, hukia, lawea mai a,

---

[16]Makamaka is a friendly companion, and in a certain sense means strong affection, as also good, fresh.
[17]Malailena, revengeful, bitter, sarcastic.
[18]Man-eater in the sense of exacting penalties for the infraction of her kapus.
[19]The poet here calls upon Hina to give birth to fish, hanaua mai like hanau mai.
[20]Lift or place it above, ka'ika'ina iluna.
[21]The numbering of these several Hinas may indicate successive generations
[22]The introduction here of the mud-hen, alae, identifies the subject of this mele, Hina, as the mother of th demi-god Maui, who by a cunning trick obtained from this bird the sacred fire stolen from the gods, as witness th red frontal knob caused by Maui's burning away of its feathers by the sacred fire, hence its name alae ula (*Gallinu galeata sandwicensis*).
[23]Send, kiina for kii ana; pull it up and bring it here, lawea for lawe ia.

60. Chew it, strain it, and put it in the cup,
    [The] fish-drink,[24] if approved, Lono
        drinks and Hina drinks
    For the contentious effect of the oven-
        treated awa.
    O Hina! Hina of the many,
    O Hina of the shark,
65. O Hina of the kala,
    O Hina of the weke,[25]
    Here is yours, kala, the sick part,
    Here is yours, weke, the death part,
    Return you the life-giving portion.

60. O ha, o heea, i'a ku i ka apu,
    I'a inu, ku ia ia inu Lono, i'a inu Hina,
    I ka umu hakoko, o ka awa hoi ane,
    E Hina! E Hina! I ke kini
    E Hina i ka mano,
65. E Hina i ke kala,
    E Hina i ka weke,
    Eia kau e kala o ka pu'u ma'i,
    Eia kau e weke o ka pu'u make,
    O ka pu'u ola kau e hoihoi mai.

Prayer to Kapo.

Kane, thou who art revered above,
Who art revered below,
A woman garlanded in reverence
    is Kapo![1]

Thou Kapoulakinau, this is a prayer from
    the heart.
5. Grant life plentiful to me by the cape
    at Kaulia,
At shattered Kabiki, by the rise to
    Maunaloa
Is the path by which Kapo climbed,
Flew, and received honors; Grant me
    honors.
Where is my wreath, Kapo?
10. A wreath of reverence placed in Kona
    by Kapo.

Rise thou, O Kapo!
Come thou, O Kapo, pluck thy herb,
Bind it in a bundle and lay it in the
    shadowy path,
Have compassion.

Pule no Kapo.

Kane hili ae ka malama iluna,
Haahaa ka malama ia ilalo,
He wahine lei malama ka e Kapo.
Kapoulakinau ke oho i kamanawa,

5. A ola i one au, kalae i Kaulia,
Kahiki i olopa o pii a Maunaloa
I hiki ke ala Kapo i pii ai,
Lele ai, hano ai, hanohano au e—alele.
Auhea kuu lei e Kapo?

10. He lei malama e kau i Kona, e
    Kapo-la-ana,

Ku mai e Kapo!
Hele mai e Kapo, uhuki i kau weuweu,
Pupu halii i ke ala o nio ka la,
Kau mai.

---

[24] The real meaning here of i'a inu, fish-drink, is a relish with awa drinking, to overcome its bitter taste; generally fish was preferred, in some cases chicken was the palliative agreed upon. In this case if fish suited Lono it would be agreeable to Hina.

[25] Weke, Goat-fish (*Upinius*, sp.).

[1] Kapo, a sister of Kalaipahoa, was the fabled goddess who entered certain trees and rendered them poisonous. Her sister Pua, or Kupua, was also credited with like functions.

15. The cry of affection creeps to the heart;
Kapo climbs Maunaloa—
Kapo already adorned in her skirt
A fog of the mountain, a cloud of the
  rising sea;
Clouds which easily fade away.
20. Kapo came down to earth,
Kapo saw the lehua,
Kapo broke the lehua,
Kapo bundled the lehua,
Kapo plucked the lehua,
25. Kapo strung the lehua,
Kapo braided the lehua,
Kapo wore the garland of lehua.

Kapo came down to earth,
Kapo saw the maile,
30. Kapo broke the maile,
Kapo bundled the maile,
Kapo stripped the maile,
Kapo tied the maile,
Kapo twisted the maile,
35. Kapo wore the garland of maile;
A wreath for your standing,
A wreath for your sitting, thou woman
  of Kolokolo.
Pass not the lover of my heart·
The regard is for the lover;
40. Love for Kaulanaula, O Kapo!
Here is a multitude of voices—the tears,
My sacrifice to thee, O Kane!
That which draws me to him do thou sever
When this is done, sacrifice is offered on
  thy altar, O Kane!·

15. E weliweli kolo ke oho i kamanawa,
Pii ae Kapo iluna o Maunaloa—
Pau kahiko Kapo i kona pau,
He ohu kuamauna, he ao kainuu,
He opua haalele wale la-ana.
20. Iho iho o Kapo i ka honua,
Ike aku o Kapo i ka lehua,
Haihai o Kapo i ka lehua,
Pua o Kapo i ka lehua,
Ako ae o Kapo i ka lehua,
25. Kui ae o Kapo i ka lehua,
Uo ae o Kapo i ka lehua,
Lei ae o Kapo i ka lehua—ane.

Iho iho o Kapo i ka honua,
Ike aku o Kapo i ka maile,
30. Haihai o Kapo i ka maile,
Pua o Kapo i ka maile,
Uu ae o Kapo i ka maile,
Hikii o Kapo i ka maile,
Wili ae o Kapo i ka maile
35. Lei ae o Kapo i ka maile,
Lei ku, lei noho ka wahine o Kolokolo
A mai hala ka ipo i kamanawa.
Ke aloha mai nei hoi ka ipo,
Ke aloha mai nei Kaulanaula, e Kapo!

40. Eia ka ula leo la, he waimaka,
He mohai na'u ia oe e Kane,
Kana pili la wahia iho;
Iloko i ka palani, kau kuahu oe e Kane!

A Prayer to Lono.

O Lono of the heavenly region,
From out of the rest of heaven's origin
Issued forth Kane and Kanaloa.
[From] within the heavenly birth-place
5. Came forth Kumu-honua, of Kane.
And Lalo-honua, the female.
Spread forth Wakea and great, Papa that
gave birth to lands.
From out of Huli-honua
The chiefs were born;
10. From within the heavenly birth-place
Lono stood forth
[He] created the red fish;
Sanctified the black coconut;
Created the white fish;
15. Sanctified the growing awa,
By leaves is the awa propagated,
It springs up at the irregular cliffs.
Kane and Kanaloa stood forth,
They rendered the red fowl sacred;
20. Sanctified the white awa;
Rendered the pig sacred;
Sanctified the black awa;
Established the restrictions
To anoint the robe

25. Within the heavenly birth-place.
The rain fell noisily in drops,
In the month of Kaelo,
Of Ikiki, of Ikuwa, and Kanikoi,
To magnify the heavens,
30. To magnify the earth,
To stand sacred, in fear,
To stand solitary within tremulous
heavens.
Lono leaned forward
The shadow of Lono in Kahiki,
35. The cloud-clusters fell
At the approach of Lono;
The red glow vanishes
At the approach of Lono;
The red smoke-column melts away
40. At the approach of Lono;
The red rain fell
At the approach of Lono;

He Pule no Lono.

O Lono, o ka oili lani,
Mai loko mai o ka maha ulu lani,
Ku mai o Kane o Kanaloa,
Iloko o ka eweewe-lani
5. Puka mai o Kumuhonua a Kane
Me Lalo-honua, ka wahine.
Laha mai o Wakea me Papa nui
hanau moku.
Noloko mai o Huli-honua
Hanau mai na 'lii
10. Mailoko mai o ka ewewe-lani.
Ku mai o Lono.
Hana i ka ia ula,
Molia i ka niu hiwa,
Hana i ka ia-kea.
15. Molia i ka awa-lau,
He lau ka awa i kupu,
I kupu i ka hanumuu pali.
Ku mai o Kane, o Kanaloa.
Hana i ka moa ula hiwa,
20. Molia i ka awa maka kea
Hana i ka puaa hiwa,
Molia i ka awa hiwa,
Hana i ka papa kea.
I poina i ka aahu
25. Iloko o ka eweewe ka lani.
Kulu kahi ka paka a ka ua,
Iloko o Kaelo.
O Ikiki, o Ikuwa, o Kanikoi,
O ku kilakila i ka lani,
30. O ku kilakila i ka honua,
O ku Iu, o ku ano,
O ku meha iloko o Maewa-lani.
Hina aku la o Lono,
Ke aka o Lono i Kahiki,
35. Hina ae la ka pae opua
I ka hiki 'na o Lono.
Hina ae la ka onohi ula
I ka hiki'na o Lono
Hina ae ka punohu-ula
40. I ka hiki'na o Lono.
Hina ae la ka ua-koko
I ka hiki'na o Lono.

(505)

The red clouds were overcome
At the approach of Lono;
45. The rainbow was dispelled
At the approach of Lono;
The smoky atmosphere was dispelled
At the approach of Lono;
The swelling clouds disappeared
50. At the approach of Lono.
For Ku, Kane,
And Kanaloa were the supreme in Kahiki.
Of the sisters,
The large female sea, Haalipolipo,
55. Of Ulu-nui Maholo-lani,
Of Maewa at east Kabiki,
Of Maewa at west Kahiki,
Maewa at the Apapa-nui-lani,
Great Maihi-lani, sacred to Hehu,
60. Kalani-ula, the woman
Who broke the kapus of Kahiki,
Establishing the order, the strengthening
bones of the land.
Kahai leaped over,
Kahai leaped over the first boundary
65. Of the high-place [of earth].
The vision, the smooth space,
To breathe and carry away the awa leaf
In the wind.
To grow thriftily
70. In the restraining place of the land
Of Lono, of Keakea-lani.
Living together as progenitors of the
land;
Setting apart the kapu of the woman.
Clouds in the sea bowed down,
75. The head of the earthquake sounds
Below the earth,
Shaken down
Beneath at Malama.
Awake thou, O Lono!
80. Come and eat of the sacred food of
Kanaloa.
Prepare awa,
[As] propitiatory offering for men and
for women.
Here is the food, a voice offering.

Ilina ae la ke ao makoko
I ka hiki'na o Lono.
45. Ilina ae la ke anuenue
I ka hiki'na o Lono.
Hina ae la ka alewalewa
I ka hiki'na o Lono.
Ilina ae la ka opua kiikii
50. I ka hiki'na o Lono.
No Ku, no Kane,
No Kanaloa, ka pukoa ku i Kahiki.
O na kaikuahine,
O kai-wahine-nui Haalipolipo,
55. O Ulu-nui Maholo-lani,
O Maewa a Kahiki-ku,
O Maewa a Kahiki-moe,
O Maewa a ke Apapa-nui-lani,
O Maihi-lani nui, kapu a Ilebu.
60. O Kalani-ula, ka wahine,
Nana i ae na kapu o Kahiki
Holo ka papa, ka iwi niau o ka moku.
Ae mai Kahai,
Ae Kahai i ka iwi kahi,
65. O ka lewa-nuu
O Hihio, o Laumania,
O Hano a lele ka lau o ka awa,
I ka makani,
I kupu no a ohiohi
70. I ka pae humu o ka moku.
O Lono, o Keakea-lani.
E unoho ana i kaulu o ka honua,
Hoanoano ke kapu o ka wahine,
Ku lolou na opua i ke kai.
75. Kani ka poo a ke olai,
Ilalo o ka honua,
Nauweuwe aku la,
Lalo o Malama
E ala mai oe e Lono,
80. E hoi e ai i ka ai kapu a Kanaloa.
Pakiki awa.
Kanaenae no na kane aa me na wahine
Eia ua ai he mohai leo.

A Prayer.

Strangely lofty is this heaven,
This very heaven which separates the
    seasons of heaven;
Trembling is the point below;
Moving are the gills, the fins, the head
    of the earth;
5. Exclaiming are the hosts, the multitude
    of gods.
Turned is the face of the god toward the
    visible heaven;
[He] turned and stamped upon Kahiki.
Extended be the sacred worship of Lono;
Extended through Kahiki and worshiped.
10. Budding are the leaves of Lono;
Turn hither the image of the god;
Turn hither within Maewa-lani;
Sound the leader within Papa-ia-mea.
The heavens are silent;
15. The eyes of Lono have seen Kahiki.
The rays of light shine forth;
'Tis Ikuwa, Makalii,
'Tis Hinaiaeleele, Hilinehu,
'Tis Kaelo, Kaaona the month.
20. Lono sickened with pregnancy,
The month suffered intensive pains,
The placenta was agitated,
The travail prevailed in Hinaiaeleele.
The cord of Papa-ia-mea trembled.
25. The leaves of Lono are scattered;
The image of Lono is placed for
    devotion,
[To] stand till it falls to the foundation
    of the land;
Bending low is the glory;
Covered is the god by the heaven;
30. That heaven is established.
Covered is the god by the earth's strata.
Squeaking is the voice of the alae within
    Kanikawi;
Cracking is the voice of the thunder;
Cracking within the shining black cloud;
35. Broken are the mountain springs below;
The god returns and dwells in the clefts;
The god returns and dwells in obscurity;

He Pule.

Kiekie e mai nei hoi ua Lani nei,
O ua Lani nei hoi keia ke hemo nei ka
    manawa o ka Lani;
Ke halulu nei ka piko i lalo;
He api nei ka halo, ka maha, ka poo o ka
    honua;
5. Uwa mai kini, ka mano o ke akua.
Huli aku la ke alo o ke akua i ka lewa,
Huli aku la e keehi ia Kahiki,
O mai ka hoano kapu a Lono;
O mai iloko o Kabiki a Hoano.

10. Oiliili mai ke kino lau o Lono;
Kahuli mai ke kino aka o ke Akua,
Kahuli mai iloko o Maewa-lani;
Kani ka poo iloko o Papa-ia-mea.
Ua neoneo ka lani;
15. Ua ikea mai e Kahiki na maka o Lono.
O mai na kukuna o ka malama;
O Ikuwa la, o Makalii,
O Hinaiaeleele la, o Hilinehu,
O Kaelo la, o Kaaona, ka malama.
20. Ua ho'iloli mai o Lono;
Ua haakokohi mai ka malama,
Oili ka inaina,
Hemo ke kuakoko iloko o Hinaiaeleele,
Nauwe ka aha o Papa-ia-mea.
25. Helelei ke kino lau o Lono;
Ua kau ke aka o Lono i ka molia,
Ku, a hina i ka mole o ka moku;
Opaipai lalo o ka Hiwa;
Wahi ke Akua i ka Lani;

30. Ua paa ia Lani,
Wahi ke Akua i ka papa o ka honua.
Uina ka leo o ka alae iloko o Kanikawi;
Uina ka leo o ka hekili;
Uina iloko o ke ao-polo-hiwa;

35. Naha ka umaka pali o lalo;
Hoi ke Akua, noho i ke hanono;
Hele ke Akua, noho i ka pilikua;

(507)

The god Lono returns and dwells in the
    mire.
Sounding is the voice of the shell;.
40. Sounding above is the voice of the
    overthrow;
Sounding excitedly is the voice of the
    birds;
Creaking is the voice of the trees in
    the forest.
Here is your bird-body, O Lono!
Whirling up the dust in the heavens;
45. The eyes of Lono glance to Hoomo's
    altar;
He dwells here in the space of the land.
Growing is the body high toward heaven;
Passed are the former blustering winds.
The first-born children of Hinaiaeleele.
50. May I be saved by thee, O Lono, my god!
Saved by the supporting prayer!
Saved by the holy water!
Saved to offer sacrifice to thee, O god!
Here is the sacrifice, a voice offering.

Hoi ke Akua, o Lono, noho i ka naele
Kani ke ka leo o ka pupu;
40. Kani kaulele ka leo o ke kahuli;
Kani halale ka leo o ka manu;
Uwi ka leo o ka laau i ka nahele;
Eia ko kino manu e Lono!
Ke wili nei ka ea i ka lani;
45. Lele na maka o Lono i lele o Hoomo;
Ke noho mai la i ka wa o ka moku.
Kupu ke kino a kiekie i ka lani,
Haule na kikeao makani mua,
Na makahiapo a Hinaiaeleele
50. E ola a' uia oe, e Lono, ka'u akua!
E ola i kalele pule!
E ola i ka wai oha!
E ola i kanaenae ia oe, e ke Akua!
Eia kanaenae la, he mohai leo

An Ancient Prayer.

Unstable are the heavens;
Makakulukahi has fallen;
The stars are placed in the upper space.
Approaching are the footsteps of Kahiki;
5 Broken are the kamahele branches of
    the god;
Shattered is the brittle stone;
Strewn are the pieces in Haehae,
Else numberless gods enter.
The body of Lono has changed into
    glory.
10 The kanawao grows in the moist earth;
The body of that tree stands in high
    heaven,
Established is the holy assembly of Lono
    in the distant sacred place.

He Pule Kahiko.

Ua lewa mai ka lani;
Ua haule o Makakulukahi;
Ke kau mai ia na onohi i ka lewa.
Pili aku la na kapuai o Kahiki;
5. Nabae na lala kamahele o ke Akua;
Helelei kia ka pohaku eleku;
Lele ka mamala i Haehae,
O komokomo kini o ke Akua,
Haule ke kino o Lono i ka Hiwa.

10. Kupu kanawao i ka naele;
Ku ke kino oia laau iloko o Lani wao
Ua kau ka Aha kapu a Lono iloko o k
    iuiu kapu.

The voice of man is forbidden;
Here is the soul within Kulu-wai-maka-
lani;
15. The soul within the smooth bones of
the god.
Here are the sacred signs of the
assembly:
The voice of thunder bursts forth;
Flashing are the rays of the lightning;
The earthquake shakes the earth;
20 The smoky cloud and the rainbow
appeareth;
The heavy rain and high wind prevails;
The whirlwinds sweep beneath the earth;
Rocks adjoining the streams are moved;
The red mountain-streams rush to
the sea.
25. Here are the waterspouts;
Tumbled about are the cluster clouds
of heaven;
Gushing forth are the springs in the.
cliffs.
One eye has the god;
Two, four eyes, to see clearly behind him.
30. Greatly revered be the voice of my god
in the heavens.
It has been inspired within Papa-iakea,
Dwelling within the Maka-kolu-kolu-kahi.
The kapu of Lono reaches to Kahiki,
It goes to overthrow the kapu of Kahai,
35. Sacrificing the kapu of Kahai on the altar;
It has fallen and tumbled in confusion.
Dead are the fish, fallen in their flight;
Fallen disfigured all through Kahiki;
Kahai is stirring up the pelting rain;
40. Kahai is beating the surface of the earth.
Here is Lono the bone of salvation and
glory;
The bone placed in the clear sky.
Indistinct is the voice of the god,
Indistinct through the single-breasted surf.
45. My god was shark-born;
Shark-born in [the month] of Hinaiaeleele.
May I be saved by my fullness of prayer!
Saved by the life-offering!
*Saved by my devotion!
50. By thee, O god!

Kapu ka leo o ke kanaka!
Eia kahoaka iloko o Kulu--wai-maka-lani,
15. O kahoaka iloko o ka iwi laumania o ke
Akua.
Eia ka hoailona kapu o ka Aha;
Poha mai ka leo o ka hekili;
O mai ka maka o ka uwila;
Nauwe mai ke olai i ka honua;
20. Iho mai ka alewalewa me ke anuenue;
Hele ino ka ua me ka makani;
Wili ka puahiohio ilalo o ka honua;
Kaa ka pohaku-pili o ke kahawai;
Iho ka omaka-wai-ula i ka moana.
25. Eia ka wai-pui-lani;
Ke hiolo nei ka pae-opua i ka lani;
Huai ka wai-puna i ka pali,
Akahi maka o ke Akua;
Alua, aha maka i lele pono ka ike ma ke
kua.
30. Hoano nui ka leo o ko'u akua i ka lani.
Habano o mai iloko o Papa-ia-kea,
Noho mai iloko o ka Makakolukolukahi.
Hoi ke kapu o Lono i Kahiki
Hoi aku la e kulai i ke kapu o Kahai
35. Kau i ka lele ke kapu o Kahai,
Hina e hio iloko o ka pilikua.
Make ka ia, moe i ka naholo;
Hina kikepakepa iloko o Kahiki·
Hoolale Kahai i ka paka o ka ua;
40. Hahau Kahai i ka papa o ka moku.
Eia Lono ka iwi kaola o ka Hiwa;
Ka iwi kau iloko o ka alaneo.
Paee mai ka leo o ke Akua,
Paee mai iloko o ka nalu alo kahi;
45. Ua hanau-mano ko'u akua;
Hanau mano iloko o Hinaiaeleele.
E ola a'u i ka'u waihona-pule!
E ola i ka Alana ola!
E ola i ka'u pulapula!
50. Ia oe e ke Akua!

Prayer to Lono.

Prose Translations Showing Variance

O Lono in heaven; you of the many shapes (or beings). The long cloud, the short cloud, the cloud just peeping (over the horizon), the wide-spreading cloud, the contracted cloud in the heavens, (coming) from Uliuli, from Melemele, from Kahiki, from Ulunui, from Hakalauai, from the country of Lono situated in the upper regions, in the high heavens, in proper order, in the famous order of Leka. O Lalohana, O Olepuu-Kahonua, Eh Ku, Eh Lono, Eh Kane, Eh Kana-loa, Eh the God from Apapalani of Apapa-nuu, from Kahiki east, from Kahiki west; here is the sacrifice, here is the offering. Preserve the chief, preserve the worshipers, and establish the day of light on the floating earth! Amama, ua noa.*

Your many shapes O Lono in the heaven. The long cloud, the short cloud. The cloud just peeping (over the horizon). The wide-spreading cloud. The contracted cloud in the heavens. (Coming) from Uliuli, from Melemele, from Kahiki, from Ulunui, from Hakalauai, from the country of Lono situated in the upper regions, in the high heavens, in proper order, in the famous order of Leka. O Lalohana, O Olepuukahonua. O Ku, O Lono, O Kane, O Kanaloa, O the God from Apapalani of Apapanuu, from Kahiki-east, from Kahiki-west, here is the sacrifice, here is the offering. Preserve the Chief, preserve the worshipers, and establish the day of light on the floating earth. Amen, so be it.

Note. Corresponding in every prayer to the Christian Amen, so be it. Literally "It is offered, the tabu is off", or, "the ceremony is over"

A Prayer.

Here is the food great Kawau, of life,
Pour out from heaven the love within
    Hoeu.
This is the food, kindling the desire,
    enflaming the thoughts abiding
    within.
Sleepless I cry for your love,
Longing for the place you slept with your
    husband.
From Hamakua to Kula we hid in the
    pandanus [trees] of Hamakua,
We shredded ti-leaves [in] the rain of
    Hamakua,
To hide this thing, the love for each other,
A love, a love, my husband in the rain
Puhalomoa, of Kula, from the waters of
    Waiohuli,
[Where] he turned around.

(510)

He Pule.

Eia ka ai e Kawau nui, a ola,
E hina mai kalani ke aloha mailoko
    o Hoeu.
E eia ka ai ho-a ke kuko, ho-a ka lia, iaia
    kaulu ku,
Ka makalahia e uwe no au i ko aloha;
E uwe ia kahi a olua i moe ai me ko kane,
Mai Hamakua 'ku a kula peepee puhala
    kaua o Hamakua,
Hunahuna lau ki kaua ka ua o Hamakua;
E huna 'ku ana i keia mea o ke aloha i
    na Io.
He aloha, he aloha, ku'u kane i ka ua
Puhalomoa, o kula, mai ka wai o Waiohuli
    la e,
Huli mai oia

A Song of Jesus.[1]

Jesus was the heaven-conceived chief,
Brought up in the presence of his Father.
The heaven-conceived was brought forth
  in travail,
Jesus was born in Bethlehem
5. In the time of Herod the king.
The angels directed the wise men,
The Holy Spirit rested upon Jesus
When they came by the spirit of the Lord
And saw the child Jesus

10. They knelt down with gifts and incense
Which they had brought,
And returned again to their homes
The earth began to show jealous hatred,
Herod was greatly troubled in mind

15. And the king commanded his officers
To slay all young children of Bethlehem,
And the children in adjoining towns;
Children born within the past two years.
When Herod died
20. The word spoken by the Lord to Joseph
  was fulfilled.
When the time of Pilate came,
The enemies of this world greatly
  increased.[2]
Judas betrayed his Lord.
Jesus was the light of the world
25. He was hung on the cross
And pierced with the wicked spear.
Jesus' teachings was of lasting good.
The first-born of God was slain,
The sinless one,
30. With head bowed down to the earth
Jesus prayed to the Father,
O Father, O Father!

He Mele no Iesu.

Iesu ke 'lii kauhua lani,
Hoowiliwili i ke alo o kona Makua,
Kokohi ka lani, hoiloli kuakoko,
Hanau Iesu i Betelehema,
5. I ke au i ke alii ia Herode.
Kuhikuhi ka anela i na Magoi
Kau iho la ka Uhane Hemolele maluna
  o Iesu
A hiki aku la lakou me ka mana o ka
  Haku,
Ike aku la lakou i ka Haku ia Iesu.
10. Kukuli iho la me ka mohai aku i na
  mea ala,
A lakou i lawe aku ai,
A hoi aku la lakou i ko lakou wahi,
Hoomaka ka honua i ka inaina,
Kabaha iho la ka naau o Herode
15. Kena ae la ke 'lii i kona mau kuhina,
E luku i kamalii uuku o Betelehema.
A me na kamalii e kokoke mai ana,
O kamalii i hanau i na makahiki elua,
A make o Herode,
20. No ia ko ai ka olelo a ka Haku ia Iosepa
A hiki i ke kau ia Pilato.
Mahuahua loa ka enemi o ko ke ao nei.
Kumakaia Iuda i kona Haku,
Olina Iesu i ke ao nei,

25. I kaulia 'i ma ka laau kea,
O ia i ka ihe ino.
Ko Iesu aoao maikai mau,
Make 'i ke keiki makahiapo a ke Akua,
Ka mea hala ole.
30. Kulou iho la kona poo i ka honua,
Pule Iesu i ka Makua
E ka Makua, e ka Makua!

[1]This chant is another of those Lahainaluna students' compositions, which reveals the biblical training by the mission teachers in its reproduced New Testament narrative. The original paper is without date, or signature, but from accompanying compositions, dated 1837, it very likely belongs to that period. In character it resembles Kekupuohi's Creation chant of a few years earlier, and may have been influenced thereby, the original of which, and its translation, by Rev. L. Andrews, will be found in the Hawaiian Spectator of 1839, Vol. II, pp. 78-80, and termed by him a remarkable production.

[2]Mahua of the original, like mahuahua, to grow or increase.

Forgive this world,
They did not understand thee
35. The angels of heaven mourned
The sun and moon wept,
The heaven was veiled in darkness,
The clouds wept for Jesus,
The darkness fell down at his feet.
40. Jehovah divided the waters of heaven,
The Messiah returned in his glorious
      chariot,
Saying unto his disciples:
I am going to heaven,
To the bosom of my Father,
45. And will send you a teacher.
Jesus departed with the power of the Spirit.
His fame went all abroad,
Jesus was the soldier of Kawaluna.
The land trembled with fear of the
      multitude;
50. • Together they fled in dismay
At the revelation of the great day of Jesus.
Compassionate art thou, O Jesus,
Who died to save us.
Ours was the guilt for which the Lord died.
55. By his death
Once only was that sacrifice for sin.
But the death of this world
Is two fold in its nature,
This world, and the world to come,
60. Life everlasting.

E aloha mai i ko ke ao nei.
Ka poe ike ole mai ia oe.
35. Uwe kanikau na anela o ka lani
Uwe ka la me ka mahina,
Uhi ka lani poeleele.
Ua ka lewa ia Iesu
Haule ka pouli i lalo o kona wawae.
40. Mahele Iehova i na wai o ka lani,
Hoi ka Mesia ma kona kaa hoano
Kauoha mai i kana mau haumana
Ke hoi nei a'u i ka lani,
I ka poli o ko'u Makua.
45. A hoouna mai a'u i kumu na oukou.
Hoi aku la Iesu me ka mana o ka Uhane,
Kui aku la kona kaulana i na wahi a puni.
Iesu ke koa o Kawaluna,
Li haukeke ka aina o ke poi
50. Pilikua make ke auhee,
I ka habana o ka la nui o Iesu.
Aloha wale oe e Iesu,
Ko make mau ia makou
No makou ka hewa make ai ka Haku,
55. O kona make ana,
Hookahi no ia make ana i ka hewa,
Aka o ke ao nei make ana,
Ua papalua ko lakou make ana
I keia ao, i ke la ao,
60. A i ke ao pau ole.

The Holy Bible.

BY KANUI.

The Holy Bible,
Precious and wonderfully rich,
Being published throughout our country.
There is nothing like the precious pearl
5. It is an everlasting gift for God's people;
Those who go prepared
With spear, sword and cudgel.
The Holy Bible, you are precious,
Your word is accepted by your believers
      here.

Ka Palapala Hemolele.

NA KANUI.

E ka Palapala Hemolele
Waiwai nani ano e
I hoolahaia mai ma ko makou aupuni nei
Aole waiwai e ae i like me ka momi loa
5. He waiwai mau loa ia no ko ke Akua
      poe kanaka
Ka poe hele makaukau
Me na ihe, pahikaua, newa nei.
    E ka Palapala Hemolele, he nani kou
Ua ae ia kau hua, e au mau haipule nei

10. It is sweet, like honey from heaven above·
    Your strength is like a two-edged sword
    You have been cutting in all lands,
    The hardened minds and averted eyes.
    Stop, put away tobacco and all evil things.
15. The Holy Bible,
    Your beauty was seen from the earliest
        teachers·
    On the hills and on the mountains,
    In the valleys and ponds;
    The hill of Zion, the lake of Liberia;
20. The mountain of Gerizim and the valley of
        Laneka (?).
    O the Holy Bible, here it is;
    We have seen with [our] two eyes.
    There is nothing to be compared [to it]
        for the peoples uplift.
    Where is the people ruling, to govern
25. The distorted mind of the Hawaiians,
    Whereby they would walk uprightly as
        you desire?
    Where is the carpenter who proposed this
        ruling?
    The rule to straighten the gnarled trees?
    O the carpenter! search and you will find.
30. There is the uprightness and justness;
    Take and place [it] in your minds
    In order to judge the right and the wrong;
    To distinguish the upright and the crooked.
    Where is the blacksmith who really
        believed
35. In his solid hammer
    Striking heavily
    The hard iron bars of the mind of the
        people?
    There is no one else to break them but you.
    The Holy Bible, you possess good;
40. You are the weapon which makes the
        soldier brave.
    Through you came forth death and the
        resurrection.
    Where indeed is the captain
    Who considers this instruction
    The correct compass,
45. So that their boats should not be wrecked
    On the coral strands beyond
    Where they are sailing?
    Here is the good leader,
    The true guide to reach

10. He ono, he meli, mai luna o ka lani mai
    O kou ikaika, me he pahikaua oilua la
    Ua okioki iho oe, ma na aina a pau
    O na naau paakiki, o ka maka hoomaloka
    Ua oki, paka haalele, i na mea ino a pau
15. E ka Palapala Hemolele
    Ua ikeia kou nani, mai ke kumukahiko mai
    Ma na puu, a me na mauna
    Ma na awawa, a me na loko
    Ka puu o Ziona, ka loko o Liberia
20. Ka mauna o Gerizima a me ke awawa o
        Laneka
    E ka Palapala Hemolele, ano la
    Ua ike makou me na maka elua
    Aohe mea e ae e pono ai na kanaka
    Auhea la ka rula pololei i rula iho ai?
25. I na naau kekee o kanaka Hawaii
    I mea hoi e pololei ai, a like me ka
        manao ou?
    Auhea la ke kamana i manao ai keia rula
    Ka rula e pololei ai na laau kekee?
    E ke kamana, e huli, a e loaa no,
30. Malaila ka pololei a me ke kupono,
    E lawe, a e kau ma ko oukou naau
    I ikea ka pololei a me ke kekee
    I ikea ke kupono a me ka kapakahi
    Auhea la ka amara i manao oiaio
35. I kana hamare paa nei
    I kui paluku iho a
    I na kua hao paakiki o ka naau o kanaka
    Aohe mea e e naha ai, o oe wale no.
    E ka Palapala Hemolele, he maikai kou
40. O oe ka pahikaua, i koa ai ka poe koa
    Maloko ou i puka mai ai ka make a me
        ke ola.
    Auhea la hoi ke kapena?
    I manao i keia alakai,
    Ke panana pololei
45. I ili ole ai na moku o lakou
    Ma ka pukoa i ku i ke ohi
    Kahi a lakou e holo nei
    Eia ke alakai maikai
    Ke kukukuhi pololei i hiki aku ai

50. The port of the King in New Jerusalem
    Therefore, the precious truths we hear
    Is plainly set forth in the Holy Bible;
    It is good, beautiful, there are many
        blessings.
    Where is the great mirror
55. To reveal all things within?
    Here is the right mirror
    For God's people;
    Those who look honestly would see all
        their faults;
    The envious, the quarrelsome are
        revealed here,
60. Therefore, [there is] no hammer, no rule,
    No compass, or mirror,
    No advisor, no guide for the soul
    To reach unto heaven
    But the Holy Bible.

50. I ke awa o ke Alii i Ierusalema hou
    Nolaila ka waiwai nani a kakou e lohe nei
    Ua boike akaka mai ka Palapala Hemolele
    He maikai, he nani, nui wale ka pomaikai
    Auhea la ke aniani nui?
55. I ikea na mea a pau iloko.
    Eia ke aniani pololei
    No ko ke Akua poe ohua
    O ka poe nana pono, e ike ia na hewa a pau
    O ka huahua, o ka bakaka, ua ike ia
        maanei
60. Nolaila aole bamare, aole rula
    Aole panana a me ke aniani
    Aole kuhikuhi, aole alakai no ka uhane
    E hiki aku ai i ka lani
    Ke ole ka Palapala Hemolele.

The Ignorant.

BY PAALUA.

No ka Naaupo.

NA PAALUA.

You are the ignorant!
To look and direct the people wrongly.
You are a blinded leader of them
And also a general for them,
5. The one who taught them
There is life over there; there is death
    over there.
There is the lie.
The sinner; the father of the unbelievers;
The one who taught them
10. I am the Life, and I am the one to punish
Those who do not believe on me.
But! Your thoughts are foolish,
You taught with cunning,
Show us the right way;
15. Teach us with wisdom.
But I have cunning. You were smart in
    teaching.
Alas! you are worthless.
Show yourself with forwardness; refute
    the wrongs.

O oe e ka naaupo!
Ke nana e ao mai i ka poe hewa
He alakai makapo oe no lakou
He alihikaua no hoi no lakou
5. Ka mea nana e kuhikuhi mai ia lakou
Aia ke ola ma o, aia ka make ma o
Aia ka hoopunipuni.
E ka hewa, ka makua o ka poe aia
Ka mea nana e kuhikuhi mai ia lakou
10 Owau ke ola, owau ka mea nana e hoopai
I ka poe manaoio ole mai ia'u.
Aia ka! he lapuwale kou manao
Ao mai oe me ka maalea
Kuhikuhi mai me ka pololei
15. Ao mai me ke akamai loa
Aia ka! he maalea ko'u, akamai oe i ke
    ao mai
Auwe he lapuwale oe
Hookohukohu hoiimaka oe e ka hewa

You are the death.
20. The general of the pit of fire;
You are springing like a lion
Searching for something to swallow,
Like a lioness waiting at the den.
So you are the sinner,

25. You are leaping like a real lion,
And you are swallowing it as you desired.

O oe hoi e ka make
20. Ke 'liikoa o ka lua ahi
Ke lele mai nei oe me he liona la
E imi ana i kana mea e ale ai
E like me ka liona wahine e moe ana
ma ka lua
Pela no oe e ka hewa
25 Ke lele mai nei no oe me he liona io la
A ke ale io mai nei no oe ia e like me kou
manao.

The Ignorant.

BY KAUWAHI.

You are an ignorant;
The teacher teaching the people wrong.
You are a blind guide for them,
A general indeed for them!
5. You are the sinner;
The father of the ungodly
Who tempted all persons;
The enemy of the righteous.
You are the death.

10. Where is your power?
I liken you to a lion
Springing upon us.
You indeed are the wise one
Who called the ignorant people.
15. Persevere you; seek wisdom,
So that you can rightly direct your living.
You are the true believer;
The one who calleth on the indifferent
To repent right away,
20. Or you will fall quickly to darkest night.
You indeed are the careless one;
The one who taught us
To change to carelessness.
Alas! you are a barren land.
25. You indeed are the ungodly,
The one who denied God.
Do not you deny like that;
You must consider it first.
You indeed are the life;

No ka Naaupo.

NA KAUWAHI

O oe e ka naaupo,
Ke kumu ao mai i ka poe hewa
Ke alakai makapo oe no lakou
He alihikaua no hoi no lakou.
5. O oe hoi e ka hewa
Ka makua o ka poe aia
Ka mea hoowalewale mai i na kanaka
a pau
Ka enemi hoi o ka poe pono a pau
O oe hoi e ka make
10. Auhea kou mana e?
Ke hoolike aku nei au ia oe me ka liona
E lele mai ana maluna o makou.
O oe hoi e ka naauao
Ka mea kahea mai i ka mea naaupo
15. E hooikaika oe, e imi i ka naauao
I hiki ia oe ke hooponopono i kou noho ana.
O oe hoi e ka manaoio
Ka mea kabea mai i ka mea palaka
E mihi koke oe ano
20. O poho koke oe i ka po
O oe hoi e ka palaka
Ka mea ao mai ia makou
E huli mai oe i ka palaka,
Auwe! he kula neoneo oe.
25. O oe hoi e ka aia
Ka mea hoole i ke Akua
Alia oe e hoole pela
E noonoo pono oe mamua.
O oe hoi e ke ola,

The light which leadeth
Unto everlasting darkness.
You are the adulterer.
The deadly pit of the Hawaiians.
35. Alas for us! should we follow after you,
You would be greatly delighted.
You indeed, who are all sinners,
We have nothing with which to refute
[you]
Alas for us! should we sink together with
you
40. To everlasting death; death of the dark
night.

Ka lama e hele ana
Iloko o ka pouli mau.
O oe hoi e ka moekolohe
Ka luapau o ko Hawaii nei
35. Auwe makou ke lilo mamuli ou
A olioli loa oe.
O oukou hoi e na mea hewa a pau
Aole o makou mea e pale aku ai
Auwe makou ke poho iloko o oukou
40. I make mau, make ma ka po.

The Name of Kamapuaa.

Recited by his Grandmother Kamauluaniho.

Ka Inoa o Kamapuaa.

I hea ia e kona kupunawahine Kamauluaniho.

Thou art indeed Haunuu,
O Haulani, O Kaalokuloku,
The shark, the great fish,
Make a move, O stalwart chief,
5. Your name, make answer.

Your child was born a bundle,
That indeed is your name;
Rub against the cold dew of Kaala
The skin roughened from awa
10. In dwelling above Kaliuliupeapea,
Near Akua,
Of the fine misty rain
In the cold dew of Keke.
The pandanus and the lehua are in
the uplands,
15. Increasing in the uplands of Kaliuwaa,
This is your name, make answer.

Your child was born a bundle,
The stately eye of the chief;
Recognizing eye of the chief;
20. Enchanting eye of the chief
That went away

O oe no ia e Haunuu,
E Haulani, e Kaalokuloku,
Ka mano ka ia nui,
E ui—e, e ui—lani
5. Kou inoa, e o mai.

Hanau ae no apopo ka olua keiki,
Kou inoa no ka hoi kena,
Ili ana i ka hau anu o Kaala
Ka ili mahuna i ka awa
10. I noho i uka o Kaliuliupeapea,
Maka i o Akua,
O ka ua ili noe awa,
I ke hau anu o Keke,
I uka ka hala me ka lehua

15. Kupu i ka uka o Kaliuwaa,
O kou inoa ia, e o mai.

Hanau ae no apopo ka olua keiki,
Ka hanohano maka o ka lani,
Kunou maka o ka lani,
20 Awihi maka o ka lani,
I haalele aku ai

O Ku, O Kane, O Kanaloa,
The chiefs, ancestral gods of the night;
25. The ancestral gods of the day
The god of wild eye
Before Kawa'ewa'e,
This is your name, make answer.

Your child was born a bundle,
30. Thou art Hiwahiwa,
And that is Hanohano,
Of the eye of the god
That glances to heaven,
To place, to shake, to rain.
35. Like the sun flash
[Is] my fruit, my chief,
When the heavens are obscured.
Thou art the man
That was born in the uplands
of Kaliuwaa,
40. Having eight feet,
Having forty toes,
The leaf of the hiwa,
The ki, the white ki,
The white weakling,
45. The trampled hog,
The temple stones,
The hot stones,
The blonde, the dark,
The black, the white face,
50. The kukui, the fern,
The scratchy pandanus,
The matured shoot, the hard rock,
The large foreigner with bright eyes,
The prize pig of the heavens,
55. The hog bodies of Kama in the bush.
Thou art Haunuu,
And that is Haulani,
And Kaalokuloku,
The shark, the large fish.
60. Make a move, your name respond
thereto.

Your child was born a bundle,
Be watchful, be watchful,
When you give birth, O Hina,
The eyes of the hog
65 They glance to heaven,
They glance mountainward,
To the mountain of expert Peapea;
The hog-child of Hina hath eight eyes

E Ku, e Kane, e Kanaloa,
Na 'lii, na aumakua o ka po;
25. Na aumakua o ke ao,
Ke akua maka iolea,
Imua o Kawae'wa'e
O kou inoa ia, e o mai.

Hanau ae no apopo ka olua keiki,
30. O Hiwahiwa no oe,
O Hanohano na,
O ka maka o ke akua,
Lele oili i ka lani,
O kahi, o ue, o ua,
35. Oane ka la,
O ka'u hua, ka'u lani,
O hookokohi ka lani,
O kanaka oe,
I hanau iuka o Kaliuwaa,
40 Ewalu ka wawae,
He kanaha ka manea,
O ka lau o hiwa,
O ke ki o ki-kea,
O ka nana-kea,
45. O ka hahi-kea,
O ke kakala-unu,
O ke kakala-wela,
O ka ehu, o ka uli,
O ka hiwa, ka mahakea,
50. Ke kukui, ke ama'uma'u,
Ka hala uhaloa,
Ke a oo, ke a piwai,
Ka haole nui maka alohilohi,
Ke eo puaa i ka lani,
55. Na kino puaa o Kama i ka nahelehele,
O Haunuu oe,
O Haulani na,
O Kaalokuloku,
Ka mano ka ia nui,
60. E ui—e, kou inoa, ae o mai

Hanau ae no apopo ka olua keiki,
He miki, he miki,
I hanau ia mai oe e Hina,
Ka maka o ka puaa,
65. E lele ana i ka lani,
E lele ana i kuahiwi,
I ka mauna o Peapea makawalu,
Ewalu ka maka o ke keiki puaa o Hina,

By Hina art thou,
70. By Kahikiula,
By Kahikilei.
Thou art Lonoiki,
Thou art Lononui.
Of my eyes,
75. My love is this.
O Lono.
Follow until thou liest on the
altar of Olopana ;
Of our king.
Your name, make answer

80. Your child was born a bundle,
Kaulua was the star,
Koeleele was the month,
The surf was born, the bag of waters,
Scattering hither the spray of the sea.
85. Lo the spring water above flows forth,
The bath water of man
Born to Hooilo,
The bursting. contending shark.
Ikuwa was the star,
90. Koeleele the month
Kama was born.
Kaneiahuea was born,
A god is he,
Kama is human
95. This is your name, make answer.

Your child was born a bundle.
Thou art Kaneiahuea,
The god with piercing eyes,
The eyes that look to heaven,
100. Watching over the island here.
In Kabiki was that chief,
The young fish of Lono in the distant
water trough.
Thou art Hiiaka at Puukapolei,
Thou art the god of Haia,
105. Thou art Haia, your name, make answer

Your child was born a bundle,
For Mumu above,
The tumult below.
The heaven belongs to Mumu,
110. To Muahaaha,
The crawling maggots, to Niniole,
Of the seed here,
The report came in the day

Na Hina no oe,
70. Na Kahikiula,
Na Kahikilei,
O Lonoiki oe,
O Lononui oe,
O kuu maka,
75. O kuu aloha nei la,
E Lono e,
A haina a moe i kuaahu o Olopana,
O ko kakou alii,
Kou inoa, e o mai.

80. Hanau ae no apopo ka olua keiki,
O Kaulua ka hoku,
O Koeleele ka malama,
Hanau ka nalu, ka inaina,
Puhee mai ahu lele kai,
85. Kahe mai ka wai puna la o uka,
Ka! ka wai auau o ke kanaka,
I hanau ia Hooilo,
Ka mano poha ko eleele,
O Ikuwa ka hoku,
90. O Koeleele ka malama,
Hanau o Kama,
Hanau o Kaneiahuea,
He akua ia,
He kanaka o Kama,
95. Kou inoa ia, e o mai.

Hanau ae no apopo ka olua keiki,
O Kaneiahuea oe,
Ke akua maka oioi,
Nana ka maka i ka lani,
100. E kilo ana i ka moku nei,
I Kahiki na lani,
Ka pauu e Lono i ka haiuiu,
Hiiaka oe i Puuokapolei,
He akua oe o Haia,
105. O Haia oe, kou inoa e o mai

Hanau oe no apopo ka olua keiki,
Na Mumu iluna,
Na hoowawa ilalo,
Na Mumu ka lani,
110. Na Muahaaha,
Na ilo eu, na Niniole,
Na ka hua nei
Na ke lono i ke ao,

Of the powers of the hog;
115. Its tusks, its chewing,
Make soft and fine,
By Haapekupeku.
The hog that roots up the land,
Standing on the island of Kauai,
120. He is of Oahu-of-Lua here.
Your name, make answer.

Your child was born a bundle.
Standing high at the cliff,
Low are the tusks of the hog.
125. Simply weary is the chief,
Simply weary indeed,
Simply weary indeed is the chief,
The sound of the great chief-eating hog,
Eating men also,
130. Wind is raised below Waimea,
Going forward to lie on the
altar of Olopana,
Your name, make answer.

Your child was born a bundle,
The red collections are going away,
135. The wreath collections,
The collecting together the bristles
of the hog,
The large marketable hog,
That it may grow and touch the heavens,
Carrying the large house-filling hog,
140. Kaleiheha, Hoohonua,
Ukunono, of the noisy sea,
Rustling above, rustling below,
Slippery Hauiliili,
Thou art Kukaleiai,
145. Thou art the man that was born
above Kaliuwaa,
Having eight feet,
Having forty toes.
Innumerable are
The bristles of the hog here.
150. Your name, make answer.

Na ka mana o ka puaa,
115. Na kui, na nau,
Na wali, na oka,
Na Haapekupeku,
Na ka puaa eku aina,
Eku ana i ka moku o Kauai,
120. Oahu-a-Lua oia nei la—e,
Kou inoa, e o mai.

Hanau ae no apopo ka olua keiki,
Kiekie ku a ka pali,
Haahaa ka niho o ka puaa,
125. Kena wale no i ka lani—e.
Kena wale la hoi,
Kena wale la no i ka lani,
Ka leo o ka puaa nui ai alii
Ai kanaka hoi,
130. E ku ka ea i kai o Waimea la—e,
O hele ana, a moe i kuahu a Olopana,
O kou inoa, e o mai

Hanau oe no apopo ka olua keiki,
O hele ana e ka unuunu ula,
135. Ka unuunu lei,
Ka unuunu ana o ka hulu o ka puaa,
O ka puaa nui maauaua,
E kela a kupu a pa i ka lani,
Ke amo ana o puaa nui pani hale,
140. O Kaleiheha, o Hoohonua,
O Ukunono, o ke kai wawa
O nehe luna, o nehe lalo,
O Hauiliili nakelekele,
Ku-ka-lee-ai ka oe,
145. O kanaka oe i hanau iuka o Kaliuwaa,
Ewalu ka wawae,
He kanaha ka manea,
He kini, he lau.
Ka hulu o ka puaa nei la—e,

150. Kou inoa, e o mai.

Kamapuaa's Prayer.

A Fragment

The rain is descending here,
My flesh-god in the heavens,
The wreath ladder of Paoa
That separates the rain and the sun
5. In the atmosphere,
In the great broad smoke-columns,
Falling down from heaven to earth,
Opening the heavens to rain,
Kiouli-Kiomea was born;
10. Kauakahi-iki-poo-waiku was born;
Kahakaa-kelu—
Kepolohaina,
Kuliaikekaua,
Lonomakaihe,
15. Lono-iki aweawealoha,
Lonopuakau,
Apanapoo, Pooilolea.
O Kanikawi, O Kanikawa.
O Kumahumahukolo, O Kolokaaka,
20. Thou defending gods of Kama,
Cause the rain to flow.

Pule a Kamapuaa.

He Apana

Iho mai ana ka ua ilalo nei,
E kuu kino akua i ka lani,
E ka haka lei o Paoa.
E mabele ana e ka ua e ka la.
5. E ka alewalewa,
E ka punoho nui akea
I haule ai ka lani i ka honua,
I hookaakaa ai ka lani e ua.
Hanau Kiouli Kiomea;
10. Hanau Kauakahi-iki-poo-waiku;
O Kahakaa-kelu—e.
O Kepolohaina,
O Kuliaikekaua,
O Lonomakaihe,
15. O Lono-iki aweawealoha,
O Lonopuakau,
O Apanapoo, o Pooilolea,
E Kanikawi, e Kanikawa,
E Kumahumahukolo, e Kolokaaka,
20. E na akua hooheu o Kama la—e
Homai ana he ua!

Puna Spread with Fertility.

Puna spread with fertility, rich in
fragrance,
Expanding the woods of Panaewa
in the rain,
A rain, a steady rain for the lehua,
A prevailing lehua aspect through
much moisture
5. For the hala blossom friend of Kaulumano.
Hilo arises [calling] a breeze, a fragrance,
A fragrance as of passing over lehua, twice.
Vain [was the] cold wind of Omaolena,
Revealing toward dawn the cliffs.
10. Many were the falling streamlets;
The brook of Palikaua flowed slowly.

(520)

Puna Lau Momona.

Puna lau momona ala kuhinia
Ka liko ka nahele o Panaewa i ka ua
He ua, he ua hoonou paa no ka lehua
He lehua maka aulii halana wai

5. No ka ipo hinalo hala a Kaulumano
Ke u nei o Hilo, he moani he moani e
A moani ua ani lehua ka lua
Ua puulena o Omaolena
Kaukau ane uwaiao ka paliku
10. Ua lau maka oa ma ka ihe ka wai
Ua laumeki kahawai o Palekaua e—

Place on the platform of desire,
The place of the thoughts to dwell in,
It is love's dwelling place
15. For Kamehameha.
Being handled, red cross [was] the wood,
All lama, singing by the falling of the rain.
Reddened is the skin of the ohelo by the sun,
Sparkling red in the grass [is the] sacred child;
20. A reservoir for the running water loosing itself;
A house for the flowers to stand;
A place for the lehua to hang up.
Place choice fragrant flowers on the person;
As one with waving hair;
25. The shining straight leaf of the fern;
The fern leaf of the dark fern
A fern, of wild growth only.
If you attempted to go there,
Desiring the top of the ti leaves,
30. Jealous of the swelling of the kukui,
A different comfort had the awapuhi.
The eye delighteth in the beauty of the woods,
There was no fault in looking with your eyes,
Beauty covered all my mountains,
35. Wasted by the birds are my lehua flowers;
Shaken and fallen down,
Reaching there, Kaliu descended with his offering,
Shedding tears, weeping for love
For Kamehameha.

E kau i ka awai haka a ka lia
Ko ka manao wahi e noho ai
Ko ke aloha kuleana hale ia
15. Na Kamehameha
Kuau iho la kea nono ka laau
He lama okoa memele i ka uaia e ka ua
Lelo ka ili o ka pua helo i ka la
Ula oaka i ka mauu keiki kapu
20. He ahu no ka wai holo ilina ala
He hale waiho ale no ka pua
He holopapa no ka lehua e kau ai
Kau na lua pua ala i ke kanake e—
Me he kanaka lauoho maewaewa la
25. Ke oho hina lau kalole o ka palai
He lau palai no palai uli
He palai he nahelehele wale no
Ke hoohele aku oe malaila
Makemake aku i ka muo o ka lauki
30. Makee aku i ka liko o ke kukui
Nanea okoa no i kaawapuhi
Oa ka maka i ka nani o ka laau
Aohe hala o ka maka i nana
He nani wale no a na'u mauna
35. Maunaia iho la e ka manu kuu pua lehua
Luhia iho la helelei ilalo
Hiki ae la, ua iho la uka Kaliu
He liu waimaka ue ue aloha.
Na Kamehameha.

Beautiful is Waialeale

Beautiful is Waialeale in the sky.
Sea-waves absorb many waters.
The head of Kapaeloa is reached by
Keolewa, flying as a bird.
5. Haupu is like a kite to me,
Flying kite-like in the heavens;
Eyes is it of the sailing canoe. O thou!
Why went you away, the companion?

Nani Waialeale.

Nani Waialeale i ka lani
Kai ale hanini ka wai kini
Ke poo o Kapaeloa i hiki
Keolewa lele e—me he manu la
5. Me he pea la ia'u Haupu
E lele kaha lupe ana i ka lai
Na maka ia a ka waa holo.—O oe e—
I holo i ahaia la ke hoa?

Upsetting the water to anoint the bed
10. That man is satisfied through love,
Swollen as a snow-covering garment.
The snow girdled the summit,
Uniting the shoulders of my mountains,
The front and back [of] Kahaliukua,
15. Diffusing the akoa tears, offensive water
of the mist.
Bright is Waimea; Kohala has cliffs;
you are above [them].
A canoe is the property of man,
The freighting resembles the high
platform;
Loaded , it groans with its burden.

I kaulia i ka wai, i hinu i ka moe
10. Mimiko ia kanaka he aloha
Opuopu me he kapa lele hau la
I hau kakoo i ke kuahiwi
He pane hono no a'u mauna
He alo he kua Kahaliukua
15. O kuu ka waimaka akoa, wai hauna i
ke kewai
Lama Waimea a ke Kohala ka pali i
uka—o—oe—e
Ukana ka waa na ke kanaka
Ka hooukana me he pola wala
Piha loko ua nanahu i ka eha.

Koolau Wind of Wailua.

Ke Koolau o Wailua.

The wind-mist[1] cloud of Wailua
Seeks and embitters the water[2] from
the sea.
Wilted are the leaves of food-plants
and trees;
Ripened[3] are the stalks, the food of
Makaukiu,
5. The kukui blossoms[4] foretelleth the wind;
A sure messenger of the [coming] koolau.
The results[5] are seen above at Kapehu;
Seen by the people, they call for help[6]
from the wind,
[And] warn the canoes to flee
[for safety].
10. The banana leaves come floating[7] down;
The hau blossoms and their mate,
mokihi,[8] of the stream,

Ka waiopua makani o Wailua,
I huliia e ke kai, awahia ka wai,
Awahia ka lau ai me ka lau hau,
Pala ka ha, ka ai o Makaukiu.

5. He kiu ka pua kukui na ka makani,
He elele hooholo na ke koolau.
Ke kuehu mai la iuka o Kapehu,
Ike ke kanaka, kahea, ualo makani!
Ke kipaku mai la i ka waa e hele e—

10. Holo newa ka lau maia,
Ka pua hau i pili aloha me ka mokihi
i ka wai;

---

[1] *Waiopua* is the name of a wind at Wailua, Kauai; literally cloud-water.

[2] When the wind drives the sea into the mouth of a fresh water stream, the salt water is at the bottom and the fresh water is at the top until it becomes sale, *awahia;* the wind also affects the leaves of taro plants and the *hau,* hibiscus.

[3] Faded, dead are the leaves of the taro, the food at Makaukiu, a place of Wailua.

[4] As spies, *kiu,* the kukui blossoms indicate the coming wind, they are swift messengers of the koolau or northerly wind.

[5] Kuehu, to brush away, kindred to puehu, sweep them away to the mountain side of Kapehu.

[6] The people cry for safety from the wind, kualo, and warn canoeists to seek places of shelter.

[7] Floating down, holo newa, to glide slowly.

[8] Mokihi, like mo kila, a lizard that lives under water, said to be large, hence the proper name Luakiha where they live.

Passeth, floating[9] to the waters of
    Maluaka ;[10]
The sign of that fierce, relentless[11] wind,
Devastating the forest of Maluakele,
15. Taken[12] together with companion-man,
    lost,
Leaving[13] the sorrow and memories
    within,
They vainly[14] grasp the sand,
And simply cry at Moomooiki[15]
A narration [is this] of the imagination,[16]
20. Not the word of mouth, which blames,[17]
Else affection would justly hold me
    guilty.[18]
I am the sufferer[19] of love,
Wandering[20] in the way with tears;
At no time[21] was payment made for
    the house,
25. I am indeed guilty.

Maalo pulelo i ka wai o Maluaka,
Ke aka o ua makani kaili hoa la,
Kaili ino ka lau Maluakele,

15. Lala lawe i ka hoa kanaka la, lilo,
Koe aku ka u me ka manao iloko.
Ke apo hewa la no i ke one,
Uwe wale iho no i Moomooiki e

He hoomooolelo na ke kuhiwale,

20. Aole ae ma ka waha e hewa ai,
E hewa pono ai la hoi au e ke 'loha
Owau ka ke 'loha i luaiele,
Ua kuewa i ke ala me ka waimaka.
Aohe wa ua uku hoi i ke hale,

25. Hewa au e—

---

[9]Maalo, to pass on, pulelo, fluttering, or flying in the wind.
[10]Maluaka, a place at Wailua.
[11]Fierce, pitiless wind, kaili ino, that sweeps off his companion and strips the forest leaves of Maluakele, a high place.
[12]Lala lawe, swept off from, separated his body and companion, hoa kanaka, whereby he is lost.
[13]Weeping and reflections remained behind.
[14]Ke apo, etc., they grasp the sand in vain in their despair.
[15]Weeping only was at Moomooiki, name of a place.
[16]It is for supposition to give the history, hoomoolelo, i. e., of the persons separate from each other.
[17]No one is able to blame them, aole ae, etc., none opens his mouth in condemnation.
[18]E hewa pono ai, a fault for which I shall be justified by thee, O love.
[19]I am the one that is greatly influenced by love, *luaiele*, the action of a mother when meeting her infant whom she has not seen for a long time.
[20]Kuewa, etc., homeless, friendless, going crooked in the path from weeping.
[21]Or, there is no time wherein reward has been made, hence his guilt.

Lahainaluna Chants.

A LOVING DIRGE FOR L. L. UA.*

Alas! the bright morning star has passed
    away,
It was given away to God;
It was hidden away by the dark clouds.
He may be up with the stars
5. Far above the sky in infinite space.
You have seen the beautiful Paradise;
The beautiful place of the lamb,
That is surrounded with gold and
    diamonds.
Like the friendly rain of Hilo
10. That is on the way to Hanakahi.
Loving thoughts predominate,
As the yearning of mother and child,
Pinching hard the skin of the lover;
Firing the wheels of affection permeated
    with love.
15. [I] am bemoaning thee,
Flowing tears doth flow for thee,
[Like] the rushing sea of Makaiwa.
The thunder roars in the sky,
A professor in mathematics wert thou;
20. A professor of science wert thou,
Seen by the eyes and seized by hands.
Tumultuous was the voice of sorrow
Being heard from island to island.
Husband and wife separated;
25. Broken are the bands joining Russia.
The friend of the sea has gone;
Gone to dwell in the calm of Kona;
Will not again see the uniting of the isles
In the Kailua day of Lahainaluna.
30. Memories of the comrades of the hot day
    of Makalii.
Glory is gone, the beauty has passed away,
The elder brother has gone to the
    friendless land;
We are children of the same parents,
We shall meet there again,
35. Never to be separated in that realm.

Mau Mele no Lahainaluna.

HE KANIKAU ALOHA NO L. L. UA.*

Auwe, ua nalo ae nei ka Hokuloa
    malamalama,
Ua manuahiia aku la e ke Akua;
Ua paniia aku la e na ao Polohiwa.
Aia paha la iluna i ka poe lalani hoku,
5. Iluna i ke aouli la oloko lilo aku.
Ike aku la oe ia Paradaiso nani;
Kahi nani o ke Keikihipa,
I hoohiluhiluia i ke gula a me ke diamana.
Me he makamaka ala ka ua no Hilo
10. Ka hele no a kipa i Hanakahi.
Akahi ke aloha e hana nei,
Iloko o ka wahine me ke keiki,
Iniki wela i ka ili o ka ipo ahi;
Ahi loko huila i ke aloha.
15. Aloha ana oe la e,
Ke niuniu oe a ka wai kahe,
Kahe makawalu ke kai o Makaiwa.
Aiwaiwa ka hekili poha i ka lewa,
He ahikanana oe i na mea helu:
20. He puaakela oe i na mea ike,
He ike na ka maka lalau ka lima.
Nui ka pihe ke wawa nei
Ke holo nei ka lohe i na moku.
Moku ke kane kaawale ka wahine;
25. Naha ka paa ka pili o Rusia.
Ua hala ke kai ka makamaka;
Hoi no a noho i ka lai o Kona;
Pau ka ike ana i ka hono o na moku
I ka la ko Kailua o Lahainaluna,
30. Aloha mai na hoa o ka la wela o Makalii
Ua Ikaboda, ua hala ka nani,
Ua hele ke kaikuaana makua o ka aina
    makamaka ole;
He mau kieki kakou na ka makua hookahi.
Malaila no kakou e hui ai,
35. Aole he kaawale ana 'ku iloko olaila.

*A teacher of the Seminary, recently deceased. By the students of the Lahainaluna Seminary, Feb. 13, 1854.
*Kekahi kumu o ke Kulanui i make aku nei. Na na baumana o ke Kulanui, Lahainaluna, Feb. 13, 1854.

Thou hast gone first and we shall follow,
Weeping in loving remembrance of thee,
  L. L. Ua,
Who has gone alone on the journey of
  sleep.
The teacher has gone, his teachings have
  ceased;
40. The departed spirit has been laid to rest;
Moved to the cliff of Hooipo;
Taken there to Wahinekapu,
The going off of the loved one
To seek the companionship for this barren
  plain.
45 Loud is the weeping and wailing
For the father of the companionless home.
Brought together but soon separated;
Taken by the rushing wind above.
Scattering the fragments of love,
50. Overflowing the top of Waialoha,
Loving thoughts are always for thee
At the grassy plain of Lele.
Take away the breath and life ceases,
The breath has ended the thoughts within,
55. The naked soul passed away.
Two things that are dear within,
The love which has returned
Though your soul has departed;
Taken away to Kamalama below
60. Before was the light and darkness at
  the rear.
Close thy eyes with love.
The soul is returning to the coconut
  grove of Lele;
To the dark clouds of Wailuku;
To the cold misty rain of Kula;
65. To the smoky sprinkling rain falling
  in the grass,
Joining the rain and the sun
In the cold and chilly time.
Return thy soul to Maunahoomaha,
Rest from weariness and pain
70. That was scattered, damaging the thicket,
The bird that eats lehua of Hauola,
The rain-fog that hung over the woods,
We thought you were there, but no.
A shadow of the soul that went at dawn;
75. At the breaking of the day.
The voices of the birds above are gayly
  singing,
Your passing footsteps are sounding

O oe no ka hiki mua o makou na ukali,
He u, he aloha ia oe e L. L. Ua,
Ka mea i hele aku la i ke ala koolua ole
  a ka moe.
Ua hala ke kumu, pau ke a'o ana;

40. Moe kinowailua ke kaha ana 'ku nei;
Nei aku la i ka pali o Hooipo;
Lilo aia i Wahinekapu,
Ka hele ana aku nei a ke aloha
E imi ana i na hoa kuka o keia kula panoa.

45. Olo ka pihe e uwe ana
I ka makua o ka hale hoopili wale.
I ka pili no a haalele mai;
Popoi na umii hao a ka makani iluna.
Hoolelele i na auneke a ke aloha,
50. Ke hele nei a hanini iluna o Waialoha.
Aloha wale ke kahana loa oia nei
I ke kula pili o Lele.
Kaili ka hanu lele ke ea,
Ua pau ka makani ka manao aloko,
55. Hele kohana ke kinowailua
Elua mea nani a loko e hana nei,
O ke aloha ua hoi mai
Ko kino uhane ua lilo e;
Lilo aku la ia Kamalama ilalo.
60. Malamalama ke alo pouli ke kua.
Papale na maka i ke aloha.
Ke hoi nei ka uhane i ka malu niu o Lele·
I ka malu kuwawa o Wailuku:
I ka ua naulu noe anu o Kula;

65. I ka ua noe uwahi moe i ke pili,
I piliia ka ua me ka la
Ke anu hoi me ke koekoe.
Hoi ka uhane i Maunahoomaha,
Hoomaha i ka luhi i ka eha
70. I lu ia, eha wale ka nahele,
E ka manu ai lehua o Hauola,
Ka ka punohu a ka ua i ka laau,
Kuhi makou o oe ia, aole ka.
He aka no ka uhane i hele i ka wanaao.
75. I ka wehe ana o ke alaula malamalama.
Kani uina ka leo o ka manu iluna,
Nei nakolo na kapuai o kou hele ana

Like the strange one of Maunapiku,
A sad and loving memory of you.

80. My love to Lanihulipo at the smoky crater;
Benumbing love, benumbed by the cold,
Turning and facing the plain of Nahili;
Plaiting mistakingly the faded red flowers
    of the thicket;
Remembering thy love at the plain of
    Limaloa,

85. Quickly recognizing the beauty of love;
Love of the sea of Pailolo and Kaiwi,
Where you used to sail.
You have gone away with good fortune;
Your brethren are left behind in tears;

90. Your elder brothers in sorrow;
Your many friends are mourning here,
And your teachers are weeping.
Your friends of the journey
Have gone and passed the shade of
    Kaawela.

95. Separated are we your brothers from the
    study room,
The room where pursued different studies;
It was the ark of wisdom,
Unhabited house of the mind,
Death is an inheritance of the body.

100. A memory of love to thee,
Farewell to thee who has gone ahead
To see the heavens and their hosts.
Your dreams of wisdom have passed
To the double of the square and the
    thickness of the cube;

105. To the fullness of the square and extract
    of the square root;
To the triangular and the algebra,
Geometry and trigonometry;
To the surveying and navigation
You have gone to the new Jerusalem,

110. It is the inheritance of just persons;
It is the path quieting the wind
Which we mistakenly held.
You were ahead in all studies.
Your studies are over, the body is
    prepared for its sleep,

115. Sleeping by the sands of Lahainaluna,
Upon Jesus the Savior
[It is] for us to be comforted.

He mea kamahao ia no Maunapiku,
He u he aloha ia oe la e

80. Aloha Lanihulipo i ka uwahi a ka lua;
Aloha maeele, maeele i ke anu,
Huli kua huli moe i ke kula o Nahili;
Hili hewa i ka pua ula mae a ka nahele;
Haale mai ana kou aloha i ke kula o
    Limaloa,

85. Aole loa e ike i ka mea maikai o ke aloha;
Aloha ke kai o Pailolo a me Kaiwi,
Kahi au e holoholo ai.
Hele aku la no oe me ka pomaikai;
Noho kou mau pokii me ka waimaka;

90. Ou poe kaikuaana me ka minamina;
Ou nui kini e kanikau nei,
O au mau kumu e u nei.
Na makamaka ia o kamahele
Hele aku la ae nalo i ka malu o Kaawela.

95. Kaawale makou ou pokii o ka hale noele,
E noele aku ana i ka apua paa o ka ike;
O ka hale lewa ia o ka noiau,
Hale hooilina ole o ka noonoo,
He hooilina ka make no na kino

100. He u he aloha ia oe la e.
Aloha nui oe e ka mea i hele aku la,
E ike i ko ka aina lani a me kolaila puali
Pau kou hiolani ana i na mea naauao.
I ka papalua o ke kuea a me ka makolu-
    koju o ke cuba;

105. I ka hoopiha ana o ke kuea a me ka unuhi
    o na kumakaha,
I ka huinakolu me ka hoailonahelu;
Moleanahonua me ke anahuinakolu;
I ke anaaina me ka holoholomoku.
Holo aku la oe e ike ia Iesrusalema hou,

110. Ke kuleanapaa ia o ka poe pono;
He ala hoolulu ia na ka makani
A makou e kuleana hewa nei.
He hiki mua oe iloko o na buke noonoo,
Pau ka noonoo la ua lolii ke kino i ka moe,

115. Moe lolii oe i ke one o Lahainaluna,
Maluna o Iesu ka hoola.
E ala oluolu ai makou.

Lamentation for Lahainaluna*

Love to you Lahainaluna,
The chief parent of the Hawaiian Isles,
The beautiful golden garment of the poor;
The glory of the orphans.
5. You are the one greatly thought of
By the new students from Hawaii to
Kauai.
We are happy over your everlasting
beauty;
Our minds are ever longing
Just to see your honored home,
10. And your beautiful golden fence.
O Lahainaluna, love to you,
Where wise men have dwelt,
There were our hearts made ever glad
With the shady trees of your grounds
15. Where your brethren encamp around thee.
O Lahainaluna, love to you,
The shelter of the learned.
You have found a new chief
For the residents.
20. From you have come forth
The honored men of the Hawaiian
government;
From your bosom there were sent out
Deacons and disciples of the Lord.
O Lahainaluna, I love you
25. Who brought out the goodness of the
Hawaiian Kingdom.
Where shall I find the one you long to see?
Let us consider the learned men
From Hawaii to Kauai.
Is it right to have the flag half-masted
30. By the Hawaiian Kingdom?
The sumach flowers turn toward the
plain of Puopelu
Resting safely with the breeze, the aa,
Here we are the orphans, longing to be
with thee.
O Lahainaluna, I love thee,
35. The breast of the orphans.

Kanikau no Lahainaluna*

Aloha oe e Lahainaluna,
Ka makua alii o ko Hawaii paeaina,
Ke kapa gula nani o ka poe hune;
Ka lei alii o na keiki makua ole.
5. O oe ka mea i manao nui ia
E na haumana hou mai Hawaii a Kauai.
Ke olioli nei makou i kou nani pau ole;
Ke iini nei no hoi na naau o makou
E ake e ike aku i kou hale hanohano,
10. Me ou pa gula nani.
E Lahainaluna e aloha oe;
Kahi i noho iho ai o ka poe noiau,
Malaila no hoi i hauoli nui aku ai ko
makou manao
Ma na laau malumalu o kou kahua hele
15 Kahi e hoomoana ai o kou mau banauna.
E Lahainaluna, e aloha oe,
Ka puuhonua o ka naauao.
Ua loaa iho nei oe he pali alii hou
No na kupa Hawaii.
20. Noloko mai hoi ou i hoopuka ia mai ai
Na kanaka hanohano o ke Aupuni Hawaii·
Noloko o kou poli i hookuu ia mai ai,
He mau luna haiola na elele o ka Haku.
E Lahainaluna e aloha oe
25. Ka mea e maikai ai ke Aupuni Hawaii.
Mahea la i huli aku ai kau mea i
manao ai?
Noonoo pu kakou i na kanaka noiau
Mai Hawaii a Kauai.
Pono anei ka hae hapa hoailona o ka make
30. E ke Aupuni Hawaii?
Ka pua-nele-au nenee i ke kula o Puopehi
I walea ka noho ana i ka pa aheahe a ka
makani, he aa,
Eia makou na keiki makua ole e ake aku
ana e launa me oe
E Lahainaluna, e aloha oe,
35. Ka waiu o na keiki makua ole.

---

*From certain of her students when they heard that they were to leave the Seminary of Lahainaluna because the building was decaying, therefore this Song of mourning was Sung for her.

*No kekahi mau baumana kula o na kuaaina no ka lohe ana mai e waiho ia ana ke Kulanui o Lahainaluna i keia manawa e hiki mai ana, no ka hiolo ana o ka hale; nolaila kanikau ihola makou i ke aloha nona.

You are the kawelu (grass) at
    the cliff of Nuuanu;
At Nuuanu, the dividing line of
    knowledge,
Seeking for you but never finding you.
There you are at the Isthmus of Darien,
40. Overlooking the Mediterranean Sea.
O Lahainaluna, I love you.
You are the sounding twine of the
    shoemaker;
You are the sledge hammer of the
    blacksmith;
You are the compass of the navigators;

45. And the mud-hen singing at mid-night
I heard a noise while asleep and awoke,
O Lahainaluna, I love you.
You were a hunch-back among the chiefs;
You were the consulting companion of the
    two winds,
50. The moae and the haupepee.
They are the originators of the kona,
To hide away your love
Across to the stormy sea of Cape Horn.
O Lahainaluna, I love you;
55. Thou art the misty rain of Lilikoi
That is agitating my heart.
You have seen Waialeale,
You were delighted with the water
    of Haunu,
Lovely Kaala sublime in its beauty,
60. It was the beauty of the land,
You are the fragrant flower of Ainahau,
    that is kissed in all lands.
In the midst of people, and the jungle of
    Africa.
I love the lehua blooming on the plain,
Satisfied in the sojourn that was blessed
    by the red rain,
65. Murmuring at Kanehoa
You was a friend in time of trouble at
    Lahainaluna,
Just like the pervading of perfumes
Flying over to the calm of Lele.
I jumped to embrace you, but could not
    find you
70. You were at Ieheulani.
Beautiful lies the field of Kaiwiula.
O Lahainaluna, I love you,
The greatest in the Kingdom of
    Hawaii nei.

March 30, 1853

O ke kawelu ka oe i ka pali o Nuuanu;
A Nuuanu huli ka palena o ka naauao,
E imi aku ana ia oe aole ka oe i loaa. '
Aia ka oe i ka puali o Kaliena,

40. E huai aku ana i ke kai o Kaikahonelua,
E Lahainaluna, e aloha oe.
O ke kuaina kani ka oe a ka poe humu
    kamaa;
O ka hamale kui hao ka oe a ka poe kui
    hao;
O ke panana ka oe i waena o ka poe
    holomoku;
45. O ka alae kani kuluaumoe ka oe.
Moe au a puoho lohe i ka halulu,
E Lahainaluna, e aloha oe.
O kahi kuapuu hele ka oe i waena o na 'lii;
Ka hoa kuka ka oe o na makani elua.

50. O ka moae a me ka hauapepee.
Na laua e hooluli ala o ke kona,
I huna aku hoi i kou aloha
I alo aku hoi 'i na lae ino o Kepahoni.
E Lahainaluna, e aloha oe;
55. Ka ua noe ka oe o Lilikoi
E hakoi lua nei ka puuwai.
Ike aku la oe ia Waialeale.
Walea aku la oe i ka wai o Haunu,
Aloha Kaala he onaona i ka nani,

60. He nani no no ka aina,
O ka pua ala oe o Ainahau i honi ia ma na
    aupuni a pau,
I waena hoi o na wahi kanaka a me na
    auakua o Apelika.
Aloha ka lehua aki popohe i ke kula,
I walea ka noho ana i ka hoopiha ia e ka
    ua ula,
65. Ke nu mai la i Kanehoa.
He hoa oe i ka la inea o Lahainaluna,
Me he wai lukini ala ia e paoa nei
Lele hoolahalaha aku la i ka lai o Lele.
I lele aku wau e apo ia oe aole oe i loaa

70. Aia ka oe Ieheulani.
Nani ke kula o Kaiwiula e waiho nei.
E Lahainaluna, e aloha oe,
Ka mea ihiihi ma ke Aupuni Hawaii nei.

A Loving Song for the Seminary.

Deep regards, seminary, our mother of
    education,
Our mother of this place,
Our mother of the hot days,
Our mother of the dust,
5. Our mother of the cold weather
    that chills the skin,
The parent of the scattering rain,
The mother of the grass glittering
    in the sun,
Our regret for thee as thy children leave
    thee with love,
My mother of the orphanage period in
    the hot and cold weather.
10. Thou art cold, my love,
The sun was above and you were below,
Regard to you, O united fame,
My loving mother of the barren hill,
My mother of the pleasant breeze,
15. My mother of the sea-breeze,
My mother when at play,
My mother when at work,
My mother of the elule[1] food,
My mother in the ascent of
    steep cliffs,
20. And the trail of Kuia and Makili,
My mother of the pattering lehua rain.
Makili was the mother of the fog of Kuia,
You were known by the things made by
    you.
Be compassionate to the woman with
    child,
25. The mother who conceives frequently,
You have conceived these four or five
    years,
You have long conceived
And your time of delivery is at hand.
You fell ill O pregnant woman,
30. The approach of birth is released,
The red rain of birth is near,
Your time of labor is one of these days.
My love to you and the rest of your
    children,

[1] *Elule,* young potato leaves.

He Mele Aloha no Kulanui.

Aloha ino o Kulanui ko kakou makuahine
    ma ka naauao,
Aloha ka makua o keia wahi
Aloha ka makua o ka la welawela,
Ka makua o ka lepo,
5. Aloha ko kakou makuahine o ke anuanu
    lia o ka ili,
Ka makua o ka ua kawalawala,
Ka makua o ke pili anapanapa o ua kula la
    nei la,
Aloha ino no hoi oe o haalele kau mau
    keiki ia oe la, ea aloha,
Aloha kuu makuahine o ka wa makua ole
    ua pili ia ka la, ka wela, ke anu,
10. Ke koekoe ia oe la, e aloha,
He la ko luna o oe ko lalo,
Aloha oe e kaulana huipuia,
Aloha ka makua o ke kula panoa,
Kuu makua o ka makani olu,
15. Kuu makua o ke aheahe a ka aa,
Kuu makua o ka paani ana,
Kuu makua o ka hana ana,
Kuu makua o ka ai ka elule.
Kuu makua o ka piina ikiiki o na pali,
20. Ka holo o Kuia ame Makili,
Kuu makua o ka ua kanikani 'lehua.
Makiki ka makua o ka ohu noenoe o Kuia.
Ua ike ia oe ma na mea i hana ia nou.
Aloha ka wahine hapai keiki,

25. Aloha ka makuahine hapai pinepine.
Ua hapai iho nei oe i keia mau makahiki
    eha a elima,
Ua loihi kou hapai ana
A ua kokoke mai kou wa e hanau ai
Hòiloli iho la oe e ka wahine hapai,
30. Hemo mai la inaina hanau keiki.
A ua kokoke mai ke kuakoko e hanau ai.
E hanau ana no nae oe i keia mau la.
Aloha oe a me kau mau keiki i koe,

Our love for our younger brothers,
35. Our loving mother of the red dust,
Our loving mother, farewell.
Farewell to thee, I return to the
dry place,
And the two-masted schooner which
shadowed thee, farewell
Your face is hid, we cannot see you,
our beloved,
40. Our younger brother whom we love,
who saw the place through you,
Ate at this hot and barren place.
If I searched for you here I should
find you,
And by letters would you be found.
Memories of school, devotion, lunch,
roaming, sleeping, playing,
and working time.
45. If you searched there you would
find us,
Memories of our parents,
farewell to you all

Aloha ino na kaikaina o kakou,
35. Aloha ka makua o ka lepo ula,
Ka makua aloha, aloha.
Aloha oe ke noho iho ke hoi nei ma ka
maloo,
A ma ka moku kialua huna ka huina ao
uli ia oe la e, aloha.
Nalo na maka pau ka ike ana ia oe, e aloha,
40. Aloha na pokii o kakou i ike ia keia wahi
ia oe la e!
Ai no i keia kula wela e au.
Ina i huli ia oe ma keia wahi e loaa no,
A ma na palapala e loaa no oe.
Aloha ke kula ana, ka pule ana, ka ai ana
ka hele ana, ka moe ana, ka pani ana,
ka hana ana,
45. Ina oe i huli malaila, e loaa no,
Aloha na makuakane o kakou, aloha oukou
a pau.

A Song for Lahainaluna.

You are Lahainaluna,
The parent of the educated,
You were organized with wisdom.
And thy works therefore are indeed good.
5. You are the foremost in Hawaii here,
You are in an elevated place,
Your several buildings also are
always clean.
Your fence and roads are good.
You are, Lahainaluna,
10. The father of the orphans,
A friend of the friendless,
A light to shine in the dark place,
A guide for the unknown places.
You provide the food for famine lands.
15. You are, Lahainaluna,
You are a sharp two-edged sword,
Separating the darkness
Of all these islands.

He Mele no Lahainaluna.

O oe e Lahainaluna,
Ka makua oe no ka naauao,
Ua hookumuia oe me ke akamai.
O kau mau hana hoi he maikai no ia.
5. O oe hoi ke pookela ma Hawaii nei,
Aia hoi oe ma kahi kiekie ae,
O kou mau hale hoi he mea maemae no ia.
O kou mau pa, a me na alanui, he maikai
no ia,
O oe hoi, e Lahainaluna.
10. Ka makua no ka poe makua ole,
He makamaka no kahi makamaka ole,
He kukui hoi no kahi pouli,
He alakai no oe no kahi ike ole ia,
Ia oe ka ai no kahi ai ole.
15. O oe e Lahainaluna,
He pahikaua oilua oe,
E hookaawale ana i ka pouli
O keia paeaina a pau.

Alas, O Lahainaluna,
20. You are filled with wisdom,
You have the knowledge and the skill
You are Lahainaluna; the one I love,
You are also desired
By all the well educated people.

April, 1841

Auwe oe, e Lahainaluna,
20. Ua piha oe i ka naauao,
Ia oe no ka ike a me ka noiau.
O oe e Lahainaluna, ka mea a'u i aloha ai.
Ua makemake ia hoi oe
E ka poe naauao io a pau.

A Song.

BY KAMAKEA

He Mele.

NA KAMAKEA.

Beautiful Lahainaluna, the great school
Where students are mingling,
And the red dust is blown
By the fickle upland wind,
5. And the cold dews of the dawn
from above
Cried out, asking, who were the teachers?
Andrews and Clark were the teachers.
Beautiful Lahainaluna the great school
At the gathering of the students
10. In the cool sea-breeze
And the hot sun glittering at noon.
Students look well dressed in their best
In their uniform of the seminary
As they are parading about.
15. A day for the students
[Was] the first Monday of the week,
Friday was composition day,
Thursday and Friday were trial days
My thoughts go back to Lahainaluna

20. To the enlightening flowers of the mind.
Wisdom reverts to Lahainaluna,
The receptacle where teachers were
stationed.
Beautiful Lahainaluna the seminary.
The white dining halls,
25. And the glistening of the windows
At the rising sun from Pa'upa'u,
And the clouds facing the windows.
Beautiful are those red clouds,
At the parting of the rain was seen
30. Lahainaluna nestled in the pili grass,

Nani Lahainaluna, i ke kulanui
I ka hio a na kamalii,
I ka hao mai a ka lepo ula
I ka makani lauwili mauka mai.
5. I ka hau anu o ka wanaao mauka mai
E uo e ninau, owai na Kumu?
O Aneru, o Kalaka, o na kumukula ia.
Nani Lahainaluna i ke kulanui
I ka uluaoa a na haumana
10. I ka makani olu makai mai
I ka la ulili anapa i ke awakea.
Nani na haumana i na wawae paikini
I ke kapa komo like o ke kulanui
Ka hookakahele a na haumana
15. He la no na haumana
Ka Monede mua o ka hebedoma,
He la hai manao ka Feraide,
He la hookolokolo kiko ka Tarede a me ka
Feraide.
Hoi ka manao i Lahainaluna,
20 I na pua hoolale a ka manao.
Hoi ka ike i Lahainaluna,
I ka ipuholoholona a na kumu kahi i
waiho ai.
Nani Lahainaluna i ke kulanui.
I ke keokeo mai a na halepuna,
25. I ka anapa mai a na pukaaniani
I ka la hiki mai ma Pa'upa'u,
I ke ao pa pono mai i ka pukaaniani.
Nani wale ia ao ula,
I naha ka ua i ike
30. Lahainaluna noho i ke kulapili,

Whitening the plain of Lele,
Glorying over lower Lahaina
The thought was lost,
[It] almost returned to America,
35. The place whence it came.
The sea is before your eyes.
The bell rings early in the morning,
At the breaking of the dawn of day.
Awake, move, and go to devotion.
40. The bell rang, the teacher entered,
After devotion a few minutes of rest.
The bell rang again, breakfast was ready.
Kamakau was weeping,
Having the routine tasks,
45. Resting and praying
After breakfast, time for work,
Working with our hands for food.

April, 1839.

Hoaiai ana i ke kula o Lele,
Kei ana iluna o Lahainalalo.
Ka manao ua nalowale,
Ane hoi i Mareka (Amelika),
35. I kona wahi i hele mai ai.
Ke kai alo i ka maka.
Kani ana ka bele i ka wanaao,
I ka wehe ana o ke pewa o ke ao.
E ala! E eu! E hele i ka pule.
40. Kani ka bele komo ke kumu,
Pau ka pule hoomaha i na minute,
Kani hou ka bele he bele aina ia,
Ue ae nei o Kamakau,
E mea ka paluku haina ma,
45. Hoolai ka noho e pule ana,
Pau ka ai, hele i ka hana,
Ka hanalima no ka ai.

A Song of Lahainaluna.

BY KIAIKAI.

Beautiful art thou Lahainaluna,
The trees that are grown on good soil;
Grown and covered by thy leaves.
Under thy shade everyone rests,
5 Shading the places that were not shaded;
Darkening where nothing green was seen.
Planted on uncultivated soil,
That is why we call you a tree,
Sheltering these islands.
10. Thou art standing alone on this barren
hill,
And this place was shaded by you,
You are famous for your shade
And loved also by the lands.
For you were grown in the dark.
15. The people of that place have
raised you;
They have fed you
With the things to develop you,
Your leaves have grown and are beautiful,
You must be stronger than all the plants

March, 1839.

Kahi Mele ia Lahainaluna.

NA KIAIKAI.

Nani no oe e Lahainaluna,
Ka ka laau i ulu ma kahi lepo maikai;
Ulu a maikai kou mau lau.
Malalo o kou malu na mea a pau.
5 Ua hoomalu aku la oe ma kahi malu ole;
Hoouliuli aku la ma kahi uliuli ole.
Kanu ia 'ku la oe ma kahi i kanu ole ia;
Nolaila hoi kapa ia aku oe he laau,
E hoomalumalu ana i keia paeaina.
10. Ku iho la oe ma keia kula panoa,
A ua malu keia pae wahi ia oe,
Kaulana aku la oe no kou malu,
Ua aloha ia hoi ia e na aina,
No kou ulu ana iloko o ka pouli,
15. Na ko laila poe i hoala ia oe;
Hanai mai la lakou ia oe
Me na mea e ulu ai oe,
Ua ulu a maikai kou mau lau,
E ikaika oe mamua o na mea ulu a pau.

Lahainaluna Seminary.

BY PAALUA.

Of the Seminary seeking knowledge,
It seeks to multiply, to subtract, to divide.
Located there on the grassy plain of Lele
[Is] the reflection of its glass windows.
5. The misty rain is falling on the Puopelu
   plain,
   The eyes. of the people of Lahaina are
   attracted
   [And] they inquire:
   What is that object of Lahainaluna
   That is glittering on the plain of Puopelu?
10. It is the first time this wondrous thing of
    Lahainaluna is seen
    Turn, look at the wondrous object
    of Lahainaluna
    Shining and glittering forth.
    Go up and look, and see the beauty of
    Lahainaluna,
    You will see the Seminary building and
    the wondrous things
15. Where the learned people reside,
    [And] will see the dormitory of the
    students.

March 8, 1839.

Kulanui Lahainaluna.

NA PAALUA.

O ke Kulanui imi akamai,
Nana i imi ka hoonui, ka hoolawe, ka
   puunaue,
Ke noho mai la i ke kulapili o Lele
Ka hulalilali a na pukaaniani.
5. Ke kewai la e kahe ana i ke kula o
   Puopelu,
   Kaha ka maka o ke kanaka o Lahaina
   Ninau ae la;
   He aha la kela mea o Lahainaluna
   Ke bulali mai la i ke kula o Puopelu?
10. Akahi no a ikeia keia mea kupanaha o
    Lahainaluna,
    E huli, e nana i ka mea kupanaha o
    Lahainaluna
    Ke alohi anapa mai la
    E pii e nana, e ike i ka nani o Lahainaluna,
    I ike aku au i ka hale Kulanui a me na
    mea kupanaha
15. Kahi o ka poe naauao e noho ai.
    I ike aku au i ka hale moe o na baumana.

A Lamentation.

BY KAAUEPAA.

Affection,
Affection, my companion,
My companion in the cold and the chill;
My companion in the heat of the day;
5. My companion of childhood;
   My companion from the floating land;
   Love, my companion, weep.
   My companion of uninhabited region;
   My companion seeking things mysterious.

He Uwe Aloha

NA KAAUEPAA.

Aloha,
Aloha ku'u hoa,
Ku'u hoa i ke anu a ke koekoe,
Ku'u hoa i ka wela o ka la,
5. Ku'u hoa pili kamalii,
   Ku'u hoa mai na aina lewa,
   Aloha ku'u hoa u.
   Ku'u hoa o kahi kanaka ole,
   Ku'u hoa imi i na mea pohihihi,

(533)

10. Seeking American people of education;
Brought hither from foreign lands.
Love to you, O my companion;
My companion peopling the uninhabited
region.
Beautiful are the proud flowers,
15. Beautiful are the shade grown flowers.
When well opened
The patch owner rejoices
In his flowers here
July 13, 1840.

10. I imi ia e ko Amerika poe naauao,
I lawe ia mai mai na aina e mai,
Aloha oe e ku'u hoa.
Ku'u hoa hoolau kanaka o kahi kanaka c
Nani na pua hoomahie,
15. Nani na pua ulu malu,
I mohala maikai ai
Olioli ka mea kihapai
I kana mau pua nei.

Lunalilo.

Moving, the heavens fell by the rolling
of Kieleula,
By the sweet voiced lunihini in the woods.
By right the chief could not say anything
From within Hinawaikolii.
5. The central precious tax of the upper Haea
To raise up red Malani so as to be heard
He was from Kalanipulei;
As the chief stood forth, nine prostrated,
Divided through the prostration they
escaped this,
10. The eyes reverted not on seeing clearly,
I went on, tired of him.
Here you are.

Kona was lazy for the sun was hot,
Huehue was enjoying the gentle
land breeze,
15. Not wearied by the hand of Hikuhia.
The standing staff of Mailehahei
Shielding only those having confidence.
What are you doing there, Keawaawa?
You came back by the aalii leaf road,
20. Kamakuhi smelling fragrant flowers
of Kapuulena.
Let us look, he is here;
He was meek, gentle was his living
In receiving these good things,
sitting quietly.
Here you are.

Lunalilo.

Naue hina ka lani na ke kaa Kieleula,
Na ka lunihini leo lea i ka nahele
Na ka pololei kani kua ole na 'lii.
Mailoko mai o Hinawaikolii.
5. Ka onohi palalahiwa i ka uka Haea
Ka ea Malani ula i kau ka lohelohe,
Na Kalanipulei ia nei.
Na ka lani ke ku mai eiwa ka moe.
Moku loko i ka moe a ua ola onei.
10. Hoihoi ole ka maka ke ike aku,
Hele hoi au a molowa iaia,
Eia la—oe.
Molowa Kona ua wela i ka la,
O Huehue kai apo'a e ke kehau,
15 Kaumaha ole i na lima o Hikuhia.
Ke kalele ku a Mailehahei
Hilinai wale iho no i ka hilinai
Heaha kau e Kaawaawa o laila?
E hoi mai oe i ke ala lau alii,
20. Kamakuhi hanu pua ala o Kapuulena
E nana e kakou, eia ianei,
Ua akahai, ua kakuu mai ka noho
I ka hiki o nei mea maikai he noho mal
Eia la—oe.

Beautiful Land of Hawaii.

BY NUUANU.

You are pleasant toward strangers;
You are kind and loving,
Your nights have no rain, it is calm also,
A safe refuge art thou for ships;
5. You give them rest in their troubles.
Hawaii has gained a victory,
    yet only an island,
Bare above, nothing growing,
Jehovah caused things to grow,
He produced the growing plants.
10. Beautiful and lovely are the isles,
He distributes benefits;
The soil is rich;
Every plant is growing well,
The taro, the potato, the yam,
15. Whereby hunger is appeased.
The water-melon and the
    cane are good,
They are desirable products;
The cotton is good,
It brings riches to men,
20. Hope for Hawaii's future.
Have a mind to go there,
The people are kind, not angry,
It is finished to crumbling.

September, 1839.

Nani na Aina o Hawaii.

NA NUUANU

He oluolu kou i na malihini;
He lokomaikai me ke aloha,
Aole ou po ua, ua noho malie hoi,
He puuhonua maikai oe no na moku;
5. Ia oe no e maha, lakou pilikia.
Ua ea Hawaii he moku wale no,
Olohelohe ko luna, aobe mea kupu.
Na Iehova i hoopuka mai,
Nana hoi i hana i na mea ulu.
10. Nani he maikai ka aina.
Ua hookupu maikai mai oia;
He momona ka lepo;
He kupu maikai na mea kanu,
He kalo, ka uwala, ka uhi,
15. He mea ia e maona ai
He maikai ka ipu, ke ko,
He mau waiwai maikai ia,
He niaikai ka pulupulu,
Ko ke kanaka poimaikai ia,
20. Lana ka manao ia Hawaii.
Manao e holo ilaila,
He oluolu na kanaka, aole huhu,
Ua pau a elu.

Song Book of Kalaikuaiwa.

IN HEAVEN IS POLOULA.

BY KALAI OF KONA.

There in heaven is Poloula,
    the chief star,
The twinkling star,
Fluttering in the cross of the sky.
Keawe and Kalanikauleleiaiwi,
5. The line of chiefs from out of the East,
The banana field that stood in the time
    of Pukea,

Buke Mele na Kalaikuaiwa

KA LANI POLOULA.

NA KALAI O KONA.

Aia i ka lani Poloula, ka hoku alii,
Ka hoku maka imoimo,
I hulili ma ka pea o ka lani.
O Keawe o Kalanikauleleiaiwi,
5. Ka lalani alii puka mai ma ka hikina,
Ka e'a maia i ku i ka wa o Pukea,

The small parent who radiates Kahualoa.
Kalanikupuapa the high chief,
 the ancestor,
Springing forth the joy and desire
10. To seize the hand, confirming the voice
That this is my lehua field
Here you are
There in Mana [is] the shadow,
 the mirage,
Searching for Kalama Kopii,
15. Found at the fifth of Ainaike,
A work of the residents of Limaloa,
Erecting houses at Papiohuli.
The house of the thick cloud at
 Kaunalewa was finished,
The ridge bonnetted by Kalauamaihiki.
20. So you have come over here,
I have gone to seek food
For our house warming.
Here you are.

O ka iki makua nana e kaa Kahualoa,
O Kalanikupuapa i ka laninui, ke kupuna,
Kupu mai nei ka olioli me ka makemake

10. E lalau ka lima e hooko i ka leo
O ka'u kula lehua noia,
Eia la oe.
Aia i Mana ke aka! ka wai liula.
E imi ana ia Kalama Kopii,
15. Loaa i ka hapa lima o Ainaike,
He hana ka ke kamaaina o Limaloa.
E kukulu kauhale ana i Papiohuli,
Paa ka hale a ka naulu i Kaunalewa,
Ke kaupaku ia la e Kalauamaihiki.
20. Ua hiki mai ka oe ianei,
Ua halaau i ka imi mea ai
I mea komo no ka hale o kaua,
Eia la—oe.

Hakaleleponi.

The bitter gourd had protection of
 chiefly kapu,
The fragrant shrub of the stream,
The chief's pillar it was of Kaka'e.
A retinue, gathered compassionately
 for the Kakaalaneo,
5. A water-course dam for the noisy place.
There was the wonderful chief's residence
For the kapued stream of Kamakaalaneo.
The house was silent and empty,
 no people;
The bed was not used,
10. Perhaps onward in the small room,
Here you are.

The heavens turned back, the chief
 turned front,
Turned from Keaka the chief's tree,
The ancestral ohia from the woods,
15. The mamaka sprouting field of Piilani,
Plucked [by] the resident the leaves call

Hakaleleponi.

O ke kamanomano ālii kapu ka uhi,
Ka aala makahinu o ke kahawai,
Ka pela 'lii noia a Kaka'e.
He kini haehae ahu no ke Kakaalaneo,

5. He pani mano wai no ka halulu kahi,
Nolaila mai ka noho kupanaha 'lii,
No ke kahawai kapu o Kamakaalaneo.
He neoneo wale no ka hale, aobe kanaka
Waiho wale iho no kahi moe,

10. Eia 'ku paha i na rumi liilii,
Eia la—oe.

Kaakua ka lani, kaa alo ke 'lii,
Kaa mai Keaka ka laau alii,
Ka ohia kumakua mai i ka wao.

15. Ka hoowaa ulu o mamaka o Piilani,
Kapaipai ke kupa oha ka lau;

The overturned leaf of the kapu;
Kapu of Kauwaunui, the flute.
Go [thou] according to the urging
      of the desire;
20. The mind leading the body,
But you would be tired of the love,
Here you are.

Here am I, the kuahine rain,
Raining in the woods of Kaau,
25. Joining friendly the dews of Keehu,
The dew drops of the misty cloud,
Dripping to flood, floating the nene
      blossoms,
For the teasing kupukupu in the Waikoloa.
Working craftily on the plain of Kanoenoe,
30. Deceiving the native born resident of
            that place;
The many above Kokoloa.
When you called the meal was finished,
You were famished with hunger,
You had better have some salt,
35. It is the best there is.
Here you are.

Ka lau kahulihuli'a o ke kapu,
Kapu a Kauwaunui ka ohe.
O hele i ke koi a ka makemake;
20. Ke kono a ka manao i ke kino,
O oe no nae ke luhi ana i ke aloha,
Eia la—oe.

Eia 'u e ka ua kuahine,
E ua nei i ka nahele o Kaau,
25. Au hoolaua o Keehu wai kehau,
Ka huna wai kehau a ke kiowao,
I kulu kio, halana i ka pua o ka nene,
Ne ke kupukupu hone i ka Waikoloa,
Hana maalea i ke kula o Kanoenoe,
30. I puni ke kupa, ke kamaaina o laila;
Ke kini mauka o Kokoloa.
Ea mai nei oe ua pau ka ai ana,
Oki loa oe i ka pololi,
E aho no ka pu paakai a'e,
35. He ma'u noia,
Eia 'la—oe

Kaiahua.

Fly above the relentless path of the wind,
Sickened by [the] head rain of Ikuwa,
Treading the borders of Kaawela,
At the eyeball of Manohina at Makalii,
5. The women above Nuumealani,
At the heaven cross of Kuhana heaven
In the flowering thicket of Laumalahea
That called me to you in your day [of]
      rejoicing.
If you got angry your chin was firm;
10. Becoming indignant your mouth closed,
Extended the long lizard tongue.
This man was displeased with you.
What kind is it? the thing is rubbish,
Here you are.

15. Perhaps scattered
There at Kaukini [is] the bird-fearing
      fire,

Kaiahua.

Lele iluna ke ala ino a ka makani,
Hooliliha i poo ua o Ikuwa,
Hehi hele i ka lihilihi o Kaawela,
I ka onohi o Manohina a Makalii,
5. O na wahine iluna o Nuumealani,
I ka pea lani o lani Kuhana,
I ka uluwehiwehi lau pua o Laumalahea,
I hea mai oe ia'u i ko la lealea.
(Huhu iho oe ku ko nuku),

10. A hiki mai ka ukiuki paa ko waha,
(Hemo ke lelo loa o Pelo),
Wahawaha keia kanaka ia oe,
(Heaha ke ano, he opala ia mea),
Eia la—oe.

15 (Puehu paha).
Aia i Kaukini ke ahi kanai manu,

.\ fire bewildering birds for ·Pokahi
That were snared above Kaawana
.\ fish-net it is of Kamaino,
20. A bag (of Hasai) gathered fog
from the mist.
The net is spread in the smoke,
The fish is seized by hand of Puawalii,
\ chief whose love is a curiosity to us,
.\n awa passer, an accuser,
25. A river-mouthed lobster for him and I
Here you are

He ahi kanalio manu no Pokahi
Ke hoohei 'la i luna o Kaawana,
He upena mahae ia na Kamaino,
20. He eke (a Hasai) hului ohu na ka noe
Ke kuu 'la i ka upena o ka uwahi,
Hei ka ia lauahi lima o Puawalii.
He alii ke aloha he milimili na kakou,
He a'e awa he pii poo,
25. He ula ai nuku na maua me ia nei
Eia la—oe.

Keohokalole.

BY MAKUE

The chief's girdle is sacred to a chief.
Liloa was girded with the girdle of
great power,
The girdle that compassed Umi the chief.
Chiefs outspread to ten descendants;
5. Descendants set aside for Kanikawi
Whose were the four burning ancestors.
A sacred chief's countenance had Kauhi,
governor of Kama.
You are from Kamalua, the love
discerning man.
Because he had many friends he went
forward,
10. He went forward and backward
Here you are.

Kawaikini resembled Waialeale,
Resembled and agreed at Maunalima,
Boasting of the fine lehua buds,
15. Wishing perhaps to hear Hauailiki
Regarding the work of Kukalakamanu.
I have affection for Aipo,
.\ longing for a sight of Kahelekua.
The hunger troubles of Koianana
20. Measure it, place its full length,
Covering the width and breadth

Keohokalole.

NA MAKUE.

O ke Kaailani kapu na he 'lii,
Kaa mai Liloa ke kaa i ulu nui,
O ke kaai mawaho o Umi ke 'lii.
Na 'lii lau manamana i umi ka pua;
5. He mau pua wae ia no Kanikawi,
Nona na kupuna ahi eha.
He maka lani kapu no Kauhi aimoku a
Kama.
Mai Kamalua oe 'ke aloha i ke kanaka,
I na ia na la he hoa lehulehu
10. He hele imua, hoi ana i hope,
Eia la—oe.

Hookohu Kawaikini i Waialeale.
Ua hookohukohu i Maunalima,
Ke kaena 'la i ka lehua maka noe,
15. E ake paha e lohe Hauailiki
I ka hana wale a Kukalakamanu.
He aloha ko'u ia Aipo,
O ka ike wale aku ia Kahelekua
Ka haiki pilikia o Koianana
20 Anana ia kau i pau ka loa,
I pau ka laula me ke akea

The chief is the chosen warrior, skin-
    striped by the kapu,
The kapu of Kukona of Ahukinioloa,
[The] sacred road from Kahiki
Comes [to] the chief, the eatable
    rough fish skin.
5. Kaulua-heavenly-altar-sacrifice, the chief.
The fish of the fish-pond of Kinilau
That were caught by the hook of
    Manaiakalani
Do not praise the men.
The one who desired
10. The maile as a bed room for the auhau.
The resident is signaling at the fire-place;
The all-absorbing altar of the fire at
    Makuaiki,
Seeking the swelling Pueo, the decoration.
Odorous mokihana, the fragrant plant of
    Makana
15. With my companion Kaana at Waialoha.
There is at Honopu, Waikanaka,
A man to love should you see [him],
A companion for the lonely place,
The close companion who is residing here.
20. Here you are.

O ka lani ke koa ili ohiili onionio i ke
    kapu,
Ke kapu o Kukona o Ahukinioloa,
Alalaa mai Kahiki
Hiki ka lani ka ia ili kalakala ili ai.
5. O Kaulualelemohailani ke 'lii,
Na ia o ka pa ia a Kinilau,
I hoolou ai i ka makau o Manaiakalani.
Mai hoolanilani i ke kanaka,
Ka mea nana i makemake
10. He lumi moe ka maile no ka auhau.
Ke kuehu mai 'la ke kupa i ka momoku;
Ka lele makawalu a ke ahi i Makuaiki,
E imi ana i ka liko Pueo, ke hei,
Noenoe mokihana ka ihu anu lauae o
    Makana
15. Me o'u hoa Kaana i Waialoha.
Aia la i Honopu i Waikanaka,
He kanaka ke aloha i ike oe,
He kokoolua no kahi mehameha,
O ke hoa pili no ia e noho nei,
20. Eia la—oe.

Kanaina

The kaona flower befogs the sky,
Hanging in the smoke-house of
    Kanaloa Kuaana.
The red bird with two sharp defenses,
Struck by the spurs of Makakaualii,
5. The red makoko octopus in the deep sea.
Bones of Maka hung out in the rain.
The weapon that excelled in length
Was Kane of the Iwilani rain,
Like the great heavens was the love
10. The beating of the heart pained,

Kanaina.

Ka pua kaaona maka uwahi ka lani,
I kau i ka hale uwahi o Kanaloa Kuaana
O ka moa ulahiwa i paku lua ka oi,
I ku i ke kakala o Makakaualii,
5. O ka hee makoko ula i ke kai eleele.
O iwi kau i ka ua, a Maka,
O ka hia i pakela ka loa
O Kane i ka ua Iwilani,
    Me he lani nui la ke aloha
10. Ke kuikui i ka houpu a eha.

(539)

The twisting hurt across the man's back,
Here you are.

Nuuanu is turned to the wind;
The hands have seized the kiowao rain
15. Contending with Leleaanae.
Waipuhia was well pleased,
The haao rain resounded with laughter;
[The] kukui consorted with the ahihi;
With the kamakahala wreath of Malailua
20. I am exceedingly ashamed of you
By your going around taking my name
When I flew by as a runner.
Here you are.

Eha ka hilo ka pea kua o ke kanaka,
Eia 'la—oe.

O Nuuanu ua huli i ka makni;
Ua lalau na lima o ka ua kiowao.
15. E aumeume ana me Leleaanae
Ua komo ka lealea ia Waipuhia,
Ke kani nei ka aka a ka ua haao;
Kukui haele me ka ahihi;
Me ke kamakahala lei o Malailua.
20. He lua ole kuu hilahila ia oe
I ko lawe hele i ko'u inoa
Pulelo ana 'u me he wahi kukini 'la,
Eia la—oe.

Love Chants.

Kalolou is another chief who stands
        visible,
A cudgel is the quivering fish-line of
        Kanaloa;
A gasping for breath of Kane.
The contending forehead that day;
5. Kanehoalani of Kauahoa,
My companion which accompanied
        Kihi of Kauahoa was he,
Not an assistant; you are the one who
        seeks knowledge.
With you as companion the tears
        would flow,
Shortened is the sleep for spiritual
        possession.
10. He is indeed sleeping,
Careless and to no purpose,
Just listening here and there
And retaining much that is worthless.
Love is what he should keep,
15. To rejoice should he touch flesh;
A dazzling leaf, a concealed veil of his;
A skin which strikingly resembled Mano's.
It is Mano of the sacred awa-root,
The sacred hill, to be appeased when the
        kapu is properly observed.
20 Where is the station that will
        give him peace?
The bosom only is satisfied by union,

He mau Mele Aloha.

O Kalolou ia lani ka i ku mea,
O ka newa ka kolili aho o Kanaloa;
O ke kaahiki mauliawa o Kane,
O ka naenae hoa na lae ia la,

5. O Kanehoalani a Kauahoa,
Kuu hoa i hoohoa'i o Kihi kapua a
        Kauahoa ia,
Aohe hoa; o ka hoa imi akamai oe
O oe no ka hoa e hua ka ue,
Nainai hoi ka moe hoomanamana.

10 He moe la ka i ana,
Ka lau a hikaua,
E hoolono ae ana i o ia nei,
Nui wale hoi ka mea e malama'i.
Ka ukana e malama'i o ke aloha,
15. E hoolea i na he pa kino lau;
He lau kolili he paku ia ia;
He ili aai i kohu no Mano.
O Mano ia o ka puawa kapu,
Ka pue kapu he kena ka ke kapu wale
        i pono.
20. Auhea ka pahu e malumaluhia'i oia?

Ua ono wale ke alo i ka pili na mai,

With its being touched by man
And in the confusion takes on the
    color of his skin
Ruddy is the war crier on the day of battle,
25. The skin is [like] that of Kama;
A countenance of a most sacred child
    chief, a wonderful chief.
Hard indeed is its sacredness when
    it is used,
Deprived of the seizure of the night,
    is destitute;
Thou art gone, the true sun.
30. When the excitement arrived I fell
    with thee,
We fought and came near rebelling,
We came near fighting on your account
But you are not behind me,
Yet I am unduly excited for your love.

A lover is the large headed cloud
    on the plain of Kema,
It is hanging above Kamahualele,
Simply appearing hitherward
Is the spirit of my lover.
5. I thought it was your voice making reply;
It came to me .wet and weak with flowers
    in its hand.
Return, look after me, lest you regret
And say it is for him to look after his own.
How I love the call of the young geese,

10. It cried on account of the cold as it
    crept along;
It is thoroughly wet with the cold
    of the dew.
It is simply waving from below the sea,
And increasing is the kookoolauwahine
    (wind),
My companion in the calm of Puna.
15. Of the plain of Kahunanahai;
A lover in the house—the long house,
From the pili flower-treading rain of
    waahila.
Makahuna is ashamed,
I hid it so as to be secure,
20. But my tears revealed it and
    it became known.
We are known, my love,
The love was known without any voice,
Yet I longed for your coming;
On your coming a house is here,

I ka pa kanaka ana mai.
Pioloku ai kohu ai ka ili,
Ehu o ka la kaua no ka la kauehu,

25. A Kama ka ili,
He ili lani hiwauli, he lani ku hao,
Nahao na moe ke haona nei.
O ka haona o ka po nele ia, ua nele,
Hele oe ka la io.

30. Hiki ka inoa kaeo hina wau mamuli ou,
Kaka anehe maua e kipikipi.
Mai hakaka la maua ia oe,
Aole ka oe mamuli ou,
Kaeo hewa ana a'u i kou aloha.

He ipo ke ao poo nui i ka laula o Kema,
Ke kau mai la maluna o Kamahualele,
Ke lele wale mai no ia nei
Ke kahoaka o kuu aloha.

5. O ka'u ia e manao nei o ko leo i ka pane
    ana mai,
Pa iho ia'u eloelo nawali au ka pua o ka
    lima
Ho'i, mai nana oe ia'u o aloha oe aunei,
Ke i mai iaia no paha ke kii i ka ua.
Aloha wale ke oho pua o ka nene,

10. Ua ue wale i ke anu i kokoloea
Ua pulu ko u i ke anu a ka hau,
Ke ahe wale mai la no mai lalo ke kai
A ulu ke kookoolauwahine.
Kuu hoa i ka la o Puna,

15. I ke kula wale o Kahunanahai, ·
He ipo i ka hale halauloa,
Mai ka ua hehi pua pili waahila.
Hilahila o Makahuna,
I huna no wau e nalo,

20. Hai kuu waimaka i kea,
·Ikea kaua e ke aloha.
Ua ike no i ke aloha po loa i leo,

He ake ko hiki mai,
A hiki mai oe he hale ko onei,

When it smokes there are birds,
    if its bird smoke,
This is a night for smoking birds
    on Kaukini.
The multitude of fowlers of Pokahi
5. With nets without hoops by Pauawa'lii.
A chief is the bird-fire for Kaauana
    indeed.
I cried until I was short of breath
When I heard that my lover had a
    companion;
On my arrival the companion was gone,
10. My bed was given for their desire
Which caused this person to dwell
    with love.
At Apua is the lama bud,
It is being covered over by this misery,
The light mountain fog of Kaolina
15. At the cliff of Hakuna in mountain fast-
    nesses, [it] is crying,
Repenting and offering my body
    a recompense
For the endearment which we have
    enjoyed;
For the endearment which rejoiced
    my heart toward you and
Possessed me with gentle love
20. And made me love the person
    in the presence
Of the lover! Here is a lover,
    a woman who talks of evil.
I see that my companion has
    become strange,
He does not recognize me, his companion
    in sin, yet here I am.
I am going to meet my wind companion
25. In the days at Kualani kini,
[A] companion at Waikupolo.
I am saddened, for evil lurks within.

Loving is the water which moistens
    the edge of the cloud,
It is welling over in tears,
Weeping at the beach until out of breath;
Weeping from the beach to the uplands

L'ahi nae manu uahi manu e
Poahi manu o Kaukini e
O ke kini lawaia manu o Pokahi

5. Upena kuku ole o Puawa'lii
He 'lii ke ahi manu no Kaauana au e
Uwe wale no au a pau ke aho
I ka lohe ana mai he hoa ko kuu aloha ala
Ea ana a'u ua lilo ka pili

10. Ua haawi kuu moe i make ai
I noho ai nei kanaka me ka 'loha
Aia i Apua ka liko o ka lama
Ke hina ia aku la e ka maino
E ka noe ohu mauna o Kaolina

15. I ka pali o Hakuna i na au mauna e ue ana
E mihi ana i kuu kino i uku
No ka moe i moe iho nei a
No ka moe i hauoli ai kuu manawa aa
    ia oe a
Uluhia maoli e laka ke 'loha

20. Aloha ia aku i ke kanaka i ka maka
O ka ipo eia he ipo he wahine haina ino
Ua ino mai la ka ua hoa la
Ike ole mai nei ia'u a maua i moe hewa
    la 'eia hoi
E hoi ana a'u e pili i kuu wahine makani

25. I na la i Kualani kini
Hoaloha i Waikupolo
Poele a'u la ua loko ino.

Aloha ka wai kio i ka maka o ke ao;
Ke hoohalokoloko mai la e ue,
Uwe no i ke kai a pau ke aho;
Ue no mai kai a hala i uka.

A rain which feeds the baskets of kalo
  blossoms,
The kalo with hard roots standing
  in the lehua,
Lehua kalo at the lehua uplands in Kona.
10. Laukona cane is the cane growth above,
Here it is, born and held on high;
It is the wonder of yesterday,
Gladdened long ago for the attachment
  was great,
Entangled outside of the vine.

The heavens are darkened, greatly
  darkened by the rain
Covered with blackness is the mountain,
The mountain of Leleanae.
The head of Lanihuli is crown turned;
5. Is facing the wind.
O ye wind, there is fragrance.
What would you, haao, the rain
  wreathing the kamakahala
Which has matured above Keki?
The leaves grow, the flowers develop large,
10. Nurtured by the rain of Nuuanu.
O thou cold, what is it?

The shadow of the chief arose lobster like,
Bathing in the water of the clouds in
  heaven.
It has grown large and is trailing,
The rain cloud is a benefactor to Kona.
5. I feel sorry for Kona, it is hurt,
  it is sweltered by the sun.
The plain of Kailua is sore,
It is struck on the side by heat as
  a child untied and left to himself.
The rocks toward the sea lie by themselves,
Nothing to disturb them,
10. The breast of the calm is not panting,
The face wet and slippery with dew,
The dew of the ice from the mountain,
A water without body by the wind,
Just simply wetting the food
15. To give life to the food of Wainae.
Let there be a resting so that
The pangs of love would be assuaged,
And the weariness of desire
That is yours,—to desire until it is
  placed in your quiver,
20. When within there is a friend, a call
issues forth, here I am.

Ka ua hanai kihene apu pua kalo,
Na kalo uia a hao kumaka lehua,
Kalo lehua mauka o lehua a Kona.
10. Ko laukona maka ulu o na ko i luna,
Eia la a hanau ka luna;
Ka hao i nehinei,
Ua olioli i kahi ko iki ole la ka pili,
Hihia iwaho o ka hue.

Polani po hewa i ka ua,
Eleele panoa ke kuahiwi,
Ka mauna o Leleanae.
He panepoo no Lanihuli,
5. E haliu ana i ka makani.
E ka makani e he ala,
Heaha kau e ka baao e ka ua lei
  kamakahala
Ua makua i luna o Keki.
Ulu ka lau kaha ka pua,
10. Maawe i ka ua o Nuuanu.
E ke anu e heaha la?

O kupu hawawae ke aka o ke 'lii
He auau i ka wai maka opua i ka lani.
Ke koiawe ae la he makua,
He makua ke ao ua no Kona.
5. O Kona kau aloha, ua eha, ua pepehiia
  e ka la,
Ua napele ke kula o Kailua,
Ua pa aoao i ka wela me he keiki mai
  hana hemo la.
Hemo haalele ke a o ke kai,
Waiho malie wale iho no,
10. Naenae ole ke alo o ka lai,
Alokele pahee i ke kehau,
Kehau wai hau no ka mauna,
He wai kino ole na ka makani
Ke hoomau wale no i ka ai,
15. I ola ka ai o Wainae.
Auhea no la i na lea iho e
Ka oopa a ke aloha,
Ka malohilohi i ka makemake
O kau ia o ka makemake a komo he pua la,
20. Maloko i makamaka e hea mai ai owau e.

A wicket-gate is Nuuanu for the wind;
A threatening blackness for
   the wind-driven rain;
A stone fenced pond for the kioao;
For my anae, at Leleanae.
There above is Waipuhia
With my aholehole at Lanihuli,
Which swim in great numbers
   in the waahila rain.
Say, eat.
Shame abides with the
   masterless fishermen,
For the fish-baskets have
   been taken away,
Leaving only the coarse receptacles.

Hana makaha[1] Nuuanu na ka makani[2]
He paulihiwa[3] na ka ua haao[4]
He loko pa pohaku no ke kioao[5]
Na ku anae[6] no Leleanae,

Ai la iluna o Waipuhia.[7]
Me a'u aholehole[8] i Lanihuli.
Ua holo a nui i ka ua waahila,[9]
A—i, e—a,[10]
Hilahila[11] ka noho ana o ka lawaia
   haku ole.

Ua ohi'a[12] ka ipuholoholona a pau;
I ahona i ka inaluahine hoi a.

---

[1]Makaha, a wicket gate or door at the mouth of fish-ponds where the water can enter but where the fish cannot escape.

[2]Paulihiwa, pauli, poetic for pouli; hiwa, exceedingly black as a threatening cloud.

[3]Haao, name of a kind of rain at Koolau accompanied by black darkness.

[4]Loko papohaku, Nuuanu is likened to a lake fenced with a stone wall.

[5]Kioao, name of the rain at Nuuanu; poetically speaking, Nuuanu in the great rain is swimming with water.

[6]Anae, a kind of fish at the Leleanae place in upper Nuuanu.

[7]Waipuhia, name of the waterfall on the right as seen in going up Nuuanu, lit., the water blown (by the wind).

[8]Aholehole, name of a flat round fish at Lanihuli, a place near the cascade.

[9]Waahila, name of the rain on the tops of the mountains.

[10]A-i-e-a, chorus.

[11]Hilahila, Shame covers fishermen without masters.

[12]Ua ohi 'a, etc., the fish worms are all gathered; inaluahine; inalua, name of the basket fishermen have wherein to throw various things.

(544).

Song to Hiiaka.

The high surf-pit breaks upon the shore;
It bursts on high, breaking pointedly by
   the storm.
With deafening noise the lehua of
   Kaniahiku roars,
The woman who consumes
   the lehua of Kaumu.
5. The rocks bubble till they hurt,
By the seizures of the fire sported with
   by the puulena wind.
The island is drawn up; the land is
   flattened down;
The sky is lowered; the mountain is
   thrown into surf;
The ocean broken up, Kilauea overflows.
10 Say, Papalauahi becomes a cave.
Pele pierces her body; the hail,
The rain that cometh from heaven
The earth travels in an earthquake,
The hailstones fall with confusing noise;
15. Then Puna rises up on high.
Low is the growing pillars of cloud.
The upland of Keahialaka is like a sandy
   colored blossom,
Girdled by the fire of Waiwelawela
Of the crater, eh
20. Woe betide those that near
   the crater dwell.

He Kau[1] no Hiiaka.[2]

Apopoi,[3] haki kaikoo, ka lua,[4]
Haki ku, haki kakala,[5] a ka ino.
Paia[6] kuli, uwo lehua, no Kaniahiku[7]
Wahine ai lehua o Kaumu[8]

5. Kupukupu,[9] a eha ka pohaku[10]
I ka uwalu[11] a ke ahi i ke kaunu[12] a ka
   puulena[13]
Huki ka moku,[14] papapa ka aina.
Haahaa ka lani, kaikoo ka mauna.[15]
Ha[16] ka moana, popoi[17] Kilauea.

10. Halelo o Papalauahi[18] e—
O mai Pele i o[19] na kino, ka hakikili,[20]
Ka ua mai ka lani mai.
Nei ka honua i ke olai,
Haka Ikuwa[21] ka poha koeleele,
15. Ku mai Puna kiekie,
Haahaa ka ulu a ka opua,[22]
Pua[23] ehu mai la uka o Keahialaka,
Pa-u[24] i ke ahi Waiwelawela,
O ka lua e.

20. Aloha ua poe la o uka o ka lua e

---

[1] He kau, the portion of a mele or poetical part of a kaao to be sung, interlarding its recitation.
[2] Hiiaka, the youngest sister of Pele, renowned for her supernatural powers, particularly for strength.
[3] Apopoi, to turn over as the ridge of the surf when breaking; haki, its breaking; kaikoo, high surf or sea.
[4] Ka lua, the pit Kilauea.
[5] Haki kakala, it breaks in rough drops.
[6] Paia, a confused noise; kuli, deafening, stunning noise; uwo, to bellow, roar.
[7] Kaniahiku, name of a place at the volcano.
[8] Kaumu, the oven, an epithet of Kilauea.
[9] Kukukupu, the action of the bubbling, boiling lava.
[10] Pohaku, poetical for pohaku.
[11] Uwalu, waluwalu; to grab, seize hold of anything available as in climbing a precipice, so the fire seizes any combustible material.
[12] Kaunu, playing, sporting, of a man and woman; here the play of the wind with the fire.
[13] Puulena, name of the wind that blows from Kilauea towards Hilo.
[14] Huki ka moku, i. e., Pele draws up the land as in a mountain, to papala, flatten down.
[14] Kaikoo ka mauna, throws the mountains into surf.
[15] Ha for haki, breaks up.
[17] Popoi, overflow; Kilauea breaks up and overflows.
[18] Name of a place near the volcano.
[19] O, to stab, pierce; na kino, bodies.
[20] Hakikili, the rain of hail; hail stones are termed hua bekili.
[21] Ikuwa, name of a month; poha, poetical for pohaku, elision of the ku because the next vowels begin with ko; koeleele, loud noise or sound.
[22] Opua, clouds that appear low, haahaa, and stand up as pillars.
[23] Pua ehu, to blossom a sandy color; trees scathed with fire.
[24] Pa-u, girt about with the liquid fire of the pit.

Ode to Kaiko.

Borne aloft is the water
    by the wooden viaduct,
The water that is borne by
    the wiliwili of Poloiea,
That the food of Keaokuukuu
    may find nourishment.
From the water is the food
    of Kamananui;
From Kawaihapai even to Kaena.
A disturbed thought exists
    within thee there,
Fire rages within, it flames
    with desire to sleep,
The bones are wrung through desire,
The praise of Haaheo is a puukauila,
Thou art proud indeed.

He Mele na Kaiko.

Auamo[2] i luna ka wai haka laau[3]
Ka wai a ka wiliwili[4] o Poloiea,
I ola ka ai o Keaokuukuu.[5]
I ka wai ka ai o Kamananui [6]

Mai Kawaihapai[7] no a Kaena.
He ena[8] 'loha kou e noho mai la,
Ua 'hi loko[9] ua lapalapa[10] i ka moe
Ua uina[11] ka iwi o ka makemake,
Ua puukauila[12] na io o Haaheo.[13]
He heo no e [14]

---

[1] A Song of Kaiko, a petty chief, caused by grief.
Auamo, to bear, carry
[3] Haka laau, etc., a ladder; here a rude aqueduct of sticks of timber put up so as to carry water.
[4] Wiliwili, the kind of timber used for the water trough of Poloiea, a place in Waialua.
[5-6-7] Place-names in Waialua; from Kawaihapai (lit. the fruitful water) to Kaena, the northwestern point of Oahu.
[8] He ena, a perturbation of mind from having injured one, hence, a dislike or fear of the person. He ena 'loha ko'u, i. e., Haaheo, his wife, love estranged or set upon by another; e noho mai la, that is here exhibited or that exists within you.
[9] Ua 'hi loko, i. e., Haaheo on fire internally; fire rages within.
[10] Ua lapalapa, it flames with desire to sleep (cohabit).
[11] Uina, to wring off, twist, break; the bones are wrung off through desire.
[12] Puukauila, puu, a bunch; to resemble one to the kauila (one of Hawaii's most valued trees) was to speak in praise of him.
[13] Haaheo, the wife of Kaiko.
[14] He heo no e, chorus from the last syllable of Haaheo.
(546)

Made in the USA
San Bernardino, CA
04 March 2019